U0906692

2010

YANGPU NIANJIAN

主　审　邹　明

副主审　吴乾渝　王　平　卢　焱

上海市杨浦区地方志编纂委员会

上海高教电子音像出版社

主　　编　张福康

副 主 编　李国才　蒋仲学

编　　辑　（按姓氏笔画为序）

冯逸新　吕　丽　江永常　李自力　李珍珍

陈明山　修淑珍

工作人员　（按姓氏笔画为序）

方启红　张　磊　严　伟　曹思东　曹家厚

审稿单位　上海市地方志办公室

国歌纪念广
暨国歌

国歌展示馆
NATIONAL ANTHEM GALLERY
国歌展示馆
National Anthem Gallery

荆州路405号，曾是30年代电影《风云儿女》的拍摄地，电影中的主题歌《义勇军进行曲》承载了中国人民的共同意愿，后来成为《中华人民共和国国歌》。为了牢记历史、教育后人，中共上海市委宣传部和中共杨浦区委联合建设国歌纪念广场及国歌展示馆，于2009年9月建成开放。

内蒙古
宁夏
甘肃
青海
四川

黄河大合唱

9月19日，为纪念黄河大合唱诞生70周年，三万人汇聚江湾体育场，引吭高歌，创造了合唱史的崭新记录。

工业杨浦　华丽转身

南南全球技术产权交易所

西门子华东总部

知识杨浦　魅力凸显

科技孵化基地

环同济知识经济圈

1月8日，中国共产党上海市杨浦区第八届委员会第七次全体会议举行

7月17日，中国共产党上海市杨浦区第八届委员会第十次全体会议举行

上海市杨浦区第十四届人民代表大会第四次会议

1月8日，上海市杨浦区第十四届人民代表大会第四次会议举行

1月7日，中国人民政治协商会议上海市杨浦区第十二届委员会第三次会议举行

杨浦区民政系统召开政风行风建设和创建文明行业推进会

中欧社会论坛国际研讨会在殷行社区举行

海峡两岸专家学者访问杨浦

多举措让大学生安心创业

创智天地

环同济知识经济圈
（国康路设计一条街）

杨浦交警在五角场下沉式广场向市民征求意见与建议

安图医院为市民提供医务咨询服务

二军大在五角场环岛开展义诊活动

总政歌舞团倾情献演杨浦

上海之春国际音乐节管乐艺术节开幕式

在纽约，联合国总部举行杨浦推介会

杨树浦路2300号上海版权中心

百联又一城购物中心

上海国际交流设计中心

市东医院

烟草公司举行百对双喜大型婚庆文化活动

杨浦与大丰产业对接走向全面合作

名企老总聚集一堂共话创新图景

杨浦文化名人聚杨浦

舞蹈家黄豆豆应邀参加上海理工大学励志论坛

杨浦知识创新基地海外高层人才创业项目专家评审会

杨浦区举行庆祝上海市第二十二个敬老日大会

五角场高新技术产业园

北美广场（香港安莉芳亚洲总部、德国大陆集团总部）

12月8日，孙中山先生铜像在上海体育学院（旧上海市府大厦广场）恢复落成

同济大学第一附属中学

建设创新型城区世博论坛

亚洲极限运动

解读杨浦，

从这里开始……

杨浦区史志办

地址：江浦路549号东大楼5楼

电话：021-25032244

传真：021-65895149

邮编：200092

电子信箱：ypszb@163.com

中国出版工作者协会

《杨浦年鉴》第八届理事会

上海同济规划设计研究院	吴志强（院　长）
上海联华超级市场发展有限公司	汤　琪（董事长、总经理）
中国电信股份有限公司上海东区电信局	马永平（局　长）
中国人民财产保险股份有限公司上海市杨浦分公司	高汉忠（总经理）
上海电力股份有限公司杨树浦发电厂	万闻炜（总经理）
上海三湘股份有限公司	许文智（总经理）
上海卫百辛（集团）有限公司	施建平（董事长）
上海东鑫电力工程安装有限公司	李汉卿（董事长）
杨浦区定海路街道办事处	孙林贤（主　任）
杨浦区大桥街道办事处	龚顺明（主　任）
杨浦区平凉路街道办事处	林　通（主　任）
杨浦区江浦街道办事处	周志明（主　任）
杨浦区四平路街道办事处	程国光（主　任）
杨浦区控江路街道办事处	董依雯（主　任）
杨浦区延吉新村街道办事处	左卫东（主　任）
杨浦区长白新村街道办事处	于　洋（主　任）
杨浦区殷行街道办事处	王　飙（主　任）
杨浦区五角场街道办事处	明　依（主　任）
杨浦区五角场镇人民政府	袁敏生（镇　长）
杨浦区新江湾城街道办事处	刘柏泉（主　任）
上海市控江中学	张　群（校　长）

凡　　例

一、《杨浦年鉴》是杨浦区人民政府年度资料性文献，系统记述本行政区域自然、政治、经济、文化、社会等方面情况。《杨浦年鉴（2010）》是杨浦区第十四部综合性年鉴。

二、本年鉴以马列主义、毛泽东思想、邓小平理论和“三个代表”重要思想为指导，落实科学发展观，坚持为构建社会主义和谐社会，为改革开放和社会主义现代化建设服务。

三、本年鉴主要记述2009年在杨浦区域内发生的事。杨浦区概貌中部分内容虽然在历年《杨浦年鉴》中已经记载，本年鉴以求阅读查检的方便和内容的完整，仍予记载。

四、本年鉴在卷首设特载、领导视察、大事记、杨浦概貌、专记，尔后采用栏目、分目、条目三级结构层次编纂。共设33个栏目，共列218个分目、1715个条目，专文22篇。卷末有索引。全书共有串文照片185幅。

五、本年鉴各栏目之首设“综述”，各分目之首设“概况”，用以记述各行业、各单位的总体情况，便于各年度间的延续和相互比较。

六、本年鉴条目由区各部、委、办、局，各街道（镇）及区境内有关单位指定专人撰写，并经单位领导审核，由区史志办负责编纂。撰稿人姓名署于各条目之后，连续数个条目为同一作者撰写，则在最后一个条目署名，并加小括号。

七、本年鉴中的统计资料由区统计局提供，正文中的数据由各单位提供。少数数据由于部门间统计口径不尽一致，数值也不尽相同。

八、本年鉴的索引，主要采用主题分析索引的方法，按主题词首字汉语拼音字母顺序排列。索引使用方法，详见索引说明。

目 录
CONTENTS

目 录
CONTENTS

目 录 CONTENTS

目 录 CONTENTS

目 录 CONTENTS

目 录 CONTENTS

目录 CONTENTS

中共杨浦区委常委会工作报告

2010年1月16日在中共上海市杨浦区第八届委员会第十二次全体会议上

中共杨浦区委书记　陈安杰

陈安杰在八届区委十二次全会上作常委会工作报告

2009年是浦东开发开放以来上海经济发展最困难的一年，面对国际金融危机不利影响和杨浦发展转型双重考验，全区坚决贯彻中央和市委、市政府应对国际金融危机的各项调控措施，深入学习实践科学发展观，紧紧围绕“四个确保”，全力保增长、立足扩内需、坚持调结构，以超常规的精神状态、超常规的工作思路、超常规的工作举措，实现了在逆势中奋进，推动了在危机中转型，完成了区委年初提出的预期工作目标。杨浦区被国家科技部确定为国家创新型试点城区，被中组部批准为海外高层次人才创新创业基地，在全市区县部门上年度综合绩效考核中名列中心城区第一。杨浦的经济建设、政治建设、文化建设、社会建设以及生态文明建设和党的建设都取得新进展。现将区委常委会一年来的主要工作报告如下，提请全会审议。

一、以深入开展学习实践科学发展观活动为主线，积极应对国际金融危机，着力推动经济又好又快发展

区委常委会始终把深入开展学习实践科学发展观活动，作为推动杨浦知识创新区建设和实现保增长的重要契机。按照中央、市委总体部署，在市委学实活动指导检查组的指导下，紧紧围绕“党员干部受教育、科学发展上水平、人民群众得实惠”的要求，开展“找差距、找瓶颈、找突破”活动，分批组织全区党员干部深入开展学习实践科学发展观活动，全区共有2335个党组织、79868名党员参加。杨浦的学实活动受到了中央巡回检查指导组的充分肯定。

推动保增长的各项政策举措全面落实。面对国际金融危机和经济困难，区委常委会认真贯彻中央和市委、市政府应对国际金融危机的一

揽子计划和政策措施，坚持“三区融合、联动发展、创新驱动、重点推动”，及时跟踪形势的变化，每季度召开经济形势分析会，研究分析保增长举措的落实情况。八届区委七次全会专门作出了《关于积极应对当前经济形势，进一步加强和改进服务企业工作的决定》，全区处级以上干部深入企业、服务企业，将“一线工作法”向企业延伸。区委专门组建四个调研组到100多家企业开展广泛深入的调研，提升为企业服务的质量。积极推进国资国企改革，制定了杨浦国资国企发展的实施意见，实现区属国有资产监管“全覆盖”。杨浦的经济总体运行好于预期，出现了一季比一季好的回升势头，上半年取得了财政收入增幅全市第一的好成绩。全年完成生产总值730亿元，同比增长9%；完成区级财政收入44.05亿元，同比增长8%；完成固定资产投资总额150亿元，同比增长20.4%；实现社会消费品零售总额212.2亿元，同比增长14.7%。

产业结构调整成效不断显现。2009年，二、三产增加值比例为22.3：76.4，第三产业比重同比增加1.1个百分点，知识型生产性服务业实现增加值99.8亿元，占第三产业比重为32.7%，经济贡献度同比大幅提高。环同济研发设计服务特色产业基地获得国家科技部正式命名，全年实现总产出123.4亿元，同比增长20%。

重点功能区建设有序推进。五角场城市副中心、创智天地一期二批、复旦金融创新园等一批重大功能性项目基本竣工，合生国际广场、东方蓝海等项目相继开工。大连路总部研发集聚区西门子上海中心、北美广场建设已出形象，德国大陆集团亚洲总部和中国研发中心正式投入使用，总部经济效应开始显现。环同济知识经济圈上海国际设计中心竣工，上海国际设计一场等功能性项目有序推进。滨江发展带渔人码头工程加快推进，秦皇岛路“世博水门”水域部分竣工。南北呼应开发格局不断拓展，城市重大基础设施建设有序推进。“枢纽型、功能性、网络化”重大市政工程施工进展顺利，辖区内轨道交通10号线主体工程基本完成，轨道交通12号线工程完成前期居民动迁。

招商引资、节能减排工作成效明显。引进一批跨国公司、中央企业、行业龙头企业，全年共引进注册资金500万元以上企业262户。积极落实市里下达的节能减排工作各项指标，全面启动第四轮环保三年行动计划，积极推进实施28个市、区项目，完成16家高能耗高污染低效益企业的关停搬迁，万元生产总值综合能耗下降4.2%，在全市节能降耗年度综合考评中获得优秀。城区绿化覆盖率达26%。

二、以创建国家创新型试点城区为契机，推动杨浦知识创新区在新起点上实施新跨越

区委常委会始终把创建国家创新型试点城区作为杨浦知识创新区实现新跨越的重要契机，作为进一步统一全区干部思想，增强干部创新意识、发展意识、机遇意识的重要抓手，作为杨浦发展转型的新起点、新机遇、新目标。

精心编制国家创新型试点城区发展规划。区委组织有关专家编制国家创新型试点城区建设的硬规划和软规划，主要领导亲自牵头，组成强有力的工作推进班子；区委常委会高度重视，多次听取工作进展情况汇报。硬规划深化了“三区融合，联动发展”的内涵，提出了多元化、多层次的创新网络空间布局；软规划注重研究了国家创新型城区的发展战略、定位、目标和实施路径，明确了杨浦先行先试的战略目标和突破重点，得到了国家科技部专家组的充分肯定。

落实国家科技部与上海市的“部市合作”框架协议。精心组织国家科技部领导对杨浦的视察调研活动，全面总结回顾杨浦6年多的转型经验和今后先行先试的突破重点，特别是杨浦“三区融合，联动发展”的模式、创新驱动的路子、创新服务的体系，得到了国家科技部领导的充分肯定。及时组织全区学习贯彻国家科技部领导来杨浦调研时的讲话精神，把全区干部群众的思想行动统一到建设国家创新型试点城区工作上来。

探索金融创新推动科技创新。努力破解科技型中小企业融资瓶颈，促进金融与科技的结合，更好发挥金融服务杨浦发展的作用。全年共为200多家中小科技型企业融资7亿元；推进硅谷金融集团“1+4”合作项目，硅谷银行上海代表处正式挂牌；组建中早期风险投资基金和引导基金管理公司；借鉴硅谷模式，探索建立投贷联动融资服务体系。

实现海外高层次人才基地建设的新突破。积极申报国家海外高层次人才创新创业基地并成功获得中组部的批准，八届区委十次全会专门通过了《关于加快推进国家海外高层次人才创新创业基地建设的决定》。召开高层次人才基地推进大会，按照基地共建、人才共享、资源共用、发展共赢的原则，建立区、校、企人才战略联盟，推出"3310"计划。创新型人才队伍建设取得新进展，涌现了一批创新成果和创新人才，成功引进15名入选国家"千人计划"的优秀人才，进一步营造杨浦吸引海内外高层次人才的氛围和环境。

三、以迎世博600天行动计划为抓手，全力提升城区建设管理水平和文明程度

区委常委会始终把迎世博作为全区工作的重点，作为全面提升城区建设管理水平和城区文明程度的抓手，扎实有效地推进各项工作。

市容市貌和城市管理明显改善。紧扣时间节点，全力推进市里布置的各项工作，与市迎世博600天行动城市管理指挥部签约的85个子项目及"三大工程"和"四大战役"任务目前已完成95%以上，总投入达28.2亿元，市民生活环境明显优化，城市管理水平明显提升。确定"1+3"四个重点建设区域，五角场城市副中心通过综合整治，上升为国家级标准化试点项目。黄兴公园创意文化体育休闲区、长海路历史风貌保护区、黄浦江滨江地区1号地块建设以及"一街一景一社区"的创建，打造了特色鲜明、环境优美、功能齐全的开放式景观，成为杨浦的新亮点。实施"条块结合、以块为主、属地管理"的城市管理新机制，初步形成"重心下移、资源下移"的工作机制，乱停车、乱设摊、乱搭建、乱张贴等顽症得到有效整治。

城区文明程度明显提升。以"蒲公英"行动和学习型城区建设为主线，精心设计10大文明行动20项专题工作项目；组建有杨浦特色的校区、园区、营区、社区为主体的近8万名志愿者队伍，开展"世博先锋"系列活动。建立并完善通报、讲评、发布和社会监督机制，提高市民公共道德水平，区文明指数综合测评由年初的全市中心城区第九名提高到目前的第七名。全市政风行风测评，杨浦名列中心城区第一名，所有区（县）第四名。

城市应急系统不断完善。围绕"四个坚决防止发生"的总体要求和"四个确保"的总体目标，成立了区世博安全保卫工作指挥部，组织动员社区群众，加强基层基础工作，落实责任制和检查监督制度，开展对重点人口、重点区域、重点部位的管理和监控，加强"十项整治"，做到"两个全覆盖"。建立健全社会稳定信息预警网络，生产安全、食品药品安全、交通安全、消防安全平稳可控。

四、坚持扩大开放，在用好国际国内"两个资源"上取得新进展

区委常委会始终把扩大开放、实施国际化战略作为实现杨浦知识创新区建设跨越式发展的重大举措，提高运用国际国内两个市场、两种资源的能力，不断提升城区国际化水平。

对外开放再上新台阶。赴联合国总部成功举办杨浦知识创新区推介活动，杨浦老工业区转型经验引起了联合国两位副秘书长和世界多国的高度重视。国际经济机构和组织在杨浦加快集聚，国际技术与资本转移集聚区、风险投资服务业集聚区建设取得新进展。南南全球技术产权交易所开始运行，挂牌项目已达1100宗，成交金额2.3亿美元；南南全球环境能源交易所筹备工作全面开展，全球创意经济城规划完成；与南南局合作全面推进，联合举办全球创意产业和技术产权交易高峰论坛。由加州大学、瑞安集团、复旦管理学院、硅谷银行联手建设的国际商学院项目有序推进。上海高校技术市场落户杨浦。

合作交流又有新突破。为有效破解中心城区土地资源紧缺等发展瓶颈，杨浦解放思想，大胆创新，充分依靠长三角腹地资源，积极融入长三角，启动建设了江苏大丰、海安2个异地工业园区，探索建立"中间在外，两头在内"产业布局，得到了市委、市政府的高度肯定。与江阴、舟山、南通、无锡等长三角地区联动取得新进展。

五、坚持民生和各项社会事业协调发展，使杨浦发展的"软实力"不断增强

区委常委会始终立足杨浦百姓的实际需要，提高社会事业发展的质量和水平，努力丰富人民群众精神文化生活，努力提升市民素质和城区文明程度，着力解决旧改、就业、救助等民生问题，积

极推进和谐社会建设。

不断加强思想文化建设。依托“三个百年文明”，按照把杨浦打造成为“文化大区、文化强区”的发展思路，大力加强文化建设，筹建区作协、文联等团体，不断探索形成文化发展大格局。加强和改进思想政治工作，组织策划系列对外宣传报道，加强与中央和市主要媒体的联系沟通，以专栏、专版和深度报道等形式展现了杨浦知识创新区建设的成果。围绕庆祝新中国成立60周年和迎世博，开展了一系列大型文化体育活动和精神文明建设活动。国歌纪念广场和展示馆建成开放、孙中山铜像恢复重建。成功举办纪念黄河大合唱诞生70周年、2009“世博号角”上海之春国际音乐节管乐艺术节、“杨浦文化名人回娘家”等主题活动。成功举办亚洲极限运动锦标赛、中国壁球公开赛等高层次体育赛事，群众性体育活动形成特色。

持续有力推进旧区改造。在全市率先开展动迁结果公开，积极实施“数砖头+托底保障”、多元安置、分片划块、“四位一体”、第三方参与、集体搬迁奖励等新举措，形成了具有杨浦特色的“依法公正、依靠群众、阳光诚信、和谐有序”的动拆迁工作新局面。全年共完成动迁居民6200户，完成基地收尾12个，有序推进保障性住房80.9万平方米。旧住房成套改造完成17万平方米，三年改造任务基本完成。

多方位推动社会就业。多渠道拓展大学生就业，完成1000个大学生公共服务见习岗位招录，青年职业见习人数达3197人，托底安置244名困难家庭大学生。超额完成市政府下达的“6+1”促进就业指标，城镇登记失业人数控制在市下达的28020人指标以内。制定实施区大学生创业三年行动计划，成功扶持创业623人，创业者公共实训基地建成投入运作。

不断完善社会保障。坚持“保基本、广覆盖、分层次、可持续”方针，认真落实国家、市出台的各项民生保障政策，安排好困难群众的基本生活和特殊家庭的慈善援助，扎实推进为老服务工作，全年新增养老床位744张，救助各类困难群体56万人次，发放各类救助金1.48亿元。杨浦在全国双拥模范城六连冠基础上继续争创“七连冠”、荣获全国征兵先进单位，被命名为全球老年友好型城市国家级试点区。

各项社会事业协调发展。深化教育组团式发展，荣获上海市“基础教育创新试验区”及“全国推进义务教育均衡发展工作先进区”称号，创建全国早教暨独生子女教育示范区，落实医改方案、完善公共卫生服务体系。坚持联防联控，甲型H1N1流感防治取得阶段性成果。完成17个社区卫生服务站点标准化建设。积极创建全国社区卫生中医药特色服务示范区和国家级高水平体育后备人才基地。全区建成12个“阳光馨园”，圆满完成上海市创建全国残疾人工作示范城市先行达标试点区各项任务。基本完成实有人口、实有房屋“两个实有”管理全覆盖工作。

六、坚持加强民主政治建设，促进社会和谐稳定和安全

区委常委会始终坚持党的领导、人民当家作主和依法治国的有机统一，积极扩大社会主义民主，有序推进基层民主政治建设，调动和激发全区各方面积极支持和参与国家创新型试点城区建设。

支持区人大、政协依法履行职能和参政议政。充分发挥区人大常委会党组、区政协党组在杨浦知识创新区建设中的作用。认真贯彻落实市委《关于进一步加强人大工作的若干意见》，加强和改进党对人大工作的领导，支持人大围绕中心、服务大局、积极履职。支持人大代表依法对“一府两院”的监督，加强对区重大项目、重大工程的质量和安全进行监督。支持人民政协围绕团结和民主两大主题履行职能，充分发挥政协委员在杨浦知识创新区建设中的作用，认真贯彻落实市委《关于进一步加强人民政协工作的实施意见》，切实把政治协商纳入决策程序，支持政协有重点、有计划地围绕区重点工作建言献策。完善情况通报制度、工作沟通制度。注重发挥人大代表、政协委员在杨浦知识创新区建设中的聪明才智。推动职代会建设，认真做好区域国有企业改制分流职工稳定工作。

统一战线工作服务大局、服务中心工作有新进展。按照杨浦建设国家创新型试点城区的目标任务，积极支持区各民主党派、工商联、无党派人

士围绕区委、区政府重点工作深入调研。认真做好民族宗教工作，坚持依法管理宗教事务，积极营造促进民族团结进步的氛围。努力发展和谐的阶层关系，加强与新社会阶层沟通、交流。积极拓展侨务工作，成立了杨浦科技园区侨界联合会，为侨服务有了新载体、新抓手。加强与台商的交流与合作，做好国民党台北市南港区党部参访团来杨浦开展党际交流活动。

贯彻依法治国方略，加强政法和社会稳定工作。坚持稳定是第一责任，高度重视政法综治维稳工作，切实增强广大干部群众的责任感和风险意识。严格落实领导包案和挂牌督办等制度，制订落实重大活动安全保卫和信访维稳工作方案。加大对生产、食品、消防和交通等领域的安全检查力度。针对“法轮功”、“三股势力”等重点人群，完善防控反恐工作预案。坚持打防结合，严厉打击严重暴力犯罪、涉毒犯罪、涉众经济犯罪，强化人防、物防、技防建设，社会治安环境得到进一步净化。

七、加强和改善党的领导方式，进一步提高党的执政能力和领导水平

区委常委会始终坚持“总揽全局，协调各方”的原则，协调整合区域政治、经济、文化和社会发展各种资源，改进领导方式，完善决策机制，进一步提高驾驭全局、领导发展的能力。坚持“党要管党、从严治党”方针，既注重自身建设，又强化基层党的建设，既抓班子，又带队伍，形成了求真务实、勤政为民、团结进取的良好工作局面。

加强常委会自身建设。认真贯彻落实党的十七届四中全会和九届市委四次全会精神，结合杨浦特点，制定了区委关于加强和改进新形势下杨浦党的建设的实施意见。以开展深入学习实践科学发展观活动为载体，组织区委常委会集体学习和各级党委（党组）中心组学习，以此带动全区党员干部开展理论学习。探索了区委中心组和高校党委中心组联组学习新路子，促进和深化了三区联动发展。坚持发扬民主，完善决策，认真贯彻市委有关规定和区委常委会议事决策规则、常委会自身建设的若干规定，严格落实重大决策提交全会讨论决策、重大事项集体讨论制度，不断提高决策的科学化和民主化水平。坚持和完善民主集中制原则，带头开展批评与自我批评，积极维护班子的团结和谐。区委常委会在学实活动中，认真开展了专题民主生活会，做到会前广泛征求意见，会上坦诚相见，会后切实整改。对事关全局，具有前瞻性、战略性的工作由区委牵头；对改革、发展、稳定的重大任务由区委推动。支持和推动政府依法行政，不断提高核心执行力。坚持在作出重大决策前，听取民主党派、工商联、无党派人士的意见建议，还组织专家咨询和专项调查研究等，提高了决策的科学性和可操作性。纪检、组织、宣传、统战、政法、党校、老干部、人民武装等方面，以及工、青、妇等人民团体的工作，都取得了新的成绩，形成了心齐风正劲足的良好局面。

把加强基层党组织建设作为基础工程。杨浦的“一线工作法”作为上海党建工作的最新成果写进了市委贯彻党的十七届四中全会精神的实施意见，并在第三届长三角社区党建论坛上作了交流发言。继续拓展深化“一线工作法”的内涵与外延，反映我区党员干部密切联系群众、为民排忧解难，保持党的优良传统和作风的电教片《本色》作为 2009 年全市唯一的正面教育主题片，在全市处以上领导干部中播放并产生了良好的影响。进一步完善区域化党建格局，建立健全党建联建工作机制。全面加强基层党组织带头人和党员队伍建设，通过“公推直选”选优配强居民区党组织领导班子，完成 275 个居民区党组织的集中换届选举。拓展了党员服务中心平台功能。

把干部队伍建设作为重中之重。以提高素质、优化结构、改进作风为重点，着力培养造就高素质的领导班子和干部队伍。加大外向型培训力度，组织 5 批 64 名干部到境外学习培训。调整配备区管干部 361 人次，其中提拔 108 人，交流 154 人。建立井冈山干部培训基地，强化干部革命传统理想信念教育。聚焦重点，集中培训干部 3000 余人次。完善干部一线培养链，注重在艰苦岗位基层一线选拔使用干部。加大干部交流、轮岗的工作力度。全面加强干部监督工作，坚持内部监督、面上监督、群众监督相结合，进一步提高群众对组织工作的满意度。

扎实推进党风廉政建设和反腐败斗争。以完善惩防体系建设为重点，加强党性党纪党风教育，

开展“讲党性、重品行、作表率，奉献杨浦做贡献”主题教育活动。强化监督检查，中央、市委和区委的决策部署得到进一步落实。加强对区委确定的保增长、扩内需、调结构政策措施落实情况的监督检查。严格落实责任制，权力运行得到进一步规范。制定《杨浦区党风廉政建设责任制责任追究实施办法（试行）》。加强惩防体系建设，全面落实惩防体系建设2009年任务分工。完善预防腐败机制启动廉政风险防范管理试点工作，实施惩防体系绩效测评机制，不断提高人民群众对反腐败工作的满意度。严肃查处违纪违法案件，进一步营造良好的发展环境。

以上这些工作的开展和各项成绩的取得，是中央和市委、市政府正确领导的结果，是全区人民团结奋斗的结果，是广大党员干部、特别是基层干部扎实工作的结果。回顾一年来的工作，区委常委会有以下基本经验和体会：第一，要坚定不移地用科学发展观武装全区党员干部头脑，坚持不懈抓转型、调结构，以发展为目标，以创新为手段，解放思想，开拓进取，不断突破发展瓶颈和难题，不断提升杨浦知识创新区建设水平。第二，要坚定不移地抓大事、谋全局，充分发挥区委的领导核心作用，充分发挥区人大、政府、政协的重要职能作用，发挥各级党政组织在经济社会发展和其他各项工作中的积极能动作用，注重调动和激发区域内高校、科研院所、企业、部队的作用，形成“三区融合，联动发展”的新格局。第三，要坚定不移地大力弘扬“四敢精神”，深入开展“三找”活动，在困难和瓶颈面前不动摇、不懈怠，审时度势，沉着应对，化危为机，保持和发扬昂扬向上的精神状态，牢牢把握发展的主动权。第四，要坚定不移地把发展成果惠及民生，坚持以人为本，尽力为民办实事、办好事、解难事，使广大人民群众的生活得到持续改善。第五，要坚定不移地从严治党，加强党的作风建设和廉政建设，加强党的执政能力建设和先进性建设，在杨浦国家创新型试点城区建设的宏大事业中，锤炼班子，锤炼队伍。

在取得成绩的同时，区委常委会也清醒地认识到：一是当前全球性金融危机还没有过去，经济回升企稳的基础还不稳固，不确定因素还很多，在这样的大背景下，更需要进一步提高领导科学、驾驭复杂形势的能力。二是杨浦转方式、调结构、惠民生、促发展的任务还相当艰巨，特别是在推进国家创新型试点城区建设中，还要坚持解放思想、弘扬“四敢”精神，力求在体制机制上取得新的突破，在自主创新能力以及科技产业的规模和能级上进一步提升。三是制约发展的瓶颈依然存在，在加强城市建设和管理、维护社会稳定中仍有不少薄弱环节，老城区改造、民生改善任务依然艰巨，面临的困难和矛盾还需要花大力气进行解决。四是一些干部的思想认识、工作作风和精神状态与新形势新任务还存在不相符合、不相适应的情况，社区建设和基层党建工作还有待继续改进和加强。

在新的一年里，我们要更加紧密地团结在以胡锦涛同志为总书记的党中央周围，在市委领导下，以党的十七大精神为指引，高举中国特色社会主义伟大旗帜，坚持以邓小平理论和“三个代表”重要思想为指导，深入贯彻落实科学发展观，按照中央“五个更加注重”、市委“五个确保”和转变发展方式“五个必须”的要求，进一步振奋精神、凝聚力量，居安思危、戒骄戒躁，埋头苦干、克难奋进，全力做好本届世博会各项工作，为上海实现“四个率先”、建设“四个中心”，为全面推进杨浦国家创新型试点城区建设而努力奋斗！

政府工作报告

2010 年 1 月 20 日在上海市杨浦区第十四届人民代表大会第五次会议上

杨浦区代区长　金兴明

金兴明代区长在区十四届人大五次会议上作区政府工作报告

各位代表：

现在，我代表杨浦区人民政府，向大会作政府工作报告，请予审议，并请各位政协委员和其他列席人员提出意见。

一、2009 年主要工作回顾

2009 年是浦东开发开放以来上海经济发展最困难的一年。面对国际金融危机冲击和杨浦转型发展的双重考验，全区人民在市委、市政府和区委的坚强领导下，高举中国特色社会主义伟大旗帜，以邓小平理论和"三个代表"重要思想为指导，全面贯彻党的十七大、十七届三中、四中全会精神，以开展深入学习实践科学发展观活动为动力，紧紧围绕"四个确保"要求，坚持以人为本，坚定信心、迎难而上、顽强拼搏，圆满完成了全年各项目标任务。

（一）积极采取一系列应对举措，经济保持平稳较快发展势头

受国际金融危机的影响，2009 年开局，财政收入、外贸出口、工业生产等经济指标下行的压力很大。我们坚决贯彻落实中央、市应对国际金融危机的一揽子计划及相关政策措施，全力保增长、扩内需、调结构、惠民生，区域经济运行呈现逐季回升态势，经济社会发展好于年初预期。完成全区生产总值 730 亿元，同比增长 9%；完成区级财政收入 44.05 亿元，同比增长 8%；发挥投资拉动经济增长作用，全力推动一批重大基础设施、产业、社会事业和民生工程，完成固定资产投资总额 150 亿元，同比增长 20.4%；制定实施区搞活流通扩大消费实施办法，实现社会消费品零售总额 212.2 亿元，同比增长 14.4%。

（二）实施开放合作战略，自主创新能力不断提升

积极申报国家创新型试点城区，实现"全国科技进步考核先进城区"三连冠。杨浦知识创新基地与张江联动更加紧密，18 个项目获得 1.1 亿元专项资金资助。新增上海财大、上海电力 2 家国家大学科技园，上海体育学院科技园挂牌运作并被命名为国家体育科技示范园，复旦大学、上海理工大学技术转移中心被命名为"国家级技术转移示范机构"，科技创业中心三期基本建成。

国际技术与资本转移集聚区、风险投资服务业集聚区建设取得新进展。赴联合国总部推介杨浦转型发展的经验，与联合国南南局合作全面推进，联合举办全球创意产业和技术产权交易高峰论坛，南南全球技术产权交易所开始运行，挂牌项目达 1100 宗，成交金额 2.3 亿美元；南南全球环境能源交易所筹备工作全面开展，全球创意经济城正在规划。上海高校技术市场落户。

与美国硅谷金融集团合作取得重要突破，硅谷银行上海代表处揭牌运作，组建中早期风险投资基金，政府引导基金委托硅谷银行管理，首个子基金大学生创业接力基金已选投 2 个项目。发

行“创智天地1号”集合信托产品，开展知识产权质押融资试点，组建2家小额贷款公司，全年共为200余户次科技企业及中小企业融资7亿元。

我区被命名为国家海外高层次人才创新创业基地，出台加快推进基地建设的决定和实施意见，推出“3310”计划，成功引进15名入选国家“千人计划”的海外高层次创新创业人才，办理户籍引进和人才居住证3594人。全区实有科技企业3680家，大亚信息、上海工具厂新被命名为市科技小巨人企业，天跃科技等3家企业被命名为市科技小巨人培育企业。专利和发明专利申请量同比分别增长14.3%、19%。

（三）加快推进重点园区建设，产业集聚效应明显

深入实施聚焦江湾—五角场战略，五角场南部商业商务区完成销售额30.4亿元，同比增长26.7%，消费能级和商业人气节节攀升；复旦金融创新园、创智天地一期二批基本竣工，合生广场、南政院后勤保障综合大楼、国际医药广场、东方蓝海、新江湾城知识商务中心等一批项目开工奠基。

南北呼应开发格局不断拓展，西门子上海中心、北美广场建设加快推进，德国大陆集团亚洲总部和中国研发中心竣工，已入驻近800名员工，大连路总部研发集聚区初现雏形；渔人码头一期工程积极推进、二期开工，秦皇岛路“世博水门”水域部分竣工。

环同济知识经济圈建设成效明显，被命名为国家级研发设计服务特色产业基地，实现总产出123.4亿元，同比增长21%；上海国际设计中心基本竣工，上海国际设计一场、上海国际时尚中心开工。制定实施创意园区认定办法，商务印刷园等老厂房改建创意产业园区加快推进，新增3家市级创意产业集聚区。

聚焦重点产业，编制完成现代设计、电子信息、节能环保、教育服务、宾馆酒店“3+2”产业三年行动计划。产业结构不断优化，二、三产业增加值比例为22.3∶76.4，知识型生产性服务业增加值占第三产业增加值比重为32.7%。

（四）全力推进迎世博600天行动，城区面貌明显改善

重大市政基础设施建设加快步伐，轨道交通10号线杨浦段地下盾构全线贯通，在全市率先完成轨道交通12号线动迁任务，四平路中山北二路下立交、闸殷路拓宽、民星北排水系统等工程竣工，关山路、民约路辟通，黄兴路拓宽、军工路北段拓宽、军工路越江隧道、四平路大连路下立交等工程加快推进。

全面完成迎世博市容环境建设管理三大工程30项任务，“1+3”重点区域综合整治取得明显成效，建成14条（段）“一街一景一区”。不断健全“条块结合、以块为主、条条保障、属地管理”的城市管理体制机制，基本完成12个街道镇市容环境责任区创建，实施沿街门店门前责任区自我管理制度，乱设摊、乱停车、乱搭建、乱张贴“四乱”顽症治理取得重大进展。

精心组织迎世博倒计时一周年、世博论坛、百场文艺巡演等活动，66万人次参与每月“三五”集中行动，60万人次参与世博知识、“双语”培训和讲座。成立区世博会志愿者工作站，区域8万余人报名参加世博志愿者。建立健全市民巡访制度和舆论监督问题整改机制，积极引导广大市民成为城市文明的实践者、监督者、宣传者。

深入开展江湾—五角场市级副中心服务标准化示范区创建，全区13个窗口服务行业实现动员、培训全覆盖，推出各具特色的服务措施，涌现出一批服务明星、优质服务示范窗口。全面实施“质量兴区”战略，五角场市级商业中心被评为上海市名牌区域。

深入推进“迎世博、保平安”22个专项行动、10项群防群治工作，全区各类刑事案件同比下降8.5%，生产安全、食品药品安全、交通安全、消防安全、地下空间安全等形势平稳可控。新江湾城、五角场街道分别荣获国际安全社区和国家安全社区。

广泛开展“节能减排全民行动”，向社区居民推广37万只节能灯；完成11.5万平方米既有建筑节能改造，推进4个节能示范项目建设，区政府机关大楼荣获市节能标准化示范单位，新创建3家绿色饭店；完成16家高污染、高能耗企业（车间）关停并转迁。经测算，2009年全区万元生产总值综合能耗同比下降4.2%，提前一年完成“十一五”期间同比下降20%的目标。

全面启动第四轮环保三年行动计划，加强扬尘污染防治和文明施工管理，城区降尘量同比下降近22%，空气质量优良率达到90.7%，创历史新高。完成大武川截污管网达标改造，城镇污水纳管率达85%。大连路绿地建成开放，安徒生儿童公园开工，城区绿化覆盖率达26%。

启动地下空间综合开发规划研究，编制大连路总部研发集聚区总体规划、黄浦江沿岸滨江公共岸线景观设计。街道网格化管理分中心实现全覆盖，城市网格化平台共受理城市管理事务8.2万件，办结率达99.8%。

（五）大力加强招商引资，国企改革深化拓展

招大引强有新突破，引进香港安莉芳、丹麦居事佳、淮南矿业、文通集团、山东电力、完美时空等优质内外资项目。全区新引进企业2617户，注册资金76.7亿元，其中注册资金500万元以上企业同比增长27%，合同利用外资6.3亿美元。72幢重点商务楼宇“三落地”率达78.5%；建成6幢示范楼宇，21个在建项目开展同步招商。加强国内招商合作，赴浙江舟山、陕西西安开展专题推介；启动江苏大丰、海安2个异地工业园区建设，区内11家企业生产基地落户，加快形成“两头在内、中间在外”的产业格局。

帮助企业积极应对金融危机，切实贯彻国家、市扶持企业发展各项措施和区促进企业发展30条政策，将服务企业工作纳入政府部门绩效考核，积极落实领导干部联系重点企业制度，全区350名处级以上领导干部与490家企业结对，充分发挥区重点企业服务办公室职能，“1890企业服务网”和服务热线访问量超过15万人次。

制定实施进一步推进区国资国企改革发展三年行动计划，实现国资监管全覆盖和归口管理，推进国有企业开放性、市场化战略重组，成立区城投（集团）公司，企业发债工作申报待批，完成150家中小企业清理改制。完成都江堰市胥家镇和“三地四县”的对口帮扶项目。

（六）保增长与惠民生紧密结合，人民生活持续改善

把旧区改造放在民生工作突出位置，在全市率先开展动迁结果公开，积极实施“数砖头+保障”、多元安置、分片划块、第三方参与、集体搬迁奖励等新政策，完成动迁居民6200户，平凉西块二期16、17街坊动迁基本完成，18街坊居民签约率达86%，完成河间路基地二期南块动迁，完成12个基地收尾，激活1个停滞基地。旧住房“拆除重建”加快推进，154街坊等保障性住房项目推进有力。完成旧住房成套改造17万平方米，完成59.8万平方米的三年改造任务。完成旧小区综合整治30万平方米，二次供水设施改造495万平方米。新落实廉租对象配租2122户，全面推开售后公房住宅小区物业管理服务达标补贴工作。

不断健全企业用工、社会保障、社会稳定等工作联动预警机制，超额完成市政府下达的“6+1”各项促进就业指标，招工数大于退工数，城镇登记失业人数控制在28020人指标以内。多渠道推动大学生就业，完成1000名大学生公共服务见习和3197名青年职业见习，托底安置244名困难家庭大学生。支持大学生创业带动就业，制定实施区大学生创业三年行动计划，成功扶持创业623人，中国（上海）创业者公共实训基地揭牌启动，中国青年创业国际计划杨浦办公室成立。我区荣获全国清理整顿人力资源市场秩序先进单位、全国首批民营企业招聘周先进城区。

积极落实各项民生保障政策，救助各类困难群体55.6万人次，开展事前医疗救助试点，我区被命名为全国基层低保规范化建设典型单位。在全市率先出台养老服务设施管理办法和考核标准，为1.9万名老人提供居家养老服务，新增养老床位744张，新改扩建（修缮）78家社区老年活动室，我区荣获全国孝亲敬老主题教育活动先进单位。圆满完成上海市创建全国残疾人工作示范城市先行达标试点区各项任务，殷行街道“阳光之家”荣获全国“优秀残疾人之家”。

居委会换届选举顺利完成。全面完成社区“三个中心”达标建设，制订实施社区文化活动中心服务标准和建设指南，在2个社区事务受理服务中心试点“一口受理”。成立全国首家区校合作举办的专业社工机构，新建社区红十字服务站45所，完成102个居民区民防规范化建设，全面完成售后公房安装电控防盗门任务。我区荣获“全国婚姻登记规范化单位”。成立区人口计生指导中心，完成区人口发展分析报告，成功创建全国人口早期教育暨独生子女培养示范区，基本完成实有人口、实有房屋“两个实有”管理全覆盖工作。积极实施重大事项社会稳定风险评估制度，分类化解信访积案，加大轻微刑事案件委托人民调解工作力度。五角场街道和四平、殷行街道分别荣获全国文明单位、全国精神文明建设先进单位，殷行街道和江浦街道陈二居委会分别荣获全国和谐社区建设示范街道和居委会。

社会事业健康发展，上海音乐学院实验学校、中福会幼儿园总部、区教师进修学院、复旦大学附属妇产科医院新院、国歌纪念广场及国歌展示馆等17个社会事业项目竣工。举办幼儿创造教育国际论坛，设立学前教育基金，编制实施区学前教育五年发展规划；新建上理工附小教育集团，开展来沪务工人员子女融入教育，完成义务教育学校绩效工资改革，荣获全国推进义务教育均衡发展工作先进地区；成功举办第24届上海市青少年创新大赛、第八届青少年科技节暨第二届青少年创新峰会，聚焦有效教学，教学质量再创新高，我区被命名为上海市“基础教育创新试验区”；编制实施校舍安全工程三年规划。

坚持联防联控，甲型H1N1流感防治取得阶段性成果；稳步推进医疗卫生改革，继续开展医院管理年活动，全面实施促进基本公共卫生服务逐步均等化等五项重点工作；社区预防保健经费达到常住人口年人均40元，全面落实基本药品零差率和社区挂号、诊疗费减免等政策，完成17个社区卫生服务站点标准化建设；完成全国社区卫生中医药特色服务示范区创建；完成第二轮公共卫生三年行动计划，全面实施第三轮健康城区建设三年行动计划。

围绕庆祝建国60周年、迎世博，成功举办2009“世博号角”上海之春国际音乐节管乐艺术节、纪念《黄河大合唱》诞生70周年、国庆焰火燃放、亚洲极限运动锦标赛、中国壁球公开赛等10余项大型文体活动。孙中山先生铜像恢复落成，推进长白电影院转企改制，开展“新形象网吧”示范试点。杨浦输送的体育健儿在第十一届全运会上获得佳绩，5家单位分别被评为全国群众体育先进单位、全国学校体育场地向公众开放试点工作先进单位。加强拥军优属，开展慰问建国功臣活动，我区荣获全国征兵工作先进单位。妇女儿童、民族、宗教、侨务和对台等工作不断加强。

（七）努力创新政府管理，切实加强自身建设

区政府党组圆满完成深入学习实践科学发展观活动，群众评议满意率较高。完成政府机构改革，促进部门职能设置“精简、统一、高效”。深入推进行政审批制度改革，企业注册、建设项目审批时限总体缩短2/3，停征17项行政事业收费。稳步推进财政体制改革，加强部门预算管理，完善专项经费零基预算管理模式，开展结余资金分类管理，全面实施街道财力保障。优化政府举债统筹资金、动迁房源资金等管理，在3家单位开展公务卡管理制度改革试点，切实提高财政性资金使用透明度。全面落实中央关于严格控制因公出国、车辆购置、公务接待“三项经费”要求。着力提高行政透明度，向人大公开部门预算的单位由6个增加到19个，首次公开审计项目计划、审计整改报告和审计结果报告。在规定期限内认真办理完成426件人大代表书面意见和政协委员提案，以及2050条“区长在线”和“人民群众网上评议政府”收到的群众意见建议。全面完成公务员队伍核心执行力轮训，我区政府部门绩效考核工作入选2009年度中国政府十大管理创新典范，在全市政风、行风测评中，我区名列九个中心城区第一。依法行政工作继续推进，廉政工作力度加大。完成第二次经济普查，档案、物价、方志等工作得到加强。

回顾过去一年的工作，我们深感成绩来之不易。这是在市委、市政府和区委的正确领导下，全区人民同舟共济、共克时艰的结果。在此，我谨代表区人民政府，向工作和生活在杨浦、在各个领域和岗位上辛勤劳动、无私奉献的全体人民，表示崇高的敬意！向给予政府工作有效监督、大力支持的人大代表和政协委员，向各民主党派、工商联、各人民团体和社会各界人士，向区各部门、区域内高校、科研机构、企业和驻区部队，向所有关心支持杨浦知识创新区建设的同志们、朋友们，表示衷心的感谢！

在看到成绩的同时，我们也清醒地认识到，前进的道路上还面临许多困难和挑战。制约杨浦结构转型、科学发展的体制机制瓶颈依然不少，转变经济发展方式的任务十分紧迫；自主创新的动力和活力不足，“三区融合、联动发展”内涵仍需深化；主导产业规模还不够大，产业结构优化升级步伐有待加快；旧改、就业、救助等民生工作十分繁重，一些历史遗留问题和社会矛盾需要下更大力气解决好；城市管理顽症仍需攻坚破难，社会管理和公共服务还面临不少矛盾和问题；政府职能转变还不到位，改革创新亟待加快，政府工作人员的行政效能和服务意识需进一步提高。对于这些问题，我们必须高度重视，采取切实有效措施，认真加以解决。

二、2010年工作的总体要求和主要目标

2010年是上海世博会的举办年，是实施“十一五”规划的最后一年，也是杨浦国家创新型试点城区建设的起步之年，任务光荣而艰巨。当前，世界经济出现了积极变化，正逐步走出衰退，但全球经济复苏将是一个缓慢曲折的过程，全国和上海的经济总体企稳向好，经济社会发展处于企稳回升的关键时期，但经济回升基础还不稳固。我们既要看到经济发展的积极变化和有利条件，坚定信心，善于抓住和用好机遇；又要充分估计经济形势的复杂性和不确定性，克难攻坚，切实增强忧患意识。

2010年政府工作的总体要求是：在市委、市政府和区委的坚强领导下，高举中国特色社会主义伟大旗帜，深入贯彻科学发展观，认真落实党的十七大、十七届三中、四中全会、中央经济工作会议、上海经济工作会议和九届市委十次全会精神，按照八届区委十二次全会关于全年工作的总体部署和要求，紧紧围绕上海世博会举办这一中心任务，牢牢把握建设国家创新型试点城区的重大机遇，坚持把经济结构调整优化放在更加突出的位置，坚决贯彻中央五个“更加注重”的要求，确保世博会成功举办，确保经济发展方式转变取得新进展，确保民生持续改善，确保社会和谐稳定，确保“十一五”规划目标全面实现、高质量编制好“十二五”规划，努力开创杨浦知识创新区建设新局面。

综合各方面因素，建议2010年我区经济社会发展的主要目标是：全区生产总值同比增长9%；区级财政收入同比增长8%；固定资产投资总额达140亿元；社会消费品零售总额同比增长10%；外贸进出口总额基本持平；万元生产总值综合能耗同比下降2%；城镇登记失业人数控制在市下达的指标以内。

三、全力以赴做好上海世博会各项工作

要把办好世博会作为今年的头等大事，在市委、市政府的领导下，举全区之力，保城市运行秩序、保社会稳定、保安全生产、保市容市貌、保世博相关活动，确保办成一届成功、精彩、难忘的世博会；牢牢抓住世博机遇，充分展示知识创新区建设成果和城区文明形象，全面提升城区建设管理水平。

（一）加强服务保障，确保各项筹办工作圆满完成

认真细致做好办博工作。按照市的统一部署，积极开展“世博会国际参展方与各区县友好结对活动”，精心组织世博期间的馆日参观、社区文艺演出和互动交流活动。全力做好世博会人力资源支持和园区志愿者资源储备，开展“世博人家”征集活动，丰富社区接待工作内涵。加强入园服务外包单位监管，确保提供高效优质服务。制定实施城市运行服务和应急保障工作方案，重点保障公共交通服务，提高交通智能化水平，实现世博交通与社会交通和谐运转。

确保实现“平安世博”。围绕世博安保“四个坚决防止发生”和“四个确保”总体要求和目标，深入开展“迎世博、保平安”专项行动，认真做好世博园区安保工作。以城市安全确保世博安全，坚持“条块结合、以块为主”，人防、物防、技防相结合，层层落实工作责任制，切实做好安全教育培训、社区防范巡逻等九大项工作，深入开展安全生产、特种设备、重大消防隐患专项整治，构筑食品药品安全实时监控体系，完善各类应急处置预案，加强实战综合演练，有效预防和处理各类突发事件，努力做到万无一失。

巩固提高市容环境建设管理成果。按照“整洁、美观、有序”要求，开展建成项目“回头看”活动，深化巩固整治成果，充分展示市容环境新面貌。坚持疏堵结合，加大联动执法和城市管理顽

症专项整治力度,有效控制城市管理“四乱”现象。推进市容环境行政事务投诉处置统一受理平台建设,进一步提高市容环境质量保障能力和群众满意率。

广泛开展社会动员。突出宣传世博,深入推进世博知识进机关、进社区、进学校、进军营,全面完成“双语”、世博知识和百万家庭学礼仪等培训。突出参与世博,以每月“三五”集中行动为重点,积极开展“迎世博、讲文明、树新风”活动,大力推进群众性精神文明创建;热情做好世博接待工作,组织好文明观博,掀起“万人看世博”高潮,进一步增强城市自豪感和认同感。突出奉献世博,加强世博会志愿者培训和管理,使志愿者队伍成为世博会的亮丽风景。

着力提升窗口服务质量。坚持把提升窗口服务水平与提高服务技能、便民利民、树立品牌相结合。深化五角场市级副中心服务标准化示范区建设,带动整体服务水平和环境提升。完善窗口服务设施,做好标识标牌、外语标示、无障碍设施等的建设与维护。强化窗口服务行业管理,开展树典型、塑品牌活动,畅通投诉渠道,加大监督检查整改力度,有效提高人民群众满意度。

抓住机遇分享世博。积极拓展对外合作交流渠道,搭建宣传推介平台,充分展示杨浦转型发展的形象。广泛收集信息,主动对接来沪参展、参观世博的组织(机构)、企业及人士,吸引更多的目光聚焦杨浦、更多的资源集聚杨浦。借鉴创意世博、科技世博的理念,大力发展文化创意、旅游会展等现代服务业,全面促进传统产业转型升级。发挥区域设计产业优势,积极参与特许商品设计,拓展销售网点,坚持商旅文体结合,放大世博拉动内需效应。

(二)继续推进重大基础设施建设和节能减排,以良好的城区功能保障世博会举办

不断完善城区重大基础设施体系。确保轨道交通10号线、军工路北段拓宽、四平路大连路下立交工程世博会前竣工并投入使用,完成杨树浦路西段、五角场、新江湾城三座交通枢纽和军工路越江隧道建设。开工建设轨道交通12号线,启动长阳路、三门路等4条道路辟通拓宽和国济路人行桥等3座桥梁新建、改建工程,推进嫩江路和周家嘴路越江隧道前期准备。

深入推进污染减排与环境保护。坚持世博生态保护理念,全面推进第四轮环保三年行动计划。加强大气环境治理和保护,完成4台燃煤锅炉改造,二氧化硫年排放量控制在1700吨以内,切实巩固扬尘污染控制区建设成果。加强水环境治理和保护,加快大定海排水系统工程建设,开展王家浜综合整治。推进新江湾城街道国际化生态型示范小区创建,基本建成安徒生儿童公园,加强立体绿化建设,城区绿化覆盖率达到28%。

切实加强节能降耗和资源节约。树立“低碳杨浦”理念,全面落实节能降耗目标管理责任制。总结推广与西门子、同济大学等的合作经验,积极推进区域内机关、企事业单位旧大楼合同能源管理,完成5万平方米既有建筑节能改造,积极推广绿色建筑。加快淘汰落后产能,推进5家高污染、高能耗企业关停并转迁。完善重点用能单位节能管理三级网络,培育有市场竞争力的节能服务公司。不断完善城市生活垃圾分类收集系统,建立再生资源回收网络。强化规划先导,严格规划管理,深化重点地区规划,开展专项规划编制。加大土地收储和出让力度,开发利用存量土地,提升土地资源集约化利用水平。

四、着力推进国家创新型试点城区建设

在杨浦转型发展的关键时期,国家科技部授予我区国家创新型试点城区的殊荣。我们要紧紧抓住这一历史性战略机遇,率先增强自主创新能力、转变经济发展方式,坚持在发展中实现转变,在扩大开放中实现转变,在发挥优势中实现转变,在人民生活水平的逐步改善中实现转变,在改革创新中实现转变,努力将杨浦建设成为创新人才集聚、市场要素活跃、创新主体涌动、创新服务完善、创新生态良好的国家创新型城区。

(一)以集聚创新要素为重点,着力完善创新服务体系

全面落实区委建设国家创新型试点城区的决定。积极贯彻八届区委十二次全会审议通过的《关于全面建设国家创新型试点城区的决定》,紧紧围绕区委提出的建设国家创新型试点城区的指导思想、发展目标、战略定位和基本原则,制定实

施加快创新型城区建设的行动计划和推进方案，明确试点城区建设指标体系、阶段性目标、保障措施、责任主体，积极在体制机制、政策环境、资源整合和金融创新等方面先行先试，争取国家和市的创新政策和资源集聚；不断完善与大学、科研院所的沟通协调机制，着力突破技术转移、人才流动、资源共享等瓶颈，深入推进“三区融合、联动发展”；进一步加强与张江对接联动，积极推进国家高新区申报工作，加快推动科技园区“品牌化、专业化、国际化”发展；加强宣传发动，落实保障措施，强化考核评估，加快形成“人人参与、人人服务国家创新型试点城区”建设的良好氛围，努力把杨浦打造成为知识经济策源地与新兴产业引领区，创新创业集聚地与服务经济先行区，高端人才汇集地与高教改革试验区，先进文化弘扬地与品质生活示范区。

深入推进国际技术与资本转移集聚区建设。继续聚焦创智天地，加快国内外创新要素集聚共享，与复旦大学、美国硅谷银行、斯坦福大学、香港瑞安集团联合筹建国际性创新人才教育培训机构，培养管理、风投、金融领域的高端人才。积极加强与联合国南南局合作，支持南南全球技术产权交易所和环境能源交易所功能提升，启动联合国上海项目中心、全球创意经济城建设。加快推进与联合国工业发展组织共建上海高新技术创新发展基地，支持推动上海高校技术市场有序运作，推动2~3家大学在科技园区建立技术转移中心，与上海联合产权交易所合作共建钢材交易所、矿权交易所，积极搭建技术、生产资料交易转化平台。

以金融创新服务科技创新。依托上海国际金融中心建设，积极承办全国科技金融改革创新论坛，着力完善科技创新融资服务体系。深入推进与美国硅谷银行的合作项目，支持硅谷银行上海代表处业务拓展，加强引导基金监管，扩大中早期基金投资项目，推进股权估值工作。借鉴硅谷模式，探索建立风投基金与商业银行、小额贷款公司投贷联动的金融服务平台和投贷战略联盟。积极推进知识产权质押融资、政策性担保等高效有序快速发展，创新推出中小企业集合中期票据、科技孵化引导基金、科技保险、产业基金等金融产品，支持浦发银行创智天地支行开设科技企业专项融资业务，积极鼓励和支持企业改制上市，促进金融资本、社会资本与产业资本相结合，帮助更多的科技企业突破“融资难”瓶颈。

加快培养和集聚优秀人才队伍。积极实施区加快推进国家海外高层次人才创新创业基地建设的决定和实施意见，加快推进“3310”计划，引进20名入选中央“千人计划”的创新创业人才，全面落实安居、医疗等各项扶持政策，加大知识产权保护力度，努力营造引得进、留得住、用得好人才的良好氛围。积极实施区校共建基地框架协议，不断完善协调推进工作机制，加快形成基地共建、人才共享、资源共用、发展共赢的格局。加大宣传力度，建立人才基地海外联络点，提高基地知晓度和影响力。

（二）以重大项目建设和产业集聚为抓手，着力提升产业发展能级

继续聚焦重点功能区开发建设。按照区域性、组团式、辐射状发展模式，着力推进38个重大工程建设，全区商务资源面积达到400万平方米。继续实施聚焦江湾—五角场战略，四平路、黄兴路三角地块（NS2）项目、创智天地一期三批项目、新江湾城知识商务中心开工，加快合生广场、南政院信息化综合大楼、创智天地5号地块、波司登总部大楼、东方蓝海、地下空间等在建项目建设，进一步凸现以科教为特色的现代服务业集聚区功能形态。深化大连路总部研发集聚区总体规划，西门子上海中心、北美广场竣工并投入使用，加强商务配套服务设施规划建设，着力发挥总部经济的辐射带动效应。积极推进黄浦江沿岸杨浦段的渔人码头一期、二期建设，做好三期开工准备，建成秦皇岛路“世博水门”，着力打造世博会亮点。

加快推进重点产业集聚发展。认真贯彻国务院产业调整振兴规划和战略性新兴产业发展规划、市推进高新技术产业化实施意见，积极实施区“3+2”重点产业发展三年行动计划，强化政策配套，积极推进有竞争力的产业集聚发展。知识型生产性服务业增加值占第三产业增加值比重达34%。加快现代设计产业发展，重点推进国家级环同济研发设计服务特色产业基地建设，国际时尚中心一期、国际设计一场一期建成,“意大利创意设计城”开工,打造柔性设计馆等专业服务平台,大力发展文化传媒设计、工业设计、时尚创意设计等新型设计业态,实现总产出同比增长20%;大力推动上海国家设计中心落地运作,签约一批国内外知名设计师,培育自主品牌,拓展国际市场,着力打造国家级公共设计服务平台。加快以软件和信息服务业为重点的电子信息产业发展,推进复旦软件园建设,建立医疗电子技术转移中心,加快培育引进一批具有自主知识产权的骨干企业,实现总产出同比增长13%。加快节能环保产业发展,推动新江湾城国际大学科技园开工建设,依托专业科技园和清洁技术国际创新中心等专业平台,加快促进国内外节能环保企业和机构集聚,实现总产出同比增长30%。加快教育服务产业发展,充分发挥新东方、环球雅思等教育服务企业的引领作用,加强与高校联动,放大“学习广场”品牌效应,重点促进高端人才培训、国际职业资格认证、语言培训和咨询研究等教育服务业发展,实现总产出同比增长20%。加快宾馆酒店业发展,积极提升企业的运作能力、服务能力和品牌影响力,高星级标准宾馆达到7家,60家中小旅馆总体达标或优质服务达标,创建3~4家绿色饭店。

积极提升传统产业能级。以产学研合作为引领,着力推进传统工业企业技术改造和功能调整,走高端发展道路。现代服务业外包集聚区开工,加快推进上海烟草集团研发中心、烟丝车间技改等项目建设,复地国际商务中心竣工。推进设备制造、印刷、钟表等都市型产业园区规划建设,把品牌塑造与技术改造相结合,着力提升产品附加值和产业能级。

充分发挥消费拉动经济增长的作用。以江湾—五角场市级副中心、控江路区级商业中心为重点,以重大活动举办为契机,促进“商旅文体”结合,大力发展假日经济、轨道交通站点经济,努力培育新的消费增长点。扩大居民日常消费,完善标准化菜场、大众浴室等便民商业设施布局,打造若干条特色商业街。积极推进高品质宾馆、酒店、商务设施建设,建成浩荣大酒店,努力营造便捷舒适的消费环境。大力实施区旅游行业迎世博行动计划,加快开发杨浦特色旅游线路,区旅游企业总收入同比增长20%以上。

(三)以扩大开放为动力,着力发展开放型经济

全力做好外资外贸外事工作。优化利用外资结构,建立杨浦区外国投资工作海外联络处,加强与世界各地交流合作,大力吸引跨国公司地区总部、投资公司、营运中心、结算中心和研发中心,引导外资投向现代服务业、高新技术产业。着力优化外贸结构,促进加工贸易向服务贸易转型,鼓励具有自主品牌和高附加值的产品出口。

切实加强招商引资和企业服务。坚持功能招商、招大引强和内外并举,促进产业规划、土地利用规划、重点功能区规划相衔接,确保政策、土地、载体等资源向优质招商项目倾斜。完善招商引资工作机制,健全重点招商项目谈判推进、招商信息资源整合、项目同步招商等机制,充分发挥职能部门、街道镇特长和服务优势,巩固招商引资“全区一盘棋”格局。建立商务楼宇产出效益考核机制,“三落地”率达到81%。认真落实国务院关于进一步促进中小企业发展的若干意见,大力支持非公有制企业发展,落实公平准入,强化金融服务和财税扶持。进一步拓展联系企业渠道,切实提升企业服务的个性化、专业化水平,及时帮助企业解决发展中的问题。

着力完善多层次开放合作格局。深化与联合国、北美、欧洲、非洲等的合作,借梯登高、借船出海,争取更多国际机构和要素市场集聚杨浦。加强部市合作、市区联动、区县互动,争取更多政策和资源落地,学他人之长、创杨浦之新。主动融入长三角,滚动推进大丰、海安、江阴等异地工业(科技)园区建设,着力促进制造业基地与总部研发、创新服务基地联动发展。深入推进对口支援都江堰市胥家镇灾后重建和“三地四县”援建项目,确保按时、全面、优质完成任务。

五、切实加强以民生为重点的社会建设

坚持发展经济与改善民生相结合,突出重点、统筹兼顾,着力解决人民群众最关心、最直接、最现实的利益问题,继续办好一批群众反映集中、受益面广的实事项目,进一步提高经济社会发展的协调性。

（一）聚焦安居、就业和社会保障，积极解决人民群众“急、难、愁”问题

加快推进旧区改造。坚持依法动迁、阳光动迁、诚信动迁、和谐动迁不动摇，不断创新工作机制，着力突破房源、资金等瓶颈。适时启动平凉西块三期等旧改地块动迁，完成7个基地收尾，激活1~2个停滞基地。完成旧小区综合整治30万平方米。加快推进保障性住房建设，154街坊二期、116街坊保障性住房基地开工。认真做好廉租对象收入线放宽后的认定和配租工作，逐步扩大实物配租比例，做到应保尽保。深化完善物业管理服务达标补贴制度，着力提高物业管理服务整体水平。

大力促进创业与就业。全面实施区大学生创业三年行动计划，依托中国（上海）创业者公共实训基地、中国青年创业国际计划杨浦办公室、杨浦科技创业中心等平台，不断完善“创业苗圃—孵化器—加速器”的创业服务体系。全面把握区域就业形势，着力构建统一的人力资源市场，重点促进高校毕业生就业，健全“培训、实习、见习”等服务体系，确保困难家庭未就业大学生全部托底安置。加强劳动保障监察，办好区劳动人事争议仲裁院，促进劳动关系和谐稳定。

不断提升社会保障水平。坚持保基本、广覆盖、分层次、可持续，积极贯彻落实各项民生保障政策，完善救助帮困平台，提升“综合解困”能力，实施社会救助绩效考核制度。完成杨浦区福利院扩建。扎实开展全国老年友好城区试点工作，新增养老床位700张，完成5600张的“十一五”目标；新改扩建（修缮）社区老年活动室46家，启动河间路敬老院建设，提升为老服务设施功能。积极开展全国残疾人工作示范城市试点区工作，深化阳光品牌管理机制，进一步完善残疾人社会保障和服务体系。

（二）坚持突出重点与均衡发展相协调，促进社会事业健康发展

继续办好人民满意的教育。积极推进上海市基础教育创新试验区建设，建设一批区本课程、课程化实训基地和实验室，大力培养学生创新精神和实践能力。编制区教育中长期发展规划，加强农民工同住子女融入教育，深化教育组团式发展，实施区特殊教育三年行动计划，促进义务教育均衡普及优质发展。实施学前教育五年发展规划，促进高中学校特色化发展。深入推进素质教育，促进教学质量高位稳定发展，推进教育国际化。全面实施第三轮“三名”工程。齐一小学扩建、少年宫重建、定海幼儿园改建等项目开工，加快推进校舍安全工程。

全面提升医疗卫生服务水平。深入推进医药卫生体制改革，不断完善公共卫生体系，继续做好甲型H1N1流感等传染病防控工作，加强突发公共卫生事件的监测预警和预防控制。促进基本公共卫生服务均等化，继续深化社区卫生综合改革，建立居民健康档案信息管理系统，新组建303个市民健康自我管理小组，完成27个社区卫生服务站点标准化建设，实施为6岁以下非沪籍儿童免费保健等实事项目。稳步推进公立医院改革、内涵建设和能级提升，完成区中医医院新建、市东医院扩建项目，加快推进控江医院改扩建、区精神卫生中心和公共卫生临床分中心重建。

大力发展文化体育事业。完善公共文化服务体系，健全社区文化活动中心管理机制，推进延吉图书馆改建工程。深化文化体制改革，支持长白文化传播有限责任公司发展。创新管理手段，加强文化娱乐场所分级分类量化管理。认真贯彻国务院《全民健身条例》，完善社区体育健身俱乐部长效管理机制，加强区社区体育指导员中心和体育指导员站建设。杨浦体育活动中心综合改造项目开工，继续深化学校体育场地向社会开放全国试点区工作。积极举办“世博号角”上海之春国际音乐节管乐艺术节、中国首届数字音频大赛、“全民健身与世博同行”、亚洲极限运动锦标赛、中国壁球公开赛等重大文体活动，引进澳式职业足球表演等赛事。

（三）创新管理机制和方式，加强和改善社会管理

健全基层管理和服务网络。认真贯彻市社会建设工作会议精神，制定我区贯彻实施意见。积极创建“全国和谐社区建设示范区”，全面推进社区事务受理服务中心规范化建设，完善社区居民生活服务体系。加强社会组织分类指导，大力推进社会组织、社工、社区“三社互动”，共建高校、企业、社会组织合作联盟，开展全国第二批社会工作人才队伍建设试点。进一步加强居委会能力建设，充分发挥居民的自治主体作用。探索“两个实有”全覆盖长效管理机制，启动全国人口计生综合改革试点区工作，开展第六次全国人口普查，建立区人口发展监测体系，切实提高人口综合调控管理水平。

妥善化解社会矛盾。严格落实重大事项社会稳定风险分析评估机制，实现社会稳定风险发现在前期、预防在源头、控制到最低。积极提高初信初访解决率，切实加大动迁矛盾等信访积案化解，建立健全信访终结工作机制。深化完善人民调解前置、各类案件委托调解工作机制，建立健全基层诉调衔接工作网络，推进人民调解进楼宇、进楼组，着力构建大调解工作格局。

调动社会各方积极性。支持工会、共青团、妇联等人民团体依照法律和各自章程开展工作，充分发挥联系群众的纽带作用和参与社会事务管理的作用。切实做好民族、宗教、侨务和对台工作。积极创建“全国双拥模范城”七连冠，加强优抚安置工作规范化建设，巩固发展军政、军民团结。

六、努力建设服务政府、责任政府、法治政府、廉洁政府

紧紧围绕上海实现行政效率最高、透明度最高、收费最少的“两高一少”的目标，加快政府职能转变，以行政效能提升和政府信息公开为重点，从制度建设着手，切实加强政府自身建设，努力提高领导科学发展的能力和水平。

（一）切实提升行政效率

深入推进行政审批制度改革。继续推进行政审批清理工作，积极落实市第四批取消、调整事项。优化审批方式，扩大告知承诺和并联审批的实施范围，进一步优化审批流程、简化审批程序，切实提高工作效率。加强行政审批标准化建设，实行目录管理制度，开展实施效果后评估。完善网上并联审批和电子监察系统，实现行政审批的实时监控，推动审批信息全面、及时公开。

积极提升行政执行力。加强电子政务建设，大力推进各类应用事项上网和网上协同办事，增强政府网站的办事服务功能。提高执法公信力，强化对政府工作人员特别是行政执法人员的教育、监督和管理，严格落实行政执法责任制，促进公开公正执法、依法合规执法。增强对突发事件和社会公众事件的敏锐性和预见性，完善反应协调机制，做到早见事、快应对。

（二）有效增强行政透明度

全面推进政府信息公开。加大政府公共信息公开力度，积极公开方便公众参与、监督的相关信息，及时公开本区“扩内需、保增长”政府投资项目进展情况，各类经济社会发展规划、计划、实施评估报告，以及教育、卫生、社保、环保等公共服务类信息，强化监督考评和责任追究。拓宽信息公开渠道，推进政府信息公开进社区、进企业。自觉接受区人大和政协监督，重视司法监督，发挥好新闻舆论和社会公众监督的作用。

重点加强财政性资金运行透明和审计公开。推进财政预算信息公开，扩大部门预算公开范围、深化公开内容，加大涉及群众切身利益的重点支出项目公开力度。不断完善审计公开机制和程序，坚持向人大公开年度重点审计项目计划、审计整改报告、审计结果报告，以公开促整改。

（三）加快推进政府职能转变

深入推进国资国企改革。积极实施区国资国企改革发展三年行动计划，加快政企分开，强化企

业市场主体地位，推动企业做强主业、压缩层级，完成2家重点企业开放性、市场化战略重组，继续跟踪落实区城投(集团)公司发行企业债券工作。推进国资监管向二、三级企业延伸，建立委托监管企业巡查制度。不断完善企业法人治理结构，开展市场化、职业化选人、用人试点。完成150户小企业清理和改制。全面完成与企业协会的政社分开改革。

不断完善公共财政体系。着力优化支出结构，进一步加大在保障民生、公共服务、迎办世博、经济发展等领域的投入，严格控制会议、接待、出国、公车等行政经费支出。着力加强支出管理，强化基建项目支出动态监管；扩大国库直拨范围，逐步将本区全额拨款事业单位工资纳入阳光工资平台；全面推进公务卡制度改革；开展国库集中支付改革试点，逐步建立本区国库单一账户体系，切实提高资金使用效益。按照"管采分离"的原则，推进政府采购机构调整、权责明晰和制度健全。加强区域经济运行分析预测，促进财税收入稳定增长。深入推进事业单位绩效工资改革。

深化作风建设和廉政建设。全面贯彻区委关于加强和改进新形势下党的建设的实施意见，大力弘扬"四敢"精神，以良好的党风、政风、行风保障政府职能加快转变。严格落实党风廉政建设责任制，加快推进惩治和预防腐败体系建设，不断完善"三重一大"集体决策、领导干部个人有关事项报告等制度，强化对权力运行的监督制约。开展工程建设领域专项治理，积极探索"制度加科技"的预防腐败新机制。加强学习型政府建设，积极践行"一线工作法"，不断拓展政府与人民群众沟通联系的渠道，完善公务员和部门绩效考核体系，努力建设学习型、创新型、实干型、爱民型公务员队伍。

2010年是实施"十一五"规划的最后一年，也是"十二五"规划的编制之年，要准确研判国际国内形势变化，按照国家、市关于"十二五"规划编制的总体要求，结合杨浦区情实际，围绕建设国家创新型试点城区的战略目标，集思广益、群策群力，高起点、高标准编制好"十二五"规划。

各位代表：今年的经济形势依然复杂严峻，筹办世博会等各项任务十分艰巨。让我们在市委、市政府和区委的坚强领导下，紧紧依靠全区人民，进一步解放思想、振奋精神，务实开拓、奋勇争先，以超常规的精神状态、超常规的工作思路、超常规的工作举措，全面完成全年和"十一五"规划各项目标任务，为加快推进杨浦国家创新型试点城区建设而努力奋斗！

【俞正声视察杨浦工作】 3月18日，中共中央政治局委员、市委书记俞正声会见美国硅谷金融集团主席兼首席执行官魏高思一行。区委书记、区人大常委会主任陈安杰，区委副书记、区长宗明和美国硅谷金融集团中国区董事总经理杨大和、副总裁陈海刚等参加。

4月30日，"迎世博倒计时一周年"城市森林音乐会假共青森林公园举行。中共中央政治局委员、市委书记俞正声，市委副书记、市长韩正，市人大常委会主任刘云耕，市政协主席冯国勤，市委副书记殷一璀，市委常委、宣传部长王仲伟，市委常委、常务副市长杨雄，区委书记、区人大常委会主任陈安杰，区委副书记、区长宗明，区委副书记魏伟明等出席。2000多位群众和游客欣赏了精彩的艺术表演。

6月25日，中共中央政治局委员、市委书记俞正声，市委副书记、市长韩正，市委常委、宣传部长王仲伟，市委常委、常务副市长杨雄，市委常委、市委秘书长丁薛祥等到杨浦苏家屯路视察"迎世博600天行动计划"推进情况。区委书记、区人大常委会主任陈安杰，区委副书记、区长宗明以及其他中心城区的区委、区政府主要负责人随同。

9月1日，中共中央政治局委员、市委书记俞正声和美国硅谷金融集团主席兼首席执行官魏高思在创智天地共同为美国硅谷银行有限公司上海代表处揭牌。市委常委、副市长屠光绍讲话。区委书记、区人大常委会主任陈安杰和魏高思分别致辞。区委副书记、区长宗明主持。上海银监局副局长蒋明康宣读了中国银监会《关于美国硅谷银行有限公司上海代表处设立的批复》。市政府副秘书长、市发改委主任周波，市政府副秘书长蒋卓庆，复旦大学校长杨玉良，同济大学党委书记周家伦，上海联合产权交易所总裁蔡敏勇和区领导李文连、魏伟明等出席。

12月7日，中共中央政治局委员、市委书记俞正声会见美国硅谷金融集团董事长彼得·哈特一行，对客人来访表示欢迎。市委常委、副市长屠光绍会见时在座。区委书记、区人大常委会主任陈安杰和复旦大学党委书记秦绍德等出席。

【万钢为同济大学研发设计服务特色产业基地揭牌】 4月18日，国家火炬计划环同济研发设计服务特色产业基地在同济大学举行揭牌仪式。全国政协副主席、科技部长万钢和副市长沈晓明共同为基地揭牌并讲话。同济大学党委书记周家伦和区委书记、区人大常委会主任陈安杰分别致辞。同济大学校长裴钢介绍"环同济知识经济圈"的规划发展工作报告。区委副书记、区长宗明发布《杨浦区2009—2011年现代设计产业发展三年行动计划》。国家科技部高新司司长冯记春、发展计划司副司长秦勇、火炬中心副主任张卫星和市科委主任寿子琪、市发改委副主任池洪、市教委副主任王奇、市科委秘书长徐美华，同济大学常务副校长李永盛、副校长陈小龙，区四套班子领导李文连、柴尧迅、庄少勤、邹明、陈丽龄、唐海东等出席。

【厉无畏在杨浦视察和出席有关活动】 7月10日，全国政协副主席、民革中央常务副主席厉无畏视察上海复旦软件园项目。区委书记、区人大常委会主任陈安杰，区政协主席李文连，副区长唐海东陪同视察。

9月3日，2009南南全球创意经济与技术产权交易论坛暨第三届杨浦发展国际论坛在杨浦举行。全国政协副主席厉无畏，副市长艾宝俊启动南南全球创意经济与技术产权交易系统。区委书记、区人大常委会主任陈安杰致辞，区委副书记、区长宗明主持，区政协主席李文连，区委副书记魏伟明等出席。

【胡启立出席中国福利会幼儿园建园60周年庆典活动】 11月2日，中国宋庆龄基金会主席、中国福利会主席胡启立，市委副书记殷一璀，市委常委、宣传部长王仲伟，中国福利会副主席宋仪侨，中国福利会党组书记洪纽一和区委书记、区人大常委会主任陈安杰，区政协主席李文连出席。

【韩正在杨浦调研】 9月1日，市委副书记、市长韩正和市政府秘书长姜平等到杨浦调研旧区改造工作，实地查看了定海路街道、大桥街道成片二级以下旧里情况。韩正对区积极探索创新动迁机制，加快推进旧区改造，取得动迁良好势头表示肯定。他强调要积极探索创新动迁机制，加快研究各种综合性政策措施，坚持“阳光动迁”，坚持旧改与保障相分离的原则，市区共同努力，切实解决旧区居民的居住困难，改善居住环境。要切实加快动迁配套房源建设，为“十二五”规划全力推进旧区改造做好积极准备。区委书记、区人大常委会主任陈安杰，区委副书记、区长宗明汇报了区当前推进和进一步规划开展旧改工作的情况和设想。区委常委、副区长庄少勤等参加。

【李学勇在杨浦调研、考察】 10月12日，国家科技部党组书记、副部长李学勇到杨浦调研，实地考察了区规划展示馆、同济科技园、创智天地等处，并举行座谈交流。区委书记、区人大常委会主任陈安杰作专题汇报，区政协主席李文连，区委副书记魏伟明等出席。

【孙大发来杨浦视察】 6月15日，解放军总后勤部政委孙大发在总后勤部政治部主任郭旭恒和二军大校长刘振全、政委曹国庆陪同下，视察新江湾城社区卫生中心建设基地。区委书记、区人大常委会主任陈安杰和长海医院院长李静、政委夏阳等参加接待。

【龚学平出席报恩寺重建奠基】 5月29日，千年古刹太平报恩寺在杨浦重建奠基。全国人大常委会委员龚学平，市人大常委会副主任胡炜，区委书记、区人大常委会主任陈安杰，区委副书记、区长宗明，区政协主席李文连等出席仪式并为太平报恩寺奠基培土。

【刘云耕在五角场下沉式广场出席妇女维权周启动仪式】 3月1日，市人大常委会主任刘云耕在五角场下沉式广场宣布“三八”妇女节维权周启动仪式。区委书记、区人大常委会主任陈安杰，区委副书记、区长宗明出席。

【冯国勤来杨浦调研】 4月28日，市政协主席冯国勤、副主席钱景林率市政协机关工作人员和部分市政协委员来杨浦调研。区委书记、区人大常委会主任陈安杰，区委副书记、区长宗明，区政协主席李文连，副主席方伦贵等陪同调研。

【殷一璀在杨浦调研】 3月20日，市委副书记殷一璀和市委副秘书长姜樑，市政府副秘书长、市旧区改造工作领导小组秘书长尹弘等，到杨浦调研旧区改造工作。区委书记、区人大常委会主任陈安杰，区委副书记、区长宗明，区委副书记魏伟明出席。殷一璀强调要继续坚定旧改信心，推进发展改善民生。区委常委、副区长庄少勤等参加。

4月2日，市委副书记殷一璀，市政协副主席朱晓明一行到杨浦调研信访工作。区委书记、区人大常委会主任陈安杰汇报区信访工作情况。市委副秘书长姜樑，市委、市府信访办主任张示明和区领导宗明、魏伟明、陆勇华、庄少勤、马杰富等出席。

7月15日，市委副书记殷一璀和市委副秘书长姚海同到杨浦调研动迁停滞基地及动迁突出矛盾化解工作。区委书记、区人大常委会主任陈安杰，区委副书记、区长宗明，区委副书记魏伟明陪同察看了许杨二期基地、河间路101街坊基地和蒋家浜基地、方子桥基地、长白一村6号地块二期基地等处，并进行座谈。

9月24日，市委副书记殷一璀和市委副秘书长姚海同到杨浦调研动迁信访突出矛盾化解工作。殷一璀强调要对动迁矛盾和工作瑕疵进行梳理分类，开展总体评估，并积极推进律师参与矛盾化解工作。区委书记、区人大常委会主任陈安杰表示切实贯彻市委要求，抓住当前动迁良好契机，确保动迁矛盾化解工作取得新进展。

【董君舒在杨浦调研】 3月19日，市委常委、市纪委书记董君舒，市纪委副书记李芬华等到殷行街道调研领导干部作风建设。区委副书记、区长宗明，区委常委、区纪委书记陈守正陪同调研。殷行街道汇报社区党风廉政建设情况。殷行社区卫生服务中心、殷行物业有限公司以及殷行街道民星新村片党委、殷行北新村片党委分别就医疗改革、物业管理等老百姓关注的问题提出意见建议。董君舒对领导干部提出大兴亲民为民之风、大兴解放思想之风、大兴真抓实干之风和大兴廉政勤政之风的要求。

【沈红光检查帮困工作】 1月7日，市委常委、组织部部长沈红光及市科委主任寿子琪，市委组织部秘书长冯伟一行到杨浦检查春节期间帮困送温暖工作。走访慰问五角场镇的蔡美兰、梅刚两户困难家庭，实地察看五角场镇社区事务受理服务中心受理大厅，并召开座谈会。区委书记、区人大常委会主任陈安杰简要汇报区域发展情况，区委副书记、区长宗明汇报区元旦春节帮困送温暖工作。

【王仲伟出席上海之春开幕式】 4月30日，世博号角—上海之春国际音乐节管乐艺术节在杨浦举行。市委常委、宣传部部长、上海之春国际音乐节组委会主任王仲伟宣布开幕。区委书记、区人大常委会主任陈安杰致辞，区委副书记、区长宗明出席。

【王仲伟、胡炜、周汉民等出席国歌纪念广场落成典礼】 9月25日，国歌纪念广场、国歌展示馆在杨浦落成。市委常委、宣传部部长王仲伟为主题雕塑揭幕，市人大常委会副主任胡炜和市政协副主任周汉民揭牌，市委宣传部副部长、市文明办主任马春雷主持典礼，区委书记、区人大常委会主任陈安杰致辞，区委副书记、区长宗明、区政协主席李文连、区委副书记魏伟明等出席。

【杨晓渡到杨浦考察、调研】 12月17日，市委常委、统战部部长杨晓渡等中央党校省部级干部进修班“学习贯彻党的十七届四中全会精神”研究专题课题组成员来杨浦区调研。天津大学党委书记刘建平，江西省政协副主席、省委统战部部长宋晨光，中国电子信息产业集团董事长、党组书记熊群力，济南军区副参谋长马秋星少将，中央党校进修部副局级组织员何岳良，中央党校党建教研部副教授蔡志强等参加。区委书记、区人大常委会主任陈安杰介绍了“一线工作法”在推进杨浦知识创新区建设发展实践中的情况。市委组织部副部长王瑜和区委副书记魏伟明，区委常委、统战部部长张慧珠等参加。

【段世杰出席全国首家体育科技园揭牌仪式】 11月29日，全国首家体育科技园在杨浦成立。国家体育总局副局长段世杰，副市长沈晓明等出席揭牌，区委书记、区人大常委会主任陈安杰出席并致辞。

【屠光绍在杨浦调研】 5月21日，市委常委、副市长屠光绍，副市长赵雯和市政府副秘书长蒋卓庆一行来区调研知识产权质押融资工作。区委书记、区人大常委会主任陈安杰，区委副书记、区长宗明接待，陪同考察上海知识产权园、创智天地、联合国南南全球技术产权交易所等处，随后举行座谈。区委常委、副区长柴尧迅等参加。

【胡炜在杨浦调研科技创新工作】 2月18日，市人大常委会副主任胡炜来区调研科技创新工作，视察了同济大学国家科技园区国康基地等。区委书记、区人大常委会主任陈安杰，区委副书记、区长宗明，区人大常委会副主任陈丽龄、杭开才，副区长唐海东等陪同调研。

【唐登杰为世浦领世知识商务广场项目揭幕】 1月11日，由美国铁狮门房地产公司投资建设的世浦领世知识商务广场在新江湾城举行奠基仪式。副市长唐登杰、美国铁狮门公司董事长徐杰儒为项目揭幕。区委书记、区人大常委会主任陈安杰，市城投总公司总经理孔庆伟分别致辞。

【胡延照出席沪商会区县行系列

活动】 3月23日，由市合作交流办、区政府共同举办2009年各地在沪商会（企业）区县行系列活动启动仪式暨杨浦行活动。副市长胡延照、市合作交流办主任林湘和区委书记、区人大常委会主任陈安杰分别致辞。区委副书记、区长宗明介绍区经济发展情况。区委常委、副区长柴尧迅主持。副区长唐海东等出席。

5月17日，副市长胡延照出席在杨浦举行的助残活动。

【沈骏在杨浦调研】 2月16日，副市长沈骏出席杨浦区旧区改造暨平凉路西块二期旧改启动大会。区委书记、区人大常委会主任陈安杰，区政协主席李文连，区委副书记魏伟明等出席。

6月10日，副市长沈骏到杨浦调研迎世博600天行动市容环境综合建设和管理工作。区委副书记、区长宗明，区委常委、副区长庄少勤陪同视察。

8月16日，副市长沈骏来杨浦调研旧区改造工作。区委副书记、区长宗明汇报旧区改造工作情况。

【沈晓明出席中国（上海）创业者公共实训基地落成仪式】 11月10日，全国首创的中国（上海）创业者公共实训基地在杨浦落成。副市长沈晓明和区委书记、区人大常委会主任陈安杰分别致辞。

【赵雯在杨浦调研】 7月10日，副市长赵雯在市旅游局长道书明陪同下来区调研旅游和群众体育工作。区委书记、区人大常委会主任陈安杰，区委副书记、区长宗明陪同，先后前往江浦公园公共运动场、杨树浦水厂、秦皇岛路世博水门、中国烟草博物馆、国和路小学、共青森林公园，视察区旅游景点和公共体育场地设施建设工作。陈安杰总体汇报了区的旅游和群众体育工作情况。宗明重点汇报下一阶段工作计划部署。市体育局副局长李伟听和区领导唐海东、吴乾渝等出席。

12月29日，副市长赵雯及市知识产权局局长吕国强一行来区调研知识产权工作，实地调研了复旦天臣集团有限公司、同济大学知识产权学院等处。区委书记、区人大常委会主任陈安杰，区委副书记、区长金兴明和同济大学党委书记周家伦等分别陪同。然后进行座谈讨论。同济大学副校长伍江和副区长唐海东等出席。

【周太彤视察杨浦人才广场】 5月17日，市政协副主席周太彤到杨浦人才广场视察“上海市经济团体联合会大学生专场招聘会”。

【高小玫出席青少年科技创新大赛开幕式】 3月21日，第24届英特尔上海市青少年科技创新大赛在同济一附中学举行。市政协副主席、市科协副主席高小玫出席开幕式并宣布大赛开幕。区委书记、区人大常委会主任陈安杰，区委副书记、区长宗明，市科协党组书记、副主席孙正心，英特尔中国区执行董事戈峻，大赛评委会主任、市科技馆馆长王小明为大赛剪彩。区委副书记魏伟明致辞。

12月8日，孙中山铜像在杨浦重新建成。市政协副主席高小玫为铜像揭幕，区委副书记魏伟明致辞。

【蔡威出席农工党杨浦区委成立50周年纪念大会】 12月25日，农工党杨浦区委举行成立50周年纪念大会。市政协副主席蔡威，区委书记、区人大常委会主任陈安杰为农工杨浦区委参政议政先进集体颁奖。

【应勇出席“社区法官”机制与基层社区治理调研会】 6月1日，市高级法院党组书记、院长应勇出席“社区法官”机制与基层社区治理调研会。区委书记、区人大常委会主任陈安杰，区委副书记魏伟明等出席。

【杜金才来杨浦调研】4月4日，中国人民解放军总政治部主任助理杜金才中将、直工部长王森泰少将等来区调研，区委书记、区人大常委会主任陈安杰陪同参观了区规划展示馆。解放军南京政治学院副院长路加模少将，上海分院院长戴维民大校和区领导于秀芬、庄少勤、李建飞、马杰富等出席。

1月

11日，由美国铁狮门房地产公司投资建设的世浦领世知识商务广场在新江湾城举行奠基仪式，标志着以科教为特色、以国际化为标志的五角场城市副中心三大功能区建设全面展开。市委副书记、市长韩正发来贺信。副市长唐登杰、美国铁狮门公司董事长徐杰儒揭幕。市政府副秘书长沙海林讲话；徐杰儒，区委书记、区人大常委会主任陈安杰先后致辞。区委副书记、区长宗明主持。区政协主席李文连等区领导、复旦大学常务副校长张一华、南政院上海分院副院长高建群和市城投总公司总经理孔庆伟，美国铁狮门公司高级董事、总经理冯凯希等出席。

12日—16日，区机关干部春节前集中下基层。陈安杰、宗明、李文连、魏伟明等区四套班子领导成员和部分机关干部分别到12个街镇，传达贯彻八届区委七次全会精神，接待群众来访，协调解决人民群众反映突出的急难愁问题，确保人民群众过一个快乐、祥和的新春佳节。

12日，由区政府、上海市城投总公司、美国铁狮门房地产公司主办的第一届“绿色建筑与可持续发展国际论坛”举行。区委书记、区人大常委会主任陈安杰出席。区委副书记、区长宗明，市建交委副主任沈晓苏和美国铁狮门房地产公司董事长徐杰儒、高级董事总经理冯凯希致辞。区领导庄少勤、陈丽龄、方伦贵等出席。中外专家作了专题演讲。

2月

10日—11日，区委书记、区人大常委会主任陈安杰率区代表团赴北京访问考察。期间，与市科委主任寿子琪一起拜访了全国政协副主席、科技部部长万钢，就杨浦推进国家科技创新型示范城区建设进行研讨。走访了中央统战部副部长黄跃金，中国建筑总公司董事长孙文杰、总经理易军，中国通用技术集团副总经理宋宁，中信信托投资公司总经理蒲坚等，取得积极成果。于秀芬、柴尧迅、唐海东等区领导同行。

12日，区委书记、区人大常委会主任陈安杰，区委副书记、区长宗明会见美国硅谷银行总裁GREG BECKER，亚洲区总裁ASH、中国区董事总经理杨大和一行。双方就推动硅谷银行落户杨浦、设立办事处及早期风险投资基金等事宜进行协商。客人们参观了区规划展示馆、南南全球技术产权交易所。陈安杰陪同美国硅谷银行总裁GREG BECKER一行先后走访了市银监局、市金融办，分别受到闫庆民局长、方星海主任接待，对有关问题进行专题研讨。区委常委、副区长柴尧迅等参加。

19日，区委书记、区人大常委会主任陈安杰，区委副书记、区长宗明接待上海电气集团党委书记、董事长徐建国，参观了区规划展示馆、五角场副中心商业商务区等处。随后举行座谈，共商进一步加强双方合作事宜，并签订双方合作推进企业技术升级项目框架协议书。区领导柴尧迅、庄少勤等出席。

20日，区委、区政府召开区政府机构改革工作会议。区委书记、区人大常委会主任陈安杰讲话指出要深刻贯彻落实市委、市政府部署要求，认识区政府机构改革的重大意义，准确把握区政府机构改革的主要任务，统筹推进区政府机构改革的组织实施，确保圆满完成机构改革的各项任务。区委副书记、区长宗明主持。李文连、魏伟明等区四套班子领导出席。区委常委、组织部部长于秀芬通报了区政府机构改革方案。

25日，区委书记、区人大常委会主任陈安杰，区委副书记、区长宗明，区政协主席李文连，区委副书记魏伟明接待上海烟草专卖局党委书记、局长董浩林，上海烟草(集团)公司总经理施超一行，共商双方合作发展事宜。于秀芬、庄少勤、邹明、陈丽龄、唐海东等区领导参加。

3月

2日　区委召开深入学习实践科学发展观活动领导小组第一次会议。区委书记、区人大常委会主任陈安杰主持会议并强调，要把思想统一到中央和市委的部署上来，结合区实际，精心组织实施，深入扎实开展起来，使学习实践活动注重实践特色。区委副书记、区长宗明传达中央和市委有关会议精神。区委副书记魏伟明主持。区委常委于秀芬、柴尧迅等出席。

6日，区委召开深入学习实践科学发展观活动动员大会。市委第一指导检查组组长杨天欣和区委书记、区人大常委会主任陈安杰分别讲话。区委副书记、区长宗明主持。李文连、魏伟明和市委第一指导检查组副组长赵英等出席。

17日，杨浦区与美国SVB金融集团举行“杨浦区风险投资引导基金委托SVB金融集团管理”签约仪式。市委常委、副市长屠光绍和陈安杰分别致辞。区委副书记、区长宗明和SVB金融集团主席兼首席执行官魏高思分别代表双方签署了《杨浦区人民政府和SVB金融集团关于基金管理的谅解备忘录》和《杨浦区人民政府和SVB金融集团关于直接股权基金管理的谅解备忘录》。区委常委、副区长柴尧迅主持。李文连、邹明、陈丽龄和市科委副主任陆晓春、市金融办副主任范永进、SVB金融集团中国区董事总经理杨大和等参加。

20日，区召开领导班子和领导干部年度述职测评会议。区委书记、区人大常委会主任陈安杰主持并代表区党政领导班子作述职报告。区委副书记、区长宗明，区政协主席李文连等区领导、部分区老领导、区各部门、团体负责人和区各民主党派、团体负责人、无党派人士代表等出席。

25日，杨浦区与上海银行股份有限公司举行政银合作协议书签约仪式。区委书记、区人大常委会主任陈安杰和上海银行党委书记、董事长宁黎明分别致辞。区委副书记、区长宗明和上海银行行长瞿秋平分别代表双方签约。区委常委、副区长柴尧迅等出席。

29日，区委书记、区人大常委会主任陈安杰率区党政代表团前往四川省宜宾市进行考察访问。区委常委、副区长柴尧迅等同行。举行了杨浦区政府与宜宾市政府缔结友好市区的签约仪式。陈安杰与宜宾市委书记、市人大常委会主任杨冬生讲话。柴尧迅与宜宾市委常委、常务副市长徐进代表双方签字。

4月

2日，杨浦区与华东师范大学举行教育合作签约仪式。区委书记、区人大常委会主任陈安杰和华东师范大学党委书记张济顺为“杨浦区教师专业发展中心”揭牌。区委副书记、区长宗明和华东师范大学校长俞立中分别讲话。吴乾渝和华东师范大学党委副校长庄辉明分别代表双方签署《教育合作意向书》。华东师范大学党委副书记罗国振出席。

9日，杨浦区与市人力资源和社会保障局举行《上海创业者公共实训基地建设与管理的合作框架协议》签约仪式。区委书记、区人大常委会主任陈安杰出席。区委副书记、区长宗明和市人力资源和社会保障局局长周海洋分别代表双方签约。区委常委、组织部部长于秀芬和市人力资源和社会保障局副局长鲍淡如等出席。副区长马杰富主持。

16日，中央第二巡回检查组副组长张龙之一行在市委组织部副部长冯小敏、市委第一指导检查组组长杨天欣等陪同下来区检查指导学习实践活动。区委书记、区人大常委会主任陈安杰介绍区紧紧围绕“三个注重”，推进学习实践活动第一阶段工作的有关情况。张龙之肯定了杨浦践行科学发展、推进城区转型取得的成就，并就进一步学习实践科学发展观作了指导讲话。宗明、李文连、于秀芬、柴尧迅等区领导参加。

28 日，上海国际时尚中心开工典礼暨十七棉投资发展有限公司揭牌仪式在十七棉厂区举行。区委书记、区人大常委会主任陈安杰，区委副书记、区长宗明和市人大财经委副主任朱匡宇、市商务委副主任张新生、市国资委秘书长蒋苏平、上海纺织控股（集团）公司总裁席时平共同按下项目启动按钮。唐海东和市经济团体联合会副会长姜光裕共同为上海十七棉投资发展有限公司成立揭牌。

5 月

1 日，由上海文广新闻传媒集团、ESPN STAR –Sports 和上海体育总会联合主办，区政府特别主办的“2009 起亚 X GAMES 亚洲极限运动锦标赛”开幕式假创智天地江湾体育中心举行。副市长赵雯宣布开幕。中国极限运动协会副主席辛群英，市体育局长、上海体育总会主席于晨和区委书记、区人大常委会主任陈安杰，区委副书记魏伟明等出席。区委副书记、区长宗明致辞。区领导陆勇华、吴乾渝和 ESPN STAR Sports 高级副总裁刘宏睿、上海文广新闻传媒集团副总裁滕俊杰、起亚汽车（中国）经理郑畅镐等参加。

5 日，区召开深入学习实践科学发展观活动解放思想讨论成果交流会暨转段工作会议。区委书记、区人大常委会主任陈安杰在讲话中肯定了学习调研阶段区工作取得的初步成效，同时对分析检查阶段各项工作提出要求。区委副书记、区长宗明主持。市委第一指导检查组组长杨天欣、副组长赵英和区政协主席李文连、区委副书记魏伟明等出席。区委常委、组织部部长于秀芬汇报前一阶段工作情况，对下一阶段工作安排作了说明。

27 日，中国建筑股份有限公司董事长孙文杰、总裁易军一行来区参观考察。区委书记、区人大常委会主任陈安杰，区委副书记、区长宗明，区政协主席李文连，区委副书记魏伟明接待，参观了区规划展示馆、创智天地、新江湾城等处。随后座谈并举行战略合作协议签约仪式。陈安杰和孙文杰分别致辞。宗明和易军分别代表双方签订战略合作框架协议。区领导张慧珠、于秀芬、柴尧迅和中国建筑股份有限公司副总裁李百安等出席。

30 日，市首批文化产业园区之一——上海 800 艺术区（二期）举行开园仪式。中宣部原副部长龚心瀚、原副市长刘振元和区委书记、区人大常委会主任陈安杰，区委副书记、区长宗明为“礼赞生命——5·12 中国汶川大地震抗灾周年纪念雕塑展”揭幕。区政协主席李文连和市委宣传部原副部长、《解放日报》原总编丁锡满，东上海国际文化影视集团总裁方俊等出席。唐海东、吴乾渝、方伦贵等区领导出席。

6 月

6 日，复旦大学附属妇产科医院举行庆祝建院 125 周年暨杨浦新院落成庆典。卫生部部长陈竺，市委副书记、市长韩正分别发来贺信。复旦大学党委书记秦绍德、市卫生局局长徐建光、卫生部医政司医疗机构处处长李大川和区委书记、区人大常委会主任陈安杰为新院揭牌。区委副书记、区长宗明致辞。市教委主任薛明扬、市人口计生委主任谢玲丽、市申康医院发展中心主任陈建平、市干部保健局局长韩慰军和区委副书记魏伟明出席。副区长吴乾渝和妇产科医院党委书记邬惊雷，副院长王卫平、华克勤等出席。

20 日，区召开国家科技创新型示范城区创建工作座谈汇报会。科技部政策法规司副司长翟立新听取相关汇报后，肯定了近年来杨浦知识创新区建设的实践成果。区委书记、区人大常委会主任陈安杰表示在科技部的关心指导下，将做好科技创新型示范城区规划编制工作。区委副书记、区长宗明主持。区委副书记魏伟明汇报区创建国家科技创新型示范城区方案。区委常委、组织部部长于秀芬汇报区贯彻国家有关人才的“千人计划”方案情况。副区长唐海东和市科委秘书长徐美华等出席。

26 日，区委召开纪念建党 88 周年座谈会暨学习实践活动转段工作会议。区委书记、区人大常委会主任陈安杰讲话。区委副书记、区长宗明主持。会议进行了交流发言，听取区委常委、组织部部长于秀芬所作学习实践活动转段工作总结和部署报告。李文连、陆勇华、张慧珠、柴尧迅、庄少勤、李建飞等区领导和区老领导、各部门负责人、基层单位代表等出席。

7月

2日，区委书记、区人大常委会主任陈安杰率区党政代表团赴江苏省盐城市大丰市、南通市海安县两地考察。盐城市委常委、大丰市委书记丁宇，海安县委书记、县人大常委会主任章树山分别接待，陪同考察区在两地建立的异地工业园区筹备情况，并就项目转移合作、签订战略合作框架协议等有关事宜进行磋商。区领导柴尧迅、张慧珠和大丰市委副书记、市长倪峰，海安县委副书记、县长单晓鸣等分别参加。

8日，区委、区政府召开“找差距、找瓶颈、找突破”——区重点工作推进大会，对区各有关单位在3月5日摘牌认领的重点工作完成情况进行总结，并就下半年深入推进各项重点工作进行部署。市委第一指导检查组组长杨天欣出席。区委书记、区人大常委会主任陈安杰讲话。区委副书记、区长宗明主持。区委副书记魏伟明通报重点工作推进情况。李文连、陆勇华、于秀芬、柴尧迅、陈守正、李建飞、邹明等区领导出席。

27日，区举办庆祝建军82周年招待会。上海警备区副司令员张先汉少将、南京政治学院上海分院政委贡沈平大校分别讲话。区委书记、区人大常委会主任陈安杰致辞。区委副书记、区长宗明讲话。第二军医大学政委曹国庆少将，海军上海保障基地副政委胡剑波大校，空军上海指挥所副参谋长夏卫平上校，武警上海总队副总队长李俊大校等驻军首长应邀出席。市民政局副局长高菊兰和李文连等区四套班子领导出席。区委副书记魏伟明主持。军地领导共叙友情，共话发展。

30日，区委书记、区人大常委会主任陈安杰，区委副书记、区长宗明率区党政代表团赴北京交流考察。科技部党组书记、副部长李学勇会见，听取杨浦建设国家科技创新型示范城区有关情况汇报，肯定杨浦“三区联动”的发展模式。代表团先后走访了中国联合国协会、北京完美时空网络技术有限公司、东凯能源公司等机构与企业，并与国信招标集团有限公司举行了在杨浦规划建设台湾广场项目公司签约仪式。区领导柴尧迅、唐海东等同行。

8月

8日，市“全民健身、你我同行”——首个全国“全民健身日”活动启动仪式暨市民健康跑活动在江湾体育场举行。市委副书记殷一璀宣布活动开幕。市人大常委会副主任胡炜为健康跑起跑发令。副市长赵雯讲话。市政协副主席钱景林为计时组起跑发令。市政府副秘书长王伟主持。市体育局长于晨、市民宗委副巡视员沈国强、市农委副主任严胜雄、市文广局副局长刘文国、市爱卫会副主任李忠阳、市旅游局副巡视员朱承蓉、市老龄办副主任高菊兰、市总工会副主席汪兰洁、市妇联副主席朱鸣、市残联党组书记叶兴华和区委副书记、区长宗明，区委副书记魏伟明出席。市民健康跑活动以计时跑和健康跑两种形式进行，近万名市民参加。

18日，杨浦区与江苏省海安县举行两地全面战略合作协议签约仪式。双方将对实现共建上海杨浦（海安）工业园、互派优秀人才支持对方建设、开展农业经济合作、促进服务业合作、加强社会事业合作等五个方面的全面合作。区委书记、区人大常委会主任陈安杰和南通市副市长徐辉、海安县委书记章树山分别讲话。区委副书记、区长宗明和海安县委副书记、县长单晓鸣代表双方签约。张慧珠、柴尧迅、唐海东等区领导出席。

20日，市教委、市科委和杨浦区政府举行了《关于共同建设“上海高校技术市场”协议书》签约仪式。市教卫党委书记李宣海、市科技党委书记陈克宏和区委书记、区人大常委会主任陈安杰分别讲话。市教委主任薛明扬、陈克宏和区委副书记、区长宗明分别代表三方签约。市教委副主任王奇主持。上海理工大学校长许晓鸣和副区长唐海东等出席。

28日，第一钢市市场股份有限公司举行“打造国家钢铁产业创新服务基地、创建国家钢铁产业创新服务基地”启动仪式。区委书记、区人大常委会主任陈安杰和上海联合产权交易所总裁蔡敏勇出席并讲话。区委副书记、区长宗明和蔡敏勇为第一钢市“上海国际钢铁贸易园区”项目揭牌。区委常委、副区长柴尧迅主持。副区长唐海东等出席。

31日，上音实验学校举行新校舍落成仪式。市人大常委会副主任胡炜，市人大常委会委员、市人大教科文卫委员会主任孙运时，市城市建设投资开发总公司总经理孔庆伟和区委书记、区人大常委会主任陈安杰揭幕。市教委副主任尹后庆和区委副书记、区长宗明为学校特聘专家顾问团专家颁发了聘书。上海音乐学院常务副院长徐孟东、孔庆伟和区委副书记魏伟明分别讲话。副区长吴乾渝宣读聘请专家顾问团名单。

9月

3日，市委副书记、市长韩正会见了2010年上海世博会联合国馆总代表拜纳姆一行。韩正肯定了2009南南全球创意经济与技术产权交易论坛暨第三届杨浦发展国际论坛的重要意义，希望借助论坛所搭建的平台，双方在更广阔的领域开展深入的合作，并预祝此次论坛取得圆满成功。肯尼亚国家发展计划部部长奥帕拉雅、多哥能源和矿产资源部部长诺泊库、赞比亚国会总监察长Hon. Vernon J. Mwaagnga、联合国南南合作特设局局长周一平等出席。国家外交部特别代表于庆泰、中国国际经济技术交流中心主任姚申洪，上海联合产权交易所总裁蔡敏勇和区委书记、区人大常委会主任陈安杰，区委副书记、区长宗明等陪同。

7日，区委召开深入学习实践科学发展观活动第一批总结暨第二批动员大会。市委第一指导检查组组长杨天欣出席。区委书记、区人大常委会主任陈安杰讲话。区委副书记、区长宗明主持。区委副书记魏伟明总结区第一批学实活动，部署第二批学实活动。

9日，上海首家区级作家协会、全国首家由工会作为业务主管部门的作家协会——上海市杨浦区作家协会正式成立。区委书记、区人大常委会主任陈安杰出席。区委副书记、区长宗明和市作协主席、著名作家王安忆揭牌。中国作协会员、市作协副主席、复旦大学中文系主任陈思和当选区作协主席。市作协党组书记、副主席孙颙和区领导邹明、吴乾渝等出席。

14日，联合国工业发展组织、中国国际经济技术交流中心、市经信委和区政府联合举行上海国际高新技术创新发展研讨会。联合国工业发展组织技术投资与促进局局长梁丹，中国国际经济技术交流中心主任姚申洪，市经信委副主任尚玉英和区委书记、区人大常委会主任陈安杰，区委副书记、区长宗明，区政协主席李文连等出席。姚申洪致辞。尚玉英和陈安杰讲话。梁丹、姚申洪、尚玉英和宗明共同签署了《关于共同推进上海高新技术创新发展基地建设合作意向书》。区委常委、副区长柴尧迅等出席。

10月

9日，共青团杨浦区第十二次代表大会假东宫开幕。区委书记、区人大常委会主任陈安杰，区政协主席李文连到会祝贺。团市委书记潘敏和区委副书记魏伟明分别讲话。区领导陆勇华、张慧珠、柴尧迅、邹明、马杰富和区各部门、群众团体、街道（镇）负责人，团区委历届领导、其他区（县）及区域内高校、企业、科研院所团组织负责人，大会正式代表、列席代表、特邀代表及先进青年代表等出席。

13日，“点亮心愿”慈善义拍——名人、名企大捐赠活动假创智天地举行。市政协主席、市慈善基金会理事长冯国勤和区委书记、区人大常委会主任陈安杰分别讲话。市慈善基金会监事长罗世谦，市慈善基金会副理事长任文燕、金闽珠、夏秀蓉、崔善江、周剑萍，市慈善基金会副监事长袁采和区领导李文连、魏伟明、马杰富以及众多捐赠企业、捐赠人和受助人代表参加。

20日，异地建于江苏大丰的上海杨浦工业园举行奠基仪式。区委书记、区人大常委会主任陈安杰和盐城市委书记赵鹏，盐城市委常委、大丰市委书记丁宇分别致辞，并为开工项目奠基培土。区委常委、副区长柴尧迅和盐城市委常委、常务副市长陈正邦揭牌。区领导李文连、张慧珠、庄少勤、陈守正、邹明、陈丽龄、唐海东等出席。

31日，上海杨浦——江苏江阴产业转型升级合作洽谈会假东郊宾馆举行，杨浦区与江阴市举行共同促进产业转型升级框架协议签约仪式。上海市经济与信息化工作委员会党委书记潘志纯，区委书记、区人大常委会主任陈安杰和无锡市委常委、江阴市委书记朱民阳分别讲话。国家工信部运行局副局长黄利斌，区委常委、统战部部长张慧珠，区委常委、副区长柴尧迅和江阴市领导，上海高校、企业家代表等出席。

11 月

4 日，区海外高层次人才创新创业基地建设工作领导小组召开第一次会议，审定并原则通过了《杨浦区关于加快引进海外高层次创新创业人才的意见》和《区校共建杨浦海外高层次人才创新创业基地框架协议》。区委书记、区人大常委会主任陈安杰出席并讲话。区委常委、组织部部长于秀芬主持，并宣读了区海外人才基地建设工作领导小组名单，传达了国家海外人才基地建设有关会议精神，通报了区海外人才基地申报和建设情况。区委常委、副区长柴尧迅等出席。

12 日，淮南矿业举行项目落户杨浦奠基典礼。区委书记、区人大常委会主任陈安杰致贺词，并与区领导李文连、柴尧迅、庄少勤、忻伟君和淮南矿业集团副董事长、总经理孔祥喜，淮南矿业集团董事、副总经理，淮南矿业新地产投资发展有限责任公司董事长鲍焕祥，淮南矿业新地产投资发展有限责任公司总经理丁兵等共同奠基培土。

18 日，德国大陆集团亚洲总部及研发中心举行杨浦落成仪式。区委书记、区人大常委会主任陈安杰和市外商投资企业协会会长沙麟，德国驻沪总领事馆副领事海宁，大陆集团执行董事会成员、车身电子事业部总裁马琪等共同为舞龙舞狮点睛，并为新址剪彩。陈安杰和马琪，大陆汽车管理董事会成员、亚洲区总裁蒋孔克分别讲话。区领导李文连、柴尧迅、陈丽龄、唐海东和德国驻沪工商大会总经理摩拿威克，大陆汽车管理董事会成员柯朵尼尔、艾勒等出席。

24 日，由中国极限运动协会、SMG、ESPNSTAR-Sports、市体育局和杨浦区政府联合举办的“极限运动与正在走向国际化的知识杨浦”论坛暨“2010—2012 起亚 XGames 亚洲极限运动锦标赛”签约仪式举行。市体育局党委书记、局长于晨和区委书记、区人大常委会主任陈安杰分别致辞。ESPN 高级副总裁、XGames 总裁 RickAlessandri，起亚汽车中东、非洲及亚太区运营部执行副总裁 Byung-TaeYae，中国极限运动协会秘书长魏星，ESPN 亚太区副总裁、总经理莫伟信，ESPNSTARSports 总裁马善宁，上海文广新闻传媒集团副总裁滕俊杰，市体育局副局长陈一平，上海体育学院院长章建成和区领导陆勇华、柴尧迅、杭开才、吴乾渝等出席。

12 月

7 日，美国硅谷金融集团董事长彼得·哈特、硅谷银行总裁裴戈锐一行来区参观考察。区委书记、区人大常委会主任陈安杰会见。区委常委、副区长柴尧迅和硅谷金融集团首席财务官戴思南、SVB 上海代表处首席代表杨大和、SVB 中国区副总裁陈海刚等出席。

28 日，杨浦区与上海理工大学举行加强合作框架协议签约仪式。区委书记、区人大常委会主任陈安杰和上海理工大学党委书记燕爽分别讲话。区委副书记、区长金兴明和上海理工大学校长许晓鸣分别代表双方签约。上海理工大学常务副校长白苏娣主持。区委副书记魏伟明和上海理工大学副校长陈斌等参加。副区长马杰富作框架协议起草情况的说明。

28 日，杨浦区与农业银行上海分行举行全面战略合作框架协议签约仪式。区委书记、区人大常委会主任陈安杰和农行上海分行党委书记、行长刘桂平分别讲话。区委副书记、区长金兴明和刘桂平代表双方互赠纪念品。区委常委、副区长柴尧迅主持。副区长马杰富为农行五角场支行小企业金融服务中心揭牌，并与农行上海分行副行长陈其昌分别代表双方签订全面战略合作备忘录。农行上海分行副行长周宏亮为农行上海分行出国留学金融服务中心揭牌。

地理位置

杨浦区位于上海市中心区的东北部，地处黄浦江下游西北岸，与浦东新区隔江相望，西临虹口区，北与宝山区接壤，区域面积60.61平方公里。黄浦江支流的杨树浦港纵贯区境南北，杨浦即以此演变而得名。黄浦江岸线（包括复兴岛）15.5公里，建有杨浦大桥、大连路和翔殷路、军工路（在建）3条越江隧道；内环线、中环线和轨道交通4、8、10（在建）、12（在建）号线穿越境内；秦皇岛路、丹东路、宁国路、定海桥、嫩江路、临江路6条过江轮渡线与浦东新区相通。

历史沿革

成陆于唐末宋初，区境属华亭县高昌乡。元至正二十九年（1292年）属上海县高昌乡。清雍正二年（1724年）后，虬江以北属宝山县。同治二年（1863年）和光绪二十五年（1899年）南部沿黄浦江地带曾被划入公共租界。民国元年（1912年）虬江以北属宝山县殷行乡，虬江以南、租界以北属上海县引翔乡。1927年，上海特别市政府成立，租界以北分属引翔、殷行和江湾区。1945年12月，区境分属杨树浦、榆林和新市区。1950年6月，杨树浦区改称杨浦区。以后，区境不断向北扩大。1960年1月，榆林区并入。1984年9月，宝山县五角场镇和殷行地区划入。1993年3月，浦东歇浦路街道划归浦东新区。1997年6月，宝山县所属江湾机场划入，始成现状。

行政区划

区政府设于江浦路549号。下辖定海路街道、大桥街道、平凉路街道、江浦路街道、控江路街道、延吉新村街道、长白新村街道、四平路街道、殷行街道、五角场街道和新江湾城街道共11个办事处，以及五角场镇人民政府，下设居民委员会306个。

人口状况

全区常住人口总数120.62万人，其中户籍人口总数108.63万人（户籍育龄妇女人口总数26.14万人），外来流动人口总数14.33万人（外来育龄妇女人口总数7.58万人）。常住人口出生数7668人，出生率6.02‰；户籍人口出生数5869人，出生率5.41‰；户籍人口自然增长-2549人，自然增长率-2.36‰，全区户籍人口连续17年负增长；妇女总和生育率0.63；人口老龄化率22.33%；户籍人口计划生育率99.42%，外来流动人口计划生育率93.64%。

城市建设

轨道交通10号线杨浦段地下盾构全线贯通，12号线动迁任务完成；四平路中山北二路下立交、闸殷路拓宽、民星北排水系统等工程竣工，关山路、民约路辟通，黄兴路拓宽、军工路北段拓宽、军工路越江隧道、四平路大连路下立交等工程建设进度加快。迎世博市容建管三大工程30项任务全面完成，14条（段）“一街一景一区”建成。江湾－五角场复旦金融创新园、创智天地一期工程基本竣工，合生广场、南政院后勤保障综合大楼、国际医药广场、东方蓝海、新江湾城知识商务中心等一批项目开工。南北呼应开发格局不断拓展，西门子上海中心、北美广场建设加快推进，德国大陆集团亚洲总部和中国研发中心竣工，大连路总部研发集聚区初现雏形；渔人码头一

2009 年经济主要指标

项目名称	单位	数值	同比增长(%)
增加值	亿元	774.18	9.0
第一产业	亿元	5.64	-1.7
第二产业	亿元	430.86	6.1
工业	亿元	410.74	5.8
第三产业	亿元	337.68	13.1
全社会固定资产投资额	亿元	149.95	20.4
财政收入	亿元	100.86	-0.6
地方财政收入	亿元	44.05	8.0
地方财政支出	亿元	71.49	12.85
外贸出口总额(海关)	亿美元	3.85	-49.79
直接利用外资签订合同项目	个	79	2.6
直接利用外资签订合同金额	亿美元	6.3	-13.7
实际到位资金	亿美元	1.4	-46.07
工业总产值	亿元	646.77	2.8
社会消费品零售总额	亿元	212.21	14.4

期工程积极推进、二期开工，秦皇岛路“世博水门”水域部分竣工。上海国际设计中心基本竣工，上海国际设计一场、上海国际时尚中心开工。第四轮环保三年行动计划全面启动，城区降尘量同比下降 22%，空气质量优良率达到 90.7%。城镇污水纳管率达 85%。大连路绿地建成开放，安徒生儿童公园开工，城区绿化覆盖率达 26%。完成上海矽钢片厂等 16 家高污染、高能耗企业(车间)关停并转迁。街道网格化管理分中心实现全覆盖，城市网格化平台共受理城市管理事务 8.2 万件，办结率达 99.8%。

精神文明

以迎世博为主线，以纪念新中国成立 60 周年和上海解放 60 周年为契机，不断提升杨浦知识创新区的内涵发展，不断提高城区文明程度和市民综合素质。(1)认真落实迎世博 600 天行动计划。(2)提升创建工作的长效管理水平。(3)加强未成人思想道德建设。(4)充分发挥志愿者队伍的功能。(5)推进学习型城区建设工作。

深入推进“蒲公英”系列活动。对区各街道(镇)区域内的交通路口、主干线、集贸市场、大型商场、居民小区的市容市貌、社区环境文明和公共场所的秩序文明进行巡访测评检查。

举行区精神文明建设大会暨“杨浦好儿女”颁奖典礼。向获得全国文明单位和全国精神文明建设工作先进单位光荣称号的单位和获得市、区文明单位、文明小区、文明示范标志区域、军民共建先进集体以及优秀志愿者团队和个人的代表颁奖。围绕学习型城区创建工作，全力承办学习节活动。重点推进四大学习型组织建设，提出了“1511”创建活动。召开学习型组织创建和社区教育特色教材编写工作研讨会，深化社区教育实验项目。在上海市第五届全民终身学习活动周暨杨浦区第三届学习节开幕式上获“上海市学习型社会建设推进模式(机制)创新奖”奖杯。区委宣传部和区委组织部、区机关党工委、区文化局等 5 部门联合举办的区第三届学习节机关分会场活动暨“学习·励志·创新·奋进——杨浦区机关学习型团队建设论坛”。论坛现场展示了 49 家区创建学习型机关示范试点单位的创建成果。

民生工作

把旧区改造放在改善民生突出位置，在全市率先开展动迁结果公开和集体搬迁奖励等新政策，完成动迁居民 6200 户和 12 个基地收尾工作。旧住房“拆除重建”和保障性住房项目推进有力。完成旧住房成套改造17万平方米、完成59.8万平方米的三年改造任务。完成旧小区综合整治30万平方米，二次供水设施改造495万平方米。新落实廉租对象配租2122户，全面推开售后公房住宅小区物业管理服务达标补贴工作。超额完成市政府下达的各项促进就业指标，完成1000名大学生公共服务见习和3197名青年职业见习，托底安置244名困难家庭大学生，成功扶持创业623人。中国（上海）创业者公共实训基地揭牌启动，中国青年创业国际计划杨浦办公室成立。区荣获全国清理整顿人力资源市场秩序先进单位、全国首批民营企业招聘周先进城区。救助各类困难群体55.6万人次，区被命名为全国基层低保规范化建设典型单位。为1.9万名老人提供居家养老服务，新增养老床位744张，区荣获全国孝亲敬老主题教育活动先进单位。圆满完成上海市创建全国残疾人工作示范城市先行达标试点区任务，殷行街道“阳光之家”荣获全国“优秀残疾人之家”。完成居委会换届选举和社区“三个中心”（社区事务受理服务中心、卫生服务中心、文化活动中心）达标建设。成立全国首家区校合作举办的专业社工机构。区荣获“全国婚姻登记规范化单位”。成功创建全国人口早期教育暨独生子女培养示范区。加大轻微刑事案件委托人民调解工作力度。推进“迎世博、保平安”22个专项行动、10项群防群治工作，全区各类刑事案件同比下降8.5%。新江湾城、五角场街道分别荣获国际安全社区和国家安全社区。向社区居民推广37万只节能灯；完成11.5万平方米既有建筑节能改造，推进4个节能示范项目建设。

社会事业

五角场街道和四平、殷行街道分别荣获全国文明单位、全国精神文明建设先进单位，殷行街道和江浦街道陈二居委会分别荣获全国和谐社区建设示范街道和居委会。上海音乐学院实验学校、国歌纪念广场及国歌展示馆、中福会幼儿园总部、复旦大学附属妇产科医院新院等17个社会事业项目竣工。举办幼儿创造教育国际论坛，编制实施区学前教育五年发展规划；荣获全国推进义务教育均衡发展工作先进地区；成功举办第二十四届上海市青少年创新大赛、第八届青少年科技节暨第二届青少年创新峰会；被命名为上海市“基础教育创新试验区”。社区预防保健经费达到年人均40元，完成全国社区卫生中医药特色服务示范区创建；全面实施第三轮健康城区建设三年行动计划。成功举办2009“世博号角”上海之春国际音乐节管乐艺术节、国庆焰火燃放、亚洲极限运动锦标赛、中国壁球公开赛等10余项大型文体活动。孙中山先生铜像恢复落成。杨浦区体育局等5家单位分别被评为全国群众体育先进单位、全国学校体育场地向公众开放试点工作先进单位。杨浦区荣获全国征兵工作先进单位。

纪念国务院命名上海市“国家历史文化名城”23周年暨孙中山先生铜像揭幕仪式在杨浦举行

上海，是一座有着六千年悠久历史的文化名城，具有丰富的历史文化遗产。1986年12月8日，上海被国务院命名为国家历史文化名城。23年来，上海市积极贯彻党中央关于加强社会主义精神文明建设的各项方针和政策，认真执行《中华人民共和国文物保护法》、《历史文化名城名镇名村保护条例》，以及上海市委、市政府关于本市历史文化遗产保护的各项要求，本着“保护为主、抢救第一、合理利用、加强管理”的文物工作方针，先后抢救保护了一大批历史文化遗产。

上海的历史文化遗产中，辛亥革命史迹具有深远的国际影响，尤其是孙中山在上海的各处历史纪念地，更是海内外华人所景仰和向往。

为了缅怀革命先辈，团结海内外中华同胞，深入发掘、保护上海的历史文化资源，由上海市文物管理委员会、上海市教育委员会、中共上海市杨浦区委、区政府联合主办，杨浦区文物管理委员会、上海体育学院承办的“纪念国务院命名上海市‘国家历史文化名城’23周年暨孙中山先生铜像揭幕仪式”，于2009年12月8日上午，在上海体育学院行政办公大楼北广场举行，杨浦区副区长吴乾渝主持揭幕仪式。出席仪式的主要领导有：上海市政协副主席、民革上海市委主委高小玫，上海市委宣传部副部长、上海市文物管理委员会副主任陈东，上海市委统战部副部长吴捷，上海市文物管理委员会副主任、上海博物馆馆长陈燮君，上海市教卫党委副书记莫负春、上海体育学院党委书记虞丽娟，上海体育学院院长章建成，上海大学党委书记于信汇，中共杨浦区委副书记魏伟明。此外，民革上海市委、市台办、市教委、市文管委、孙宋文管委、各区县文管委负责人，高校、杨浦区四套班子、各委办局、街道（镇）领导，以及大学生、中学生代表共200余人参加了纪念活动。

高小玫、陈东、吴捷等领导为铜像落成揭幕。市文管委副主任陈燮君，上海体育学院党委书记虞丽娟，上海市教卫党委副书记莫负春分别作了讲话。

孙中山先生是中国民主革命的伟大先行者，深受海内外华人尊崇。为了纪念他的丰功伟绩，旧上海市政府曾于1933年在现上海体育学院行政楼北广场树立了一座孙中山先生铜像，1937年8月毁于淞沪抗战中的日军炮火，仅留存部分台基。今年4月，市文管委、市教委、杨浦区委、区政府与上海体育学院共同商定重建孙中山先生铜像。

孙中山先生铜像恢复落成

2009年12月8日，“孙中山先生铜像揭幕仪式”在上海体育学院举行。新落成的铜像为全身像，高3.2米，花岗岩基座高3.6米，铜像整体还包括12件0.8米宽的铜鼎，由著名雕塑家、上海大学美术学院张海平教授制作。铜像重建共花费约126万元，其中70万元来自社会各界人士的捐款。重建后的孙中山铜像将成为上海市纪念孙中山先生的重要场所和青少年爱国主义教育基地。

· 相关链接 ·

孙中山铜像

坐落在杨浦区境内的上海体育学院行政楼原是旧上海市政府大楼，1933年曾在大楼北侧广场矗立起了孙中山先生铜像，以纪念这位中国民主革命的伟大先行者。铜像于1937年毁于日军炮火，仅留存部分台基。为了缅怀革命先辈，重现历史原貌。2009年4月，市文管委、市教委、杨浦区委、区政府与上海体育学院共同商定在原址重建孙中山先生铜像。1937年毁于日军炮火的孙中山铜像，时隔72年之后重新建成。

恢复落成的孙中山铜像

在纪念国务院命名上海市“国家历史文化名城”23周年暨孙中山先生铜像揭幕仪式上的讲话

上海市文物管理委员会副主任　陈燮君

2009年12月8日

各位领导，各位来宾：

23年前的今天，上海被国务院命名为“国家历史文化名城”。作为历史文化名城的上海，保存有丰富的物质文化遗产和非物质文化遗产，其中包括许多像孙中山这样的历史名人的足迹。今天，我们在这里隆重举行纪念国务院命名上海市“国家历史文化名城”23周年暨孙中山先生铜像揭幕仪式和主题研讨活动，缅怀先生的伟大功绩，具有十分重要的意义。

上海，是一座有着六千年悠久历史的文化名城，具有丰富的历史文化遗产。1986年12月8日，上海被国务院命名为国家历史文化名城。23年来，上海市积极贯彻党中央关于加强社会主义精神文明建设的各项方针和政策，认真执行《中华人民共和国文物保护法》、《历史文化名城名镇名村保护条例》，以及上海市委、市政府关于本市历史文化遗产保护的各项要求，本着“保护为主、抢救第一、合理利用、加强管理”的文物工作方针，先后抢救保护了一大批历史文化遗产。此外，我们还在本市历史文化名城的规划和建设中，做了大量的工作，取得了显著的成绩，促进了本市两个文明的建设，在城市发展中发挥了积极作用。

孙中山先生是杰出的爱国主

义者、中国民主革命的伟大先行者。他与上海有着不解之缘。他的许多个人生转折点均始于上海。他曾27次到过上海，从酝酿上书李鸿章，到被推举为临时大总统，从撰写《建国方略》，到商讨国共第一次合作，甚至他与宋庆龄的婚姻、与蒋介石的交谊，都与上海息息相关。为纪念孙中山先生，上海建造了中山公园、命名了中山路。如今，又在上海体育学院校内恢复重建了孙中山先生铜像，这充分体现了上海人民对孙中山先生的无限敬仰之情。恢复重建孙中山先生铜像不仅有利于团结海峡两岸同胞，还将成为青少年爱国主义教育和革命传统教育的重要基地。

孙中山先生曾经这样表述他对中华民族的期盼："一旦我们革新中国的伟大目标得以完成，不但在我们的美丽的国家将会出现新纪元的曙光，整个人类也将得以共享更为光明的前景"。实现中华民族的伟大复兴，为人类做出更大贡献，这是美好的前景，更是重大的责任。

各位领导，各位来宾，为了祖国的强盛，为了上海的发展，我们将在市委、市政府的领导下，全力以赴，全面推进文化遗产保护事业工作，为建设现代化国际大都市作出积极贡献！

国歌纪念广场及国歌展示馆在杨浦建成开放

9月25日，国歌纪念广场落成及国歌展示馆开馆典礼在杨浦区大连路绿地举行。

中共上海市委常委、宣传部部长王仲伟为国歌纪念广场主题雕塑揭幕。市人大常委会副主任胡炜和市政协副主席周汉民共同为国歌展示馆揭牌。市委宣传部副部长、市文明办主任马春雷主持典礼。中共杨浦区委书记、区人大常委会主任陈安杰在典礼上致辞。仪式上，田汉、聂耳的亲属分别向国歌展示馆捐赠了《义勇军进行曲》创作手稿等珍贵资料。

新落成的国歌纪念广场占地面积2.7万平方米，是一个大型开放式圆形广场，为唱片造型，寓意《义勇军进行曲》从上海唱响全中国；一尊12米高的主题雕塑，是一面经过战争和历史洗礼的红旗及一把军号的组合体，让人们联想到国歌。国歌展示馆是国歌纪念广场的主体部分，面积为1500平方米，分上下两层，运用当前世界上独一无二的48声道环形影院等最前沿的高科技多媒体技术，并通过400余件文物、文献和历史照片，全面系统地展示《义勇军进行曲》诞生的背景和过程、传唱和影响以及被确定为国歌等相关知识。2010年1月15日，国歌展示馆被命名为"上海市爱国主义教育基地"。

· 相关链接 ·

《义勇军进行曲》诞生地

1934年春，中国共产党领导的"电影小组"在上海建立左翼影片拍摄基地—电通影片公司。1935年初，电通影片公司迁到荆州路405号。该影片公司拍摄的第一部影片《风云儿女》，主题歌《义勇军进行曲》由田汉作词、聂耳作曲。这是一首表现中华民族刚强性格、昭示民族尊严的战歌，新中国成立之后被选定为国歌。2005年4月28日，杨浦区文物管理委员会就《关于确认〈义勇军进行曲〉诞生纪念地》向市文物管理委员会作了专题

电影《风云儿女》海报

请示。市文管委于同年6月26日批复：杨浦区原荆州路405号系电通影片公司所在地，该公司曾拍摄电影《风云儿女》，影片主题歌《义勇军进行曲》因而唱响全国。该地确实具有纪念意义，同意报请区人民政府公布为杨浦区纪念地点。为了永远的纪念，2006年11月30日，中共上海市委宣传部和杨浦区委、区政府联合举行国歌纪念广场奠基仪式。

在国歌纪念广场落成暨国歌展示馆开馆典礼上的讲话

中共杨浦区委书记　陈安杰

2009年9月25日

各位领导、各位嘉宾、同志们：

在中共十七届四中全会胜利闭幕、新中国成立60周年国庆即将来临之际，我们在这里隆重举行中华人民共和国国歌纪念广场落成和国歌展示馆开馆仪式，这是上海人民向新中国60华诞敬献的一份厚礼。在此，我代表杨浦区委、区政府和全区百万人民，向国歌的词曲作者田汉和聂耳先烈表示深切的怀念，向他们的后代，向市委宣传部、市文明办、市委党史研究室等所有支持国歌纪念广场筹建的单位，向今天出席仪式的各位领导、各位嘉宾，致以崇高的敬意和衷心的感谢！

《义勇军进行曲》诞生在“九一八”事变后，日本帝国主义疯狂侵略中国，东北三省沦陷、淞沪抗战爆发、长城各关口失守，中华民族到了最危险的时候。为了广泛唤起民众抗日，中国共产党领导的“电影小组”于1934年春建立左翼影片拍摄基地电通影业公司，遗址就在杨浦区荆州路405号。1935年初，电通公司摄制完成了一部抗战影片《风云儿女》，田汉为影片的主题歌作词、聂耳谱曲，坐落在徐汇区百代唱片公司为电通公司灌制首版《义勇军进行曲》唱片，黄浦区金城大戏院首映，从此这首歌唱响大江南北，响彻全中国，并在新中国成立前，全国第一届政治协商会议上确定为国歌。

为了让世世代代铭记国歌诞生的神圣，弘扬国歌唱响的红色精神，2006年11月30日，我们在市委宣传部和有关部门的支持下，在荆州路拍摄《风云儿女》影片的地方举行了国歌纪念广场奠基仪式。在建设过程中，我们得到很多单位和个人的支持，有田汉、聂耳和电通公司工作人员的后代，有云南省委宣传部、昆明市、玉溪市委宣传部、玉溪博物馆和田汉基金会等外省市单位领导，有“一大”、“二大”、“九一八”、淞沪抗战等诸多纪念馆领导，有本市和外省市有关专家、私人收藏者，有上海市委党史研究室、市外办、市文管委、市交响乐团、新闻传媒集团等单位领导。

杨浦把建设国歌纪念广场作为全区的大事。在这块当年的诞生地，共动迁居民1635户，动迁单位26家，动迁、建设和展示馆布展经费总投入13.5亿元。经过两年多的努力，国歌纪念广场上竖起一尊主雕塑。雕塑是一面经过战争和历史洗礼的红旗及一把军号，通过这样的组合体让人们联想到国歌。国歌展示馆1500平方米，分上下两层，运用目前世界上独一无二的48声道环形影院等最前沿的高科技多媒体技术，通过400余件文物、文献和历史照片，全面展示《义勇军进行曲》诞生的背景和过程、传唱和影响，以及确定成为国歌等历史故事和文化知识，具有仪式活动、旅游休闲等功能和展示教育、收藏研究等文化研究价值，是上海一处新的爱国主义教育基地。

各位领导、各位嘉宾、同志们：

上海是中国共产党的诞生地，杨浦是红色工运的发祥地。雄壮激越的《义勇军进行曲》诞生在杨浦，这是杨浦的骄傲和自豪，也是杨浦人民的一份宝贵历史文化财富。今天，我们在这首

国歌展示馆落成

歌的诞生地建成纪念广场和展示馆，是我们对这首歌和词曲作者，以及那个时代的最好怀念。每当我们唱起这首歌，就会热血沸腾、豪情满怀，充满力量，就会想起《义勇军进行曲》诞生的那个战火纷飞的年代。今天，我们不但要建设好国歌纪念广场和国歌展示馆，还要管理好、发挥好纪念广场和展示馆的作用，以全新方式和手段来烘托国歌这一强烈爱国主义主题，成为一个独特的、能够感动一代代中国人的爱国主义教育基地。

现在，全党和全国各族人民，正在满怀豪情地贯彻落实中共十七届四中全会精神，迎接建国60周年大庆，伟大的祖国呈现一派欣欣向荣的景象。上海正在按照中央的要求，加快推进“四个率先”，加快建设“四个中心”，努力实现“四个确保”的目标。当年国歌的诞生地杨浦也发生了翻天覆地的变化，全区上下在市委、市政府的坚强领导下，按照科学发展观的要求，以建设国家科技创新示范型城区为目标，坚持科学发展、创新发展、和谐发展，实现了一个老工业城区的转型和振兴。我相信，以爱国主义精神为核心的国歌精神，一定会一代又一代传承下去，激励我们去开辟更加美好的未来！

最后，祝我们伟大的祖国更加繁荣昌盛！再一次感谢各位领导和嘉宾的光临！

一、中共杨浦区委

（一）综　述

2009年，全区坚决贯彻中央和市委、市政府应对国际金融危机的各项调控措施，深入学习实践科学发展观，紧紧围绕“四个确保”，全力保增长、立足扩内需、坚持调结构，以超常规的精神状态、超常规的工作思路、超常规的工作举措，实现了在逆势中奋进，推动了在危机中转型，完成了区委年初提出的预期工作目标。杨浦区被国家科技部确定为国家创新型试点城区，被中组部批准为海外高层次人才创新创业基地，在全市区县部门上年度综合绩效考核中名列中心城区第一。（1）以深入开展学习实践科学发展观活动为主线，积极应对国际金融危机，着力推动经济又好又快发展。按照中央、市委总体部署，在市委学实活动指导检查组的指导下，紧紧围绕“党员干部受教育、科学发展上水平、人民群众得实惠”的要求，分批组织全区党员干部深入开展学习实践科学发展观活动，全区共有2335个党组织、79868名党员参加。杨浦的学实活动受到了中央巡回检查指导组的充分肯定。全年完成生产总值730亿元，同比增长9%；完成区级财政收入44.05亿元，同比增长8%；完成固定资产投资总额150亿元，同比增长20.4%；实现社会消费品零售总额212.2亿元，同比增长14.7%。产业结构调整成效不断显现。二、三产增加值比例为22.3∶76.4，第三产业比重同比增加1.1个百分点，知识型生产性服务业实现增加值99.8亿元，占第三产业比重为32.7%，经济贡献度同比大幅提高。环同济研发设计服务特色产业基地获得国家科技部正式命名，全年实现总产出123.4亿元，同比增长20%。全年共引进注册资金500万元以上企业262户。（2）以创建国家创新型试点城区为契机，推动杨浦知识创新区在新起点上实施新跨越。精心编制国家创新型试点城区发展规划。明确杨浦先行先试的战略目标和突破重点，得到了国家科技部专家组的充分肯定。落实国家科技部与上海市的“部市合作”框架协议。特别是杨浦“三区融合，联动发展”的模式、创新驱动的路子、创新服务的体系，得到了国家科技部领导的充分肯定。积极申报国家海外高层次人才创新创业基地并成功获得中组部的批准，八届区委十次全会专门通过了《关于加快推进国家海外高层次人才创新创业基地建设的决定》。成功引进15名入选国家“千人计划”的优秀人才。（3）以迎世博600天行动计划为抓手，全力提升城区建设管理水平和文明程度，市容市貌和城市管理明显改善，市民生活环境明显优化，城市管理水平明显提升。（4）坚持扩大开放，在用好国际国内“两个资源”上取得新进展。赴联合国总部成功举办杨浦知识创新区推介活动，杨浦老工业区转型经验引起了联合国两位副秘书长和世界多国的高度重视。南南全球技术产权交易所开始运行，挂牌项目已达1100宗，成交金额2.3亿美元。充分依靠长三角腹地资源，积极融入长三角，启动建设了江苏大丰、海安2个异地工业园区，探索建立“中间在外，两头在内”产业布局，得到了市委、市政府的高度肯定。（5）坚持民生和各项社会事业协调发展，杨浦发展的“软实力”不断增强。依托“三个百年文明”，按照把杨浦打造成为“文化大区、文化强区”的发展思路，大力加强文化建设，筹建区作协、文联等团体，不断探索形成文化发展大格局。在全市率先开展动迁结果公开，积极实施“数砖头＋托底保障”、多元安置、分片划块、“四位一体”、第三方参与、集体搬迁奖励等新举措，形成了具有杨浦特色的“依法公正、依靠群众、阳光诚信、和谐有序”的动拆迁工作新局面。全年共完成动迁居民6200户，完成基地收尾12个，有序推进保障性住房80.9万平方米。旧住房成套改造完成17万平方米，三年改造任务基本完成。完成1000个大学生公共服务见习岗位招录，青年职业见习人数达3197人，托底安置244名困难家庭大学生。超额完成市政府下达的“6+1”促进就业指标，城镇登记失业人数控制在市下达的28020人指标以内。全年新增养老床位744张，救助各类困难群体56万人次，发放各类救助金1.48亿元。杨浦在全国双拥模范城六连冠基础上继续争创“七连冠”、荣获全国征兵先进单位，被命名为全球老年友好型城市国家级试点区。各项社会事业协调发展。荣获上海市“基础教育创新试验区”及“全国推进义务教育均衡发展工作先进区”称号，创建全国早教暨独生子女教育示范区，落实医改方案、完善公共卫生服务体系。全区建成12个“阳光馨园”，圆满完成上海市创建全国残疾人工作示范城市先行达标试点区各项任务。（6）坚持加强民主政治建设，促进社会和谐稳定和安全。支持区人大、政协依法履行职能和参政议政。认真贯彻落实市委《关于进一步加强人大工作的若干意见》，支持人大代表依法对“一府两院”的监督，加强对区重大项目、重大工程的质量和安全进行监督。支持人民政协围绕团结和民主两大主题履行职能，充分发挥政协委员在杨浦知识创新区建设中的作用。注重发挥人大代表、政协委员在杨浦知识创新区建设中的聪明才智。按照杨浦建设国家创新型试点城区的目标任务，积极支持区各民主党派、工商联、无党派人士围绕区委、区政府重点工作深入调研。认真做好民族宗教工作，坚持依法管理宗教事务，积极营造促进民族团结进步的氛围。坚持稳定是第一责任，高度重视政法综治维稳工作，切实增强广大干部群众的责任感和风险意识。严格落实领导包案和挂牌督办等制度，制订落实重大活动安全保卫和信访维稳工作方案。（7）加强和改善党的领导方式，进一步提高党的执政能力和领导水平。认真贯彻落实党的十七届四中全会和九届市委四次全会精神，结合杨浦特点，制定了区委关于加强和改进新形势下杨浦党的建设的实施意见。认真贯彻市委有关规定和区委常委会议事决策规则、常委会自身建设的若干规定，严格落实重大决策提交全会讨论决策、重大事项集体讨论制度，不断提高决策的科学化和民主化水平。把加强基层党组织建设作为基础工程。杨浦的“一线工作法”作为上海党建工作的最新成果写进了市委贯彻党的十七届四中全会精神的实施意见，并在第三届长三角社区党建论坛上作了交流发言。全面加强基层党组织带头人和党员队伍建设，通过“公推直选”选优配强居民区党组织领导班子，完成275个居民区党组织的集中换届选举。把干部队伍建设作为重中之重。以提高素质、优化结构、改进作风为重点，着力培养造就高素质的领导班子和干部队伍。扎实推进党风廉政建设和反腐败斗争。以完善惩防体系建设为重点，加强党性党纪党风教育，开展“讲党性、重品行、作表率，奉献杨浦做贡献”主题教育活动。

（二）区委全体会议

【区委召开八届七次全会】 1月5日召开，区委常委会主持。陈安杰代表区委常委会作2008年工作报告，并就贯彻落实党的十七届三中全会、中央经济工作会议和九届市委六次全会精神，进一步推进区经济和社会发展作重要讲话；宗明总结区2008年经济社会发展情况并对2009年经济社会发展工作进行部署；魏伟明作区委《关于积极应对当前经济形势，进一步加强和改进服务企业工作的决定（草案）》起草情况的说明。表决通过《中共上海市杨浦区委员会2008年工作报告》、《中共上海市杨浦区委员会关于积极应对当前经济形势，进一步加强和改进服务企业工作的决定》。陆勇华、张慧珠、于秀芬、柴尧迅、庄少勤、陈守正、李建飞、邹明和区委委员、候补委员出席。区纪委委员，区其他党员领导成员，原区党员领导成员，区各部委办局、街道（镇）、群众团体、部分企业集团党员负责人，区人大常委会党员专职委员，区政协党员专职常委,区第八次党代会代表列席。区域内部分高校、部队、科研院所、企业的负责人和区民主党派负责人、部分企业负责人应邀列席。

【区委召开八届八次全会】 1月5日召开,区委常委会主持。通报区委常委会关于《2008年度干部选拔任用工作的报告》,并进行民主评议和测评。陈安杰、宗明、魏伟明、陆勇华、张慧珠、于秀芬、柴尧迅、庄少勤、陈守正、李建飞、邹明和区委委员、区委候补委员出席。

【区委召开八届九次全会】 2月20日召开,区委常委会主持。会议审议通过《区委常委会2009年工作要点》,并根据市委、市政府有关区政府机构改革工作要求,对区委常委会提交的区党政机关有关干部正职拟任人选和推荐人选进行表决。陈安杰、宗明、魏伟明、陆勇华、张慧珠、于秀芬、柴尧迅、庄少勤、陈守正、李建飞、邹明和区委委员、区委候补委员出席。

【区委召开八届十次全会】 7月17日召开,区委常委会主持。陈安杰结合贯彻九届市委八次全会精神就当前全区经济工作和事关杨浦发展全局的重大问题作重要讲话;宗明总结区2009年上半年经济社会发展情况并对下半年经济社会发展工作进行部署;魏伟明作《中共上海市杨浦区委关于加快推进国家海外高层次人才创新创业基地建设的决定(草案)》起草情况的说明。表决通过了《中共上海市杨浦区委关于加快推进国家海外高层次人才创新创业基地建设的决定》。陈安杰就贯彻落实全会精神作总结讲话。陆勇华、张慧珠、于秀芬、柴尧迅、陈守正、李建飞、邹明和区委委员、候补委员出席。区纪委委员、区其他党员领导成员、原区党员领导成员,区各部委办局、街镇、群众团体和部分企业集团党员负责人,区人大常委会党员专职委员、区政协党员专职常委,区第八次党代会代表列席。区域内部分高校、部队、科研院所、企业的党员负责人应邀列席。

【区委召开八届十一次全会】 11月25日召开,区委常委会主持。陈安杰结合区实际贯彻落实党的十七届四中全会、九届市委九次全会精神作重要讲话;魏伟明作《中共上海市杨浦区委关于加强和改进新形势下党的建设的实施意见(讨论稿)》起草情况的说明。全会进行分组审议。而后举行大会,表决通过《中共上海市杨浦区委关于加强和改进新形势下党的建设的实施意见》和《中国共产党上海市杨浦区第八届委员会第十一次全体会议决议》。陈安杰就贯彻落实全会精神作总结讲话。陆勇华、张慧珠、于秀芬、柴尧迅、庄少勤、陈守正、李建飞、邹明和区委委员、候补委员出席。区纪委委员、区其他党员领导成员、原区党员领导成员,区各部委办局、街镇、群众团体和企业集团党员负责人,区人大常委会党员专职委员、区政协党员专职常委,部分区第八次党代会代表列席。

(三)重大活动、重要会议

【天科国际大厦落成启用和天业集团"三个中心"入驻杨浦揭牌仪式举行】 1月14日,区委书记、区人大常委会主任陈安杰,区委副书记、区长宗明和新疆生产建设兵团党委常委、八师石河子市党委书记、八师政委、石河子市人大常委会主任宋志国,天业集团党委书记、董事长郭庆人共同按下标志天科国际大厦正式启用的按钮。区委副书记魏伟明和八师石河子市党委常委、八师副政委田春西为新疆天业集团"三个中心"揭牌。区委常委、副区长柴尧迅和八师石河子市党委常委、八师副师长毋隽分别致辞。

【区委召开区大口、街道(镇)党委(党组)书记会议】 2月20日召开,区委书记、区人大常委会主任陈安杰讲话强调,要进一步振奋精神、鼓足干劲、聚焦重点、狠抓落实,把保增长作为当前工作首要任务,确保八届区委七次全会确定的全年各项工作有力有序有效推进。区委副书记、区长宗明通报区迎世博600天行动有关工作情况。区委副书记魏伟明通报区旧改和稳定工作情况。区四套班子党员领导成员和区大口、街道(镇)党委(党组)书记和党员、行政主要负责人共150余人出席。

【区委召开区政法工作会议】 2月27日召开,传达贯彻全国、市政法工作会议精神,总结2008年全区政法、综治、维稳工作,并对2009年工作进行部署。区委书记、区人大常委会主任陈安杰出席并讲话。区委副书记魏伟明主持。区委常委、区公安分局党委书记、局长陆勇华宣读《关于表彰2008年度杨浦区政法系统“执法为民好干警”的决定》。

【区委、区政府召开“破瓶颈、解难题、求发展”专项工作摘牌誓师大会】 3月5日召开，区委书记、区人大常委会主任陈安杰出席并讲话。区委副书记、区长宗明发布了全区今年围绕落实“四个确保”要着力破解的八个瓶颈难题。区委副书记魏伟明主持。区委常委、宣传部部长于秀芬宣读《中共上海市杨浦区委关于做好“破瓶颈、解难题、求发展”专项考核工作的实施意见》。区各有关部门积极摘牌认领破解瓶颈难题的任务。

【区举办深入学习实践科学发展观活动专题辅导讲座】 3月13日，市委党校副校长王国平教授作专题辅导报告。区委书记、区人大常委会主任陈安杰，区委副书记、区长宗明，区政协主席李文连等出席。区委常委、宣传部部长邹明主持。区委学习实践活动领导小组办公室及指导检查组全体成员，局处级干部，各系统、街道(镇)等单位的组织、宣传部门负责人，区各民主党派、团体负责人，区享受国务院特贴在职专家和区第六批拔尖人才，区属集团公司党政负责人等500多人出席。

【“世博号角——2009上海之春国际音乐节管乐艺术节”开幕式假江湾体育场举行】 4月30日，市委常委、宣传部部长、上海之春国际音乐节组委会主任王仲伟宣布开幕。中国音乐家协会副主席、分党组书记徐沛东致贺词。区委书记、区人大常委会主任陈安杰致欢迎辞。解放军总政治部宣传部副部长黎国如，第二军医大学政委曹国庆，解放军军事艺术学院政委李永龙，市委宣传部副部长、上海之春国际音乐节组委会副主任陈东，解放军军乐团团长、中国管乐学会主席于海，解放军南京政治学院上海分院政委贡沈平，全国公安文联副主席阎世颖，市文联党组书记、副主席杨益萍，上海文化广播影视集团总裁薛沛建和区领导宗明、魏伟明、陆勇华、张慧珠、柴尧迅、陈守正、李建飞、邹明等出席。

上海之春国际音乐节管乐艺术节广场音乐会

【“创建规范拆迁示范点”仪式举行】 5月23日，“创建规范拆迁示范点”授牌暨平凉西块二期整体签约搬迁奖发奖仪式在平凉西块二期动迁基地举行。市房管局长刘海生、市地产集团副总裁陈晓平和区委书记、区人大常委会主任陈安杰，区委副书记、区长宗明，区委常委、副区长庄少勤等为平凉西块二期16、17街坊，轨道交通12号线内江路站、隆昌路站、长阳路站，平凉路1751弄(河间路南块)，江浦路道路改建等基地授予“创建规范拆迁示范点”铭牌，并为获奖居民颁发奖金。

【上海太平报恩寺举行重建奠基仪式】 5月29日，全国人大常委会委员龚学平，市人大常委会副主任胡炜，市民族宗教委副主任曹海红，市航天局副局长汪浩平，市佛教协会副会长、上海静安寺方丈、上海佛学院院长、上海太平报恩寺修复委员会主任慧明大和尚，区委书记、区人大常委会主任陈安杰，区委副书记、区长宗明，区政协主席李文连，区委副书记魏伟明等出席并为太平报恩寺奠基培土。张慧珠、柴尧迅、庄少勤、杭开才、沈贻初、马杰富、吴乾渝、方伦贵、邵志勇等区四套班子领导和上海静安寺退居德悟长老,市佛教协会副会长周富根居士、光慧法师等出席。

【杨浦知识创新区第四届长三角推介会在浙江省舟山市举行】 7月20日,区委书记、区人大常委会主任陈安杰,区委副书记、区长宗明和舟山市委书记、市人大常委会主任梁黎明分别讲话。舟山市委副书记、市长周国辉,舟山市政协主席刘爱世和区政协主席李文连出席。江浙沪等地部分高校领导、企业家和区有关部门负责人对跨区域经济合作、投资环境、销售渠道、企业责任以及如何应对国际金融危机等问题进行了交流讨论。张慧珠、于秀芬、柴尧迅、陈丽龄、唐海东等区领导和有关地区党政领导、高校领导及企业家代表等出席。

【区委中心组与同济大学党委中心组举行联组学习】 7月25日,同济大学党委书记周家伦,中科院院士、同济大学校长裴钢,同济大学常务副校长李永盛等来区,区委书记、区人大常委会主任陈安杰,区委副书记、区长宗明接待,参观了区规划展示馆,并举行学习座谈交流。周家伦和陈安杰分别讲话,区委副书记魏伟明主持,双方就环同济知识经济圈新一轮发展进行战略研讨。随后举行双方合作签约仪式,裴钢和宗明签署《上海市杨浦区人民政府、同济大学关于建设上海国际设计一场合作意向书》,李永盛主持。同济大学党委副书记马锦明、姜富明,副校长陈小龙、郑惠强、伍江、董琦、蒋昌俊和区领导李文连、魏伟明、陆勇华、张慧珠、于秀芬、柴尧迅、陈守正等出席。

【陈安杰率领区代表团,赴美国纽约、旧金山和阿联酋迪拜等地区举行推介、合作和考察活动】 8月5日—14日,在纽约,区委书记、区人大常委会主任陈安杰所率代表团先后受到联合国副秘书长沙祖康、秘书长特使甘巴里接见,与联合国南南局进行洽谈和交流,在联合国总部举行杨浦项目推介会,并走访了美国铁狮门公司。在旧金山,代表团受到旧金山市副市长 Michael Cohen 先生接待、圣何塞市市长特使 Joe Hedges 先生拜访,参加了湾区与杨浦合作推介会,并走访了硅谷银行总部,与美国硅谷金融集团主席兼首席执行官魏高思先生就硅谷银行上海代表处落户杨浦进行具体磋商。在迪拜,代表团走访了中建中东公司,就加强双方合作进行了交流,考察了阿联酋城市现代化建设和现代服务产业。上海联合产权交易所党委书记、总裁蔡敏勇和区委常委、副区长柴尧迅等同行。

【2009南南全球创意经济与技术产权交易论坛暨第三届杨浦发展国际论坛开幕】 9月3日,联合国开发计划署南南合作特设局,上海社会科学院,杨浦区委、区政府,上海联合产权交易所,南南全球技术产权交易所,上海环境能源交易所共同举办的2009南南全球创意经济与技术产权交易论坛暨第三届杨浦发展国际论坛开幕。全国政协副主席厉无畏、副市长艾宝俊、2010年上海世博会联合国馆总代表拜纳姆共同启动了南南全球环境能源交易系统网络,并作演讲或致辞。联合国南南合作特设局局长周一平、中国国际经济技术交流中心主任姚申洪、上海环境能源交易所总经理林健为南南全球环境能源交易系统启动签约。肯尼亚国家发展计划部部长奥帕拉雅,多哥能源和矿产资源部部长诺泊库,日本、印度、美国、英国、乌干达等国联合国相关机构代表出席。国家外交部气候变化谈判大使、特别代表于庆泰作主题演讲。区委书记、区人大常委会主任陈安杰致欢迎词。上海联合产权交易所总裁蔡敏勇致辞。区委副书记、区长宗明,周一平分别主持。市政协副主席高小玫、上海社会科学院院长王荣华和区领导李文连、魏伟明等参加。

【"上海环同济设计创意产业集聚区"举行揭牌暨签约仪式】 9月12日,是全市首个市、区、校共建的创意产业集聚区揭牌仪式,同济大学党委书记周家伦、市经信委副主任邵志清和区委书记、区人大常委会主任陈安杰共同为"上海环同济设计创意产业集聚区"揭牌。邵志清、区委副书记、区长宗明和同济大学校长裴钢分别代表市经信委、杨浦区和同济大学签署了《关于进一步加强合作,联手推进上海环同济设计创意产业集聚区的合作意向书》。区委常委、副区长柴尧迅和市经信委巡视员贺寿昌、同济大学副校长陈小龙分别致辞。副区长唐海东和同济大学常务副校长李永盛分别主持。李文连、陈丽龄、姚秀平等区领导出席。

【区委、区政府召开全区党政负责干部会议】 9月15日召开，区委书记、区人大常委会主任陈安杰讲话，肯定了推进杨浦功能转型和实施国际化发展的重要意义，提出下阶段全力冲刺，确保全面完成年初确定的各项目标任务。区委副书记、区长宗明主持。区委副书记魏伟明通报并部署当前全区维稳工作。区委常委、副区长柴尧迅通报区代表团出访联合国以及与联合国南南局、美国硅谷银行合作发展的有关情况。区委常委、副区长庄少勤通报市委副书记、市长韩正近期调研区旧区改造的有关情况。区委常委、宣传部部长邹明通报《黄河大合唱》诞生70周年纪念活动和国歌纪念广场落成典礼、国歌展示馆开馆仪式筹备工作情况。

【区召开动迁工作阶段总结表彰暨推进大会】 9月21日，区委书记、区人大常委会主任陈安杰肯定了前阶段工作成效，提出下阶段工作要求。区委副书记、区长宗明主持。区委副书记魏伟明宣读《关于表彰杨浦区轨道交通12号线拆迁工作先进集体及先进个人的决定》、《关于杨浦区平凉西块(二期)16、17街坊拆迁工作立功竞赛阶段性表彰的决定》。区委常委、副区长庄少勤作平凉西块(二期)16、17街坊和12号线拆迁工作阶段性总结，部署下阶段工作。

【"颂祖国，迎世博"——区机关庆祝新中国成立60周年大家唱比赛在沪东工人文化宫举行】 9月22日，区委书记、区人大常委会主任陈安杰，区委副书记、区长宗明，区政协主席李文连，区委副书记魏伟明等区四套班子领导带头，全区48个部门、32支队伍、1500余名机关干部职工参赛。魏伟明宣布比赛结果。陈安杰、宗明、李文连分别为获奖参赛队颁奖。区委常委、组织部部长于秀芬代表区委向参赛干部职工、获奖单位表示祝贺。

【国歌纪念广场落成暨国歌展示馆开馆典礼在大连路绿地广场举行】 9月25日，市委常委、宣传部部长王仲伟为国歌纪念广场主题雕塑揭幕。市人大常委会副主任胡炜、市政协副主席周汉民为国歌展示馆揭牌。市委宣传部副部长、市文明办主任马春雷主持。区委书记、区人大常委会主任陈安杰致辞。区委副书记、区长宗明，区政协主席李文连，区委副书记魏伟明等出席。

【第十届中国海外学子辽宁(大连)创业周开幕式暨海外高层次人才创新创业基地授牌仪式举行】 10月22日，全国人大常委会副委员长、中国科学院院长路甬祥为杨浦知识创新基地等第二批基地授牌。中央组织部副部长李智勇宣读了《关于公布第二批海外高层次人才创新创业基地名单的通知》，杨浦知识创新基地被中央人才工作协调小组授予"海外高层次人才创新创业基地"称号。区委书记、区人大常委会主任陈安杰出席仪式，并接受牌匾。区委常委、组织部部长于秀芬等参加。

【中国人民解放军总政歌舞团在复旦正大体育馆演出了"东方红"——大型交响合唱音乐会】

10月27日，总政歌舞团倾情献演杨浦

10月27日举行，上海警备区政治部主任田金生少将出席。区委书记、区人大常委会主任陈安杰致辞，并与总政歌舞团政委王玉祥大校代表双方互赠纪念品。区委常委、宣传部部长邹明主持。区政协主席李文连，区委副书记魏伟明和总政歌舞团副团长李社大校，市民政局副局长高菊兰，市文广局副局长王小明，上海文广影视集团副总裁杨启祥，上海东方传媒集团纪委书记唐余琴等出席。区领导陆勇华、于秀芬、柴尧迅、庄少勤、陈守正、李建飞、杭开才、沈贻初、马杰富、唐海东、吴乾渝和部分驻沪部队首长、区域内有关高校领导及杨浦居民等3000多人观看了演出。

【区委、区政府举办“我深爱的家园——杨浦文化名人回娘家”主题活动】 10月30日举行，包括看杨浦、话杨浦、聚杨浦三系列，以及《杨浦文化名人》画册首发仪式。来自文艺界、学术界的王祖皆、金鑫、秦大虎、马洪海、王汝刚、茅善玉、辛丽丽、刘小晴、毛时安等57位杨浦文化名人欢聚一堂，区委书记、区人大常委会主任陈安杰，区政协主席李文连，区委副书记魏伟明和市文联党组副书记、副主席何麟接待。名人们参观了区规划展示馆、国歌纪念广场、国歌展示馆、新江湾城、五角场城市副中心、创智天地等处，畅谈了对杨浦建设发展的感受体会，对发展前景充满信心。陆勇华、于秀芬、李建飞、邹明等区领导参加。

【中国国民党台北市南港区党部参访团与中共杨浦区委开展基层党际对口交流】 11月5日，双方就开展基层党际交流和推动两区经济、文化交流进行会谈。区委书记、区人大常委会主任陈安杰介绍了区的基本概况、知识创新区建设和党建工作特点及开展“一线工作法”等基本情况。中国国民党台北市南港区党部主任委员于延生介绍了该区党部的工作概况。双方就基层党际交流关心的有关问题交换了看法和意见，并达成共识。区委常委、统战部部长张慧珠等出席，并陪同参观了区规划展示馆等处。台北市议员吴世正、中国国民党台北市第二区（南港、内湖）党部书记蔡正顺等出席。

【区召开海外高层次人才创新创业基地建设推进大会】 11月16日召开，区委书记、区人大常委会主任陈安杰和市人保局副局长毛大立分别讲话。区政协主席李文连出席。区委常委、组织部部长于秀芬对海外人才基地申报和建设工作作简要回顾，并对区海外人才基地建设计划作具体说明。区委常委、副区长柴尧迅主持。同济大学副校长伍江，上海理工大学校长许晓鸣，上海海洋大学副校长黄硕琳，上海电力学院院长曹家麟，市烟草专卖局副局长吴菊民和陈丽龄等参加。副区长唐海东代表杨浦区与部分高校、科研院所、企业的代表签订了共建杨浦海外人才基地合作框架协议。

【巴金冰心世纪友情文献图片展在上海800艺术区开幕】 11月24日，中国作家协会名誉副主席翟泰丰，全国人大常委、教科文卫委员会副主任委员、中国作家协会副主席、巴金研究会顾问金炳华，市委常委、宣传部部长杨振武，中国作家协会党组成员、书记处书记、主席团委员杨承志，市委宣传部副部长宗明，市作家协会党组书记、副主席孙颙，冰心之女、北京外国语大学教授吴青，巴金之子、著名作家、《浦江纵横》杂志主编李小棠和区委书记、区人大常委会主任陈安杰，副区长吴乾渝等出席并剪彩。市作家协会党组副书记兼秘书长、巴金研究会副会长臧建民主持。区委常委、宣传部部长邹明和市作家协会副主席、巴金研究会会长、复旦大学中文系主任陈思和，冰心研究会会长、冰心文学馆馆长王炳根分别致辞。而后，来宾们参观了展览。

【“世博论坛·建设创新型城区”举行】 11月28日，由市委宣传部、上海世博会事务协调局、复旦大学、同济大学、上海社会科学院和区委、区政府共同主办的“世博论坛·建设创新型城区”举行。国家科技部调研室主任胥和平、上海世博局国内参展顾问黄耀诚出席并致辞。区委书记、区人大常委会主任陈安杰和中央党校研究室副主任周天勇、复旦大学党委副书记陈立民、同济大学党委副书记马锦明、上海社会科学院常务副院长左学金分别作主题演讲，从不同角度对创新型城区建设中的发展转型、合作共建、空间布局、体制机制等问题进行了阐述。区委副书记魏伟明致开幕词。区委常委、宣传部部长邹明主持开幕式。上海社会科学院党委副书记童世骏主持主题演讲。

【全国首家体育类科技园——上海体育学院科技园举行揭牌仪式】 11月29日,国家体育总局副局长段世杰、副市长沈晓明为"国家体育总局体育科技示范园"揭牌。国家体育总局科教司司长蒋志学宣读了国家体育总局《关于同意建立国家体育总局体育科技示范园的批复》。市政府副秘书长翁铁慧和市教委主任薛明扬为"上海体育学院大学生创业基地"揭牌。区委书记、区人大常委会主任陈安杰和上海体育学院党委书记虞丽娟为"上海体育学院科技园"揭牌。上海体育学院院长章建成主持。区委常委、副区长柴尧迅、庄少勤等出席。副区长唐海东代表杨浦区与上海体育学院签订了《上海体育学院和上海市杨浦区人民政府关于进一步加强全面合作联手推进自主创新框架协议》。

【区委召开务虚会】 12月18日—19日,区委书记、区人大常委会主任陈安杰主持。区委副书记、区长金兴明,区委副书记魏伟明等区四套班子领导成员出席。会议以科学发展观为指导,深入贯彻党的十七大和十七届三中、四中全会,中央经济工作会议及九届市委八次、九次全会精神,围绕调结构、促转型,办世博、促发展,重民生、促和谐和推动杨浦国家创新型城区(试点)建设,分析区当前发展形势,谋划明年经济社会发展的思路和举措。区各部门、街道(镇)、区属企业党政主要负责人参加。此前,组织与会人员考察了区重大功能性项目推进情况,参观了太仓经济社会发展情况。

(四)纪检监察工作

【概况】 2009年,全区各级党政组织和纪检监察组织围绕中心,服务大局,加强源头预防工作,抓好各项任务落实。(1)惩防体系建设。全年任务分解成6个方面108项,召开惩防体系建设推进会,开展惩防体系建设专题调研,启动区建交委等5个单位廉政风险防范管理试点工作,实施惩防体系绩效测评机制。(2)反腐倡廉教育。开展"讲党性、重品行、作表率,奉献杨浦做贡献"主题教育活动,各级党政负责人上党课75场计3435人次参加,举办各类学习报告会88场次计4522人次参加,观看电视教育片和戏曲电影计5912人次。与97名新任处级领导干部进行廉政谈话。牵头拍摄的反映我区党员干部密切联系群众、保持党的优良传统和作风的电视教育片《本色》,经市委同意,在全市党员干部中播放后产生强烈反响。(3)监督检查工作。对12家单位开展集中巡察,对3家单位开展日常巡察,对平凉西块旧改18街坊拆迁工作开展专项巡察。派驻监督员8人次进驻动迁基地进行阳光动迁工作专项监督检查,有序推进拆迁结果公开。34名局级领导干部申报了购卖住房情况,全区1037名干部(含企事业单位)进行年度述职述廉,528人次执行个人重大事项报告,主动上交现金及有价证券、支付凭证41.04万元。(4)办信查案工作。成立区反腐败协调小组,全区共受理检控类信访举报486件次,其中检举控告类350件次。初步核实线索16件,立案10件,办结案件10件,其中党内警告4人,留党察看1人,开除党籍5人。对1名干部开展诫勉谈话。(5)政风行风建设。组织39个部门行业在《杨浦时报》上向社会作出公开承诺。组织134名政风行风监督员和实例调查员对区域内146个窗口进行明察暗访。组织30名政风行风监督员分别对6个部门行业开展"重点评"。清理规范项目163个,涉及金额189.8万元。(6)法规制度建设。下发区委、区政府领导和职能部门党风廉政建设和反腐败工作责任分工,明确牵头单位和协助参与单位的责任。18名局级领导、67个处级单位党组织主要负责人向区委递交了党风廉政建设责任承诺书。制定《杨浦区党风廉政建设责任制责任追究实施办法(试行)》。对15个处级部门、单位贯彻落实党风廉政建设责任制情况进行专项检查。

【八届区纪委四次全会召开】 2月13日召开,出席这次全会有区纪委委员22人。区纪委常务委员会主持会议。全会认真学习贯彻中纪委十七届三次全会精神和市纪委九届三次全会精神,明确当前和今后一个时期区党风廉政建设和反腐败斗争总体要求,部署全年区党风廉政建设和反腐败工作任务。全会审议通过区委常委、区纪委书记陈守正代表区纪

2月13日,区纪委召开八届四次全会,图为会议主席台

委常委会所作的《深入贯彻落实科学发展观,扎实推进杨浦党风廉政建设和反腐败工作》工作报告。区委书记、区人大常委会主任陈安杰在讲话中重点分析杨浦当前党风廉政建设和反腐败工作所面临形势,阐述新形势下做好反腐倡廉建设重要性,提出要围绕"五个见成效"加强杨浦干部作风建设,向市委交出一份满意的答卷。

【清理规范评比达标表彰工作联席会议召开】 2月16日召开,联席会议成员单位代表、办公室有关人员20余人参加。区委常委、区纪委书记陈守正要求,要高度重视清理工作,切实增强责任感和紧迫感。经国纠办审核,区保留了涉及6个单位的7个项目,撤销了46项,清理工作成效明显。强调要加强领导,结合清理规范工作特点,采取有效措施。要明确任务,清理规范工作联席会议和办公室要按照任务分工,落实责任,严格审核、严格把关。要确保实效,坚决防止一边清理,一边继续搞各类评比达标表彰活动。要加强监督检查,对于违反规定要追究直接责任人和有关领导的责任。

【市纪检监察宣教工作会议召开】 2月17日在五角场镇召开。市纪委常委、市监察局副局长黄建平出席会议并讲话。市纪委宣教室主任王群总结2008年全市党风廉政宣传教育工作,对年度工作进行部署。市纪委宣教室副主任穆忻主持会议。会上杨浦区纪委、闸北区纪委、黄浦区纪委、静安区纪委、市财政局纪委、市公安局纪委等六家单位作交流发言,部分单位以多媒体的形式进行工作交流。来自全市各区县、大口、直属局,市纪委、市监察局派驻机构80余名纪检监察宣教干部参加会议,与会人员还实地参观考察了创智天地和院士风采馆。

【办信查案工作会议召开】 5月15日在区政府召开。区纪委委员、处级单位纪委书记(纪检组长)、部分纪检监察干部120余人参加。会议传达市办信查案和案件管理工作会议精神,总结2008年度区纪检监察办信查案和案件管理的工作情况,部署了年度工作任务。区委常委、区纪委书记陈守正指出,各级纪检监察组织要始终把办信查案和案件监督管理工作放在重要位置,严厉惩处违纪违法行为,以党风廉政建设和反腐败斗争的实际成效取信于民;要围绕中心、服务大局,加强对涉及发展和民生案件的查处,并充分发挥办信查案在维护稳定方面的职能和治本功效;要进一步加强办信查案干部队伍建设,紧密结合"做党的忠诚卫士、当群众的贴心人"主题实践活动,在提高队伍的政治素质和业务能力上下功夫。

【区纠风工作推进会召开】 5月22日在区政府召开。市纠风办三处负责人,副区长马杰富出席会议并讲话。区有关部门行业、街道(镇)、市属有关行业的分管领导、纪检干部以及监督员、实例调查组组长60人参加会议。马杰富肯定2008年区纠风和政务公开工作所取得的成效,要求各部门提高认识,落实责任,突出开展食品药品安全专项整治,规范公共部门的服务和收费行为,进一步加强政风行风建设等重点工作,要认真落实纠风工作责任制,加强监督检查,加大源头治理力度,确保纠风各项工作取得新成效。

【区“贯彻落实科学发展观，推进反腐倡廉建设学习班”举办】 6月1日—3日在区委党校举办。区委常委、区纪委书记陈守正作动员讲话，本次学习班邀请市纪委、区委党校和有关方面的专家，围绕贯彻落实科学发展观、纪检监察业务知识、加强和改进领导干部作风等内容举行9场专题讲座。来自全区20余名新任纪委书记、纪检组长、专兼职纪检监察干部参加培训班。

【区党风廉政建设责任制领导小组会议召开】 6月3日召开，陈安杰、于秀芬、陈守正、马杰富、顾伟强、岳杨等9名区党风廉政建设责任制领导小组成员出席会议。会议审议讨论《2009年区委区政府领导党风廉政建设和反腐败工作责任分工》、《2009年全区党风廉政建设和反腐败工作部门分工》、《上海市杨浦区2009年建立健全惩治和预防腐败体系任务分工》，陈守正汇报288年党风廉政建设责任制工作检查情况并就《三个分工》作说明。陈安杰强调，要进一步统一思想，充分认识当前落实党风廉政建设责任制的重大意义，要把党风廉政建设责任制融入到经济社会发展、民生改善和干部队伍的思想建设、组织建设和作风建设中。要抓住“责任分解、责任考核、责任追究”三个关键环节，切实增强党风廉政建设责任制的有效性。要以落实党风廉政建设责任制为抓手，充分发挥廉政建设责任制的保驾护航作用，通过推进党风廉政建设责任制来确保区委、区政府的重要决策得以贯彻落实，确保人民群众关注的热点、难点问题得以解决，确保世博会各项任务得以完成。

【区惩防体系建设和党风廉政建设责任制工作推进会召开】 7月2日召开，区纪委委员、处级单位纪委书记(纪检组长)、部分纪检监察干部120余人参加会议。会议总结2008年工作，部署2009年工作。区委常委、区纪委书记陈守正指出，要以高度的紧迫感和使命感，切实履行反腐倡廉建设的政治职责。在当前形势下，各级党员干部，尤其是主要领导干部，一定要从讲政治的高度，切实担负起反腐倡廉建设的政治职责，始终把党风廉政建设和反腐败工作作为关系全局的大事抓紧抓好，为全区经济社会平稳较快增长提供坚强的政治保证。要明确工作重点，扎实推进惩防体系建设和党风廉政建设责任制。

【区出台党员干部党风廉政告知性教育暂行办法】 7月31日，与区委组织部联合印发《上海市杨浦区党员干部党风廉政告知性教育暂行办法》(以下简称《暂行办法》)，明确告知性教育对象、内容、形式、考核和效果评价。《暂行办法》突出两个重点：处级领导干部；重点领域和关键岗位党员干部、公务员。在教育内容上，突出理想信念、党性党风党纪、党纪条规和国家法律法规教育。为使告知性教育取得实效，《暂行办法》明确将其纳入年度党风廉政建设责任制考核之中，纳入“惩治和预防腐败体系测评”工作之中。

【区委巡察工作领导小组会议暨区纪委、区委组织部联席会议召开】 9月23日召开，会议由区委常委、区纪委书记陈守正主持。区委常委、区委组织部长于秀芬出席，6名联席会议成员单位领导参加出席会议。会议审议年度集中巡察工作情况，肯定集中巡察工作方法和取得成果。会议要求，巡察工作应更加制度化、规范化，要以学习贯彻中央新颁布的《巡视工作条例》为契机，完善区巡察工作。会议强调，要注重巡察成果运用，对巡察中反映日常管理中问题，要督促被巡察单位即知即改；具有普遍性、苗头性的问题要移送相关职能部门予以研究处理。

【区“讲党性，重品行，作表率，奉献杨浦做贡献”主题教育会召开】 10月27日召开，陈安杰、李文连、魏伟明等区领导出席，陈守正主持会议，区纪委委员、处以上干部600余人参加会议。陈安杰指出，主题教育活动，必须大力弘扬深入基层、联系群众的良好作风。要发扬密切联系群众的作风，深入基层、深入一线，深入到群众中间，向困难群众送上党和政府的温暖，向上访群众征询诉求，向动拆迁居民介绍杨浦的发展，真心诚意的了解民意、掌握民言，化解民怨、解决民需。必须大力弘扬解放思想、求真务实的良好作风。特别是要牢记“两个务必”，坚决防止大手大脚、铺张浪费、贪图享受等不良风气滋生蔓延。要坚决按照“会议会务、公务接待、出国考察和公车购置”“四个零增长”规定，加强对公车使用、公款接待、公费出国的管理,压缩行政事业开支,把有限的资金和资源用在杨浦发展经济和改善民生这个刀刃上。要重视党内的批评意见,特别是各级党政"一把手"和班子成员,要及时提醒和帮助身边的同志,也要真心诚意地欢迎来自上级、同级、下级以及广大人民群众等各方面的批评和监督,以筑起一道拒腐防变的党内民主生活之铜墙铁壁。会上观看了《本色》和《贪欲之害》电教片。

【开展党风廉政建设责任制专项检查】 11月下旬,由区委常委、区四套班子主要领导以及区党风廉政责任制领导小组成员中的局级领导带队,围绕各级领导班子及领导干部履行党风廉政建设责任、落实中央《建立健全惩治和预防腐败体系2008—2012年工作规划》和上海市贯彻落实工作规划的实施办法及杨浦区贯彻落实具体意见、以及领导班子落实党建工作责任制等情况对区建交委、区科委、区总工会等15家单位开展党风廉政建设责任制专项检查。采取听取汇报、个别访谈、查阅资料、问卷调查等形式,通过检查,强化各级领导干部的政治意识和责任意识,推动党风廉政建设责任制的落实。 (胡新龙)

(五)组织工作

【概况】 2009年,全区各级党组织坚持以邓小平理论和"三个代表"重要思想为指导,按照党的十七大要求,深入贯彻落实科学发展观,紧紧围绕区委中心工作,全面落实选干部配班子、建队伍聚人才、抓基层打基础等方面的各项任务,为有效应对国际金融危机、落实"四个确保"和杨浦知识创新区建设提供坚强的思想、政治和组织保证。(1)基本情况。全区共有党组织2607个,其中,党委73个,党工委15个,党组38个,党总支334个,党支部2147个;党员80587人(年内新发展党员513人)。全区局级干部22人,其中,女干部4人,党外干部1人,大专以上学历22人。全区处级干部650人,其中,女干部146人,党外干部1人,大专以上学历644人。提拔处级干部101人,其中,正处级39人,副处级62人;交流干部147人,其中,正处级55人,副处级92人。建立处级后备干部队伍307人。建立各类新经济组织和社会组织党组织544个,其中,党委3个,党总支20个,党支部521个。(2)领导班子和干部队伍建设。紧贴创新型城区建设需要,组织5批64名干部,赴德国、香港、美国硅谷和台湾新竹等世界金融、风险投资与科技联动发展的高端近距离学习取经。实施百名助理制工作,加大一线岗位的实践锻炼力度,抽调、选派干部充实到平凉西块旧区改造、专项矛盾化解等区重点工作、重大工程建设项目一线进行培养锻炼。(3)干部人事制度改革。扩大干部任免票决范围,区管干部任免事项由区委常委会实行票决,区管党政正职领导干部的任免事项,在区委常委会票决提名后,由区委全委会进行票决,提高选人用人的公信度。(4)基层党组织和党员队伍建设。全面加强基层党组织带头人和党员队伍建设,对全区600多名居民区、"两新"组织和国有企业党组织书记,特别是初任书记开展集中培训。拓展党员服务中心平台功能,打造社会化、开放性的基层党员群众活动平台,为新时期党建工作任务有效落实提供有力支撑。(5)推进人才强区战略。以全面推进国家海外高层次人才创新创业基地建设为重点,加大政策创新力度,抓好重点项目落实,发挥高层次人才推动区域发展作用,统筹各类人才队伍建设。对接国家"千人计划",成功申报杨浦海外高层次人才创新创业基地。组织"海外博士团杨浦行",参加北美留交会、"春晖杯"留学人员创业大赛和中国留学人员广州科技交流会,在高层次创新创业人才海外集聚的重点地区进行杨浦创新创业资源、环境推荐和岗位招聘。建立海外高层次创新创业人才工作组织管理机制,建立多部门密切配合,科技园区、企业等社会力量共同参与的海外高层次人才工作机制,成立区引进海外高层次创新创业人才专项工作领导小组,建立专项人才信息库,推动我区海外人才工作的经常化、规模化、品牌化发展。

【拓展深化"一线工作法"的内涵与外延】 组织全区300多名处级以上领导干部定点联系服务490家企业,同时开通"1890企业服务网"及热线受理电话,制作服务企业的联系卡,汇编《杨浦区关于促进企业发展的若干政策措施解读》,共为企业解决各类问题500多件,支持帮扶企业渡过难关、健康发展。走访接待社区党员群众46000余人次,共收到群众反映急难愁问题近300件,解决率达90%以上。中共中央政治局委员、中组部部长李源潮在全国街道社区党建工作经验交流会上充分肯定“一线工作法”;中组部部务委员、组织局局长傅思和带队来杨浦视察指导时,充分肯定“一线工作法”取得的积极成效;市委也将“一线工作法”作为上海党建工作的最新成果写进贯彻四中全会精神的《实施意见》,并在第三届长三角社区党建论坛上作交流发言。

【杨浦海外高层次人才创新创业基地】 6月9日,经中央人才工作协调小组批准,杨浦知识创新基地正式成为国家第二批海外高层次人才创新创业基地,基地的落户为“知识杨浦”的发展提供强大的“智力引擎”。7月17日,区第八届委员会第十次全体会议审议并通过《中共上海市杨浦区委关于加快推进海外高层次人才创新创业基地建设的决定》,进一步加速海外高层次人才来杨浦创智、创新、创业,推动杨浦知识创新区“集聚人才、自主创新”的发展迈上一个更高的台阶。

【开展“找差距、找瓶颈、找突破”的“三找”活动】 应对经济形势,围绕落实“四个确保”要求,在干部队伍中深入开展“找差距、找瓶颈、找突破”的“三找”活动,在梳理出189个问题的基础上,确定9大瓶颈21个挂牌项目,召开“找差距、找瓶颈、找突破”专项工作摘牌誓师大会,通过职能部门摘牌认领、建立专项考核机制,引导干部以“三个超常规”,即超常规的精神状态、超常规的工作思路、超常规的工作举措,解放思想、攻坚克难。坚持典型示范,深入开展“好班子、好团队、好干部、好党员”评选活动,激发领导班子和干部队伍干事创业热情。

6月9日,举行授予杨浦海外高层次人才创业基地仪式

【实施百名助理制工作】 实施百名助理制工作,为加强年轻后备干部队伍建设提供新平台、新载体。通过面试和集中考察,遴选产生129名年轻干部担任助理,其中109名年轻干部作为处长助理、20名青年干部作为科长助理,重点安排到旧区改造、重大工程、信访维稳和社区工作,形成干部基层培养、锻炼使用的一线链。抓好对助理制干部的跟踪考察和后续培养工作,先后联系和走访58家单位对助理开展集中考察。

【杨浦区井冈山干教基地挂牌并开班】 10月11日,“杨浦区干部革命传统理想信念教育井冈山培训基地”挂牌仪式暨组织科长专题培训班开班式,在中国革命圣地井冈山举行。仪式上,区委组织部与井冈山党员干部培训中心共同签署《培训基地合作框架协议》。井冈山培训基地挂牌以来,已有中青年干部培训班、组工干部培训班、科级职后班、教育、卫生系统中青班、五角场街道科级班等6个培训班214名干部参加培训。

【“3310”计划启动】 “3310”计划是杨浦作为国家级海外高层次人才创新创业基地建设总体目标,即通过实施三大工程、实现三大目标、并推出与之配套的10项政策。实施“百千万”工程,实现标志性人才集聚的目标;实施人才环境工程,实现标志性成果突出的目标;实施主导产业集群发展工程,实现标志性产业清晰的目标。提供10项配套政策:提供以降低创业启动成本、提供资金担保与贴息、设立项目风投基金、建立风险补偿机制、实施财政扶持补助、加快落实并推进引进人才的安居工程、优先安排医疗及子女教育、营造良好学术环境、发挥政府采购导向作用、建立便捷高效的服务平台。

【开展“公推直选”选优配强居民区党组织领导班子】 对全区300多名居民区党组织书记进行选举政策和实务知识培训，汇编下发《选举工作培训手册》，为换届选举的顺利进行提供思想上、组织上的保证。通过“公推直选”选优配强党组织领导班子，共完成275个居民区党组织的集中换届选举，其中实行直选的140个，直选率达50.9%；选举产生居民区党总支（党支部）委员1637名。同时，积极推进居民区党组织书记与居委会主任“一肩挑”、居民区党组织成员和居委会中的党员成员交叉任职。目前，书记、主任“一肩挑”的53人，“交叉任职”比例达37.2%。

【聚焦重大项目建设创新党建联建工作机制】 年内，在平凉西块二期旧改、轨道交通12号线、河间路基地等项目建设中，创新动拆迁基地党建联建工作模式，推动拆迁公司与街道、居民区党组织等广泛开展党建联建工作，充分发挥党组织在把握动迁政策、做群众工作、维护社区稳定等方面的各自优势，有力地推进旧区改造进程，几大地块动迁速度都超过预期目标，其中平凉西块在全市五大动迁基地中位列进度第一。

【组织开展“世博先锋行动在一线”系列活动】 将“世博先锋行动”与“一线工作法”、区域化党建工作相结合，协调整合区域内各方面党组织、广大党员和基层群众力量，先后开展集中清洁家园活动和党员主题实践日活动，共发动区域内近900个党组织，41700多名党员群众集中整治卫生死角10550处，营造各方参与、共迎世博的良好氛围。

【开展组工干部“讲党性、重品行、作表率”活动】 加强组工干部党性党风党纪教育和优良传统、道德品行、廉洁自律的教育，推进模范部门和过硬队伍建设，认真开展“组织部长下基层”活动，健全完善组工干部联络员制度。加强组工干部能力建设，定期举办区属处级单位党组织组织科长每季度工作例会，交流工作情况，开展业务培训，提高能力素质。加强制度建设，建立健全学习、会议、业务工作、行政管理等制度，有效规范组工干部行为，提高制度化、规范化水平。

（杨晓艳）

专 文

认真开展“深入学习实践科学发展观活动”

按照中央和市委总体部署，在市委指导检查组的指导下，紧扣“坚持科学发展，建设创新城区”实践载体，自3月起，分两批认真组织开展深入学习实践科学发展观活动，共有2335个党组织、79868名党员参加，基本实现“党员干部受教育、科学发展上水平、人民群众得实惠”的总要求，中央第二巡回检查组副组长张龙之、民政部新社会组织学习实践活动第三巡回指导小组组长张树中等领导在调研指导过程中，均给予充分肯定和高度评价。

思想理论武装得到强化。坚持用中国特色社会主义理论体系武装头脑、指导实践、推动工作。深入学习贯彻党的十七大和十七届四中全会精神，采取中心组学习交流、专题辅导、集体调研、实地考察、网上互动、解放思想大讨论等多种形式，共编撰各类辅导教材27种、举办各类讲座831场，组织收看电教片、远程教育课件6104次，培训17112人次，全面、系统、深入地学习科学发展观，不断深化对推动杨浦科学发展的思想认识。全区围绕实现“四个确保”和突破制约杨浦科学发展的瓶颈问题，通过“找差距、找瓶颈、找突破”的“三找”活动和“一线工作法”，梳理出瓶颈问题893个，撰写调研报告335篇，进一步理清发展思路，切实把广大党员干部的思想认识统一到中央和市委的决策部署上来，统一到科学发展观的要求上来，以思想认识的高度统一保证行动和工作的高度协调，使科学发展观真正成为杨浦坚定信心、应对挑战、推动科学发展的行动指南，广大党员干部学习实践科学发展观的自觉性、坚定性切实得到增强。

学习实践活动有力有序推进。立足“早准备、早启动、早进入”，认真做好各项准备工作，提前落实领导机构和工作力量，确保思想、组织、工作到位。深入开展前期调研，研究制定全区学习实践活动的指导思想和实施方案，为顺利开展好全区学习实践科学发展观活动打好基础。强化督促指导，突出各阶段重点，注重培育亮点，全区各单位普遍做到思想重视、行动迅速、工作扎实，使全区学习实践活动做到“规定动作准确到位，自选动作丰富多彩”。

突出实践特色取得明显成效。把开展学习实践活动与积极应对当前经济形势，迎难而上、克难奋进结合起来，紧紧围绕“坚持科学发展、建设创新城区”这一实践载体，把落实“四个确保”作为当前的首要任务，结合学习实践活动开展“书记·百姓网上通”、“一线工作法”、机关干部集中下基层等活动，组织各单位集中时间、精力整改落实群众反映强烈的突出问题，共解决突出问题355个，为群众办好事、办实事3399件。对现有的各类政策措施、规章制度进行全面清理，切实做好废、改、立工作，形成一批制度性成果。全力推进旧改、就业、救助等民生问题的解决，有力、有序、有效推进区委重要工作和重点项目，有力推动杨浦的科学发展和逆势飞扬，以破解难题的实际成效取信于民。

（区委组织部）

（六）宣传工作

【概况】 2009年，区宣传思想文化工作全面贯彻落实党的十七大精神，围绕杨浦创建国家科技创新型城区，以“迎世博”和新中国成立60周年为契机，繁荣先进文化，建设和谐文化，为杨浦知识创新区提供强大的精神动力和良好的思想舆论氛围。（1）干部理论教育。共举办领导干部学习系列讲座2场，常委学习会1场，举办全区各处级单位中心组学习秘书的培训会，开展学习督查活动，做好学习实践科学发展观活动宣传工作。（2）群众宣传活动。共举办东方讲坛120余场，开展“进百家门、暖万家心，共铸平安世博”——公安派出所所长讲防范系列讲座和“精彩世博、文明先行”系列讲座，组织“2009学习贯彻‘两会’精神专题图展”、上海市对口支援都江堰市灾后重建专题图展杨浦巡展。以迎接上海解放60周年为契机，组织干部群众参观“城市魂·群英谱——纪念上海解放60周年主题展”和《中国巨变（1949–2009）——庆祝中华人民共和国成立60周年大型图片展览》。（3）新闻宣传。重点策划硅谷银行落户杨浦、南南全球技术交易论坛、杨浦赴联合国推荐、“创业未来中国行”上海杨浦论坛等活动的新闻宣传。在各主要媒体刊播各类报道共计约3100余篇（条），其中在新华社、《人民日报》、中新社、《经济日报》、《解放日报》、《文汇报》、《新民晚报》以及电视、广播、网络共发各类报道约1420余篇，《解放日报》、《文汇报》、《新民晚报》头版各类报道近82余篇（条）。（4）迎世博社会动员工作。举办百余场世博知识系列讲座，受众达几十万人次。编辑出版《世博知识和市民礼仪简明读本》12万册。投放各类宣传世博用品（环保袋、宣传册、交通卡套等）数量达百万以上，开展迎世博工作成果巡回宣讲活动17场。开展“自律守纪，让生活更美好”——世博进社区主题日等主题实践活动。举办迎世博600天行动倒计时牌揭牌仪式、“上海市迎世博600天行动文艺巡演启动仪式”、“世博号角”——迎世博倒计时一周年系列活动、“青春的节日——上海市青少年世博宣传文艺巡演启动仪式暨杨浦区迎世博倒计时300天青年窗口服务日”主题活动。（5）重大活动。举办“世博号角”——上海之春国际音乐节管乐艺术节。举办城市森林音乐会、“创业未来中国行·上海杨浦”论坛。举办《亲历中美建交—柴泽民的军旅岁月和外交生涯》新书首发式。举办《黄河大合唱》诞生70周年特别活动、国歌纪念广场落成暨国歌展示馆建成开馆典礼、杨浦有线电视中心新台开播、“建设创新型城区”为主题的世博论坛。

【召开杨浦区与上海社科院课题合作座谈会】 2月19日举行。区委常委、宣传部部长邹明和上海社科院常务副院长、经济研究所所长左学金研究员出席座谈会。双方围绕进一步总结提炼杨浦知识创新区发展模式和发展经验、编制《杨浦创建国家创新型示范城区规划纲要》等课题进行交流和探讨，为杨浦未来的发展提供更多的理论支撑和实践指导，推进杨浦知识创新区的科学发展、和谐发展。

【举办区网络安全防范讲座】 3月18日，区委宣传部、杨浦公安分局、区机关党工委、区委保密办在区机关大楼四楼礼堂，以“加强网络安全防范，警民共铸平安世博”为主题，邀请市公安局信安总队三支队长韩欣毅作网络安全防范知识讲座。区各单位保密干部、网络管理员、政府信息公开审核员；各单位网络信息员、区各街道（镇）宣传科长、各居委会网络信息员和部分机关干部共500余人出席讲座。

【开展管乐艺术节系列活动】 4月30日—5月3日，世博号角—2009上海之春国际音乐节管乐艺术节系列活动在杨浦圆满举行，市委常委、宣传部部长王仲伟等领导出席活动。参加管乐艺术节的中国人民解放军军乐团、中国人民解放军海军军乐团、国外乐团还赴南京东路世纪广场举办专场音乐会。4月30日下午，杨浦区邀请中国人民解放军军乐团、海军军乐团等国内著名管乐团队，在共青森林公园举办“迎世博倒计时一周年”城市森林音乐会。

【“飞YOUNG”纪念“五四”运动90周年大会】 5月4日举行，区四套班子领导，团市委副书记、市青年联合会主席李跃旗，中国科学院院士沈学础等出席。会上举行“杨浦欢迎您：世博邀约仪式”，区委书记、区人大常委会主任陈安杰代表百万杨浦人民向四海宾朋发出参加世博会的邀请。区委副书记、区长宗明为上海海阳医院管理有限公司、上海廷亚冷却系统有限公司、同济同捷科技有限公司三家首批“团中央青年创业就业见习基地”授牌。李跃旗为第七届“杨浦十大杰出青年”获得者颁奖。大会还对一年来在杨浦各条战线踏实实干、奋勇争先的优秀青年集体和个人进行了表彰。区委副书记魏伟明代表区委、区政府向受表彰的青年表示祝贺。

【巡展上海市对口支援都江堰市灾后重建图片】 由市委宣传部、市对口支援都江堰市灾后重建指挥部主办，杨浦区委宣传部和上海东方宣传教育服务中心承办的“岷江黄浦江水水相融，上海都江堰心心相连—上海市对口支援都江堰市灾后重建专题图展”于5月18日起在沪东工人文化宫和区机关大楼巡展。

【举办纪念上海解放60周年主题展】 “城市魂·群英谱——纪念上海解放60周年主题展”于5月25日起在杨浦区展出。主题展集中反映60年来上海人民在各个领域、各个时期团结奋斗、不断创新的城市英雄们的事迹和精神，积极配合深入学习实践科学发展观教育活动和群众性爱国主义教育活动。全区12个街道、镇和教育系统共1500余名干部群众先后参观了此次展览。

【举行处级单位中心组学习秘书培训会】 6月2日举行，市委宣传部理论处副处长作关于中心组学习的专题辅导报告。长白新村街道党工委、区卫生局党委、五角场镇党委、区总工会党组等部门在会上作交流发言。与会代表就如何进一步完善中心组学习制度，创新中心组学习内容和形式等开展深入的研讨。会上区委宣传部副部长就充分认识加强和改进学习秘书工作的重要性、明确学习秘书的基本职责和基本素质，破解瓶颈，切实增强中心组学习的实效性提出了要求。

【召开思想政治工作表彰会暨思研会会员大会】 6月12日，2007—2008年度思想政治工作表彰会暨区思研会第十三次会员大会在沪东工人文化宫召开。会议表彰2007—2008年度区优秀（先进）思想政治工作者、思想政治工作研究先进集体和思想政治工作研究优秀成果。区房地局党委、区公安分局党委、四平路社区（街道）党工委和区中心医院党委分别做了交流发言。会议审议表决了区思研会换届工作报告、财务报告、正副会长和秘书长人员调整建议名单及章程修改草案等。区委常委、宣传部部长邹明和市思研会顾问戴长友出席会议并讲话，邹明当选为区思研会新一届会长。

【召开区政工职评初级和中级评审会议】 7月10日和7月21日分别召开区政工职评初级和中级评审会议，对13名申报人员进行评审推荐。区职评办会后及时做好反馈、证书发放及名册上报等工作。按照市政工职评办的要求和区直属各部门上报材料的初部审定，2009年杨浦区政工职评工作共有1人申报高级政工师，2人申报政工师，10人申报助理政工师。

【举行《燃烧的生命》杨浦专场】

7月30日，在四平电影院组织影片《燃烧的生命》杨浦专场，弘扬陈海新同志身残志坚、知难而进、乐观生活的精神面貌和医德高尚、心系患者、兢兢业业的生活态度。全区有关街道和单位近300人观看了影片。

【召开“构建杨浦文化发展大格局”学术研讨会】 由杨浦区委宣传部、同济大学人文学院共同举办的研讨会于8月13日在同济大学召开，同济大学领导和区委宣传部部长邹明出席。区有关委办局、街道(镇)、部门负责人、同济大学代表，以及来自国内外的30多位文化研究专家参加研讨。与会专家充分肯定杨浦区“三区联动”的理念以及在公共文化事业建设方面所取得的成就，并提出，杨浦文化发展需要充分依托区域内的历史文化资源和高校资源，确定自己的重点和竞争优势、品牌建设，要秉承百年大学文明、工业文明、市政文明，结合五角场城市副中心建设，重新调整和布局文化业态。同时打造高技术含量的创意业态。

【举行“上海市杨浦区作家协会”揭牌仪式】 9月9日举行。中国作协会员、市作协副主席、复旦大学中文系主任陈思和当选区作协主席。市作协主席、著名作家王安忆与区委副书记、区长宗明共同为“上海市杨浦区作家协会”揭牌。区四套班子领导以及市作协党组书记、副主席孙颙等著名作家出席大会。大会上通过了《上海市杨浦区作家协会章程》，选举15人为第一届理事会理事，102人成为首批区作协会员。

【举行“评弹艺术的魅力——杨浦区领导干部走进经典，感受先进文化”系列活动】 由区委组织部、区委宣传部、区机关党工委和区文化局等部门联合主办，上海东方宣传教育服务中心承办的这一系列活动于9月17日举行。活动邀请上海评弹团为杨浦区领导干部解析评弹艺术的演变历程和艺术魅力，上演了一场传统艺术的视听盛宴。讲座前，区委书记陈安杰向上海评弹团团长秦建国颁发了“杨浦文化艺术指导顾问”聘书。上海评弹团副团长周振华向“评弹艺术普及辅导点”杨浦区代表颁发了标牌，标志着“评弹艺术进社区、进校区、进营区”杨浦普及活动正式启动。

【举行纪念《黄河大合唱》诞生70周年特别活动】 9月19日举行，近三万人在上海江湾体育场主会场共同唱响气势磅礴的《黄河大合唱》。市委宣传部副部长陈东，市委宣传部副部长、市文明办主任马春雷，区委书记、区人大常委会主任陈安杰，区委副书记、区长宗明，市文明办副主任陈振民，区政协主席李文连，市文化广播影视管理局党委书记、上海博物馆馆长陈燮君，市文化广播影视管理局党委副书记、局长、上海世博会事务协调局副局长朱咏雷，上海文化广播影视集团总裁薛沛建，上海文广新闻传媒集团总裁黎瑞刚、党委书记卑根源，区四套班子领导等出席主会场活动。东方卫视、艺术人文、广播经典947以及青海电视台、宁夏广播电视台、四川省广播电视集团、新浪网全程7小时直播。甘肃省广播电影电视总台、内蒙古电视台、山西广播电视总台、山东电视台以及土豆网联合现场部分直播。亿万观众同时见证了这一历史时刻。著名指挥家曹鹏、表演艺术家焦晃分别担纲歌会的总指挥和朗

9月19日，举行三万人唱响黄河大合唱

诵，歌唱家廖昌永、张建一、佟铁鑫和于冠群领唱《黄河大合唱》不同篇章。歌唱家周小燕、作曲家黄准和冼星海的女儿冼妮娜、光未然先生的女儿张安迪作为嘉宾出席。

【举行国歌纪念广场落成暨国歌展示馆开馆典礼】 9月25日在市、区合唱队激昂的歌声中拉开序幕，在中国人民解放军军乐团嘹亮的演奏声中，上海武警国旗班旗手缓缓升起五星红旗，全场振奋，高唱国歌。市委常委、宣传部部长王仲伟为国歌纪念广场主题雕塑揭幕。市人大常委会副主任胡炜和市政协副主席周汉民共同为国歌展示馆揭牌。市委宣传部副部长、市文明办主任马春雷主持典礼。区委书记、区人大常委会主任陈安杰在典礼上致辞。仪式上，田汉、聂耳的亲属分别向国歌展示馆捐赠了《义勇军进行曲》创作手稿等珍贵资料。区领导宗明、李文连、魏伟明等出席活动。市相关职能部门、区县宣传部、驻区部队和高校，以及外省市的特邀嘉宾出席活动。典礼结束后，部分领导和市民一同参观国歌展示馆。

【举行杨浦有线电视中心新址开播仪式】 9月28日举行。区委书记、区人大常委会主任陈安杰，四套班子部分领导应邀出席。仪式上，陈安杰和上海文广新闻传媒集团领导林罗华、汪建强、袁雷共同启动新台址开播装置，并在现场播放"新台址，新画面"的《杨浦新闻》。仪式上还举行杨浦有线电视中心分别与SMG电视新闻中心、五角场镇党委加强合作共建的签约仪式。仪式后，陈安杰等参观新台址的各个部门和大小演播厅。杨浦有线电视中心新址面积1500多平方米，配备全新的采摄编播设备，建有大小两个演播室。

【请中央党校教授作专题辅导报告】 10月14日，在区机关大楼4楼礼堂，请中央党校教授、博士生导师、党建教研部原主任卢先福作党的十七届四中全会《决定》专题辅导报告。区四套班子领导和区处级干部，参加区第二批学习实践活动的部分企事业单位党组织负责人，以及部分机关干部等共600余人出席报告会。

【命名爱国主义教育基地】 11月17日，杨浦区正式发文命名国歌展示馆、上海院士风采馆、上海中国烟草博物馆、同济大学学生运动纪念园、同济大学国防教育展览馆、迎接上海解放纪念群雕、少云中学邱少云烈士纪念室、市东中学费达夫雕像、杨靖宇将军雕像、上海印刷博物馆、同济中学院士亭、于漪老师教育馆、杨浦公安陈列馆、杨浦法院博物馆、沪东工人文化宫"杨浦工人运动史料展"等15家单位为杨浦区爱国主义教育基地。

【举办新闻发言人培训班】 由区委宣传部与复旦大学新闻学院联合主办的培训班，于11月16日在复旦大学新闻学院正式开班。复旦大学新闻学院的知名教授，面对来自全区各个职能部门、街道（镇）的新闻联络员、新闻发言人，绘声绘色地讲授当好新闻发言人的技巧；围绕如何处理好新闻发言人和新闻报道的关系，如何善解、善待、善用媒体等方面，对学员进行了有针对性的培训。

【举行《建立学习型政党与马克思主义中国化现代化大众化》学术研讨会】 由上海市社会科学界联合会、上海市哲学学会、杨浦区委宣传部和区委党校联合举办研讨会于11月21日举行。与会的市社会科学界联合会副主席奚洁人表示，在全新历史条件下，推进、研究马克思主义中国化、现代化、大众化，要有新的角度，要紧密结合国情和时代特征，大力推进理论创新。会上，17位专家学者、领导分别就学习型政党对当前加强党建的战略意义，马克思主义中国化、现代化、大众化的科学内涵等问题展开热烈讨论。

【举办领导干部学习系列讲座】 12月4日，在机关大楼4楼礼堂举办讲座，市委巡视组副组长、市委组织部副局级巡视专员、市干部监督联席会议办公室主任莘建础作"认真贯彻党政领导干部选拔任用工作条例，提高选人用人公信度"的专题辅导报告。报告就加强干部选拔任用工作制度建设，强化干部选拔任用工作的民主监督，完善选人用人机制，提高组织工作公信度等方面进行科学、系统的解读。

（七）统战工作

【概述】 2009年，区统战工作深入学习实践科学发展观，以服务杨浦科学发展、促进社会关系和谐、推动统战科学发展为主线，围绕服务“四个确保”，不断增强凝聚力、提高服务力。(1)开展深入学习实践科学发展观活动，党员干部思想认识、服务科学发展能力、实现自身科学发展的水平得到了新提高。(2)支持区各民主党派、工商联、无党派人士围绕区委、区政府重点工作完成10项专题调研报告。推进上海杨浦(大丰、海安)异地工业园区开建，首批15家企业在园区开工。召开“共度金融寒冬，共议企业发展”侨商企业座谈会，杨浦台商座谈会，举办宁波北仑——上海杨浦科技服务外包推介会暨对接会等活动。(3)协助区委、区政府召开双月座谈会、民主协商会、小范围谈心会、党外人士座谈会，就区委、区政府重要工作听取党外人士的意见建议。完成区知联会换届工作。(4)做好民族宗教工作，传达落实国务院第五次民族团结进步表彰大会精神，维护少数民族合法权益。贯彻《上海市清真食品管理条例》，督促做好“清真三食”供应工作。完成区基督教两会、佛教法善庵和景星路清真寺寺管会换届工作，组织宗教活动场所“和谐寺观教堂”创建活动。江湾清真寺建成准备启用，太平报恩寺重建奠基仪式举行，完成佛教法善庵修缮工作。(5)召开新的社会阶层代表人士座谈会暨新社会阶层人士统战工作联席会议，制定《杨浦区新的社会阶层人士统战工作联席会议成员单位职责》。开展第三届市区优秀建设者评比表彰活动，引导非公有制经济人士为经济发展、社会和谐作贡献。(6)开设早期归侨就医绿色通道，完成区侨联换届工作，成立了杨浦科技园区侨界联合会。做好国民党台北市南港区党部参访团与中共杨浦区委党际交流工作，组织各民主党派负责人赴台开展交流。(7)以庆祝建国60周年、多党合作制度确立和人民政协成立60周年为契机，开展杨浦区统一战线 “四个一”主题活动。(8)坚持区校统战部长联席会议，建立杨浦区统战学者信息库，开展统战学者进社区主题活动。举行第9次统战系统民族宗教界“爱心助学”活动。发挥区社会主义学院客座教授优势，开展统战理论研究，出版2009年统战理论论文集，创办区社会主义学院校刊，编辑发行《统一战线基础知识问答》，办好团结讲坛。

【区委召开5次双月座谈会】 年内，区委先后召开5次双月座谈会。2月4日就平凉西块(二期)居住房屋动迁方案听取党外人士意见，区委常委、副区长庄少勤通报有关情况。4月17日，就区加强党风廉政建设和反腐败工作听取党外人士意见。7月7日，区委副书记、区长宗明通报杨浦区上半年经济社会发展情况以及区政府党组开展深入学习实践科学发展观活动的情况并听取意见。9月1日，区委常委、副区长柴尧迅通报杨浦区金融创新推动科技创新的进展情况并听取意见。10月26日，区委常委、组织部部长于秀芬向党外人士通报区人才工作和海外高层次人才创新创业基地工作的情况并听取意见。

【区各党派主委座谈会召开】 2月10日，召开区各民主党派主委座谈会，区委常委、统战部部长张慧珠主持会议并讲话。会议通报2009年民主党派工作总体思路，各党派区委交流2008年主要工作和2009年工作思路。张慧珠希望各民主党派在新年工作中要紧紧围绕“四个确保”，积极参政议政、建言献策，开展社会服务，为杨浦的建设和发展多作贡献。

【区委领导探望百岁党外老同志】 3月9日，是民革区委原主委程子敏的百岁寿辰，区委书记、区人大常委会主任陈安杰代表区四套班子领导专程为他祝寿，感谢他对杨浦的贡献。区委常委、统战部部长张慧珠，区人大常委会副主任、民革区委主委沈贻初陪同。

【举行迎世博行动推进大会】 3月25日，区委统战部召开“同舟共济，精彩世博”杨浦统战系统迎世博行动推进大会，区委常委、统战部部长张慧珠主持会议并讲话。会议回顾了统战系统迎世博600天行动以来的主要工作，宣读了统战系统迎世博行动推进计划，2010年上海世博会主题馆总设计师、同济大学曾群教授作“杨浦统一战线迎世博巡讲”活动首场讲座。区域各高校党委统战部，区各民主党派、统战团体，区有关委办局和各街道(镇)代表200余人出席会议。

【举办党外中青年干部培训班】 6月8日—10日，区委统战部、区委组织部、区委党校及区社会主义学院联合举办2009年党外中青年干部培训班，区各委办局、街道（镇）、区属企事业单位以及区域内各高校、科技园区共54名学员参加培训。

【召开新的社会阶层代表人士学习座谈会】 6月18日，区委统战部在上海市社会主义学院召开2009年杨浦新的社会阶层代表人士座谈会暨新的社会阶层人士统战工作联席会议，区委常委、统战部部长张慧珠主持会议并讲话，会上，聆听了上海市社会主义学院副院长彭镇秋《新的社会阶层人士要为发展多作贡献》、上海富大集团董事长袁立《现代民营企业发展之道》的报告，制定下发了《杨浦区新的社会阶层人士统战工作联席会议成员单位职责》，16家成员单位分管领导、联络员和48名代表人士出席会议。

【组织党派负责人赴台湾交流考察】 7月8日—15日，区委常委、统战部部长张慧珠率区各民主党派、工商联负责人和无党派人士代表参访团赴台交流考察。期间，参访团与台湾各界人士进行了广泛的接触交流，取得了较好效果。

【创办校区、园区、社区创享沙龙活动】 7月22日，区委统战部与上海同济科技园孵化器有限公司联合举办了创享沙龙第一季活动——“同济创业，放飞梦想”大学生创业企业与欧美同学会交流座谈会。区委常委、统战部部长张慧珠，上海同济科技园孵化器有限公司总经理肖小凌为“校区、园区、社区”创享沙龙揭幕并讲话，活动为科技园区创业者开设了专题讲座，推出了企业法律咨询等多项服务举措。12月29日，区委统战部与区侨联联合组织了“走近世博，走进杨浦”科技园区侨联学习考察暨“校区、园区、社区”创享沙龙第二季活动。

【举办民主党派干部培训班】 8月11日，区委统战部、区社会主义学院对160余名民主党派干部进行培训，培训以“学习贯彻科学发展观和中共十七届四中全会精神”为主题，着力增强其政治责任感和使命感，提升把握形势、服务大局的能力。

【举办统战工作培训班】 8月19日，区委统战部、区社会主义学院联合举办统战工作学习班，对近年来有关委办局、街道（镇）新任统战分管领导、统战干部共50余人开展了统战工作实务培训。区委常委、统战部部长张慧珠出席并作培训总结。学习班围绕多党合作和民主党派、民族宗教、新社会阶层人士、侨务、对台、社区统战和工商联等工作，着力提高领导和开展新时期统战工作的能力和水平。

【开展庆祝建国60周年系列活动】 8月28日，举办专题报告会，由区委常委、统战部部长张慧珠主持，复旦大学国际关系与公共事务学院院长林尚立教授作“统一战线与国家建设”讲座；9月15日，举办“祖国万岁”联欢会，各界人士献演文艺节目，复旦大学、同济大学等高校党委统战部，区各民主党派、统战团体、有关委办局、街道（镇）负责人和社区统战人士400余人参加联欢会；9月18日，举行各界人士座谈会，李文连出席并讲话，张慧珠主持，政协副主席方伦贵、姚秀平、邵志勇、李国华等出席，区各民主党派、统战团体和政协、统战机关干部参加；5月—10月，开展了征文活动，收到各类征文超百篇。

【开展“爱心助学”活动】 11月4日，区委统战部在复旦大学逸夫科技楼举行2009年杨浦区统战系统民族宗教界爱心助学捐赠仪式，复旦大学党委副书记王小林，区委统战部和复旦、同济、财大、理工、海洋、电力、体院等7所高校统战部部长和学工部负责人，区少数民族联合会、区天主教爱国会、区基督教三自爱国会、佛教法善庵寺管会、伊斯兰教景星路清真寺寺管会负责人以及各高校少数民族受助学生参加了捐赠仪式。本次活动资助款10万元，资助学生50人，受助学生平均助学金由往年1200元提高到2000元。

【区委召开党外人士座谈会】 11月17日，中共杨浦区委召开党外人士座谈会，就《中共杨浦区委关于贯彻〈中共中央关于加强和改进新形势下党的建设若干重大问题的决定〉的实施意见（征求意见稿）》，听取各民主党派、工商联和无党派人士的意见。区委书记、区人大常委会主任陈安杰主持会议并讲话，区委常委、统战部部长张慧珠，区委常委、组织部部长于秀芬出席会议。会上，于秀芬就征求意见稿起草背景和主要框架作介绍，党外人士围绕新形势下改进和加强党的建设提了意见和建议。陈安杰对他们表示感谢。希望大家与区委一道，进一步以改革创新精神加强和改进新形势下党的建设，为全面推进杨浦知识创新区建设提供坚强保证。

【举行党派调研成果发布暨社会服务工作先进表彰会】 11月26日，区委统战部在复旦大学光华楼举行2009年杨浦区各民主党派、工商联、无党派人士调研成果信息发布暨社会服务工作先进表彰会，市委统战部副部长吴捷，区委书记、区人大常委会主任陈安杰出席并讲话，区委常委、统战部部长张慧珠主持会议。会议表彰了18个先进集体、20个先进个人。陈安杰在讲话中充分肯定了区各民主党派、工商联、无党派人士在调研中所取得的成果，向先进集体和先进个人表示祝贺，希望大家进一步坚定走中国特色社会主义道路信念，以服务中心工作为重要着力点，推动杨浦科学发展、促进杨浦社会和谐，为区域经济社会发展作出积极贡献。

【区党外中青年知识分子联谊会第六届会员大会召开】 12月8日，第六届杨浦区党外中青年知识分子联谊会会员大会在上海甸园宾馆举行，区委常委、统战部部长、区知联会顾问张慧珠，市委统战部、市知联会和区委组织部有关领导出席并讲话。会议审议通过了第五届区知联会工作报告，选举产生第六届区知联会会长、副会长和秘书长。张慧珠希望第六届区知联会进一步坚定中国共产党的领导，坚持走中国特色社会主义道路的信念，积极探索、开拓奋进，为杨浦新一轮大发展作出更大贡献。复旦大学、同济大学有关负责同志，兄弟区县嘉宾，以及全体区知联会会员参加会议。

【区委召开小范围谈心会】 12月19日，中共杨浦区委召开2009年度小范围谈心会，区委书记、区人大常委会主任陈安杰出席并讲话，区委常委、统战部部长张慧珠主持，民盟区委主委、农工党区委主委在会上作交流发言。陈安杰通报了2009年杨浦经济社会发展情况和2010年面临的机遇挑战，希望区各民主党派、工商联、无党派人士以思想建设为核心，进一步加强自身建设，有力推动杨浦科学发展。会后，还进行了个别谈心。（狄正华）

民主党派调研成果信息发布会

（八）政法工作

【概况】 2009年，区政法各部门、区综治委各成员单位坚持以科学发展观为指导，深入贯彻落实党的十七大、十七届四中全会以及全国、全市政法工作会议精神，围绕和聚焦“打造平安世博”和“建设创新型城区”，广泛调研、扎实实践，全力推进政法、综治和维稳各项工作稳步开展。（1）优化法治服务环境。加大对经济金融领域犯罪打击防范力度，积极应对因国际金融危机引发的新情况、新问题，提升服务经济发展的法治工作水平，有力保障地区经济平稳较快发展。（2）推进社会矛盾化解。推进重大事项社会稳定风险分析和评估试点工作，完善多元化矛盾纠纷调处机制，建立诉调对接中心，开展诉前调解、轻伤害案件委托人民调解和劳动争议人民调解联动等探索实践，推进涉法涉诉矛盾化解，成立专门调解机构，调处专业矛盾纠纷，建立健全律师事务所与司法所、律师与居委会“双结对”等基层工作模式，着力将矛盾纠纷化解在基层、解决在萌芽状态。(3)维护节点安全稳定。在全国“两会”、国庆60周年、十七届四中全会以及“黄河大合唱”、“世博号角”、国庆焰火晚会等重要节点、重大活动期间，确保重要节点和重大活动期间各类社会矛盾整体平稳受控，有效维护人心安定、社会政治安定的良好局面。(4)开展社会治安综合治理。坚持严打整治方针，严厉打击违法犯罪，开展专项整治行动。继续加强基层综治组织和预防减少犯罪体系建设，推进“平安铁路”、“平安校园”、“平安小区”和“平安单位”等“平安创建”活动，全区刑事案件万人发案率、盗窃案件万人发案率等多项重要指标均处于全市较好水平。(5)构筑世博安全保卫社会面防控体系。成立杨浦区世博安保工作领导小组，召开全区动员大会，建立区世博安保指挥部，组建3万余名杨浦区平安志愿者队伍，区委、区政府与各部委办局、各企事业单位等签订《世博安保责任书》，确定社会面防控重点工作，制定社会面控制安保方案。(6)深化政法(综治)队伍建设。深化“执法为民”宗旨意识，积极开展各项主题教育活动，涌现出了以荣获“全国模范检察官”、“上海市人民满意的公务员”荣誉称号的区检察院寿志坚，荣获“全国公安机关知识产权执法保护先进个人”荣誉称号的区公安分局王轶青，荣获“全国公安机关专项治理工作先进个人”荣誉称号的区公安分局李长华，荣获“全国优秀公证员”荣誉称号的区司法局公证处蔡煜等同志为代表的一批先进个人；以获得“全国巾帼文明岗”荣誉称号的区法院、获得“全国维护国际利益和军人军属合法权益工作先进单位”荣誉称号的区法院立案庭，以及获得“上海市司法行政系统先进集体”荣誉称号的区司法局公证处等为代表的一批先进集体。

【开展“6·26”国际禁毒日系列宣传活动】 6月26日，区禁毒办与市禁毒办联手，在五角场环岛下沉式广场举办“6·26”国际禁毒日大型文艺宣传活动。市禁毒办主任周伟航，区禁毒委主任、副区长马杰富等领导出席活动并作重要讲话。区禁毒委各成员单位和各街道镇分管领导参加宣传活动。公安分局、检察院、法院、司法局、妇联、工商分局、卫生局、食药监局、疾控中心和禁毒社工站等部门(单位)在现场设立咨询服务台，为参加活动的群众和周围居民提供有关法律咨询和专业服务。活动期间共展出黑板报、展板等禁毒宣传版面近百块，悬挂禁毒横幅100余条，发放禁毒宣传资料1万余份，近2000名干部群众参加活动。

【为重大工程建设提供优质法律服务】 聚焦平凉西块二期旧区改造、轨道交通十二号线等重大建设工程，制定完善《为公开、公平、公正动迁提供法律服务的实施意见》等法律制服务文件。在拆迁基地设立巡回调解庭，以政府购买服务的形式，组织12名优秀律师常驻轨交12号线和重点动拆迁基地，开设“法律咨询接待窗口”，当好动拆迁与被动拆迁企业的法律顾问，做好对被动拆迁居民矛盾纠纷的疏导和化解，以及法律法规政策的引导和宣传工作，促进各类矛盾化解缓解，推进重大工程建设。组建涉旧区改

6月26日，国际禁毒日文艺宣传活动

造纠纷审判专项合议庭和旧改基地巡回法庭，帮助化解因旧改引发的各类矛盾纠纷。发挥政法优势，支持发展建设部门将听证程序引入拆迁，推进拆迁公信平台建设。

【处置国际金融危机背景下的劳资矛盾纠纷】 在区委、区政府领导下，成立了“杨浦区应对金融危机暨处置劳资突出矛盾专项工作领导小组”，由区委副书记魏伟明担任组长，区委常委、区公安分局局长陆勇华和副区长马杰富担任副组长。领导小组下设协调小组，具体负责指导协调全区应对处理金融危机可能引发的突发事件、群体矛盾和相关不稳定因素。通过全面开展滚动排查，定期收集报送情况信息，梳理确定重点矛盾、重点企业，落实责任单位、明确工作措施，跟踪开展化解推进。国际金融危机以来，全区累计排摸出劳资突出矛盾16件，涉及职工1000余人，金额近3000万元，经过全区上下共同努力，各类矛盾得到有效化解缓解，呈现出总体平稳的良好态势。

【开展涉法涉诉信访件化解工作】 通过严格落实涉法涉诉信访件化解工作目标责任，畅通信访受理渠道，狠抓初信初访，强化领导包案，进一步增强化解疑难矛盾工作合力。截至年底，中央政法委和市委政法委交办的26件涉法涉诉信访件，共成功化解24件，化解率达92.3%。其中，化解中政委交办的重点涉法涉诉信访件5件，化解率达100%。化解市委政法委交办的重点涉法涉诉信访件19件，化解率超过90%。在全市政法系统涉法涉诉工作年度考评中，本区一件成功化解的案件被评为“上海市政法系统涉法涉诉十大精品案件”，区委政法委金宗礼同志被评为“上海市政法系统化解涉法涉诉信访矛盾工作先进个人”。

【制定动拆迁信访突出矛盾化解机制】 根据市委要求，建立健全律师参与机制，聘请天一律师事务所及其律师参与本区动拆迁信访突出矛盾化解工作。研究制定《杨浦区动拆迁信访突出矛盾化解暨终结操作规程实施细则（试行）》、《杨浦区动拆迁信访突出矛盾化解方案论证规则（试行）》和《杨浦区动拆迁信访突出矛盾化解口径认定办法（试行）》等规范性文件，对动拆迁信访突出矛盾化解或终结的具体操作流程予以规范，明确律师独立开展的尽职调查和引入人大代表、政协委员等第三方社会公信人士参加《化解方案》论证会等制度，进一步推进本区动拆迁信访突出矛盾化解工作的规范化、专业化建设。相关工作机制得到被动拆迁居民欢迎，社会各方好评，以及市有关职能部门肯定。

【维护重要节点期间社会稳定】 围绕全国“两会”、国庆60周年、十七届四中全会以及在本区举办的“黄河大合唱”、“世博号角”、国庆焰火晚会等重要节点和重大活动，按照市委提出的“四个不发生”和“两个确保”的工作要求（即：不发生危害国家安全和社会稳定的重大政治事件、不发生破坏节庆祥和气氛的暴力恐怖事件和重大治安事件、不发生打砸抢冲击党政机关、堵塞交通等群体性事件，不发生危害城市和市民安全的重大责任事故，确保全区社会大局稳定，确保不给首都稳定添乱），通过开展矛盾纠纷滚动排摸，实行重大节点期间社会面稳定“日排查、零报告”制度，明确信访维稳工作责任，有针对性地制定安全保卫工作方案，落实教育疏导和稳控措施，构筑信访维稳工作防线等举措。全区维稳部门和广大干部群众齐心协力，共同维护重要节点和重大活动期间社会和谐稳定，有力确保了各类社会矛盾整体平稳受控，有效维护人心安定、社会政治安定。期间，全区共出动公安警力5000余人次、信访维稳干部1500余人次。

【开展严打整治专项行动】 围绕世博会，按照“什么犯罪突出就打击什么，什么问题严重就整治什么”的原则，通过组织开展专项行动，掀起“迎世博、保平安”打击整治攻坚战的高潮。围绕群众反映强烈的“两抢”、入室盗窃、盗窃“三车”等多发性侵财犯罪和涉毒犯罪，组织开展“亮剑”系列专项行动，打击涉刀涉枪犯罪、整治夜间“三类”案件易发多发地段，进一步加大对突出治安问题的整治力度。与人民群众利益密切相关，且直接影响群众安全感的“两抢”案件、入民宅盗窃案件、盗窃车内财物案件和“三车”盗窃案件的发案情况得到有效控制，发案率同比分别下降13.4%、23.5%、8.3%和43%。

以净化社会治安环境、规范娱乐服务场所经营秩序为目标，加大针对娱乐场所的“黄、赌、毒”违法犯罪活动专项整治行动，查禁休闲娱乐场所、集中收戒吸毒人员，将禁毒人民战争推向深入。全区共查处“黄赌毒”案件2338起、涉案人员2625名，收戒吸毒对象512名，95家涉“黄、赌、毒”场所被抄报工商部门停业整顿或取缔。

街道（镇）综治书记培训班

【夯实基层“三防”基础】 坚持将综治工作重心和工作资源向基层倾斜、向社区集中的方针，抓住“三防”（即：人防、物防、技防）不断夯实社会治安综治防范工作的基层基础。通过进一步整合社区治安防范队伍，优化各队伍运作模式，提高区域整体防范合力。通过加大对全区基础防范设施建设的规划和指导力度，提前完成全年1082扇电控防盗门的安装任务，还在计划外，就区域内800余扇老旧失修的电控防盗门进行换装，从硬件上进一步提高世博会期间基层社区的治安防范能力。推动业委会和物业部门充分履行职责，进一步加强社区技防设施的建设和维护工作力度，有效提高基层社区技防工作能力。

【开展“两个排查”工作】 坚持将“两个排查”工作作为做好世博安保工作的一项重要基础性工作有序推进。区综治办牵头，在全区各街道（镇）和各综治委成员单位建立相对固定的排查队伍和全覆盖的排查报送网络，建立健全三级排查标准和分级报送的运作机制，在全面梳理、分析、筛选有关矛盾纠纷和治安乱点的基础上，以专项督办的形式，将调处、整治的责任和措施落实到相关责任单位，形成“上有领导负责抓、下有干部具体做，前有排查统计、后有跟进措施”的良好工作格局。期间，全区共排查出矛盾纠纷207件、治安乱点6个。在排查基础上，积极推进化解和整治措施。其中，207件矛盾已化解99件，其余均已落实相关化解、缓解措施；6个治安乱点（治安复杂地区或突出治安问题）已全部解决，总体实现了排查发现一处，及时跟上解决一处的目标，整治完成率达100%。

【推进平安建设实事项目】 区综治委制定下发《2009年杨浦区平安建设实事项目计划任务书》，明确9项平安建设实事项目及其责任单位。召开全区平安建设推进大会，全面部署推进9项平安建设实事项目。通过建立健全牵头单位责任领导和联络员例会制度，督促各单位严格按照时间节点和工作要求启动实施各项实事项目。通过开展“非法营运”和“非法中介”等专项整治行动，打击违法行为，规范经营秩序。通过整治无证无照餐饮店、规范小旅馆经营、规范房屋租赁行为、规范居民区物业保安队伍、加强安全防范设施建设，积极消除各类安全隐患。通过推进“城中村”整治，加强“流浪乞讨救助管理”，不断完善社会管理，净化社会环境。通过建立平安世博社会动员机制，组建平安世博志愿者队伍，强化世博安保社会面防控工作队伍力量。通过努力，全年各项平安建设实事项目推进有序，一些关系民生的治安突出问题和社会管理问题达到有效解决，各项实事项目的预定目标和任务得到实现和完成。

【开展平安创建系列活动】 区综治委下发《杨浦区平安小区创建工作手册》和《杨浦区平安单

位创建工作手册》，举办由各街镇综治干部参加的平安创建专题培训，提高基层干部开展平安小区和平安单位创建活动的工作能力。经过广大综治干部、社区居民和单位员工的共同努力，全年度全区共新创建市级平安小区37个、平安单位42个，平安小区、平安单位覆盖率均达到80%。

【不断拓展预防和减少犯罪体系工作内涵】 着眼于服务世博会和衔接世博安保各项准备工作，结合深入推进"两个实有"工作，将青少年、禁毒、矫正三支社工队伍的工作对象逐步拓展至实有人口范畴。其中，禁毒社工站发挥禁毒帮教的专业平台作用，会同区妇联先后三次组织妇女禁毒志愿者培训活动，全区50余名妇女禁毒志愿者在开展女性吸毒对象查找、禁毒宣传、结对帮教、帮困解难等方面的志愿帮教服务能力得到提高。青少年社工站针对本区"三校生"较集中的现状，在试点基础上，进一步健全"联校社工"工作模式，针对"三校生"的校园辅导工作取得新突破。矫正社工站继续深化心理矫正与个性化矫正工作模式，在对社区服刑人员全面建立心理健康档案的同时，对新进服刑人员进行了90项症状清单测试，因人制宜设定工作目标与方案，确保每一位社区服刑对象能及时调整心态，以更好的身心状态完成社区服刑过程。

【全面推进禁毒人民战争】 全区共查获各类毒品案件122起、涉毒违法犯罪嫌疑人94名，缴获海洛因等各类毒品15.48斤。对82起毒品案件、88名涉毒案件犯罪嫌疑人提起公诉，共判处毒品犯罪人员77名（其中五年以上16人）。区禁毒办会同公安、工商、卫生、城管等职能部门对重点涉毒地区、路段开展重点整治行动，年内共收治吸毒人员强制戒毒715名，基本清除了重点整治地区的零包贩毒窝点和交易点。坚持"五位一体"的基层帮教模式，全区共有95人被责令社区戒毒，1166人被责令社区康复，人在户在吸毒帮教率达到100%，社会面上的失控吸毒戒毒人员基本消除，吸毒人员三年戒断巩固率达到24%。进一步深化美沙酮维持治疗工作，不断扩大维持治疗参与面，全区美沙酮药物维持治疗接收受治者达227人。加大禁毒宣传力度，围绕"6·26国际禁毒日"等节点开展主题活动，通过多种方式扩大禁毒宣传范围。

【健全校园周边环境常态整治机制】 继续加大对学校周边文化场所及各类文化出版物的稽查力度，查处无证经营场所、游商地摊598个（次），捣毁非法音像制品、非法出版物地下窝点6个，收缴大批违法音像制品、电子出版物和图书报刊，有效净化校园周边社会文化环境。加强文明施工管理，教育整改乱设摊、跨门营业、乱堆物等行为7702起，处罚1454起，清除"三乱" 8892处，为学生提供良好的学习、生活环境。通过联合执法等方式，对学校周边的网吧等特殊场所开展专项检查与整治，取缔（含停业）黑网吧13户，取缔（含停业）无照游戏（艺）机房、KTV歌舞厅56户，无照餐饮、无照食品生产加工销售经营户324户，有效维护辖区内中小学校、幼儿园及周边未成年人的文化生活和饮食卫生的安全。

【落实世博安保工作责任】 在全区范围内召开世博安保动员大会，建立世博安保社会面防控工作部的工作班子，着手从全区有关部门抽调干部充实现有工作力量，为全区世博安保社会面防控工作的组织协调、统筹指导和深入推进奠定良好组织基础。紧紧围绕区委提出的"四个坚决防止发生"的安保工作目标，与全区各委、办、局、院，以及区属各企事业单位开展了"全覆盖"的《世博安保责任书》签约工作。建立健全责任传递和责任追究机制，及时通报存在的问题，协调解决工作难点，力争使全区各种防控力量分工明确、责任明确，各重点部位、重点区域防控不留死角，切实把安保工作责任层层分解落实；进一步健全并规范全区世博安保工作责任体系，确保世博安保各项工作措施落到实处。

【打造多方参与的"平安世博"防控格局】 紧密围绕"平安世博"工作要求，分批开展反映"平安世博"主题的各类宣传活动，形成了全方位、多层次、高密度的正面宣传态势，全力营造"平安世博、人人有责"的社会舆论。区综治办组建并培训由3万余名党员干部和社区居民组成杨浦区平安志愿者服务队，组织志愿者积极协助专门机关加强社会治安防控、维护社会秩序，强化社区管理、开展安全宣传，劝导违法行为和不文明行为，开展看家护院、邻里守望等社会治安防范工作，为世博会安全保卫工作做好准备。

（全宗礼　龚思文）

（九）党校工作

【概况】 2009年，区委党校以学习实践科学发展观为抓手，深入贯彻党的十七大精神及全国党校工作会议精神，围绕区委、区政府中心工作，在"干部培训、课题研究、决策咨询"等方面寻求突破，积极探索走出一条党校可持续发展的道路。增强干部培训的针对性、实效性实现"四个"转换，即：把区的热点、重点工作，转换为干部培训的专题；把学员的需求，转换为干部培训的课程；把部门的经验教训，转换为教学案例；把课堂教学拓展为现场教学。先后举办了主体班以及其他各类培训班和接待市委党校现场教学等共80余个班次，参加培训干部学员共4700余人次。

【市党校现代服务业研修班来杨浦现场教学】 3月，市委党校第二期现代服务业研修班到杨浦开展现场教学。先后考察了联合国南南全球技术产权交易所（以下简称"南南所"）和创智天地，听取以上两个部门领导就创智天地如何吸引企业入驻、在促进区域与高校联动方面有何作用、南南所如何了解发展中国家的技术需求、供需信息通过何种渠道向社会和企业发布等专题情况介绍。现场教学中，学员们从现代服务业的时代特征和要求，结合培训的专题领导开展交流互动。现场教学使学员们拓宽现代服务业内涵的认识，加深对上海现代服务业一些发展现状的了解，以及对要素集聚在现代服务业发展中作用与影响的认识。

【与武汉江岸联合举办专题研修班】 3月—4月，会同区委组织部与武汉江岸区委组织部联合举办的武汉江岸区领导干部赴上海杨浦"学习贯彻科学发展观专题研修班"。旨在提高领导干部的综合素质和执政能力。来自江岸区街道办事处主任及有关职能部门行政正职领导共18人参加培训。开班前区委常委、区委组织部部长于秀芬会见了江岸区同志。培训班围绕"公共管理、经济管理、城市管理"等专题开展培训，采取理论学习、考察调研、挂职见习三位一体的培训模式，整个培训为期45天。

【苏州党校到杨浦开展"一线工作法"教学】 3月，苏州市委党校第23期领导干部培训班到杨浦开展"一线工作法"教学。来自苏州市各委、办、局及街道的80名处级干部参加教学活动。先后参观考察杨浦规划馆、创智天地和"南南产权技术交易所"，播放"一线工作法"专题片，由参加"一线工作法"的处级领导干部和居民区党总支书记谈体会，区委组织部作专题介绍，最后有市委党校专家作点评。苏州市委党校认为，在当前严峻的经济形势下，杨浦的"一线工作法"更有特殊的实质性意义。希望与杨浦党校进一步加强交流与合作，以此共同推进党校的教学改革，更好地为两地的经济和社会发展做出努力。

【举办"青年女干部培训班"】 5月，与区委组织部、区妇联联合举办为期一周的杨浦区第十期"青年女干部培训班"，力求体现时代特征、上海精神，旨在培养一支具有上海女性"聪慧时尚、自信坚韧、创新进取"的上海女性精神。参加培训的54名女干部均来自区机关、区属企事业单位、区域内高校、市属企业等区域内不同行业、不同部门。培训内容在重点设置科学发展观、杨浦区情等课程，还安排男女平等、女性心理调适、社交礼仪、中美家庭文化比较、现代领导的执行力等专题的培训。采取启发式、互动式、情景教学、讨论式等多样化的培训方式。引入心理学中的"破冰"运动、国外先进的现代培训模式和现场辩论模式。组织学员共同探讨、交流一些深层次的问题。

【市委党校社区管理进修班来杨浦现场教学】 5月，市委党校第71期领导干部进修班到五角场社区开展"社区建设与管理创新"现场教学活动。进修班19名局级领导干部参加。区委副书记、区委党校校长魏伟明作题为"加强社区建设，实现杨浦和谐"现场教学报告，陪同进修班学员参观考察五角场社区。教学中就社区如何整合资源服务社区群众等问题开展互动，听取五角场社区（街道）党工委领导关于五角场社区管理方面介绍,实地考察五角场街道老年人日间服务中心、铁村社区卫生服务站、五角场街道社区文化中心。市委党校的专家还以五角场街道社会服务为切入点,对杨浦区的社会管理、社会服务作点评。

【"三区融合,联动发展"开发为干部培训精品课】 6月,将区委在实践中创造的富有杨浦鲜明特色的新鲜经验——"三区融合,联动发展"开发为干部培训课程。这是继"一线工作法"后开发的又一门精品课程。培训课程既有专题授课、现场参观考察,又有专家点评、教学互动等,其教学形式灵活多样,较为适合现代干部培训的需要。该课程引起了有关党校的关注。黑龙江省委党校局级班的学员说,杨浦的"三区融合、联动发展"打开了一个新的思路,对做好当前中心工作有着一定借鉴意义。宝钢经营管理高级研修班学员说,"三区融合、联动发展"对搞企业经营管理的来说,也有着一定的指导作用,应结合实际加以运用。

【王丽丽调研网络信息化工作】 7月,市委党校副校长王丽丽在视察网络设施听取工作汇报后,对杨浦党校干部培训、理论研究以及网络党校建设、信息化工作给予充分肯定。她指出,建设网络党校和党校信息化工作是党校的一项基础性建设。当前全市各个党校正在认真学习贯彻全国党校工作会议和上海党校工作会议精神,贯彻《中国共产党党校工作条例》。要结合实际,切实做好上海网络党校和党校信息化工作,推动《中国共产党党校工作条例》的贯彻落实。作为第一批上海网络党校建设单位,更要加倍努力,争取在上海网络党校建设和党校信息化工作方面成为新的"亮点"。

【承办党校系统学习贯彻四中全会精神研讨会】 10月,由市委党史研究室、市党校系统党建研究会与市委党校党史党建教研部主办,承办的上海党校系统学习贯彻十七届四中全会精神理论研讨会在杨浦区召开。杨浦区委副书记、区委党校校长魏伟明到会致辞,全国党建研究会常务理事、副秘书长、中央党校原党建教研部主任、教授、博士生导师卢先福在会上作学习十七届四中全会《决定》主题报告。卢先福从党面临的四大考验、执政党建设的基本经验、建设马克思主义学习型政党、弘扬党优良传统、推进惩治和预防腐败体系建设等作较为详尽地解读,给与会同志进一步深入领会、研究十七届四中全会精神,推进党的建设带来新启示。来自全市党校系统分管校长、党建教师以及区委(办)、局、各街道(镇)分管党建的领导约120余人参加。

【组建教学观摩团赴井冈山培训中心学习观摩】 11月,组建由校领导、骨干教师组成的一行8人教学观摩团,专程赴江西省委组织部井冈山党员干部培训中心,进行为期4天实地考察和现场教学观摩。观摩团通过深入教学培训现场,观摩教学实况,与井冈山党员干部培训中心领导、教师座谈等,对其现场教学的主要内容、形式、方法进行较为深入学习与研究。同志们对该中心充分开发利用井冈山红色教育培训资源,形成特色做法很受启发。回到党校后,观摩团作思考和研究,拟将井冈山党员干部培训中心培训理念、现代化培训方式和方法,结合自身实际逐步形成"一线工作法"、"三区融合、联动发展"、"和谐动迁"现场教学的三大品牌课程。

【两本专著由出版社出版发行】 11月,由教师集体撰写的《大学校区、科技园区、公共社区——上海市"三区融合、联动发展"研究》和《改善民生的政治路径—上海市杨浦区"一线工作法"的理论与实践》两本论著由上海三联出版社出版发行。这是近年来党校着力将区委在城区大转型中鲜活、生动的工作经验和创新的工作机制,从理论高度加以系统总结、概括而取得的成果。区委书记陈安杰分别在这两本书作了题为"坚持'三区融合、联动发展'的核心理念,走出一条大学带动城区发展的新路"和"大力推行'一线工作法'充分发挥思想政治工作在和谐社会建设中的作用"的前言。

【首次联办风险投资专题培训班】 12月,与区委组织部、区金融办首次联办为期2天的风险投资专题培训班。来自区财政、税务、发改委、科委、招商办、工商联、科投、国投、城投、商投以及落户杨浦大学科技园、高新技术园区、重点企业的相关企业的领导

30余人参加培训。区委常委、区委组织部部长于秀芬出席开班式并作开班动员。培训班就风险投资的相关理论、功能及特点、基金组织架构、投资组合方法等内容，邀请国内、外知名专家、学者担任主讲。培训班期间区金融办领导作杨浦区金融创新的情况介绍。一些机关工作的学员说，这次培训是一次金融知识方面的扫盲，一些在园区工作的同志说，融资问题是阻碍企业进一步做大做强的一个瓶颈，只有在金融方面予以大胆创新，才能给这些高新技术企业有更大的发展空间。

【第六届长三角地区党校校长论坛在杨浦召开】 10月16日—17日，由杨浦区委主办、市委党校《党政论坛》和《江南论坛》杂志社承办第六届长三角地区党校校长论坛在杨浦区召开。市委党校常务副校长吕贵出席开幕式并讲话，区委书记陈安杰致欢迎辞，江苏省委党校副校长丁如锦、浙江省委党校教育长杨仲林致辞。区委副书记、区委党校校长魏伟明主持开幕式。论坛的主题是学习贯彻党的十七届四中全会精神，落实《中国共产党党校工作条例》，深化党校干部教育，推进党校发展。通过对长三角地区党校校长共同关心的问题进行广泛深入的探讨，并达成共识，推动党校干部教育工作再上新台阶。区委常委、副区长、区行政学院院长柴尧迅在会上作《杨浦转型发展及与长三角地区联动》的专题报告，市政府发展研究中心副主任朱金海就长三角的发展作专题报告。上海金山、杨浦、静安，江苏苏州、武进、江阴，浙江桐乡、嘉兴、义乌等党校作大会交流发言。会上宣读《第六届长三角地区党校校长论坛》宣言。期间，与会同志们还参观了杨浦规划馆、国歌广场和南南全球技术产权交易所等地。来自江苏、浙江、上海地区的党校领导约120人参加论坛。

（朱慰琦）

（十）老干部工作

【概况】 2009年，区老干部工作按照党的十七大提出的“全面做好离退休干部工作”和《关于进一步加强新形势下离退休干部工作的实施意见》（沪委办发[2009]24号）文件精神，求真务实，开拓创新，落实好老干部的政治待遇和生活待遇。（1）贯彻落实《责任制》。各级党组织贯彻落实《上海老干部工作领导责任制》，把老干部工作纳入本部门工作全局，统筹规划，同步推进。区委常委坚持集体联系老干部和通报工作制度，在每季度、重大节日分头走访慰问原区老领导和老干部100余人次，向老干部通报工作三次，区委领导还召开老干部座谈会三次，听取老同志意见建议。（2）政治上关心老干部。举办全区老干部时势形势报告会3场，播放各类录像片70余场，组织10批200余位老同志参加市局举办的形势报告会。在全区开展先进离退休干部党支部、离退休干部先进个人评选表彰活动，弘扬先进，宣传典型，不断加强离退休干部思想政治建设和党支部建设。区老干部大学开设各类班级272个，招收学员7208名；举办社区老干部政治理论读书班6期，参加人员达3600余人次。（3）生活上照顾老干部。做好离休干部补贴费和护理费的调整发放工作。成立区老干部法律援助分中心，为老同志提供法律服务；完成离休干部“一门式”诊室及专用病区改扩建工程，共增设床位102张；组织全区485名离休干部住

10月16日，在杨浦召开第六届长三角地区党校校长论坛

院体检；继续做好85周岁以上离休干部居家养老服务工作；整理编印《杨浦区离休干部生活待遇政策汇编》小册子。(4)深化社区老干部工作。充分发挥"社区老干部工作示范点"的示范和辐射效应，编辑出版《繁花——杨浦区社区老干部工作集锦》一书，以图文并茂的形式宣传各街道(镇)、居民区和社区卫生服务中心开展社区老干部工作好的经验、做法和体会；与百联集团共同举办社区老干部工作座谈会、时事形势报告会，为实现老同志的"四个就近"创造更好的条件。(5)做好企业老干部工作。继续做好企业离休干部的管理服务工作，通过走访慰问、参观考察、座谈联谊等形式，加强与企业离休干部的感情交流，帮助老同志解决生活中的实际困难，让老同志安度晚年。(6)老干部工作队伍建设。以开展深入学习实践科学发展观活动为契机，加强对老干部工作者的政治理论学习和政策业务培训，先后举办全区老干部工作者专题研讨班，社区专职老干部工作者、爱心服务员业务培训班和居民区书记主任老干部工作业务培训班，通过系统讲解、集中辅导、交流讨论等形式，帮助大家掌握政策，提高认识，增近感情，提升水平。开展"我与老干部工作"征文评选，并汇编《大爱无言》一书，宣传老干部工作和老干部工作者尊老敬老、默默无闻、无私奉献的先进事迹。

【举办全区离退休干部迎春游艺活动】 1月20日，全区老干部迎春游艺活动在区老干部活动中心举办。区委常委、组织部部长于秀芬出席活动，代表区委向老同志拜年并致新春贺词。迎春游艺活动分为文艺节目演出和兴趣游艺活动两部分。各社区文艺团队为老干部们准备了精美的文艺大餐，独唱、戏曲、舞蹈等丰富多彩的节目让老同志乐开了怀。在游艺活动中，老干部们踊跃参与，各显身手，其乐融融，全区离退休干部800余人欢聚一堂，喜迎新春佳节的到来。

律师为老干部提供法律咨询服务

【区老干部法律援助分中心挂牌成立】 3月18日，区老干部法律援助分中心在区老干部活动中心挂牌成立。分中心在区司法局的支持协助下，聘请专业律师每月定期接待咨询，同时面向老干部、老干部工作者举办法律知识专题讲座，开设法律咨询电话服务专线，并且为常年卧床、行动不便的老干部提供上门服务。分中心的成立为居住在我区的离退休干部就近获得法律咨询和维权求助提供了渠道，也为法律援助职能的发挥提供了平台。

【召开区组织、人才、老干部工作会议】 3月25日，区委召开组织、人才、老干部工作会议。会议传达市老干部工作会议精神，并对2009年的工作进行部署。区委书记陈安杰到会讲话，指出：在杨浦发展的过程中要切实服务好老同志。要加强与老干部沟通，经常倾听他们的意见，体察他们的需求，了解他们的所思所盼所忧。要把人性化关怀体现在具体工作中，落实在具体行动中，千方百计地为老干部做好事、办实事、解难事，让老同志在杨浦安享晚年。

【中组部老干部局调研社区老干部工作】 5月7日，中组部老干部局调研组来区视察调研老干部工作。市委组织部副部长、老干部局局长于明黎及市委老干部局有关处室负责人等陪同调研。区委书记陈安杰在调研前会见调研组一行。区委副书记魏伟明向调研组简要介绍了杨浦社区老干部工作的整体概况。区委老干部局副局长、五角场街道原党工委书记具体汇报全区和街道层面开展社区老干部工作的有关情况。调研组一行还观看反映基层老干部工作的电视短片——《这里的黄昏不寂寞》。中组部老干部局调研组对杨浦的社区老干部工作给予充分肯定,杨浦的社区老干部工作起步早、起点高,社区积极依托各方资源、动员各方力量为老服务,在老干部数量多、工作量大的情况下,老干部工作取得很好的成果。

【举办离退休干部党支部书记培训班】 5月19日—22日,全区离退休干部党支部书记培训分4个半天在区老干部活动中心举办。培训班结合"迎世博"、区第一批学实活动的开展和老干部普遍进入"双高期"等实际,分别邀请复旦大学和区委党校老师作以世博会、学习贯彻科学发展观和老年人心理调适为主题的辅导报告,帮助支部书记了解世博、共享世博,加深对科学发展观的理解,更好地开展党支部工作,继续发挥表率和带头作用。全区离退休干部党支部书记共90余人参加了培训班。

【举办纪念建党88周年党团支部结对续签交流活动】 6月30日,与团区委联手在嘉兴南湖举行"共忆誓言,展望未来——纪念中国共产党建党88周年暨党团支部结对续签交流活动",全区21对党团结对支部代表、区属部分单位团支部书记、团员青年50余人参加活动。活动当天,老干部和团员青年一同参观了南湖红船、南湖革命纪念馆等,在纪念馆的党旗墙前举行宣誓仪式,重温入党、入团誓言,并进行了结对续签。

【开展方便离休干部就医工作】 由市委老干部局牵头,市、区卫生部门和区县老干部工作部门协助开展方便离休干部就医试点和推广工作。区成为6个试点区之一,率先启动方便就医工作。区委十分重视,成立由区委常委、组织部部长于秀芬担任组长,副区长吴乾渝担任副组长的区方便离休干部就医工作领导小组。区中心医院作为试点医院,在7月份完成离休干部"一门式"诊室及专用病区改扩建工程,在原30张床位基础上增设床位22张。8月,市委老干部局、市卫生局领导来我区调研指导方便就医工作,对区的方便就医工作表示肯定。下半年,方便就医工作在全市推广。12月,市东医院也完成离休干部"一门式"诊室及专用病区的建设,增设床位80张,两家医院床位的增设进一步缓解部分离休干部就医难、住院难的突出矛盾。

【区老干部大学殷行教学点揭牌仪式举行】 9月2日,区老干部大学殷行教学点揭牌仪式在殷行社区文化活动中心举行。市委老干部局副局长、市老干部大学副校长方孔嘉和殷行社区(街道)党工委书记共同为教学点揭牌并讲话。区委组织部副部长、老干部局局长、区老干部大学校长致辞,社区老干部学员代表、居民区老干部学习沙龙成员、教师代表等参加了揭牌仪式。殷行社区教学点的成立,不仅填补了这一地区老同志"就近入学"的空白,也充分显现社区教育资源的共享和教学点的就近优势,满足老干部晚年精神文化需求。

【举办全区老干部工作者专题研讨班】 9月15日,举办全区老干部工作者专题研讨班。培训班邀请市委老干部局宣传处处长对24号文件进行专题解读,并开展了大讨论。区卫生局和江浦路社区(街道)党工委老干部工作者分别作交流发言。区委组织部副部长、老干部局局长作总结讲话,并对面上深入学习贯彻24号文提出要求。通过学习研讨,使老干部工作者了解24号文件精神,掌握新形势下老干部工作的新规定、新政策、新要求,也提升为老干部服务信念。全区共60余名老干部工作者参加学习研讨。

【召开全区老干部庆祝新中国成立60周年暨"双先"表彰大会】 9月28日,"晚霞映辉煌——全区老干部庆祝新中国成立60周年暨'双先'表彰大会"在沪东工人文化宫举行。市委组织部副部长、市委老干部局局长于明黎,区委书记、区人大常委会主任陈安杰为离退休干部代表颁发"中华人民共和国成立60周年纪念章"。区委常委、组织部部长于秀芬代表区委致辞。区委常委、副区长柴尧迅，区政协副主席方伦贵为先进支部和先进个人代表颁奖，共有15个先进离退休干部党支部和38名离退休干部先进个人受到表彰。表彰仪式结束后，全场一同观看了庆祝新中国成立60周年文艺节目。区属各有关单位领导、老干部工作部门同志和离退休干部代表等共1000余人参加大会。

专　文

强化服务意识　创新工作思路
——2009年老干部工作典型事例

区委老干部局认真贯彻落实科学发展观，根据“双高期”下老干部的实际需要，结合新形势下老干部工作出现的新问题、新特点，不断创新工作思路，探索新的工作机制。

就近模式进一步拓展。随着老同志年龄增长，活动半径越来越小，老干部普遍希望在社区、居民区、楼组就近开展学习活动。我们进一步拓展老干部就近学习活动的模式，为老同志“送学上门”、“送乐上门”。就近学习点进一步把学校延伸到社区。根据老干部的需求，下半年，在老干部居住较密集的殷行社区增设了老干部大学殷行教学点，一方面填补了这一地区老同志“就近入学”的空白，使更多的老同志实现家门口入学的愿望，另一方面也较好地利用了殷行社区文化中心现代化的教学资源，实现了优势互补、资源共享。以区老干部活动中心为主阵地，区域活动联合体为依托，街道、镇老干部活动点为支撑，居民区老干部活动室为补充的就近活动网格化格局。结合重大节庆、纪念日等契机，以社区为单位，组织身体条件相仿、兴趣爱好相投的老干部开展书画展览、参观考察、党团结对、助学帮困等一系列丰富多彩的小型活动，让老同志体会晚年生活的乐趣。

个性服务进一步延伸。通过这几年社区老干部工作的实践认识到，老同志的需求千差万别，做好社区老干部工作要始终坚持以人为本、服务为先的理念，努力做到需有所应、困有所助、急有所救。有针对性地开展法律援助服务。与区司法局联手成立了杨浦区老干部法律援助分中心，由专业律师每月定期接待咨询，同时面向老干部、老干部工作者举办法律知识专题讲座，开设法律咨询电话服务专线，并且为常年卧床、行动不便的老干部提供上门服务；继续推进“六助”服务。指导街道、镇充分利用社区养老资源，为老同志提供助餐、助洁、助急、助浴、助行、助医等方便服务。江浦路街道为老同志提供每月定期洗衣被的服务，老同志只要每月支付40元就可以享受4次清洗被单被套和洗衣服的服务，很受老同志的欢迎。殷行街道社区志愿者服务总队从在每月5号为老干部上门维修家电，年内已为老干部提供服务百余人次；提供精神慰藉服务。针对老同志个性化的需求，采取多样的服务模式。如推广“模拟家庭”，建立“聊天角”、“聊天室”，设立阅文点、组建“读报小组”等，满足老同志在精神文化生活方面的需求。还尝试组织“低龄老人”对“高龄老人”进行精神慰藉，安排楼组志愿者与老干部结对，帮助离退休干部消除心理上的孤独感和失落感。

9月28日，庆祝新中国成立60周年暨“双先”表彰会现场

资源共享进一步深化。加强与系统、委办局等单位的联系合作，挖掘资源、拓宽平台，及时协调解决离休干部社区生活中遇到的困难和问题。与百联集团、纺织控股集团、市级机关党委等多

家单位先后举行了座谈研讨会、形势报告会等活动，百联集团向区赠送了300份家电维修离休干部VIP服务卡和环保宣传袋；先后参加了华东电网、上汽集团、工商银行上海分行以及黄浦、长宁区老干部局的社区工作恳谈会、报告会等。通过横向纵向的联系沟通，使社区老干部工作更加顺畅，更有成效。（张　盛）

（十一）机关党建

【概况】 2009年，按照“机关党建始终走在前头”的要求，紧紧围绕区的中心工作，以加强党的执政能力建设和先进性建设为主线，以开展深入学习实践科学发展观活动为重点，全面推进机关党的思想、组织、作风、制度建设和反腐倡廉建设。（1）思想政治教育。组织机关党员干部认真学习党的十七届三中全会和中央经济工作会议精神，胡锦涛总书记在纪念党的十一届三中全会召开30周年大会上的重要讲话精神，以及九届市委六次全会和八届区委七次全会精神。引导党员干部深刻领会只有改革开放才能发展中国、发展社会主义、发展马克思主义，必须坚定不移地走中国特色社会主义道路，为促进杨浦经济社会又好又快发展发挥积极作用。（2）党组织建设。修订《中共杨浦区机关工作委员会关于建立基层党组织工作评议制度的意见》，完善机关党员评议基层党组织、下级党组织评议上级党组织的工作机制。会同区委组织部，启动机关党建工作“一支部一品牌（项目）”创建活动。采取民主测评的方式，对各机关党支部年度工作进行考核，并将结果及时反馈各部门党建第一责任人和机关党支部。全年指导机关党支部换届选举16个。组织培训入党积极分子16名、预备党员16名，发展新党员23名，转正预备党员40名。建立健全机关党组织对党员“五个必访”制度，重大节日期间，集中对患大病、重病及家庭生活有特殊困难的党员进行走访，全年共走访慰问50余人次，发放慰问金25000余元。（3）党风廉政建设。开展“讲党性、重品性、作表率，奉献杨浦作贡献”为主题的党性党风党纪教育活动。与53个机关党组织签订党风廉政建设责任书。积极推进机关廉政文化建设，组织开展向王瑛、吴大观等优秀共产党员及区委、区政府表彰的“发扬‘四敢’精神，打造一支‘学习型、创新型、实干型、爱民型’干部队伍”先进事迹的学习，观看《廉吏于成龙》等主题教育片。（4）精神文明建设。按照区委《迎世博600天行动计划》要求，把“迎世博”作为提高机关干部综合素质、文明礼仪素养和推进各项工作的重要举措，开展争做“世博先锋”主题实践活动，组织发动机关干部带头做世博知识的传播者、带头做窗口文明形象的展示者、带头做文明出行的领路者、带头做文明办公的示范者、带头做社会公益的志愿者，积极参与世博、服务世博、奉献世博活动。做好机关系统创建2009—2010年度市、区文明单位预申报工作，推荐机关系统创建2008—2009年度区文明窗口28个，检查、评估创建2008—2009年度区文明科室168个。

【开展“送温暖、献爱心”活动】 1月5日，在区机关大楼二楼大厅举行“2009年杨浦区机关帮困送温暖‘一日捐’捐款仪式”，区委书记、区人大常委会主任陈安杰，区委副书记、区长宗明，区政协主席李文连，区委副书记魏伟

开展全民健身与世博同行宣传

明，以及区委、区人大、区政府、区政协其他领导成员、区法院院长、区检察院检察长和区机关部门负责人、机关干部、职工代表出席了捐款活动。全区5000余名机关干部和职工慷慨解囊，纷纷捐款，共募集资金40多万元。12月11日，在区机关大楼二楼大厅举行杨浦区机关“送温暖、献爱心”向灾区捐款仪式。陈安杰、魏伟明等区四套班子领导出席活动，率先垂范，带头捐款，共募集资金50多万元，捐赠衣被160标准包。

【召开区机关文化体育工作总结表彰会】 1月21日，会同区委组织部、区委宣传部、区文明办、区文化局、区体育局在沪东工人文化宫三楼多功能大会议室，召开“2008年杨浦区机关文化体育工作总结表彰会”。区委常委、组织部部长于秀芬同志出席会议并讲话。副区长吴乾渝等领导为荣获杨浦区机关干部“坚持日行一万，健康迈向奥运会”健步活动的先进集体和先进个人代表，为获得2008年杨浦区机关干部乒乓球单打比赛前8名、桥牌比赛前4名个人代表，为荣获杨浦区机关第二届读书活动优秀组织者、读书感言优胜奖的个人代表进行颁奖。区纪委、监察局，区国资委、区房地局、大桥街道等单位和个人进行交流发言。区各部、委、办、局，法院、检察院，各街道、镇，各群众团体的分管领导和获奖人员代表、部分机关干部约160人参加会议。

【开展经常性形势任务教育】 贯彻落实区委《关于积极应对当前经济形势，进一步加强和改进服务企业工作的决定》，各机关党组织协同行政领导寻找结合点，落实“一线工作法”，努力形成服务企业的强大声势和良好氛围，切实帮助困难企业共度难关。3月18日，在区机关礼堂举办“加强网上安全防范，共建和谐虚拟社会”专题辅导讲座，500多名机关干部参加了会议。6月16日，邀请上海音像资料馆研究员张景岳，在上海远程教育集团国际会议中心，作《百年杨浦》报告，各部、委、办、局，法院、检察院，各街道（镇）和群众团体的领导，以及部分机关干部，400余人参加会议。

【召开区机关党建工作会议】 3月25日，在沪东工人文化宫三楼多功能会议室，召开杨浦区机关年度党建工作会议。区委常委、组织部部长于秀芬到会并作讲话，对机关的各级党组织提出要求。区机关党工委书记回顾总结2008年机关党建工作，全面部署年度机关党的任务。区机关党工委与区委统战部、区妇联、区建交委、区审计局机关党支部代表签订《党风廉政建设责任书》。区机关党工委委员，区机关党组织归口区机关党工委管理的机关党建工作第一责任人、机关党（总）支部书记和部分支部委员约130人出席会议。

【推进学习型机关建设】 按照区委《关于创建学习型城区建设实施意见》要求，调整充实区学习型机关创建工作领导小组；召开“杨浦区创建学习型机关推进会暨第三届杨浦区机关读书活动启动仪式”；制订下发《关于进一步推进学习型机关创建工作的意见》及《杨浦区机关创建学习型机关评估指标（试行）》，明确学习型机关的创建范围、目标和要求；在区纪委、监察局等16家单位中开展区学习型机关示范试点创建活动，编印下发《区学习型机关示范试点单位阶段性工作情况》一书；年初推荐区纪委监察局、区机关党工委、区国资委、区审计局等4家单位为市学习型机关创建示范试点，年终这4家单位被市级机关工委、市学习办评为“市学习型机关创建工作先进单位”。

【探索机关在职党员“双重”管理】 根据机关党员居住地的变动情况，要求机关在职党员及时到居住地社区党组织进行登记，接受社区党组织8小时以外监督。加强对凤城六村机关在职党员临时党支部试点探索的指导，引导机关在职党员主动参与社区建设与管理，组织迎世博宣传活动，参与小区自发性捐款，并与1户困难家庭进行帮扶结对，帮助困难家庭缓解生活困境，发挥党员示范表率作用。

【加强机关工会、团组织领导，不断丰富机关娱乐活动】 坚持每个月在区机关放映电影、提供借阅图书和推荐新书各1次，每周一至周五工作时间开放机关阅览室。坚持为机关干部和职工办实事，每年办理综合补充医疗、意外互助保障，参保率达100%；对机关干部和职工义务献血、患大病重病的进行上门慰问、补助2万多元。4月30日，组织300名机关干部，在五角场万达广场观看“世博号角——2009上海之春国际音乐节管乐艺术节”开幕式街游演出；5月2日，组织300名机关干部，在复旦大学正大体育馆观看“世博号角——2009上海之春国际音乐节管乐艺术节”闭幕式颁奖活动。9月19日，在五角场江湾体育场，组织500名机关干部参加由市委宣传部、市文明办、市文广集团主办，杨浦区委、区政府及黄河流域9省市电视台联合主办的《伟大的史诗——纪念“黄河大合唱”诞生70周年》特别活动。10月27日，在复旦大学正大体育馆，组织1700多名机关干部观看总政歌舞团东方红剧组演出。11月3日，在杨浦区房地局三楼会议室，会同区委组织部、区体育局承办，区房地局、区桥牌协会联合举办“2009年杨浦区机关干部桥牌比赛”，共22家单位的43名领导干部和机关干部报名参加了桥牌比赛。11月21日、22日，会同区委组织部、区体育局在上海体院附中体育馆联合主办“2009年杨浦区机关干部乒乓球比赛”，共有38家单位的175名局级、处级领导干部和机关干部报名参加乒乓球比赛。（胡碧文）

二、杨浦区人民代表大会

（一）综　述

2009年，杨浦区人民代表大会及其常务委员会（以下简称区人大常委会）在中共杨浦区委领导下，以邓小平理论、“三个代表”重要思想为指导，深入贯彻落实科学发展观，围绕确保区经济平稳较快发展，确保民生持续得到改善，确保社会和谐稳定，确保迎世博600天行动计划有序推进，认真行使宪法和法律赋予的职责，为全面推进杨浦知识创新区建设作出了应有的贡献。常委会在迎世博的关键年，确立议案，推进迎世博600天行动计划实施，在提升区市容环境综合建设和管理水平、加强精神文明建设、推动窗口服务行业发展等方面，提出意见建议，紧紧围绕推进议案实施开展工作；坚持立足人大本职，督促和支持“一府两院”做好各项工作，促进经济社会协调发展；坚持把人民群众关注的热点和事关群众利益的民生问题作为监督工作的重点；坚持把代表工作放在重要位置，充实内容，创新平台，为代表履职提供有力保障；坚持重视自身建设，注重开拓创新，讲求工作实效，不断提高履职能力和水平；坚持开展友好往来，交流人大工作经验体会，在对人大工作以及杨浦知识创新区的宣传上，取得了新进展。

（二）区人民代表大会及其常委会会议

【概况】　2009年，召开区十四届人民代表大会第四次会议，作出6项决议。区人大常委会共举行11次会议，审议35项议题，作出9项决议决定。设立区人大常委会华侨民族宗教工作委员会。

【区十四届人民代表大会第四次会议】　1月8日—10日在沪东工人文化宫举行。大会共有7项议程：（1）听取和审议区长宗明关于区人民政府工作的报告；（2）审查和批准区2008年国民经济和社会发展计划执行情况与2009年国民经济和社会发展计划草案的报告；批准区2009年国民经济和社会发展计划；（3）审查和批准区2008年预算执行情况与2009年预算草案的报告；批准2009年区级预算；（4）听取和审议区人大工作报告；

新当选的人大常委与代表见面

(5)听取和审议区人民法院工作报告;(6)听取和审议区人民检察院工作报告;(7)补选上海市杨浦区第十四届人民代表大会常务委员会委员。大会共收到代表书面意见74件。1月9日下午,大会安排29个政府部门和单位,以及区法院、区检察院到现场处理代表意见,接受代表咨询并答复有关问题。大会表决通过关于区政府工作报告、关于区2008年国民经济和社会发展计划执行情况与2009年国民经济和社会发展计划、关于区2008年预算执行情况和2009年预算、关于区人大常委会工作报告、关于区人民法院工作报告、关于区人民检察院工作报告等决议。大会在完成各项议程后闭幕。

【区十四届人大常委会第二十一次会议】 2月11日举行。会议审议通过区人大常委会2009年度工作要点、2009年度执法检查计划和2009年度专项工作评议计划。会议审议区十四届人大四次会议主席团交付审议的代表议案有关事项,决定将蔡文钢等6位代表领衔提出有关推进迎世博600天行动计划实施的7件议案,合并列为《推进迎世博600天行动计划实施》1件议案,要求区政府按照决定,认真实施好这一议案。会议表决通过有关人事任免事项。

【区十四届人大常委会第二十二次会议】 3月2日举行。会议听取区政府关于本区政府机构改革情况的报告。会议表决通过有关人事任免事项。

【区十四届人大常委会第二十三次会议】 4月14日举行。会议听取和审议区人大常委会执法检查组关于检查本区实施《中华人民共和国安全生产法》情况的报告和关于检查本区实施《中华人民共和国科学技术进步法》情况的报告。会议表决通过有关人事任免事项。

【区十四届人大常委会第二十四次会议】 5月19日举行。会议听取和审议区人大常委会执法检查组关于检查本区实施《中华人民共和国禁毒法》情况的报告和关于检查本区实施《上海市住宅物业管理规定》情况的报告。会议表决通过有关人事任免事项。

【区十四届人大常委会第二十五次会议】 5月31日举行。会议审议区政府关于提请为上海杨浦城市建设投资有限公司发行企业债券提供应收账款质押担保并将应收账款偿付列入年度财政预算的议案,并作出批准议案的决议。会议审议通过区人大常委会代表资格审查委员会关于补选区十四届人大代表的代表资格审查报告,确认石光、陈红光两位新当选代表的代表资格有效。至此,区十四届人民代表大会现有代表323名。

【区十四届人大常委会第二十六次(扩大)会议】 7月27日—28日举行。27日上午,区长宗明作上半年主要工作回顾和下半年主要工作安排的报告,下午代表分组评议。28日下午,会议听取代表分组评议情况汇报,首次由各街道、镇代表小组就各自分组评议情况提供书面汇报。会议听取区政府关于本区2009年上半年国民经济和社会发展计划执行情况的报告;听取和审议区政府关于本区2008年财政决算和2009年上半年预算执行情况的报告,听取和审议区政府关于本区2008年预算执行和其他财政收支的审计工作报告,审查和批准区2008年财政决算;听取和审议区政府关于本区十四届人大四次会议期间代表书面意见办理情况的报告;审议通过区人大常委会关于设立区人大常委会华侨民族宗教工作委员会的决定。会议表决通过有关人事任免事项。142件代表书面意见全部办复。

【区十四届人大常委会第二十七次会议】 8月26日举行。会议评议本区商务楼宇节能专项工作的情况和本区社区文化专项工作的情况。

【区十四届人大常委会第二十八次会议】 9月23日举行。会议评议本区刑事审判和刑事检察专项工作情况、本区重大工程推进专项工作情况。会议表决通过有关人事任免事项。

【区十四届人大常委会第二十九次会议】 11月10日举行。会议听取和审议区政府关于《推进迎世博600天行动计划实施》议案实施情况的报告,审查和批准区政府关于本区2009年区级财政预算调整的报告。会议书面印发区政府关于本区环境保护工作情况的报告以及关于本区城市规

人代会咨询现场

划编制和实施情况的报告。会议表决通过有关人事任免事项。

【区十四届人大常委会第三十次会议】 12月8日举行。会议审议通过了区人大常委会关于召开区第十四届人民代表大会第五次会议的决定。会议决定，杨浦区第十四届人民代表大会第五次会议于2010年1月20日召开。会议印发区人民政府关于《深化“三区融合、联动发展”核心理念，进一步推进园区经济发展》和《进一步扩大开放，全面推进杨浦知识创新区建设》2个议案2009年的实施情况报告。会议还审议代表辞职和代表资格有关事项。至此，区第十四届人民代表大会现有代表305名，常委会组成人员29名。

【区十四届人大常委会第三十一次会议】 12月21日举行。会议审议并表决通过常委会主任会议提请金兴明为杨浦区副区长的议案，决定任命金兴明为杨浦区副区长。休会期间，常委会又召开主任会议，提出提请金兴明为杨浦区代理区长的议案。继续召开的常委会会议表决通过这一议案，决定金兴明为杨浦区代理区长。会议还表决通过其他有关人事任免事项。

（三）法律监督

【概况】 区人大常委会重点检查《中华人民共和国安全生产法》、《中华人民共和国科学技术进步法》、《中华人民共和国禁毒法》、《上海市住宅物业管理规定》等法律法规在本区的贯彻实施情况。

【开展执法专项检查】 对区贯彻《中华人民共和国安全生产法》情况进行了执法检查。认为，区政府及其相关职能部门依据《中华人民共和国安全生产法》的规定，坚持“安全第一、预防为主、综合治理”的方针，健全安全生产保障体系，积极探索安全生产监管长效机制，使全区安全生产始终处于受控状态，两年来全区未发生重特大伤亡事故和在全市范围内产生重大影响的事故，一般伤亡事故控制在市政府下达的生产安全指标之内。建议，要加强安全生产的宣传、教育，不断完善企业的内部监管机制；严格执法，加强监管力度；整合力量，完善监管网络。在对区贯彻《中华人民共和国科学技术进步法》情况进行的执法检查中，认为，区政府始终将“科教兴区”作为杨浦建设与发展的主战略，以“三区融合，联动发展”为核心理念，积极打造杨浦知识创新区，切实发挥了科技进步对经济和社会发展的支撑和引领作用。建议，要进一步营造良好的创新氛围，建立健全科技投入机制，完善科技创新服务体系。在对区贯彻《中华人民共和国禁毒法》（以下简称《禁毒法》）情况进行的执法检查中，认为，本区在推进杨浦知识创新区建设的进程中，以贯彻实施《禁毒法》为抓手，不断加大禁毒工作的力度，本区贯彻执行《禁毒法》成效明显。建议，要加强对禁毒工作的组织和领导，完善禁毒工作的工作机制，打防结合，从源头上加强禁毒工作，加强对吸毒人员的教育与挽救。在对区贯彻《上海市住宅物业管理规定》（以下简称《规定》）情况进行的执法检查中，认为，区政府及其职能部门积极履行职责，对规范全区物业管理行业服务行为，维护业主和物业管理企业的合法权益，创造和保持安全、整洁、舒适的居住环境发挥了积极的作用。建议,加强对业主委员会的指导和监督,加强对住宅小区物业管理的监管,加强对《规定》禁止行为的综合整治。

【加强对司法机关工作的监督】 区人大常委会听取和评议区法院和区检察院(简称"两院")关于刑事审判和刑事检察专项工作的报告。认为,"两院"认真贯彻宽严相济的刑事政策,依法严惩严重刑事犯罪活动,重视被害人合法权益的维护,积极参加社会治安综合治理,促进了本区社会和谐和稳定。

(四)工作监督

【概况】 2009年,区人大常委会贯彻大会主席团的决议,确立了代表议案,先后听取和审议区政府关于议案实施方案和议案实施情况的报告,开展专项工作评议,围绕全区发展大局以及与人民群众利益密切相关的问题开展监督,听取区政府相关工作情况汇报。

【围绕区工作大局确立代表议案】 区十四届人大四次会议共收到代表10人以上联名提出的议案24件,其中有关做好迎世博准备工作的议案有7件。常委会将《推进迎世博600天行动计划实施》列为议案,在提升本区市容环境综合建设和管理水平、加强精神文明建设、推动窗口服务行业发展等方面,提出具体要求:要结合区"十一五"规划实施,突出改善人民生活环境,突出提高市民生活质量,突出提升城区功能形象;要整合各方资源,形成全社会合力,有力、有序、有效地推进迎世博600天行动计划的实施,全面带动城区经济社会发展;要进一步提升市容环境综合建设和管理水平,加强市民公共道德教育和实践,提高窗口服务质量。年内,常委会先后听取和审议区政府关于议案实施方案和实施情况的报告,督促和支持议案的实施,推进迎世博各项工作的开展。

【开展专项工作评议】 年内,常委会坚持任免权与监督权相结合,开展专项工作评议。分别对区政府关于商务楼宇节能工作情况、社区文化工作情况和重大工程推进工作情况开展专项工作评议,对区法院和区检察院加强刑事审判和刑事检察工作情况开展专项工作评议等,既肯定工作,又指出不足,并对做好今后工作提出要求,不断提高区人大及其常委会监督工作实效。

【围绕全区发展大局和民生问题开展调研】 年内,针对扶持企业政策落实情况、实有人口管理工作、旧区改造推进工作、食品安全监管工作、改进人大监督工作、加强人大代表和人民群众联系、稳定和促进就业、规范预算编制等内容,开展调查研究,提出意见建议。在开展深入学习实践科学发展观活动中,通过座谈、走访等形式,从加强常委会自身建设、推进创新型城区建设、提高代表书面意见办理质量等角度出发,开展课题调研,形成了14篇调研报告。

【听取区政府相关工作情况汇报】 年内,常委会主任会议分别听取区政府关于市容市貌整治、质量技术监督、法律援助、国有资产管理、产业规划实施、人口和计划生育工作、在建工程质量和施工安全管理、健康城区建设、旅游发展、旧区改造、对外经济工作、科技园区建设等12项工作开展情况的汇报。通过听取汇报进行监督。

(五)人事任免

【概况】 2009年,常委会共任免本区国家机关工作人员116人次。

区人大任免国家机关工作人员情况表

时间	会议	姓名	任免职务
2009.2.11	区十四届人大常委会第二十一次会议	钱樑	任命区人大常委会代表资格审查委员会副主任委员、人事工作委员会副主任
2009.2.11	区十四届人大常委会第二十一次会议	张智洲	任命区人大常委会代表资格审查委员会委员、人事工作委员会委员
2009.2.11	区十四届人大常委会第二十一次会议	张毅	任命区人大常委会财政经济工作委员会委员

（续表）

时　间	会　议	姓　名	任免职务
2009.2.11	区十四届人大常委会第二十一次会议	余毅忠	任命区人大常委会财政经济工作委员会委员
2009.2.11	区十四届人大常委会第二十一次会议	周　芸	任命区人大常委会财政经济工作委员会委员
2009.2.11	区十四届人大常委会第二十一次会议	翁骥陵	任命区人大常委会财政经济工作委员会委员
2009.2.11	区十四届人大常委会第二十一次会议	孙效读	任命区人大常委会内务司法工作委员会委员
2009.2.11	区十四届人大常委会第二十一次会议	洪耀顺	任命区人大常委会内务司法工作委员会委员
2009.2.11	区十四届人大常委会第二十一次会议	李汉卿	任命区人大常委会城市建设环境保护工作委员会委员
2009.2.11	区十四届人大常委会第二十一次会议	陈青洋	任命区人大常委会城市建设环境保护工作委员会委员
2009.2.11	区十四届人大常委会第二十一次会议	张鲁明	任命区人大常委会城市建设环境保护工作委员会委员
2009.2.11	区十四届人大常委会第二十一次会议	钟　奕	任命区人大常委会教育科学文化卫生工作委员会委员
2009.2.11	区十四届人大常委会第二十一次会议	熊孝刚	免去区城市规划管理局局长
2009.2.11	区十四届人大常委会第二十一次会议	岑福康	免去区房屋土地管理局局长
2009.2.11	区十四届人大常委会第二十一次会议	陈红光	免去区环境保护局局长
2009.2.11	区十四届人大常委会第二十一次会议	岑福康	任命区城市规划管理局局长
2009.2.11	区十四届人大常委会第二十一次会议	季胜鹤	任命区房屋土地管理局局长
2009.2.11	区十四届人大常委会第二十一次会议	徐雪峰	任命区环境保护局局长
2009.2.11	区十四届人大常委会第二十一次会议	张　弘	任命区人民法院审判员
2009.2.11	区十四届人大常委会第二十一次会议	强　康	任命区人民法院审判员
2009.2.11	区十四届人大常委会第二十一次会议	刘金泽	免去区人民检察院检察委员会委员、检察员
2009.2.11	区十四届人大常委会第二十一次会议	陈建平	免去区人民检察院检察员
2009.2.11	区十四届人大常委会第二十一次会议	唐秀英	免去区人民检察院检察员
2009.3.2	区十四届人大常委会第二十二次会议	张鲁明	免去区人大常委会城市建设环境保护工作委员会委员
2009.3.2	区十四届人大常委会第二十二次会议	徐雪峰	免去区人大常委会城市建设环境保护工作委员会委员
2009.3.2	区十四届人大常委会第二十二次会议	吴伟国	免去区对外经济委员会主任
2009.3.2	区十四届人大常委会第二十二次会议	石光华	免去区经济委员会主任
2009.3.2	区十四届人大常委会第二十二次会议	吴志刚	免去区信息化委员会主任
2009.3.2	区十四届人大常委会第二十二次会议	明　依	免去区人口和计划生育委员会主任
2009.3.2	区十四届人大常委会第二十二次会议	秦卫国	免去区监察委员会主任
2009.3.2	区十四届人大常委会第二十二次会议	盛俊杰	免去区人事局局长
2009.3.2	区十四届人大常委会第二十二次会议	苏琛如	免去区劳动和社会保障局局长
2009.3.2	区十四届人大常委会第二十二次会议	王金柱	免去区市容管理局局长
2009.3.2	区十四届人大常委会第二十二次会议	岑福康	免去区城市规划管理局局长

（续表）

时　间	会　议	姓　名	任免职务
2009.3.2	区十四届人大常委会第二十二次会议	季胜鹤	免去区房屋土地管理局局长
2009.3.2	区十四届人大常委会第二十二次会议	潘志平	免去区民防办公室主任
2009.3.2	区十四届人大常委会第二十二次会议	吴伟国	任命区商务委员会主任
2009.3.2	区十四届人大常委会第二十二次会议	程国光	任命区科学技术委员会主任
2009.3.2	区十四届人大常委会第二十二次会议	李红珍	任命区人口和计划生育委员会主任
2009.3.2	区十四届人大常委会第二十二次会议	盛俊杰	任命区人力资源和社会保障局局长
2009.3.2	区十四届人大常委会第二十二次会议	张鲁明	任命区国有资产监督管理委员会主任
2009.3.2	区十四届人大常委会第二十二次会议	任大连	任命区绿化和市容管理局局长
2009.3.2	区十四届人大常委会第二十二次会议	季胜鹤	任命区住房保障和房屋管理局局长
2009.3.2	区十四届人大常委会第二十二次会议	汤一民	任命区民防办公室主任
2009.3.2	区十四届人大常委会第二十二次会议	董焕庆	任命区旅游局局长
2009.3.2	区十四届人大常委会第二十二次会议	乐强毅	任命区金融服务办公室主任
2009.3.2	区十四届人大常委会第二十二次会议	刘扣怀	任命区人民法院审判员、执行庭副庭长
2009.4.14	区十四届人大常委会第二十三次会议	陈佳玉	免去区人民法院立案庭庭长、审判员
2009.4.14	区十四届人大常委会第二十三次会议	张胜凤	免去区人民法院审判员
2009.4.14	区十四届人大常委会第二十三次会议	余珠华	免去区人民法院审判员
2009.4.14	区十四届人大常委会第二十三次会议	姚泳谊	免去区人民法院审判员
2009.4.14	区十四届人大常委会第二十三次会议	吕建国	免去区人民法院民事审判第四庭副庭长
2009.4.14	区十四届人大常委会第二十三次会议	吕建国	任命区人民法院立案庭庭长
2009.5.19	区十四届人大常委会第二十四次会议	张海翔	免去区人民检察院检察员
2009.5.19	区十四届人大常委会第二十四次会议	傅勇平	免去区人民检察院检察员
2009.5.19	区十四届人大常委会第二十四次会议	钟素琴	免去区人民检察院检察员
2009.7.28	区十四届人大常委会第二十六次会议	赵瑞云	任命区人大常委会华侨民族宗教工作委员会主任
2009.7.28	区十四届人大常委会第二十六次会议	苏　萍	任命区人大常委会华侨民族宗教工作委员会副主任
2009.7.28	区十四届人大常委会第二十六次会议	体　圣	任命区人大常委会华侨民族宗教工作委员会副主任
2009.7.28	区十四届人大常委会第二十六次会议	王建华	任命区人大常委会华侨民族宗教工作委员会委员
2009.7.28	区十四届人大常委会第二十六次会议	刘亚伟	任命区人大常委会华侨民族宗教工作委员会委员
2009.7.28	区十四届人大常委会第二十六次会议	刘丽华	任命区人大常委会华侨民族宗教工作委员会委员
2009.7.28	区十四届人大常委会第二十六次会议	李买映	任命区人大常委会华侨民族宗教工作委员会委员
2009.7.28	区十四届人大常委会第二十六次会议	完　善	任命区人大常委会华侨民族宗教工作委员会委员
2009.7.28	区十四届人大常委会第二十六次会议	韩法营	任命区人大常委会华侨民族宗教工作委员会委员
2009.7.28	区十四届人大常委会第二十六次会议	徐　学	任命区人民法院审判员、审判委员会委员、副院长
2009.7.28	区十四届人大常委会第二十六次会议	程建婷	任命区人民法院审判员
2009.7.28	区十四届人大常委会第二十六次会议	凌淑蓉	免去区人民法院审判员、审判委员会委员、副院长

（续表）

时　间	会　议	姓　名	任免职务
2009.7.28	区十四届人大常委会第二十六次会议	王宝才	任命区人民检察院检察员
2009.7.28	区十四届人大常委会第二十六次会议	刘梦迅	任命区人民检察院检察员
2009.7.28	区十四届人大常委会第二十六次会议	祝黎明	任命区人民检察院检察员
2009.7.28	区十四届人大常委会第二十六次会议	朱　军	任命区人民检察院检察员
2009.7.28	区十四届人大常委会第二十六次会议	封雪冬	任命区人民检察院检察员
2009.7.28	区十四届人大常委会第二十六次会议	丁　磊	任命区人民检察院检察员
2009.7.28	区十四届人大常委会第二十六次会议	徐　诚	任命区人民检察院检察员
2009.7.28	区十四届人大常委会第二十六次会议	李　健	任命区人民检察院检察员
2009.7.28	区十四届人大常委会第二十六次会议	胡素萍	任命区人民检察院检察员
2009.7.28	区十四届人大常委会第二十六次会议	任静萍	任命区人民检察院检察员
2009.7.28	区十四届人大常委会第二十六次会议	夷　嵘	任命区人民检察院检察员
2009.9.23	区十四届人大常委会第二十八次会议	吕长缨	任命区人民法院民事审判第一庭副庭长
2009.9.23	区十四届人大常委会第二十八次会议	陈红华	任命区人民法院民事审判第二庭副庭长
2009.9.23	区十四届人大常委会第二十八次会议	翟　骏	任命区人民法院民事审判第四庭副庭长
2009.9.23	区十四届人大常委会第二十八次会议	杨旭春	任命区人民法院执行庭副庭长
2009.9.23	区十四届人大常委会第二十八次会议	董薇芬	任命区人民法院审判监督庭副庭长
2009.9.23	区十四届人大常委会第二十八次会议	孙春如	任命区人民法院立案庭副庭长
2009.9.23	区十四届人大常委会第二十八次会议	孙春如	免去区人民法院审判监督庭副庭长
2009.9.23	区十四届人大常委会第二十八次会议	施伯乐	任命区人民法院人民陪审员
2009.9.23	区十四届人大常委会第二十八次会议	朱祖培	任命区人民法院人民陪审员
2009.9.23	区十四届人大常委会第二十八次会议	茹洁雄	任命区人民法院人民陪审员
2009.9.23	区十四届人大常委会第二十八次会议	李网宝	任命区人民法院人民陪审员
2009.9.23	区十四届人大常委会第二十八次会议	黄　炜	任命区人民法院人民陪审员
2009.9.23	区十四届人大常委会第二十八次会议	郭雅桃	任命区人民法院人民陪审员
2009.9.23	区十四届人大常委会第二十八次会议	叶建凉	免去区人民法院人民陪审员
2009.9.23	区十四届人大常委会第二十八次会议	张　炜	免去区人民法院人民陪审员
2009.9.23	区十四届人大常委会第二十八次会议	江信昌	免去区人民法院人民陪审员
2009.9.23	区十四届人大常委会第二十八次会议	吴素芹	免去区人民法院人民陪审员
2009.9.23	区十四届人大常委会第二十八次会议	杨雪青	免去区人民法院人民陪审员
2009.9.23	区十四届人大常委会第二十八次会议	施祖廉	免去区人民法院人民陪审员
2009.11.10	区十四届人大常委会第二十九次会议	黄耀孝	免去区人民检察院检察员
2009.11.10	区十四届人大常委会第二十九次会议	王　前	免去区人民检察院检察员
2009.12.21	区十四届人大常委会第三十一次会议	金兴明	任命副区长
2009.12.21	区十四届人大常委会第三十一次会议	金兴明	为代理区长

（续表）

时　间	会　议	姓　名	任免职务
2009.12.21	区十四届人大常委会第三十一次会议	王海宏	任命区人民法院行政审判庭庭长
2009.12.21	区十四届人大常委会第三十一次会议	王海宏	免去区人民法院执行庭庭长
2009.12.21	区十四届人大常委会第三十一次会议	刘扣怀	任命区人民法院执行庭庭长
2009.12.21	区十四届人大常委会第三十一次会议	刘扣怀	免去区人民法院执行庭副庭长
2009.12.21	区十四届人大常委会第三十一次会议	顾　仲	任命区人民法院审判员
2009.12.21	区十四届人大常委会第三十一次会议	马霄燕	任命区人民法院审判员
2009.12.21	区十四届人大常委会第三十一次会议	徐　忠	任命区人民法院审判员
2009.12.21	区十四届人大常委会第三十一次会议	黄　伟	任命区人民法院审判员
2009.12.21	区十四届人大常委会第三十一次会议	万巧君	任命区人民法院审判员
2009.12.21	区十四届人大常委会第三十一次会议	孙　颖	任命区人民法院审判员
2009.12.21	区十四届人大常委会第三十一次会议	曹渊冰	免去区人民法院行政审判庭庭长
2009.12.21	区十四届人大常委会第三十一次会议	李　旻	免去区人民法院审判员
2009.12.21	区十四届人大常委会第三十一次会议	杨国芬	免去区人民法院审判员
2009.12.21	区十四届人大常委会第三十一次会议	刘加举	免去区人民法院审判员

（六）代表工作

【概况】 2009年，常委会把代表工作放在重要位置，充实内容，创新平台，为代表履职提供有力保障。不断强化为代表服务的意识，密切联系代表，支持和保证代表依法履行职责和行使权利，督促检查代表书面意见办理工作，规范和指导代表小组闭会期间开展活动，发挥代表主体作用。在推进杨浦知识创新区建设进程中，发挥人大代表的应有作用，促进本区社会主义民主政治建设。

【代表培训工作】 举办人大和政协体制的改革和完善、百年杨浦等有关内容的学习会、报告会，受到代表普遍欢迎。组织20余名代表参加区有关部门举办的旧区改造动拆迁法律法规政策学习。做好“市民与法——人大代表说法系列讲座”开讲仪式和3场报告会的组织服务工作，由厉明、吴益民代表分别向代表和市民作关于上海市志愿者服务条例、老年人权益保障法等方面的学习辅导报告。

【密切与人大代表的联系】 通过开通网站视频、提供常委会文件和学习资料在线阅读等方式，拓展代表知情知政渠道；通过增设议案与书面意见在线提交、问卷调查和留言发送等功能，方便代表提出意见建议。截至12月底，代表已在网上提交书面意见14件，就有关议题留言54条；实现代表履职登记，建立代表履职档案。组织召开人大代表履职经验交流会，使代表有机会交流自己的履职体会和经验。

【为代表履行职责创造条件】 年内，邀请320余人次代表列席常委会会议，其中70余人次代表参与审议发言；50多名代表参加执法检查，60多名代表参加专项工作评议，共计提出240多条意见建议；30余人次代表列席区政府工作会议和有关调研会、征询意见会；80余名代表担任“一府两院”特邀监督员；400多人次代表参加区情讲座和法律法规培训学习。受市人大常委会委托，组织了6次市人大杨浦代表组闭会期间活动。安排300余人次代表参加市人大常委会视频会议，50余名代表参与义务教育均衡化发展、促进就业等市区联动课题调研，40余名代表参加全国人大常委会和市人大常委会组织的立法调研。先后组织代表集中视察本区服务企业工作、迎世博维稳工作、窗口服务、市容市貌整治等多项工作的进展情况和实事项目的完成情况,每次视察有70余名代表参加。

【督促检查代表书面意见办理工作】 区十四届人大四次会议期间,区人大代表提出的书面意见交由区政府有关部门承办的有142件。在代表书面意见办理期间,了解掌握办理工作动态,及时与办理部门沟通。办理工作基本结束时,向提意见的92名区人大代表发出书面意见办理征询表,代表回复满意的达116件,基本满意的26件。已经解决和采纳的代表书面意见有129件,暂时不具备解决条件的,承办部门作了认真解释,得到代表的理解。闭会期间,代表们又提出25件书面意见,常委会认真研究后,及时转交"一府两院"办理。

【代表与选民保持密切联系】 制定《关于加强区人大代表与人民群众联系的若干意见(试行)》,就人大代表联系原选区群众提出具体要求,如公开代表联系方式,每年接待原选区居民活动不少于1次,联系社区居民代表不少于2人等。这一试行意见得到代表们积极响应,在区人代会召开前,许多代表深入基层,密切与人民群众联系,认真倾听,仔细分析,及时将了解到的意见和建议反馈给有关部门和单位。

【做好代表补选工作】 年内,部分代表因各种原因终止了代表资格。根据法律规定,在有关选区开展了代表补选工作。各选区严格按照法定程序,充分发扬民主,依法补选出2位区十四届人大代表。 (朱凌燕)

（一）综　述

2009年是上海经济发展最困难的一年。面对国际金融危机冲击和杨浦转型发展的双重考验，全区人民在市委、市政府和区委的坚强领导下，高举中国特色社会主义伟大旗帜，以邓小平理论和“三个代表”重要思想为指导，全面贯彻党的十七大、十七届三中、四中全会精神，以开展深入学习实践科学发展观活动为动力，紧紧围绕“四个确保”要求，坚持以人为本，坚定信心、迎难而上、顽强拼搏，圆满完成了全年各项目标任务。

区域经济。2009年实现区生产总值730亿元，同比增长9%；完成区级财政收入44.05亿元，同比增长8%；完成固定资产投资总额150亿元，同比增长20.4%；实现社会消费品零售总额212.2亿元，同比增长14.4%。五角场南部商业商务区完成销售额30.4亿元，同比增长26.7%。二、三产业增加值比例为22.3∶76.4；知识型生产性服务业增加值占第三产业增加值比重为32.7%。全区万元生产总值综合能耗同比下降4.2%，提前完成“十一五”期间同比下降20%的目标。环同济知识经济圈建设成效明显，被命名为国家级研发设计服务特色产业基地，实现总产出123.4亿元，同比增长21%。全年新引进企业2617户，注册资金76.7亿元，其中注册资金500万元以上企业同比增长27%；合同利用外资6.3亿美元。万达商业广场等72幢重点商务楼宇“三落地”（注册、功能、税收）率达78.5%，建成五角场信息大厦等6幢示范楼宇，复旦金融创新园等21个在建项目开展同步招商。全区引进香港安莉芳、丹麦居事佳、淮南矿业、文通集团、山东电力、完美时空等优质项目。赴浙江舟山、陕西西安开展专题推介；启动江苏大丰、海安2个异地工业园区建设，区内铭大创意广场等11家企业生产基地落户。切实贯彻国家、市扶持企业发展各项措施和区促进企业发展30条政策，帮助企业积极应对金融危机。全区350名处级以上领导干部与490家企业结对，将服务企业工作纳入政府部门绩效考核。“1890企业服务网”和服务热线访问量超过15万人次。

城市建设。轨道交通10号线杨浦段地下盾构全线贯通，12号线动迁任务完成；四平路中山北二路下立交、闸殷路拓宽、民星北排水系统等工程竣工，关山路、民约路辟通，黄兴路拓宽、军工路北段拓宽、军工路越江隧道、四平路大连路下立交等工程建设进度加快。迎世博市容建管三大工程30项任务全面完成，14条（段）“一街一景一区”建成。江湾—五角场复旦金融创新园、创智天地一期工程基本竣工，合生广场、南政院后勤保障综合大楼、国际医药广场、东方蓝海、新江湾城知识商务中心等一批项目开工。南北呼应开发格局不断拓展，西门子上海中心、北美广场建设加快推进，德国大陆集团亚洲总部和中国研发中心竣工，大连路总部研发集聚区初现雏形；渔人码头一期工程积极推进、二期开工，秦皇岛路“世博水门”水域部分竣工。上海国际设计中心基本竣工，上海国际设计一场、上海国际时尚中心开工。第四轮环保三年行动计划全面启动，城区降尘量同比下降22%，空气质量优良率达到90.7%。城镇污水纳管率达85%。大连路绿地建成开放，安徒生儿童公园开工，城区绿化覆

德国大陆集团

盖率达26%。完成上海矽钢片厂等16家高污染、高能耗企业(车间)关停并转迁。街道网格化管理分中心实现全覆盖，城市网格化平台共受理城市管理事务8.2万件，办结率达99.8%。

民生工作。把旧区改造放在改善民生突出位置，在全市率先开展动迁结果公开和集体搬迁奖励等新政策，完成动迁居民6200户和12个基地收尾工作。旧住房“拆除重建”和保障性住房项目推进有力。完成旧住房成套改造17万平方米、完成59.8万平方米的三年改造任务。完成旧小区综合整治30万平方米，二次供水设施改造495万平方米。新落实廉租对象配租2122户，全面推开售后公房住宅小区物业管理服务达标补贴工作。超额完成市政府下达的各项促进就业指标，完成1000名大学生公共服务见习和3197名青年职业见习，托底安置244名困难家庭大学生，成功扶持创业623人。中国(上海)创业者公共实训基地揭牌启动，中国青年创业国际计划杨浦办公室成立。区荣获全国清理整顿人力资源市场秩序先进单位、全国首批民营企业招聘周先进城区。救助各类困难群体55.6万人次，区被命名为全国基层低保规范化建设典型单位。为1.9万名老人提供居家养老服务，新增养老床位744张，区荣获全国孝亲敬老主题教育活动先进单位。圆满完成上海市创建全国残疾人工作示范城市先行达标试点区任务，殷行街道“阳光之家”荣获全国“优秀残疾人之家”。完成居委会换届选举和社区“三个中心”(社区事务受理服务中心、卫生服务中心、文化活动中心)达标建设。成立全国首家区校合作举办的专业社工机构。区荣获“全国婚姻登记规范化单位”。成功创建全国人口早期教育暨独生子女培养示范区。加大轻微刑事案件委托人民调解工作力度。推进“迎世博、保平安”22个专项行动、10项群防群治工作，全区各类刑事案件同比下降8.5%。新江湾城、五角场街道分别荣获国际安全社区和国家安全社区。向社区居民推广37万只节能灯；完成11.5万平方米既有建筑节能改造，推进4个节能示范项目建设。

社会事业。五角场街道和四平、殷行街道分别荣获全国文明单位、全国精神文明建设先进单位，殷行街道和江浦街道陈二居委会分别荣获全国和谐社区建设示范街道和居委会。上海音乐

2009世博号角上海之春国际音乐节管乐艺术节开幕式

南南全球技术产权交易所

学院实验学校、国歌纪念广场及国歌展示馆、中福会幼儿园总部、复旦大学附属妇产科医院新院等17个社会事业项目竣工。举办幼儿创造教育国际论坛，编制实施区学前教育五年发展规划；荣获全国推进义务教育均衡发展工作先进地区；成功举办第二十四届上海市青少年创新大赛、第八届青少年科技节暨第二届青少年创新峰会；被命名为上海市“基础教育创新试验区”。社区预防保健经费达到年人均40元，完成全国社区卫生中医药特色服务示范区创建；全面实施第三轮健康城区建设三年行动计划。成功举办2009“世博号角”上海之春国际音乐节管乐艺术节、国庆焰火燃放、亚洲极限运动锦标赛、中国壁球公开赛等10余项大型文体活动。孙中山先生铜像恢复落成。杨浦区体育局等5家单位分别被评为全国群众体育先进单位、全国学校体育场地向公众开放试点工作先进单位。杨浦区荣获全国征兵工作先进单位。

区域特色。以创建国家创新型试点城区为契机，推动杨浦知识创新区在新起点上实施新跨越。组织专家精心编制国家创新型试点城区建设规划。历时6年（2003—2009），完成了由“传统工业杨浦”向“知识创新杨浦”的历史转型。杨浦“三区融合，联动发展”的模式、创新驱动的路子、创新服务的体系，得到国家科技部的充分肯定。2009年实现“全国科技进步考核先进城区”三连冠。努力破解科技型中小企业融资瓶颈，全年共为200多家中小科技型企业融资7亿元。杨浦知识创新基地与张江联动，金融创新现代服务产业孵化集聚区等18个项目获得1.1亿元专项资金资助。与联合国南南局联合举办全球创意产业和技术产权交易高峰论坛，南南全球技术产权交易所开始运行，挂牌项目达1100宗，成交金额2.3亿美元。与美国硅谷金融集团合作，硅谷银行上海代表处揭牌运作。新增上海财经大学、上海电力学院2家国家级大学科技园，上海体育学院科技园挂牌运作并被命名为国家体育科技示范园，复旦大学、上海理工大学技术转移中心被命名为“国家级技术转移示范机构”。上海无线电设备研究所等5家企业被命名为市科技小巨人培育企业。专利和发明专利申请量同比分别增长14.3%、19%。成功引进15名入选国家“千人计划”的优秀人才，杨浦区被命名为国家海外高层次人才创新创业基地。

（二）区政府全体会议和工作会议

【概况】 2009年，区政府根据计划和工作需要，全年共召开三次区政府工作会议。

【区政府第一季度工作会议】 2月6日，区委副书记、区长宗明主持召开区政府工作会议。会议布置就业、社会保障、社区建设、城市建设、地区经济、改革开放、服务企业工作；部署2009年度政府重点工作。区委常委、副区长柴尧迅、庄少勤，副区长马杰富等出席会议。区人大常委会副主任陈丽龄、区政协副主席邵志勇等应邀参加会议。

【区政府第二季度工作会议】 4月13日，区委副书记、区长宗明主持召开区政府工作会议。通报一季度产业工作情况，布置二季度产业重点工作；通报一季度社会事业工作情况，布置二季度主要工作；总结一季度经济运行情况，部署二季度重点工作。区委常委、副区长柴尧迅,副区长马杰富、唐海东、吴乾渝等出席会议。区人大常委会副主任陈丽龄、区政协副主席方伦贵等应邀参加会议。

【区政府第三季度工作会议】 10月23日,区委常委、副区长柴尧迅主持召开区政府工作会议。会议传达、贯彻科技部党组书记、副部长李学勇同志讲话精神;通报前三季度就业、社会保障、社区建设、城市建设情况,部署四季度主要工作;总结三季度经济运行情况,部署四季度重点工作。区委书记、区人大常委会主任陈安杰、区委常委、副区长庄少勤,副区长马杰富、唐海东、吴乾渝等出席会议。区人大常委会副主任忻伟君、区政协副主席方伦贵应邀参加会议。

(三)实事项目

【概况】 为了提高2009年区政府为民实事项目的针对性、可行性和代表性,区政府通过职能部门申请、领导干部"一线工作法"联系居委会征集和网上征集等形式,向全区百万市民广泛征集实事项目的具体内容,最后确定2009年实事项目共12件55项,涉及到21个部门和单位及12个街道镇。

【促进就业】 新增就业岗位25977个,完成年计划的108.24%;扶持成功创业623人,完成年计划的103.83%;开展职业技能培训3497人,完成年计划的105.96%。

【住房保障】 旧住房成套改造竣工17万平方米,完成年计划的170%;完成旧住宅小区整治30万平方米,完成年计划的100%;扩大廉租住房受益面,全区廉租住宅累计受理2159户,落实配租2122户,累计发放补贴资金4771万元;深化"满意物业"创建,评选出10个"满意小区",完成年计划的100%;建成"四高"优秀小区1个,完成年计划的100%。

【排堵保畅】 实施11条路段的积水点改造工程,完成年计划的100%;辟通道路3条,完成年计划的100%;新江湾城公交枢纽设施建设已进场施工。

【市容环境】 创建市容环境责任区管理达标街道4个,完成年计划的100%;综合整治35条(段)道路环境,完成年计划的100%;新建小型压缩式生活垃圾收集站5座,完成年计划的100%;新建公共厕所5座、改建公共厕所12座,分别完成年计划的500%、133%;对二级旧里地区的58座垃圾箱房、15座倒粪站等环卫设施进行整修改造,分别完成年计划的193.33%、260%;拆除违法建筑81831平方米,完成年计划的136.39%。

【公共设施建设】 新建社区公共运动场3个,完成年计划的150%;新建4条健康路,完成年计划的133.33%;完成12家大众便民理发店,完成年计划的100%。

【生态环境和污染减排】 改造公园6个并已对外开放,完成年计划的100%;督促3家污染企业(车间)完成产业结构调整,完成年计划的100%;完成燃煤炉灶的清洁能源改造8台,完成年计划的100%;创建基本无燃煤街道1个,完成年计划的100%;创建安静小区2家,完成年计划的100%;创建绿色小区6家,完成年计划的100%;实施新江湾城创建国际化生态社区示范项目,完成年计划的100%。

【为老服务】 为1.9万名老人提供居家养老服务,完成年计划的101.29%;设立12个社区老年人助餐服务点,完成年计划的100%;新建社区老年人日间服务中心2个,完成年计划的100%;新增养老床位744张,完成年计划的106.29%;完成老年人活动室达标建设47个,修缮老年人活动室31个,分别完成年计划的106.81%、100%。

【改善教育条件和设施】 新建、重建6所学校,完成年计划的100%;完成2所学校的破墙透绿工作,完成年计划的100%;建立杨浦区农民工同住子女在公办学校接受义务教育工作指导中心,完成年计划的100%。

【卫生健康服务】 完成17个社区卫生服务站(点)标准化建设,完成年计划的100%;为9万名儿童和青少年免费提供龋齿病筛查和防治,完成年计划的100%;对全区185位晚期肿瘤患者免费提供居家宁养服务,完成年计划的100%;对全区10433名居民开展普及中医"易筋经"活动,完成年计划的104.33%;对22600名退休妇女和生活困难妇女进行免费妇科病、乳腺病筛查,完成年计划的113%;对46419名婴幼儿开展社区散居0—3岁婴幼儿早期教育,完成年计划的464.19%;为全区7135名低保困难家庭独生子女提供意外保险,完成年计划的101.93%;新建4个社区市民体质监测站,完成年计划的100%;新建1个区级社会体育指导中心和8个社区社会体育指导站,完成年计划的100%;加强健康社区建设,继续推进社区重点慢性病规范化管理水平,倡导健康生活方式,在全区建立306个"社区高血压自我管理小组",完成年计划的100%。

【提高市民素质】 开展百万家庭学礼仪活动,对12007名市民进行培训,完成年计划的109.15%;开展"邻里一家亲"系列活动,组织38万户家庭参与与邻为善、以邻为伴,情暖万家,共创和谐为主题的展示活动,完成年计划的100%;开展群众性初级急救培训活动,完成3223名"红十字"救护员和23735名市民普及型培训,分别完成年计划的128.92%、105.49%;对15589名农民工进行安全生产培训,完成年计划的103.93%。

【平安小区设施建设】 在居民小区住宅楼总门安装电控防盗门1082扇,完成年计划的108.2%;完成23处燃气管道占压整治工作,完成年计划的100%;在地上面积1000平方米以上、地下面积500平方米以上的餐饮场所或大型建筑内安装厨房自动灭火设施50套,完成年计划的100%;加强街道镇社区民防建设,各街道镇为辖区居委会配备2只以上民防应急箱,完成居民小区配置民防应急箱832个,完成年计划的100%。

【加强公共食品药品安全建设】 创建食品安全示范街4处,完成年计划的100%;为全区130家药品零售企业配备"不合格药品回收箱",指导市民及时科学地清理家庭小药箱,完成年计划的100%。 (杨维钦)

(四)法制工作

【概况】 2009年,区法制工作认真贯彻落实《国务院关于加强市县政府依法行政的决定》和《上海市人民政府贯彻落实国务院关于加强市县政府依法行政的决定的实施意见》,紧密结合旧区改造和加强城市建设管理等区的重大工作,认真贯彻《行政复议法》和《行政复议法实施条例》,依法审理行政复议案件,做好区政府为被申请人的行政复议工作;做好房屋拆迁裁决强制执行请示审核及具体实施工作;与区行政学院合作采取集中办班形式,对78名新上岗的行政执法人员进行了行政处罚、行政许可等6门科目的培训考试,换发行政执法证160人;对本区贯彻实施法律、法规进行执法检查。

【贯彻落实国务院关于加强市县政府依法行政的决定】 3月,市政府召开推进依法行政会议,下发了《上海市人民政府贯彻落实国务院关于加强市县政府依法行政的决定的实施意见》,区政府常务会议即研究制定本区实施方案,并印发了《杨浦区人民政府关于进一步推进依法行政的意见》,按照国务院和市政府提出的区县政府依法行政、建设法治政府的总体目标,紧紧围绕本区建设法制化城区要求,对全区推进依法行政的主要工作和任务进行了具体分解,并落实到区政府各职能部门,保证依法行政各项工作有序推进。一年来,有7名部门行政机关负责人出庭应诉,通过行政机关负责人出庭应诉制度,切实增强了各级领导干部的证据意识、程序意识和责任意识,形成了领导干部带头学法、用法的良好风气,进一步推进了执法规范化建设,提高了执法水平;带动机关工作人员增强了尊重司法监督、接受司法监督、维护司法权威的意识。

【开展行政事业性收费情况检查】 2008年1月1日—2009年6月30日,会同区物价局、区财政局,对全区行政事业性收费情况(包括收费项目的依据、对象、标准、执收主体以及收费票据管理使用等)开展了检查。列入这次检查范围的国家行政机关、教育系统及其他事业单位共计212家,均按要求在自查基础上填报了行政事业性收费情况调查表。除了对目前正在执行的收费项目进行梳理检查外,还对本区执行《上海市人民政府关于公布本市取消和停止征收148项行政事业性收费项目的通知》

和《财政部、国家发改委关于公布取消和停止征收100项行政事业性收费项目的通知》情况进行了检查。经区物价局、区财政局清理和核对，市政府公布取消和停止征收的148项收费项目中，涉及本区取消和停止征收的项目为63项；财政部公布取消和停止征收的100项收费项目中，涉及本区的有17项。检查情况显示，本区严格按照国家和市政府规定，落实措施，做到令行禁止。收费许可证核发也发生了较大的变化，2006年有收费许可证的单位为590家，2007年为217家，2008年为206家，目前有收费许可证的有139家。从检查和信访受理情况看，未发现有继续收取国家发改委和市政府明令已经取消和停止征收收费项目费用的情况。

区司法局组织律师为部队官兵提供法律咨询

【开展行政复议和行政应诉工作】 年内，区政府共收到复议申请63件，受理58件，审结54件（10件为2008年结转），其中，作出维持决定36件，撤销1件，确认违法3件，终止14件（11件为申请人接受行政机关决定，自愿撤回）。审结的案件中仅有2件向法院提起行政诉讼，未有撤销判决。受理的案件中，有区公安分局、区房管局、区人力资源和社会保障局、区发改委等15个区政府部门和派出机构成为复议的被申请人。在审理行政复议案件中法制办积极探索创新审理方式，从原来单一书面审转为书面审与当面审、实地调查和举行听证等多种方式相结合的审查方式，提高了办案的质量和效率；在办理行政复议案件过程中发现行政执法存在的问题，及时向行政机关提出改进执法工作建议，并要求反馈落实情况，全年共发送《行政复议意见书》6份。

【开展行政执法检查工作】 9月—12月，组织全区各行政执法部门围绕实施“迎世博600天行动计划”开展了行政执法检查。执法检查分自查、重点检查和抽查、总结三个阶段进行。9月—10月为自查阶段，区政府各行政执法部门按照市政府通知要求和区政府的具体安排，确定本部门行政检查内容和工作方案，并对有关法律法规或规章执行情况进行自查，有42家行政执法部门围绕迎世博和与民生密切相关的39件法律、法规和规章执行情况进行了检查，并对行政执法案卷的制作开展了评查活动。12月，会同区监察委、区司法局，并邀请区人大内司工委和区政协专委办等方面组成检查小组，根据市政府的统一要求，围绕《上海市生猪产品质量安全监督管理办法》、《上海市消防设施管理规定》、《上海市停车场（库）管理办法》等三部规章，区政府召开了行政执法检查座谈会，同时，区政府法制办对全区行政执法检查情况进行总结并形成书面报告报市政府法制办。

【做好房屋拆迁强制执行审核和实施工作】 根据区委、区政府领导要求和城市建设重大项目推进，按照确定的时间节点，在全面完成平凉西块二期和轨道交通12号线杨浦站、292、40街坊等收尾基地拆迁工作中，加大工作力度，发扬连续作战精神，发挥行政手段在推进房屋拆迁中的重要作用，年内受理区房地局报送房屋拆迁裁决强制执行请示102件。区法制办在做好相关材料审核工作的同时，做好拆迁人的思想工作，动员自行搬迁，努力化解矛盾。全年共发出强制执行通知

90份,实施强制执行35户。

【开展纪念《行政复议法》施行十周年街头宣传活动】 9月23日,组织相关部门开展《行政复议法》施行十周年街头宣传和设点咨询活动。区委书记、区人大常委会主任陈安杰,区委副书记、区长宗明等领导亲临现场进行指导。市法制办主任对宣传活动现场进行了巡视,并对参与宣传活动的同志表示亲切慰问。宣传活动中,来自法制机构的同志向市民耐心提供行政复议法律咨询,免费发放行政复议法律文本,现场接收市民提交的行政复议申请。 (张维民)

(五)外事工作

【概况】 2009年,区外事工作紧紧围绕"四个确保"和杨浦知识创新区的建设大局,较好地完成了各项工作任务。

【开展对外友好交往工作】 全年共接待国外各类来访团组24批,191人次。其中包括联合国南南合作特设局高级官员、澳大利亚维多利亚州建筑代表团、澳大利亚足球联盟代表团、美国佩罗基金财团等重要团组,并与法国蒙彼利埃大区政府代表团进行了会谈,协商了两区建立友好关系的可能性。继续加强与美国温斯顿萨兰姆市的友城交往,接待了温市代表3人。6月,区委常委、副区长庄少勤率团访问肯尼亚、乌干达、坦桑尼亚等非洲国家,所到之处与当地政府就城市建设、环境保护等问题进行了深入的交流探讨,受到联合国人居署的高度赞扬。8月,区委书记、区人大常委会主任陈安杰、区委常委、副区长柴尧迅率团出访美国纽约联合国总部,介绍了杨浦转型的经验,受到联合国高官及各国驻联合国代表的瞩目;9月,吴乾渝副区长率团访问澳大利亚,受到维多利亚州州长的热情接待并与澳式足球联盟达成了明年世博会期间在杨浦举办澳式足球表演赛的协议;11月,区委常委、区纪委书记陈守正率团访问了日本岸和田市,受到岸和田市市长的热烈欢迎,双方就进一步加强交流与合作进行了深入的磋商,并邀请野口圣市长明年来上海观看世博会。9月,派遣3名医务工作者前往美国友城温斯顿萨兰姆市进行为期3个月的医疗专业技术培训,并与当地居民进行了广泛接触,取得了良好的成效,该市维克森林大学医学院与区卫生局签订了交流合作备忘录。同时,参与"2009年南南全球创意经济与技术产权交易论坛(第三届杨浦发展国际论坛)"、"上海之春"国际管乐艺术周、"亚洲极限运动锦标赛"、"极限运动与正在走向国际化的知识杨浦论坛"、"杨浦区与川崎市产业转型比较国际研讨会"等重大外事活动,还积极参与区知创办与同济大学开展"小意大利城"项目的招商推介活动等,促进了外事工作区域共建,资源共享。

【加强因公出国(境)管理】 根据中央、市委文件精神,由区委办公室、区政府办公室联合下发了《杨浦区因公出国(境)管理若干规定》,进一步规范区的因公出国管理工作。认真编制、实施全区2009年度因公出访计划,严格执行出国(境)计划和经费预算的归口管理,做到团组数、出访人数、经费均在前三年的基础上压缩20%。严格按照中央指示精神要求办理各类因公出访手续,全年各类因公出国(境)

联合国总部举行杨浦推介会

226人次，其中党政干部162人次，共办理护照（赴港澳通行证）113本，签证231人次。按照市纪委的要求，按时上报全区党政干部因公出国（境）情况统计表，及时检查、处理因公出国（境）工作中的问题，并加以纠正，接受了市纪委检查组的检查。根据市外办有关加强公务护照管理的要求，开展了公务护照清查催缴工作，及时整理、上交了公务护照，公务护照上缴率达100%。

（赵　琼）

（六）人力资源

【概况】　2009年，区人力资源工作抓重点、求创新，努力构建和谐人力资源工作新格局。（1）加大人才工作服务区域社会经济发展力度。全年杨浦人才广场举办人才招聘会83场，应聘人员55000人次，其中大学生专场招聘会14场，推出岗位13000个，14000人次达成就业意向。扩大人才租房补贴政策受益面，为近200人提供租房补贴。扩大企业人才服务“绿色通道”影响力，提高服务水平。围绕《杨浦区重点领域人才开发目录》，办理人才引进和人才居住证2852人。推出1600个勤工助学岗位，累计上岗大学生3000人次，安排实习600人次。组织区属事业单位专业技术人才54人参加知识产权公需科目培训；举行云南普洱和四川都江堰为期两周的人才培训班，33人参加，取得良好效果。（2）推进公务员队伍核心执行力建设。组织全区机关及参照公务员法管理单位3349人次参加核心执行力培训。开展公务员世博知识培训、区情教育培训和科级干部职后培训等活动。深化公务员跨部门交流和科长助理制，激发公务员队伍活力。制定《关于部分事业单位考核录用青年专业管理人才的通知》，完善人才储备制度，其中，3名年度考核累计两次为优秀的青年人才走上了新的工作岗位。做好78名公务员招录工作，66名公务员试用期满转正登记工作，40名军转干部安置维稳工作。（3）深化机关绩效考核和评议网工作。按照“月度自查、季度申报、半年初评、全年总评”的要求，进一步深化细化和规范年度考核指标，实行考核项目考核办统一受理、统一组织实施，评比项目由各部门申报备案制度，把绩效考核工作推向深入，进一步提高考核结果的客观性、科学性。做好群众评议政府工作。组织好“区长在线”和“书记·百姓网上通”。对收到的2189条意见、建议及时进行答复办理。

【推进人才租房补贴政策】　1月，区政府扩大了人才租房补贴政策的实施范围，实现了区内全覆盖。对高端人才提高补助额度并简化受理操作程序，方便企业和人才更快更好地享受到政府的补贴优惠政策。至年底，共计191人享受到此政策，发放补贴金额25万元。其中，博士学历10人，享受的补贴标准由原来每人每月200元提高到800元。

【推出千个大学生公共服务见习岗位】　为应对经济危机，缓解大学生就业压力，在全市率先推出1000个大学生公共服务见习岗位，并于2月21日在杨浦知识创新区人才广场举行区公共服务大学生见习岗位专场招聘会。6000名大学生进场应聘，收到简历4728份，其中，大专2115份，本科2533份，研究生80份；上海户籍4417份，非上海户籍311份；应届毕业生3769份，历届生959份。另有35家单位推出116

开业就业指导点燃创业激情

个岗位，拟招聘515人，收到简历749份，达成初步意向368人。至年底，共招录见习大学生1352人次，其中对全区244名困难家庭大学生全部实施托底安置。

【举办长三角大学生招聘会】 3月27日，首次联合江苏南通、江阴、浙江义乌、台州、舟山等5个城市在上海理工大学举办大学生长三角地区就业招聘会杨浦专场。200家企业参与现场招聘，推出岗位2200个，8560名大学生进场应聘，收到简历11438份，初步达成就业意向2466人。其中，80家长三角企业参与招聘会，推出岗位1275个，收到简历3448份，初步达成就业意向811人。

【修订完善事业单位自主招聘方案】 5月，根据教育、卫生系统事业单位自主招聘方案的试点经验及其特点，按照规范、有序的原则，重新系统地修订了该方案。新修订的方案贯彻了程序规范和公正的要求，使教育和卫生系统进人程序的操作标准更为明确和清楚，避免了随意性。

【举办军嫂就业专场招聘会】 7月22日，联合第二军医大学政治部和五角场镇人民政府举办"助你就业起步，成就未来梦想"——2009年杨浦区军嫂就业专场招聘会。69家单位参与招聘，提供行政管理、财会等适合军嫂就业的各类岗位400个，500人进场应聘，初步达成意向217人次。现场特设就业政策咨询、职业指导等服务，为军嫂答疑解惑。

【举办勤工助学暨兼职实习专场招聘会】 9月22日，联手上海理工大学举办"2009上海理工大学第二届勤工助学暨兼职实习专场招聘会"，推出岗位1500个，涉及电子、建筑、会计、IT等领域，上中华国际、中德莎胶带、杨浦区司法局等5家大学生实习基地入场招聘，吸引了4000人进场应聘。还为大学生提供上岗"双保险"：即为所有提出保险申请的参会单位免费投保上岗大学生勤工、实习期内的人身意外保险；上海理工大学为本校所有上岗学生提供勤工保险，并对通过招聘会成功应聘社会单位的贫困学子给予每人每月50元的补贴。

【举行机关事业单位庆祝上海市第22个敬老日大会】 10月20日，区机关事业单位庆祝上海市第22个敬老日大会在杨浦文化馆召开。近500名机关事业单位退休人员代表参加会议。副区长、区老龄委副主任马杰富出席会议并讲话。会上还对"'迎国庆、颂中华'杨浦区机关事业单位退休人员庆祝建国60周年歌咏比赛"获奖的单位和老同志进行了表彰和颁奖。

【赵勤华调研自主择业军转干部管理服务工作】 11月27日，国务院军转处巡视员赵勤华一行8人来到杨浦，对自主择业军转干部管理服务工作进行调研。副区长马杰富、区委组织部、区人力资源和社会保障局及五角场镇有关领导参加了接待并就近几年本区自主择业军转干部管理服务工作情况和镇工作站情况作了汇报。赵勤华在听取汇报后对杨浦的工作给予了充分肯定。指出，杨浦自主择业军转干部管理服务工作对全国有着重要指导性意义，提出"路子要保留，数量要控制，政策要完善，管理要跟上"的要求，要更好地发挥引领示范作用，要不断总结经验，争取在全市乃至全国起到推广作用。

【"杨浦区人民群众评议政府工作网站"被评为优秀信息化成果项目】 12月，"杨浦区人民群众评议政府工作网站"（以下简称"评议网"）被杨浦区信息委评为2005—2008年杨浦区优秀信息化成果项目。2009年，对"评

庆祝上海市第22个敬老日大会

议网”的功能、布局、色彩进行全新改版，并及时更新评议网上的信息，进一步规范人民群众意见、建议，进一步拓宽群众评议的范围，提高群众评议的客观性和科学性。全年“评议网”访问量174398人次，16544人次参与部门工作评议，收到群众意见建议357条，按期办结率95.1%，群众满意度77.4%。

【创新机关绩效考核工作机制】按照“月度自查、季度申报、半年初评、全年总评”要求，深化细化和规范年度考核指标，实行考核工作由考核办统一受理、统一组织实施，评比项目由各部门申报备案制度。2009年创新考核机制，推出专项考核项目。减轻基层单位负担，组织考核评审小组会同区专项考核工作小组及干部巡访组，深入部门听取各单位年度工作目标完成情况汇报，进一步提高考核结果的客观性及科学性。

【组织好“区长在线”和“书记·百姓网上通”】每季度第一个月的第三个周六下午举办一次“书记·百姓网上通”活动，每个月的第一个周日下午2∶00—4∶00举办“区长在线”活动。全年围绕人民群众最关注的热点、难点话题分别组织12期“区长在线”活动，收到有效意见、建议1648条，按期办结率99.5%，群众满意度为71.6%；组织4期“书记·百姓网上通”，收到有效意见、建议715条，按期办结率为99.7%，群众满意度为73.6%。

【推进公务员核心执行力建设】实施公务员核心执行力建设规划。以提升公务员个体能力、科室活力、部门效力、政府领导力为重点，开展理论课程培训8期、核心执行力大讲座6期和拓展训练6期，共计3349人次公务员参训。组织开展区情教育培训、科级干部职后培训、公务员世博知识培训、党风廉政培训、社会主义法制大讲堂等十余项培训项目，切实打造一支适应杨浦科学发展的“能执行、敢执行、善执行”的公务员队伍。

【开展科级干部跨部门竞争上岗工作】全年在全区范围内开展科级干部跨部门竞争上岗工作。通过前期职位申报、人员推荐、宣传动员、公开报名、资格审查、笔试、面试、考察、公示等程序，上半年推出职位9个，67人参加竞争，7人走上新的工作岗位，其中，6名事业编制人员从原来单位交流到公务员系统；下半年推出职位28个，101人报名，参加笔试90人，18人实现跨部门竞争上岗。上半年开展科长助理招聘工作，遴选出20名科长助理，在下半年的跨部门交流中，4人成功转入副科长一职，拓宽了科员晋升的渠道，增添了部门竞争活力。（周淑均）

（七）信访工作

【概况】2009年，区信访工作按照《2008—2009年度信访工作目标责任书》和《2009年上海市信访工作要点》要求，落实信访稳定工作责任制，维护群众利益，确保社会稳定，实现了“不出大事、确保稳定”的目标。区信访办被评为2008—2009年度上海市信访系统先进集体，区信访办接访科被评为2008—2009年度市文明信访室。一年来，区信访办共受理群众信访事项19646批（件）26544人次，同比上升12.4%和18.8%。其中，来信6226件，同比下降3.6%，来访6512批13410人次，同比上升29.1%和35.3%；来电3194只，同比上升8.5%，电子邮件3714件，同比上升20.1%。发生到市集体上访74批983人次，同比分别上升32.1%和2.6%，发生到区集体上访289批4510人次，同比分别上升37.6%和61.4%。发生去京上访170批906人次，同比分别上升9%和24%。其中非正常上访36批89人次，同比分别下降26.5%和34.6%。先后组织12批112人次赴京劝返上访人员，自行劝返去京上访人员126次408人次。全年，区委常委会、区政府常务会议共10多次听取信访工作汇报，研究部署信访工作。区领导亲自协调疑难、突出矛盾48件80余次，阅批群众来信及电子邮件1779件，占群众来信及电子邮件总量的17.9%。区领导接待群众来访91批1097人次。

【开展矛盾排查化解工作】对各基层单位每月一次排查上报的不稳定因素进行汇总分析，并予及时通报，督促各单位落实责任、采取措施予以化解、缓解和稳控。同时，将到市、区集访的重大突出矛盾以及疑难、复杂信访等问题及时以《信访专报》形式报送区领导（全年报送57期），并根据区领导批示进行查办、督促，为及时化解、缓解、稳控突出信访问题及群体性矛盾赢得了主动权。在全国重大会议和节假日期间，在全区范围内排摸各类矛盾，实施“每日一报”制度，确保了各类矛盾底数清、情况明，稳控措施落实。全年集中排查16次，共排查出各类群体、个体突出矛盾218件。通过“条块联手、化解矛盾”机制，妥善处置化解。全年共督办信访事项2741件，办结率100%，化解各类疑难、突出矛盾128件。

【开展“信访积案化解年”专题活动】 将市委副书记殷一璀在区调研信访工作时明确的83件动拆迁信访积案和平凉西块一期动拆迁信访矛盾定为化解工作的重中之重。由区信访办、联席办主要负责人带队，深入各街镇，分别召开“三个一批（即化解一批、缓解一批、终结一批）审定会”，对上述矛盾进行了分析研判。同时，结合律师参与审核上述突出动迁矛盾的分析意见，拟定了分类处理的工作方案，要求相关责任单位逐一建档，逐案指定专人负责，落实工作要求和化解措施。全年化解12件动拆迁突出矛盾。

【开展重信重访专项治理工作】 制定《关于继续开展重信重访专项治理工作实施方案》，召开工作会议，将市下发的重信重访事项165件，分解到28个责任单位，明确本次办理的重访信件，都要落实处级领导包案。提出领导必须高度重视，包案必须件件落实，责任必须清晰明确，协调督办必须加强的工作要求。完成市交办的重信重访案件的办结率达到100%，化解率达到60%以上，实际化解率72.7%的目标，实现大多数重信重访案件案结事了、息诉息访。

【签订杨浦区专项工作目标责任书】 3月5日，区委召开“破瓶颈、解难题、求发展”专项工作会议，区信访办签订了专项工作目标责任书，领受了化解新增旧存突出信访矛盾30%的目标任务。区信访办制定下发《“破瓶颈、解难题、求发展”新增旧存矛盾化解专项工作实施方案》和《杨浦区化解信访突出矛盾工作方案》，成立了专项工作组，并召开动员部署会议，细化工作步骤和要求，规定完成任务的时间节点，要求各责任部门，按照化解目标，明确本单位年内争取化解的矛盾案件。建立了双月专项工作讲评会制度、专项工作自查制度、坚持化解新增旧存突出信访矛盾专项工作例会制度，通报推进情况，及时发现阶段性的问题，提高矛盾化解率。年内新增旧存矛盾实际化解率达44.4%，完成了区专项工作目标。（戎林海）

（八）侨　务

【概况】 2009年，全区共有归侨541人、侨眷15908人、海外华侨华人12231人，侨资企业320家。侨务工作坚持以人为本、为侨服务的宗旨，紧密围绕杨浦国家创新型城区建设，在“三区融合、联动发展”中整合侨务资源，不断增强服务意识，提升为侨服务水平，拓展“大侨务”格局，推动区域侨务工作迈上新台阶。（1）与区侨联、四平社区（街道）联合组织“我高考 · 我做主”——2009年杨浦侨界高考咨询活动。同济大学招生办作“高考形势与政策及高考前家长和学生的心理互动”演讲，复旦大学、同济大学、财经大学、理工大学、电力学院等高校招生办负责人与“三侨生”及家长进行面对面心理和志愿填报辅导。（2）组织开展“送一份爱心，促侨界和谐—侨界帮困送温暖活动”，共计走访慰问526人次，送上慰问金102700元。（3）依法做好信访维权工作。办理归侨身份认定27件，出具了华侨子女升学照顾加分身份证明23件，出具华侨子女照顾生育身份证明6件和入学身份证明29件，收到群众来信9件，接待来访、接听来电共164人次，信访办结率为100%。（4）撰写的《关于深化社区为侨服务工作的思考》调研报告，获市侨务调研优秀成果三等奖。（5）在市侨办、市民政局开展的2006—2008年度“上海市社区侨务工作示范单位和先进单位、先进个人”评选表彰活动中，四平路街道被评为“上海市社区侨务工作示范单位”，五角场街道、大桥街道、延吉新村街道被评为“上海市社区侨务工作先进单位”，8人被评为“上海市社区侨务工作先进个人”。同时，区侨办被国务院侨务办公室授予“全国侨办系统先进单位”荣誉称号。

【组织“走入职场，求职助跑”海归企业牵手大学生求职招聘会】 3月，杨浦欧美同学会联手市欧美同学会金融、创业分会，在杨浦知识创新区人才广场举办“走入职场，求职助跑”海归企业牵手大学生求职招聘会。市委统战部副部长丁志坚出席，副区长马杰富致辞，感谢市欧美同学会再次通过杨浦分会这个平台，为杨浦大学生就业提供岗位。招聘会上，40余家海归企业推出了250余个岗位，2500名大学生参加了招聘和咨询活动，初步达成招聘意向约700人次。

【开展侨法宣传月活动】 3月，在沪东工人文化宫广场举办“和谐侨界，发展杨浦——2009年侨法宣传暨社区侨务文化展演”活动。区委常委、统战部部长张慧珠到会并致辞。市侨办国内处、文宣处领导和区“五侨”代表出席活动。大桥街道等10个社区接受了《侨法宣传角》铜牌，实现了区12个社区侨法宣传角全覆盖。区人力资源和社会保障局、区房管局、区公安分局出入境管理办公室、区社保中心、区侨联法律顾问团等单位组织为侨界人士现场政策咨询。社区归侨侨眷和群众近千人参加了活动。

侨法宣传月活动

【举办侨商座谈会】 4月，区侨办、区政协港澳台侨专委会联合举办“共渡金融寒冬，共议企业发展”侨商企业座谈会。区侨办主任主持会议，区商务委、区人保局、区工商分局、区税务分局等领导应邀出席座谈，中国银行上海市分行杨浦支行以及侨资企业董事长、总经理参加了座谈会。区委常委、统战部部长张慧珠会见了各位侨商，并与侨商和相关部门领导进行了面对面的沟通。区税务分局介绍了国家新出台的应对金融危机的对策以及常规的税务优惠政策。区商务委介绍了相关政策。中行杨浦支行对个人理财和中小企业融资做了相关介绍。通过座谈会，侨商企业家了解了更多的政策，并就企业所受金融危机的影响、存在的问题、企业应对危机的措施、需要政府给予帮助的具体要求等问题踊跃发言，互相交流了信息和经验。

【开展“校区、园区、社区”创享沙龙活动】 7月，在同济科技园孵化器有限公司举行了“校区、园区、社区”创享沙龙活动。这是区侨办根据区委统战部服务杨浦创新型城区建设，整合校区、园区、社区“三区”统战资源的创新理念，帮助杨浦创业大学生健康成长，与杨浦欧美同学会共同搭建的一个扶助创业新平台。区委常委、统战部部长张慧珠，上海同济科技园孵化器有限公司总经理肖小凌为“校区、园区、社区”创享沙龙揭幕。杨浦欧美同学会3位留学归国创业成功人士与同济科技园IT、环保和建筑等行业的10余家大学生创业人员展开了热烈的互动讨论。

【刘建平到杨浦调研】 8月，市侨办副主任刘建平到杨浦调研涉侨经济工作。区委常委、统战部部长张慧珠会见了刘建平一行。刘建平充分肯定了杨浦侨办的工作，同时指出杨浦侨务工作要紧紧围绕杨浦创新型城区建设这个中心，积极搭建产业服务、三区联动这两个平台，突出服务经济、服务侨资企业、服务科技园区这三个重点，夯实基础，立足长远，凸出亮点，做出特色。

【组织侨商赴内蒙古经贸考察活动】 9月，组织涉侨团体负责人及侨资企业家赴内蒙古进行为期5天的经贸考察交流活动。呼和浩特市侨办领导向考察团介绍

"辉煌六十年,喜迎世博会,创新杨浦城"侨务文化展演活动

了内蒙古和呼和浩特市政治、经济、文化建设情况,以及依托内蒙古资源优势为侨商服务的工作情况。考察团成员考察了伊利乳业集团等企业,感受了内蒙各项事业欣欣向荣、蓬勃发展的新景象,会员间也增进了友谊和感情,更提升了社团、侨商间的凝聚力。

【开展社区侨务文化展演活动】 10月,举办"辉煌60年 喜迎世博会 创新杨浦城"——杨浦区社区侨务文化展演活动。市侨办副主任陈文佳、副区长马杰富等领导出席。来自11个街道(镇)的侨界群众以身边的典型人物、典型事迹为主题,自编自导自演了戏剧、歌舞等节目,展现社区侨界人士昂扬向上的精神面貌,进一步创新和活跃了社区侨务文化,推进了社区和谐文化建设。区侨界人士代表近400人观看了演出。

【蔡冠深到杨浦访问】 12月,区委书记、区人大常委会主任陈安杰,区委常委、统战部部长张慧珠,副区长马杰富等区领导,在新江湾城文化中心会见了香港中华总商会会长蔡冠深率领的访问团。蔡冠深一行参观了新江湾城文化中心、体育中心以及复旦大学新江湾校区。陈安杰介绍了杨浦从一个工业老区向知识新区转型的成功之路,及杨浦打造"知识创新策源地与新兴产业引领区、创新产业集聚地与服务经济先行区、高端人才集聚地与高教改革试验区、先进文化策源地与品质生活示范区"的目标,并欢迎香港朋友参与杨浦的发展和建设,共同为沪港两地的繁荣和发展作出新贡献。 (戴佩华)

(九)台湾事务

【概况】 2009年,区对台工作按照胡锦涛总书记提出的推动两岸关系和平发展的六点意见有序推进。(1)宣传教育。为机关、党派、团体、社区干部群众作两岸形势报告8场,听讲人数达470人次。编印《近期台湾动态》12期。向各报刊、杂志、网站等传媒投稿的录用数达124篇,其中发往"上海与台湾"、"东方海外之桥"等网站稿件39篇,被《上海对台工作》、《杨浦时报》等报刊、杂志录用的稿件85篇。做好"上海与台湾"网站的"区县概况"中"对台工作动态"栏目的信息报道,发送稿件12篇。区台办被中共中央台湾工作办公室宣传局评为中央台办"两刊"对台宣传工作先进单位。被中共上海市委台湾工作办公室评为2008—2009年度上海对台工作(调研)表彰单位。在市台办、市教委于10月举办的"上海市中小学涉台教育经验交流大会暨成果展示"活动中,上海市鞍山实验中学和上海音乐学院实验学校被评为上海市中小学涉台教育先进单位。推动全区各中小学根据学校情况、挖掘自身优势开展形式多样的涉台教育活动,进行爱国主义教育。(2)交流交往。接待台湾来区交流团组6批143人,接待来沪重要台湾客人8批13人。初审区各委、办、局和企业赴台参加研讨、交流、培训及考察人员40批117人次,做好赴台人员的行前教育。做好区委常委、统战部部长张慧珠率区民主党派负责人14人、区人保局局长率2009年领导干部"改革与创新"专题培训班成员10人、区政协副主席方伦贵率区政协委员7人、区文化局文化交流团7人和区中心医院卫生交流团15人赴台交流组团工作。(3)来信来访。处理来信18封,接待来访、政策咨询100余人次。开具台胞子女就读证明

9份、台湾省籍学生加分证明3份。处置涉台突发事件3起。(4)服务台商。上海市台湾同胞投资企业协会杨浦区工作委员会现有会员21家台资企业。上海申古食品有限公司和上海名优办公设备有限公司被上海市台湾同胞投资企业协会评为2009年优秀台资企业。举办台商迎春联谊活动、台商中秋庆祝活动。区工委会台商向台湾8·8水灾捐款1.5万元。区台办协调台资企业投诉9项。为台商排忧解难20多件。完成《杨浦区台资(涉台)企业基本情况》调查报告。

【台湾台北县立医院参访团到区交流】 3月3日,台湾台北县立医院院长沈希哲一行8人到区中心医院进行交流。区委常委、统战部部长张慧珠出席交流活动。区中心医院党委书记介绍了医院的创办历史、软硬件结构、学科特色、人才培养计划和医院发展愿景。沈希哲通过带来的短片介绍了医院优质专业、关怀弱势、深入社区、健康促进、全人医疗的宗旨,以及医院管理架构、公共卫生和志工服务等方面的情况。台湾同仁参观了区中心医院门急诊大楼,在区台办的引导下,双方表达进一步深入交流的意向,准备互派医生短期学习,并形成长期交流机制。

【召开台商座谈会】 3月9日,区政府在新凤城宾馆召开杨浦台商座谈会,区委副书记、区长宗明专门就国际金融危机形势下台资企业遇到的困难和深化扩大杨浦区与台湾的经济合作交流听取台商意见。副区长马杰富主持会议,区委常委、统战部部长张慧珠,以及区台办、区发改委、区商务委等区对台经贸工作协调小组成员单位负责人出席会议。13家台资企业台商发言,向区政府提出区域经济发展和企业自身发展的意见建议。宗明就台商提出的11个方面问题,分别责成有关职能部门直接与台商沟通帮助解决,同时向台商介绍了杨浦知识创新区建设的推进情况。与会有关职能部门负责人有的当场给予解答,有的表示会后主动上门深入了解企业反映的情况,做好相关服务工作。

【马杰富走访台资企业】 3月17日,副区长、区对台经贸工作协调小组组长马杰富走访上海巨晴水疗设备有限公司、上海名优办公设备有限公司、上海申古食品有限公司3家台资企业。实地察看企业生产经营状况,了解企业面对金融危机困难时期的运作情况和今后的发展方向,并提出建设性的意见,同时慰问了企业员工,鼓励大家树立战胜困难的信心。

【张慧珠走访台资企业】 3月24日,区委常委、统战部部长、区委对台工作领导小组常务副组长张慧珠走访金婕妮丝生物科技(上海)有限公司、上海有机园贸易有限公司2家台资企业,了解企业运行情况,帮助企业应对金融危机困难,并为企业欲在杨浦发展新的项目牵线搭桥。

【举行两岸中学生管乐交流演出】 7月6日,台湾桃园县大园国中86名师生与上海音乐学院实验学校师生在杨浦文化馆进行两岸中学生管乐交流活动。两岸学生同台献演,各自献出拿手节目,展现两校艺术见长的相似之处。两岸教师切磋艺教,就艺术教育主题展开研讨,对进一步加强两校双向交流达成共识。区台办还安排台湾师生参观上海院士

海峡两岸暑期学生管乐交流

风采馆、同济大学第一附属中学校园、复旦大学新校区等，使台湾师生加深对杨浦教育资源的了解。区委常委、统战部部长张慧珠，市台办联络处、区台办、区教育局、区文化局等领导参加交流活动。上海音乐学院实验学校学生近400人观摩演出。

【台湾学者考察杨浦】 8月13日，台湾政治大学冷则刚教授一行5人来区考察“三区融合、联动发展”情况，五角场高科技园区总经理向台湾学者介绍杨浦科技园区结合高校资源发展情况。区台办主任陪同考察并安排参观上海体育学院校内原中华民国上海市政府大楼、复旦大学新校园和新江湾城发展建设。台湾客人感受了杨浦的创新发展，认同杨浦的发展理念。

【张慧珠会见周其新】 9月14日，台湾台北市大安区国民党党部主委、台北市政府顾问周其新一行8人到区交流，区委常委、统战部部长张慧珠在江湾体育场会客室会见台湾客人。向台湾客人介绍杨浦近年来经济社会文化的发展成果，肯定了大安区与杨浦区从2005年开始的多次双向交流，彼此增进了友谊和共识。参访团参观了创智天地规划模型展和江湾体育场场馆，使台湾客人感受了杨浦的深厚文化底蕴和现代发展成就。

【开展两岸基层党际交流】 11月5日—9日，国民党台北市南港区党部主任委员于延生率党部委员一行18人来区开展基层党际交流。期间，区委书记、区人大常委会主任陈安杰与南港区党部交流团进行友好会谈，陈安杰向台湾客人介绍杨浦知识创新区建设成就以及杨浦区委组织架构和党组织建设等情况。区委常委、统战部部长张慧珠陪同交流团实地参观区城市规划展示馆、创智天地、新江湾城社区、原中华民国上海市政府大楼、中国武术博物馆以及殷行社区党员服务中心、社区事务受理服务中心、社区文化活动中心、阳光之家等。通过参访活动，使台湾客人体会到大陆执政党的宗旨意识和责任意识。杨浦区和南港区都是以创新发展和高科技产业作为立区之本和发展方向，两区党组织的对口交流，为推动两区经贸文化的合作交流以及两区在科技、金融和第三产业的发展发挥积极作用。

【召开上海市台湾同胞投资企业协会杨浦区工作委员会换届大会】 12月28日，上海市台湾同胞投资企业协会杨浦区工作委员会换届大会在甸园宾馆召开。区委常委、统战部部长张慧珠，区台办主任、上海市台协会会长、副会长以及来自全区的台商、台企代表40余人出席会议。大会选举产生新一届台协区工委会主任委员和副主任委员。新当选的主任委员和副主任委员都表示愿意为杨浦建设和服务台商方面多作努力。张慧珠向新班子表示祝贺，并希望新一届台协区工委会在吸引台商参与杨浦建设，帮助台商排忧解难，凝聚会员开展活动方面再接再厉，作出贡献。（苏丽娟）

（十）档案工作

【概况】 2009年，区档案工作以“坚持科学发展，促进档案工作，服务创新城区”为主题，围绕服从、服务于知识杨浦、和谐杨浦建设的目标，积极开展工作。（1）全年共接待查档20304人次，利用案卷21446卷次。区档案馆接待窗口共接待查询信息424人

台北市南港区党部参观社区文化活动中心

次，受理申请公开信息338次。同时，开展优先、优质、优惠“三优”服务系列活动，满意率保持在98%以上。（2）参与国歌展示馆资料征集和展馆布展。会同区文化局、区史志办等部门（单位），完成《百年工业看杨浦》、《杨浦文化名人》编辑出版工作。深入挖掘杨浦文化历史资源，扩大知识杨浦文化影响力。完成《杨浦区档案利用实例汇编》和《杨浦区2008年档案工作文集》编辑工作。编发了《杨浦档案》6期，交流全区档案工作动态。（3）做好档案信息报道工作。全年共被《中国档案报》、《中国档案》及《中国档案网》等媒体录用152篇，被“中国上海”网站、市档案局各类刊物录用200余篇次、区内媒体录用100余篇次。（4）做好区重大活动档案督导工作。制定了《关于加强全区性重点工作档案管理的意见》和《杨浦区重点工作档案管理登记验收暂行办法》，建立了重点建设项目档案管理联席会议制度，不断完善区重点工作档案管理长效机制。（5）对全区74家单位（部门）“机关文件材料归档范围和档案保管期限表”汇编成册，举办区第十六期档案管理岗位业务知识培训，47名档案工作人员参加了培训。（6）共征集到中国烟草博物馆、天章记录纸厂，以及1950年、1951年的地契、税票、民国十八年的《中国电影月报》、解放前上海市财政收据等700余件档案资料。（7）制定了《杨浦区档案工作突发事件应急处置预案》，在全市率先档案工作突发事件应急处置预案全覆盖。（8）鉴定开放第五批满30年，共3421卷馆藏档案。为全区70个部门（单位）开通了电子文件归档管理系统，进行馆藏档案目录著录和全文数字化扫描。以民生需求为导向，对知青子女回沪、职工退休顶替、独生子女审批材料以及婚姻登记等15种涉民专题档案开辟绿色通道。接收特奥办、民政局、计生委等部门共21281卷（件）档案进馆。

【召开年度宣传报道表彰会】 1月13日，召开2008年度宣传报道工作表彰会。会上，对2008年度的宣传报道工作作了全面总结，对取得显著成绩的5位同志分别授予一、二、三等奖。据统计，全年共撰写各类信息报道200篇，被省级以上各种新闻媒体录用306篇次，全局22名干部中，21人写了信息报道。

【吴乾渝调研档案工作】 2月2日，副区长吴乾渝一行来到区档案局调研。吴乾渝先到政府信息公开和查档接待窗口，详细察看了有关资料，并和查档群众亲切交谈；后又深入到各档案库房，实地察看了档案资料保管情况；接着又来到各科室，看望全体同志。在听取了档案工作汇报后，他肯定了档案局的工作，并就如何进一步做好2009年的档案工作提出了要求。

【中国烟草博物馆部分档案资料被征集进馆】 2月25日，区档案馆征集到83份中国烟草博物馆建馆初期的档案资料。内容有烟草博物馆馆名标牌设计制作的请示报告，中国烟草博物馆设计图，上海中国烟草博物馆文物编目卡，上海中国烟草博物馆文物落实情况明细表，中国烟草博物馆有关展厅的解说词，反映英美烟厂工人罢工斗争的资料，《上海申报》刊登关于上海各烟厂罢工斗争报道，全国首届卷烟工业会议（专号）等。

【召开区档案工作会议】 3月4日，召开区档案工作会议。会议

档案工作会议颁奖现场

由区委常委、宣传部部长邹明主持，副区长吴乾渝讲话并充分肯定区档案工作取得的显著成绩，对进一步做好今后工作提出了要求。区档案局作工作报告。全区90余个部门和单位、共180余人出席了会议。

【天章记录纸厂的档案资料被征集进馆】 3月18日，区档案馆征集到一批天章记录纸厂的档案资料，包括纸样、部分产品样本、打印纸产品目录、内部材料、参加全国鉴定评议会的记录纸产品汇报交流材料、由轻工业部造纸工业局颁发的优胜产品奖的照片和厂标设计照片，共计55件。其中收集了1967年至1968年由天章记录纸厂援助柬埔寨王国建设“柬中人民造纸厂”（川龙造纸厂），遣派技术组进行指导时生产的书写纸、印刷纸、打字纸、日历纸、单面胶版纸、复印纸、书皮纸、条纹牛皮纸、包装纸、单面白版纸、黄版纸等11个主要品种的43份造纸质量指标参数，并附有两段毛泽东语录和一张黑白的厂房全景照片。

【邹明到区档案局调研】 4月2日，区委常委、宣传部部长邹明一行到区档案局调研。邹明首先到接待窗口、档案库房、资料室实地察看了查档接待服务、档案资料保管等情况，并到各科室向大家表示亲切的问候。区档案局重点汇报了局馆的基本概况、领导班子和干部队伍建设、档案基础业务工作、存在的问题以及主要工作体会。邹明对区档案局的各项工作深感满意，并就如何进一步做好今后工作提出了要求。

第三届“档案馆日”家庭档案展览

【区第三届“档案馆日”在杨浦公园举行】 4月25日，在杨浦公园举行第三届“档案馆日”宣传咨询活动。市档案局（馆）副局（馆）长朱金铃、副区长吴乾渝等领导莅临现场指导，并亲切慰问了参与接待服务的档案干部。在活动会场便民咨询服务中，区档案局会同区公安分局、区民政局、区房管局、区人保局、区工商分局，准备了门类齐全的涉民档案资料，内容涉及家庭档案和户籍管理、产证档案和劳动力资源管理、社会救助和婚姻登记以及工商档案咨询等六大类20多个项目；在馆藏档案精品展示台，由区档案馆精心挑选了24件各个历史时期珍贵资料、千余件“上海走向世博会”收藏品荟萃以及反映区域内学雷锋的收藏精品，使广大参观者目不暇接。

【上海档案法制宣传故事进社区首场活动在杨浦举行】 5月18日，由市档案局和区档案局联合主办的上海档案法制宣传故事进社区首场活动在杨浦举行。区档案局选送的《百年杨浦——让档案告诉你》、《我的选择与骄傲》两个故事，深受社区群众的好评。在故事演讲中还穿插播放档案普法优秀flash作品和进行档案知识互动问答。市档案局巡视员仓大放、副区长吴乾渝，以及市、区司法局领导、市档案局政策法规处领导、四平路街道领导和社区居民200多人参加了宣传活动。

【《杨浦区机关文件材料归档范围和文书档案保管期限表汇编》成册】 为全面深入施行国家档案局第8号令文件精神，全区各机关部门分别制定了文件材料归档范围和文书档案保管期限等规定，区档案局及时将全区73个机关部门的规定汇集成册，作为工具书印发各部门执行和参考。此项工作领先于全市各区县，得到市档案局的好评。

【发现清朝宣统时期档案】 区档案馆在整理馆藏档案的过程中，发现原五角场乡所属档案中有少量清朝宣统三年时的《执业方单》档案。这些档案是由江苏省原太仓州宝山县为殷行厂衣号部分业主颁发的《执业方单》，根据《执业方单》中所记载的内容看，相当于现今的《房地产权证》，它主要是证明业主执业细号注册以外房屋土地面积。这些档案的发现，使区馆藏档案起始时间由原来的1918年前移到1911年。

【出台重点工作档案管理的规定】 7月20日和11月2日，区委办公室、区政府办公室分别制定、下发了《关于加强全区性重点工作档案管理的意见》和《杨浦区重点工作档案管理登记验收办法》，对重点工作档案的管理范围、组织领导、集中管理、整理归档、行政监管等工作作了具体规定，加大了全区重点工作档案管理的力度。

【《见证沧桑巨变——档案记忆中的杨浦辉煌60年》刊出】 9月18日，《杨浦时报》用五个整版刊出了由区档案局整理编辑的《见证沧桑巨变——档案记忆中的杨浦辉煌60年》，区档案局发挥档案的独特优势，运用丰富的馆藏资源，在发掘一批城区旧貌照片的同时，又精心摄制了一批反映城区新貌、特别是改革开放以来杨浦快速发展变化的照片，运用新旧对比，彰显城区变迁。《见证沧桑巨变——档案记忆中的杨浦辉煌60年》特刊共刊出各个时期有代表性的照片65幅，从工业文明、教育发展、城市建设三个部分，回眸杨浦辉煌的60年。

【召开重点建设项目档案管理联席会议】 10月19日，会同区发改委、建交委、规土局、房管局、重大办、杨浦城投公司等有关部门和单位，召开重点建设项目档案管理联席会议第一次工作会议，就进一步加强重点建设项目档案管理问题进行座谈。通过座谈，形成了协同管理共识，明确了各部门、单位的职责分工，对区重点建设项目的认定，档案管理的登记、验收、发证，以及档案的移交、档案业务培训和建立联席会议制度等统一了思想。

【开展档案行政执法检查】 10月13日—16日，对区属有关部门和单位贯彻《中华人民共和国档案法》和《上海市档案条例》的情况，开展了行政执法检查。事前，下发了《杨浦区档案局关于开展档案行政执法检查的通知》，对区属有关部门和单位档案开展专项执法检查进行了安排和部署。检查分为自查和抽查两种形式，要求有关部门和单位根据《通知》的要求组织开展自查自纠工作。确定11个部门和单位作为抽查对象，检查内容是组织学习、宣传档案法律法规的情况；制订、实施和落实档案工作规章制度、管理职责情况；档案工作人员、库房、设施配备情况；各类文件材料收集、整理、归档、保管和利用情况。检查采用听汇报、查阅资料、实地察看、交流反馈等形式，在检查中明确指出被查部门和单位存在的问题及努力的方向，并将检查情况向单位领导进行了现场反馈。

【编辑《闪亮兰台》工作文集】 区档案局编辑的《闪亮兰台》工作文集正式印刷成书。《闪亮兰台》一书较为全面系统地反映了2008年杨浦档案工作面貌，展示了全区档案工作者的崭新风采。全书由讲话论文集、征文故事集、信息报道集三部分组成，共收录文章117篇，总计14万余字。

【科研项目通过专家评审鉴定】 11月30日，市档案局组织鉴定委员会对区《数字档案信息资源整合与利用研究系统》项目进行鉴定。鉴定委员会认为：该项目从杨浦区档案信息资源利用的实际需求出发，认真研究了杨浦区政府、工商杨浦分局等6个单位的数据现状，提出了较完整的整合方案。研发并实现了“对外利用平台”、“对内利用平台”和“综合利用平台”的架构及相关应用模块。整合数据种类达30余种，信息约200多万条，电子全文约500多万页，初步形成了杨浦区档案信息资源的统一利用平台。项目采用异构数据在线同步等技术手段，对档案信息资源进行了有效整合。在实现上采用流行成熟的MVC模式、J2EE和AJAX技术，有利于系统的扩展和维护。系统功能设计合理，用户界面友好，具有与谷歌、百度相似的搜索方式和相关词、近义词提示功能。为档案利用提供了新的先进手段。系统采用了成熟的权限控制、日志控制，以及3DES传输、PKI密钥和MD5数据库加密算法，有效地增强了系统的信息安全性，因此同意通过该项目的鉴定。（马文辉　沈　奕）

（十一）史志工作

【概况】 2009年，区史志工作坚持以邓小平理论和“三个代表”重要思想为指导，通过开展深入学习实践科学发展观活动，进一步确立“资政育人、服务大局是党史工作的根本任务，开发利用史志资源是地方志工作‘资政、存史、教化’三项功能的必然要求，围绕中心做好资政育人是史志工作科学发展的根本保证”。扎实工作、开拓创新，推动区的党史、方志工作上了一个新的台阶。（1）党史工作。参与《国歌》展示馆筹建工作，2月13日国歌展示馆布展办公室人员集中办公，布展工作正式启动。经过共同努力和艰辛工作，于国庆节前完成1500平方米国歌展示馆布展工作。9月25日上午，市委宣传部和杨浦区委、区政府举行国歌纪念广场落成暨国歌展示馆开馆典礼，为建国60周年献上一份厚礼。党史征编工作根据市委党史研究室统一安排，承担8名老同志（包括4名市级老领导）的采访任务和资料整理工作，继续做好《抗损》专题调研杨浦卷的修改定稿工作。（2）方志工作。《杨浦区志（1991—2003）》经上海市地方志办公室组织专家验收，编辑出版《杨浦年鉴2009》，《话说上海（杨浦卷）》完成送审稿。根据上海市地方志办公室的统一部署，按照对口联系的原则，帮助日喀则地区亚东县完成县志的修改工作。（3）服务中心。继续办好《杨浦论坛》专版，编辑出版《百年工业看杨浦》，完成《上海百科全书》杨浦区组稿任务。

【《杨浦区志（1991—2003）》通过专家组评审】 5月，《杨浦区志（1991—2003）》经上海市地方志办公室组织专家验收，认为志稿较为全面系统地记述了杨浦区1991—2003年自然、政治、经济、文化、社会的历史与现状，政治观点正确，篇目设置门类齐全，资料丰富翔实，地方特色和时代特点明显，稍作修改后可以定稿并交付出版。

【《百年工业看杨浦》出版发行】 《百年工业看杨浦》一书于上半年出版发行。这是继《百年大学看杨浦》后，编纂出版的第二本区情资料书。该书记载了区域内128家有一定代表性的工业企业的基本情况、历史沿革和生产情况，并以图文并茂的形式展现给读者，希冀能展现杨浦工业发展轨迹，更好地为关心杨浦历史的各界人士提供服务。

【国歌纪念广场及国歌展示馆建成开放】 9月25日，国歌纪念广场落成及国歌展示馆开馆典礼在杨浦区大连路绿地举行。新落成的国歌纪念广场占地面积2.7万平方米，是一个大型开放式圆形广场，为唱片造型，寓意《义勇军进行曲》从上海唱响全中国；一尊12米高的主题雕塑，是一面经过战争和历史洗礼的红旗及一把军号的组合体，让人们联想到国歌。国歌展示馆是国歌纪念广场的主体部分，面积为1500平方米，分上下两层，运用当前世界上独一无二的48声道环形影院等最前沿的高科技多媒体技术，并

国歌展示馆主体雕塑

通过400余件文物、文献和历史照片，全面系统地展示《义勇军进行曲》诞生的背景和过程、传唱和影响以及被确定为国歌等相关知识。2010年1月15日，国歌展示馆被命名为“上海市爱国主义教育基地”。

【完成口述党史年度征编工作】 根据市委党史研究室统一安排，今年的口述党史征编工作于10月开始启动，年内完成8名老同志（包括4名市级老领导）的采访任务和资料整理工作。

【继续做好《抗损》专题调研】 年内，《抗日战争时期中国人口伤亡和财产损失》丛书杨浦卷已经市专家组修改定稿，并按要求送中共党史出版社审定，为出版作好准备。

【编辑出版《杨浦年鉴2009》】 年内，完成《杨浦年鉴2009》编纂工作。《杨浦年鉴2009》首次改为全彩版，共设34个栏目，220个分目，1827个条目，专文22篇，共有串文照片124幅。

【《话说上海（杨浦卷）》完成送审稿】 年内，为迎接2010年上海世博会举行而编纂的《话说上海（杨浦卷）》已完成送审稿，待市地方志办公室、上海文化出版社审阅后即可交付出版。该书共编有50个条目，利用地方志资源的优势，挖掘历史文化内涵，体现杨浦区域地情特色。书稿坚持从旅游观光角度选材，以景带史，存真求实，文风活泼，图文并茂，雅俗共赏，为2010年上海世博会服务。

【继续办好《杨浦论坛》专版】 为配合国歌展示馆的筹建工作，年内利用《杨浦论坛》专版，开设“纪念建国60周年特刊”，全年分“国歌纪念广场、国歌展示馆、国歌展示馆底层布展、国歌展示馆上层布展、国歌纪念广场落成暨国歌展示馆开馆、国歌展示馆建设取得巨大成功”等6期系统介绍国歌纪念广场和国歌展示馆的建设情况。

【完成《上海百科全书》杨浦区组稿任务】 年内，完成《上海百科全书》杨浦区组稿任务。此项工作由区政府领导交办，时间紧，要求高。办内组织力量，按时间要求和节点目标，按时完成组稿任务，并就如何更好地反映杨浦的新变化、新面貌积极向《上海百科全书》编辑部提出意见建议。

（史志办）

（一）综　述

2009年，区政协在中共杨浦区委的领导下，坚持以科学发展观统领政协各项工作，团结广大政协委员和各族各界人士，充分发挥政协优势，认真履行政治协商、民主监督、参政议政职能，为实现“四个确保”总体目标、推进杨浦创新城区建设发挥了积极的作用。（1）围绕中心，履行职能，服务“四个确保”和杨浦创新城区建设。服务“确保经济平稳较快发展”，关注金融危机背景下的企业生存发展情况，围绕杨浦区扶持企业发展政策落实情况开展专题协商，呼吁推进异地工业园区建设；服务“确保民生持续得到改善”，专题听取动拆迁工作的通报，组织视察保障型住房建设情况，倡导企业家委员“不裁员、不减薪、不欠薪”，组织开展有关促进就业保障、支持鼓励大学生创业、加强职业教育培训等专题视察议政活动；服务“确保社会和谐稳定”，关注甲型H1N1流感疫情、乌鲁木齐“7·5”事件等影响社会和谐稳定的重大事件和新型诈骗案件、“黑车”现象等平安建设中出现的新情况、新问题，为构建和谐杨浦献计出力；服务“确保世博会筹办工作有序进行”，围绕推进迎世博各项工作组织开展协商、议政、视察、座谈活动，开展“我为实施《迎世博600天行动计划》献一计”主题活动。（2）发挥优势，彰显特色，切实提高履行职能实效。全年共举行了5次常委会专题协商和3次专委会对口协商，组织了22项专题视察，开展了7项专题调研，邀请了15个政府职能部门通报政务信息，十二届三次会议以来立案的303件提案全部办复。向市委办公厅直报社情民意信息12条，向区委、区政府报送《情况反映》34期和《政协简报》40期。加强对提案特别是重点提案办理情况的跟踪落实，建立了主席会议督办重点提案制度。进一步完善特邀监督员、聘请单位和政协组织三方协力推进的工作机制。推荐政协委员担任旧改工作公信人士。（3）增进团结，发扬民主，切实发挥协调关系、汇集力量作用。围绕庆祝新中国成立60周年和人民政协成立60周年，先后组织了“统一战线与国家建设”专题报告会、“人民政协与伟大祖国60年”专题征文、各界人士座谈会、各界人士联欢会，会同静安、嘉定、闵行等区政协联合举办“辉煌60年”书画摄影作品展等系列纪念活动。加强与新社会阶层人士的联系，引导他们共同致力于杨浦建设发展事业。组团出访台湾，广泛宣传党的对台政策，宣传杨浦建设发展成就。关心政协之友社工作，支持他们开展形式多样的学习联谊活动。发挥沪江书画院的独特优势，全年举办14次书画展览。（4）加强学习，开拓创新，不断推进政协自身建设。组织学习胡锦涛同志在庆祝人民政协成立60周年大会上的重要讲话，贯彻落实市委政协工作会议精神，先后举行了2场专题辅导报告会，举办了常委学习研讨班。开展深入学习实践科学发展观活动，先后组织了10次专题学习讨论、召开了16次座谈会、开展了8项专题调研，明确了推进政协工作科学发展的努力方向和整改思路，提出了19项具体整改措施，制定《区政协主席会议成员督办重点提案试行办法》，修订《区政协特邀监督员工作简则》，建议区委办公室、区政府办公室联合下发《关于进一步完善区党政有关部门与区政协专门委员会对口联系制度的通知》。推进“学习型、服务型、创新型、和谐型”机关建设，提升了机关服务杨浦发展、服务政协工作、服务政协委员的能力和水平。

（二）全体委员会议

【十二届三次会议】 1月7日—9日在沪东工人文化宫举行。本次会议应出席委员349名，实到314名。区政协主席李文连，副主席张慧珠、方伦贵、姚秀平、邵志勇、李国华和秘书长杨文渊参加会议。会议审议并通过姚秀平代表常务委员会所作的工作报告、方伦贵代表常务委员会所作的关于提案工作情况的报告。会议表彰了《关于制订实施杨浦产业规划的几点建议》等16件2007—2008年度区政协优秀提案。与会委员列席杨浦区十四届人大四次会议，听取并讨论区政府工作报告，讨论区法院工作报告、区检察院工作报告与其他重要报告。区委书记、区人大常委会主任陈安杰，区委副书记、区长宗明，区委副书记魏伟明等领导出席了开幕、闭幕会议，并分别参加专题讨论，听取会议发言，与政协委员共商应对国际金融危机、保持经济平稳较快发展、维护社会和谐等杨浦发展大计。会议选举增补王霞、许惠平、孙宏伟、杨兴权、张国伟、陈平等6人为政协上海市杨浦区第十二届委员会常务委员。魏伟明在闭幕会议上讲话。会议审议通过《政协上海市杨浦区第十二届委员会第三次会议决议》。

（三）常务委员会议

【第十三次会议】 1月7日举行，张慧珠副主席主持。会议审议补选区政协第十二届委员会常务委员会委员候选人名单（草案），审议区政协十二届三次会议选举办法（草案），审议总监票人和监票人名单（草案）。

【第十四次会议】 1月8日举行，邵志勇副主席主持。会议审议区政协十二届三次会议决议（草案），通过补选区政协第十二届委员会常务委员会委员候选人名单，通过区政协十二届三次会议选举办法（草案），通过总监票人和监票人名单（草案）。

【第十五次会议】 1月9日举行，李文连主席主持。会议听取区政协十二届三次会议分组讨论情况汇报，通过区政协十二届三次会议决议（草案）。

【第十六次会议】 2月10日举行，李文连主席主持。会议听取马杰富副区长作关于应对金融危机、支持服务企业发展情况的通报并作专题建言。会议审议通过《区政协2009年度工作要点》，决定任命刘大庸、李双龙、吴晓童、曹晖等4人为区政协副秘书长，听取提案委员会关于区政协十二届三次会议提案审查情况的报告。

【第十七次会议】 6月23日举行，李文连主席主持。会议邀请区委常委、副区长庄少勤通报有关迎世博600天行动计划前300天实施情况和旧区改造推进情况并作专题建言。

【第十八次扩大会议】 7月27日举行，李文连主席主持。会议听取并讨论区委副书记、区长宗明所作的上半年政府工作报告。会议听取区政府办公室关于区政协十二届三次会议提案办理情况的报告。马杰富副区长出席并听取委员意见和建议。

【第十九次会议】 9月29日举行，李文连主席主持。会议邀请复旦大学余源培教授作学习胡锦涛同志在庆祝人民政协成立60周

新增补的政协常委与委员见面

年大会上的讲话的专题报告。会议邀请唐海东副区长通报有关建设国家科技创新型城区推进情况并作专题建言。会议审议通过《政协上海市杨浦区委员会特邀监督员工作简则(修订稿)》,通报区政协机关深入学习实践科学发展观活动情况。

【第二十次会议】 12月15日举行,李文连主席主持。会议讨论通过《关于召开中国人民政治协商会议上海市杨浦区第十二届委员会第四次会议的决定》;讨论区政协十二届四次会议议程、日程(草案);审议常委会工作报告和提案工作报告(送审稿),确定报告人;商议区政协十二届四次会议列席人员、分组召集人、大会秘书处各组负责人等名单;同意宋荣文、李正明、王继烈辞去区十二届政协委员、常务委员职务,李斌辞去区十二届政协委员、常务委员、社会和法制委员会主任职务,马良、徐超(工会界)、陈红光、罗照水、吴振芳辞去区十二届政协委员职务的请求,决定增补翁文磊、秦刚、毛建国、蔡祺龙、张人宪、张一翘、钟颖、顾长湖、徐汉勤、董鸣等10人为政协上海市杨浦区第十二届委员会委员。

(四)专门委员会工作

【学习和文史委员会】 组织策划区政协主要学习活动,为广大委员履行职能服务。承办区政协常委学习研讨班,承办区各界人士庆祝中华人民共和国、中国人民政治协商会议成立60周年座谈会,组织学习统一战线方针政策和人民政协理论。全年举办专题学习报告会7次,邀请上海福卡经济预测研究所所长王德培作《科学审视金融危机下的宏观形势》专题报告,邀请复旦大学哲学学院副院长孙向晨作《科学发展观的哲学思考》专题报告,邀请原区政协副主席徐方瞿作《科学发展与制度创新》专题报告,邀请中央党校研究室副主任周天勇教授作《我国人大和政协体制的改革与完善》专题报告,邀请上海音像资料馆张景岳研究员作《百年杨浦》专题报告,联合区委统战部邀请复旦大学国际关系与公共事务学院教授林尚立作《统一战线与国家建设》专题报告,邀请区政协常委、上海世博会事务协调局资金财务部副部长吴福生作《上海世博会筹备工作情况》专题报告。

政协委员向大会提交精心准备的提案

【提案委员会】 全年共收到提案322件,经审查立案302件,全部办复。其中办理结果为采纳或解决、逐步解决的达到96%。主要工作:印发2009年区政府重点工作安排摘要,与其他专门委员会联合举办政务信息通报会、政风行风情况通报会3次,发放书面通报材料15批,为委员写好提案,履行职能提供服务。组织举行重点提案督办会,听取区政府相关部门对《关于调整产业结构,积极应对金融风暴的建议》、《关于加大扶持政策落实力度,确保我区非公有制经济平稳较快发展的建议》等2件提案办理落实情况的通报,做好协调沟通工作,推动提案办理落实。组织对《迎世博,加强社会宣传与市容环境建设的建议》、《创新管理模式,繁荣五角场商业新地标的几点建议》等2件提案的办理落实情况进行跟踪视察。联合区政府办公室邀请市交通港口局领导参加提案办理座谈会,就因涉及市级层面、未立案的提案进行现场沟通。

【经济委员会】 历时4个月,开展"推进杨浦创意产业发展"课题调研,完成调研报告。承办组织庆祝上海解放60周年委员联谊活动,组织委员赴嘉定学习参观。与社会和法制委员会联合组织女企业家委员座谈会。组织对创意产业园区发展情况、金融工作情况的专题视察。举办政务信息通报会,邀请区国资委、区财政局通报工作情况并听取委员意见和建议。

【科技委员会】 历时3个月，开展“推进信息服务业发展”课题调研，完成调研报告。在调研的基础上，形成区政协主席会议建议案《关于切实推进本区信息服务业发展的几点建议》。根据主席会议要求，完成《关于我区五角场800号文化产业园发展的调查》的调研，形成主席会议专报送区委、区政府。举行《杨浦区电子信息服务产业三年行动计划》专题协商会。组织对信息产业发展情况、科普基地建设情况的专题视察，邀请杨浦区信息委、区科委通报工作情况并听取委员意见和建议。与市政协科技文卫体委员会共同举行“三区融合、联动发展”座谈会。组织委员赴上海力保科技有限公司、上海航天局第八〇二所、上海有孚计算机网络有限公司等委员单位参观学习。

【环境和城建委员会】 历时5个月，联合同济大学交通运输学院开展“轨道交通杨浦段站点建设和管理”课题调研，完成调研报告。举行《杨浦区环境保护三年行动计划》专题协商会。组织对迎世博市容环境整治和“一街一景”建设情况、保障型住房建设情况、新江湾城生态保护情况的专题视察，邀请区建设交通委、区房管局、区绿化和市容管理局通报工作情况并听取委员意见和建议。

【教育和文化委员会】 历时3个月，与民进区委联合开展“推进教育服务业发展”课题调研，完成调研报告。在调研的基础上，形成主席会议建议案《关于推进我区教育服务业成长的几点建议》。举行《杨浦教育培训业三年行动计划》专题协商会。组织对职业教育情况、文化市场管理工作情况的专题视察。举办政务信息通报会2次，邀请区教育局、区文化局通报工作情况并听取委员意见和建议。组织庆祝教师节委员联谊茶话会。组织高校委员沙龙。

【医卫和体育委员会】 历时3个月，开展“加强社区体育健身俱乐部建设”课题调研，完成调研报告。组织委员对体育场馆建设情况、二级医院发展情况的专题视察，邀请区体育局、区卫生局通报工作情况并听取委员意见和建议。组织委员分别为老干部、交警开展医疗咨询服务。

【社会和法制委员会】 历时3个月，开展“加强刑释、解教青少年帮教工作”课题调研，完成调研报告。在调研的基础上，形成主席会议建议案《关于加强本区青少年刑释、解教人员帮教工作的建议》。与经济委员会联合组织女企业家委员座谈会。组织对促进就业保障工作情况、老年事业发展情况的专题视察。举办政务信息通报会，邀请区公安分局、区司法局通报工作情况并听取委员意见和建议。

【港澳台侨委员会】 组织对金融危机下的台(侨)资企业发展情况的专题视察。举办政务信息通报会，邀请区政府台办、区政府侨办通报工作情况并听取委员意见和建议。与区政府侨办共同举办“共渡金融寒冬，共议企业发展”侨资企业座谈会。

【民族和宗教委员会】 配合市政协民族宗教委员会开展区内清真副食供情况调研。组织对清真寺重建工作情况的专题视察。举办政务信息通报会，邀请区民族宗教办通报工作情况并听取委员意见和建议。走访基督教沪东堂、天主教和平堂、法善庵、景星路清真寺，了解宗教活动基本情况。

(五)专题建议与专题调研

【《关于切实推进本区信息服务业发展的几点建议》(2009年7月7日杨浦区政协十二届二十九次主席会议通过)(要点)】 杨浦发展信息服务业具有环境、人才、学科的优势，要抓住机遇、明确目标、认准方向，培育信息行业发展的亮点，在信息服务业的发展中确立领先地位。建议：一、明确目标任务，形成推进机制。成立由区主要领导挂帅，各相关部门参加的联席会议，明确各职能部门的职责任务。建立信息服务业专项发展基金。二、合理规划布局，形成集聚效应。发挥复旦软件园五角场科技园联合基地、上海中和软件有限公司、环同济设计带土木建筑工程应用软件开发企业的集聚整合作用。三、加强合作交流，完善交流机制。利用联合国南南合作全球技术交易平台加强与国外相关领域的交流合作，建立完善我区与硅谷湾区合作委员会的双向交流合作机制。四、充分发挥优势，搭建服务平台。切实发挥本区高校、科研院所集中的优势。搭建公共服务平台，降低互联网创新型企业的进入门槛。五、培育新型服务，发展电子商务。加大对电子商务发展的扶持力度，形成新的经济增长点。

【关于我区五角场800号文化产业园发展的调查(2009年7月27日杨浦区政协十二届三十次主席会议通过)(要点)】 目前上海的文化创意市场总体处于初级发展阶段，作为曾经以传统工业而知名的杨浦，文化创意产业还处在非常弱小亟需扶植的阶段。建议：一、坚持文化产业定位。通过打造"五角场800号"，带动其周边产业发展，形成一个文化产业链。二、理顺机构管理关系。要改变多头管理的混乱局面，建立专门领导机构，成立专家咨询委员会，引进适合文化产业开发商。三、加强政策扶持引导，包括知识产权保护、加强法律援助、画廊机构扶持基金、艺术品税收减免等方面的政策。四、稳步推进产业发展。经常性举办或参加国内外重要的文化艺术活动；引进国内外著名艺术家，聚集人气，营造氛围；引进艺术团体和有关协会入驻；开展多种形式的艺术欣赏普及活动，不断扩大影响力。

【关于加强本区青少年刑释、解教人员帮教工作的建议(2009年9月8日杨浦区政协十二届三十一次主席会议通过)(要点)】 青少年刑释、解教人员的安置帮教工作是预防和减少重新违法犯罪，维护社会稳定的重要一环。为提高安置帮教工作的针对性和有效性，建议：一、整合各方资源，健全帮教工作机制。建立联席会议制度，坚持政府推动、部门协同、司法机关配合、社会参与的帮教模式。二、积极搭建平台，解决就业就学问题。劳动保障部门要搭建就业工作平台，帮助其拓宽就业渠道；教育部门要帮助其完成学业或参加培训。三、优化家庭教育，建立良好的家庭成长支持系统。建立健全家庭教育专业服务平台，整合妇联、青保、街道、家庭的力量，深度参与帮教工作。发挥社区学校的作用，加强正面引导，帮助他们回归融入社会。四、充分发挥志愿者作用，巩固帮教成果。注重吸纳有关社工、法律、心理和教育等专业的教师和学生加入帮教工作志愿者队伍。五、设立帮教工作基金，为深入帮教提供财力支持。

【关于推进我区教育服务业成长的几点建议(2009年10月10日杨浦区政协十二届三十二次主席会议通过)(要点)】 发展教育服务业符合"知识杨浦"的定位，顺应杨浦产业转型的趋势。发展教育服务业，要选择"超市加专卖店"的模式，用专业化平台走专业化道路，构建开放式的子平台和系统。建议：一、教育服务业的平台建设。推进高端培训咨询平台、创业培训平台、教育培训平台、技能培训平台、社区教育服务平台、国际教育服务平台的建设，推动非学历人才培养模式的变革。二、教育服务业的系统建设。推进市场营销系统(输入系统)、教育产品研发系统(创新系统)、校企合作系统(输出系统)、教育咨询系统(服务系统)、质量管理系统(标准系统)、终身教育系统(循环系统)的建设。

(六)重要工作与重大活动

【举行杨浦区各界人士迎春电影招待会】 1月22日，区政协与中共杨浦区委统战部在五角场万达影院联合举行区各界人士迎春电影招待会。区委书记、区人大常委会主任陈安杰，区委副书记、

8月3日，"辉煌六十年"杨浦、嘉定、闵行、静安四区政协书画摄影联展在杨浦区五角场800号文化产业基地举行

区长宗明等与各界人士100余人出席。区政协主席李文连致辞。

【举行“辉煌六十年”书画摄影联展】 8月3日，杨浦、嘉定、闵行、静安等区政协联合在杨浦区五角场800号创意文化产业基地举行“辉煌六十年”书画摄影联展。市政协主席冯国勤为展览作序。市政协副主席钱景林、市政协副秘书长张丽、市政协区县指导组组长王乐齐、市政协副巡视员安彤彤、区委副书记魏伟明、区人大常委会副主任陈丽龄、副区长吴乾渝等市区领导出席。区政协主席李文连致欢迎词，嘉定区政协主席周关东、副主席王漪，闵行区政协主席吴申耀、副主席毛荣发，静安区政协副主席黄森林和杨浦区政协副主席张慧珠、方伦贵等出席开幕式，杨浦区政协副主席李国华主持开幕式。各界人士200多人出席开幕式并参观了画展。

【举行杨浦区各界人士庆祝新中国成立60周年和人民政协成立60周年联欢会】 9月15日，区政协在杨浦文化馆举行区各界人士庆祝新中国和人民政协成立60周年联欢会。区政协主席李文连出席并致辞，区委常委、统战部部长、区政协副主席张慧珠，区委常委、副区长庄少勤，区人大常委会副主任杭开才、沈贻初，区政协副主席方伦贵等出席。

【举行杨浦区各界人士庆祝新中国成立60周年和人民政协成立60周年座谈会】 9月18日，区政协在联谊俱乐部举行区各界人士庆祝新中国成立60周年和人民政协成立60周年座谈会，回顾60年来杨浦建设发展的辉煌成就，回顾统一战线和人民政协事业发展的光辉历程，倡导各界人士坚持走中国特色社会主义道路信念，共同投身杨浦知识创新区建设大业。区政协主席李文连出席讲话。区委常委、区委统战部部长、区政协副主席张慧珠主持会议。区人大常委会副主任、民革区委主委沈贻初，区政协副主席、区知联会会长李国华，区政协原副主席徐方瞿，区政协常委、台盟区委主委，区政协常委、民建区委主委，区政协常委、区工商联副会长，区政协民族和宗教委员会副主任等在会上发言。区各民主党派、人民团体和政协统战干部80多人参加座谈会。

【举行直辖市八城区政协第八次工作座谈会】 11月10日—13日，直辖市八城区政协第八次工作座谈会在杨浦举行。区委书记、区人大常委会主任陈安杰看望与会的各区政协领导，与大家交流各地建设发展情况。重庆市渝中区政协主席安占宝、沙坪坝区政协主席胡大世，北京市东城区政协副主席王建军、西城区政协副主席程刚，天津市和平区政协副主席刘天锁，上海市黄浦区政协主席赵茅和杨浦区政协主席李文连出席座谈会。区委常委、副区长柴尧迅向与会人员介绍了杨浦经济社会发展情况。会议交流了各区政协学习领会中共十七届四中全会和胡锦涛同志在庆祝人民政协成立60周年大会上的重要讲话精神，结合直辖市政协的实际，主动围绕本地区的经济、政治、文化和社会建设，创造性开展履行政协职能各项工作的经验和体会。

【举行常委学习研讨班】 10月15日—17日，区政协举行常委学习研讨班，学习胡锦涛同志在庆祝人民政协成立60周年上的讲话和市政协工作会议精神，研讨如何进一步推进政协工作、服务杨浦创新城区建设。研讨班邀请市政协研究室主任徐海鹰作《关于加强新时期人民政协工作》专题报告。区政协主席李文连出席并讲话，副主席张慧珠、方伦贵分别主持专题辅导报告和座谈交流会，副主席邵志勇、李国华及秘书长出席。

【开展平时和年末视察】 3月—10月，组织委员开展平时视察。分16个专题，对信息服务业发展、创意产业园区发展、体育场馆建设、职业教育工作情况、“迎世博”市容环境整治、二级医院发展、就业保障工作、重点提案办理、金融工作、文化市场管理、台（侨）资企业发展、科普教育基地建设、保障型住房建设、养老事业发展、新江湾城生态环境保护等情况进行视察。11月24日—26日，组织委员进行年终集中视察。分6个专题，对推进重点地区、重大项目建设，落实政府实事项目，“迎世博”市容环境整治，金融创新和科技创新，整合资源推进区域大文化建设，落实《上海市义务教育法》实施办法情况等进行视察。政协委员在视察中提出的意见建议，经整理归纳报送区委、区政府及有关部门参考。（汤浩桢）

五、杨浦知识创新基地建设

（一）综　述

2009年，杨浦知识创新基地建设在邓小平理论、三个代表重要思想和学习实践科学发展观的指导下，坚持"三区融合、联动发展"的理念，坚持经济发展方式和城区发展模式相结合，更加注重改善民生，区域经济社会保持稳定健康协调发展，并在实践中取得了新的进展，杨浦知识创新区知名度不断提升。

（二）知识创新基地

【概况】 2009年，杨浦知识创新基地建设坚持贯彻和实践科学发展观，聚焦重大项目建设，不断推进各类创新要素积聚，建设和完善创新服务平台，努力探索构建有杨浦特色的区域创新体系。区校融合联动向更深层次发展，对外开放质量水平显著提升。（1）落实区校合作共融。与上海理工大学签订联手推进自主创新的框架协议，继续推动与复旦、同济、财大等高校的合作协议落实，健全完善区校合作工作机制。（2）提升国际化合作水平。美国硅谷银行上海代表处落户创智天地，南南全球环境能源交易平台正式开通运作，并举办了第三届杨浦发展国际论坛、创业中国行等20多项活动。

【"同济设计创智中心"揭牌】 6月3日，"同济设计创智中心"揭牌仪式暨"设计激励人文"国际设计竞赛作品展开幕典礼在创智天地举行。中科院院士、同济大学校长裴钢，区委副书记、区长宗明，瑞安房地产主席罗康瑞为"同济设计创智中心"揭牌。四川省都江堰市政协副主席屈军等出席。

【创业未来中国行·上海杨浦暨"中国年度创新榜"颁奖典礼举行】 6月19日，由区委、区政府与《创业家》杂志社联合主办的创业未来中国行·上海杨浦暨"中国年度创新榜"颁奖典礼在杨浦举行。副市长赵雯，科技部中国科技发展战略研究院副院长杨起全，区委书记、区人大常委会主任陈安杰，《创业家》杂志社社长牛文文出席并致辞。区委副书记、区长宗明，区政协主席李文连，以及中国商界的创新领袖、投资精英、知名学者数十人出席活动。此次活动主题为"危机后的新图景"，《创业家》杂志与博斯公司共同评选的"2009中国年度创新榜"20强颁奖典礼同期举行。此前，陈安杰、宗明与近20位国内知名企业家，参观了区规划展示馆，并向与会嘉宾介绍杨浦区未来的发展规划。在随后举行的闭门沙龙中，陈安杰与参会企业家就杨浦的创新体系、发展规划及投资环境进行了深入沟通，来自各个领域的创新领袖们，也对杨浦的未来发展提出了建设性的意见。

【"全球创意经济城"项目规划汇报会召开】 7月21日，"全球创意经济城"项目规划汇报会在杨浦举行。区委书记、区人大常委会主任陈安杰，区委常委、副区长柴尧迅，中国传媒大学文化产业研究院院长范周，同济大学校长助理、设计创意学院院长吴志强出席汇报会。"全球创意经济城"由杨浦区与联合国南南合作特设局共同打造，其规划设计已初步完成。该项目将保留一部分传统工业遗存，并在此基础上不断升级，将成为文化研发、创意金融、创意工业、创意贸易的集聚区和集商务、休闲、娱乐为一体的开放式景观区。

【美国硅谷银行上海代表处落户创智天地】 9月1日，美国硅谷银行有限公司上海代表处揭牌仪式在杨浦举行。中共中央政治局委员、市委书记俞正声出席并和美国硅谷金融集团主席兼首席执行官魏高思共同为代表处揭牌。市委常委、副市长屠光绍和区委书记、区人大常委会主任陈安杰出席仪式并致辞。魏高思代表美国硅谷金融集团致辞。仪式由区委副书记、区长宗明主持。中国银行业监督管理委员会上海监管局副局长蒋明康宣读了中国银监会《关于美国硅谷银行有限公司上海代表处设立的批复》。仪式上，上海大学生创业投资有限公司与上海瑞一医药有限公司签订投资协议；区政府与盛维创业投资管理（上海）有限公司签订政府引导基金委托管理协议；美国硅谷金融集团与上海联合产权交易所签订合作框架协议；上海杨浦盛维创业投资企业与美国硅谷银行（SVB）签订项目投资合作协议。现场还向复旦天臣等入选企业代表发放了“创智天地No.1”杨浦区中小企业集合信托债权基金。

【2009南南全球创意经济与技术产权交易论坛举行】 9月3日—4日，2009南南全球创意经济与技术产权交易论坛举行。本次论坛由联合国开发计划署南南合作特设局，上海社会科学院，杨浦区委、区政府，上海联合产权交易所，南南全球技术产权交易所，上海环境能源交易所共同举办。来自联合国、中国政府有关部门负责人、国内外有关专家、学者和企业界、科技界以及各类投资机构的40多个国家近400位嘉宾出席本次论坛。为期两天的论坛分为2009南南全球创意产业论坛、2009南南全球技术转移资本论坛、新能源和节能技术资金合作论坛。论坛上，南南全球环境能源交易平台正式开通，将为南南国家开展节能减排技术交易、排污权交易等服务。

【上海环同济设计创意产业集聚区成立】 9月12日，上海环同济设计创意产业集聚区正式成立。市经济和信息化委员会副主任邵志清、巡视员贺寿昌，区委书记、区人大常委会主任陈安杰，区委副书记、区长宗明，同济大学党委书记周家伦、校长裴钢等出席仪式。仪式上，周家伦、邵志清、陈安杰共同为“上海环同济设计创意产业集聚区”揭牌；邵志清、宗明和裴钢分别代表市经信委、杨浦区和同济大学签署了《关于进一步加强合作，联手推进上海的合作意向书》。

【上海国际高新技术创新发展研讨会举行】 9月14日，联合国工业发展组织、商务部中国国际经济技术交流中心、市经济和信息化委员会和区政府在上海威斯汀大酒店联合举行上海国际高新技术创新发展研讨会。联合国工业发展组织技术投资与促进局局长梁丹，商务部中国国际经济技术交流中心主任姚申洪，市经信委副主任尚玉英，区委书记、区人大常委会主任陈安杰，区委副书记、区长宗明，区政协主席李文连，区委常委、副区长柴尧迅等领导和世界著名企业代表出席。梁丹、姚申洪、尚玉英、宗明共同签署了《关于共同推进上海高新技术创新发展基地建设合作意向书》。

【纪念《黄河大合唱》诞生70周年活动在江湾体育场举行】 9月19日，为庆祝新中国成立60周年，由市委宣传部、市文明办指导，上海文广新闻传媒集团联合区委、区政府和青海、山西、山东等黄河流域的省级电视台举办的“庆祝中华人民共和国60华诞，纪念《黄河大合唱》诞生70周年”特别活动在江湾体育场举行。近3万人在上海江湾体育场主会场共同唱响气势磅礴的《黄河大合唱》，包括青海贵德黄河大水车景区、四川若尔盖草原、甘肃黄河索道码头、山西太行山脉等黄河流域的九大分会场也以卫星连线的方式同时唱响。市委宣传部副部长陈东，市委宣传部副部长、市文明办主任马春雷，区委书记、区人大常委会主任陈安杰，区委副书记、区长宗明等领导出席主会场活动。

【创智天地园区被授予“上海市软件出口（创新）园区”称号】 10月21日，在上海软件外包国际峰会上，创智天地园区被上海市商务委员会授牌认定为“上海市软件出口（创新）园区”。近年来，创智天地园区以推进杨浦国家创新型试点城区建设为契机，以软件研发、现代设计和科技金融产业为重点，着力构建以科教为特色、服务经济为核心的产业结构。到年底，园区在册企业数已达200余家，已引进了EMC中国研发中心、甲骨文研发部、百度上海总部、易保软件等国际著名科技企业，其中软件出口企业占入住企业的70%以上。

【杨浦—上海理工大学签订全面合作协议】 12月28日，杨浦区与上海理工大学加强全面合作推进自主创新框架协议签约仪式举行。区委书记、区人大常委会主任陈安杰，区委副书记、代理区长金兴明，区委副书记魏伟明，副区长马杰富；上海理工大学党委书记燕爽，校长许晓鸣，党委副书记、常务副校长白苏娣，副校长陈斌等出席签约仪式。金兴明和许晓鸣代表区校双方签约。

（汪　静）

（三）五角场市级副中心

【概况】 2009年，在区委、区政府"聚焦五角场战略"指引下，进一步解放思想，攻坚克难，举全区之力，集各方智慧，全力推进江湾—五角场市级副中心的建设和管理，各项工作取得明显成效。(1)完成固定资产投资59亿元，开工项目5个，建筑面积50万平方米；竣工项目2个，建筑面积15.6万平方米。在推进重大项目建设中，合生国际广场顺利开工，南政院上海分院信息化综合大楼和后勤保障楼、五角丰达商务广场等相继开工。中国(上海)创业者公共实训基地竣工开园。创智天地7-7地块竣工销售。凯迪金融大厦等一批在建项目扎实推进。(2)协调管委会各成员单位召开交通管理、市容环境、户外广告、窗口服务等推进会，配合区相关部门完成了淞沪路和邯郸路绿化、景观改造、下沉式广场彩蛋灯光调整、国宾路、政通路架空线入地等工程，完成区迎世博重点改造项目国济路环境综合改造工程，加强对出租车候客站文明管理，经市民巡访团测评，在全市26个站点中，万达广场出租车候客站文明指数位列全市第四，市容环境面貌和市民文明程度得到很大提升。(3)做好五角场市级副中心市、区有关部门大型活动安全保障、场地设施、车辆停放、人流控制等工作；协调完成迎世博倒计时400天标志制作、揭牌仪式以及倒计时300天、200天相关活动；配合做好2009年上海之春国际艺术节世博号角街游表演、亚洲极限运动锦标赛、中国壁球公开赛、国际旅游节及春节、国庆期间各类营销等20多项重大活动的组织、保障等工作。(4)会同区招商中心、工商等职能部门搭建服务平台，主动服务企业，上海完美世界有限公司、天下精英教育科技公司(环球雅思)和上海众游信息技术有限公司等大型企业入驻五角场商圈。同时，以五角场商会为平台，开展节日主题营销，召开商圈企业文化研讨会，商旅文结合，推动商圈发展。万达商务楼租售取得较好效益。全年接待各类参观考察团60多批，累计2000多人次，下沉式广场内开展活动达50多次，取得良好社会效果。

【新江湾城世浦领世知识商务广场奠基仪式举办】 1月11日，由杨浦区政府、上海城市建设投资开发总公司、美国铁狮门公司联合举办了新江湾城世浦领世知识商务广场奠基仪式。市委副书记、市长韩正发来贺信；副市长唐登杰出席并和美国铁狮门公司董事长徐杰儒共同为项目揭幕；市政府副秘书长沙海林讲话。区委书记、区人大常委会主任陈安杰、

世浦领世知识商务广场奠基典礼

南政院上海分院后勤保障综合楼开工仪式

市城投公司总经理孔庆伟分别致辞。区委副书记、区长宗明主持仪式。出席奠基仪式的还有区政协主席李文连,区委常委、副区长柴尧迅、庄少勤等和市、区相关委办局的负责人以及铁狮门公司高级董事、总经理冯凯西和该公司高层管理人员。

【南政院上海分院信息化综合大楼开工仪式举行】 3月1日,五角场副中心NS3地块南京政治学院上海分院信息化综合大楼举行开工仪式。出席开工仪式的部队领导有:中国人民解放军总政直工部副政委张仁锋大校、基建营房局局长朱国平大校、南政院副院长路加模少将和南政院院务部部长徐运堂大校、南政院上海分院院长戴维民大校、政委贡沈平大校等有关领导。出席仪式的区领导有:区委书记、区人大常委会主任陈安杰,区委副书记、区长宗明,区委常委、副区长庄少勤及区有关部门负责人。开工仪式由戴维民主持,陈安杰代表区委、区政府致辞。张仁锋讲话并宣布工程开工。

【南政院上海分院后勤保障综合楼举行开工仪式】 10月30日,位于五角场环岛黄兴路东侧的南政院上海分院后勤保障综合楼举行开工仪式。出席仪式的有中国人民解放军南政院副院长谭海鹰少将、基建营房局局长朱国平大校、南政院院务部部长徐运堂大校等。出席仪式的区领导有:区委书记、区人大常委会主任陈安杰,区委常委、副区长柴尧迅等。徐运堂和柴尧迅分别致辞。

【五角场市级副中心292街坊动迁工作圆满完成】 2009年底,五角场副中心重点项目292街坊263产居民动迁工作全部完成。292街坊动迁起于2008年初,由百群公司承担动迁任务,一年多来,历经艰难曲折,坚持阳光动迁不动摇,确保政策前后一致,由于方法得当,措施有力,妥善化解各类矛盾,确保动迁工作完成。

【合生国际广场举行开工奠基仪式】 12月29日,位于五角场市级副中心南部商务区NS1-292街坊地块的上海合生国际广场举行开工典礼。出席典礼的领导有:上海市商务委副主任杨国强,区委书记、区人大常委会主任陈安杰,区委常委、组织部部长于秀芬,区委常委、副区长柴尧迅,庄少勤,区政协副主席方伦贵及区相关部门负责人。仪式由合生创展集团商业地产总部副总裁孙文珠主持。陈安杰和广东合生创展集团董事局副主席项斌、副总裁朱国兴及农行上海分行、美国凯里森建筑事务所的领导等分别致辞。陈安杰宣布上海合生国际广场开工奠基,广东合生创展集团董事局主席朱孟依为舞狮点睛。

【五角场商业中心被列为国家级服务标准化示范区试点】 五角场商圈作为市级商业中心,在市质监局的指导下,按照"服务质量目标化、服务方法规范化、服务过程程序化"的目标要求,全力开展服务标准化示范区创建工作。创建内容有:规范公共设施。严格按照国家标准对区域内的公共图形标志进行全面检查。规范窗口服务,加强质量管理,规范应急管理,分步试点推进。五角场商业中心正式列为国家级服务标准化示范区试点。

【五角场商业中心获上海市名牌区域称号】 区政府第117次常务会议上通过了《杨浦区五角场

商业中心申报上海市名牌区域工作方案》,明确了杨浦区商联会五角场商会作为申报主体,积极配合市名牌办、质量咨询事务所、区质监局、区工商分局、商标受理事务所等相关部门,对照要求积极创建,经过努力,五角场商业中心获得上海市名牌区域称号。

【一批在建重点项目扎实推进】 凯迪金融大厦(复旦金融创新园)。总建筑面积4.1万平方米,工程按节点目标推进,6月份结构封顶,进入内、外部安装等配套工程;创智天地中心区一期二批项目。5、6、7号楼进入内外部装饰工程,8、9号楼地上结构施工;创智天地7-7地块基本竣工并完成销售;五角场综合客运交通枢纽。总建筑面积2.2万平方米,工程进行桩基施工。（戎兆达）

(四)黄浦江岸线杨浦段综合开发

【概况】 杨浦段滨江开发区域范围:秦皇岛路——杨树浦路——大连路——榆林路——通北路——平凉路——军工路——闸北发电厂北界沿黄浦江一侧,总开发面积约11.7平方公里,滨江岸线总长约15.5公里,涉及平凉路街道,大桥街道,定海路街道,长白新村街道,五角场镇和殷行街道,共86个街坊,沿江大中型企事业单位70余家,小型企业100余家。2009年,按照区委十一五规划提出的“一心、一江、一城、三区”的产业发展布局总体要求,积极发挥组织、协调、监督和检查的政府职能,继续坚持“六个起来”的总体工作思路,以“三个平台”(即领导小组会议、沿江企事业单位联席会议、沿江新投资企业总经理联席会议)为抓手,以服务世博为大局,基本完成了迎世博黄浦江岸线环境综合整治工作和上海世博会秦皇岛路站水门的项目建设,推进了渔人码头项目、全球创意经济城、上海国际时尚中心等重点项目的开发建设。

【黄浦江岸线杨浦段迎世博环境综合整治任务完成】 迎世博600天行动启动以来,区滨江岸线迎世博环境整治工作按照“江河战役”的总体部署,与市相关部门紧密联手,对杨浦段滨江岸线的综合整治项目进行了梳理,对市规定的13项重点整治项目进行认真分析论证,同时根据实际情况,补选了19个整治项目,采取有力措施,狠抓落实,统一组织实施,率先启动了兰场地块、上海自来水厂、上海打捞局等先行先试单位的综合整治工作,以点带面,全线铺开整治工作。在整治任务实施过程中,多次召开专题会议,总结经验、解决难题,建立健全有效机制,推进了整治工作的进度,重点整治了“两条包装线(黄浦江岸线、杨树浦路沿线)、五个支撑点(杨浦大桥、世博水门、渔人码头一期、渔人码头二期、杨浦自来水厂)”项目,凭借知识创新区的内涵和“三个百年文明”的深厚底蕴,充分挖掘了百年工业文明的历史遗存,完善了厂区环境、沿江公共环境、市政道路、绿化建设、景观灯光工程等建设,有效提升了滨江岸线的景观整体形象,环境得到了明显改善,成为“城市,让生活更美好”世博主题的重要组成部分和景观区域。

【上海世博会秦皇岛路站水门完成建设】 “水门”,即“世博水上门户”。位于杨浦区与虹口区交界处,杨树浦路南侧,秦皇岛路东侧,天章记录纸厂西侧,南临

上海世博会秦皇岛路站水门效果图

黄浦江，基地东侧的D、F楼改造扩建为候船楼(包括连接部分)，建筑面积约5190平方米，设置候船大厅、售票和安检大厅、管理用房等。陆域还包括约21771平方米道路广场及绿化，105个机动车停车位等设施。码头共有3个泊位，长度分别为60米、60米和65米，为世博游船提供停靠泊位。项目周边有公交47路、79路、134路、137路、地铁4号线杨树浦路站以及大连路隧道，方便游客出入。项目于2009年2月28日启动，2010年4月底完成建设，验收后交付世博局进行运营。环境整治中，对4幢始建于上世纪20年代左右的老建筑，进行外立面整修和结构加固，大部分老建筑外表交替铺有青砖、红砖，内部则是木结构，外墙凸起的砖柱尤为少见，不仅转角处呈45度角，而且上窄下宽，体现了近代设计风格，为达到"修旧如旧、原汁原味"的效果，施工方专门到外省市定制墙砖；此外，在处理砖与砖之间的缝隙时，还采用"元宝缝"技术，保留了近现代的建筑设计风格。

【渔人码头一期工程在建中】"上海东方渔人码头"项目是市政府浦江开发项目之一，是杨浦区滨江岸线规划开发的第一个重大工程，该项目将以高水准的"海洋文化"和"渔文化"为主题，融合人文历史、浦江美景、亲水绿地，打造集海洋文化博览、国际旅游服务、世界海鲜特色餐饮、高级商务等功能于一体，配套建设休闲建筑、地下商业，使之成为具有国际水准的、现代化的上海标志性城市滨水区和历史文化区，2008年1月11日正式启动建设以来，目前正抓紧地下工程的建设，争取2010年完成地下部分施工。

【渔人码头二期工程开始建设】项目位于杨树浦自来水厂以东，杨树浦路以南，渔人码头一期项目基地以西，黄浦江以北，总用地面积约5万平方米，以东方明珠传媒文化为产业的内涵主题和全新的黄浦江码头为外在实地场景，打造又一个集休闲、观光、娱乐为一体的综合消费场所。2009年底开始地下工程建设，争取2010年完成地下部分施工。

【上海国际时尚中心项目开工建设】　项目位于杨树浦路2866号，总占地面积为181.2亩，目前厂区内现存各种建筑物及构筑物200多栋，作为滨江创新创意产业基地的重点项目，以独特的规划理念为上海带来最具吸引力的城市时尚新地标，以合理的商业规划促进项目的持续发展，以先进的经营理念提高整块商业地产的价值，以人性化的服务打造上海国际时尚中心的品牌价值。上海国际时尚中心分为南厂区和北厂区两个部分建设，功能定位包含6个方面，即多动能秀场、时尚创意办公、时尚接待会所、时尚餐饮娱乐、时尚公寓酒店和时尚精品仓。南厂区的改建已于4月28日正式启动，对部分老建筑进行了拆除和改建，目前基本完成了会所、秀场的改造，并定于2010年5月份召开国际服装文化节。

【推进综合客运交通枢纽项目前期开发】　年内，受市申江集团委托，实施了杨树浦路综合客运交通枢纽站项目的动迁工作，于1月18日正式启动，9月底基本完成了居民的动迁任务并完成建筑拆除，土地交付申江集团进行枢纽站的建设；年底完成了定海东块121号地块和40街坊居民动迁任务；基本完成了新益棉土地的收储工作，推进了全球创意经济城项目落地；加快对港机厂及其周边地块的收储工作，推动渔人码头三期的项目落地。

【加强六个在建项目开发管理】为了更好地管理好岸线协调区内的项目建设，重视发挥沿江企事业单位联络员的作用，落实定期信息上报制度，及时准确掌握协调区内六个在建项目的进展情况，通过定期信息简报的形式向区领导上报情况，并通报有关部门，畅通了信息渠道，为解决项目开发建设中遇到的问题提供了有力保证，目前有包括平凉二三号地块项目、圣骊滨江苑、复旦大学妇产科医院杨浦新院、滨江创意园区、正文滨江苑、东方国际水产品交易中心等六个项目在管理控制范围内，并有效推动了各个项目的开发建设进度。　(禚长春)

（一）综 述

截至2009年末，全区共有私营企业21757户，（含分支结构3246户），与上年同期相比增长23.02%。注册资金3765110万元，与上年同期相比增长23.25%。全年，新设私营企业3145户，其中，制造业42户，建筑业111户，交通运输、仓储业71户，信息传输、计算机服务和软件业57户，批发和零售业1049户，住宿和餐饮业119户，房地产业128户，文化、体育和娱乐业51户。其他行业1517户。

区个私协会在迎世博600天的日子里，响应市巾帼建功活动领导小组的号召，动员职业女性积极参与以“争创巾帼文明岗，优质服务迎世博”为主题的活动。上海时中商贸有限公司被授予“2009年度上海市巾帼文明岗”称号。在全市美发美容行业“全面提高服务质量，提升服务能级，更好地为广大市民和国内外宾客服务”活动中，上海顶峰美发美容有限公司，嘉际美发美容院分别被市美发美容协会评审为五星级、三星级企业。

在区创建的“劳动关系和谐企业与工业园区”活动中，上海中通置业（集团）有限公司被授予区“和谐劳动关系创建活动示范单位”，上海双晟工贸有限公司、通福经贸有限公司、华富电气技术有限公司、金利湾科技开发有限公司、朝辉压力仪器有限公司、顶峰美发美容有限公司、鑫立物资有限公司，被命名为区“劳动关系和谐企业”。

（二）经济园区

【概况】 2009年经济园区企业注册运转较规范，执行相关的法律法规也较好。各经济园区始终秉承“优质、热情、高效、便捷”的服务理念，坚持为企业服务，为区域经济发展做贡献。

杨浦区经济园区（部分）情况表

序号	名 称	地 址	主办单位	负责人
1	区招商服务中心	黄兴路2022号	区政府	王继烈
2	区招商服务中心五星经济园区	淞沪路96号16-17楼	区政府	顾赞国
3	杨浦私营经济园区	翔殷路81号	区政府	陈来宝
4	定海路街道招商服务中心	爱国路21号	定海街道	侍毅岭
5	大桥经济园区	长阳路1624号	大桥街道	姚寿林
6	平凉经济园区	江浦路392号	平凉街道	谢富伟
7	江浦经济园区	周家嘴路2110号	江浦街道	刘轼蓉
8	长白经济园区	延吉东路143号	长白街道	赵建忠
9	延吉经济园区	周家嘴路3889号	延吉街道	姚克家

（续表）

序号	名　称	地　址	主办单位	负责人
10	控江经济园区	源泉路100号	控江街道	范志荣
11	四平经济园区	鞍山五村14号三楼	四平街道	林　涛
12	五角场经济园区	国和路91号	五角场街道	姚林春
13	中原经济园区	开鲁路333号	殷行街道	刘　琼
14	五角场镇招商服务中心	国和路465号	五角场镇街道	陈来宝
15	新江湾城经济园区	国和路36号	新江湾城街道	王莲娣
16	商业经济园区	鞍山路5号	区经委	林　锋
17	凯普经济园区	周家嘴路3255号	区经委	沈咪芳
18	室内纺织制品工业经济园区	平凉路1398号	区经委	章振华
19	市东经济园区	宁国路199号	区卫生局	许　烈
20	惠民经济园区	平凉路2767号	区民政局	房诚华
21	民生经济园区	淞沪路98号	区民防办	陈　勇
22	五角场高科技园区	黄兴路2005弄2号楼	区科委	丛吉辰
23	师惠工业园区	惠民路759号	区教育局	刘　巍
24	总工会三产园区	通北路540号	区总工会	周晓燕

（三）经济园区选介

【五角场镇招商服务中心】 成立于1999年12月18日，由杨浦区五角场镇政府主办，下辖三个经济园区，其中私营园区成立于1998年3月18日，都市工业经济园区成立于1999年12月18日，五角场镇高新技术产业园区财富广场分园成立于2000年4月28日。截至2009年底，入驻在中心及下属园区的企业实存数为2475户，其中，国有企业为8户，占企业总户数的0.32%，私营企业2467户，占企业总户数的99.68%。2009年入驻企业缴纳税收总额34253.91万元。五角场镇招商服务中心先后荣获2001—2004年度杨浦区政务公开示范窗口，2002—2003年度杨浦区文明窗口，2004年度文明窗口标兵，2001—2003年度和2004—2006年度杨浦区先进集体，2001—2003年度上海市劳动模范集体，2008—2009年度杨浦区文明窗口称号。

【定海路街道招商服务中心】 下辖5个经济园区。万力工业园成立于2000年4月10日，位于波阳路16号，园区主导行业以洗涤业，纸张业、食品加工业为主。久绒工业园成立于2000年6月1日，位于平凉路2440号，园区主导行业以服饰加工、印刷业为主。海立家电现代服务园区，位于长阳路2555号，是一家集海立集团总部经济、设计研发、行业展示、商务办公、时尚休闲于一体的综合性都市产业园区。源泰杨浦都市食品园区，位于波阳路290号，是集食品研发、加工、冷藏、物流和销售等配套设施为一体的综合性专业食品园区。铭大创意广场园区位于长阳路2467号，是中国首家以工艺品、艺术品和环境艺术设计主题的创意产业园区。截至2009年底，入驻在中心及下辖园区的企业数为582户，注册资金20.2亿元，入驻企业年内缴纳税收总额4500万元。

（四）私营企业协会

【概况】 贯彻落实市委、市政府办公厅《关于推进本市企业协会政社分开工作的实施意见》做好协会体制改革工作，在工商杨浦分局的指导下，于12月10日召开了杨浦区私营企业协会第五届会员代表大会。选举产生了杨浦区私营企业第五届理事会。落实和实施了“政社分开”工作。区协会在面临新的形势和新的要求情况下，逐步适应，统筹安排好各项工作，加快协会各基层工作委员会的恢复建设工作。努力按照市私协的工作步骤与要求，确保协会各基层工委会的机构，人员、场地、经费的四落实，在此基础上，边建立，边完善，边开展工作，重点要抓好会员信息的确认登记工作。发挥“提供服务，反应诉求，规范行为”的作用，服务好会员，将协会真正建成私营企业业主的“娘家”。

（五）个体劳动者协会

【概况】 截至2009年末，全区注册登记的个体工商户12974户，年内新增个体工商户1993户。贯彻落实市委、市政府办公厅《关于推进本市企业协会政社分开工作的实施意见》做好协会体制改革工作，在工商杨浦分局的指导下，于12月1日召开了杨浦区个体劳动者协会六届十三次理事会，选举产生了杨浦区个体劳动者协会六届理事会。落实和实施了“政社分开”工作。

（六）民营企业家选介

【叶英】 女，1952年2月出生，现任上海迎霄电子有限公司董事长，总经理。从1990年走上创业之路发展成为在行业内有一定知名度的企业，并率先引进了欧洲的先进半导体器件技术。为国内汽车行业、电子镇流器行业、LED电源照明提高和稳定电子技术作出了应有的贡献。公司以提供良好的商业信誉以及优质的售后服务为宗旨，成为西班牙FAGOR公司的在中国大陆指定代理商。公司与上海通用、上海大众等企业长期合作，以优秀的服务，质量、诚信，在合作企业中得到了好评。建立和谐社会劳动关系，召集员工集思广益，献计献策，使得公司业务蒸蒸日上，公司注重培养每位员工的业务水平，让他们能在各个部门胜任工作。从生活上关心他们，除了缴纳国家规定的各项养老保险金外，还给每位员工额外再购买医疗意外险，解除后顾之忧。每年组织员工旅游，让员工们沐浴在国家改革开放和公司发展的春风中。饮水思源，回报社会，积极参加社会公益活动；在建云南希望小学，抗击“非典”、抗洪救灾、四川地震等各项慈善活动中尽自己的能力捐款、捐物，并发动公司每位员工积极参加捐款活动。十年来，公司4次获“区先进企业”荣誉称号，2008年获“区劳动关系和谐企业”称号，2007年获“上海市巾帼建功先进个人”称号。

【金海涛】 男，1962年12月出生，复旦大学博士，现任上海旦华新能源开发有限公司董事长，政协杨浦区第十一届委员会委员，杨浦区工商联常委，上海市私营企业协会理事，杨浦区私营企业协会副会长。2009年被杨浦区委、区政府授予“第七批杨浦知识创新区拔尖人才”荣誉称号。1998年，金海涛创建了上海旦华新能源开发有限公司，致力于节能环保燃料的开发和应用，经过十年的努力，已形成从产品自主研发、生产加工至产品销售的一体化格局。公司研制的20#–250#系列节能环保燃料油已成功实现产业化转型，该系列产品具有含硫量低，燃烧充分，使用方便，节约能耗等特色，有效降低有害气体和烟尘的排放，实现了节能和环保的有机统一，深受客户的亲睐。经上海市节能产品评审委员会专家评审，一致认为该系列产品品质处于国内领先水平，并授予“上海市节能产品”称号。金海涛注重公司学习型团队的建设，不断研发具有自主知识产权的高新产品，由他主持研制的系列节能环保燃料油配方、生产工艺及成套设备，开发的高稳定性燃油添加剂、乳化降硫剂等高品质产品均已获得国家专利，并实现产业化生产，首创了完备的在线检测系统，保证了产业化生产过程中品质的稳定性。金海涛还带领团队推广应用高品质节能环保产品，自觉履行一个知识分子的社会责任，不断将优秀成果奉献给社会和大众，使之在更广的范围内推广应用。金海涛重视培养员工树立正确的人生观、实现个人价值和社会价值的统一。无论是面对东南亚海啸、抗击非典、地震、洪水等自然灾害，还是在弱势群体的帮困上都有上海旦华公司的身影，公司成立以来累计捐款、捐物已达到百万元以上，涌现出了以上海市劳动模范金晓萍为代表的一批吃苦耐劳、爱岗敬业、乐于奉献的先进典型。公司先后赞助参与“世博号角”活动，参加文艺汇演，组织私企参加“旦华杯”乒乓球赛等活动。公司先后获得“劳动关系和谐企业”,“安全生产先进企业”,“上海市先进企业”等众多荣誉称号。

【许云】 女,1935年1月出生。民建会员、高级工程师、现任上海华富电气技术有限公司、上海华孚电气传动控制设备有限公司和上海爱净环保技术有限公司董事长、总经理。1958年毕业于上海交大,一直从事机电技术工作。1992年走上创业之路。成立了以“四技”服务为主的私营科技型企业。讲诚信、质量第一、优质服务。公司业务范围涉及全国27个省、市、自治区,曾先后举办全国性变频器技术讲习会及交流会十多期,为来自全国16个省市近1000人提供技术培训,至今为客户维修变频器3000多台,并在日常经营活动中,向广大用户提供技术咨询及优良和及时的售前、售后服务,取得了较好的社会效益,在行业中有较好的口碑。“诚信是企业成功之本”,在公司内坚持以信用为本,加强信用建设,建立起系统、完善的信用管理制度,形成了以履行合同为轴心的整体行为。公司内部为扎实开展创建劳动和谐企业做了大量深入细致的工作,与公司工会、员工签订了内容具体、操作性强的集体和个人合同,并制定了安全、生产管理制度14类及开展一系列公司亲和力活动。公司赢得了社会各界给予的荣誉和殊荣。“富士变频器维修技术项目”获第十一届“全国星火杯”创造发明竞赛优秀项目金奖,被评为“跨世纪好形象科技企业”、杨浦区和上海市先进企业、“守合同重信用”企业、合同信用等级AAA级,杨浦区“劳动关系和谐企业”。许总本人也获得了杨浦区“三八红旗手”、“先进工作者”、“共和国杰出人物”、“中国改革开放30周年创新人物”等光荣称号,是连续两届杨浦区政协委员、工商联常委。

东泰日用百货商店

(七)民营企业选介

【上海东泰日用百货有限公司】 成立于1994年,注册资金100万元,获得上海市特种劳动防护用品经营企业许可,是一家全面性的百货批发兼零售企业。公司代理众多知名品牌产品的经销,并成为各大品牌的经销商之一,如“和黄白猫”、“制皂厂”、“上海家化”、“上海庄臣”、“强生公司”、“尤妮佳”、“上海414萃众毛巾”、“中华制药厂”等知名品牌商品的经销合作伙伴。这十几年来公司在不断地成长、发展,经销的商品达千余种,满足了不同消费人群的需求,而公司一直注重信用、守合同、保证产品质量、多品种经营特色和薄利多销的原则,以及优质的服务赢得普通百姓和合作伙伴的信赖与好评。公司1994年以来六次荣获“区先进企业”荣誉称号,获“上海市2003—2004年度巾帼建功先进集体”光荣称号、2008年获“区劳动关系和谐企业”称号、2009年获区“巾帼文明岗”称号。

【上海捷联投资咨询服务有限公司】 创办于1992年10月,专业从事投资咨询、项目评估、企业管理咨询、融资财务顾问等业务。公司曾先后投资的全资机构有上海捷联房地产经纪有限公司、上海捷联职业技能培训中心、上海捷源建材五金经营公司、上海捷泉电线电缆制造有限公司等。公司1995年成立工会组织,1998年成立中共党支部,成为本区首家建立独立党工组织的民营企业。董事长郑捷还被推举担任区党代表、政协委员、工商联(商会)副会长、私营企业协会副会长和江浦路街道综合党委委员等社会职务。2001年和2008年荣获上海市"优秀共产党员"、2007年荣获"杨浦区优秀中国特色社会主义建设者"。公司坚持"树形象、爱团队、讲效率、求效益"的企业宗旨,努力展现"创新、奋发、严谨、求实"的企业精神,依法经营,努力开拓,曾为境内外客商投资提供投资咨询与商务服务,为吸引外资,发展地区经济而积极努力。公司18年的峥嵘岁月,彰显了"捷足有序,方可顺道通达;联手务实,才能四海为家"的企业文化理念。企业先后获得了"上海市文明单位"、"上海市就业和社会保障先进民营企业"、"上海市守合同重信誉AA级企业"、"上海市劳动关系和谐企业"、"杨浦区先进集体"、"杨浦区学习型企(事)业"、"杨浦区五好党组织"和"区推进创业带动就业工作先进集体"等三十多项荣誉称号。

【上海鑫辉房产咨询有限公司】 创立于1998年11月,是上海市房地产经纪协会会员单位,注册资金100万元人民币,主要从事房地产经纪业务,公司旗下拥有10个分公司,除杨浦区外,业务触角还遍及本市各个区域。2007年—2009年二手房销售面22246平方米,成交金额23748万元。2009年公司拓展曹安路2118号,面积14603平方米,成交金额1.5亿元的酒店式公寓代理业务,仅该项酒店式公寓佣金收入所上缴的税收达402500元。公司注重承担社会责任,遵守社会公德,吸纳下岗人员,重塑员工的自身价值,使他们成为对社会有用的人才。在5·12大地震发生后的很短时间内,公司及旗下所有员工均捐款捐物,体现了对受灾同胞的手足之情。公司被上海市红十字会授予"人道救助,爱心关怀"荣誉证书;杨浦区红十字会授予捐款救助"荣誉证书";至2009年止,公司先后被上海市私企协会授予"巾帼建功促进就业奖";"先进集体"光荣称号;"巾帼英雄"等诸项荣誉。

七、市属企业选介

（一）综　述

杨浦是中国近代工业的发祥地，从19世纪80年代开始，这里诞生了中国近代第一家水厂、第一家电厂、第一家煤气厂、第一家棉纺织厂、第一家造纸厂。到20世纪80年代，杨浦已成为上海最大的工业区，工业门类齐全，大中型工厂达143家，占全市937家的15.26%。其中包括上海柴油机厂、上海机床厂、中华造船厂、凤凰和永久两个自行车集团公司、梅林正广和集团公司、上海制皂厂、上海手表厂、上海工具厂、正泰橡胶厂等全国知名的企业。

随着90年代产业结构的大调整，杨浦的传统工业实行关停并迁。经对283家国有企业的调查，2003年底与1990年底相比较，已有154家工厂关停并迁；职工下岗分流达214774人，占1990年底392296人的54.42%。按照行业分析，曾占半壁江山的纺织业调整力度最大，共有37家、86081人，分别占1990年纺织业总数的69.81%和69.71%。全区154家工厂共置换土地资源5.043539平方公里，其中置换为住宅用地的2.029715平方公里；置换为经济园区和第二产业的1.333273平方公里；置换为三产用地的0.601571平方公里；置换为教育和市政用地的0.234483平方公里；待处理的土地有0.844497平方公里。杨浦46万产业工人，到2003年底只剩下8.39万人。

2009年，在地经营的大中型企业，经过调整、充实、提高，区域工业规模以上企业总产值达648.5亿元，比上年增长5.3%，实现利润总额124.1亿元，比上年下降7.3%。

（二）上海正广和饮用水有限公司

【概况】　上海正广和饮用水有限公司是沪上最早生产饮用水的企业之一，现由上海梅林正广和股份有限公司与法国达能（亚洲）有限公司共同投资组建。“正本清源求质量，广泛流通拓市场，和颜悦色树形象”的经营理念，关注消费者的点滴需求，提供最健康的产品与最诚挚的服务，不断创新，给生活一个绿色健康的未来。专业完善的服务团队和周到便捷的客户服务系统，为客户提供全

桶装水灌装设备

程信息反馈得到了有效的保障。在做好定时上门服务、耐心听取客户咨询的同时，为客户提供人性化的服务。通过正广和人的不懈努力，把健康饮水的理念传达到每个家庭，让正广和成为人们心目中最放心饮用的品牌。

【连续6届十二年荣获市文明单位称号】 5月15日，在光明食品集团召开的精神文明建设工作会议上，正广和饮用水有限公司荣获2007—2008年度第十四届上海市文明单位称号，这是连续6届十二年荣获该称号。

【连续第5年获上海10大精品饮用水品牌】 5月30日，在2009年中国(上海)饮料冷饮嘉年华主题活动上，公司总经理刘颗代表上海市饮料行业全体签署承诺书的品牌企业宣读了“2009年夏令饮料冷饮行业承诺书”。市相关部门领导向公司颁发了“2009年上海10大精品饮用水品牌”证书，这是公司连续第5年获得此项殊荣。代表上海最高荣誉的2009上海快速消费品颁奖典礼在新雅大酒店隆重举行，正广和品牌饮用水以超过1亿5千万桶的市场销量，揽获“年度畅销金品”和“10年畅销金品”二项大奖，荣登获奖榜首，成为上海饮用水行业的领军品牌。

【抓党建促发展】 2月21日，该公司全体党员在海烟大酒店16楼会议室参加由公司党委召开的“面对挑战、超越自我”党课报告会暨党员大会，党委副书记金丽娣作工作总结，从六大方面展示了2008年公司党建工作的成果；2009年，公司党委要紧紧围绕经济建设这个中心任务，充分发挥党组织的政治核心作用，充分发挥党支部战斗堡垒作用，带领广大群众，围绕企业的经济工作指标，加强内部管理、提高工作效率、降低运营成本，振奋精神，树立信心，同舟共济，攻坚克难，为全面完成公司2009年经营目标提供坚强保证。公司党委书记沈亚虹要求广大党员围绕公司的经营目标，发挥好作用，带领群众同心同德，取得更大的进步。会上还特邀上海工会干部管理学院朱虹老师上“面对挑战、超越自我——走进2009”的党课。

【扩大产能，满足市场需求】 经过公司上下跨部门一个多星期夜以继日的通力协作，一套崭新的每小时900桶的五加仑生产线已运转。该设备具有一定的技术含量，是目前上海最大产能的灌装设备之一。公司自成立以来还没有进行过较大的设备技术改造，在线生产线均为90年代的陈旧设备，其生产能力已经不能满足市场需要，设备情况每况愈下，不仅经常发生故障造成维修费用的上升而且生产效能的下降，一到销售旺季，生产安排就显得比较被动，以至为了满足市场需要生产安排经常是捉襟见肘，特别是销售旺季时造成市场上的产品断供，在消费者中造成了一定的负面影响。为此，公司领导下大决心，投入巨资引进了一套每小时900桶生产线。该设备结构紧凑、占地面积小，前后工序具有气缸翻转的自动上、下桶设计；旋转式的冲洗喷头；灌装采用插入式二次灌装结构，液位控制准确、减弱水花更能节约水资源的消耗。投入生产后不仅能减少了员工的劳动强度和人员配置而且使的生产设备提高了一个档次。此次在设备的配套方面公司也予以了全面的考量，不仅改造了氧化塔、水罐等，而且将原来的垂直升降机改为螺旋式升降机，使之维修方便，外形美观直接。

【与世博同行，展女性风采】 3

正广和女性与世博颁奖现场

月6日，是第99个全世界妇女共同的节日——三八国际劳动妇女节。公司女干部代表、女党员代表、女职工代表、女外来人员代表等团聚在和煦的春风里，欢聚在自己的节日里，共同庆祝纪念三八国际劳动妇女节。在“手工才艺展示”活动中，广大女职工积极响应、踊跃参与，她们利用业余时间制作出了具有艺术性、观赏性的手工制品近40种。公司总经理刘颗对这次展示会给予了高度评价，并希望公司女职工继续努力，以美好的心态工作、生活，展示女职工风采，发挥潜能，为企业发展增光添彩。

【开展道路交通事故预防知识培训】 4月10日，为配合“车辆交通安全月”活动，提高全员道路交通安全意识，从源头减少道路交通安全事故的发生，上海市交警总队事故防范处的孙建新处长来公司进行“道路交通事故预防知识”讲座，受到了广大驾驶员的好评。纷纷表示，一定会以案为戒，遵守交通法规，注意平安出行，确保人身安全。

【进行消防知识培训】 6月29日，以“关爱生命，安全发展”为主题，提高员工的安全消防意识，加强消防技能的培训。该公司特邀杨浦区安监局干部，进行了2009年安全宣传教育消防知识培训，并在培训后组织了实战消防疏散演练。列举活生生的安全和火灾事例，为大家上了一堂直观、具体、生动的安全消防教育课。从消防责任人、消防实施人的责任到造成火灾的原因、灭火器的选用、最佳扑救时间、如何自救和报警等方面结合公司的实际情况进行了培训。同时，就灭火器的使用方法、操作中应注意的问题、检验期限等实际问题进行重点讲解，并进行了实地急救和疏散演习，使大家受到了一次深刻的消防知识、消防技能安全培训教育。总经理刘颗和党委书记沈亚虹参加了实战培训，并作了重要讲话。部分中层干部、班组长、职工代表参加了培训。

【消防灭火演练】 7月21日，正广和饮用水公司场地上“突发大火”，一场消防灭火演习正在紧张地进行。这是公司开展的事故报警、引导疏散和灭火演练活动的内容之一。按照演练方案，首先进行了消防灭火的认识和使用方法讲解，大家手拿灭火器，进行内攻灭火，现场形成了对火灾的灭火态势，随着指挥员的一声命令，几只灭火器射向火点，将火势扑灭，演练取得圆满成功。同时对35公斤的ABC干粉灭火器进行了演练，这类灭火器威力特大，可扑救固体、液体、气体火灾，适用范围很大。公司领导到场观摩了此次演练。通过演练，既检验了公司重点防火部位应急预案的实用性，又锻炼了员工们应对突发事故的反映、协调能力，为确保企业消防安全保卫工作打下坚实基础。

送水车

【要为党旗增辉】 6月27日，正广和饮用水公司的全体党员来到位于秀丽明媚的阳澄湖畔——沙家浜全国爱国主义教育示范基地、全国百家红色旅游经典景区举行“迎七一、为党旗增辉”主题党日活动。公司党委举行了“我为党旗增辉”的主题演讲会，公司党委对六个党支部“党支部建设示范点”予以命名。6位党支部代表分别作了主题演讲。党委书记沈亚虹要求，党员们在各自的岗位上都发挥了先锋模范作用，要围绕公司的经营目标，心往一处想，劲往一处使，不断解放思

正广和班子成员集体协商发展大计

想,开拓创新,挑战自我,取得更大的成绩。

【组织复员军人和预备役民兵外出参观学习】 8月1日建军节,正广和饮用水公司的复员军人和预备役民兵在党委书记沈亚虹的带领下,参观了洋山深水港。通过参观学习,大家深切感受到上海的变化,通过洋山深水港了解改革,更坚定上海建设国际航运中心的信心。要将学习“洋山精神”与公司经营目标相结合,落实到具体行动上。

【矿泉水产能改造项目顺利完成】 10月,正广和喜获矿泉水产能改造项目顺利完成的丰收。所以在产品种类上,不论大桶还是小瓶,都有矿泉水的产品。随着人们生活水平的提高,越来越多的人开始选择饮用矿泉水,公司的矿泉水销量不断上升,随着今年新的大桶900线的投入生产,小瓶家庭装5L矿、4L矿等产品的销量不断提高。尤其19L矿水在旺季的最大需求达到了每日11000桶以上,矿泉水的水处理能力成为了生产过程中最大的瓶颈。再不加大水处理的能力,会有产品生产满足不了市场的情况发生。公司成立矿泉水产能扩大项目小组,进行公关,最后终于和供应商一起找到了产能扩大的方案,并在国庆节前利用周六休息时间完成了改造。这次项目改造的成功,使得原来的矿水处理能力从15吨/小时,提升到了24吨/小时。通过改造,现在能够2条线同时生产矿水,这对于旺季时候矿水销售的需求有了极大的保证。而且生产的安排也更合理和有序,减少了产品的切换,降低了水、电的消耗。

【“天桥”设备改造的成果】 正广和也有一个“过街天桥”, 不过这个不是用来给人行走的,而是用来传输公司的大桶产品。整个“天桥”长24米,宽1.5米,高1米。从一分厂生产大楼的二楼接出,通过“天桥”,连接到对面的水处理大楼。一分厂生产出来的大桶产品就通过“天桥”里的输送带进行传输。通过“天桥”的建设,还使原来公司员工的非机动车改为通过集团门口进入。非机动车不再经过生产场地,大大降低了安全隐患,这也是公司对员工安全的重视和人性化管理的体现。

【达能中国饮料深圳之行】 公司为了鼓励在2009年工作表现突出、各项目中有杰出贡献的员工,不断提升公司的业务能力,加强达能内部相关公司间的交流协作,人力资源部组织了来自不同部门的24名员工前往深圳益力进行为期3天的参观考察。由于生产产品的相似,过程中都有很多认同和感叹的地方,参观中看到了益力工厂是如何做好现场和安全管理:处处可以看到安全海报、安全警示及各项操作规程;经验交流中张总的言传身教、现场互动让员工知道了如何更好的推行WISE安全项目,从中学习到不少现场管理的经验。

【打造预防所有事故的管理体系】 12月9日,达能中国WISE安全内审检查首次会议召开,中国达能饮料安全经理侯海波、北京工厂的领导王志国来公司作项目内审。“WISE”就是管理者承诺做好日常安全管理工作,纠正现场员工不安全行为、保证员工在安全的环境下工作的管理体系。公司安全专员李云汇报了WISE项目创建的历程,侯经理介绍了WISE项目的由来及审核的要求，包括安全经验分享、工厂安全管理流程、员工参与情况等，WISE就是按照杜邦、达能之道形成的安全管理体系，主要关注的是员工的行为。审核将与相关人、部门沟通，观察、查文件以达到安全到底是什么的目的。通过二天的实地检查、与员工、管理者沟通、查阅文件，王志国宣布了本次审核分为23分。（金丽娣）

（三）中国纺织机械股份有限公司

【概况】 2009年，中国纺织机械股份有限公司面对严峻的经济形势和困难局面，紧紧依靠各党支部和广大党员，围绕公司全年各项经济目标，与公司行政一起在拓展市场，提高质量，完善和开发新产品，推进公司“三大结构调整”，以及关心职工和建立和谐稳定的企业环境方面做了大量的工作，并取得了较好的成果。在公司董事会的领导下，在太平洋机电集团的具体指导下，公司二级领导班子成员团结一致，抓好产品开发，积极拓展市场，较好地完成了公司内部生产结构、组织结构、工艺布局的调整以及闲置资产处置等工作，主业销售和产品生产扭转了自2005年四季度以来连续发生的下降趋势，出现了止跌企稳向好的开端。主营业务收入完成4178万元，与上年同期的3266万元相比，增长28%；其中：织机销售收入2993万，与上年同期的2683万元相比增长12%；外接任务完成425万元，与上年同期的282万元相比增长51%。利润总额完成686万元，与上年同期的606万元相比，增加13%。应收账款控制额为367万元，与上年同期的102万元相比增加260%。存货控制额为825万元。节能降耗的年度目标每万元产值的能耗为204公斤标准煤，实际为394.4公斤标准煤。

【狠抓市场拓展】 面对激烈的市场竞争环境，全体销售人员团结一致，千方百计克服各种困难，积极开展各项销售工作，努力拓展新兴市场与传统市场，使高档无梭织机的销售突破了近几年来连续下降的困境。从织机市场销售的实际情况出发，加大了对四川井研地区、江苏南通及常州地区、浙江许村地区、广东南海地区和山东寿光地区的销售力度，重点区域内的重点客户都有公司和市场销售部的领导亲自挂帅、骨干销售人员全过程跟踪，经过公司上下的共同努力，在当地政府和银行的支持下，取得了一定的成效。特别是四川井研，公司经过近二年锲而不舍的工作，高档织机的市场销售在该地区有所突破，4台宽幅新龙织机经过一段时间试织丝织物后，基本得到了用户的认可，该用户决定再确认26台的合同。在传统的喷气织机市场常州地区，经过销售人员的不懈努力，年内也有望完成28台喷气织机的生产销售。

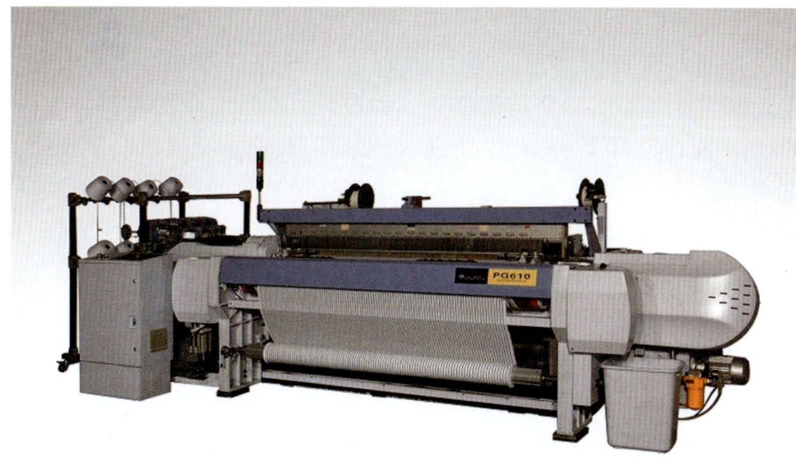

GP610新型织机

【重视业务培训】 从思想教育和业务转型入手，加强了两支队伍的日常建设。一年来，市场销售部有计划、分步骤地对营销人员和售后服务人员进行培训，采取集中办班和利用营销人员出差间隙学习、培训相结合的方式来加强销售队伍的建设。在业务培训上也采取了多种形式，有科技人员的直教式，也有结合市场情况的专题讨论式，还有营销人员带着问题进行互动研讨，提高了营销人员的业务能力。

【加强制度建设】 从完善制度着手，加强了内部管理。分级评审了日常合同的条款，杜绝因合同不规范而造成对用户的影响和对公司的经济损失。在建立售后服务档案和售后服务用户点的基础上，跟踪好每户用户，掌握其动态情况，及时反映产品运行状况，把握用户再次购买信息，并取得了初步的成效。在稳住销售的基础上，销售费用明显下降，没有新增织机销售的应收款，销售补缺费用1–11月共发生8.26万元，与上年同期25.16万元相比，下降了16.90万元。

中纺机与海军928舰共建和谐家园

【完善激励机制】 针对当前市场恶劣竞争的环境和销售工作的难点，公司实事求是地根据市场变化情况和企业实际，注意维护销售人员的基本利益，在提高销售人员基本收入的基础上，制订了新的销售激励考核办法。据销售部门预计，经过调整后，一线销售人员的人均收入与去年同期相比增长约为42%左右。同时，本着以人为本的原则，在困难时期注意调动和保护销售人员的积极性，尽力消除销售人员长期出差在外可能碰到的有关风险。

【做好产品宣传】 近几年来，由于种种原因，中纺机产品的市场影响力受到淡化。为了加强产品销售的宣传力度，扩大产品的市场影响，公司的主要产品PG600剑杆织机和GA708喷气织机参加了上海国际纺机展，获得了许多用户的积极评价。同时还调整完善了公司网站上的产品介绍内容。特别是在近期，有偿利用“中国纺织报”的“纺机专刊”，分十余次为公司进行产品宣传，力求通过产品宣传，增强用户对公司产品的信赖程度，促进市场销售和重塑企业形象。

【争取各方支持】 在销售过程中，公司除了应对产品技术水平、产品销售价格等日益激烈的竞争外，解决买方（用户）的资金筹措和付款方式也成为销售工作中的一大难题。由于种种原因，几年来，公司在产品销售中几乎没有得到银行的授信支持与电气租赁公司融资租赁的业务支持。近期经过公司与市场销售部的努力，在太平洋机电集团和公司董事会的支持下，电气租赁公司、中纺机与河南武陟某纺织厂签订了430万的销售合同，为公司今后与买方（用户）开展租赁合作的销售业务创造了有利条件。同时，公司财务监审与市场销售部门，对积极争取银行授信支持公司产品销售的工作仍然在继续努力之中。

【狠抓产品发展】 完成了PG600–200型剑杆织机科技成果鉴定。开发完成了适应新龙双经轴的电子送经系统并可投入生产，今后新龙宽幅双送经织机也可配LGL电子送经，比原先采用百格拉双电子送经，采购成本从3.9万元/套降低为2.16万元/套，采购降本1.74万元/套，使用性能保持不变，并相继完成了新龙上下双经轴剑杆织机（目前在试制中）、喷气双经轴织机、喷气上置边撑和托布板机构（可投入生产）、大张力织物附加压布机构，应用于新龙真丝剑杆织机（投入生产）的设计。继续实施国家科技支撑计划项目，设计完成了电子绞边、电子选色装置的控制电路板和控制软件。

【完善工艺制造】 完成了PG600型剑杆织机生产准备相关的工艺路线、加工工艺文件编制（普机、NC、LNC）、专用工装设计、试车台设计、部装和总装装配工艺文件编制、材料定额等，积极做好外接任务的工艺技术服务工作；落实5万平方米场地工艺布局调整规划的编制工作；针对织机漏油以及传剑打纬部件球头上旋紧螺母（160KG）问题，对现有产品装配工序和喷漆工序设置了若干个保护密封圈及质量控制检测点，取得了实效。

【抓好质量控制】 按公司要求，质检部门将分散在各处的检验点进行搬迁和集中，完成了公司内部场地调整的各项方案、布局设计。年初通过了中国质量评审中心（CQC）的ISO9001年度监督审核；通过了上海市质量监督检验技术研究院对万事达/新龙织机的年度质量监督检查。以“四川井研”订购的四台新龙-340型真丝织机为切入点，狠抓产品质量。加强铸件和电镀件表面质量控制，严格执行现行油漆工艺并进行把关，使新龙织机外观质量有较大提高；严控主关件质量；严控引纬打纬箱装配和整机装配质量；加强空车试验及检测。通过上述措施，新龙-340型真丝织机的整体质量得到明显提高，得到用户认可，再次获得订单。对产品售后服务过程中退回的零部件进行质量鉴定和责任认定，分清赔偿责任，减少公司经济损失。配合做好PG600型剑杆织机新产品生产准备的验证工作制定PG600主关件检测要求、整机检测规范。

【加强生产管理】 狠抓结构调整中的基础管理。紧紧围绕发展高档织机的要求，通过内部生产组织的搬迁调整，从消化技术文件着手，恢复了计划、调度、配套的基本职能，为均衡组织商品出产做了大量工作，特别是生产制造部门着眼于基础管理，使得库房管理工作没有因为大量的搬迁调整和处置闲置物品及不实不良库存而影响实物管理。下半年公司组织的在半制品的盘点工作，经过公司管理部门的核查，账卡物的准确性，基本符合公司管理要求。同时，注重生产过程中的工艺纪律。生产条线在抓好零件的加工质量、装配质量的同时，从贯彻产品工艺纪律着手，严格按图纸等技术标准进行生产，重视产品的表面质量。由于从落实新制定的油漆工艺着手，加强对员工的质量教育，职工的质量意识普遍提高，促进了工作质量，第三季度生产的到四川井研的新龙3.4米4台商品，整机出厂面貌一新，得到了各方及用户认可。

【拓展非纺机的承接任务】2009年积极拓展了钣金线外接任务和普机加工外接业务，预计全年可完成425万元。尤其是通过近一年与上海日野汽车制造有限公司的沟通接触，在11月双方签订了协作加工六缸体的框架协议，在12月该合作加工项目又开始了实质性启动，为明年中纺机增加外接业务收入打下了基础。

【抓结构调整】 组织结构调整。公司按照“生产组织、仓储物流、企业管理和生活配套”相对集中的原则，年初对原有的生产组织结构进行了较大规模的调整，形成了产品技质、市场销售、生产制造、财务监审、综合管理（公司办公室）、物业安保、党建工作等六部一室的新组织结构；产品结构调整。按时完成了GA74剑杆织机生产制造能力的转移计划。同时协助合作生产方共生产GA74剑杆织机405台，消化库存近100余万元，合作生产的运作基本正常；资产结构调整。公司充分发挥职能处室、专业技术人员和职工代表的作用，财务监审严格把关，有关人员廉洁自律，闲置物资的处置工作进展顺利。到年底，压缩生活车辆5辆，同比减少费用支出9.35万元。变现各类物资568.57万元，核销账面原值4128余万元、账面净值125余万元，实现呆滞品处置收益360.81万元；人员结构调整。针对公司生产任务不足，安置分流政策未能再次出台的情况下，积极做好各部门富余人员的调整。分别对上年人员结构调整后新产生的富余人员分别进行了妥善安排。

【抓住财务、物业、审计管理不放松】 加强财务预算和费用控制。以开源节流为指导思想，贯彻财务预算为工作纲领，对预算内费用严格控制，对预算外费用基本予以否决。特别加强对可控费用的控制管理。到年底，各类费用均在年初预算控制数内，且与去年同期相比都有不同程度的下降，三项费用预计降幅在20%左右。做好预收账款的清理工作。公司销售滑坡，主业亏损，为了增加企业的收益，弥补利润缺口，按财务管理的要求，对多年形成的预收账款进行了清理，在对用户走访取得相应的规范资料后，经过审核，将无需再支

集体合同签约仪式

付的欠款(预收款)转入公司收益,弥补了公司的利润缺口。加强费用控制和现金管理。销售形势严峻,资金回笼支付供应商货款后严重短缺,为了合理、妥善安排资金,公司积极与财政、税务部门联系,陈述企业的困境,争取房产税、土地使用税的缓交、减免,以缓解资金严重匮乏的矛盾。上半年争取到财政局2008年度的50%房产税返还120.90万元及土地使用税返还100.50万元,极大地缓解了公司年初资金的压力。

【推进工资集体协商和集体合同制度】 民主管理"以人为本",积极推进企业和谐。坚持统筹兼顾企业效益和职工权益的思路,稳妥有序地推进工资集体协商和集体合同制度。2009年受国际金融危机的影响,企业的生产经营仍处于困境,但在公司党委、行政的大力支持下,"工资集体协商和集体合同制度"得到了进一步的推进。去年经过两次逐条对照自查,集体合同所有条款均已得到落实,履行情况良好。1月份,开始执行在岗职工基本工资每月增加200元,对非在岗人员的增资幅度分别按富余、下岗人员月收入从400元调整到450元,病养人员月收入从450元调整到500元,对501名在岗员工进行了体检,公司员工年休假等条款均得到了履行。

【推进劳动关系协调机制】 公司工会妥善处理各种纠纷,建立健全应急处置机制,既维护好职工合法权益。由于去年中纺机运输公司单方面解除6位职工的劳动合同,引起了职工与劳资方的冲突,公司工会与公司有关部门,一方面对当事人给予法律援助,对该事件的发展进行全程跟踪;另一方面,又对因该事件引起生活困难的当事人以工会每月借款的方式给予了帮助,避免了事态进一步的恶化,最后此事经杨浦区劳动仲裁委员会裁决6位职工胜诉,运输公司被迫恢复了6位职工的劳动关系,对解除劳动关系期间的经济损失也予以了补偿。

【促进企业经济运行质量】 发挥工会"大学校"作用,着力提高职工素质,促进班组"人员管理精细化"。加强职工思想道德素质教育,提高职业技能水平,为实现企业发展目标增强了力量。经过全年的考核、整顿、检查、评比,共评比出三星级班组4个,二星级班组7个。一星级班组21个,三星级班组达标率11.4%,二星级班组达标率20%,一星级以上班组达标率91.4%。

【完善公司廉政制度建设】 以思想教育为先导,抓好廉政自律教育,进一步增强了党员领导干部自觉遵守廉洁自律规定的自觉性,全年中层以上领导干部共有9人次主动上交现金、礼券合计1.9万元。加强处置闲置资产的监管。根据公司三大结构调整的要求,处置呆滞成品、半成品以及各类物资时,纪委和监审与职能处室、职工代表、分管领导共同商讨,走好程序,做好引导。由于闲置资产处置工作操作规范、监管有力,职工对此反响较好,未发生举报领导或干部以及有关人员违纪问题。加强在建工程项目的督查。公司规定2万元以上的工程项目必须经社会审计方可付费,对15万元以上工程项目必须实行项目招投标,一年来,项目的实施基本符合规定,全年审计监督工程项目20余项,合同价值为2419.8万元。 (王继明)

（四）上海工具厂有限公司

【概况】 2009年，上海工具厂有限公司围绕年初三届一次职代会提出的“抓管理，练内功，强素质，抗风险，调结构，保增长”的奋斗目标和对策举措，把受金融危机冲击而对企业经济发展所造成的负面效应减少到了最低程度，基本实现了2009年调整后的各项预算目标。实际完成销售收入37000多万元，销售毛利率21.7%，净利润3900多万元，应收帐周转天数保持在7天，存货周转天数保持在133天，经营性现金流量7141万元。2009年，公司主要经济指标调整后增速同比基本持平，基本上完成了上级部门下达的全年考核指标，保持了经济的稳定增长。维持了公司生产经营正常运作，提高了企业竞争能力、盈利能力和企业经济发展的健康程度，企业实现了发展和稳定的大局。

【强化生产管理为销售提供支撑】 年初，针对因受金融危机影响，导致工具市场需求萎缩，销售下降，库存上升，部分生产能力放空这一严重局面，公司建立了产销协调预警机制，制订了应急预案，根据订单承接和市场销售情况，适时进行生产能力和资源平衡。通过抓内部调整、抓生产全过程的动态监控，及时调整生产计划，把握生产节奏，优化资源结构，实行总量控制，加强产销协调，重点对生产计划执行率、合同对口率、非标产品生产周期、在制品和成品库存这几个关键环节，实行全程动态跟踪考核，抓好旬和月度均衡投入产出，及时提供销售资源，满足市场需要。由于应对得当，措施有力，从一季度产大于销，到二季度迅速扭转了局面，实现了销大于产。下半年起销售企稳回升，产销率达到了98%。

【贯彻大质量理念 深化全面质量管理】 2009年，按照绩效管理的要求，在质量工作中，重点抓了五个环节：一是抓质量贯标体系的运行。公司对ISO9001：2000版文件化体系进行了第五次改版修订。并进行了内审和管理评审。9月下旬，CQC上海评审中心对公司改版后的ISO9001：2008版质量标准管理体系进行了认证审核，确认公司新版质量体系标准运行有效。二是深入贯彻卓越绩效准则，质量创奖升级再上新台阶。围绕两个争创的质量目标，经过各部门努力，在2006年上工刀具创中国名牌产品的基础上，经市质协评审，公司被评为上海市质量管理奖企业；上☆工商标被国家工商总局评为中国驰名商标。三是抓产品实物质量，抓质量持续改进，通过加强对现场和库存产品抽查，进行切削试验对比，对用户反映的质量问题进行质量分析，制订改进措施等途径，公司的产品质量总体保持稳定。经抽查，名牌产品和一般产品的批接受率均达到100%；合格品率分别达到99%和98.6%。四是抓外扩企业质保能力评审。公司通过控制原材料采购质量，贯彻技术文件标准，实行量具合格证管理，加强产品进厂验收等措施，对主要定牌外扩企业、原材料供应商和A类物质供应商开展质保能力评审，纳入上工质保体系，以保证上工刀具的实物质量。五是继续开展顾客满意度评价。以关注顾客为焦点，以第一时间为客户排难解忧为宗旨，以抓好售前、售中、售后服务为重点，不断提升上工产品在市场上的声誉。经上海市质协

屋顶太阳能设施

顾客满意度评价中心的第三方权威测评，公司的顾客满意度达到87.42分。

【推进清洁生产和节能减排工作】 2009年，公司被列为电气集团推行清洁生产25家审核单位之一。该公司以此为契机，将清洁生产和节能降耗这两项工作紧密结合，作为转变生产方式、节约增效的一个重要抓手，深入推进。公司着眼于从原料、生产过程、产品和善后处理等各个环节抓好清洁生产、节能减排和安全环保工作。在企业内部广泛发动群众开展了清洁生产、节能降耗合理化建议活动，广大职工从原材料和能源的替代利用、技术改造、工艺改进、设备维护、改善作业环境、废弃物回收利用和循环使用等各个方面献计献策，在此基础上，公司共制订实施了17项整改项目，重点对设备吸排雾装置、冷却机排热设施、冷却水的循环装置、太阳能热水系统、废气排放、燃油锅炉、节能照明订等设施进行更新和技术改造，从源头上控制污染，减少三废排放，降低能源消耗，全面推进清洁生产，以不断提高生产精细化程度。公司的清洁生产企业即将接受上级审核；全年能耗为0.21吨标煤/万元。

【练内功 防风险 加强内控管理】 2009年，公司提出了加强内控管理的重点工作和要求，对企业日常经营活动开展风险评估。加强对固定资产盘点、应收账款清理、销售信用管理、生产过程循环、成本核算分析对比等内控审核，以防范经营风险。对主要价值制造过程中合同履行率、新产品开发率、生产计划完成率、供方交货合格率等加强检查考核；对主要关键支持过程售后服务、客户满意度、质量监测、不合格品控制、财务成本、设备维修、安环合格率等进行重点跟踪，协调检查。加强现场管理，对工装、计量、设备等进行现场实地调研，发现问题，查找原因，并正采取针对性措施，对管理中薄弱环节着手进行整改。四是开展持续打假维权，打击假冒上工商标、上工刀具不法行为，摧毁售假商铺11家，收缴涉案物品价值约150万元，维护了上工名牌声誉。

【结构调整和项目建设同步实施】 围绕提高企业创新能力和市场竞争能力，着重抓了三个方面：一是调结构，加快新品开发。全年计划新开发的不锈钢丝锥、高性能螺尖丝锥、整体硬质合金通用型立铣刀、高性能钻头、HSK刀柄系列等五项新产品，已按时间节点完成了批量试制，并已逐步投放市场销售。2009年公司共实现新产品产值10944万元，占总产值41%，实现科技投入1927万元，占销售收入5.7%，完成各类技措项目34项，投入资金259万元。二是上项目，加快产学研合作步伐。《镀层高速钢工具表面改性技术》、《高速钢工具系统》和《数控刀具用高性能材料》这3个国家科技支撑项目和国家重大科技专项，已全面实施启动，到2010年底全部完成。刀柄刀杆合作生产项目这个项目完成后，将进一步提高数控刀柄刀杆的能级和技术含量，为刀柄刀杆的系列化、规模化生产打下基础，成为企业一个新的经济增长点。三是订规划，确定新的发展目标。公司经过多次调研，正式编制了2010年—2014年五年发展规划。提出了销售收入10个亿、净利润1个亿的奋斗目标，围绕企业七大重点产品体系的发展，突出了“突破、创新、拓展”三大战略，突出了企业发展的技术进步、管理创新和职工素质提高的重要时代元素。

【优化人力资源配置】 按照“引得进，用得好，留得住，有奔头”的要求，公司共引进和招聘录用了4名硕士生、14名本科生和5名大专生。并根据定岗情况逐一核定大学生的标准岗位工资、技能工资和绩效工资，统一纳入公司对科技人员的考核激励范围。按精简高效的要求，深入开展定岗定编定员工作，压缩编制，精减人员。通过三定，全公司岗位数从2007年的760个，压缩到目前的581个；人员编制总量从2008年最高峰的2124人，压缩到目前的1768人。人员规模处于有效的控制状态。按照各部室、工厂二三线人员比例全年要压缩4个百分点的要求，严格控制各类退聘人员，精简外来务工人员，分流安置富余人员，到年底，在册在岗职工1142人。

【技术创新成果突显】 为加快项目建设和产品结构调整，推动自主研发和引进消化再创新，工会坚持每年会同技术中心，累计组织开展了59项新技术、新工艺、新设备和新材料应用的技术攻关活动。项目的实施，不仅解决了诸多产品技术、生产、质量上的关键问题，使产品能级得到提升，促进了公司的技术进步和产品高地建设，同时也为技术人员施展才华搭建了舞台，推进了公司的人才高地建设，在提升企业竞争力、提高经济效益方面取得了显著成效，荣获了上海市"职工技术创新项目奖"和上海电气"双百双十立功竞赛十佳创新奖"。

【拓展营销网络　努力促销扩销】　2009年，面对严峻的市场形势，通过公司领导、销售部门、各工厂营销人员三位一体跑市场、接订单；积极探索推进大区域销售模式，开展产品销售大类地区考核，实行常规产品、非标产品和新产品捆绑销售，加大项目新产品的促销力度；实行新的销售政策，加强与特约经销商、二级网点和客户沟通，加强对经销商和终端用户的销售技术支持，为客户提供贴身服务，及时解决实际需求等措施，努力扩大经销商队伍，拓展营销网络，公司的销售形势逐月好转。目前，上工刀具的市场占有率已达到11.9%，其中孔加工刀具和螺纹刀具的市场占有率分别达到了29.3%和16.4%，基本上恢复到2008年上半年水平。数控刀具、非标刀具在边缘、薄弱地区的销售有了新的突破，山西、内蒙等地区销量同比增长了70%；两广地区增长了13%，西南和安徽地区增长了4%。

【立功竞赛内涵扩展水平提升】
公司两级工会坚持以"创新、创优、创效"为主题，开展了多种形式的劳动竞赛，有力推动了公司热销产品扩量增产，订单增加，销售增长，满足了市场的需求；部分陈旧设备得以自主改造，性能恢复，功能开发，工效提高，满足了生产的急需；一些新工艺、新操作法得到推广，节约了大量的钢材、能源与制造成本。在疏通生产瓶颈、节能减排、降本增效、提升效率、提高质量、安全生产、精细管理、优化服务等各个环节发挥出多方面的作用。

工具厂产品订货会现场

【凝聚集体智慧推动卓越管理】
广泛发动班组职工开展以"强化管理、扩量增收，勤俭节约、降本增效"为主题的职工合理化建议活动。六年来，共征集建议805条，评出"优秀合理化建议项目""金点子"83条，推广应用和转化为技术攻关、小改小革与QC管理项目采纳实施201条。这些建言献策有力改善了节电、节油、节材、节水，以及修旧利废、循环利用、环保减排等管理中的薄弱环节，取得了可观的经济效益和显著的社会效益，为企业卓越管理、清洁生产发挥出积极作用。涌现出一批集优系统的"节能减排先进职工"、"优秀QC小组"和"优秀节能减排项目"。

【发挥职代会参政议政作用】
坚持以职代会为企业民主管理基本形式，把全心全意依靠广大职工办好企业的工作落到实处。组织召开了八次职工代表大会，认真听取审议总经理行政工作报告、《深化三项制度改革实施方案》、《企业改革调整工作实施方案》、《企业文化建设纲要》、《五年滚动发展战略规划》和《人才高地建设规划》及"科技进步成果奖励办法"等一系列生产经营重大决策和发展规划。审议通过工会工作报告，以及《集体合同》、《企业分配制度改革总体方案》、《职工技能工资晋级工作意见》、《富余人员安置分流方案》和《职工带薪年休假实施办法》等一系列涉及职工切身利益的重大事项。每年的职代会决议，都为“聚焦发展重点、突破发展瓶颈、营造发展氛围、创新发展机制”提供了坚实的思想基础和行动保证。

【履行维护职能　促进相融共进】 工会在《劳动合同法》贯彻实施中积极主动地开展工资集体协商，建立了职工工资福利增长机制。会同行政与各相关部室共同对原集体合同进行补充完善，代表职工与行政签订了新一轮《集体合同》以及《职工工资奖励福利保障标准》、《女职工特殊权益保护协议》和《进城务工人员合法权益保障协议》三个附件。坚持把推进企业发展与维护职工权益有机结合。充分体现企业经济发展和职工利益同步增长的目标追求。工会依靠广大干部职工，在创建劳动关系和谐企业中发挥重要作用，获得了上海市“职工群众最满意企业”与上海电气“劳动关系和谐企业”荣誉称号。

【加强职工民主评议监督职责】 举办了多期职工代表培训班，进一步提高了职工代表开展工作的能力和水平。坚持以“公开、公平、公正”原则对全体中层干部开展民主评议活动，评选并表彰各年度优秀干部65人次。工会民管小组坚持对职工食堂进行经常性的监督检查，积极支持和配合食堂开展“战高温、抓质量、促安全”、“百日无事故”劳动竞赛，促进饭菜质量和饮食卫生水平不断提高。工会二级安全监督网络注重加强对安全生产管理责任制执行情况与职工劳动保护情况开展现场检查，坚持高温季节为热加工职工送清凉，积极参与对新进厂职工、特别是劳务工的入厂安全生产教育工作。广泛开展“安康杯”竞赛活动，促进职工安全意识和安全技能不断提高，近年来，连续获得全国“安康杯”竞赛（上海赛区）优胜单位荣誉称号。

【深入开展学李斌活动】 坚持以“学李斌，强素质，创业绩，促发展”为主线，持续通过先进事迹交流会、专题研讨会、发出倡议书、摄制活动纪实片、布置事迹宣传栏、总结撰写成功案例和经验做法等多种形式的教育激励和示范引导，广泛宣传当代工人的杰出代表李斌同志的先进思想和弘扬公司学李斌式职工的模范事迹，深入组织动员职工开展“外学李斌，内学劳模先进”活动，在全公司营造起一个经久不衰的“争创李斌式班组，争当李斌式职工”的热烈氛围。特别是今年在学习实践科学发展观活动的推动下，“学李斌能手协会”活动又再一次拓展形成了“学李斌”职工队伍“发挥岗位工作骨干效应、展示带徒传技放大效应、提升集体攻关突破效应”的新思路，在实现“集聚技能要素，集聚技术要素，集聚创新要素”这个目标上迈出了成效初现的坚实一步。

【岗位培训技术比武能级提升】 积极配合公司人力资源部开展职工培训工作，支持和动员广大职工踊跃参加各类岗位技能培训，鼓励职工“精一门、会二门、学三门”，争当多面手；积极开展机电工会“十万职工大练兵”活动，组织职工多工种、多项目的参加上海电气“李斌杯”技能大赛和“上海电气‘节能减排’创意创新大奖赛”及全国职工技能大赛，并取得了较好的成绩，为提高

上海工具厂学李斌活动表彰会

职工的职业技能广开渠道。促进了技术工人队伍、特别是数控机床操作、设备维修、机械测量工、营销专业、CAD辅助设计等工种中的高级技师、技师和高级工的比例得到了很大幅度的提升，职工队伍的整体技能素质有了显著提高。

【学技能作奉献】 工会高度重视劳务工队伍的建设，按上级工会"组织起来，切实维权"的要求，稳步有序地推进劳务工入会工作。配合电气（集团）安监中心落实劳务工安全教育培训，促进劳务工增强安全生产意识，掌握安全生产技能。广泛动员劳务工努力在劳动竞赛、技术练兵实践活动中快速提高岗位技能，引导他们主动融入各项企业文化建设活动，认同企业的核心价值理念。组织务工人员积极参与"上海市劳务派遣现状及发展趋势"调研活动，扩大优秀进城务工人员评选名额比例。将"进城务工人员合法权益保障"纳入集体合同履行，送温暖机制对劳务工做到全覆盖。

【发挥工会宣教优势】 立足"党政所需、职工所望、工会所能"，坚持通过上工报、"迎春联欢会"、"中秋国庆茶话会"、征文演讲比赛、班组学习测试与知识竞赛、板报展评等活动与载体，紧密融合公司各阶段的工作目标，深入开展形势任务与企业精神的宣传教育活动，激励公司广大干部职工同心协力、勇攀高峰，增强才干、扎实工作。十佳好事评选活动大力颂扬了职工身边助人为乐、拾金不昧、见义勇为的闪光点与职工争创一流业绩、技术革新小发明等创新实践活动的感人事迹，促进了职工队伍思想素质的不断提高，涌现出大爱无声"滴滴热血献爱心"的"上海电气'十佳'精神文明好事"。

【维护职工权益】 组织在岗职工和劳务工参加健康体检。积极为广大职工、劳务工置办年货及高温防暑降温慰问品，为职工食堂安装空调设施。医疗互助会有效为广大职工提供平价药物和免费诊疗服务。通过机电工会职工服务中心，积极开展就业援助工作。为职工办理补充养老、补充住院大病门急诊、特种重病和女职工特种大病医疗保障，受益受助702人次，获得理赔66.21万元，为职工构筑起第二道医疗保险屏障，连续多年获得机电系统职工互助保障先进集体称号。

【深化达标活动　提升自身素质】 健全组织，圆满完成所属15个部门工会的换届选举工作。推行"部门工会工作月报表"信息反馈制度，基础管理进一步加强，促进工会六方面二十项工作具体落实、富有成效。制度建设不断完善，组织职工、服务职工、凝聚职工的工作水平进一步提升，被上级工会批准为《企业工会工作条例》达标工会。同时，工会经费严格按规范使用，工会财务和经审工作得到上级工会高度评价，被机电工会评为"工会财务工作竞赛先进单位"和"经审工作规范化建设标准考核B级单位"资质。保持了"全国模范职工之家"的荣誉称号，荣获了"全国机械冶金建材系统先进工会"和上海市"五一劳动奖状"，以及2家"全国模范职工小家"和上海市"模范职工小家"的殊荣。

【提高实践创新能力】 坚持"加强公司工会的亲和力，塑造公司工会的可亲形象；加强部门工会的执行力，塑造部门工会的可靠形象；加强工会干部的创造力，塑造工会工作的创新形象"的工作理念。学习贯彻党的十七大和中国工会十五大精神，积极倡导工会干部"做实在人、讲实在话、办实在事"，工会干部善于开展群众工作的能力得到加强。工会两级党员干部认真参加保持共产党员先进性教育活动和学习实践科学发展观活动，以工会工作的创新成果和优良业绩体现两大活动的实际效果。（余新有）

（五）上海闸北发电厂

【概况】 创建于1911年10月，前身为"闸北水电公司"的上海闸北发电厂，占地面积93581平方米，建筑面积39945平方米，拥有两台12.5万千瓦燃油发电机组，总装机容量为25万千瓦，总蒸发量为800吨/小时。上海闸北发电厂隶属于上海市电力公司，是上海电网调峰调频电厂，担负着事故备用和检修备用的任务。主要经营范围涉及：发电，供热，燃煤发电、燃油发电、燃气轮机发电的主辅设备检修，燃油系统检修，改造、安装、调试，热效率试验，金属试验，220KV电压等级及以下供用电设备维修，非标金属结构件及机械设备配件加工制作，焊工培训，码头装卸，冷冻空调安装检修，锅炉、管道、电气绝缘体化学清洗，物资经销，提供劳务。具有百年历史的上海闸北发电厂，已从单一发电、供热的发电企业发展成为以发电为主业，以市场服务为主导，服务电网、服务社会的国有企业。现有职工983人，其中具有大专及以上学历236人，高级专业技术职称14人，中级专业技术职称71人，初级专业技术职称113人，高级技师3人，技师87人，高级工214人。拥有一支实践经验丰富，技术技能过硬的运行、检修专业技术队伍。2009年，上海闸北发电厂干部职工，以党的十七届四中全会精神为指导，深入学习实践科学发展观，认真贯彻落实国家电网公司和上海市电力公司工作部署，明确工作思路，稳步推进各项工作，在安全生产、企业管理、队伍稳定和党风廉政建设等方面都取得了良好的成绩。

【绩效考核指标全面完成】 全面落实安全生产责任制，全年未发生人身重伤事故，未发生责任性设备障碍及设备考核事故，未发生责任性误操作事故，未发生半责及以上重大交通事故和重大火灾事故，未发生人身轻伤事故，实现安全生产“000022”的安全目标。发电机组顶峰合格率达到100%，发电负荷曲线288点结算点100%符合调度曲线；机组可用系数91.5%；环保排放达标率100%合格；设备缺陷消除率100%；迎峰度夏等重大保电任务圆满完成。成本三项可控费用严格控制，2009年度发生数为4632.31万元，控制在市电力公司下达的指标范围内；人才当量密度0.7103，人力资源管理绩效指标全面完成，企业员工培训计划完成率100%。党风廉政责任制全面落实，年内无违法违纪和内部治安案件发生，火灾隐患整改率100%；切实加强维稳排查，积极开展接访下访、领导包案工作，全年无职工越级、集体上访及其他影响企业稳定的事件发生。2009年度绩效考核荣获上海市电力公司第二名，党风廉政建设考评成绩优秀。

上海闸北发电厂“庆国庆、迎世博”职工歌咏比赛

【安全生产平稳有序】 根据国家电网公司安全生产“无违章年”活动的要求，认真贯彻落实上海市电力公司《关于认真做好2009年安全生产工作的通知》的精神，结合厂安全目标和具体任务，以安全生产责任制为抓手，建立隐患排查治理长效机制，按计划、有步骤的开展“反违章年”活动、春季安全大检查、秋冬季安全大检查和“安全双月”等活动。组织开展“二票一单”检查治理、安全生产“三项行动”、隐患排查专项治理和“迎世博、查隐患、促整改”等专项活动，举行有针对性的反事故演练，启动“重大火灾应急抢险预案”、“人身事故应急预案”等应急预案。积极开展部门反违章自查自纠以及厂部检查监督，干部职工反违章的意识明显提高，落实安全防护措施的自觉性不断增强，各种违章行为明显减少。厂部与19个部门、公司签订安全生产责任书，与78个部门、公司行政正职及所属班组签订安全生产责任书，与全厂职工1426人（含集体人员和中介合同工）全员签订安全责任（承诺）书，确保企业安全管理“可控、在控”。年内实现4个百日无事故长周期纪录，截至2009年12月31日全厂连续安全无事故4116天。

【迎峰度夏获得优胜】 迎峰度

上海闸北发电厂热工专业技术比武现场

夏工作从领导、思想、管理、规章制度等入手抓落实。根据电网负荷需求,总结历年迎峰度夏工作的经验,制订了以组织措施、技术措施及管理措施为主要内容的迎峰度夏工作方案,多措并举,提高设备运行可靠性。为保证高峰期间机组能够满负荷运行,实施了《上海闸北发电厂二○○九年度迎峰度夏措施》和《上海闸北发电厂迎峰度夏竞赛规定》,从运行检查、设备消缺等方面进行详细的规定,做到奖罚分明,充分调动了运行及检修人员的工作积极性。坚持贯彻"二票三制",严格执行运行操作规程,加强设备运行分析,落实设备"零缺陷"管理要求,消缺工作中坚持做到"中小缺陷不隔天、重大缺陷三班倒",及时消除了影响机组安全运行的各种缺陷,设备消缺率为99.4%,有效保证了发电设备健康运行的要求,确保了两台机组的顶峰合格率和负荷曲线合格率均达到100%。迎峰度夏期间,开机34台次,机组过夜运行13天次,发电量6375.67万千瓦时,占全年发电量的66.59%。在连续高温、电网最需要负荷时,机组顶得上,圆满完成任务,被上海市电力公司评为"迎峰度夏优胜单位"。

【节能降耗成效显著】 认真贯彻国家电网公司、上海市电力公司关于开展"三节约"活动的要求,坚持勤俭办企业的宗旨,以加强基础管理为手段,规范管理为流程,强化设备运行监视和运行分析,提高设备维护、检修工作的针对性和有效性,狠抓措施落实,在节能降耗和管理费用方面取得显著成效。重点做好生产运行和经营管理方面的"三节约"活动安排,在确保125机组安全运行及对燃机电厂正常供汽情况下,坚持125机组运行及时调停启动炉措施,起到了明显的降低燃料成本、节约电能等节能效果。1号启动锅炉经技术改造后,锅炉效率提高5%。通过加强码头用蒸汽管理,改变过去燃油系统常年恒温加热的运行方式,统筹燃油输送计划,同比节约蒸汽3888吨。加强全厂照明用电的管理,采用新型节能型灯具,实现全年节电30余万度。与去年同期相比,全年运输费下降39.99%,办公费下降16.81%,会议费下降74.18%,水电费下降5.35%,差旅费下降29.14%,业务招待费下降7.07%。

【多种经营持续发展】 多种经营企业加强经营运作,积极开拓新的发展空间,在如期完成厂内各检修项目的同时,除继续做好闸电燃机电厂机炉大小修及设备维护消缺和后勤保障外,还参与了外高桥电厂设备检修、威钢能源有限公司50MW机组大修、南汇区公共卫生中心建设项目供配电安装工程和苏州蓝天燃机电厂全年机务维护工程。完成了洋山深水港变电站运行管理、奉贤燃机电厂4×180MW燃气轮联合循环机组运行、风电场发电运行等管理项目。首次参与"世博会工程"——500KV静安(世博)变电站主变/电抗器冷却系统安装、500KV静安(世博)变电站辅助控制系统调试项目的建设。通过竞标,承接了虹桥综合交通枢纽110KV变电站运行管理项目。组建了以对外运行管理、技术服务为主营业务的闸博电力技术有限公司,逐步形成专业化运行管理的态势。2009年多种经营企业实现产值15087.67万元,利润100.08万元,集体资产保值增值率106.8%,全面完成年度考核指标。 (姜仲康)

（六）上海医疗器械厂有限公司

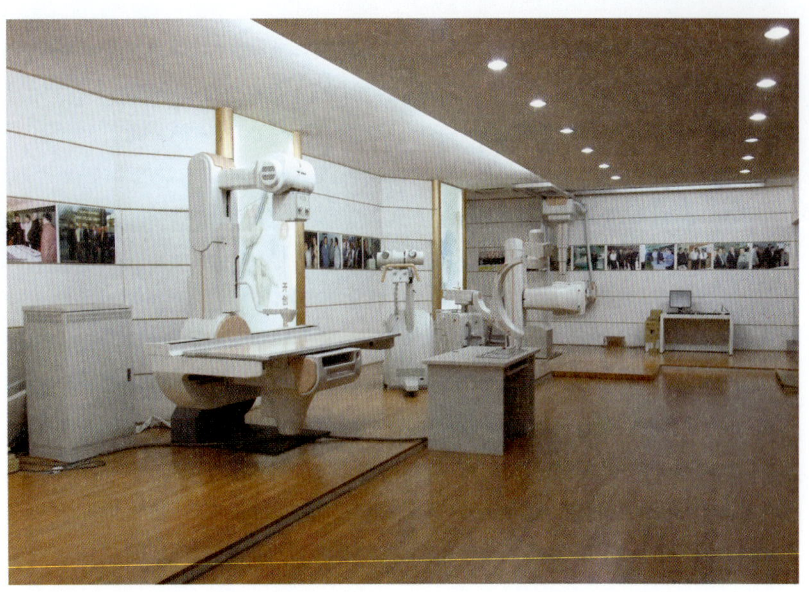

公司产品陈列室

【概况】 上海医疗器械厂有限公司座落于临青路430号，前身为上海医疗器械厂，始建于1946年，是国内专业研制、生产各类医用诊断X射线机和各种手术台的大中型国有法人独资企业。2003年3月经现代企业制度改革，改制成为上海医疗器械厂有限公司，隶属于上海医疗器械（集团）有限公司。该企业在国内医疗器械放射影像行业中具有一定的影响和地位。公司三叶（图案）医用诊断X射线机被推荐为2009年度上海名牌产品。三叶品牌被推荐为2009年上海市装备制造业与高新技术产业自主创新品牌。公司获上海市“诚信企业”称号。公司为国内大型医疗装备生产的骨干企业、上海市首批科技小巨人企业和上海市高新技术企业。2009年，公司在外部市场竞争环境非常激烈的情况下，依然做到了内部运营能力的提高，产品毛利率有所增长，生产经营持续稳定发展，确保了企业经营利润的顺利实现。年度各项经济指标全部实现，完成销售收入27506万元，实现经营利润2771.5万元。

【实施产品经理人制改善生产流程】 2009年，公司在生产制造系统4个成品车间实施产品经理人制，对产品生产成本进行核算考核和控制，对产品三包期内维修费用包干，对员工开展技能、技术业务培训，全面负责产品的数量、质量及售后服务。产品经理人制加强了车间主任的责任性，调动了车间员工的生产工作积极性，提高了产品生产过程中的成本意识、质量意识和市场意识。由于将售后服务工作和产品经理人考评结合起来，实施了新的三包服务流程，售后服务响应及时、效率提高。由于车间参与了零部件加工的全过程，成本控制还包括了采购件和外制件。产品经理人制使生产的流程控制有了很大的改善。目前产品制造过程按照新的物流规定执行，使得配套和装配、调试过程大大缩短，生产周期缩短适应了市场的需求。产品二次开发和降本增效成绩显著。产品的制造成本比原来成本下降达864万元，为企业参与激烈的市场竞争打下基础。

【实施医用高频X射线设备技改项目】 经过一年的努力，公司《早期诊断医用数字化高频X射线设备制造装备改造项目》3月25日通过专家组验收。该技术改造项目批准总投资为750万元，实际完成投资703万元。该项目主要是提高和完善企业的工艺制造技术和专业加工水准，填补企业生产工艺链中的设备缺口，提高和完善医用诊断X射线设备，尤其是高频机装配调试的监测与实验手段，提高和完善高频球管的质量和技术含量，进而提高整个企业的劳动生产率和专业化技术水准，确保核心技术的长久稳定发展。该技改项目主体数控加工设备类选用一台意大利普瑞玛公司的原装激光切割机，解决了钣金加工的瓶颈问题；选用德国德马吉上海公司生产的数控车床和立式加工中心各一台，用于金属切削加工。检测、测量与实验仪器类购置3套TDS系列数字存储示波器，用于高频X射线机的频率测试等；购置1套调试用X射线多功能质量检测仪。专用设备类定制较先进的零部件，组装集合了一套高频排气台，对X射线球管玻管封泡后的排气工艺作特殊装备技术改造,提高成品合格率。

【沈晓明到公司调研】 3月27日下午,上海市副市长沈晓明、市府副秘书长翁铁慧和市经信委副秘书长吴正扬、市科委副主任徐祖信、市食品药品监督管理局党委书记王龙兴、副局长衣承东等一行领导,来到上海医疗器械厂有限公司进行工作调研。该公司总经理、常务副总经理分别详细汇报、介绍了企业生产经营情况和产品概况。市府、市药监局领导认真听取了公司情况汇报,视察了样品陈列室、生产车间和技术中心研究室等。市府、市药监局领导对该公司生产经营上取得的成绩和进步予以充分肯定,同时对公司发展寄语了殷切希望。

【公司"科技小巨人企业"通过验收】 4月1日,该公司"科技小巨人企业"通过了由上海市科委组织的专家组进行的验收。这是该公司继2006年12月被上海市科委、上海市经委首批评为"科技小巨人企业"后,坚持科学发展观,走可持续发展之路,经过持续努力拼搏,企业发展上了新的台阶。在过去的三年里,公司围绕企业自主创新建设,企业的技术攻关、产学研合作、关键技术的再创新、知识产权保护体系的建设,项目成果转化的规模化生产,人才培养、市场策划等进行了创新活动,并取得了成果,达到了"科技小巨人企业"的标准,取得了阶段性成果。

【桑国卫一行到公司调研】 4月8日上午,全国人大常委会副委员长、农工民主党中央主席桑国卫率农工民主党中央调研组一行9人,在上海市政协副主席、农工民主党上海市委主委蔡威等领导的陪同下,到上海医疗器械厂有限公司进行公立医院改革与医疗器械产业发展的专题调研。中央调研组一行视察了该公司的产品陈列室,桑副委员长询问了产品的市场定位、竞争力、国产化程度及新医改后公司产品的发展趋势等问题。调研组在听取上级集团公司和上械公司领导专题汇报后对在新医改形势下,就民族医疗器械企业的发展进行了探讨。桑国卫希望企业抓住新医改的发展机遇,从中国的国情出发,充分发挥民族企业的优势,在重点研发市场需求的常规、中低档次医疗器械产品发展中走出一条新路。

全国人大副委员长桑国卫(右二)到公司专题调研

【接受质量管理体系再认证】 为适应2008版ISO9001《质量管理体系要求》国际标准和GB/T19001-2008中国国家标准的实施,使公司质量管理体系及时满足2008新版标准的新要求,该公司对于1998年6月通过ISO9001质量体系认证审核质量管理体系程序文件进行修改转版。7月1日至3日,对公司质量体系所涉及相关部门的质量活动进行了内部检查审核,以验证是否严格按标准、要求及本企业质量管理体系程序文件规定执行。8月中旬,该公司接受第三方认证机构对公司质量管理体系是否符合ISO9001:2008标准和ISO13485:2003医疗器械质量管理体系用于法规的要求进行了复证现场审核,并获得通过认证注册。

【尝试校企合作办学新模式】 2009年末,公司与上海医疗器械高等专科学校(以下简称医高专)校企合作举办教学班。由医高专外聘该公司的3名资深工程师会同医高专教师共同承担医高专影像设备系2007校企合作班学生的授课任务并指导实践。该影像设备系2007校企合作班开设的《X线机生产制造工艺》、《X线机生产调试技术》等三门专业课程均以公司生产的X09A型遥控诊视床、X912型控制台、X980E控制柜和高频高压发生器为基本机型，进行理论讲课。实习阶段，学生深入到公司有关车间，进一步了解和熟悉公司多种X射线机产品，继续学习装配、调试技能，使学生能比较容易地掌握X射线机的基本结构和原理及调试技能，并取得了良好的教学效果。这是该公司与医高专校企合作办学的一项新尝试，也是医高专近年来实施教改的一项重要举措，旨在为企业培养对口紧缺人才。

【继续开展行动学习活动】 行动学习是开展课题分析、研讨和解决企业实际工作中存在问题的一种有效方法。该公司拟定了《2009年度行动学习项目的策划》，确定了开展“行动学习”项目的选题、课题组成员、具体日程安排、行动学习计划方案等。“行动学习”活动分成4个课题小组，4个课题提出的问题都是企业生产经营活动中存在的、急需解决的问题。至12月中旬，行动学习领导小组对课题实施情况进行评估验收。二个课题项目执行闭环。课题“研发DSM90B青年科研人员的快速成长”，对“短期内青年科研人员能够独立承担项目”问题解决达到总体目标，青年科技人员所独立承担的DSM90B X射线机目前已经进展到项目临床测试阶段，2010年将进行新品产业化；课题“X708C价值功能分析与降低制造成本”，对“X708C机型生产成本居高不下”的问题该课题小组成员以结合提升产品的能效和降本增效10%为目标，进行技术改进，寻找降本空间，样机已下场，且已批量生产100台，最终实现降本21.3%，至2009年末实际降本额117万4千余元。 （李耀辉）

（七）上海电力股份有限公司杨树浦发电厂

【概况】 2009年，上海电力股份有限公司杨树浦发电厂以科学发展观为指导，紧紧围绕股份公司“调结构、保扭亏、攻重点、维稳定”工作方针，以标准化、对标管理为载体，以“安全生产、减亏增效、队伍稳定、谋求发展”为工作主线，全厂干部职工团结一致、凝心聚力，较好地完成了全年各项任务。安全生产形势总体稳定，做到了七个不发生（不发生重大设备事故；不发生全厂停电事故；不发生重大火灾事故；不发生人身重伤及以上事故；不发生重大责任事故及误操作事故；不发生环境污染事故；不发生半责以上重大交通事故）。安全记录截止12月31日24∶00，无事故天数累计达3172天，顺利实现全年安全无事故目标。年内共完成发电量15.77亿千瓦时，完成率达99.8%，完成上网电量14.19亿千瓦时；供热量84.59万百万千焦；供电煤耗399.49克/千瓦时；完成综合厂用电率10.01%。2009年，虽面临“上大压下”发展新规划以及发电量减少，供热量下降和煤价上升而造成的经营压力和困难，但是电厂仍以积极的姿态，迎难而上，想方设法采取有效的应对措施，遏制了不利态势的扩展，企业在生产经营与队伍稳定工作上取得了实效。杨树浦发电厂也光荣获得了2009年中国电力投资集团先进集体称号。

【确保电厂安全】 2009年，电

举行迎世博联合反恐演练

厂不断健全各项安全生产规章制度，全面夯实安全管理基础。通过逐级落实安全生产责任制，层层签定安全生产责任书，使安全生产目标清晰、责任明确。年内根据“安全生产年”和“电力安全三项行动”等工作要求，重点开展了“隐患排查治理”、“迎峰度夏防汛防台”、“国庆六十周年保电”、“季节性安全检查”、“安全生产月”、“迎世博安全大检查”等安全宣传教育和专项检查活动。全员动员，全员参与，使职工的安全意识得到进一步强化。

【落实减亏增效】 电厂一手抓安全生产，一手抓经营管理。通过对外积极争取，增发有效电量，对内努力挖潜、强化内部管理。进一步优化全厂机组经济运行模式，针对夜间低负荷，电厂对125MW机组及时实施二磨经济运行。继续做好煤炭的组织、配煤掺烧工作。电厂如今已从二煤种掺配发展到三煤种掺配。积极与股份公司、市调联系，努力做好老机组的停运工作，全年老机组发电量同比少发11372多万千瓦时。以开展对标管理为平台，深入开展四个专题小组的攻关活动，通过及时跟踪分析各类小指标，并制定相应整改措施，以确保各类经济指标控制在合理的范围。

【提高设备健康水平】 认真组织机组检修与设备维护消缺工作。电厂通过编制检修文件包，加强现场管理，及时处理检修中存在的问题，严格把好质量关。全年共完成1、2号机组C、D级检修，35号炉、22、9号机C级检修等主要检修生产任务，进一步消除了设备缺陷和隐患，提高发电设备的健康水平。

【落实世博保电责任制】 世博安保任务重大，为全面落实世博安保工作责任制，杨树浦发电厂层层签订世博安保责任书，将世博安保工作具体落实、分解到每个部门、班组、岗位。为加强厂区技防建设，构建安保“屏障”，电厂在股份公司大力支持下，对视频监控系统进行升级。设备已投入使用，图像质量有较大程度的提高。同时，电厂及时组织三方召开联席会议，协调安保整改工作，开展联合检查，取得较好效果。

【逐步推进改造工程】 在股份公司领导和相关部门的指导、帮助下，电厂全力规划杨树浦发电厂供能中心项目。11月，应国家发改委要求，变电站需先行独立建设，为此，电厂进行了选址和开展“三通一平”前期准备工作。同时，着手了解多品牌、多型号的小型燃机，并对这些小型燃机的技术参数做详细分析，以求整体方案能最优化，为推进杨树浦发电厂后续可持续发展奠定基础。

【做好职工队伍思想稳定工作】 加强职工思想教育，稳定职工队伍是杨树浦发电厂重中之重的工作。一是做好形势任务宣讲工作，对电厂在“上大压小”过程中职工普遍关心的热点、难点，及时进行解答，理顺情绪，化解矛盾。二是全面加强职工培训工作，开展技能培训、跨岗培训、班组长培训与PPT培训班。多种形式想方设法提高职工的整体素质。同时电厂以闸北燃机电厂点检工作为机遇，安排职工前往学习燃机知识，以提高职工综合技能水平。三是围绕企业今后发展方向，积极拓宽职工岗位渠道。至今已派出6支队伍共66名职工在长兴岛电厂、外高桥月亮湾、上电漕泾发电有限公司、闸电燃机、浦东机场、虹桥机场等处工作，全力做好人员再分配、再上岗工作，确保了职工队伍总体稳定。（徐丽琴）

（八）上海梅林食品有限公司

【概况】 上海梅林食品有限公司，是一家生产罐头食品的中外合作企业。企业利用自身原有优势，拥有近80年的品牌、在国内较为广泛的分销网络、较高的产品质量水准及长期的出口渠道和国际声誉，始终保持国内罐头行业界的领先地位，树立自已在国际罐头行业界的知名地位。2009年，通过改进装备和严格工艺促进产品质量稳定，实施资源挖潜和过程控制促进经营绩效提升，强化责任落实和完善机制促进企业流程整合，实现董事会及股份公司下达的年度财务预算目标，取得了一定成果。

【开展质量300天活动】 2009年，公司针对质量薄弱环节，开展质量300天活动。活动以完善产品可追溯为核心，以有序实施若干个革新项目为主题，以实践群众性合理化建议为动力，以推动现场工艺贯彻为平台，以完善和提升质量制度为抓手，以实现产品质量为目标（提高一次合格率和减少客户抱怨数）。在活动中大力开展设施改进工作，促进质量控制和管理水平的提高。员工质量意识有所提高，产品质量稳步提升，客户抱怨数同比下降30%，为09年稳定市场、恢复市场信心、提高销量打下扎实基础。

【合理化建议成效显著】 2009年，公司工会组织开展了“合理化建议活动”，充分调动全体员工的积极性，紧紧围绕质量、成本、安全、效益、过程管理等为企业献计献策。此次合理化建议活动共收到建议396份，占在岗职工人数的95%，形成了人人参与的良好氛围，相当一部分建议是针对公司近年来的员工反响较强烈的疑难杂症。建议经评审采纳后由相关部门主管签字确认，承诺改进的期限。通过此次活动，不仅给企业带来经济上效益，还充分调动了员工的积极性、主动性和创造性，取得了物质和精神的双丰收。共有11个项目（10个技术项目、1个管理项目）获得光明集团优秀合理化建议入围奖；其中方听电阻焊项目更是获得光明集团优秀合理化建议一等奖。

【开展劳动竞赛　提升员工士气】 从10月份起，开展了以“大战四季度，确保年度核心目标完成”为主题的劳动竞赛活动。各制造车间通过对生产线的整合，增开班次；适时延长生产时间；机器的及时维护保养确保了生产的连续性，使产能得以释放。公司工会还通过各级动员会，制作劳动竞赛看板等，让每位员工知晓任务、关心生产，由此形成了良性竞争。2009年总产量同比增长33%；后四个月目标产量5350吨，实际完成5542.2吨，完成率为103.59%，并提前10天完成生产任务，经营效益扭亏为盈，各项经营指标均比上年有大幅度增长。

【强化核算　修订考核方案】 2009年，公司以推进工段核算为抓手，以探索工段绩效考核新机制和完善管理岗位责任考核为平台，通过工段核算绩效写实，及时掌握了产品定额体系的第一手数据，为完善和促进公司基础管理提供了有效的信息依据。在此基础上结合公司工作重点和机制变化，两次修订了《各类人员经济责任及管理考核办法》，缩小核算和考核单位，实行生产线工段长全面负责制，完善考勤制度、加班制度等，并在后道擦罐、包装工段试行计件制生产计奖办法。新的考核办法围绕“奖励超产、保障质量、一线倾斜”的原则，实现了企业生产经营和员工收入的共同提高。

【人人承诺《安全维稳参与世博文明公约》】 为迎接世博会的召开，公司、部门及小组逐级签订了《迎世博安全保卫、反恐维稳工作目标责任书》、《安全履职承诺书》、《安全目标责任书》及每个员工签署的《安全维稳参与世博文明公约》，将世博维稳工作明确责任、深入人心。公司结合食品企业的特点，制定各项应急预案，从强化对特种设备和化学品的管理督查，加强门禁制度等几方面做好食品防护工作。

【一个党员一面旗帜　一个岗位一份承诺】 公司每周一定期召开的党政工之间行之有效的碰头会，探讨和寻求工作思路和方法，依托项目，把党建、工会融入项目管理和其它方面工作，切实提高管理能力和协调能力。公司党委通过开展“一个党员一面旗帜，一个岗位一份承诺”、党员示范岗活动、合理化建议活动、班组建设等工作，充分发挥党员模范人物的带头作用和全体员工的主人翁意识，构和谐，聚人心，为梅林发展提供了强大的精神动力和文化氛围，充分发挥党组织和工会的核心作用，为完成公司年度预算目标提供坚强的保证。（徐　洁）

（九）上海拖拉机内燃机公司

【概况】 2009年，是拖内公司“科学发展、技术升级”取得突破的一年，也是拖内公司保持又好又快发展关键的一年，更是拖内公司实现“十一五”规划战略目标决胜的一年。公司领导班子坚持“求真、求实、求新、求进”，“以科学发展为统领，确保可持续发展；以技术创新为动力，增强核心竞争力；以提升效率为重点，培育先进制造力”。打胜了“保开发、保质量、保供货”的攻坚战，确保公司“克危度寒，确保公司较快平稳发展；克难攻坚，确保技术升级取得实效”两大任务的完成。母公司全年预计实现营业收入16.6亿元，比去年增长123%；预计实现利润总额超过2亿元，比去年增长114%。预计实现汇总营业收入33.8亿,同比增长31%;合并报表预计实现利润总额2.15亿,同比增长110%,净资产收益率达到19%以上,经济规模迈上了新的台阶,并提前一年实现"十一五"规划制定的主要经济目标。

【打胜"三保"攻坚战】 公司克服了新产品开发遇到新的困难,各项目的开发进度按照用户要求的时间节点进行。及时调整了组织结构,进一步聚集力量,发挥协同效应,明确项目开发、新产品质量、新产品试制等工作职责;及时调整了开发路线,对开发路线进行了颠覆性的调整,从工装适应零件改变为以零件适应工装,确保了新产品向批产的平稳过渡。3月,汽车市场开始趋热,公司各汽车零部件企业产能普遍吃紧,全体员工克难攻坚,边建设、边扩能、加强TPM,千方百计填补能力缺口;拖内本部密切跟踪整机厂的定单,按"准时、准确、安全"的要求,给予生产基地支持,协调各生产基地产能,满足了整机厂不断增长的需求,确保了公司本部、特别是新建工厂向整机厂供货。9月份,公司本部在华域汽车、上海通用的推动下和指导下,通过三个多月的努力,学会了基本的工作方法,生产现场得到改善,工作效率得到提高,供应链能力得到提升。通过7月抓基础、8月抓提升、9月抓攻关,提升了质量保证能力。坚持每日现场质量快速响应晨会、每周质量例会,每周现场工艺纪律审核,稳步提升过程控制能力;采取质量前移的措施,实现了开发到批产的平稳过渡;实行"红、黄、绿"质量预警机制,确保了产品质量表现趋稳;组织质量攻关,缓解了螺柱虚焊、焊接飞溅以及铆接质量不稳定等情况,产品质量表现起稳中有升。

【开源节流保增长】 抓住了整机厂推出各新车型的机遇,公司汽车冲压焊接件业务、汽车排气系统业务不断拓展市场,新业务累计达纲年为公司新增约2.6亿的销售收入,为公司下一轮的发展增添了后劲。广泛开展"降本增效",全年完成降本4822万元。厉行节约"过紧日子","特殊措施"显效果,在公司营业收入增幅较大,重点项目建设资金需求大的情况下,实现了"费用瘦身",各项费用实现了同比下降。推进"人人成为经营者"活动。在集团相关部室的指导下,油泵分公司确立了各经营体,完成了资源量化,价格体系构建,2010年1月1日软件系统开始了试运行。推进节能减排工作。重点实施燃煤锅炉拔点,促进全年能耗下降;群众性活动取得进步,全年共收到合理化建议396条,采纳220条,实施165条,节约736万元,同比增加116%。

【投资企业基本发展平稳】 除上海纽荷兰外,各投资企业都较好地完成了董事会目标。其中,上海天纳克发挥其技术中心的优势,岐管市场取得突破,产品毛利率维持较好水平,保持快速发展势头;上海捷众克服生产能力紧张,确保了供货,继续保持盈利能力;沈阳捷众克服异地建厂的各种困难,满负荷运转,融合了南北文化,锻炼了队伍,实现了盈利;万众汽车、万众大厦、众鼎等投资企业也都完成了董事会目标。上海纽荷兰出口大幅下滑,国内市场占有率下滑,经营结果与董事会确定的目标相比有较大差距。

【冲压、焊接业务基本完成技术升级】 拖内本部的EPILISON、DELTA的E11、D11分别在4月、10月实现了批量供货;沈阳捷众 的DELTA的D11在3月 实现了批量供货;山东捷众的308项目11月实现了批量供货。实施了扩能项目。为了满足整机厂不断增长的需求,在遵循精益投资的原则下,适时启动了扩能项目。其中,拖内本部实施了EPILISON、DELTA扩能项目;沈阳捷众实施了D-CAR扩能项目,启动了258项目。山东捷众启动了GAMMA项目。这些项目将有效缓解产能压力,为2010年生产早做准备。技术创新取得了实效。随着公司技术创新的不断推进,新技术、新工艺的利用促进了材料利用率、劳动生产率的提高,新项目的平均材料利用率超过目标1个百分点,材料国产化率目标0.6个百分点,CKD国产化率超过目标23个百分点。新项目的焊接自动化率平均达到73%,多工位、级进模工艺使用比例近50%,大幅度提高了生产效率。

【汽车金加工业务实现了实质性发展】 为了彻底扭转油泵分公司连年亏损的局面,公司近几年来不断依托上汽集团整车业务的发展为其培育新的经济增长点。2009年,上海汽车曲轴项目已形成了年产10万套生产能力,1.8VCT曲轴实现了批量供货,正在实施年产18万套的扩能项目;上海通用轮毂项目形成了年产2万套生产能力,年内实现了批量供货,正在实施年产14万套的扩能项目。这两个项目为油泵厂实施产品结构调整提供了良好的市场机遇。油泵分公司借助公司汽车金加工业务的发展,实施了"三年解困"方案,第一年起好了步,产品结构调整、人员结构调整实现了平稳过渡。

【主要投资企业技术实力不断提升】 上海天纳克、上海纽荷兰分别在2008年、2009年成为高新技术企业。其中,上海天纳克启动了技术中心二期建设,预计2010年一季度内建设完成,技术中心已得到市级技术中心的认证,为公司持续发展提供技术支持。上海纽荷兰形成了50马力到130马力拖拉机产品线,209年大马力的TS、TL系列新品拖拉机上市,提升了上海纽荷兰产品竞争力,为公司未来发展注入新的动力。

【加强人力资源建设】 为实现"两个确保",搭建各类人才发展平台。2009年公司基地建设、产品开发、生产、质量等各方面任务繁重,为了有序推进公司重点项目,及时调整了公司管理机构,从外部招聘或从公司本部调兵遣将到沈阳、山东,输送中青年技术、管理类人员投身到新工厂、新岗位,在生产实践中去锻炼、学习,为他们快速成长搭建平台。利用供应链能力提升平台,加强人员队伍建设,通过实践考察、现场学习,各类人员的专业水平得到提高。加强人员针对性培训,选拔优秀劳务派遣员工进入生产、物流等管理领域,不断充了实基层管理人员队伍。

【加强安全生产】 安全事故发生后,加强了安全生产管理,坚决实行"逐级负责、预防在先、归口管理、责任到人"责任机制。成立了安全监察室,完善了安全生产责任制的制度建设,推行区域化网格化的安全责任制;整改重大事故隐患和重大危险源;加强对"在用特种设备"、对租赁单位、施工单位、外包服务单位的安全管理;加强安全培训工作,明确安全生产的"第一责任人"和安全事故的首要问责对象,强化安全事故的责任追究与处罚。

【关注民生改善】 坚持为职工办实事、解难事、做好事。继续拔除、治理高污染作业,完成了锅炉拔点,以及生活垃圾场地、废料堆场的改造,改善了职工生产环境;明确了职工休息室整体改造方案。建隔声屏,改造河道,促进了与周边居民的和谐;为了"迎世博",提升公司整体形象,启动了办公大楼、道路、绿化的整体改造。在上汽集团的支持下,妥善解决了公司全部35岁以下劳务输出人员的劳动关系;加大了帮扶力度,帮助困难职工的子女就学,特别关注患重病大病困难职工,为职工排忧解难;加强对非公经济的服务与指导,关注企业持续发展,帮助职工合法维权。

【启动实施拖内锻造合并工作】 执行上级决定,根据华域汽车决定,启动实施合并工作。为了确保完成合并工作,拖内公司和锻造公司联合成立合并工作领导小组、工作小组。按照华域汽车实现平稳交接的要求,制定整体方案,分步有序推进。虽然公司不断优化人员结构,注重人才培养,但公司的长期发展需要集聚更多高潜力人才,人力资源的数量、质量需要进一步提高;人才梯队建设薄弱,尤其是技术开发核心人物稀少,优秀的专业技术人员储备不足;懂体系、专业精的高潜力复合型管理人才缺少。

【调结构上水平 提升竞争能力】 拖内公司属于华域汽车五大业务板块之一的金属成型与模具板块,这一板块的发展总体思路是提升技术创新能力,把握技术发展趋势,掌握核心技术,形成制造工程和模具同步发展能力;拖内公司要按照上汽零部件业务发展的总体思路,加快优化调整产品结构,聚焦核心业务,形成持续竞争力。一是推进生产布局调整,加快持续发展步伐。首先要积极拓展新业务 。二是推进调整技术结构,加快工程中心建设。要推进开发体系建设。加快修订和实施符合板块发展战略的"技术发展路线图"。三是推进管理结构调整,加快提高协同执行力。四是推进人员结构调整,加强人员队伍建设。继续通过"培养人,引进人,集聚人"构筑公司人才高地,要通过市场化人才配置手段，打破常规，加速引进人才，招聘各类高端、紧缺的技术开发和专业管理人才，加速集聚人才，提升高素质人员比例。五是推行绩效管理，构建全面评价体系。要围绕发展战略建设评价体系，建立公司 KPI 数据收集分析体系并监控，结合规范管理，通过 PDCA 实现持续改进。（邢金紫）

（十）上海机床厂有限公司

【概况】 2009 年，该公司共完成新产品 40 余种，其中 31 种是数控机床（包括 8 种数控轧辊磨床），5 种数控曲轴磨床，15 种数控外圆磨床；值得一提的是 250 吨重型数控轧辊磨床已通过用户预验收，这是我国特大型磨床的一次具有里程碑意义的突破；继 2008 年 MK84 系列数控轧辊磨床获工博会银奖后，新研发的 MK84250/15000-H 型数控轧辊磨床又获 2009 年工博会获银奖。同时，上海机床厂有限公司自行研发的切点跟踪磨削、"干冻磨"（绿色磨削）等产品及技术在 2009 年工博会吸引了众多专家学者的关注；与上海天文台合作制造天文望远镜项目再次取得进展，用户反响良好。

【调结构上水平】 年初，市委俞正声书记、艾宝俊副市长先后到该公司进行现场调研，提出了"调结构、上水平"重要指示。按照这一要求，该企业结合近年产品、技术、市场发展特点，在明确"做专、做精、做强"这个大方向的前提下，以"做稳、做健康"为抓手，大力调整产品结构，积极开拓大型、精密、专用数控机床市场，注重研发与制造创新，调整生产组织及管理方式，特别上调整了相关的内部管理体制和机制，缩短了投资链和产品生产链等等。这些措施的有效推行，在一定程度上缓解了金融危机给企业带来的冲击。尽管 2009 年该企业的销售收入同比有所下降，但通过"调结构、上水平"，企业的利润却呈增长态势，更重要的是企业健康程度得到了提高。

【加大专用机床研发制造力度】 2009 年，国际金融危机的后续影响使上机公司的主流产品——磨床产品市场，尤其是低端磨床产品市场风险与压力并重。由于该公司从 2008 年下半年就已经着手围绕加大专用机床研发制造力度的产品结构调整，加上与之相应的管理措施的实行，确保了企业经济和产品的良性发展。尤其是在通用机床与专用机床（包括大型）机床出产比率、净利润以及存货上结构关系明显得到了改善。通用机床与专用机床的销售收入比为 43 比 57，企业为客户"量体裁衣"的专用机床明显大于通用机床，且专用机床出产周期也呈加快趋势；通用机床存货明显下降。

【缩短"投资链企业"清理"厂中厂企业"】 加快解决"投资链企业"和"原转制的厂中厂企业"问题，是上机公司 2009 年重点工作之一。从"调结构、上水平与做稳、做健康"这个基本点出发，该公司按照上海电气集团总公司战略发展的总体要求，花大力气抓了这类企业的清理，并根据公司资产关系、生产链、生产组织管理、人员结构等方面的实际需要，采用回归、关闭、剥离等方式对 20 家企业进行了清理、调整和深化改革。其中，投资企业关闭 8 家；转让投资的股权 2 家；关闭"原转制的厂中厂"企业 8 家；2 家企业完全剥离后移地经营。通过清理，一是解决了困扰企业多

上海机床厂有限公司厂景

年的资产关系不清，管理不顺等历史遗留问题；二是缩短了生产链，集中了优势资源，三是精简了生产组织结构，提高了生产组织效率；四是彻底解决长期存在的“五口通商”的局面，真正形成了上机公司内部一个“销售窗口”，对进一步树立企业的形象和信誉，起到了很好的促进作用。

国内最大250吨大型轧辊数控磨床

【变革生产组织管理方式】 从适应专用机床生产这个实际出发，根据突出主业，剥离副业的总体要求，上海机床厂有限公司以清理“投资链企业”和“原转制的厂中厂企业”为契机，重点在变革生产组织方式上下功夫，即以“精益生产运作”和科学管理为目标，解决内部生产链过长问题，重点突破口为低附加值和劳动密集型的辅助工序、配套工序以及高排放、高污染的工序，使其实现社会化的配套生产；调整生产组织，变分散管理为集中管理。主要是缩短生产链，扩大社会协作，剥离生产辅助部门，压缩生产组织结构。去年下半年开始规划并着手对冷作件、机床外包装、热处理、以及部分通用电气电箱产品等工序进行社会化、专业化协作加工。为今后实现只保留技术开发、营销、大型精密加工、精密装配等核心制造能力的规划目标跨出了一大步。

【筹建轴线生产线】 该公司还积极筹建轴线生产线，成立精密轴线生产车间，提高作为精密磨床的核心制造技术和关键生产工序的管理等级，包括集中的专区生产场地；标准的恒温控温条件；严格的车间进出门管理制度；规范的加工和装配工艺和流程等。上海机床厂有限公司通过推行上述管理方略和一系列措施到位，变原来精密轴线按产品类型分散加工和管理局面为统一集中的模式，提高了专业化生产的能力，确保了精密制造，精品精做。这是提高企业磨床产品内在质量的重要举措，也为进一步提升上机磨床这一中国名牌的品牌形象打下了坚实的基础。

【提升大型专机制造能力】 根据市委书记俞正声到上机公司调研的工作指导思路，围绕做专、做精、做强的发展宗旨，针对企业大型专机制造瓶颈，在上海电气领导的支持下，拟定了投资额为1.8亿元的“大型数控精密磨床产品升级技术改造项目”，并于当年9月启动实施。整个改造项目包括新增6000平方米的大型恒温装配车间（即把原铸造厂房改建成为重型加工装配车间），提高大重型机床装配能力；购置数台关键数控机床，一台是3.5×15米（或20米）的进口数控龙门加工中心和一台是260进口数控镗铣床，这是上机厂有史以来添置的价格最大、精度最高的关键设备，用以解决发展大型床身和大型箱体的加工难题。同时，行车吨位由原来的30吨提高到50吨，以改善大型机床在装配过程中的起吊能力。 该公司本项技术改造目的是要缓解工厂设备与生产工艺能力不能适应大型专机发展的矛盾，今后，对缩短大型专机制造周期，提高制造能力无疑是如虎添翼。从项目实施开始至今，该企业已完成各项目招标，外围近1万平方米绿化带已经完成，装配厂房土建工程于2010年2月份全面开工，该项目已列入国家“4万亿”投资项目中。

【成功申报国家重大专项课题】 年内，上海机床厂有限公司成功申报并获得了“超重型数控轧辊磨床”、“难加工材料轴类零件超高速精密外圆磨床”、“精密、复合、数控磨床”、“数控切点跟踪曲轴磨床”、“纳米级精度微型数控磨床”等5个国家科技重大专项课题。这些项目已经国家财政部批准，共获得专项资金2940万元。取得这些国家级课题，对上机公司扩大专机制造，提升技术能级水准，“做专做精做强”无疑将是一个极大的推动。从8月起，上机公司就组织精兵强将，通过与大学交流合作，理论论证，部分产品已经完成初步设计。

【建立院士工作室】 上海机床厂有限公司建立了以中国工程院院士周勤之、徐志磊为核心的院士工作室，具体指导并实施各类高端磨床的研发；该公司技术中心磨削实验室通过“机械工业精密磨削技术重点实验室”验收并挂牌成立等等，都从一定层面展示了该公司技术研发团队及其成果在当今中国磨床行业高端机床国内市场的地位和品牌的领先地位。

【加强现场质量监督与控制】 上机公司围绕“提升竞争能力，增强赢利能力，提高企业健康程度”这个工作重点，通过产品结构调整，以提高专机质量为切入点，在干部职工中开展质量意识教育，推行主关零部件质量监控制度，并在现场实物质量管理等方面下功夫，重点抓了专机质量和收购件质量控制，制定了相应操作流程与管控制度，着力形成长效机制。

【在专机质量上下功夫】 专门配备了一名领导干部负责专机制造的过程管理，认真解决用户预验收中可能出现的很多质量与技术问题，落实用户对产品质量在出厂前的预验收工作；在外购、外协件质量上，该公司还专门成立了领导小组，从规范采购程序、落实管控制度、质量业务层面监控上多管齐下，促进实物质量的提高；通过工艺纪律检查、内审等途径加强生产制造的监视和测量，严格执行工艺纪律，对产品空运行进行考核，把产品前期运行的问题暴露在出厂前，同时，加大质量管理考核力度，建立质量长效监管机制，做到职责明确、奖罚分明。

【提高磨床制造适应市场的应变能力】 上机公司面对国际和国内经济形势，结合企业自身发展特点，以深化结构调整为契机，提高企业健康程度为主要目标，从强化内部管理下了功夫，取得了一定的成效。以“调结构，上水平，做专、做精、做强”为发展战略，转变增长方式，严格内部管理，提高经济运行质量。立足磨床制造，依托国家发展战略，把握市场机遇，加大专机市场拓展力度，提高了适应市场的应变能力，在企业调整和创新中促进了企业的发展步入进一步良性循环的轨道。 （虞国荣）

（十一）上海水产（集团）总公司

【概况】 由上海市国资委全资控股的上海水产（集团）总公司，是上海唯一一家开发利用国际渔业资源、以远洋渔业及水产品精深加工为主营业务的国有集团公司，具有一流技术能级的大中型公海作业船25艘（其中13艘已纳入上市资产），有跨海小型作业船48艘。集团船队生产海域为太平洋、印度洋、大西洋。年捕捞远洋水产品15~16万吨，占全国远洋渔业产品10％以上，有海外企业及办事处18家，多次获得市政府“走出去”贡献奖和“走出去”领头羊企业称号，是上海跨国经营20强企业之一，2005年已通过ISO9001：2000质量管理体系认证。

【经济工作情况】 年内，面对渔业资源和市场的变化以及国际金融危机影响，水产集团以开展学习实践科学发展观活动为契机，以编制实施集团三年行动规划为抓手，以运作、壮大上市公司、推进远洋渔业优质资产整体上市为动力，明确发展思路，积极采取措施，努力克服困难，保持了集团生产经营总体平稳。上半年，水产集团以开展学习实践科学发展观活动为契机，围绕“学习实践科学发展观，增强核心竞争力，打造国际先进渔业集团”学习实践活动载体，组织研究制定集团（2009-2011）三年行动规划，明确了打造国际先进渔业集团的发展总目标，确立了集聚主业资源推进远洋渔业优质资产整体上市、调整结构推进主辅分离、健全保障机制的基本战略，7月份召开了动员会议正式启动实施。

【继续保持公海捕捞全国领先】 公海竹荚鱼、金枪鱼围网渔业是集团核心业务远洋渔业的支柱。虽然下半年起竹荚鱼渔场资源遭受了渔场海况条件变化、鱼群集群突显异常等困难，但由于采取了各种有效的应对措施，单船捕捞产量达到了10000吨以上，其中开裕轮产量超过20000万吨，使水产集团5艘大型拖网加工船以占中国船队13艘船38%的船只数，赢得了13艘船捕捞总量约73%的产量，产能和效益继续保持在国内第一、国际前列的水平。金枪鱼围网渔业坚持抓好有效作业天数，整个船队提前超额完成了全年产量指标。7艘船捕捞产量占据了国内同渔场16艘船总产量的50%以上。

【提高过洋及其它作业方式经济效益】 按照三年行动规划中加快做强和培育大型拖网加工、金枪鱼围网作业外的远洋渔业优质资产逐步上市的战略部署，集团2009年加快了毛里塔尼亚、摩洛哥、超低温和冷海水金枪鱼延绳钓等捕捞项目的调整优化，显现出良好的经济效果。毛里塔尼亚、摩洛哥船队整合优化管理显成效，两项目全年共夺得利润305万美元。超低温金枪鱼延绳钓项目通过调整打了翻身仗，一季度实施项目由国内直接经营管理的模式，4月份将船队转入太平洋生产，产量比上年增长58%，产值近1000万美元。斐济冷海水金枪鱼延绳钓船队6船捕捞产量创历史新高，产量超过了2000吨，比上年增长35%，为项目建设以来最好成绩。

【海陆联动精心实施远洋渔业项目】 大型金枪鱼围网船引进与新建齐头并进。从法国公司引进的一艘(二手)大型金枪鱼围网船3月投产后到年底超额完成了年捕捞产量指标。新建的4艘新船分别于年初和11月中旬开工，第一艘于12月3日下水，并直接参与了被列为国家863项目金枪鱼围网首制船研究工作。毛塔自由捕捞许可证谈判继续推进，新船舶选型等前期准备工作已基本完成。南极磷虾探捕项目启动实施，开利号2010年初圆满完成了我国首次南极海洋生物资源开发利用项目南极磷虾探捕任务。开发国内金枪鱼鲣鱼加工销售市场项目开展了一系列的市场调研、开发模式、合作伙伴选择等工作。分步实施打造集金枪鱼产加销功能于一体的中西太平洋“经济圈”战略，2008年投产的马绍尔食品加工厂2009年开始了金枪鱼鱼柳的规模化加工生产，马绍尔总统曾多次视察该厂，并给予了较高的评价和相关的优惠政策。收购斐济当地金枪鱼加工厂股权已进入操作阶段，为配套水产集团在太平洋海域作业的5艘金枪鱼超低温延绳钓船队生产经营创造了机遇。同时制订了集团远洋渔业人才规划(2009—2011年)，首次实行了远洋渔业职务船员技能鉴定并纳入集团人才信息库管理。

【增强远洋渔业核心竞争力】 大型拖网加工作业要在产学研联盟的帮助下，悉心研究竹荚鱼渔场资源变化和鱼群集散的新特点、新规律，从提高有效作业天数入手，根据情况灵活组织有效生产，千方百计提高单产水平。金枪鱼围网作业要把握销售价格起伏波动规律，抓好船只的均衡生产，多方位拓展销售渠道。在建的4艘金枪鱼围网船，要抓好建造进度和质量，确保按既定时间节点相继交付使用并投入生产。南极鳞虾探捕工作要继续加强渔场资源、安全生产、捕捞技术方面的研究与培训，抓紧调研鳞虾加工环节，销售市场，了解和掌握一批目标客户。西非合作项目要从规避风险、有利于新项目实施的角度，采取措施逐步转变合作方式。阿根廷线内及公海的鱿钓作业要海陆结合拓宽销售加工渠道，太平洋超低温金枪鱼延绳钓和冷海水延绳钓作业要千方百计用足配额，提高捕捞产品附加值。

【转变经济增长方式】 按照集团三年行动规划的既定方针，以产权清晰、项目培养为抓手，推进远洋渔业优质资产整体上市工作，加快集团资产结构调整，基本完成远洋渔业产业链资产向远洋渔业公司的归并和注入，不断充实和壮大上市公司的资产规模和实力。充分发挥上市公司增发、配股等多形式的市场融资功能，进一步提高集团国资资本证券化水平。抓紧实施收购斐济金海渔业公司部分股权项目，积极开展基里巴斯项目的前期准备工作。继续推进中西太平洋远洋渔业经济圈的战略布局，认真研究在入渔国陆上投资收购或建设水产加工厂，相机取得金枪鱼延绳钓及围网捕捞许可证，积极拓展密克远洋渔业新项目，抓紧开展与毛里塔尼亚政府关于自由捕捞项目的谈判。大力拓展海内外金枪鱼加工营销,调整产品结构,积极与相关企业开展合作,启动鲣鱼国内加工营销项目。继续推进水产加工园区基础设施建设,完成配送、冷藏物流、食品加工的产业布局,逐步开发金枪鱼深冷储藏及精深加工项目。

【加快主辅分离步伐】 为压缩企业层级,加快清理非主业小企业和“壳企业”,加快存量资产和闲置资产的盘活和变现,积极研究利用“打包平移、市场化开放式重组、土地变更”等政策,进行以变现为主要目的的置换或处置,为集团经济发展和职工保障提供财力支持。以贯彻《集团职工保障工作实施纲要》为契机,加快建设职工保障中心,加强职工保障工作的统一领导和组织协调,努力提高保障工作的制度化、组织化、规范化水平。多方筹措广开渠道建立和充实集团职工保障基金,建立专户,实行预算管理,接受职工监督。

【提高集团对经济运行的掌控能力】 按照市国资委的规定,结合集团外派董事的引入,进一步理清和界定集团决策层与执行层的权限和职责,继续完善董事会所属专业委员会和相关部室的建设,健全和落实董事会工作制度。建立风险预警防控机制,完善董事会专业委员会对投资行为进行法律审核并实施风险管理的办法。落实投资发展项目责任人的定期报告制度,加强投资决策环节、项目实施环节、项目管理环节的全过程监控。进一步规范集团和子公司的资金运作行为,防范资金运作的风险。实施集团重大法律纠纷案件的备案管理,积极创造条件推进以实施总法律顾问制度为重点的国有企业法律顾问制度建设。巩固执行新会计准则的基础,加强预算执行情况的动态监控和定期分析,建立超预算的预警机制和调控机制。以认真负责的姿态迎世博,为办好世博会作出努力。 (顾礼海)

(十二)上海市城市排水有限公司东区水质净化厂

【概况】 2009年,是排水公司整合重组之年,也是排水公司围绕“树立行业新标杆,塑造排水新形象,服务世博作贡献”的主题要求,深入学习科学发展观,切实加强领导干部作风建设的重要之年,又是排水公司再创上海市文明单位称号同时也是厂再创城投公司文明单位的创建年,更是排水公司为上海“十一五”规划建功立业的关键之年。全年完成处理流量4110339立方米,平均日处理11261立方米,1—11月份BOD_5出水为12.4mg/l;SS出水为12.3mg/l;COD_{cr}出水为43.8mg/l;脱水后污泥量299.21吨,污泥含水率为69.4%。检测项次完成率为100%,厂回灌水指标为640000立方米,1—12月实际回灌水为703678立方米,中水利用为53609立方米。

1—11月份运行指标情况

月份	流量 m^3	日平均流量	BOD_5(mg/l)		SS(mg/l)		COD_{cr}(mg/l)		污泥量吨	泥饼含水率(100%)	检测项次完成率(100%)
			进	出	进	出	进	出			
1	388808	12542	128.0	10.9	133.5	10.8	275.5	48.8	33.06	68.1	100.0
2	371957	11999	124.9	17.4	125.3	12.5	237.3	52.6	29.99	66.2	100.0
3	331799	11850	111.5	9.1	150.1	13.0	246.7	44.8	40.58	70.6	100.0
4	378097	12197	152.8	8.4	200.7	14.4	333.3	46.5	42.7	73.5	100.0
5	422447	14082	134.8	10.1	175.5	13.1	309.0	45.9	56.4	73.0	100.0
6	452350	14592	114.0	9.3	141.3	12.3	248.0	39.1	47.74	69.3	100.0
7	386193	12873	106.5	10.3	123.2	11.5	203.3	33.6	11.2	69.7	100.0
8	342151	11037	94.5	13.3	126.0	11.8	178.0	36.5	12.04	69.0	100.0
9	293401	9465	126.2	23.5	112.0	11.9	216.3	47.1	12.92	67.9	100.0

（续表）

月份	流量 m^3	日平均流量	BOD_5（mg/l）		SS（mg/l）		COD_{cr}（mg/l）		污泥量吨	泥饼含水率（100%）	检测项次完成率（100%）
			进	出	进	出	进	出			
10	235262	7842	101.7	16.6	103.5	10.7	178.7	43.7	12.58	67.1	100.0
11	276270	8912	122.7	15.6	128.7	13.6	221.6	48.1	10.72	68.7	100.0
12	231604	7720									
合计（平均）	3878735	11850	114.6	12.6	140.7	12.4	245.5	44.1	309.93	69.4	100.0

【开展调查研究　破解发展难题】东厂面临转型，目前在观念上和管理方式上要有新的转变的问题；对于新接管的污水厂外泵站的各项工作梳理和磨合工作；如何提升厂管理层工作效率，进一步加大基础管理和规范管理的问题；如何深化党员、厂领导班子责任区、责任人的职责，提高东厂的人文素养，提升东厂的软实力等问题，以学习实践活动为契机，着力加以解决，使职工群众真正看到变化、得到实惠、感到满意。四项调研课题，分别由厂党政领导班子成员牵头召集相关部门负责同志一道制定调研方案、拟定报告提纲，并亲自带队深入基层开展调研，先后走访了6个车间班组，深入到新接管的原桃浦污水处理厂、天山水质净化厂、曲阳水质净化厂输送泵站，最后形成调研课题报告，逐一进行破解。

【突出实践特色 着力推动工作】开展了一系列富有特色的实践活动，召开纪念改革开放30周年座谈会，畅谈改革开放与排水事业整合重组的发展状况；组织全厂党员和中心组成员以及职工代表、入党积极分子开展“六大实践行动”的大讨论等，初步达到了交流思想、推动工作的目的；为进一步深入贯彻落实科学发展观，牢牢把握发展主动权打好了坚实的基础。

【积极开展党员责任区活动】为了争创排水公司优秀党支部，该厂进一步推进党员责任区活动，根据党员和积极分子的增加和变化情况对党员联系对象及时进行了调整。进一步要求党员每季度寻找不少于三名职工进行谈心交流，深入了解职工群众的思想动态情况，做到及时反馈，党员起到了穿针引线的作用，党员通过坚持每季度一次对党员责任区活动情况的自查与分析，肯定成绩，寻找自身不足，同时党支部对党员提出改进措施与要求，充分发挥了党员的先锋模范作用。

【普及环保知识　塑造企业形象】用“走出去请进来”的办法，大力宣传环保知识，树立行业新风尚，初步达到了推销自己，提高社会知名度的目的。厂经过上海市科委和科普教育基地联合会的初评、复审，成功申报了上海市科普教育基地，现在不仅承接杨浦区大中小学的科普教育工作，而且，还接待外区的中小学生的参观。为了使科普宣讲更加标准和规范，特地选派了一名同志参加上海市的科普讲解员培训。全年有六百余人来厂进行了科普教育的学习和参观，厂宣讲志愿者向他们宣讲专业水处理知识，使许多学生通过参观学习学到了书本上没有的知识。同时和同济大学、上海电力学院联手，共同研究科研项目，目前不仅是电力学院的教学实习基地也是同济大学研究生实习基地，使得校企联动优势互补更加突出。为了更好地建立长效管理机制，提高服务质量，树立敬业爱岗、规范服务、造福市民和奉献社会的行业新风尚。结合“六五”世界环境日和街道社区的迎世博活动，联系了与杨浦区市政养护建设有限公司和外滩街道城管科等六家单位签定了《建立联手机制，创建排水文明行业》协议书事项，进一步接受社会的监督。全年发出服务意见征询表30份，回收28份，满意率达100%。

【加强新接管泵站的调度】为完成公司下达的各项技术经济指标，特别是流量是作为污水处理的生命线，不但对东部地区的污水管网进行调查，而且对新接管的原桃浦、曲阳、天山污水厂的输送泵站进水情况进行摸底调查，掌握其泵站的进水规律，对一些进水量不稳定泵站，还加装了自动开停车装置，如在四平、溧阳等泵站安装自动开停车装置后，当班职工降低了劳动强度得到了职工的一致好评。调查了虹口港、杨树浦港截流及合流三期工程对厂进水的影响，在公司领导和总师室得指导下摸清了两路进水情况，形成了水量调查报告，确保了厂污水处理工作的均衡性。对一些如桃浦、曲阳、天山等较远地区的泵站，厂部专门成立了外泵站东、西小组来协调管理。现外泵站联系人与各组长管理以模式化、规范化来具体操作，遇到问题层层上报，做到了有联系有沟通。逐步解决了如：泵站人员轮休顶班问题、泵站老建筑的补修、设备设施资料移交等等。厂的工作效率受到新接管泵站职工的一致好评。

【确保污水处理高质低耗】 为了加强对设备的维护保养，提高设备完好率，按年初制定的设施设备维护保养计划分月进行实施。加强了设备检查巡视，1—11月检查设施设备2483台（套），在检查当中大量问题是闸门闸阀元件的磨损，检查出来问题及时安排追加计划进行检修并按时完成；1~11月设施设备维修计划25项，设备完好率为99.08%。

【认真做好专项工作和世博600天行动专项整治】 年内，该厂专项共有两项，一是新建机修车间，二是均质池1#、2#泵更新改造。在10月份已把这两项工作完成，还保质保量地按时完成排水公司大修工作。为了迎接2010年世博会的到来，确保设施设备的完好，排水公司投入了一定的经费来进行整治工作，已经对扬州路泵站的围墙、泵房进行了粉刷、对北新泾泵站的外立面进行了整修、完成了安顺路泵站的上、下水的改造，车间、变压器室的大门也都进行了更新，四平泵站的围墙也都进行了改造，五个世博整治项目已全部完成。

【安全工作 服务生产】 厂的安全生产工作在排水公司的领导下，坚持“安全第一，预防为主，综合治理”的方针，贯彻落实《安全生产法》和《上海市安全生产条例》，着眼于“关爱生命、安全发展”的思想，做好安全生产工作。全年无因工死亡事故；全年无因工重伤事故；全年无因工轻伤事故，事故频率为零；全年无外包工程工伤事故；全年无有责交通事故。在安全周及安全月活动期间观看安全宣传警示片2次共120人次。完成特殊工种培训电工复训（22人）、焊工复训（1人）、有毒有害有限空间初训（12人）、安全上岗证干部培训（1人）。共进行各类检查24次，参加检查220人次，并进行多次专项检查，如安全用电检查、高温安全检查、防寒保暖安全检查等。

【加强财务管理来实现运行经费承包目标】 财务工作作为东厂全体职工服务的窗口，同时也是一个严格执行国家有关财政法规和财务纪律的场所，财务工作正努力把资金管理型向合理调配型方面转变，并将把工作重点放在保生产、保安全、节约开支、降低成本上下工夫。1—12月份总收入累计1396.71万元，其中：下拨经费累计1329.98万元，其他业务收入累计66.73元（其中：租赁收入30.73万元），外借人员36万元。1—12月份运行成本为1329.98万元（包含折旧费）。经费具体支出分解如下：工资326万元，工资附加及福利费154万元，材料3.4万元，动力181万元，折旧8万元，检修172万元，污泥费19.58万元，制造费用466万元，污水处理成本3.62元/吨水（已剔除折旧、专项后费用）。

【做好绿化工作 创造优美的工作环境】 为使该厂成为鸟语花香的花园式工厂，投入一定数量的绿化经费，在生态池中养殖了荷花、睡莲等水生植物，曝气池上也养殖了56盆铁树、红花榉木等，使原先毫无生机的构筑物上充满了绿意，葡萄架上也结满了一串串诱人的果实。3月，结合爱国卫生月在厂内进行彻底的大扫除，使厂无卫生死 角，同时根据厂老鼠较多的特点，用各种手段来降低鼠密度，目前已投入了一定的财力、人力，设置灭鼠药、灭蟑药、捕鼠器（50只）等。

【用教育培训和能力培养来提高职工的综合素质】 为了配合质量、环境及职业健康安全工作的顺利开展，不断提高厂职工的质量、环境和职业健康安全的意识、知识和技能，确保每个岗位人员能具备相应岗位所必须的能力和意识以适应自身工作，使厂整体管理体系有效运行，厂教育根据公司要求和厂实际，积极开展教育培训工作，以来参加各类培训的总人数已达33人次，管理人员岗位培训和专技人员继续教育培训3人次，一般职工审证类培训30人次，共计培训33人次，培训率达33%。（柴一凤）

（十三）上海烟草（集团）公司

【概况】 上海烟草(集团)公司是一家以卷烟工业为主的多元化、集约化、现代化大型国有企业。(集团)公司于1993年11月由原上海市烟草公司及所属企业改制组建。截至2009年底，下辖浦东、虹口、青浦、崇明、金山、宝山、长宁、普陀、闸北、松江、奉贤、黄浦、静安、杨浦、徐汇、卢湾、闵行、嘉定19个区(县)烟草专卖分局以及驻上海铁路专卖局。上海烟草(集团)公司下辖9家工业企业，包括上海卷烟厂、北京卷烟厂、天津卷烟厂、上海高扬国际烟草有限公司、上海烟草储运公司、上海烟草包装印刷有限公司、上海白玉兰烟草材料有限公司、上海海烟物流发展有限公司、太仓海烟烟草薄片有限公司。上海烟草(集团)公司共有干部职工4489人，其中高级职称47人，中级职称446人。2009年总资产688.10亿元，其中，有固定资产39.02亿元，流动资产502.81亿元，资产负债率达到5.81%。2009年，上海市烟草专卖局被国家烟草专卖局和公安部联合授予"全国卷烟打假工作特殊贡献奖"。上海烟草(集团)公司被国家信息化测评中心评为"2008年度中国企业信息化500强"第14位，被上海市企业联合会和上海市企业家协会评为"2009上海企业100强"第15名、"2009上海制造业企业50强"第8名。"中华"牌卷烟商标被国家工商总局、中华商标协会评选为"2009年度最具市场竞争力商品商标60强"。2009年，集团公司共生产卷烟1264.52亿支(252.90万箱)，同比增长1.96%。销售卷烟1271.03亿支(254.21万箱)，(08年销量1222.97亿支)，同比增长3.93%。实现卷烟销售收入570.71亿元，实现工商税利420.32亿元，同比增长19.54%；实现工商利润129.28亿元，同比增长0.87%。

【专卖管理】 坚持端窝点、断源头、破网络、抓主犯，始终保持打私打假高压态势，积极推广以"错时、交叉、联合执法为主，专项整治、区域巡防为辅"的日常监管模式，取得了打假破网新成效。突出社区示范引领作用，开通"12313"烟草专卖品市场监管综合平台，构建了专卖主导、社会协调、公众参与的市场监管新格局。开发并建立覆盖全市的智能可视化烟草专卖内部监管平台，进一步完善了以内控制度为核心、信息技术为手段、检查考核为保障的专卖内管工作新机制。深入开展优秀专卖分局创建活动，积极落实"一线工作法"；着力优化卷烟市场净化标准，深入探索持证户分类管理和准入退出机制；切实推进专卖管理人员岗位技能鉴定工作，有力提升了专卖队伍整体素质。2009年，全市各级专卖管理部门共查获各类非法卷烟2.85万件(其中假冒卷烟142.74万条)，总案值1.83亿元；破获符合国家局标准网络案20起(其中国家局部级督办案件1起)，符合上海市标准网络案28起；查获5万元以上案值的假冒卷烟案件200起，其中案值100万元以上案件51起。协助公安司法机关抓获涉烟犯罪嫌疑人377名，依法刑事拘留制假分子186人，其中154人被司法机关依法追究刑事责任。市局再次荣获"全国卷烟打假工作特殊贡献奖"。

【多元化经营】 全面完成所有清理清退计划项目的实施工作，累计共清理清退多元化经营企业111家，保留多元化经营企业26家。在此基础上，进一步推进多元化产业资源整合，优化投资结构，初步形成以主业配套、酒店地产、金融证券3个产业为主的多元化投资布局。全额投资成立上海海烟投资管理有限公司，为下一步实现多元化投资管理机构的实体化运作，建立适应多元化发展要求，有利于加强归口管理、严格管理、规范运作，真正实现职责到位、监管到位、规范到位"三个到位"的多元化投资管理体制奠定了基础。

【市外市场建设】 优化完善覆盖全国60个重点城市1800个信息采样点的市场监测体系，对重点品牌实施全面跟踪，通过及时汇总市场动态，广泛采集各方信息，着力加强对社会库存趋势和市场价格走势的研判，切实提升市场分析调控能力。运用"半年协议季度审视、月度订单需求研判”的办法，优化调整全国卷烟市场布局；按不同地区、不同规格，分不同时段、不同业态，以零售终端覆盖面、零售客户一次批发销售量为核心要素，采取针对性销售策略，积极探索“中华”精确营销新模式，进一步健全完善全国市场工业营销体系，提升了协同营销水平。不断加强客户关系管理和服务体系建设，持续优化售后服务标准和流程，初步建立全国市场售后服务信息化平台，有效提升了客户服务质量和效率。

【市内市场建设】 选取2528家上海零售终端样本客户，建立覆盖全市所有乡镇街道和零售业态的市场跟踪监测体系，把市场分析从分销层面延伸到零售层面，为准确把握市场、精确投放货源提供了依据。准确分析“中华”等全国性重点骨干品牌在上海市场的表现，建立健全供应商信息反馈机制，推行“按周供应”、“客户分类供应”和“铺市率调整”三项销售策略，实现了对订单供货、品牌培育流程的进一步优化。积极推进市内精品网络建设，不断提升零售客户经营水平，全面加强终端维护和建设，充分挖掘终端的示范、推广、诚信价值，进一步提升了网建软实力。海烟物流公司牢固树立“服务创造价值”的理念，积极落实“两个一”（进货车辆等待不超过1辆车、配送时间误差不超过1小时）的承诺，把服务贯穿到了卷烟物流配送的全过程。

【海外市场建设】 着力强化市场、价格、流向、渠道、消费群体“五个跟踪”，不断梳理完善海外市场信息反馈快速通道，进一步提升了海外市场掌控能力，为“做稳做实”海外市场提供了有力保证。积极拓展海外市场，不断深化“有我参与、共同经营、长期合作、共享发展”的海外经营合作理念，进一步完善协同营销共商机制，推进“金鹿”卷烟落地生产，持续提升了“中华”、“红双喜”、“中南海”等集团品牌在海外市场的影响力。运用信息化手段不断深化海外客户关系建设，推进了海外目标市场的“渠道扁平化”和“终端现场化”，形成了诚信、互利、共赢的长期合作经营模式。

【企业基层管理建设】 按照国家局要求，坚持“重心下移、着眼基层、突出服务、加强基础”方针，结合（集团）公司实际，推进管理创新，扎实开展创建优秀基层单位活动。在工业企业深入开展“优秀卷烟工厂”创建活动，鼓励“争创一流企业”，不断深化以“质量、成本、交货期、安全和队伍”为主题的基层建设和管理创新活动，通过强化基础，严格管理，注重绩效，进一步打牢了集团持续健康发展的基础。在商业企业进一步完善目标管理模式，推进标准化管理体系建设，积极开展“良好业绩创建年”活动。以标杆管理为手段，以持续改进基础管理为重点，建立了由7项纵向指标和37项横向指标构成的商业企业内部绩效指标体系，确立了135项管理课题，有力推动了商业企业管理进步。形成了区县分局、有限公司集团化管理基本框架和有限公司法人治理运作框架，梳理了相关管理制度与流程，初步构建了区县分局、有限公司集团化管控体系。按照“总体规划、统一框架，突出专业、分类合并，扁平管理、精简高效”的原则，开展了区县分局、有限公司内部机构统一设置优化工作，明确了部门职能，理顺了管理条线，提高了工作效率；完成了浦东、南汇两区烟草机构调整，落实了青浦等9家有限公司的股权调整工作。形成了以业务事项为预算编制和控制主线，部门、业务、财务三级递进，分级归口管理的有限公司预算管理体系建设总体思路，进一步提升了商业企业管理水平。

【企业基础管理】 加强生产组织保障。优化产销计划管理，加强资源统筹协调，提高生产柔性水平，增强了适应市场快速反应能力。强化质量监督检测，深化质量波动研究，加强对多点联合生产产品的一致性评价，确保了产品质量稳中有升。主动参与、深度介入烟叶产区，优化烟叶采购加工布局，完善烟叶原料质量体系，提高了烟叶采购加工质量，满足了品牌发展需求。整合资源、优化流程，持续推进物资供应链和质量链建设，提高了烟用材料保障能力。加强人力资源管理。注重优化结构、盘活存量，充分挖掘潜力、提升能力，完成了第七届管理岗位人员换届聘任工作。加快后备干部和急需、紧缺专业人才培养，初步形成了以提升能力为核心，分层管理、分级负责的集团培训管理模式。完善薪酬管理体系，体现薪酬激励作用，进一步完善了适应集团化管理要求的薪酬分配制度。加强内部管理监督。以“三项检查”“回头看”和国家局重点抽查工作为重点，切实抓好整改落实各项工作；深化卷烟体外循环专项治理，进一步提高了卷烟生产经营规范水平；开展“小金库”专项治理，进一步规范了工商企业固定资产投资管理程序。做好内控制度审计、经济责任审计、工程项目审计三项重点任务，进一步完善了集团内部审计体制和监督保障机制。完善制度、规范程序，有力推动了内部监管长效机制的健全完善。加强内部基础管理。实施标准化建设协同联动，完善了企业标准体系，健全了制度管理框架，通过了QEOM管理体系第三方认证审核。落实全面预算责任和标准，统一集团财务和会计核算平台，建立了较为系统的集团预算管理体系、财务信息系统和会计核算体系。实现重大安全事故零目标，形成了集中管理、分级运行、绩效导向的集团化安全保障机制。不断优化物业、工程管理模式，严格控制各项维护费用和成本，提高了机关后勤服务保障水平。强化服务意识，拓宽服务渠道，保持了三产稳定、和谐、持续发展。着力整合资源、提高效率，组建集团宾馆管理委员会（筹），上海大酒店正式对外营业，中华园大饭店管理和服务水平进一步提升。

【企业技术创新】 以技术中心整合为契机，对集团下属京津沪各技术中心实施职能、规划、资源、制度、标准、流程和应用的整合，形成了“六科两站四室”的技术中心机构设置，为全面推进集团技术创新工作提供了有力支撑。以项目管理为抓手，完善了技术创新项目管理和评价体系，加快了以市场为导向的产品研发体系建设，推动了重点科技项目的稳步实施。全年确立科技项目126个；申请专利36项，其中发明专利11项，获得专利授权19项。以管理创新为动力，持续推进烟叶资源配置方式改革，积极探索烟叶原料“四位一体”管理新模式和基地单元建设新方法。储运公司优化烟叶仓储布局，启动烟叶原料清洁仓储项目建设，加强熏蒸技术等烟叶储存养护技术研究，开辟了烟叶养护提质新途径。按照国家局有关物资采购招标与竞争性谈判等工作要求，确立并完善物资供应资质认证综合评价新体系。构建集团设备、计量、基本建设投资管理绩效评价指标体系，形成了设备全要素管理新思路。

【企业内部监管】 以“完善制度，规范程序，严格监管”为重点，持续推进内部监管规范化、标准化工作。抓住制度、决策、运作、监督四个环节，全面推进物资采购、广告促销和工程投资项目“三项检查”工作。制（修）订各类制度115个，进一步夯实了企业管理基础。制订市局和分局两级专卖监督管理工作规范，加大对集团内部烟草专卖制品生产、销售和供应环节的监管力度，形成专卖内管内控体系。加强内控制度建设，全面实施对工程项目的全过程跟踪审计，建立经济责任审计监督新模式。

【科技创新】 上海烟草（集团）公司技术中心是中国烟草行业的行业级和国家级技术中心，1995年2月被国家局认定为烟草行业级企业技术中心，同年8月被原国家经贸委、国家税务总局、海关总署认定为国家级企业技术中心。主要负责产品开发与维护、工艺研究及产品技术标准管理，烟叶原料和配方的技术研究和管理，烟用材料应用技术研究，以及开展烟草化学和应用基础研究，生物毒理相关研究。拥有约8000平方米科研场所及一批先进的实验分析检测仪器设备。2009年6月，集团公司技术中心实施整合，现有员工132人，其中博士、硕士研究生学历32人，高、中级职称65人。技术中心本部设立产品研究室、原料研究室、工艺材料研究室、烟草化学研究室、理化实验室、综合管理部六个科室；原北京卷烟厂技术中心、天津卷烟厂技术中心更名为上海烟草（集团）公司技术中心北京工作站、天津工作站；与江苏太仓海烟烟草薄片有限公司、上海白玉兰烟草材料有限公司、上海烟草集团烟草包装印刷有限公司、上海烟草储运公司等单位共同组建烟草薄片研究室、滤棒技术研究室、包装设计印刷研究室和烟叶储存养护研究室等四个专业研究室。2009年，集团公司健全完善创新管理机制，提升技术维护和研发能力。围绕技术创新6大领域重点任务，确立66个科技项目，加强对减害降焦、特色工艺、配方技术、增香保润、原料保障及产品质量安全等关键技术的研究和应用。“以品牌为导向的原料体系研究”、“烟草及烟气中多种生物碱和含硫化合物的分析研究”等课题研究取得重大进展。共申请国家专利10项,其中申请发明专利2项。

【技术改造】 推进集团“十一五”技术改造工程,加大工程装备技术创新力度,加快“四新”技术应用和成果转化,实现了技改项目阶段性目标。“中华专线”项目以“国际一流”为目标,以“高起点、高质量、高效益”为要求,有序推进深化设计、设备选型、招标采购等各项工作,按进度完成桩基工程、地下工程以及部分配套工程,顺利实现辅助工房结构封顶。北京卷烟厂易地技改项目完成设备安装调试和工艺测试验证,实现全面搬迁并正式投产。天津卷烟厂项目完成土建施工、设备安装,主要设备实现单机调试。海烟薄片项目通过国家局整体竣工验收。(集团)公司营销中心改造项目通过行业专家组的方案论证。 (李　燕)

(十四)上海市建筑构件制品有限公司

【概况】 上海市建筑构件制品有限公司位于杨浦区黎平路2号,是上海建工集团的全资子公司,于1993年由原来上海市建筑构配件公司下属各单位重新组建而成,并于2002年改制为有限公司,具有预制混凝土构件、预拌商品混凝土生产最高资质等级。公司下设四个预制构件厂和十三个商品混凝土搅拌站及益源管桩公司、扬帆建筑物资公司、凯佳建材公司、建工运输公司、四和物业公司、市级企业技术中心、构件中专等配套单位,并在苏州、无锡和南昌设立了三家投资公司。公司具有年产商品混凝土800万立方、预制构件60万立方、成型钢筋30万吨的生产及配套能力,在生产规模、经营总量、技术水平、经济效益等方面均居全国同行业领先水平,是国内首家通过质量、环境和职业健康三大系列国际认证的构件企业。2009年公司荣获上海市重大工程立功竞赛金杯公司荣誉称号。

【经营总量再创新高】 公司紧紧抓住世博会及其相关配套工程加快建设的机遇,及时调整营销策略,经营工作主动性、针对性、超前性进一步增强,市场开拓能力得到进一步提升,取得了经营总量和质量的双突破。全年完成工业生产总值17.8亿元,综合营业额完成了26.97亿元,商品混凝土完成了655万立方,预制构件完成31.2万立方,钢筋桁架模板完成10.4万平方。

【生产节点高质量完成】 在以世博建设工程为重点的重大工程生产组织中,公司和厂两级生产部门加大调控力度,增强服务意识,精心组织安排生产,确保了公司参与的虹桥交通枢纽工程、轨道交通11、12号线车站、外滩通道改造工程、A15、A8高速公路、闵浦二桥工程等重点工程项目全部达到了生产节点的要求,产品质量和配套服务得到了业主和施工单位的一致好评。有7个月商品混凝土产量超过60万方,全公司有6家生产企业商品混凝土产量突破了历史最高纪录,其中虹桥机场拌站和第五构件厂商品混凝土均突破了100万立方。

【文明生产得到强化】 公司通过加强生产过程中的协调,统筹安排各类资源,精心组织生产和供应,在确保各项生产任务高质量、高效率完成的同时,文明生产水平进一步提升。公司以迎世博600天行动计划实施为契机,加大了环保节能设施的投入,实施了构件五厂、八厂环保型全封闭拌站的改造工作,并开展了拌、泵车车容车貌专项整治活动,经过改造和整治活动,使生产环境得到了进一步改善,文明生产水平有了新的提高。

【成本管理进一步夯实】 公司始终坚持以效益为中心不放松,成本效益意识在管理过程中得到充分体现,整体赢利能力得到加强,经济效益稳中有升,并首次实现下属单位全部完成年度利润指标。全年商品混凝土方量确认率达到了99.9%以上。在保证质量的前提下,优化了技术级配,生产原材料成本得到了控制,产品盈利能力和市场竞争能力得到了提高。

【技术创新取得新成果】 公司技术中心通过对公司技术资源的整合,充分发挥了技术中心在公司发展中的科技核心作用,并于2009年9月顺利通过了市级企业技术中心的认定,获得2项市科技进步奖、8项集团科技成果奖,同时获得4项科技专利,参与了市建委组织的3项地方性标准的编制工作。在世博电缆隧道施工过程中，公司攻克了超长距离泵送混凝土的技术难题，创造了商品混凝土水平泵送1400米距离的国内纪录。在康桥商品房住宅项目中，公司成功开发了钢筋混凝土复合自保温外墙板这一符合节能和环保要求的产品，其相关课题研究得到了市建委和市科委的肯定。（李　平）

（十五）上海柴油机股份有限公司

【概况】 上海柴油机股份有限公司始建于1947年4月，前身为中国农业机械公司吴淞制造厂，1953年改名为上海柴油机厂，1993年改制为发行A、B股的上市公司，即上海柴油机股份有限公司（以下简称“上柴公司”）。公司总股本为4.8亿股，其中流通A股占54.82%，流通B股占45.18%。公司位于军工路2636号，厂区占地面积60万平方米，建筑面积30万平方米。截至2009年底，公司在职员工为3253人，其中，工程技术人员477人，管理人员459人，博士、硕士49人，大学本科467人。2009年正式加入上汽集团后，依据上汽集团整体业务发展规划，快速推进自主品牌动力基地建设，完善产品布局、拓展市场空间、提升能力水平，努力保持国内工程机械主要动力供应商地位的基础上，将逐步发展成为产销规模和技术水平都处于业内领先水准的多领域柴油机的独立供应商。上柴公司具有较强的柴油机设计开发和生产制造能力。技术中心被首批列入国家级技术中心，具有国内领先的制造工艺水平。2009年，公司第十次获“上海市文明单位”、上海市“五一”劳动奖状及上海市学习型企事业标兵单位称号。

【完成股份转让过户】 上柴公司在2008年12月29日收到上海汽车集团股份有限公司（“上海汽车”）转来的中国证券登记结算有限责任公司上海分公司过户登记确认书，上海电气集团股份有限公司已将其持有的本公司241,709,280股股份（占本公司总股本的50.32%）过户到上海汽车名下。上述股份转让分别获得国务院国有资产监督管理委员会《关于上海柴油机股份有限公司国有股东所持股份转让有关问题的批复》、中华人民共和国商务部《商务部关于同意上海柴油机股份有限公司股权转让的批复》、中国证券监督管理委员会《关于核准上海汽车集团股份有限公司公告上海柴油机股份有限公司收购报告书并豁免其要约收购义务的批复》。2009年1月16日，公司分别召开了2009年度第一次临时股东大会、董事会、监事会相关会议，选举肖国普先生为公司第五届董事会董事长，周郎辉先生为公司第五届监事会主席。意味着上柴正式纳入上海汽车的版图，成为上海汽车这支世界500强之一的航母舰队中的一员。这是上柴发展史上一个新的契机，一个新的开端。

【完成全年经营目标和任务】 面对形势严峻的外部环境和快速变化的市场形势，在集团的大力支持下，公司广大员工紧紧围绕全年经营工作的总体要求，在思想上做好了应对最坏局面的打算，在工作中朝最好的方向努力，进取度时艰，效率谋发展，积极应对各种不利因素，狠抓降本增效，深化推进精益管理，在市场好转时抓住了机遇，较好地完成了全年经营工作目标和任务。全年实现柴油机销售67672台，完成年度控制目标的109%；营业收入为334681万元，完成年度控制目标的102%；公司盈利能力得到加强，全年实现净利润为6994万元，完成年度控制目标的122%，同比增长212%。同时，广大员工振奋精神，努力夯实管理基础，扎实工作，各项重点工作也有序推进。从细分市场来看，主要是工程机械市场抓住了市场机遇，产品销售结构得以改善，部分重点产品销量创新高。全年实现销售41420台，完成年度目标123.6%，同比增长9.8%。其中，公司抓住了国家对基础建设投入的机遇，起重机发动机实现销售12391台，同比增长51.1%，市场占有率提高了13.3个百分点；压路机发动机实现销售10405台，同比增长143.8%，市场占有率提高了14.9个百分点；平地机发动机实现销售1585台，同比增长24.6%，市场占有率提高了24.6个百分点；二是客车市场聚焦重点，主攻省级公交市场，拉动周边市场，内部整合客车销售队伍，实施灵活的激励机制，外部推行针对性的销售政策。全年实现销售3975台，但同比增长52.1%；三是利用船电发展部平台，抓住船机市场市场复苏机会，实现销售5793台，完成年度目标214.6%，同比增长64.9%；电站市场实现销售8528台，完成年度目标125.4%。

【俞正声视察上柴】 2月4日下午，中共中央政治局委员、上海市委书记俞正声专程来上柴公司视察调研。参观了制造二分公司生产现场和试验试制中心，并同上汽集团董事长胡茂元、上柴公司董事长肖国普、总经理熊伟铭、党委书记李健劲等进行了座谈。在座谈期间，俞正声认真听取了上柴公司整体发展情况的汇报，并指出，上柴公司作为一个知名企业，要努力克服金融危机带来的不利影响，在调整产品结构、开拓市场上狠下功夫，不断提高质量水平，努力为上海世博会提供好产品，为企业长远发展打下良好基础。

【入选上证公司治理指数样本股】 年内，上柴公司入选上证公司治理指数样本股。此次入选上证公司治理指数样本股，是社会公众、专业机构以及监管部门对上柴公司完善治理结构和规范运作的充分肯定。公司自1993年改制上市以来，一直十分重视建立健全治理结构，首先从健全“三会”（股东大会、董事会、监事会）制度、确保所有投资者的合法权益入手，促进公司在法治、监管、自律、规范原则指导下的有效运作。在一系列重要事项决策之前，公司均会从上市公司治理法规入手，寻求决策结论的有效性和合规性，从而保证了改制十几年来的规范运作。

【确保军品万无一失】 1月4日，上柴公司配套北奔重汽的100台军用卡车发动机完成发动机性能试验复验，并一次通过总装备部军代表验收，实现2009年开门红。2008年12月中旬，动力营销公司接到包头北奔重汽的军品订单，要求上柴公司提供100台6CL280-2发动机，并要求通过总装备部车船军事代表局驻上海地区军事代表室军检。虽然上柴公司在2006年至2008年为北奔重汽成功配套过200台军用发动机，但为了确保军用发动机的质量，公司还是在2008年12月25日召开专题会进行重点布置与落实，同时邀请上海军代表一起参加。会议要求切实贯彻公司Q/SC946-2007《军用发动机控制及管理办法》程序文件，并提出了一次通过军代表的验收、在北奔重汽无一次质量问题反馈等工作目标。为了确保质量，公司上下全力以赴。在整机装配之前，制造二分公司和车间领导针对以前军品生产出现的质量问题反复进行讨论，制定了整改计划和落实措施，并且和员工一起学习军品的质量控制计划。装配车间在装好每一台柴油机后，螺钉扭矩都检查了一遍又一遍，绝不让留有半点瑕疵的柴油机流向下道；当挂着“军品”的字样的柴油机进入试车房后，又对照试车规范延长了30分钟试验时间，确保性能、烟度、扭矩等各方面指标符合要求。在公司各相关部门的紧密合作与配合下，公司配套北奔重汽的100台军用卡车发动机一次性通过总装备部军代表复验验收。

【与上海公交迎世博恳谈会举行】 2月27日，由上海市公交行业协会主办，上柴公司协办的“上柴与上海公交迎世博恳谈会”在上柴公司举行，来自上海公交系统、环保局、路管处、客车厂等64家单位90多位主要领导出席了会议。会上，上海公交行业协会秘书姜培顺首先传达了市委领导、市政府新闻发布会近日对公交行业的新要求，并就“公交优先”提出来的具体新打算，以及为公交优先配套的车辆装备、设施更新、人员管理等办法提出了新设想。上柴公司总师室、技术专家分别在会上介绍了公司新技术发展概况、新产品性能以及公交市场应用上柴产品与同行业的数据对比，并就前一段与上海公交车辆使用情况作了汇报，并表示了上柴将借世博会的契机，为上海公交及至全国公交行业提供最好产品的决心。

【成功配置公交车天然气发动机】 6月18日，成都公交公司与上柴公司签约首批300台天然气发动机，配置公交高级空调车。此前的6月5日成都公交车燃烧案震惊中外，2009年成都公交车发动机的配置无疑成为万众瞩目的焦点，谁能最终夺标意义重大。在这场市场争夺战中，上柴公司驻成都办事处全体员工以实际行动贯彻“易＋人”服务理念，在短短的十几天中，对成都公交所有配上柴发动机的1700多辆车进行安全检查；他们举办了一次又一次的技术讲座，手把手的培训司售人员，以优质的售后服务赢得成都公交系统干部、员工的认可；上柴公司天然气发动机良好的性能和强劲的动力，更使成都公交技术人员感到满意。为了成功配置天然气发动机，上柴公司与成都公交反复沟通，并布署了促销、服务、培训等一系列细则。6月18日，第一批300台配置成都公交高级空调车的天然气发动机成功签订。

【首批世博特供发动机顺利下线】 作为2010年上海世博会指定发动机供应商，5月31日，公司首批81台申沃世博发动机全部顺利下线发往申沃公司。5月中旬，公司接到申沃首批世博发动机订单后，各级领导高度重视并精心部署。5月19日，首批世博发动机正式开始装配，为打造精品世博发动机，公司按照军品控制模式，对每台世博车挂上了醒目的“世博专用”标签；放慢生产节拍，在装配过程加强物料检查；首次配置新定扭扳手保证摇臂固定螺栓力矩；试车过程首次采用黑光灯检查“三漏“；首台世博发动机装配下线时，公司还组织设计、工艺、质保相关专家对样机仔细评审并提出了改进措施。

【启动价值链管理工作】 4月21日，公司召开价值链管理工作启动会议，部署价值链管理工作。价值链管理工作涉及公司从订单到交货整个业务流程，包含了销售、产品变型配套、生产计划、生产制造、采购、物流和售后服务等各个环节。为此，公司专门成立价值链管理工作推进小组制定公司价值链管理工作持续改善计划，推动企业价值链管理工作改善计划的实施，通过完善指标、自我诊断、制订计划、推行实施、阶段评估五个步骤，持续地提升从订单到交货的管理能级。专项小组分析解剖了从订单到交货整个周期内各环节的现状，从信息流、实物流、资金流等方面开展改进工作，取得了一定的成效。其中，在信息流方面，绘制了OTD（订单到交货）主流程图，并启动相关问题专项改善计划；在实物流方面，明确了A/B/C类机型生产模式及零件储备标准并进入实质运行阶段；在资金流方面，挖掘各环节库存改善潜力，公司库存周转率达到年度目标。

【开展安全生产大检查】 5月14日下午，公司召开安全生产工作会议，全面部署了安全生产工作。为预防和遏制各类生产安全事故的发生，切实做好安全生产工作，2009年重点落实了六项安全生产主要工作：一是切实开展全面安全大检查，坚决杜绝安全隐患；二是全面落实安全生产责任制、严格安全生产考核制度；三是加大安全监督检查力度、加强安全管理队伍建设；四是抓好安全宣传教育培训工作、确保安全生产投入；五是做好专项整治、监控出租外包施工现场的安全管理；六是做好季节性、阶段性的安全工作。6月份，公司组织开展了2009年安全生产大检查，全面整改安全隐患，加大安全检查力度，严格生产作业现场管理，共发现大小安全隐患361个，采取边检查边整改的方式，在6月底前，除4个需一定工期的实施项目外，其余安全隐患全部得以整改排除，为广大职工创造了一个安全良好的生产工作环境。

【完善薪酬考核分配机制】 年内，为贯彻“以人为本”的企业理念，客观公正地评价员工工作业绩，激励员工不断提升工作能力，公司颁布实施了《员工绩效考核管理办法》，实施全员考核。业绩考核以“立体考核、效率导向、注重传导、强化运用”为主要原则，通过推行多样化的正激励考核方式，增加与市场接轨、行业先进对标的效率性指标，坚持一级考一级、层层传递压力及部门之间相互协同、联动考核，加强指标控制、反馈、以及考核结果在薪酬、任免等方面的运用，有效推动公司整体业绩水平的提升。“加强员工绩效考核”是公司2009年八项重点工作之一，本着对员工负责的态度，力求做到“方法公开、程序公开、结果公正”。同时，公司借助各种平台完善了薪酬分配机制。在生产部门，结合“人人成为经营者”活动，以铸热分公司为试点，将经营体利润作为考核分配的补充形式，取得了较好效果；在技术部门，将工程应用中心奖金分配与销售台份挂钩，拉动了技术服务向市场延伸的力度；在销售部门，完善了销售提成制，对不同市场的产品销售制定了相应的提成办法，一定程度上促进了销量的合理增长。员工绩效考核的全面推行，进一步完善了公司绩效考核体系，使公司的经营目标得到分解和细化，落实到每一位在岗员工，以达到推动员工整体绩效提升、促进公司经营目标完成的目的。

【承办亚太天然气车辆组织（ANGVA）中国巡展活动】 10月

11日，由上柴公司承办的，以“环保动力先锋，驱动美好生活”为主题的亚太天然气车辆组织（ANGVA）中国巡展暨上柴动力环保之旅在深圳启动，本次活动共历时12天，旨在通过推广天然气发动机的全面应用，为建设和谐的、具有可持续发展的“节能型”社会而贡献力量。ANGVA希望通过绿色环保之旅（Green Highways Project）活动促进沿线地区天然气车辆及加气设备等相关行业的发展。上柴长期以来致力于天然气发动机研发、生产与推广，与ANGVA推广宗旨吻合，双方具有较高契合度。上柴公司在开发亚洲相关市场、技术交流等多个机会，与ANGVA组织有过多种形式的合作，双方联合在中国开展此次巡展活动，也是双方再次加强合作的体现。ANGVA中国巡展与奥运火炬传递相似，活动起点是伊朗，终点是韩国，途径马来西亚、泰国、新加坡、印尼等东南亚国家；在中国共举行两站，启动仪式在深圳，闭幕仪式将转战天津。亚太天然气车辆组织理事长Mr. Lee、政府部门领导、行业专家、上柴公司领导、全国六十余家公交公司及行业用户代表、二十余家整车及零部件企业代表出席了中国境内第一站的启动仪式。10月22日，活动在天津圆满落幕。

【天然气发动机在北京客车展上获奖】 在2009年第七届北京国际客车及零部件展览会上，上柴公司SC9DF、SC8DK、SC8DT和SC5DK四款客车发动机登台亮相，引起了用户的极大关注；其中排放达到国Ⅳ标准的SC8DT天然气发动机在本次客车大赛中获得CIBC客车零部件节能减排奖。SC8DT发动机拥有自主知识产权，并获得了数项专利技术，排量8.3升，重量640kg；该型号发动机功率覆盖范围为210—280马力，排放可以达到国Ⅲ和国Ⅳ标准，整机的各项技术指标均处于世界先进水平。

【真情“易+人”情系你我他】 11月15日至12月20日，公司在全国范围开展以“真情‘易+人’情系你我他”为主题的上柴动力2009年冬季送温暖用户走访活动。活动旨在进一步提高员工的质量意识、市场意识和服务意识，收集产品质量和服务质量第一手市场信息，体现公司“易+人”真情服务、关爱客户的文化。活动分别由公司高层管理团队、质保部、市场部、技术、采购和各制造部门、营销公司派员参加，各地中心办选派骨干、核心人员，结合销售服务商共同参与实施各项走访工作。活动具体分为四个阶段、18个区域小组，200多人次，分18条线，走访了全国20多个省市和地区，召开36个座谈会，倾听了500多位经销商、配套商和用户代表意见，收集走访问卷1178份，满意度问卷783份，征集质量、配套应用、服务管理等181多条有价值的建议，到1178家用户实地走访，解答疑问，辅导培训，送去表达心意的慰问品。活动分为调研与终端客户主动巡访关怀两个层面，调研层面主要以内外部座谈会和拜访集团用户和重点经销商为主要形式；终端客户主动巡访关怀层面主要以现场检修、保养发动机，现场解决一般故障，及时安排解决较大故障或抱怨为主。通过本次活动，重点听取区域内终端用户、配套单位驻外营销、服务机构的意见和建议，客观、翔实对公司的产品质量、售后服务、配件供应等做出评价，以利于公司持续改进，进一步提高顾客满意度。（沈　艳）

上柴动力环保之旅

（一）综　述

2009年，全区第三产业增加值为102.99亿元，同比增长11.2%；商品销售总额1254.02亿元，同比增长8.3%；社会消费品零售额212.2亿元，同比增长14.4%；合同吸引外资6.26亿美元，同比下降13.7%；外贸进出口总额6.6亿美元，同比下降39.9%。

全区旅行社、旅游饭店和旅游景区共接待境内外游客590.92万人次，与上年相比增加91.50%，实现旅游收入17.78亿元，与上年相比增加22.47%。

（二）工业、商业、服务业

【概况】　2009年，面对国际金融危机和杨浦城区转型的挑战，坚持"两个优先、两个提升"（即优先发展高新技术产业，优先发展知识型生产性服务业，提升基础性服务业，提升都市产业）的产业发展方针，扎实推进结构调整和经济发展方式转变，全区经济和产业得到进一步发展。

【节能降耗指标提前完成】　超额完成企业关停并转迁任务。先后完成16项高污染、高能耗、低附加值企业（项目）的调整（超额完成调整12家企业的目标），为历年之最。减少能耗17392吨标煤，腾出产业用地135186平方米。"十一五"规划实施以来，累计完成项目55项，超过预定50项的目标。

【节能降耗工作成效明显】　整合政府资源、社会资源和政策资源，通过与西门子、德国大陆、同济等的合作，推进楼宇节能改造工作。层层落实节能降耗责任制直至企业，加强重点领域管理，推进5000平方米以上商业设施节能。开展5家能耗大户能源诊断试点。重点推进5项合同能源管理项目。开展锅炉节能改造，节约1100吨标煤。加强节能队伍建设和加强节能监督管理。组织节能专家为小企业改造提供技术支持。起草《杨浦区中小企业节能改造扶持办法》。在13家企业推广4745套节能灯，完成11个街道镇7.5万户家庭37万只节能灯的推广。

【建成10个市级创意园区】　全区累计已建成13个创意园区，其中"环同济创意产业集聚区"被授予"上海市创意产业集聚区"称号，使市级创意产业集聚区数达到10个，占全市总量的12%。老厂房改造步伐加快，十七棉上海国际时尚中心获市创意产业集聚区立项，第四医药厂、复地国际商务中心、矽钢片现代服务业外包集聚区、化纤五厂五维空间等项目启动规划建设。

【获著名商标23项】　全区获中国名牌、上海市名牌、驰名商标、著名商标23项，获上海市中小企业品牌企业、品牌产品13项。凤凰毯业、菊花纺织有限公司获老字号保护推广专项。东方CJ商务有限公司获企业管理现代化创新成果奖。

【节日营销名列中心城区第二】　据抽样调查，元旦"情系世博缘，新年倒计时"跨年营销活动中，节日期间同比增幅达63%；春节黄金周实现销售同比增长19%；"五一"小长假销售同比增长29.16%，增幅位于中心城区第二位。

【汽车销售呈现上升态势】　全

五角场商圈万达广场巴黎春天

年汽车类销售收入达到19.51亿元。自3月份以来，全区汽车销售逐月走高，9月汽车销售额达到2.03亿元，创本年单月销售之最。9家重点样本单位的全年销售额达到16.1亿元，同比增长34.55%。

【新型销售方式快速发展】 以互联网、信息化为基础的电子商务、网上购物、电视购物等新型销售方式快速发展。如东方CJ电视购物全年销售额为25.86亿元，同比增长70.9%。

【五角场商圈销售额超30亿元】
全年五角场商圈销售额30.4亿元，同比增长15.3%。经过三年精心打造，五角场商圈业态不断优化升级，商圈内的企业和市场共同成长，众多品牌企业、连锁企业的五角场门店都已成为集团旗下同类门店的佼佼者。如巴黎春天五角场店的销售总额位于上海所有门店之首，巴黎春天、宝大祥青少年用品店和第一食品店，全年销售总额分别增长22.1%、21.8%和37%。

【金储休闲广场被命名为市特色商业街】 金储休闲广场于2006年初正式开业，位于国定东路美食街，南北沿街300米，东西纵深25—60米，总占地面积约21亩，隶属上海五角场城市副中心商业开发地块，设立餐饮、住宿、娱乐、休闲四大黄金板块。经过三年多的发展，一批具有品牌知名度和影响力的企业和大型餐饮企业陆续入驻金储休闲广场，如新加坡泰国村鱼翅馆、骏莱舟山海鲜渔港、英煌国际娱乐会所、真锅咖啡、如家便捷商务酒店和上海君汇海鲜大酒楼等。在市商务委命名的全市13家2009年度上海市特色商业街中，金储休闲广场名列其中。

【诚信兴商宣传月活动成功举行】
9月17日至10月7日，以诚信为核心内容的“杨浦商业诚信兴商，为知识杨浦增辉”百店金秋大联动成功举行，活动内容突出共铸诚信，让窗口更明亮，以商家诚实守信的销售服务来促进净化消费环境和规范市场秩序。区域商业系统109个单位参加本次大联动营销。活动中，各参展单位都把《告顾客书》放在商店门口的显著位置，接受顾客监督，同时，设立《诚信评议》箱，接受消费者评议和投诉，区商联会还在网上接受消费评议，并把这些评议作为征信汇入有关单位的诚信档案。整个活动中未发生诸如商品质量、商品价格方面的投诉和虚假广告现象。

【窗口服务业迎世博进步明显】
抓住世博契机，以五角场商圈为重点，推进五角场市级副中心标准化示范区建设，强化窗口服务行业管理，带动区域商业服务水平和环境提升。开展环境整治、规范商业企业的户外广告和店招店牌等。迎世博“窗口服务文明进步指数”，连续三次在全市的检查评比中排名第一。

【世博概念营销活动丰富多彩】
全区商业企业积极践行“迎世博”练兵，将世博理念融入节日联动营销主题。举办了元旦“心系世博、放情消费”；春节“迎世博诚信兴商，促消费真情馈客”；“五一”、“奏响世博号角，服务文明诚信”；中秋国庆“喜迎世博、献礼国庆、扩大消费、便民惠民”主题营销等系列促销活动。

【上海购物节杨浦区活动圆满举

行】 9月13日晚，“2009上海购物节、上海旅游节杨浦区活动暨‘都市魅力’商业文化展开幕式”在五角场下沉式广场举行。活动时间为9月12日至10月8日，内容是以“上海五角场、商业新地标”为主题的十大商家大行动、社区商业“便民利民、服务到家”百店大联动、“魅力餐饮、品味杨浦”烹饪技艺展评、“引领时尚、从头开始”美发美容竞赛、“都市魅力”商业文化展等系列活动，对拉动内需、繁荣市场、丰富百姓生活起到积极的推动作用。

标准化菜市场开门营业

【举办“迎世博盛会，放飞餐饮梦”知识竞赛】 10月中旬，区餐饮行业工会牵头举办了“迎世博盛会，放飞餐饮梦”职工知识竞赛，以实际行动欢庆世博会召开倒计时200天。共有34支队伍，计300余人报名参加了本次活动。最终14支队伍，近90人进入决赛。在最后设立的即兴演讲环节。选手们围绕“为世博加油，为祖国喝彩”或“我为世博添风采”的主题，结合本单位和本职工作，作了精彩纷呈的演讲。新凤城迎宾馆队获本次竞赛活动的一等奖。

【标准化菜市场建设有序推进】 全年完成国京、城达、长岭、杨家浜等4家标准化菜市场的改建。6月中旬市京菜市场开张营业， 7月28日新建城达菜市场工作开张营业。9月28日，阳普菜市场公司下属长岭路菜市场改建完毕，菜市场面积从600多平方米增加到1100平方米。9月25日延吉街道杨家浜菜市场搬迁新址开张营业，面积800多平方米。经市区联合验收评定，确定三星标准化菜市场6户、二星标准化菜市场10户、一星标准化菜市场9户。

【标准化菜市场食品安全信息查询系统安装任务完成】 建立“标准化菜市场食品安全信息查询系统”项目被列入2009年市政府实事项目。截至11月底，已有33家菜市场安装了食品安全信息查询系统，经软件安装调试和网络开通，全面实现了信息的即时查询。

2009年主要出口商品情况表

出口商品	出口额（万美元）	占出口总额（%）	比上年（±%）
合计	38466	100	-49.79
纺织制品	13842	35.99	-35.13
机电、音响制品及其零部件	16869	43.85	-45.56
贱金属及其制品	2553	6.64	-81.62
车辆、航空器、船舶等	1431	3.72	-70.59
塑料、橡胶及其制品	1083	2.82	-22.89
化学工业及其相关工业的	581	1.51	-18.73
其他	2107	5.47	-38.28

2009 年出口商品主要输往地情况表

国家和地区	出口额（万美元）	占出口总额（%）
合计：	38466	100
亚洲：	18858	49.03
其中日本：	4696	12.2
其中韩国：	516	1.34
其中东盟：	4511	11.72
欧洲：	8480	22.05
北美洲：	7258	18.87
其中美国：	6863	17.84
其他：	3870	10.05

【6 家企业开拓海外市场】 全年经批准的“走出去”企业累计 6 家。复旦科技园股份有限公司于 2003 年在英国设立复旦科技园（英国）有限公司；上海五角场（集团）有限公司于 2005 年在智利的依基克自由贸易区设立上海（智利）商贸中心进出口有限公司，复旦光华信息科技股份有限公司在香港设立了复旦光华（香港）有限公司；上海洵疆国际贸易有限公司于 2007 年在越南河内独资设立洵疆国际（越南）有限公司；上海神工环保股份有限公司于 2008 年在巴基斯坦卡拉奇市与 Dallah Al-Baraka Co.,Ltd 公司合资设立巴基斯坦 S.S.K. 环境能源开发有限公司；上海光和光学制造有限公司于 2009 年在香港地区设立贸易公司即香港和鸿国际贸易有限公司。

【服务外包发展模式探索推进】 探索推进以电子信息和软件出口为重点的服务外包产业发展模式。继 2008 年上海中和软件有限公司被成功推荐为上海市重点软件服务外包企业后，2009 年，易安信信息技术研发（上海）有限公司、普迪飞半导体技术有限公司也被成功推荐为上海市重点软件服务外包企业。2009 年全区服务外包及软件离岸合同额达 6458 万美元。

【2 家园区获市软件出口（创新）园区称号】 2009 上海软件外包国际峰会 10 月在上海虹桥迎宾馆召开。会上，上海市商务委员会授予全市 7 家园区为“上海市软件出口（创新）园区”，杨浦区的复旦软件园、创智天地园区位列其中。

【贯彻落实企业扶持政策】 开展 2009 年度“中小企业国际市场开拓资金”相关工作，完成第一批 41 家企业、149 个项目的申报受理初审，涉及拨付资金额 182 万元；贯彻落实 2009 年度“国家及上海市支持承接国际服务外包业务发展专项资金”相关工作，涉及支持资金 622.95 万元；根据市商务委申报保外贸、稳增长专项工作部署，完成了符合上报条件的 3 家外贸企业保外贸稳增长专项资金资料申报工作；组织区 14 家企业参加旨在帮助外贸企业渡过难关、免摊位费的“上海外贸产品内销订货会”等。（兰晓丽）

（三）旅游事业

【概述】 2009 年，全区旅行社、旅游饭店和旅游景区共接待境内外游客 590.92 万人次，与上年相比增加 91.50%，实现旅游收入 17.78 亿元，与上年相比增加 22.47%。

【行业管理与建设】 2009 年，会同区文化执法大队等部门，对区域内宾馆、旅行社（门市部）、景点进行执法检查，规范宾馆境外卫星安装工作，杜绝违法和非法安装。对旅行社、宾馆、景点的服务质量进行跟踪检查。今年共接到投诉件 3 件，均作了认真处理和回复，使客人较为满意。在全市 20 个旅游管理部门综合满意度测评中名列第 5 名。

【开展旅游星级饭店复核及评

审】 根据市旅游饭店星评委《关于组织开展2009年度星级饭店复核工作的通知》精神，列入今年复核的单位共10家。其中1家因内部大修改造，经区星评委同意暂缓外，其余9家经区星评委复核检查，均通过星级复核及评审。

【创建绿色饭店】 3月，召开全区住宿业“迎世博、保安全、争创绿、促达标”工作会议，推进节能减排和创绿色饭店工作。在各宾馆（饭店）领导的重视下，经评审通过，新凤城迎宾馆被评为“金叶级”绿色饭店，白玉兰宾馆、财大豪生大酒店被评为“银叶级”绿色饭店，超额完成全年绿色饭店的创建任务。

【贯彻《旅行社条例》精神，做好换证工作】 根据《旅行社条例》和《实施细则》的要求，与7月28日召开全区旅行社负责人会议，布置做好区内50家旅行社许可证换证、保证金缴纳和旅行社责任险投保工作。至年底全区旅行社换证率达到92%，责任险投保率达到100%。全年新审批旅行社4家，分别是拂兰特、金鑫、蕴通和悠乐旅行社。

【推进社会旅馆优质和规范服务达标】 9月，召开全区住宿业负责人会议，布置规范经营管理、消除安全隐患、迎世博安保群防群治工作。配合区公安治安支队、区工商局、区安监局抓好旅馆业从业人员治安、消防、安全防范和卫生知识的教育培训。同时，遵照《上海市旅馆业管理办法》促进社会旅馆达标工作。今年共有8家社会旅馆被评为达标旅馆，其中1家为优质达标旅馆。积极组织好达标旅馆资料的收集工作，为市旅游局编制《上海旅馆手册》做好基础工作。

【加强旅游行业安全工作】 按照国务院办公厅“关于安全生产三项行动”通知要求，认真制定全区旅游行业安全生产三项行动实施方案。并与31家重点旅游企业负责人签订安全工作责任书。在6月份“安全月”活动中，全区旅游行业组织观看《血的教训》警示片34次，观看人数为1388人次。组织安全教育培训2261人（次），其中农民工476人。新疆7·5事件发生后，贯彻市旅游局紧急会议精神，及时将市领导的讲话精神和维稳工作要求，以通知形式下发到全区300余家旅游企业。同时，要求宾馆落实好党的少数民族政策，一视同仁接待好少数民族旅客。并督促各旅游企业做好反恐、防范迎世博安保工作。

【围绕世博开展宣传教育】 2月份在全区旅游行业发放《迎世博旅游行业员工读本》1000余册及配套教育录像带115套，印发世博知识小卡片3000余张，发放各类宣传品1112份，迎世博服务手册467本，制发世博服务徽章600个，开展世博知识应知应会培训，参加人数约3600余人，占一线员工的97%。4月2日，举办全区旅游企业干部迎世博知识培训班。各星级宾馆、旅行社、景点负责人74人参加培训并考试合格。组织星级宾馆总台优质服务示范员14人参加市、区总工会组织的“迎世博学双语”考官培训，还选送了4名服务员参加了“迎世博学哑语”培训。4月份，还组织了23名旅行社管理人员和32名饭店管理人员参加市旅游局举办的中高层营销管理人员专题培训班。组织了13名星级饭店内审员参加了市旅游局培训，并经考试取得了合格证书。组织选送了8名导游参加市旅游局举办的“迎世博上海青年导游员大赛”。9月初，组织开展迎世博旅游宾馆（饭店）技能比武活动，经区里初赛选拔，推选四家宾馆5名选手参加市旅游局举行的全市饭店客房铺床技能大赛。其中：获三等奖1名，优胜奖3名，总体成绩在中心城区名列前茅。还组织三家宾馆参加了市旅游局举行的迎世博饭店技能大赛——中式烹饪和铺台，其中：中式烹饪摆台获三等奖，中式铺台获操作规范优胜奖。

【认真做好甲流感防控工作】 按照市、区领导的要求，为70余批次，580余名（其中55%是外籍人员，他们来自39个国家和地区），流感医学观察人员安排好食宿，做好各宾馆流感零报告统计等工作。

【提升区旅游咨询服务中心功能】 为充分展示旅游咨询服务中心良好的窗口形象，2009年度做到“形象风格、服务项目、服务流程、宣传资料、操作培训”五个统一。全年共接待电话和门市咨询达2.85万人次。在门店发放各类宣传资料7万余份。代理接受报名旅客出团115个，出游人数1800余人。营业额达90余万元。深入社区、学校，加大中心对外宣传力度，全年组织和参加了三次大型社区咨询活动，现场咨询2000人次，发放宣传资料1.5万余份。组织业务培训，提高整体素质。积极参加市、区组织的“迎世博”系列培训活动，不断提高工作人员的业务素质。

【“世博号角”管乐艺术节】 4月29日至5月3日上海国际音乐节“世博号角”管乐艺术节在杨浦区举行。来自西班牙、韩国、马来西亚共4支国外乐团，总政、海政、二炮军乐团以及来自全国9个省、市及香港地区的28支国内乐团共3000多中外演奏员参加了开幕式。

【2009亚洲极限运动竞标赛】 4月30日至5月3日，“2009起亚XGAMES亚洲极限运动竞标赛”在江湾体育中心隆重举行。副市长赵雯出席了开幕式。来自20个国家和地区的200名运动员参加了竞赛。比赛设直排轮、滑板、极限单车、极限攀岩等当今最具标志性极限运动项目。为期4天的赛事吸引了5.45万名观众前来观赛。

【“纪念版游览护照”首发仪式】 9月27日，由上海市旅游局和杨浦区人民政府联合举办的“迎世博，庆国庆”新中国成立六十周年“纪念版游览护照”首发仪式在国歌纪念广场隆重举行。副市长赵雯启动了建国六十周年“纪念版游览护照”的首发装置，并向来自各行各业的代表赠送“游览护照”。市委宣传部副部长、市文明办主任马春雷，市旅游局局长道书明，区委副书记、区长宗明，区委副书记魏伟明，副区长唐海东等领导也出席了仪式。首发仪式后，200名上海各界人士代表参加了“经典上海一日游”活动。

亚洲极限运动竞标赛

【都市森林甜蜜婚纱摄影大赛】 9月1日至28日，“2009上海旅游节·都市森林甜蜜婚纱摄影大赛”拉开序幕。本次活动由区旅游局和上海市摄影家协会主办，旅游时报社承办。向全社会征集所有共青森林公园里带有“甜蜜”元素的照片。同时以“绿色宣言”婚纱摄影外拍活动，宣传环保、宣传绿色世博的口号，并借国庆60周年之际，通过“和谐夕阳红”婚纱外拍活动，拍摄与祖国同岁的夫妻，突出在城市的绿色中寻找和谐、自然、真爱的大赛主题。此次大赛共收到作品2000多幅，入围的60幅作品被制成精美摄影册加以宣传。

【第九届都市森林狂欢节】 10月1日至7日在共青森林公园举行。本次活动主题为“庆国庆·迎世博·燃激情”。活动演出形式分为定点演出、巡游及迎宾互动演出两种形式，包括风情歌舞、互动游戏、狂欢游行，小丑表演和乐队演奏等主要活动，以及五彩缤纷世博墙、民间艺术才艺秀等配套活动。来自阿佤山少数民族、俄罗斯、巴西等国的多个歌舞团参与了展演，为佳节增添浓郁的喜庆色彩，给申城市民、全国游客乃至世界各国人民带来不一般的狂欢激情和体验。

【编写《杨浦之旅》手册】 为宣传杨浦，展示杨浦新形象，推进杨浦旅游产业发展，区旅游局牵头编写了《杨浦之旅》手册，该手册图文并茂地宣传展示杨浦的形象，确保让游客“一册在手，畅游杨浦”。

【参加国内旅游交易会】 组织4家旅游企业参加了4月19日在大连举行的“2009年中国国内旅游交易会”。在交易会上,杨浦区设置2个展台,发放了5000多份旅游资料,并与兄弟省市的旅游管理部门代表进行了业务交流。

【牵头组织常熟虞山、尚湖度假区迎春联谊会】 1月13日,常熟虞山、尚湖度假区管委会迎春联谊会在瀚海明玉大酒店举行。区旅游局牵头组织了上海10个中心城区旅游管理部门和旅行社总经理等130人参加了活动。上海市旅游局黄承刚秘书长等领导出席了会议。常熟虞山、尚湖度假区管委会主任介绍了景区情况,并公布了2009年旅游特惠政策。对上海市10家旅行社颁布了“最佳合作奖”奖状,授予上海市旅游集散中心“特殊贡献奖”奖牌。多家旅行社与常熟虞山尚湖旅游发展有限公司签订了合作协议。

【河南云台山景区推介会】 2月19日,河南焦作云台山景区管理局在杨浦区沪东工人文化宫举行推介会。杨浦区区内40余家旅行社参与了推介活动。云台山景区以其独具特色的“北方岩溶地貌”被列入首批世界地质公园名录,拥有亚洲落差最大的瀑布——云台瀑布。与会者通过观看电视片、听取景区工作人员深情并茂的演讲,对云台山景区留下了非常美好的印象。

【四川省宜宾市旅游推介活动】 7月1日至3日,四川省宜宾市开展了为期三天的旅游推介活动。7月1日,在复旦皇冠假日酒店宴会厅举办了“四川·宜宾旅游产品推介会”。会上四川省旅游局与宜宾市领导重点推介了宜宾市精品旅游线路,推出了营销奖励优惠政策。上海市旅游局副局长程梅红对代表团的到来表示欢迎,加强两地旅游资源的互相推介。浦东新区经委、同济大学领导,黄浦区、静安区等上海10区旅游局领导以及上海新华旅行社等40余家旅行社负责人,上海市电视台、新民晚报等15家媒体记者出席了会议。7月3日,宜宾市代表团在五角场广场举办旅游推介活动,共接待前来咨询游客1万余人,发放各类旅游宣传资料共计2万余册。

【沪宜旅游合作座谈会】 11月4日至8日,副区长唐海东率领区相关人员一行赴四川省宜宾市考察学习。期间,召开了“沪宜深化旅游合作座谈会”,就加强两地旅游合作,促进旅游业共同发展,实现资源共享、信息互换、合作共赢交换了意见。通过座谈交流,两地旅行社进行无缝对接,宜宾航空旅行社成为杨浦休养旅行社在宜宾世博门票总代理的合作协议。

【沪定旅游合作座谈会】 10月29日至30日,区旅游局组织10个中心城区旅游局,19家旅游企业一行33人赴舟山定海实地考察,参观了舟山连岛大桥、鸦片战争遗址公园和定海夜市,并乘船游览了海岸线。30日,召开了“‘开启大桥时代、对接上海世博’沪定旅游合作座谈会”。会上,区旅游局和定海区旅游局签订了旅游合作框架协议,双方表示愿为实现资源共享、市场互动、人员互往、信息互通、合作共赢作出努力。 (孔素珍)

四川宜宾旅游推介会

（一）综　述

2009年，全区累计引进外资项目79个，比上年增长2.59%。其中，新批注册资金500万元人民币以上的项目21个，高新科技类和现代服务类项目为75个，占引进项目数的95%。外商直接投资生产性项目4个，合同外资267.2万美元；非生产性项目75个，合同外资62342.57万美元。

全年新引进各类企业2617户，实现年度目标数的116.8%；吸引注册资金76.7亿元，实现年度目标数的102%。在招大引强方面，引进注册资金500万元以上企业262户，实现年度目标数的119%。其中，500万元至1000万元的企业有113户，1000万元至5000万元的企业有107户，5000万元至1亿元的企业有18户，1亿元以上的企业有24户。在新引进的2617户企业中，服务业958户，占引进总数的36.6%；商业餐饮业815户，占31.1%；科技产业585户，占22.4%；房产建筑业60户，占2.3%；工业11户，占0.4%；其他类型产业188户，占7.2%。从而形成服务业占优，商业餐饮业和科技产业并重，房产建筑业、都市型工业和其他产业适量的多元化格局。

（二）对外经济贸易

【引进外资结构持续优化】 全区累计引进外资项目79个，比上年增长2.59%。其中，新批注册资金500万元人民币以上的项目21个，高新科技类和现代服务类项目为75个，占引进项目数的95%。外商直接投资生产性项目4个，合同外资267.2万美元；非生产性项目75个，合同外资62342.57万美元。项目中主要涉及：高新技术业、咨询服务业、房地业、计算机软件业、环保科技业等。

2009年外商投资行业（或产业）分布情况表

行业（或产业）	合同外资			实到外资	
	个数	金额（万美元）	占比（%）	金额（万美元）	占比（%）
合计	79	62609.77	100	14200	100
生产性项目	4	267.2	0.42	295	2.1
非生产性项目	75	62342.57	99.58	13905	97.9

2009年外商投资主要来源地情况表

国家和地区	项目数（个）	合同外资（万美元）
香　港	37	23646.33
美　国	10	264.28
日　本	6	103.33

【企业增资势头良好】 全年共有22家企业进行了增资扩股，增资额占全年引进合同外资的41.21%。

【招大引强进一步推进】 先后引进了世界500强大陆集团投资的大陆汽车亚太管理（上海）有限公司、易保网络技术（上海）有限公司、易安信信息技术研发（上海）有限公司、全球最大的家居零售巨头丹麦JYSK集团投资的居事佳（上海）商贸有限公司、上海沪风房地产开发有限公司、盛维创业投资管理（上海）有限公司、安莉芳（上海）有限公司、上海仁恒杨浦房地产有限公司等重大项目。

【全球家居零售巨头丹麦JYSK入驻】 居事佳（上海）商贸有限公司投资方为全球最大的家居零售巨头丹麦JYSK集团。该集团从1979年发展至今，已经在丹麦、瑞典、挪威、芬兰、德国、波兰、瑞士、荷兰、法国、英国等全球23个国家拥有1500家店铺，近14000名员工，年营业额近20亿欧元。5月，该集团与杨浦共同签署合作投资项目协议。根据协议，丹麦JYSK集团将随之在中国进行有重大规模的投资，以上海杨浦区为中国总部，以递进的方式辐射全国，实现在中国建成500家店面的计划。

【德国大陆集团正式入驻杨浦】 德国大陆集团是全球领先的汽车零部件供应商，其总部设在德国汉诺威。2007年6月13日，区政府与德国大陆集团汽车管理（上海）有限公司签订《框架协议书》；2007年7月10日双方共同召开德国大陆集团落户杨浦区的新闻发布会；2009年11月18日，德国大陆集团亚洲总部及研发中心正式落成并投入运营。

【杨浦区与川崎市产业转型比较国际研讨会召开】 10月30日，由杨浦区人民政府和上海社科院经济研究所等共同举办的“杨浦区与川崎市产业转型比较国际研讨会”在复旦皇冠假日酒店召开。副区长唐海东致辞并作了题为《转型发展 共创未来》的主旨发言。会上，代表们围绕着结构调整与政策探索，技术创新与产业发展，城区建设与区域合作三个方面主题各抒己见。参加此次会议的专家学者、政府官员等中外代表共计100余人。

德国大陆集团亚洲总部交付使用

【美国财富500强之一EMC公司入驻】 易安信信息技术研发（上海）有限公司投资方为美国财富五百强之一EMC公司。EMC公司是全球信息基础架构技术与解决方案的领先开发商与提供商，也是全球最大的企业存储设备和软件提供商。2009年，引进易安信信息技术研发(上海)有限公司,其在杨浦设立的研发集团正式升级为EMC中国卓越研发集团(上海),下设存储技术研发基地、计算研发基地、信息管理研发基地、中国实验室、全球解决方案中心和全球客户技术支持中心六大职能部门。

【香港安莉芳亚洲总部入驻】 安莉芳(上海)有限公司投资方为著名内衣品牌公司香港安莉芳集团。1996年至2008年连续十三年凭借卓越的业绩获得“全国市场同类产品销量第一名”的称号。迄今,集团的零售业务遍及中国内地、香港、澳门等,覆盖共40多个大型城市,销售点逾1,500个。2007年11月,安莉芳集团即与杨浦开始接洽,并于2008年1月28日,同中国针织工业协会正式签定了《战略合作备忘录》。2009年,安莉芳集团正式将其亚洲总部落户杨浦。该亚洲地区总部集投资、贸易、管理、研发四大功能,以杨浦为发展核心,辐射全国。

【外资网上审批成功推进】 杨浦外资审批工作已纳入市商务委上海外资网上审批系统,实行网上申报、网上审批、市区联网。此项举措既为申请人及时查询申报项目的进展情况提供了便利,又促使政府行政审批流程进一步透明化,提高了行政审批效率。

【外资企业联合年检工作被市商务委评为先进】 历时半年,高效完成了2009年全区外商投资企业的联合年检工作。年检企业参检率95%,差错率为0。在2009年市商务委年检和统计工作年会上,杨浦外商投资企业联合年检工作被市商务委评为先进。

【对外贸易逐步企稳回升】 全年外贸进出口总额6.6亿美元,同比下降39.9%。11月份首次出现同比上升27.3%,12月份同比继续上升13.41%,外贸进出口总额降幅收窄。

(三)国内合作交流

【概况】 2009年,围绕杨浦知识创新区建设的总体目标,协同各有关单位,以健全机制、整合资源、专题招商、创新服务等多种方式形成工作合力,全面实现年度招商引资工作和“摘牌”专项工作目标。与2008年同期相比,引进各类企业数上升10.8%,吸引注册资金数上升4%,引进注册资金500万元以上企业数上升27%。

【举行1890服务企业网开通仪式】 1月13日,在淳大源地豪生大酒店,以“新服务、心沟通、逆势飞扬”为主题,举办“1890杨浦区服务企业网”开通仪式暨重点企业家新春联谊会。会议由区委常委、副区长柴尧迅主持,区委书记、区人大常委会主任陈安杰作主旨报告,区委常委、组织部部长于秀芬介绍“1890杨浦区服务企业网”服务宗旨,举行“1890杨浦区服务企业网”开通和“1890服务卡”赠送仪式。在喜迎新春的轻松欢快气氛中,区四套班子领导及委办局负责人与150多位企业家座谈交流联谊,共筑杨浦经济社会新发展。

【强化专题招商】 2月10日至11日,区委书记陈安杰率区党政代表团赴京专题招商。代表团先后走访国家科技部、中央统战部、中建总公司、中建集团、环球雅思、创业家杂志社总部、中国通用技术集团、中信集团等地,洽谈合作、引进项目,得到部领导的支持,取得引进重点企业和重点项目的显著成效。

【签订对口支援都江堰胥家镇帮扶项目协议书】 2月,为落实《上海市区县对口支援都江堰市乡镇灾后恢复重建工作的意见》精神,中共杨浦区委副书记、区长宗明带队赴都江堰市胥家镇考察慰问。其间,两地领导签订了《2009年对口支援项目协议书》、《2009年对口支援胥家镇社区守望相助项目协议书》;视察上海援建都江堰胥家镇卫生院和道路;并慰问2户困难家庭。2009年度对口支援都江堰胥家镇帮扶工作始终以“资源共享、优势互补、互惠互利、共同发展”为帮扶目标,推动9个方面25个项目援建工作。包括教育帮扶7项、卫生帮扶3项、就业帮扶2项、道路、沟渠、桥梁建设项目、产业帮扶4项、人才培训、农村基层政权建设、社区“守望相助”活动4项、邀请都江堰市胥家镇党政代表团来访考察等项目。所有援建项目已于当年全部落实完成。

【承办区县行系列活动启动暨杨浦行活动】 3月20日,组织承办“2009年各地在沪商会(企业)区县行系列活动启动暨杨浦行”

活动。邀请20个各地在沪商会和企业家179人参观考察杨浦新江湾城、五角场商圈等地，副市长胡延昭，市合作交流办书记、主任林湘，区委书记、区人大常委会主任陈安杰，区委副书记、区长宗明出席并分别讲话。各地商会成员、企业家代表和新闻媒体200余人听取有关杨浦区财政政策、企业服务政策介绍，并进行座谈交流。

【举行杨浦知识创新区（西安）推介会】 4月4日至6日，区委副书记、区长宗明率团赴西安参加"第十三届中国东西部合作与贸易洽谈会"。在参展同期，举行杨浦知识创新区专场推介会。宗明介绍杨浦知识创新区建设情况，并发布25项商务资源信息和30条服务企业政策，中共陕西省委常委、省政法委书记宋洪武、上海市人民政府副市长沈晓明出席推介会并作重要讲话，陕西省、上海市、西安市相关委办局领导，杨浦区域内的大学、企业代表，来自全国各地的企业家以及新闻界人士等近200人参加推介会。

【组织企业家赴地震灾区考察】 4月，组织20多位企业家赴都江堰地震灾区进行商务考察。期间，代表团了解了都江堰市灾后重建规划及进展情况、相关政策、投资项目；商讨在都江堰市投资新集成建筑及创意产业；实地考察都江堰市代表性企业、项目，并就具体合作意向进行座谈，达成进一步合作意向。

【实现"摘牌"专项工作目标】 围绕全年引进500万元以上企业220户（包括引进2—3家特大型企业），建立健全为重点企业服务工作机制并落实有效措施的重点工作目标，以重点地区、重大项目为重点，通过区领导带队出访、专题招商、创新服务等多种方式，做深做细重点项目谈判工作，及时把握项目的谈判进程和落户发展情况。引进的17家大中型企业，当年纳税超过5000万元。其中，引进特大型企业7家，淮南矿业、文通集团、山东电力、能源投资项目、易保科技、完美时空、台湾广场项目；形成服务重点企业工作机制并成效显著，实现"摘牌"专项工作目标的233%。

【赴舟山举行推介会】 7月21日，上海杨浦知识创新区第四届长三角推介会在舟山举行。两地四套班子及有关部门主要领导，复旦大学、同济大学、上海理工大学和浙江海洋学院高校代表与百余位两地企业家等250多人出席。会上，两地领导介绍区域经济社会发展情况，企业家代表作交流发言，签署经济合作项目17个，签约项目注册资金总额达26亿元，总投资额达100亿元以上。区领导与舟山市领导进行了合作交流座谈，与会者还参观舟山城市建设和高新技术产业发展园区等处。推介会起到宣传、推介的预期效果，带动更多企业深入认知杨浦、加强投资合作，也有利于"知识杨浦"进一步融入服务长三角。

【举行区国内投资企业联合会成立20周年纪念大会】 11月16日，杨浦区国内投资企业联合会成立20周年纪念大会在东郊宾馆举行。特邀市政府合作交流办、文汇报报社领导，区四套班子主要领导，各委办局、街道镇负责人，区重点项目企业家和联合会会员单位、新闻媒体代表等400多人出席。围绕"跨越梦想、共创辉煌"主题，播放了反映合作交流20年巡礼片《真情》，有关单位、企业家代表作交流发言。与会领导分别向66位荣获"杰出领导奖"、"品牌企业领导奖"、"创业精英奖"、"服务创新奖"和"优秀组织奖"的获奖代表颁奖，以凝聚企业、涵养商机，促进合作交流和企业新发展。

【推进重点功能性项目同步招商】 根据区政府工作要求，推进重大功能性项目建设与招商同步推进的工作。全年列入同步招商监管体系的21个楼宇项目中，对11个进入招商阶段的项目，经与责任主体共同努力，已与10余个大型商业或跨国企业进行洽谈，达成合作意向；协调预备招商的6个项目仍以项目扩初、动迁与建设准备期为主；同时，协同推进4个自用型办公用房项目建设良好。

【完善服务目标考核机制】 年初召开2009年招商引资目标任务和服务指标工作会议，向各相关部门发送《2009年度杨浦区招商引资目标责任制服务指标考核操作办法》、《2009年招商引资计划目标和工作举措》。挖掘整合职能部门的专业特长和服务特色，加强考核单位联络员队伍建设，收集分析服务目标落实情况。全年各部门报送“信息资源”578 条，批转“绿色通道”577 户次、“协调督办”62 户次、“特色服务”6 户次。

【推进楼宇招商“三落地”】 根据区领导提出的两年一次滚动推进商务楼宇签约要求，会同发改委对 2009 年预备进入招商程序的商务楼宇进行排摸分析，形成《杨浦区 2009 年商务楼宇责任主体确定表》；与 10 个街道镇、7 个委办局（园区）进行签约，明确 21 项新签约楼宇的责任主体。全年 21 项新签约商务楼宇平均“三落地”率为 89%，平均楼宇利用率为 73%。其中，“三落地”率达到 100%的有 12 项，占项目总数的 30%。

【健全区域重点企业服务体系】 建立领导干部定点联系企业制度，通过协同区委组织部举行“一线工作法”领导干部联系服务企业启动仪式，将“一线工作法”延伸为企服务，落实全区 350 名处级以上领导干部与 490 家企业结对。同时，发挥区重点企业服务办职能作用，对区重点企业做到全面走访，集中力量从面上解决企业问题，服务重点企业。全年收集企业诉求 154 件，帮助企业解决问题 143 件，解决率 93%，走访重点企业 200 余家次，协调解决企业问题 20 多项，通过办内协调、跨部门协调、区领导协调三个层次的问题协调工作机制，及时了解企业诉求并进行疏导排解。

【落实政府购买中介服务举措】 全市首创的区域特色助商服务“三项代理”成绩突出，全年新批实施工商代理 1810 户，新批代理记账和税务代理 2162 户。

【积极服务中小企业】 发挥国内投资企业联合会作用，积极服务中小企业。全年接待企业来访 1767 人次，走访企业 321 家，代办工商年检 205 家，办理企业投资者解决子女借读中小学 16 人，协助企业投资者办理《上海市人才引进居住证》4 人次。

【优化信息共享平台建设】 做好“杨浦招商网”的更新维护，依托各委办局信息员队伍共收集各类信息 382 条，发布 356 条，全年网站访问量已超过 16 万人次；设立开通“1890 领导干部联系企业服务平台”，接待 1890 服务热线电话 189 人次，解决率 100%，构建区企双向沟通渠道。

【提升行政服务效能】 充分运用企业办证服务大厅的功能，提升办证速度，全年“一门式”办证大厅共接待 102229 人次，办理证照 36413 人次；进一步发挥“绿色通道”作用，缩短前置审批时间，批转办结“绿色通道”证照 577 项，赢得了企业的好评。

【规范实施扶持兑现】 不断完善《清算资金管理办法》，提升职能部门落实政策的诚信度。全年累计兑现各类资金 489 户次，共 2.4 亿元。其中，兑现企业产业发展资助资金 202 户共计 2.2 亿元；兑现 2008 年度目标责任制奖励 22 户共计 403 万元；兑现企业高管奖励 122 名共计 121.5 万元；法人奖 120 户次 143.4 万元。

【区代表团赴都江堰市胥家镇落实援建工程项目】 7 月，由区委常委、副区长庄少勤率区党政代表团一行 17 人，赴都江堰市胥家镇考察慰问。其间，代表团拜会

援建胥家镇工程开工仪式

了上海市对口支援都江堰市灾后重建指挥部领导；在胥家镇举行两地领导座谈；并出席匡家村村道沟渠援建工程项目签约、开工仪式；上海新杨浦置业有限公司捐赠胥家镇灾后重建资金50万元。

【筹措落实对口帮扶资金项目】 筹措区财政帮扶资金300万元，争取市配套专项资金540万元；落实对口帮扶云南墨江县新厂乡10个自然村、西盟县景星乡12个自然村实施整村推进项目。对口帮扶西藏亚东县75万元，争取市专项资金325万元，配合落实亚东县行政服务中心项目；争取市专项资金588万元，协助落实阿瓦提县2个新农村建设项目和县第一中学宿舍楼等项目建设。

【签订3个合作项目协议书】 9月，接待都江堰市胥家镇党政代表团来访考察。参观杨浦区城市规划展示馆，并举行两地领导座谈会；组织企业家参加都江堰市灾后重建情况介绍暨项目推介会，促成两地政府、企业签订合作项目协议书。合作项目分别有：《猕猴桃购销合同》、《路基材料应用技术合作框架协议》、《旅游友好合作协议书》。

【举办都江堰市胥家镇镇村干部培训班】 10月，杨浦区人力资源与社会保障局、杨浦区委党校和杨浦区合作交流办共同举办都江堰市人才培训班，共有来自四川省都江堰市胥家镇的13名干部接受了为期2周的学习培训。

【组织为对口地区人力资源培训】 全年为对口“三地四县”共举办13个人力资源培训班。分别为新疆阿瓦提县办防震减灾知识培训班，西藏亚东县深入学习实践科学发展观研讨班、青年干部和校长及骨干教师培训班，西藏日喀则地区交通局路政执法队伍培训班、农村公路建设项目管理人员培训班和交通局系统文秘、劳资统计人员业务培训班，云南普洱市人才培训班，云南西盟县农村实用技术和扶贫项目可持续管理培训班，云南墨江县养殖业、茶叶种植管理和乡村干部、扶贫专干、物资管理员、财务人员培训班，共计2637人次参加。各个培训班的学员满意度均达100%。

【扎实推进对口支援工作】 5月13日至25日，接待新疆阿瓦提县党政干部28人来区商务考察，并举办为期2周的学习培训；6月，区党政领导接待云南省普洱市委书记高旭升率党政代表团一行28人，陪同参观规划展示馆等处，进行两地领导座谈，推进对口支援工作。11月，区领导接待西藏日喀则交通局代表团一行，陪同参观规划展示馆、国歌纪念广场、创智天地等处，并进行对口支援工作座谈。12月，接待普洱市墨江县委书记曹卫东率党政代表团一行23人来区考察。并座谈交流对口支援工作。

【加强长三角城区交流合作】 2月，江阴市委书记朱民阳率市党政代表团一行50人来区考察，先后签订7份合作交流意向书和备忘录。即《江阴市经济开发区与杨浦区知识创新基地友好合作意向书》、《江阴市经济开发区与复旦大学项目合作备忘录》、《江阴扬子江盈智城与杨浦区创智天地合作框架备忘录》、《江阴市百桥生物与复旦大学成果转化战略合作框架协议书》、《江阴市与复旦大学人才服务合作协议书》、《江阴市宝利沥青股份有限公司与同济大学道路工程系产学研合作协议书》、《江阴市华宏科技股份有限公司与同济大学中德工程学院产学研合作协议书》。10月，区领导出席江苏商会在沪召开的成立大会，区政府与江苏商会签订“战略合作框架协议”。同月，区四套班子领导率区百人代表团赴江苏大丰、海安，参加杨浦（大丰、海安）工业园项目开工仪式。同月，区领导出席江苏江阴市在区召开“上海杨浦—江苏江阴产业转型升级合作洽谈会”，区政府与江阴市政府签订“共同促进产业转型升级框架协议”。

【与石河子、宜宾缔结友好城区关系】 1月，区政府与新疆石河子市政府在区签订《缔结友好区市协议书》；3月，杨浦区与四川宜宾市在宜宾签订《缔结友好区市协议书》；至2009年12月缔结友好关系城区达34个。

（陈明明）

十、综合经济管理

（一）综 述

2009年，杨浦区综合经济管理工作牢牢把握改革、发展、稳定的主题，创新工作思路，加大改革力度，增强经济发展活力，扩大投资规模，优化投资结构，发挥投资对经济社会发展的拉动作用。国有资产管理实行国资监管全覆盖，推进区管企业集中归口管理及加快区属企业改革发展等重大战略决策，印发《进一步推进杨浦国资国企改革发展的三年行动计划（2009—2011）》等四个重要文件，进一步明确杨浦国资国企新一轮改革发展的目标任务。全年完成区级财政收入440468万元，同比增长8%，完成年初预算的100.9%，加上市级财政补助收入及调入资金等308080万元，区级财力为748548万元，同比增长13.6%；全年实际完成一般预算支出714917万元，同比增长12.9%，完成年初预算的107.6%。2009年收支相抵，当年结余553万元。以优化纳税服务为主线，坚持依法治税，深化科学化、专业化、精细化管理，顺利完成户管工作的合理调整，提高征管质量和效率，全年共实现税收收入93.7亿元，圆满完成各项税收任务。先后为硅谷银行、易保科技、完美时空、东海能源、台湾广场等注册资金1000万以上重点企业112户的设立、变更登记提供优质服务。全区应年检企业20956户，参检企业15322户，参检率为73.12%。应验照的个体工商户10467户，参验个体户9232户参验，参验率为88.2%。有全年共办理企业动产抵押预登记22件，帮助企业融资三亿七千多万。严格“以法律为准绳，以标准为依据，以技术检验、计量检测为手段”对产品质量进行规范和监督管理，截至2009年底，全区共有计量器具生产（修理）许可证注册企业15家，CCC认证企业20家，工业产品生产许可证注册企业44家，食品生产许可证注册企业72家，特种设备使用单位1438家，在用各类特种设备13426台（套）。食品药品监督管理全年共立案193件（其中食品162件，药品31件），全年共完成3083件食品及环节等样品的抽样检验，全年食物中毒发生率为十万分之零点五三，低于全市平均水平。全区未发生重、特大食品药品安全事件。开展各类专项检查20次，9次对问题药品进行紧急查控。全面落实“安全生产年”三项行动、三项建设的各项工作任务，切实提高城区安全。安全生产形势保持着相对平稳态势。区域内全年共发生生产安全死亡事故15起，死亡15人；发生重伤事故8起，重伤8人。全年未发生生产安全重特大事故和在全市有影响的伤亡事故，一般死亡事故控制在市政府下达的生产安全指标之内。2009年区安监局被国家六部委授予“全国安全生产月活动优秀单位”，新江湾城街道被评为“国际级安全社区”，五角场街道和四平街道被评为“国家级安全社区”。

（二）发展和改革、统计、物价

【概况】 2009年，区发展改革、统计、物价工作强化综合协调、总体指导职能，加强综合调控，客观分析研判，加大政策扶持，促进优势产业集聚升级，健全机制保障，落实工作责任，深入推进节能减排工作，圆满完成本区第二次经济普查工作。

【开展区“十二五”规划思路研

究】 按照市发改委工作部署和区委、区政府工作要求，编制形成《关于开展杨浦区“十二五”规划前期研究工作的方案》，组织区内31个部门开展专项思路研究和22个重点课题研究，开展环同济知识经济圈、公共财政政策等6个专题研究。在做好以上各项工作基础上，研究提出区“十二五”规划思路。

【组织编制年度发展思路和发展计划】 组织编制完成杨浦区2009年国民经济和社会发展计划，并报经区十四届人大四次会议审议后实施，组织发动区政府各部门、各街镇，在全面完成今年各项工作任务的同时，认真开展明年发展思路调研，通过总结经验、剖析问题、研判形势，形成2010年杨浦经济和社会发展总体思路，进而形成2010年杨浦区国民经济和社会发展计划。

【牵头开展重点产业发展三年行动计划编制工作】 加快区域产业结构调整，牵头组织开展区现代设计、电子信息、节能环保、教育服务和宾馆酒店业等“3+2”区重点产业发展三年行动计划的编制工作，明确今后三年重点产业发展的工作目标、工作重点和举措，做大做强优势产业、特色行业，激发区域经济活力，增强经济发展后劲。组织编制完成区教育服务业发展三年行动计划，并协调推进。

【编制完成2009年杨浦区产业发展报告】 根据区产业发展实施纲要的要求，认真做好《2009年杨浦区产业发展报告》的编制工作。按照“两个优先、两个提升”的产业发展方针，结合全国第二次经济普查工作成果，对全区2008年产业发展工作取得的成效、存在的问题等进行全面、客观的回顾分析，对2009年杨浦产业发展的内外环境开展分析研判，并明确今后产业发展的具体措施。根据市发改委关于开展新兴产业发展调研课题的要求，配合做好本市新兴产业发展调研报告的编制工作。

【积极争取国家和市若干项配套政策和项目落地】 积极配合开展杨浦国家科技创新型示范城区规划方案的编制工作，加强政策研究与规划编制的衔接，并已完成了九个方面的政策、措施研究，纳入了规划方案（初稿）。牢牢抓住国家扩内需、保增长、调结构的契机，积极做好国家和上海市各专项资金扶持和项目落地。摘牌以来，已有5个项目被列入中央预算内投资项目，共获得国家扶持资金5250万元，上海市配套资金4600万元；已有11个项目被列入上海市服务业发展引导资金项目，获得国家和上海市扶持资金3605万元；目前还有25个项目正在申报2009年度上海市服务业引导资金，申请市扶持资金5230万元。

【加强投资规模调控和结构优化】 贯彻落实中央“扩内需、保增长”的精神，加大投资规模，调整投资结构，编制和组织实施2009年度固定资产投资计划，按季度、月度分解落实任务目标，加强完成情况跟踪督办，加强运行情况分析研判，全年预计完成投资149.95亿元，同比增长20.4%，超额完成年初143.66亿元，同比增长15.3%的任务目标。开展城市发展思路研究课题，完成本区商务资源调研课题，定期开展商务资源利用情况和土地资源利用情况的跟踪和分析，为经济发展和区政府决策出谋划策。配合开展本区企业债发行前期工作。

【加强政府投资项目管理】 开展《杨浦区政府投资项目管理暂行办法》一年来实施情况总结和制度梳理，总结经验和不足，提出进一步改进措施；通过全面认真的总结，理清了政府投资项目管理工作思路和重点，为加强管理和提升工作水平奠定了基础。针对政府投资管理、稽察中发现的问题，制定和实施《党政机关用房装修标准》；认真开展公共实训基地、区公安分局业务用房、区应急联动中心信息化建设等项目前评估，组织进行大连路绿地、保障性住房评估工作；对本区52个政府投资项目检查，开展中国设计中心、科创中心、长白社区文化中心、延吉综合楼等项目稽察。

【推进重大工程和功能性项目建设】 协调推动重大项目建设，会同规土局、绿化局等部门制定区人武部实施选址方案，推动区公安基础设施达标建设及重大工程建设。重点做好实训基地二期等重大功能性项目前期工作的推进；加强功能性房产从建设到招商的信息收集、管理和共享，完成功能性房产发展调研。

【提高为企业投资项目服务水平】 配合区建交委制定本区《建设工程行政审批改革方案》，并做好协同并联工作。认真贯彻落实国务院关于投资体制改革的决定，加强管理，全力做好工、商领域企业投资项目审核、备案和核准工作，做好新开工项目的公示工作。截止10月底，共完成44个企业投资项目的备案和核准，项目总投资28.8亿元，其中包括8个产业类建设项目和36个专项资金申请项目。

【着力推动社会事业项目建设】 加强项目建设的前期论证，完成区少年宫改建、区体育活动中心改扩建、区精神卫生中心规划选址及调整方案、五角场街道社区卫生服务中心规划选址、市东医院分院安置等5个方案的前期论证，为科学决策提供了可靠依据。积极协调解决区中心医院海山楼加层可行性论证、江浦路街道社区卫生服务点建设资金落实、市东医院发热门诊重建项目桩基形式改变等项目建设中亟待解决的问题。

【着力推进社区公共服务设施建设】 全面完成社区卫生服务中心达标建设任务，顺利推进社区卫生服务点新一轮达标工作。大力支持“校安工程”专项建设，针对时间紧、任务重的实际状况，会同区教育局及相关审批部门探索实施“表格式、要素化”的集中审批方式，为校舍加固工作的如期完成创造了良好的条件。针对区域社会人口老龄化现状，积极推进养老服务设施的建设。延吉敬老院新建项目已进入装修阶段，杨浦区福利院扩建工程已完成桩基工程，大桥敬老院新建项目的动拆迁工作已基本完成。深入关注特殊群体，积极配合残疾人工作示范城市试点先行区创建工作，协助推进精神残疾人日间照料站等设施建设。

【着力构建和完善基本医疗框架】 根据“十一五”规划目标，进一步完善基本医疗框架，积极协调推动区中医医院迁建项目开工建设，推进区精神卫生中心改扩建等重点项目建设，并通过争取将其纳入了中央财政扶持范围。区妇幼保健所建设已基本完工，区中心医院中原分院门诊楼改建年底即将完成，区老年医院医技楼改造项目按时启动。积极应对甲型H1N1流感侵袭，加强与市区有关部门联系沟通，定期召开工作例会，按照区政府要求完成了“物资储备供应应急预案”。完成了市东医院、控江医院发热门诊改扩建工程的立项工作。

【着力构建社会发展评价机制】 充分利用社会发展条口联席会议制度这一工作平台，顺利完成“2007、2008年杨浦区社会发展水平年度综合分析评价工作”，按时向市发改委报送了相关数据指标以及自评报告。在整个经济、社会发展评价工作的框架下，独立形成了2008年及2009年区域社会发展评价报告。

【建立健全节能减排工作机制】 落实节能减排目标责任制和评价考核制度，分解年度节能减排目标任务，加强节能减排目标的评价考核工作。强化节能减排管理，扎实做好2008年节能减排目标完成情况和节能减排措施落实情况自查工作，接受市考核工作组对本区2008年节能目标完成情况和2009年上半年节能工作进展情况的现场考核和检查，考评结果为优秀，名列19个区县的

接受市考核工作组现场考核和检查

前三名。

【推进节能降耗和污染减排】 加大调整和淘汰落后产能力度，推进12+2家重点能耗企业关停并转迁，提高产业准入门槛，推进节能降耗。同时强化源头控制，开展波司登、合生广场等5个项目节能评估，开展本区节能评估工作机制研究（建筑节能政策、标准、措施）；组织实施《上海市固定资产投资项目节能评估和审查管理办法》，严格控制新开工高能耗高污染项目。努力推进全年节能减排目标的实现，据初步估算，全年增加值能耗下降率约4.5%，完成“十一五”万元生产总值综合能耗下降20%的目标。全面实施第四轮环保三年行动计划，已启动18个项目，重点推进扬尘污染防治工作。

【开展各项价格管理工作】 按照迎世博600天行动计划的要求，开展以企业为重点的价格管理工作。开展价格行为提醒和监测巡视，向全区范围内1100余家商业企业发放了《价格行为提醒书》，引导企业自觉维护正常的市场价格秩序，为世博会营造良好的市场消费环境。做好住宅小区前期物业共有部分机动车停放收费备案和专有部分的停车费的审核。进一步规范本区中小学校校服和午餐价格。做好了80家困难企业的租金减免工作。

【加强重要商品价格监测工作】 根据本区实际和世博会特点进行监测布点、确定品种，切实加强市场价格监测预警。完成对本区房地产市场、主副食品和成品油商品及重点价格监测点的调查巡视工作，掌握本区市场主要商品和服务价格行情及变化的最新动态，同时密切关注旅馆、餐饮、旅游和商业零售行业等与世博会举办关系密切的商品和服务价格变动情况，做好价格波动异常情况分析评估并及时上报。

【开展各项价格监督检查】 围绕人民群众最关心、最直接、最现实的利益问题，先后组织开展了节假日市场价格监督检查、成品油和车用液化石油气、食盐、美容美发企业、餐饮行业、超市、便利店、百货行业和预防甲型流感部分药品价格监督检查以及医疗机构药品和服务价格专项检查等10项价格监督检查。截止10月检查单位563家，依法行政处罚单位9家，没收违法所得5465.33元，罚款600元，实现经济制裁总额6065.33元，实现了对重要行业的集中监管和整治。

【加强行政事业性收费管理】 以清费治乱减负为为目标，落实市政府清理和规范行政事业性收费措施，依法做好收费管理及年审工作。贯彻落实本区建筑垃圾和工程渣土运输处置费实行政府指导价有关工作，完成区域内建筑垃圾和工程渣土运输处置费的文件批准，并向社会公示。规范民办学校收费行为，做好对东光明中学等12家民办学校学费、住宿费标准调整的成本监审和价格标准方案的审核批准，依法对84家民办非学历教育学校、21家民办幼儿园以及13家民办托儿所收费标准进行备案。

【认真做好价格鉴证工作】 预期到12月底共完成公安涉案物品价格鉴证680件，1200笔，鉴证值180.20万元。完成慈善捐赠物资价格鉴定2件，鉴定值7.04万元。鉴证结论无一件要求复核或重新鉴定的，达到了按质按量做好价格鉴证的工作目标和五个“无”的工作要求。同时，重新修订和完善了价格鉴证程序，明确了岗位职责。

【加强统计基础建设】 做好统计登记工作，创新编写了电子路名、弄号查询应用软件，充实单位基本信息，有效推动基本单位名录库管理系统建设。狠抓定报质量，提高基层报表上报率及报表质量。圆满完成各专业年定报，完成10余项专项调查和300家外商投资企业联合年检工作。根据上海市统计局要求，9月起全面开展网上直报工作，共完成各专业规模以上网上直报培训和组织实施工作（3000余户），10月定报已全面实施网上直报。利用专业年定报布置会、经普培训会等，集中开展统计法律法规宣传教育。组织统计从业资格证书换证和考证培训工作。坚持“沟通在前、处罚在后”的执法理念，加强统计执法监督检查，确保本区第二次经济普查登记工作圆满完成。

【完成杨浦区第二次经济普查工作】 按照“全区统一领导、分级负责、分工协作、各方参与”的原则，精心组织，抓好落实，圆满完

组织开展全国第二次经济普查和统计法律法规宣传活动

成了经普登记阶段工作，共收到各专业普查报表16274家，其中在地法人单位12828家，在地产业活动单位2868家。经过市区两级质量抽查，单位漏报率为0，数据质量符合验收标准。同时，认真做好经普宣传工作，确保本区第二次经济普查工作保质、保量、顺利、有序地推进。做好第二次经济普查数据开发前期工作。四季度进入普查资料开发应用和工作总结阶段，发布本区第二次经济普查公报，召开本区经济普查工作总结及先进表彰会，评比表彰经普先进单位和个人。

【发挥统计服务功能】 开展经普各专业数据汇总、整理工作，初步整理出第二次经普基本数据库，为本区提供统计数据及初步分析打好基础。不断加强统计分析，理顺各行业特别是重点地区的统计指标。建立和逐步完善环同济知识经济圈、江湾—五角场城市副中心等重点地区、主导产业的统计指标体系，及时掌握区域经济发展起主要作用的重点企业、行业、地区的发展情况，为政府决策提供真实、可靠、及时的统计数据。完成统计月报、快报和公报，做好《杨浦区统计资料汇编》、《2009年统计手册》的编辑、印刷、发放工作。

【开展第六次人口普查前期准备工作】 以区政府名义下发本区开展第六次人口普查通知，成立本区第六次人口普查领导小组，统筹安排人普各项工作，并建立领导小组办公室，负责落实各项具体工作；研究制定杨浦区第六次人口普查方案。 （廖　芳）

（三）国有资产监督管理

【概况】 2009年推进国资监管全覆盖，着力完善国资监管体系。建立健全区属企业经济运行分析制度、国资委联系企业制度、中小企业改革改制工作制度，完成167户中小企业改革改制任务；坚持指导企业做优做强，实现国有资产优化配置，组织实施区属企业战略重组，支持企业发展壮大。推进区属企业战略重组，完成组建区城投(集团)公司工作，组织实施 “十二五规划”前期组织与调研工作。有效推进和落实上外双语学校、区少年宫重建、233街坊工程、鹏欣大楼收购事宜、知创公司资本金充实问题等各项建设重点工作。

【开展学习宣传《企业国资法》活动】 2月10日，召开专题会议，认真学习贯彻《企业国资法》。会议要求，区国资系统要组织开展以《企业国资法》为主要内容的法制宣传教育活动，通过多种形式加强对《企业国资法》的学习了解。认真开展好“四个一”活动：制发一份关于学习贯彻《企业国资法》的指导意见；组织一场专题讲座，聘请专家解读《企业国资法》；与有关区属企业进行一次联组学习；开展一次知识竞赛。

【中共杨浦区国有资产监督管理委员会成立】 2月27日，召开国资委全体党员干部会议，区委常委、组织部长于秀芬代表区委宣布了区国资委成立中共杨浦区国有资产监督管理委员会委员会，中共杨浦区国有资产监督管理委员会纪律检查委员会的决定及新领导班子成员的名单。于秀芬要求区国资委积极贯彻落实区委、区政府要求，一要认真开展好“三定”工作，在工作上实现无缝衔接；二要加强团结协作，形成工作合力；三要深化学习调研，推动各项工作。

【建立区属企业董事会和年度报告工作制度】 为加强区属企业董事会建设,有效履行区国资委对区属企业的监管职责,促进企业又好又快发展,区国资委制定《杨浦区区属企业董事会向区国资委报告年度工作的试行办法》,规定区属企业董事会每年定期向区国资委报告年度工作。该项工作制度要求召开报告年度工作的专题会议,会议参加人员包括区国资委领导、财务总监,公司股东、董事会、监事会全体成员、行政部门负责人等。区属企业董事会向区国资委报告年度工作制度的建立不断完善了董事会工作的信息披露以及董事会向出资人、股东的报告制度。

【完成2008年度区国有资产重大监督事项专项检查】 为加强区国有资产管理,区国资委于3月底完成了对区属国有单位2008年度区国有资产重大监督事项的发生情况进行检查。本次检查主要针对32户国有企业、57户行政事业单位共计89户国有单位进行,对区属国有单位在2008年度发生的重大资产损失及违纪行为进行检查。

【开展区属企业执行《会计基础工作规范》大检查】 自2009年度第一季度起,区国资委每季度初在区属企业中组织开展对上一季度企业执行《会计基础工作规范》的检查。检查采取先由企业自查,后由财务总监进行复查的方式进行,并由财务总监对检查中发现的有关问题及时督促企业进行整改。本项工作的开展有利于进一步促进区属企业规范基础管理,有效预防财务风险。

【完成国资管理机构职能调整工作】 4月份,完成了国资管理机构职能调整工作。制定了区国资委党委、区国资委机构“三定”方案,进一步完善了国资管理体制,共建立了5个科室:办公室(党委办公室)、党群工作科、预算和考核科、监督稽查科、改革和产权科;下属一个事业单位:上海市杨浦区国有企业董监事会管理中心。

【区领导调研国资国企改革工作】 4月17日,区委副书记、区长宗明,区委常委、副区长柴尧迅调研国资国企改革工作,听取关于区国资委贯彻市国资国企改革发展工作会议精神的汇报,结合杨浦实际和国资国企改革实际,提出意见和要求。宗明强调,要抓住此次机构改革和国资监管职能进一步完善的重要机遇,继续深化国资国企改革和发展。5月4日,区委书记陈安杰调研国资国企改革工作。提出,要积极推进区属国企的战略重组;要继续推进小企业的改革改制;要认真实施好国资监管全覆盖工作;要进一步明确区属企业的战略定位;要加强完善法人治理结构。加强董事会、监事会建设,加强企业层级的管控;要集中力量推进区城投公司发放企业债。

【召开企业重大事项决策管理研讨会】 5月11日,组织召开企业重大事项决策管理研讨会,出席会议的有各区管企业的负责人。研讨会对近几年企业决策管理工作进行回顾,并对区国资委制发的“企业投资监督管理暂行办法”、“企业投资活动监督管理暂行办法的补充通知”以及“企业完善‘三重一大’事项管理制度的实施意见”等文件进行学习研讨,与会人员纷纷提出建设性意见。研讨会为国企建立重大事项决策管理机制以及新的决策管理规范文件的出台打下了基础。

【召开国资国企改革发展工作会议】 6月3日,杨浦区召开国资国企改革发展工作会议。区委书记陈安杰出席会议并作重要讲话。区委副书记、区长宗明作工作部署。区委常委、组织部长于秀芬宣读《关于调整区国资管理体制,区管企业归口国资委管理的通知》。市国资委副主任陈晓宏莅临会议并讲话。会议由区委常委、副区长柴尧迅主持。区相关职能部门党政主要负责人、区各街道(镇)党政主要负责人、16家区重点监管企业党委正副书记、正副董事长、正副总经理、监事长、部分系统下属企业党政主要负责人、财务总监、财务监督员、市国资委区县处有关领导共150余人出席了会议。

【召开区管企业党政主要领导会议】 6月23日,召开首次区管企业党政主要领导会议暨2009年度经营目标责任签约仪式。副区长柴尧迅出席会议并作重要讲话。区国资委党政领导、15家区管企业党委书记、董事长、总经理、监事长近30人出席会议。总结上半年工作，部署下半年工作，与新杨浦公司、科投公司等13家直管企业的负责人签署2009年度企业经营目标责任书。

【建立中介机构绩能评价征信系统】 为规范会计师事务所、资产评估事务所等中介机构参与区属企业财务审计、资产评估等工作，保证中介机构的工作质量，方便企业在选择中介机构开展相关工作中有系统规范的参照标准，区国资委开展了中介机构绩能评价征信系统建设工作。此项工作从中介机构工作情况和绩能水平信息库建设入手，在参照区属企业、区审计局、市国资委和行业协会等相关部门提供的信息基础上，对近几年来在有执业记录的中介机构进行梳理，同时在一定期间和范围内予以公布和更新，以便相关区属企业在选择中介机构开展相关工作时参考。

【举办区管企业领导干部培训班】 7月9日，区管企业领导干部"管理创新与风险应对"培训班在区委党校开班。在为期两天的培训中，33位来自区属企业的领导干部分别学习了企业的风险警示和防范、世界金融危机对我国经济发展的影响、企业的管理创新以及上海国资国企改革的目标与措施等内容。

【召开企业经营业绩考核和薪酬分配研讨会】 7月14日，召开企业经营业绩考核和薪酬分配研讨会。市国资委领导出席并作专题辅导，徐汇、黄浦、虹口、闸北、卢湾、静安等7个中心城区的国资委领导应邀参加。会上，市国资委业绩考核处介绍自2008年市国资国企改革30条推出以来，针对业绩考核和薪酬分配工作提出的新要求，中央和上海就薪酬考核办法进行改革的基本情况，并就市国资委调研组已形成的"国资系统企业领导人员薪酬管理和业绩考核情况"以及"EVA试点工作"等调研成果向与会同志作了相关辅导与介绍。参加研讨会的各区县国资委领导交流了本区在业绩考核和薪酬分配工作方面的情况。

【规范区属企业对外长期投资】 8月份，区国资委根据优化国有企业组织结构，提高国企核心竞争力的发展目标，按照深化国有企业改革的要求，对区属企业的对外投资情况进行全面清理，共分三步走：组织区属企业集中清理；按照突出主业、缩短管理链的要求，明确要退出的企业和股权；积极落实时间进度。该项工作缩短了企业管理链，减少了管理层级，突出了核心业务，强化了管理控制，切实做到了防范企业风险，健全国有资产监督管理体系，确保出资人职责层层到位。

【推进区集体企业清理甄别工作】 为规范杨浦区集体企业产权管理，明晰集体资产产权属性，加快推进区属企业产权制度改革，区国资委组织开展了对区属挂靠集体企业进行清理甄别的工作。根据《杨浦区区属企业改革改制三年规划》要求，区国资委加快推进对区属挂靠集体企业进行清理甄别的工作，进一步明晰集体企业的产权属性，为深化集体企业产权制度改革奠定基础。

【规范区属企业薪酬外福利制度】 为规范国资监管企业管理人员薪酬外的福利制度，建立、完善企业薪酬福利制度和社会保障体系，正确处理国有资产出资人、企业和职工三者利益关系，健全有利于国有资产保值增值的激励机制，2009年区国资委对区属30户企业开展了专题调查，形成《关于部分区属国有企业实行企业年金、补充住房公积金及商业保险情况的调查报告》。同时，针对调查中发现的问题，结合实际，制定出台《关于规范区属国有企业管理人员实行企业年金和补充住房公积金的通知》、《关于规范区属国有企业管理人员实行企业年金和补充住房公积金的暂行办法》。

【落实区城投公司发行企业债券后续工作】 区国资委采取"蹲点"、现场办公等形式，更好地指导服务企业。在前期调研的基础上，至区城投公司召开现场办公会，听取城投公司发债工作的进展情况和存在的问题的专题汇报，针对公司提出的推进发行企业债券工作中需要进一步解决的若干事项，进行了充分讨论协商，一并予以妥善解决。

【分析区属国有企业经济运行】 10月27日，首次召开杨浦区属国有企业经济运行分析会。新杨浦公司、科投公司就各自企业的经济运行分析情况作了交流发言。区国资委总经济师向与会者作国资委经济运行的分析报告。区属企业的领导及财务部门负责人、财务总监50余人参加会议。在分析会之前,国资委已召开区属国有企业经济运行分析专题培训会,特邀上海财经大学的豆建民教授作专题辅导培训。该项工作已纳入国资委常态化工作制度,定期召开有关会议,建立健全区属国有企业经济运行分析制度。

【召开区属国有企业安全生产暨世博安保工作会议】 11月4日,区国资委召开区属国有企业安全生产暨世博安保工作会议,区安监局领导到会讲解了相关法律法规,对如何做好安全生产具体工作进行了辅导。要求各企业第一责任人、分管领导和管理人员按职落实、共同做好安全生产工作。会上传达了世博安保工作指挥部《关于上海世博会期间加强危险物品管控工作方案》、《关于切实加强世博安保保密安全工作的通知》,针对近期工作,要求企业填报《危险品存储等情况登记表》、《安全生产巡查检查表》,同时签署《安全生产承诺书》。卫百辛集团、商管公司在会上作安全生产工作交流发言。

【召开区管企业压缩管理层级工作座谈会】 11月6日,区国资委召开区管企业压缩管理层级工作座谈会。会议学习了《关于区管企业压缩管理层级的若干指导意见》的讨论稿。与会的企业领导结合各自在压缩管理层级工作中的实际情况,就讨论稿的相关内容,进行了广泛而热烈的讨论,并提出了若干有建设性的意见和建议。

【召开企业经营性国有资产委托监管签约会议】 11月12日,区国资委组织召开杨浦区企业经营性国有资产委托监管签约会议。区委常委、副区长柴尧迅出席会议并作重要讲话。委托监管单位的代表进行了发言交流。区国资委与各委托监管单位签订了委托监管合同。

【完成区管13家企业归口管理工作】 区国资委于11月底全部完成了新杨浦、卫百辛、城投、科投等区管13家企业的归口管理工作,进一步完善区域国资监管体系。在实施企业归口管理的交接过程中,国资委专门制定相应工作计划、保障措施,妥善做好13户区管企业党组织及行政关系转移工作。加强与各企业原主管部门的商洽协调,为企业交接做好组织准备;规范企业各项交接程序,确保归口企业经营活动的有序开展、职工思想的稳定、工作的平稳过渡。

【完成年度中小企业改革改制任务】 截至12月底,已全面完成167家中小企业的改革和清理工作。为做好该项工作,区国资委制定下发杨浦区中小企业改革改制三年规划和指导意见,召开区属中小企业改革改制专题会议,全面部署、协调推进改革改制工作。编制专刊简报,加强信息沟通和宣传指导,平稳推进改革改制工作。针对中小企业改革改制矛盾、问题集中的现状,深入基层了解情况,加强个案分析研究,积极破解难题。2009年共深入基层单位200余人次,解决各种问题60余个。

【解决区属企业历史遗留问题】 为促进区属企业健康发展,营造

企业归口管理交接仪式

有利企业发展的良好环境。对历史遗留问题进行排摸和梳理，实际情况，探索多种解决方式和途径，积极推动此项工作的开展。委分管领导牵头负责，成立工作小组，落实责任科室，排出解决遗留问题的时间表；根据“一事一案”原则，召开专题会议，制定个性化解决方案；联系相关职能部门，加强沟通，协调利益，已集中力量解决了一批遗留问题，帮助企业轻装上阵，实现健康持续的发展。

（四）财政管理

【概况】 全年完成区级财政收入440468万元，同比增长8%，完成年初预算的100.9%，加上市级财政补助收入及调入资金等308080万元，区级财力为748548万元，同比增长13.6%；全年实际完成一般预算支出714917万元，同比增长12.9%，完成年初预算的107.6%。上解市财政抗震救灾援助款4078万元，安排预算稳定调节基金29000万元。2009年收支相抵，当年结余553万元。

【财政收入平稳增长】 克服国际金融危机的影响，区级财政收入好于预期。全面细化落实区关于促进企业发展的三十条政策措施，积极给予企业全方位的支持和服务，帮助企业克服金融危机的不利影响；建立全区处级领导干部定点联系企业制度，健全重点企业服务体系；继续强化项目招商，以重点地区、重大项目初步建成为契机，引进淮南矿业集团、文通集团、完美世界等特大型企业的重点项目；产业结构持续调整。知识型服务业完成区级财政收入9.6亿元，高新技术产业完成区级财政收入0.5亿元，都市型产业完成区级财政收入2亿元，基础性服务业完成区级财政收入15.4亿元，四大类产业完成区级财政收入合计27.5亿元，占区级财政收入62.4%；重点税源增长显著。环同济知识经济圈完成区级财政收入4.5亿元，同比增长15.1%；五角场科教商务圈完成区级财政收入3.9亿元，同比下降13.6%；重点企业（区百强企业）税收对区级财政收入贡献突出，全年完成区级财政收入11.3亿元，占区级财政收入25.7%；目标责任制单位增长明显，街道镇、委办局园区、各科技园区分别完成区级财政收入9.1亿元、2亿元和2亿元，同比分别增长14.7%、22.3%和22.9%。

【财政支出聚焦重点】 财政支出的重点继续向促进社会事业发展、确保民生持续得到改善、支持自主创新和科学技术发展、确保市政设施建设和市民居住质量改善方面倾斜，全年支出393350万元，同比增长17.7%。教、文、卫、体等社会事业支出162455万元，同比增长20.4%；医疗卫生支出38663万元，同比增长28.6%；文化体育与传媒支出10840万元，同比增长31.2%；社会保障和就业支出94629万元，同比增长29.1%；科学技术支出36266万元，同比增长57.7%；在城乡社区事务支出中，安排偿债资金100000万元，确保落实平凉西块二期等旧区改造工作的资金，完成旧住宅成套改造17万平方米。安排廉租保障资金，落实城镇廉租住房保障制度，扩大政策受益面，缓解低收入市民“住房难”问题。

【财政改革不断推进】 街道部门预算管理不断深化。制定一系列规范预算管理制度，街道的社区管理、社区建设和社区服务等

组织召开固定资产投资会议

经费由区财政全额保障,按部门预算的要求实施预算管理;财政管理制度改革不断深入。国库直拨范围不断扩大,全年完成国库直拨43亿元,同比增长72%。认真落实148项行政事业性收费项目暂停和取消征收的规定,清理涉及区级收费的项目17项;政府采购管理不断深化完善。按照"管采分离"的原则,分析本区现状,开展专题调研。完善内部监督机制,严格规范采购操作流程。积极发挥政府采购政策功能,继续加大节能、环保采购制度的执行力度。全年完成政府采购金额6.4亿元,完成年度计划的120%;财政性资金监管力度不断加大。制定《杨浦区购买市配套商品房资金管理实施细则(试行)》等三个动迁房源资金管理规范性文件,有效减少资金财务成本。制定《杨浦区社会稳定专项资金管理办法》,加强对专项资金的财政监管;政府信息公开不断规范。2009年初,向人代会公开部门预算的预算单位由6个增加到19个,2010年预计将增加到35个预算单位。 (孟 焱)

(五)税务管理

【概况】 全年共实现税收收入93.7亿元,圆满完成各项税收任务。面对国内外复杂严峻的经济形势,以优化纳税服务为主线,坚持依法治税,深化科学化、专业化、精细化管理,顺利完成户管工作的合理调整,提高征管质量和效率。贯彻落实各项税收政策。探讨税收分析、纳税评估、税务稽查和税源监控"四位一体"集约化联动工作新模式。加强信息化管理,发挥信息技术的支撑作用。落实"两个减负"要求,完善发票管理,倾听纳税人呼声,优化纳税服务。扎实开展深入学习实践科学发展观活动,坚持紧密联系实际,努力突出实践特色。不断完善党风政风建设长效机制。加强干部队伍建设,建立考核激励制度,实行等级税务员的选拔与评定。继续开展形式多样的税收宣传活动,拓宽税收宣传内容与渠道。

【抓好税收收入】 2009年,共实现税收收入93.7亿元,比上年下降6.3%,减收6.3亿元;完成区级税收34.5亿元,比上年下降2%,减收6962万元。2009年税收收入呈以下特点:(1)税收收入和区级收入自2季度起明显好转。区级收入1季度比去年同期下降18.5%,自4月起连续2个季度保持增长,2季度比去年同期增长4.1%,3季度比去年同期增长16%。税收收入一季度比去年同期下降24.7%,自4月起降幅明显趋缓,2季度比去年同期下降3.2%,3季度比去年同期增长12.3%。(2)三产税收比重较同期有所下降。税收收入二产、三产的结构比为75 : 25,与去年同期相比,三产比重下降2个百分点,主要是受批发零售业、金融业、房产业等行业减收影响。(3)主要税种两升两降。2009年,增值税、营业税、企业所得税和个人所得税等四大主要税种共完成91亿元,占税收收入总量的97%。营业税和个人所得税,比去年分别增长13.4%和23%;增值税和企业所得税比去年分别下降4.7%和30.8%,其中企业所得税因受同期结转因素和税率调减等影响,同比减收9.6亿元,影响税收增幅近10个百分点。(4)主要行业两增四减。2009年,制造业、建筑业、批发零售业、房地产业、租赁商务服务业、住宿餐饮等六大主要行业共完成税收收入76亿元,占税收收入的比重超八成。建筑业和租赁商务服务业比去年分别增长29.6%和2.6%。制造业、批发零售业、住宿餐饮业和房地产业,比去年分别下降7%、19.6%、21%和12.3%,四大行业共减收9.6亿元。

【合理调整户管】 年内,以企业所得税管理为主线,分区域、分税种、分行业、分规模、分所对现有户管进行全面调整。调整后,按区域分,即以中山北二路和松花江路为界限,把12个街道(镇)分为南北两片,6个所对口管理注册在杨浦区北片的企业,有6个所对口管理注册在南片的企业,使得户管数和税源在区域内分布比较均衡,有利于各街道(镇)与税务所的双向联系,提供优质服务;按税种分,6个所管理以增值税为主的税种,6个所管理以营业税为主的税种,有利于提高征管质量和效率;按行业分,每个所分别主管某一主体行业,兼管其它行业;按规模划分,加强对"四级重点户"的管理,每个税务所建立1—2个重点户管理小组,建立防风险小组,有利于培养一批专家型的人才;按所别划分,设立12个征管所,6个所为增值税征管所,另6个所设为营业税征管所,形成南北对称、户

杨浦区税务局向纳税人赠送《2008年杨浦区纳税百强排行榜》和《享受税收优惠企业名录》

管相似的两个所,便于双方进行比较,从中寻找差距。每个增值税征管所的户管数为1000多户,营业税征管所的户管数为1200多户,有利于科学合理地配置征管力量。调整工作于12月21日圆满完成,实现顺利交接。

【落实各项税收政策】 一是积极落实流转税改革政策辅导和落实工作,加强内部政策培训和外部政策宣传。二是做好新企业所得税法实施后第一年的清算工作,以贯彻落实高新技术企业、软件企业税收优惠政策和研究开发费用加计扣除等重点政策为抓手,制订落实办法,规范操作流程,通过网站、大厅公告等形式向纳税人进行宣传,确保政策宣传到位。三是完成2008年度年所得12万元以上个人自行纳税申报工作,对高收入人群集中的扣缴单位进行重点宣传,建立定期通报制度,共受理申报人数11294人,完成目标进度的125%,补征个人所得税137万元。四是积极落实税收扶持优惠政策,成立领导小组,制订实施方案,明确部门职责,开展税收扶持优惠政策落实情况自查。五是全力落实推进高新技术产业化相关政策,开展新能源、电子信息制造业等九大行业推进高新技术产业化工作,通过多种渠道及时发放相关税收资料,抓好政策落地,帮助企业用足用准用好政策。六是落实上海建设国际金融和国际航运中心营业税政策,采取针对性与广泛性相结合的方式进行政策宣传,对于迁移企业按规定尽快办理各项工作,确保迁移过程顺畅,并向区政府及区有关部门进行汇报和沟通,为有意愿迁移的企业创造良好的大环境。

【倡导"信息管税"】 做好税控收款机推广工作,截至12月,共完成房地产、建筑业、餐饮娱乐和服务行业的税控收款机推广户数4115,购买税控收款机(器)4671台。做好增值税专用发票网上认证的工作,共完成网上认证推广户数1636户,涉及网上认证发票数量223007份,达到所有认证份数的87.02%。加大电子申报、远程抄报税的推广力度,共完成电子申报户数18535户,占所有申报户数的98.75%,完成一般纳税人推广远程抄税5172户,占所有防伪税控户数的100%。继续做好综合征管软件(上海)的运行维护工作。推进征管辅助软件、FTP服务、资料管理系统、计算机定税系统、机关文化建设等平台的技术整合,建立健全平台使用和管理制度。加强计算机应用安全、保密管理,修订、完善区分局《信息系统安全管理办法》和考核办法,进一步明确业务需求规范和各类系统的权限管理,将各类应用系统的权限变更纳入"两级运维"体系管理,发挥信息技术的支撑作用。

【关注纳税人呼声】 (1)根据市局《本市纳税人呼声信息周报》,摘录编辑后将案例在内部OA系统中予以公布,各部门组织学习与讨论,对在提供纳税服务中与纳税人之间的各种矛盾开展交流,对照借鉴,提高服务意识,改进工作作风。(2)加强硬件建设,拓展窗口功能。统一大厅窗口设置,调整大厅窗口功能,完善电子排队叫号系统功能,解决人流分布不均,提高办税效率。6月中旬在大厅开辟纳税人自助办税区,并配专人引导纳税人完成各项涉税业务的自助操作。(3)

税务局组织召开“落实科学发展，共创杨浦辉煌”杨浦区企业家代表座谈会

开展问卷调查，促进规范服务。面向使用防伪税控系统的企业，组织防伪税控系统技术服务单位服务质量情况调查。内容包括服务人员的服务态度满意度、工作效率满意度、综合评价等七个方面。针对问卷反映问题落实后续跟踪回访工作，加强对各技术服务单位的监督和管理。

【完善发票管理】 按照“两个减负”的要求，自5月份开始重新核定企业购买发票的数量，明确增值税专用发票和普通发票每月最多购用次数，减少纳税人频繁购票的负担。开发辅助软件，做到实时监控，主管税务所成立三人发票核定小组，根据系统的超次购票提示信息，对未购足票量的纳税人，由专管员进行再次告知，并做好宣传解释工作；对确需调整发票核定量的，主管税务所实施发票核定的调整流程，仔细核实真实情况，防止集中骗购发票情形的出现。在发票发售窗口增加增值税专用发票购用验旧环节的真实性审核，防止纳税人囤积增值税专用发票。经过4个多月调整，原年累计购票超12次的1392户现已明显减少，办税服务厅的发票发售户次有一定的下降，实现了购票的规范和高效。

【实行等级税务员制度】 年内，建立激励考核机制，完善人才培养、目标考核机制，实行等级税务员制度。制定《2009年等级税务员评定办法》和《2009年关于晋升科级非领导职务实施方案》，实施等级税务员的选拔和评定，进一步优化干部队伍结构。经自荐报名、资格审查、民主推荐和组织考察等程序，2009年有20人评为一级税务员，34人评为二级税务员，充分调动干部的积极性，促进奋发向上的工作氛围。继续做好科级非领导职务晋升工作，2009年10人晋升为主任科员，21人晋升为副主任科员。

【税收宣传求实效】 4月14日下午，组织召开“落实科学发展，共创杨浦辉煌”—杨浦区企业家代表座谈会，听取区内的八家重点企业的负责人企业在生产经营管理和发展中所遇到的实际困难，力求做到“三个到位”，即各项税收优惠政策的落实到位、为企业服务到位、政策的宣传到位。4月15日上午，举办“区百强企业财会人员税收政策辅导会”。同时，现场进行纳税人需求问卷调查，以此作为进一步有针对性地提高纳税服务质量和效率的重要依据。同时，召开了餐饮娱乐行业2009年度税法宣传会议。邀请区域内学前教育幼托园财务负责人，对学前教育幼托园的减免税政策进行了宣讲与辅导。继续发挥办税服务厅对外宣传的主渠道作用。在办税大厅设立税收宣传专栏，摆放税收宣传资料，在主要商业区、经济园区、居民小区悬挂各种税收宣传标语近30条、布置税收宣传黑板报20余块、张贴税收宣传画，发放涉税宣传册1000份，《企业财税法规选编》光盘共计200份，在社会上形成了税收宣传的浓厚氛围。在《杨浦时报》开设专版公开A类纳税人名单。定期在杨浦有线台黄金时间滚动播放税收宣传口号和宣传片。

（施 玲）

（六）工商行政管理

【概况】 2009年，区工商行政管理工作围绕杨浦知识创新区建设需要，对区经济建设、劳动就业有显著促进作用的重点投资项目，按照“专人负责、提前介入、主动跟踪、限时办结”的原则，开

"擦亮窗口见行动、服务世博作贡献"启动仪式

辟"绿色通道",指定业务能力强的人员进行专人专件办理,全程提供登记咨询和指导服务。先后为硅谷银行、易保科技、完美时空、东海能源、台湾广场等注册资金1000万以上重点企业112户的设立、变更登记提供优质服务。认真落实《公司登记管理条例》、《企业年度检验办法》的规定,加强对企业年检和个体工商户验照制度改革的实践,积极改进服务方式,提高工作效能。全区应年检企业20956户,参检企业15322户,参检率为73.12%。应验照的个体工商户10467户,参验个体户9232户参验,参验率为88.2%。深入开展"走千家企业,送一片温暖"活动,先后走访大型骨干企业、科技创新型企业和对外贸易企业53家,解决各种问题13起。全年共办理企业动产抵押预登记22件,帮助企业融资三亿七千多万。以"查办一个案件、教育一批企业、规范一个行业"为目标,突出重点案件和大案要案查处,大力打击危害辖区经济秩序的行为,对11起涉嫌商业贿赂的行为,25起不合格钢材、33起其他不合格产品进行了立案查处,全年立案查处各类违法违章案件1603件。特别是查办了一起恶意虚报注册资案,罚没款360万元,成为公司法以来,查办案值最大、罚没款最高的一起行政处罚案件。

【落实"三落地一集聚"工作】将整治商务楼宇无照经营、异地经营与区域要求楼宇企业真正发挥创新功能,广开税源的需求相对接,一方面深入到有关责任主体单位进行调查研究,特别对重点企业的"三落地"工作、示范楼创建工作、集聚率的进一步提高等专题进行了调研。另一方面又深入到有关委办局现场进行沟通协调,制定有关落实的方法和措施,使"三落地一集聚"工作得到了有力的推动,全区商务楼宇企业总"三落地"率达到78.5%。

【迎世博600天行动】紧扣市、区迎世博窗口服务行业总目标,对企业注册大厅和各工商所服务大厅进行了改造,并从细节着手,完善便民利民设施,营造迎世博优质服务环境。同时,优化行政审批和服务接待工作流程,开辟迎世博专用绿色通道,建立科(所)长窗口值班制度,午休延时服务;成立督查组,对接待窗口服务接待环境和服务质量随机检查。采取集中学习和自学相结合的方式,组织干部学习迎世博知识内容,有计划组织世博知识、工商文明礼仪、职业道德、双语和注册登记、年检验照、消费维权业务培训和迎世博志愿者活动,强化干部做好迎世博工作的重要性和紧迫性,以"四比"(比亮点、比成果、比创新、比服务)为主题,在全体干部中,开展文明单位(窗口)创建、岗位技能比武、市场环境整治等立功竞赛活动。4月份,在区窗口服务行业世博知识竞赛中,获得第一名好成绩。

【实施商标发展战略】通过企业年检、工商所走访,收集企业商标信息;组织不定期商标企业培训,宣传商标权在企业发展中的意义,推动辖区内企业积极申请商标注册。做好上海市著名商标和中国驰名商标的宣传、辅导和推荐工作。4月17日,牵头召开了商标工作推进会,进一步加快商标战略实施步伐,推进杨浦知识经济发展。帮助商业企业、超市免费安装商标管理软件,指导建立和运用商标管理制度,并结合购物放心街、名牌店创建活动,与经营者签订"商标保护目标责

加强对食品流通领域的监管

任书”。年初,有3家企业商标被重新认定、4家企业商标(上海复旦微电子、上海三湘房产、红富士床上用品、凤凰毛毯)新认定为上海市著名商标,1家企业(上海工具厂“上工”)商标被评为中国驰名商标,并对获得 “中国驰名商标”和“上海市著名商标”的企业分别予以奖励为30万元和15万元。下半年,又推荐10家单位申报或重新申报参加第十四批上海市著名商标的评选。

【支持大学生创业活动】 2月9日,市工商局向社会公布了“工商扶持创业就业8条意见”后,为加大对大学生创业活动的指导和服务,提高大学生创业能力,第一时间在注册大厅设立咨询窗口、热线咨询电话,通过指派责任心强、业务能力突出的干部在窗口专门负责咨询、答疑,并就大学生零成本创业、个体工商户和企业减负、放宽场地登记要求等政策措施进行重点宣传。2月26日,联合市工商局、市大学生科技创业基金会在复旦大学联合举办“大学生创业政策校园宣讲咨询会”。4月15日,又与同济大学团委、同济大学就业指导中心,在同济大学联合组织了“大学生创业政策校园宣讲咨询会”,介绍工商部门鼓励和支持大学生创业的有关新政的具体内容。先后为174户大学生创业企业实行了“零首付”注册登记。

【做好流通领域食品监管】 新的《食品安全法》实施后,流通领域食品安全监管职能从食药监部门转移到工商部门,成立食品安全监管工作小组,制定并完善了部门内部工作制度,从许可、监管、抽检、事故应急预案等各方面作出规范。先后开展集中学习14场,专题讲座8次,组织540余人次参加。为做好从食品卫生许可证至食品流通许可证的无缝衔接,在食品流通许可证新证无法打证的情况下,制作了上海市首批食品流通许可核准决定书,确保申证者及时完成工商、烟草专卖局等注册登记。2009年共核发食品流通许可证新证530张,变更9份,接受各类咨询1020人次。7月份组织熟食卤味销售及现制现售行业专项检查,8月份开展了“泰国大米”专项检查,9月开展了奶制品、保健食品

区工商分局在复旦大学宣传关于鼓励创业促进就业新政策

和超市卖场清理销毁过保质期食品环节专项检查，10月份再次开展了熟食卤味行业突击检查，11月开展了制假售假水站专项检查和食品添加剂专项检查。同时，抓住中秋、国庆等重要节日，认真组织节日食品专项检查，确保食品节日和季节性消费安全。全年先后出动执法人员2836人次，执法车辆479车次，检查农贸市场115次，检查食品相关经营户5203户次，取缔无证照流通领域食品经营户52户，处理消费者申投诉及举报84起，为消费者挽回经济损失2.284万元。依据《食品安全法》及《特别规定》查处了销售无进口检疫证明食品、销售无标签预包装食品、销售超过保质期食品等多种案件10余件。特别是查处无进口检疫证明的猪脚的案件，无害化销毁进口冷冻德国猪脚1131箱，该案例作为上海市工商局食品案件重点案例上报国家工商总局。

【停收个体、私营协会会费】 严格按照市工商局有关要求，全面停止收取个协、私协会费和其他相关费用。对预收的2008年全年个体工商户管理费、市场管理费，采用电话、寄信、上门通知等方法主动告知个体经营户，妥善做好清退工作，至2009年6月30日，已全部完成"两费"退付工作，累积涉及个体经营户1834人次，退还金额共计152.62万元。

【深化红盾维权工作】 以强化消费者权益保护联络点功能为抓手，大力推进维权网络建设。积极开展区级示范联络点评选工作。同时，以提高联络员解决问题的能力为主要内容，对40多位优秀联络员进行集中培训，提高解决问题的能力，按照"制度到位、运作规范、兼具特色"的目标，完善各项工作制度，在巩固消费者权益保护联络点的综合效应上下功夫。在做好居委会联络点工作的同时，积极推进红盾维权点进超市、进公园工作，先后在上海万达商业广场管理有限公司、上海易初莲花超市购物有限公司周家嘴路店等九家大型商场、超市设立维权点，定期到杨浦公园开展消费维权咨询，拓宽了维权网络社会覆盖面。加快12315行政执法体系建设，不断强化对申诉和举报工作中调解成功率的分析，突破消保维权工作瓶颈。2009年处理申诉71件、办结率100%；举报278件、办结率100%。帮助消费者挽回经济损失32150元。（袁继宏）

（七）企业注册

【概况】 截至2009年末，全区共有各类市场主体39718户，同比增长6.49%。2009年度新设市场主体5391户，同比增长38.44%。其中，共新设企业3398户，同比增长20.50%，注册资本合计59.0282亿元（其中，美元以6.8：1换算为人民币），同比增长1.32%。新设企业中内资企业（不含私营企业）174户，同比增长0.58%，注册资本7.5903亿元，同比减少60.59%；外商投资企业79户，同比减少28.83%，注册资本0.3128亿美元，同比减少58.23%；私营企业3145户，同比增长24.01%，注册资本49.3109亿元，同比增长45.43%。新设个体工商户1993户，资金数额0.5367亿元。

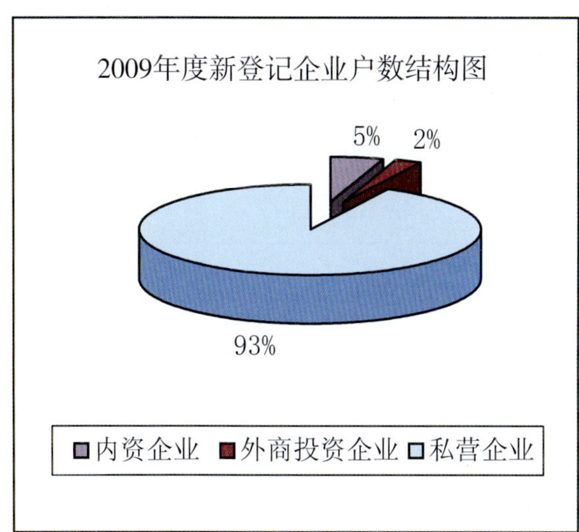

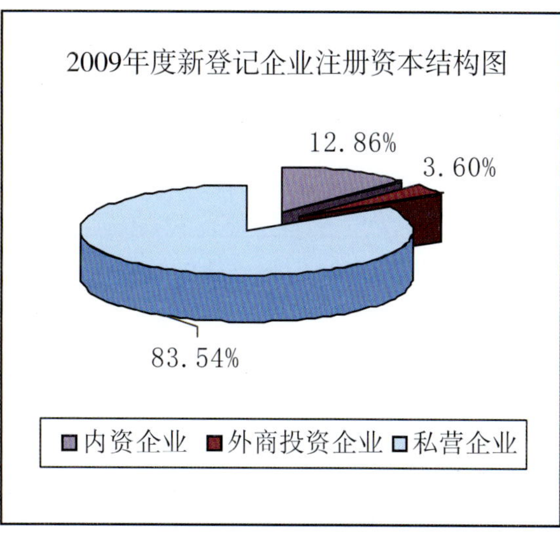

2009年新增企业情况统计表

项目	新设户数	同比%	新设注册资本	同比%	累计户数	同比%	累计注册资本	同比%
市场主体合计	5391	+38.44	59.5649	+1.74	39718	+6.49	736.9808	+11.07
企业合计	3398	+20.50	59.0282	+1.32	26744	+6.27	734.6741	+11.05
其中：内资企业	174	+0.58	7.5903	−60.59	4322	−5.32	315.3760	+0.44
外商投资企业	79	−28.83	0.3128	−58.23	665	+2.94	6.2922	+1.65
私营企业	3145	+24.01	49.3109	+45.43	21757	+9.02	376.5111	+23.02
个体工商户	1993	+85.57	0.5367	+85.90	12974	+6.94	2.3067	+18.69
农民专业合作社	0	0	0	0	0	0	0	0

注：户数单位：户；资本单位：内资、私营、个体：亿元；外资：亿美元，下表相同

【本区大企业设立情况分析】2009年度，新设注册资本1000万以上（含1000万）的大企业112户，同比增长0.90%，注册资本40.5871亿元，同比减少14.16%。为配合区内的“招大引强”工作，发挥职能优势，提高办事效率，全年共启用简易变更快速通道2574次，名称查询快捷通道105次。为上海舜淮投资管理有限公司（注册资金1亿人民币）、上海国信宝岛置业有限公司（注册资金10亿人民币）、上海波司登房地产开发有限公司（注册资金1亿人民币）、上海东创万富创业投资有限公司（注册资金1亿人民币）等231户重点企业的设立、变更登记提供了“绿色通道”服务，实现当场受理、当场办结。此外，还与市工商局沟通联系，解决了上海创业加速器投资咨询有限公司、上海杨浦盛维创业投资企业（有限合伙）、上海地平线投资有限公司、国瓷文化艺术发展（上海）有限公司、上海阁敦思工业投资运营有限公司及上海沪东财富国际广场大酒店有限公司等三十余户重点企业的名称问题。上海派芬自动控制技术有限公司在筹备创业板上市过程中，遇到知识产权出资的难题，工商分局主动跨前一步，出谋划策，帮助企业在年底时限前完成变更登记，为企业上市赢得时间。

2009年新增大企业情况分析表

项　目	新设户数	同比（%）	注册资本	同比（%）
合　计	112	+0.90	40.5871	-14.16
内资企业	13	−18.75	6.31	-75.23
外商投资企业	5	0	0.1902	-8.03
私营企业	94	+4.44	32.9837	+61.70

注：本表数据均为1000万以上（含1000万）的大企业数据。

【新设企业的行业分布情况】从2009年度新设企业的行业分布情况来看，批发和零售业居首位，占33.84%；其次是租赁、商务服务业和科研技术服务业，分别占24.43%和19.84%。与上一年度的新设企业数相比，房地产业增长最为明显，新设了130户企业，同比增长88.41%；其租赁、商务服务业和科研技术服务业，分别增长35.40%和20.86%。服务型、科技型企业的比重不断上升，反映出产业结构正向着高科技、低能耗、低污染的方向不断转型。

2009年度新设企业行业结构分布如下

（单位：户）

行业／户数／类型	小计	制造业	建筑业	交通运输、仓储和邮政业	批发和零售业	住宿和餐饮业	房地产业	信息传输、计算机服务和软件业	科学研究、技术服务和地质勘查业	居民服务和其他服务业	租赁和商务服务	文化体育娱乐业	其他
私营企业	3145	43	111	71	1051	119	128	57	645	93	767	51	9
公有制企业	174	6	5	3	77	2	2	2	21	5	41	4	6
外商投资企业	79	4	1	1	22	9	_	9	8	2	22	1	_
合　计	3398	53	117	75	1150	130	130	68	674	100	830	56	15

【开展大学生创业企业调查问卷活动】 根据市工商局统一部署制定工作计划，安排专人对辖区内所有大学生创业企业进行排摸，做到底数清，确保调查问卷的发放无遗漏，以各经济园区为媒介，加强与企业的沟通联系，深入指导企业完整、认真的填写调查问卷，保证调查问卷内容的真实有效，广泛宣传市工商局为推进、鼓励大学生创业而开展调查问卷的调查意图，鼓励大学生们将企业的需要客观、真实、准确地反映出来；对收集的调查问卷进行梳理汇总，认真整理大学生们的意见和建议，找出影响和制约大学生创业企业发展的问题，及时反馈市工商局。

（八）审计监督

【概况】 2009年，审计工作认真抓好本级预算执行审计。有针对性地提出了进一步加强预算管理，细化预算编制，提高预算的科学性、准确性，严格按进度执行预算等建议；积极开展经济责任审计。共对23名领导干部进行经济责任审计，延伸审计47个下属单位，提出整改意见建议52条；强化固定资产投资审计。共开展平凉西块旧改、轨道交通12号线前期动拆迁、154街坊就近动迁商品房安置基地等9项重大工程审计和迎“世博600天”等2个项目开展审计调查；开展专项资金审计调查。结合市审计局的同步审计项目，对廉租房补贴资金、区促进就业专项资金和国有土地出让使用管理情况开展审计调查；推动内部审计工作。全区内审机构共开展审计项目116项，提出的审计建议被有关方面采用123条，促进增收节支267万元；切实加强审计整改。建立并实施审计整改督查制度，要求审计人员加大整改的督查力度，与区巡察办、财政局、国资委等职能部门加强沟通协调，形成督促审计整改的合力；探索开展政府信息公开工作。成立信息公开工作领导小组，制定《上海市杨浦区审计局审计结果公开实施办法》。利用区政府门户网站这一平台，主动公开审计项目计划等12项内容，受理依申请公开18项内容，

审计局和区国资委联组学习

受理的政府信息公开申请和来信已全部按期答复。

【开展廉租房补贴专项资金审计调查】 上半年，以2007年、2008年区廉租住房保障政策的落实、租金补贴的发放情况为重点，深入11个街道（镇）的社区事务受理服务中心及房地办事处，开展对本区廉租住房补贴专项资金的筹集、使用和管理情况的审计调查。调查报告得到区政府领导的高度重视，区领导宗明、柴尧迅、庄少勤分别作出批示，要求举一反三，加强整改，确保政府性公益、公共服务职能落到实处。区财政局根据市政府《贯彻国务院关于解决城市低收入家庭住房困难若干意见的实施意见》等规定，制订了本区的实施意见，为本区廉租房建设提供资金保证；区住房保障和房屋管理局广泛听取意见，进一步加大住房保障工作力度，加强对廉租房工作环节的监管，做到应保尽保；区民政局进一步加强收入核对工作，加强队伍建设，有关街道进一步夯实基础工作，促进住房保障工作上新台阶，确保惠民政策落到实处。

【开展迎世博项目审计调查】 下半年，对区迎世博市容环境建设和管理600天行动计划项目开展专项审计调查。将制度建设、资金管理、项目进度、项目管理等作为审计重点，深入区建交委、区房管局等6个责任单位及区市政养护公司、区水电安装公司等4个施工单位进行审计调查，并重点抽查了较大项目82个。审计调查结果表明，项目质量总体良好，投资控制和建设资金管理使用情况较好。项目实施总体进度有所提前，既定的600天行动目标能够顺利实现。针对个别项目在工程进度、建设程序等方面存在的一些问题，审计提出了确保项目整体进度、提高投资管理能力、提升建设管理水平和保证资金有效使用等建议。

【召开国企财务监管暨内审工作推进会】 9月15日，区审计局和区国资委联合召开加强国有企业财务监管暨内部审计工作推进会，区属企业分管领导和财务、内审负责人参加了会议。会议邀请市审计局经贸处姚海平处长就如何加强国有企业审计监管作了专题辅导。新杨浦置业有限公司、杨浦商业管理有限公司分别作了交流发言。

【加强对政府机构调整的“审计跟进”】 年内，在开展对原区信息委、区市容局等8家区政府机构改革调整单位的财政收支及主要负责人经济责任审计中，切实做好“审计跟进”工作，发挥审计的监督和服务职能。审计中及时调整确定审计重点，在对这些单位财政收支的真实性、合法性、完整性，以及机构撤并前资产、负债、净资产情况审计的基础上，突出监督和审查国有资产在机构调整时的清理、合并、转接等各项管理环节，关注可能出现的资产管理薄弱点，把对国有资产的清查与交接、财务资料的传递与保管、单位历史遗留问题的清理作为审计重要内容，严格把关，做到财政资金运用到哪里，审计就跟进到哪里，确保机构改革过程中相关单位资产、负债、净资产的真实与合法、安全与完整。

【审计整改工作成效显著】 2009年，各被审计单位已纠正审计查出问题金额的94%，已整改审计查出意见和建议的91%，通过整改进一步加强了依法行政、依法理财、依法经营的意识。

【强化审计质量管理】 召开审计质量专题会议，通报审计质量检查结果，总结经验，查找不足，进一步增强审计干部的审计质量意识，不断提高审计工作水平；制订两个经济责任审计操作指南，完善审计报告格式，进一步规范审计报告质量；加强跟踪管理，加强从审计项目立项、审计方案确定、审计实施、出具报告、审计整改、档案归档等过程管理，加强审计复核，对审计项目计划执行情况实行季度分析、通报制度；加强培训，针对质量检查中发现的问题进行分析，并邀请市局相关处室领导进行专题辅导。

（黄渊倩）

（九）质量技术监督

【概况】 截至2009年底，全区共有计量器具生产（修理）许可证注册企业15家，CCC认证企业20家，工业产品生产许可证注册企业44家，食品生产许可证注册企业72家，特种设备使用单位1438家，在用各类特种设备13426台（套）。在杨浦区委、区政府和上海市质量技术监督局（以下简称市质监局）的领导下，区质监局以“质量安全年”为契

杨浦区质监局执法人员检查菜市场计量器具

机,大力开展质量兴区、标准示范和计量惠民工作,夯实标准化、计量和质量管理三大基础。积极推进食品企业园区化监管和特种设备基础性管理,加大行政执法力度,确保了特种设备、食品生产和产品质量安全可控,全年未发生重大责任事故,为区域经济的健康发展和杨浦城区的和谐稳定贡献了力量,被市质监局评为行政执法工作先进单位、计量工作先进集体和“质量和安全年”活动先进单位,被区政府年度考核为满意(优秀)部门。

【实施名牌奖励办法】 3月,为促进杨浦企业自主品牌建设和发展,提高企业核心竞争力,区政府转发了由区质监局起草的《杨浦区推进品牌战略奖励办法(试行)》。该《办法》规定,对获得政府部门认定的国家级称号(中国世界名牌产品、中国名牌产品、中国驰名商标、最具市场竞争力品牌等)和市级称号(上海名牌、上海市著名商标等)的企业,由杨浦区政府企业专项资金给予一次性奖励。其中,对获得中国世界名牌的企业,奖励100万元;对获得中国驰名商标、中国名牌产品、最具市场竞争力品牌的企业奖励30万元;获得上海市著名商标、上海名牌产品的企业奖励15万元。7月,区政府召开了杨浦区“质量兴区”动员暨名牌企业奖励大会,对区域内符合上述条件的2家中国名牌产品生产企业和14家上海市名牌产品生产企业进行了表彰并颁发了总额达270万元的奖励资金。

【创建全市首个计量诚信示范社区】 2009年5月20日—“世界计量日”,市质监局在杨浦区文化馆举行上海市迎世博创建计量诚信示范社区活动大会,正式启动杨浦区殷行街道创建本市首个计量诚信示范社区工作。市质监局副局长郑光辉和杨浦区政府副区长马杰富出席会议,并为设立在国和路1049号的本市首个“关注民生、计量惠民”服务点揭牌。该服务点自揭牌之日起,每月第一个星期六上午定期开放,为居民提供血压计、人体秤等各类计量器具的检定修理服务。殷行街道是本市首个创建计量诚信示范社区的街镇,其创建经验,将为本市其他街镇开展类似创建活动提供参考和借鉴。

【五角场商贸服务业标准化试点获国家标委立项】 2009年6月,国家标准化管理委员会下发《关于下达2009年度国家级服务业标准化试点项目的通知》,“上海市江湾—五角场商贸服务业标准化试点”项目被列入“2009年度国家级服务业标准化试点项目计划”。该项试点工作于2008年底启动,得到了政府部门的大力支持和企业的积极参与,试点区域内又一城购物中心有限公司、上海万达国际电影城有限公司和又一会上海店3家企业申报服务标准化试点单位获得批准,分别作为商贸零售、电影放映、正餐饮服务三大业态的代表,起草企业标准。另有12家企业申报了服务标准化试点单位。

【组织“大学生质量安全企业行”活动】 结合当下就业形势,充分发挥质监职能优势,2009年7至8月间,组织了42名来自复旦大学、同济大学、上海理工大学的学生参加“大学生质量安全企业行”活动,为大学生安排为期1周的质量知识培训,根据不同专业安排学生到22家生产企业进行为期4周的质量安全岗位见习，帮助大学生了解企业，认识社会，增强就业竞争力。

【建立食品安全信用等级制度】 为从源头上加强食品质量安全监管，2009年7月起，区质监局对全区食品生产企业建立食品安全信用档案，内容包括日常监督管理情况、体系及产品认证情况、业务培训情况、违法行为查处情况和举报投诉情况等。企业的违法违规行为被一一记录在案。区质监局根据食品企业信用等级，实施分类管理，对信用良好的企业以激励与帮扶为主；对不良信用记录的企业加强监管，增加检查抽检频次；对制假售假严重失信的企业，采用警示、公示、撤销许可及其他行政处罚；涉嫌犯罪的移交公安机关。通过建立食品安全信用等级制度并与相关部门联网，强化企业的诚信意识，突出食品生产经营者的主体责任，从源头上确保食品质量安全。

【杨浦区政府大楼节能减排标准化示范试点项目立项】 2009年8月，“杨浦区政府大楼节能减排标准化示范试点”正式列入首批上海市节能和环保标准化示范试点项目计划。区质监局作为该项目保证单位，积极协助项目承担部门开展节能环保标准化管理，为试点工作的顺利推进提供技术支持和相关服务。项目试点时间为3年，旨在通过推行标准化试点工作，促进项目执行单位获得良好的经济效益、社会效益和环境效益。试点期满后，通过验收的项目承担单位将统一被命名为上海市“节能和环保标准化示范单位”。

【开展锅炉房安全与节能管理达标工作】 成立锅炉房达标工作领导小组，与区经委、区发改委、区环保局联合制订《杨浦区2009年工业锅炉节能减排实施意见》，组织区域内工业锅炉使用单位参加有关标准的学习，并加强了与上海市特种设备监督检验技术研究院的合作。2009年9月—10月份，对全区30%在用锅炉房(35家)进行了锅炉房达标工作考核，基本达标单位数为28家。

【推进上海市标准化示范试点项目】 2009年10月，为配合实施迎世博600天行动计划，确保世博园区及本市重点区域的公共信息图形标志标准化、规范化，上海市质监局下达了第一批上海市公共信息图形标志标准化试点项目名单，江湾—五角场公共信息图形标志标准化列入第一批全面建设项目试点名单。区质监局作为保证单位，摄制了普及“公共信息图形标志”宣传教育片，编印了宣传手册发放到五角场各相关单位，开展了多次“公共信息图形标志”培训，组织有关部门对五角场地区主要场所的公共标识标志进行了全面检查，确保示范区域公共信息图形标志100%符合国家、行业和地方标准的要求。市质监局将于2010年对该试点项目开展验收评估。

【引入社会资源参与特种设备应急救援处置】 2009年12月29日，杨浦区特种设备(起重机械)社会应急救援和处置机构聘用仪式在具有百年历史的杨树浦发电厂举行。向上海杨树浦电力实业有限公司颁发了聘用证书。这是自2009年5月1日新修订的《特种设备安全监察条例》开始施行以来，为适应监管需要，区质监局首次引入社会资源，参与起重机械社会应急救援和处置工作，进一步充实特种设备应急救

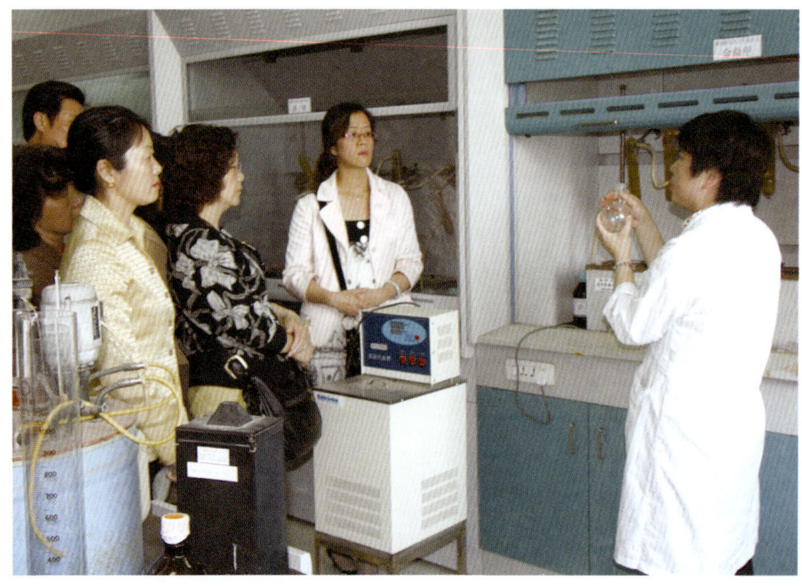

杨浦区质监局组织食品生产企业检验员培训

援力量,保障救援处置工作的快速、安全、有效开展。

【开展打击违法添加非食用物质和滥用添加剂的专项整治】 根据市质监局的统一部署,全年开展了多轮次专项整治。重点检查企业是否在生产过程中添加非食用物质,是否在生产中超量或超范围使用食品添加剂,是否未经备案使用食品添加剂等,按企业在卫生部门备案的食品企业标准中使用添加剂的种类,加强对食品添加剂库存、投料环节抽查比对或抽查送检,开展不定期的专项执法检查,严厉查处采购和使用不符合国家标准的食品添加剂或超量使用食品添加剂的违法行为,督促食品生产企业严格依法建立食品添加剂采购、查验、使用记录制度。全区有32家使用添加剂的企业进行了备案,通过开展专项整治和加强日常监管,企业对规范使用添加剂的自觉性有较大提高。

【全面推进特种设备基础性管理】 杨浦区特种设备安全监管历来以高频次的监督巡查来确保事故的低发生率。近年来,区质监局把工作重心聚焦到强化企业自身的特种设备安全管理上。在上年控江街道开展特种设备完整性管理试点的基础上,2009年,向12个街镇全面推进特种设备基础性管理,与1472家特种设备使用单位落实了"特种设备安全生产责任制",指导使用单位建立"四台账、三落实、两有证、一检验"的特种设备管理制度,即建立基本设备台账、人员情况台账、管理制度台账、培训检查计划及应急演练记录台账,落实管理机构、落实责任人员、落实规章制度,设备有使用证、作业人员有上岗证,依法对设备申报检验。明确了街镇层面的特种设备监管职责,基本形成了企业负责、政府监管的特种设备长效管理机制。

【加强食品园区建设】 截至2009年底,全区共成立了3个都市食品园区,分别为波阳路290号源泰食品加工园区、杨树浦路1267号茂昌食品加工园区和军工路2600号食品加工园区(原上海水产集团龙门水产品营销中心),合计面积36600平方米,冷库27500吨。入驻食品生产企业16家。园区成立后,区质监局主动帮助园区完善管理制度,建立了检验室管理制度、公示制度、宣传制度、报告制度、卫生管理制度和食品安全卫生承诺制度以及入驻企业质量安全内部管理制度等一整套食品生产加工园区管理规范,形成了政府部门为主管,园区协管,企业自律的三级监管模式,为保障企业生产加工质量安全打下基础。

(十)食品药品监督管理

【概况】 2009年,食品药品监督管理工作结合本区实际,开拓进取,攻坚克难,进一步加大食品药品生产监管力度,有力有序有效地推进食品药品监管工作。全年共立案193件(其中食品162件,药品31件),罚款人民币54.06万元(其中食品32.75万元,药品21.31万元);共完成3083件食品及环节等样品的抽样检验,合格2890件,合格率93.7%,快速检测5895件,合格率97.7%。抽检567个药品样品,收到报告543份,其中不合格报告21份,不合格率3.87%;完成市局医疗器械抽验任务12件。抽检保健食品经营企业改善睡眠类等保健食品10批次,化妆品经营企业祛痘、抑螨、抗粉刺类等化妆品31批次。化妆品生产企业已抽检19件;食物中毒发生率为十万分之零点五三,低于全市平均水平。全区未发生重、特大食品药品安全事件。开展各类专项检查20次,9次对问题药品进行紧急查控。新发《食品卫生许可证》459家,临时食品卫生许可证98家,变更206家。发放《药品经营许可证》20家,变更73家,换发《药品经营许可证》80家。发放《医疗器械经营企业许可证》87家,变更152家,换证26家。

【举行全国首家《餐饮服务许可证》启用仪式】 6月1日,《食品安全法》正式实施的第一天,国家食品药品监管局选择上海杨浦区举行《餐饮服务许可证》启用发放仪式,区内7家餐饮企业成为全国首批获得《餐饮服务许可证》的企业。卫生部副部长、国家食品药品监管局局长邵明立和上海市人民政府副市长沈晓明等领导亲自到会并为获证企业颁证。

【加大食品药品市场整治力度】 在加强日常监管的同时注重节假日和重要活动时期的食品安全监管,围绕"世博一号"、"世博二号”和“世博三号”行动计划要求，组织开展专项检查，防控安全风险，以确保社会稳定和重大活动顺利开展。元旦、春节期间，对餐饮单位，特别是经营年夜饭餐饮单位和超市卖场、农产品批发、集贸市场的全覆盖监督检查；春季和秋季开学之际，开展学校食堂安全检查；开展肉制品专项检查；开展假盐专项检查；开展对违禁水产品的源头整治；整治违法添加非食用物质和滥用食品添加剂；开展企事业单位食堂专项检查；开展迎世博夏季食品安全专项整治；做好国庆期间食品安全保障工作；开展小餐饮单位专项整治行动；开展“抗生素药品”等多次专项整治行动。

【实施区政府实事项目】 2009年，首次实施区政府实事项目，为全区130家药品零售企业配备“不合格药品回收箱”和创建食品安全示范街。上半年，完成向全区130家药品零售企业配备“不合格药品回收箱”的区政府实事项目。4月21日，在上海华氏大药房杨浦店举行 “安全用药进社区”宣传周暨“不合格药品回收箱”赠送仪式。此外，万达商业广场、百联又一城、国定东路金储休闲广场和长阳路休闲街被列入区政府实事项目。同时上述四处以及控江路(许昌路—江浦路)、国顺东路(营口路—包头路)列入市局创建的100条食品安全示范街名单。

【开展重大活动食品安全保障】 2009年，承担“上海之春世博号角管乐艺术周”、“2008起亚X Games亚洲极限运动锦标赛”、国庆花车巡游活动、“2009南南全球创意经济与技术产权交易论坛”、极限音乐狂欢节等11次重大赛事和活动的食品安全保障任务，按照保障规范要求，对各保障点供应的餐次进行全程监督保障，开展各类快速检验，对食品加工环节进行实验室检验，对各类食品开展重金属和有毒有害检验，确保演职人员和广大观众的用餐安全。

【做好甲型H1N1流感密切接触者隔离点食品安全保障】 6月至7月，设立甲型H1N1流感密切接触者隔离点，为全面保障本次隔离观察工作全面落实实施，先后派出4名监督员入驻隔离观察点，对32批、680名密切接触者进行了全程食品安全保障(其中国外友人280名)。以食品安全保障工作措施为基础，结合防病工作要点，针对隔离观察点实际情况，制定了详尽的食品安全操作要求，从原料进货到送餐，从餐饮具回收到消毒保洁，在各个环节上指定了相关责任人，层层把关，全面把控密切接触者食品安全关，为期三个星期的隔离观察工作得到了圆满实施。

【老年人助餐服务点管理实现标准化】 针对全区为老助餐单位专题调研中发现老年人助餐单位存在的功能布局不合理、硬件设施设备不完善及卫生状况不乐观等问题，区食药监分局、区民政局等部门联合制定实施了《杨浦区社区老年人助餐服务点管理办法》，实现了全区为老助餐单位标准化的管理。

【推出提高行政许可效能新举措】 2009年，对所有申请项目实行“分类管理”推出“一、二、三天发证”举措：夯实“当天发证”的做法；对其它类别的申请探索“两天发证”和“三天发证”的做法，努力做到“效率最高”；对要

杨浦分局执法人员认真把好餐饮许可关

求现场审查的申请，启动预防性卫生监督程序并在五天内出现场；对需要申请人整改的事项，一次说清并书面告知。

【食品安全宣传示范街镇创建工作取得成效】 2009年，五角场街道、大桥街道、四平街道、长白街道和五角场镇被列入市级食品安全宣传示范街道创建单位。3月，“上海市创建食品安全宣传示范街镇暨加强食品安全宣传工作现场会”在杨浦召开。创建期间，指导、配合、协调申报街镇开展各类食品安全宣传示范街镇创建工作，先后深入社区开展食品药品安全知识宣传讲座20余次，发放宣传册2万余册，发放宣传物品4万余件，并安排食品药品安全宣传展板巡回展览，同时，还会同相关街镇组织开展了食品安全知识智力竞赛活动，发放相关宣传效果调研问卷300余份，并在8月组织申报街镇在长白街道召开了宣传示范街镇创建经验交流会。至11月上旬，上述5个申报街镇都通过了市验收组的验收。杨浦区成为全市创建市级食品安全宣传示范街镇最多的区县。

【政风测评取得历史最好成绩】 2009年，食药监系统的政风建设工作紧紧围绕“三突出，上台阶”的主题，即突出以民为本、突出以镜为鉴、突出以改为根，促进政风建设上台阶。以正确履行职责为核心，以加强队伍建设为重点，以服务群众为目标，以人民满意为标准，以政风评议为载体，以提升成绩为动力，积极创新工作思路，扎实开展工作，有力推动了政风建设，为区域经济发展，构建和谐社会和造福人民群众作出了贡献，政风评议的成绩由2008年的全区行政执法类第7名升至为2009年的第1名。

【开展食品药品安全宣传和培训】 2009年，围绕6月1日正式实施的《食品安全法》的宣传，继续加强食品药品安全宣传进社区工作。在宣传内容的有效性、宣传对象的针对性和宣传形式的多样性上下功夫，采取群众喜闻乐见的各种宣传形式，将宣传工作搞活，培训工作逐步向全部从业人员全覆盖。开展“安全用药进社区，为您健康保平安”的宣传周活动。在4月20日至26日宣传周期间，深入社区居委进行宣讲。各药品零售企业张贴宣传周海报，在店堂内设置执业药师咨询服务点，引导市民在药师指导下购买和使用药品，规范处置废弃药品，还上门帮助孤老、残疾人和困难家庭清理家庭药箱。6月1日《食品安全法》正式施行前夕，在全区范围内统一开展主题为“构筑食品安全防线，喜迎精彩世博盛会”的“迎世博 · 食品安全法宣传周”活动；广泛开展食品安全进学校、进社区、进企业、进机关、进家庭等活动，营造宣传声势；组织区内居民代表和企业代表3千余人观看了四场食品安全大型滑稽戏《食全食美》；会同五角场镇政府，在长海广场组织开展了大型食品安全宣传咨询活动；在迎世博倒计时200天到来之际，在长阳路食品安全示范街举行了以“安全食品、健康世博”为主题的大型宣传咨询活动。

【推进企业诚信体系建设】 明确2009年各类药品、医疗器械企业的监管重点，推进企业诚信自律建设。将2008年信用等级评定中评为警示的药房、大中型开架药房和自行进行外地采购的药房纳入重点监管企业，加强日常监管，保持监管态势；根据医疗器械生产企业的质量信用评定要求，上半年对符合评定条件的24家二、三类企业进行了评定，评出A级企业2家，B级企业17家，C级企业5家。对参评的24家企业，实行了分级监管；对77家经营一次性无菌及植入性高风险产品的企业，围绕产品自身及来源、销向的合法性等进行了重点监管，开展日常监管检查，并实行了产品信息数据库调查表的填写。

（张　玲）

（十一）安全生产监督管理

【概况】 2009年，区安监工作以“坚持安全发展，提升城区本质安全”为实践载体，坚持安全发展推动科学发展，全面落实“安全生产年”三项行动、三项建设的各项工作任务，发扬克难奋进的精神，创新安全生产监管模式，狠抓隐患整治，健全保障体系，强化工作落实，提升监管能力，切实提高城区安全本质度。安全生产形势保持着相对平稳态势。区域内全年共发生生产安全死亡事故15起，死亡15人。发生重伤事故8起，重伤8人。全年未发生生产安全重特大事故和在全市有影响的伤亡事故，一般死亡事故控制在市政府下达的生产安全指标之内。(1)有效推进重点工作和实事项目。1.5万名

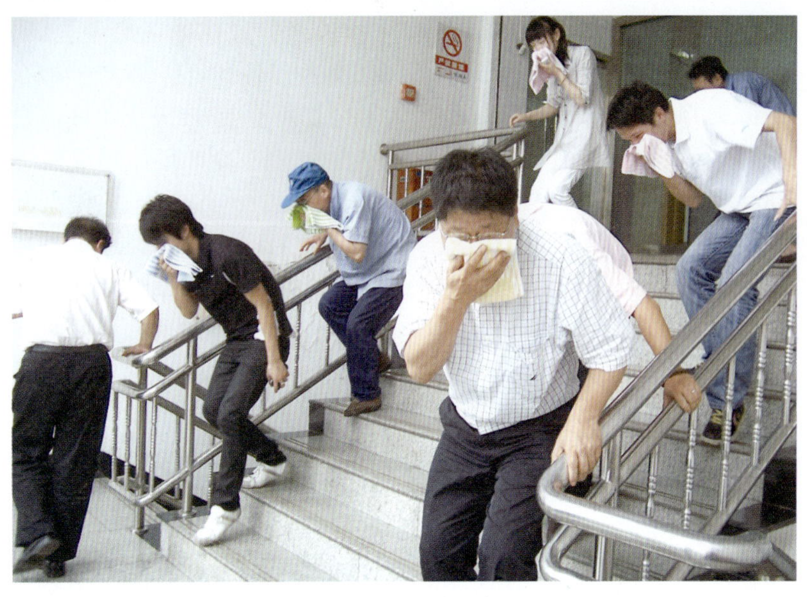
开展安全生产应急救援演练

农民工安全生产知识培训作为区政府实事项目全部完成。(2)推进安全责任落实,创新安全监管工作模式。(3)推进安全措施落实,提升城区安全设防能级。制定《区都市型工业园区安全生产管理考核(试行)办法》,形成安全生产监管的高压态势。(4)推进宣传教育培训,强化安全文化带动作用。开展以"关爱生命、安全发展"为主题的安全生产月活动。(5)推进依法行政建设,提高安全预控处置水平。严肃查处事故,继续强化行政执法力度,加强安全生产事前执法工作。(6)推进基础基层建设,提升安全综合监管效能。推进安全社区创建工作,新江湾城街道被评为"国际级安全社区",五角场街道和四平街道被评为"国家级安全社区",控江、延吉、殷行街道安全社区创建工作正式启动。

【调研安全生产监管长效机制】 为了健全各类隐患定期排查分析和整改督查机制,探索创新安全生产监管模式,组成3个调研组,拟定3个调研课题,分别到19个基层联系点开展调查研究,通过座谈会、个别访谈和意见征询函的形式,广泛听取各街道、镇安监科、工业园区、服务单位的意见建议,积极征求提高城区安全、建立长效机制、加强队伍建设等方面的意见建议,形成了《加强本区安全生产监管体制、机制建设,提高城区安全本质度对策研究》、《关于工业园区安全生产主体责任的分析及对策》和《关于学习实践科学发展观,提高区域内安全生产事前执法力度的思考》的调研报告。进一步巩固隐患排查专项治理的成果,建立健全隐患定期排查分析和整改督查的长效机制。

【落实迎世博安全生产保障措施】 深入开展建筑工地、市政工地、拆房工地专项监管,"三大工地"生产安全事故得到有效遏制。认真落实市、区关于加强安全生产监管工作的一系列重要举措:实行分类监管,对世博会景观路段周边工地实施重点监管,并通过建立市政安全工作例会制度对全区重大市政项目施工现场实施有效监管;督促建筑施工企业落实各项安全生产责任,加大打击各类违章违法行为的行政执法力度;针对旧区改造和高楼外墙整治工程工地量大、隐患较多、事故高发的态势,专门向区房管局发函,采取一系列安全措施,确保迎世博综合治理和旧房改造工程安全、规范推进;鼓励、引导建筑施工企业开展安全生产达标化管理,全面提高建筑施工企业的安全管理水平。

【开展安全生产大检查】 根据国务院安委办、市安委办《关于开展安全生产大检查的通知》的要求,按照区政府第93次常务会议专题研究部署,从3月初开始,组织有关委、办、局、街道、镇和企业开展了安全生产大检查活动。区政府领导多次带队深入一线,对各种类型生产经营单位进行了安全生产检查,区人大常委会副主任陈丽龄带领部分人大代表视察部分生产企业和建筑施工工地。国庆60周年庆典、中秋节期间,区领导带队开展了安全生产大检查,重点检查了易燃易爆、建筑工地、人员密集和文化娱乐等场所,针对检查中发现的问题和隐患,当场提出整改措施,责令相关单位限期整改,起到了积极的示范效应。

【加强危险化学品监管工作】

建立危险化学品安全管理承诺机制，召开了2次危险化学品重大危险源安全管理工作会议。与164家危险化学品从业单位签订了《危险化学品安全管理承诺书》，11家单位参加了危险化学品责任保险。结合“迎世博，保安全”工作，在国庆期间重点检查了危险化学品从业单位，加大对危险化学品生产、经营、使用、运输、储存和废弃物处置等环节的监督管理，特别是对国庆燃放烟花的黄兴公园及周边200米范围内企业加强检查，对营口路和松花江路2家加油站重点关注并书面告知在燃放烟花期间停止加油，确保了区域的平安。

【安全生产“三项行动”取得阶段性成果】 拟定《区安全生产“三项行动”实施方案》，经区政府第104次常务会议审议通过，已由区府办转发，并召开了区安全生产“三项行动”推进会议。开展安全生产执法行动，严厉打击非法违法生产经营和抗拒执法的行为，取缔无证生产，规范安全生产经营秩序，遏制重特大生产安全事故；开展安全生产治理行动，促进安全生产责任制落实，强化监察监管，治理违规行为，狠抓隐患排查治理，切实解决安全生产薄弱环节和突出问题；开展安全生产宣传教育行动，牢固树立安全发展理念，贯彻落实法律法规，增强全社会安全意识。全区共检查单位7141家，检查22215次，出动48863人次，查出隐患总数8565条，发出各类法律文书5978份。

【举办安全生产月活动】 6月，以安全生产月为契机，大力营造安全生产宣传氛围，推进“安全生产年”各项措施的落实，被国家六部委授予“2009年全国安全生产月活动优秀单位”。6月1日，区安委会副主任、副区长唐海东在杨浦有线台作动员讲话；6月5日，开展迎世博，安全生产咨询活动；6月9日，召开闲置厂房租赁安全生产专题研讨会；6月19日，在《杨浦时报》设立安全生产宣传月专版，宣传党和国家的政策、安全生产常识、杨浦区公共安全举报奖励制度等；6月期间，在人员密集公共场所、建筑工地和企事业单位进行安全生产画板的巡展活动；对危险化学品构成重大危险源的单位进行安全生产检查；组织有关职能部门组成专业督查组，对重点区域、重点单位、重点部位开展督查和检查，全面推动“安全生产年”各项工作的落实。

【完成农民工安全生产培训任务】 年内，把农民工安全生产培训作为区政府实事项目之一，在培训工作中，精心设计培训科目，拓展农民工培训的范围，积极发挥行业主管部门和街道、镇的作用，落实培训人员、内容和时间，确保了培训工作的质量和效果。通过培训，提高了农民工的法制观念、劳动保护意识和安全职业技能，共有15589人通过考试获得“上海市农民工安全生产培训证书”，超额完成市政府下达的指标（15000人）。

【“送安全到工地”一线培训行动取得成效】 针对春节后农民工返城高峰生产安全事故高发的特点，专门开展 “送安全到工地”的一线培训工作，利用晚上和双休日等时间对全区有规模的40个建筑工地约3000余名农民工免费进行了安全培训。通过培训加深了农民工的安全意识，提升了农民工的安全技能，有效遏制了“三大工地”和外来农民工群

“送安全到工地”一线培训

体事故多发的态势,受到了建筑施工单位和农民工的普遍欢迎。该项培训工作也引起《中国安全生产报》、《上海安全生产》杂志、《杨浦时报》等媒体的高度关注。

（孔蓉菊）

加强教育宣传 提升城区安全设防能级

2009年是安全生产年,也是迎世博关键年。区政府着力开展安全生产宣传教育、安全生产执法、安全生产治理等各项工作,创新工作思路,强化工作落实,提升监管能力,进一步提升杨浦区域内安全设防能级。

一、以宣传教育为本 加强基层基础建设

建立安监系统的定期培训制度。一是每年分两次对街道、镇安监人员进行教育培训;二是确定上海电站辅机厂、上海柴油机厂为安全生产实训基地,组织相关职能部门工作人员深入企业生产一线进行安全业务实习;三是组织街道、镇发放培训告知单的方式,确保安全生产各项培训工作落实到人。以此,进一步提升了安全生产属地化监管效能,增强了企业安全生产责任主体意识。

二、以安全生产月为载体 开展多种形式的宣教活动

区政府进一步落实好安全生产月活动,一是要求区安监局等相关职能部门召开专题研究宣传工作会,制定实施方案,及时下发开展宣传月活动的通知;二是区领导发表电视讲话,召开动员大会、开展各种评比等形式向全社会大力宣传安全生产知识;三是开展安全生产知识竞赛、演讲比赛、街头文艺演出、咨询、黑板报评比、有奖征文等活动;四是在《杨浦时报》设置专刊,大力宣传安全生产知识,营造“人人重视安全,人人关注安全”的良好社会氛围。2009年,该项活动受到了中共中央宣传部、国家安监总局等六部委的肯定,并授予杨浦区安全生产监督管理局“全国安全生产月活动优秀单位”的光荣称号。

三、以农民工生命安全为重点 主动送培训到工地

结合市政府实事项目工作,区政府将农民工安全生产培训作为2009年区政府实事项目内容之一,区安监局作为该项目的责任部门,不仅精心筹划,还主动出击,送安全到工地。通过培训增强了农民工的安全意识,提升了他们的安全技能,为企业的安全发展打下良好的基础,受到建筑施工单位和农民工的普遍欢迎。培训工作也引起《中国安全生产报》、《上海安全生产》杂志、《杨浦时报》等媒体的高度关注和深度报道。2009年以来,经过培训的农民工死亡人数为零,经过培训的建筑工地未发生生产安全死亡事故,充分体现了现场培训的效果。

四、以服务企业为宗旨 开展小企业评估和分类指导

近年来,随着市场经济不断深入以及产业结构调整,区域内小型企业迅猛增长,区安监局专门研究制定加强小企业安全生产监管的措施:一是加强监管,开展各类检查等措施来有效提高对小企业的监管能力;二是建立全区企事业单位基本信息库,为安全生产应急救援系统和安全生产监管工作提供信息保障。通过对区域内的小企业进行评估和分类指导,实施信息化、动态化管理,区域内小企业事故发生率明显下降,充分体现了这一举措的实际效果。

五、以信息化为手段 提高安全监管的行政效能

杨浦区域面积大(60.61平方公里),企业数量多(近16000家),安全监管难度和工作量都非常大。区安监局针对这一难题,在全市范围内率先启用安全生产工作平台,变被动监管为主动监管。在杨浦区安全生产监管力量相对不足的情况下,通过发挥工作平台“千里眼”、“顺风耳”的功能,做到了安全生产监管效能的最大化。目前,启用的行政执法平台在工作效率、监管效能、信息共享与传输等方面所发挥的作用已初步显现。 （孔蓉菊）

十一、金　融

（一）综　述

2009年，杨浦区域内有国内银行分行、支行14家，营业网点121个；有国内证券公司营业部25个；保险公司杨浦区分支机构2个。

（二）银　行

【概况】 2009年，区内有国内银行分行、支行机构14家，二级支行营业网点122个。其中：中国工商银行上海分行杨浦支行31个；中国农业银行上海市杨浦支行21个；交通银行上海分行杨浦支行8个；中国建设银行上海市杨浦支行20个；中国银行上海市杨浦支行11个；上海银行杨浦支行13个；上海浦东发展银行杨浦支行5个；深圳发展银行杨浦支行1个；华夏银行杨浦支行1个；中信实业银行上海分行杨浦支行1个；招商银行股份有限公司上海杨浦支行3个；兴业银行上海杨浦支行1个；中国光大银行杨浦支行1个；民生银行杨浦支行1个；上海农村商业银行杨浦支行4个。

【交通银行上海杨浦支行】 交通银行杨浦支行位于长阳路1317号，共有营业网点8处。有24小时银行自助服务区8处，ATM自动取款机14台，存取款一体机10台，多媒体查询系统17套，职工212名，其中各类专业技术人员占92%以上。2009年末，该行人民币存款余额96亿元，比上年末增长29%；外汇存款余额为7086万美元，比上年末增长5%；人民币贷款余额55亿元，比上年末增长34%；全年实现利润1.4亿元，人均创利87万元。2009年，支行工会被上海市金融工委授予“先进职工之家”称号；支行保卫工作获杨浦区公安系统先进集体称号。支行下属开鲁路支行被中华全国总工会授予“女职工建功立业标兵岗”和中国金融工会全国委员会授予的“全国金融五一劳动奖状”称号。

交通银行杨浦支行网点分布情况表

名　称	地　址	电　话	邮　编
支行本部	长阳路1317号	65195656	200090
五角场支行	国顺东路1000号	65015392	200433
同济支行	彰武路41号	65012765	200092
吉浦路支行	吉浦路296号	65613679	200439
鞍山路支行	本溪路288号	65154995	200092
开鲁路支行	开鲁路311号	65320578	200438
控江路支行	隆昌路767号	65480090	200093
许昌路支行	平凉路600号	55218806	200082

（戴耀明）

【中国银行上海市杨浦支行】 2009年，中国银行股份有限公司上海市杨浦支行认真贯彻落实国家宏观调控措施和总分行部署，坚持审时度势，发挥支行全方位的资源优势，不断加大营销步伐，使支行经营规模增长迅速，市场份额逐年提升。该行下属网点已达11家。认真分析宏观形势，把握经济脉搏，努力寻找自身特点，及时制定业务发展方向，合法合规经营，抓住上海世博会即将举办的有利时机，做好各项金融服务。通过全方位、多渠道的营销，支行全面提升了各项业务发展规模，经营效益屡创新高。截至年末，该行各项业务指标均较上年有一定幅度的增长。支行以“一个中心，两大抓手，三项重点”作为发展主线，即以利润为中心，以业务发展、内部管理为抓手，以扩大规模（资产、负债、客户规模）、合规经营、提升服务为重点。

中国银行杨浦支行网点分布情况表

名　称	地　址	电　话	邮　编
杨浦支行	平凉路1128号	65725566	200090
包头路支行	包头路490-494号	65230188	200438
国定路支行	国定路290号	65107258	200433
黄兴路支行	黄兴路1616号	55064962	200433
佳木斯路支行	佳木斯路338号	65487032	200093
五角场支行	国宾路30号	33620135	200433
鞍山路支行	本溪路191号	55950606	200092
逸仙路支行	逸仙路315号	55383758	200940
延吉中路支行	延吉中路249号	65193063	200093
大连路支行	飞虹路568弄21-22号	33772968	200092
赤峰路支行	赤峰路83号	65984905	200092

（丁雪雯）

【上海银行杨浦支行】 支行位于国宾路36号，辖属11个营业网点（见下表，信息技术大厦支行除外），8家24小时附行式自助银行；28台ATM（自动取款机），10台CDS（自动存取款机）；并设立了一家慧通理财中心。支行共有员工249人，其中各类专业技术人员占95%以上。2009年，上海银行杨浦支行立足区域，积极参与杨浦区各项建设，创建合作平台支持区内中小企业发展，深化服务内涵，提升个人金融业务质量与效率，截至2009年底，各项存款余额113亿元，各项贷款余额50亿元，全年实现利润1.33亿元。

上海银行杨浦支行网点分布情况表

名　称	地　址	电　话	邮　编
杨浦支行	国宾路46号	33620162	200433
八埭头支行	周家嘴路2399号	65634699	200092
鞍山支行	本溪路185号	65629419	200092
临青路支行	平凉路1396号	65201874	200090
大连路支行	大连路950号105-107室	33770200	200092
中原支行	国和路1045号	65881921	200438

（续表）

名 称	地 址	电 话	邮 编
延吉路支行	延吉东路210号	55821611	200093
五角场支行	国权路59号	33625301	200433
营口路支行	营口路800号	55224315	200433
定海支行	平凉路2525号	65687353	200090
四平支行	延吉中路231号	65433662	200092
信息技术大厦支行	控江路1555号底层	55570174	200092

（吴凌云）

【建设银行杨浦支行】 建设银行杨浦支行位于长阳路1288号，下辖1个营业室及19个路支行、14家24小时自助银行，营业网点遍布区内各地。拥有ATM自动取款机31台，CDS自动存取款一体机32台，多媒体多功能机24台，以及E路通电脑、电子滚动屏、自动排队叫号系统等精良设备。全行共有员工362人，其中各类专业技术人员占93%。2009年，建行杨浦支行实施网点运营体制改革，完善支行业务营销架构，细化网点岗位设置，优化网点功能布局，全面提升网点的产品营销能力和客户服务水平，强化管理、严控风险，大力拓展资产业务，积极发展中间业务，努力扩展市场份额，取得了良好的经营成效。截至年末，全口径存款时点余额209亿元，各项贷款余额约97亿元；实现账面利润3.78亿元，其中中间业务收入1.16亿元；考核利润约3.79亿元。

中国建设银行杨浦支行网点分布情况表

名 称	地 址	电 话	邮 编
营业室	长阳路1288号	55081549	200090
长阳路支行	长阳路583号	65418341	200082
图们路支行	图们路15号	55832455	200093
江浦路支行	控江路1659号	65015882	200092
五角场支行	淞沪路98号	65494954	200433
中原支行	开鲁路434号	65056919	200438
营口路支行	安波路295号	65494527	200433
大连路支行	大连路950号	33770078	200092
平凉路支行	平凉路1373号	65190401	200090
定海桥支行	爱国路8号	65800310	200090
国权路支行	国权东路150号	55060591	200433
国定路支行	国定路369号	65650218	200433
星洲城支行	江浦路1177号	65370848	200092
黄兴路支行	延吉中路569号	65194835	200093
国和路支行	国和路1071号	65578613	200438
控江路支行	控江路445号	65688192	200093

（续表）

名　称	地　址	电　话	邮　编
嫩江路支行	嫩江路883号	65566746	200438
延吉路支行	延吉中路131号	65435838	200093
彰武路支行	彰武路28号	33626608	200092
密云路分理处	大连西路24号	55885301	200092

（徐　斌）

【中国工商银行上海市杨浦支行】 工行杨浦支行位于控江路1698号，辖属31个二级支行的营业网点，均能提供24小时自助服务，拥有74台自助取款机、60台自助存款机、48台多媒体自助终端、51台网银自助机。现有员工近600人，其中各类专业技术人员占95%以上。在过去的一年中，工行杨浦支行以营销创新为突破提高市场竞争力，以客户结构调整为导向加快推进经营转型，以效能提升为目的实施服务渠道变革，以风险管理为保证切实加强内控和风险防范，以改革突破为动力发挥资源整合优势，以科学发展观为统领加强党建和企业文化建设，推进支行经营的全面协调发展。截至2009年末，支行各项存款余额达347亿元，各项贷款余额达79亿元，总资产360亿元，实现经营利润5亿多元。

工行杨浦支行迎世博誓师大会现场

工商银行杨浦支行下属营业网点分布情况表

名　称	地　址	电　话	邮　编
鞍山路支行	控江路1698号	65021918	200092
控江支行	控江路1023号	65430471	200093
长阳支行	长阳路1140号	65591764	200082
平凉支行	平凉路1693号	65433045	200090
杨树浦桥支行	杨树浦路1416号	65194569	200090
五角场支行	国宾路66号	33621008	200433
中原支行	中原路201号	65329989	200438
国顺东路支行	营口路820号	65337236	200438
宁武支行	长阳路1930号	65398349	200090

（续表）

名　称	地　址	电　话	邮　编
武川支行	吉浦路319号	65441033	200434
八埭头支行	平凉路400号	65378263	200082
同济大学支行	彰武路63号	65023018	200092
黄兴路支行	黄兴路1830号	55065101	200433
翔殷支行	翔殷路1000号	65341418	200433
国定支行	国定路600弄19号	65107286	200433
许昌支行	控江路1995号	65020494	200092
大连支行	大连路1550号	65638893	200092
佳木斯路支行	佳木斯路390号	65341058	200433
延吉支行	靖宇东路238号	65308772	200093
定海路支行	平凉路2683号	65690769	200090
长白支行	控江路504号	55821330	200433
龙江路支行	江浦路291号	65891217	200092
民星路支行	中原路56号	65560728	200438
殷行支行	殷行路456号	65740265	200438
国定东路支行	国定路6号	55056641	200438

（张悦敏）

【农行上海五角场支行】 中国农业银行上海五角场支行，位于翔殷路1128号，下属20个营业网点，拥有6家24小时自助银行，52台ATM自助取款机。全行共有员工371人，其中各类专业技术人员占95%以上。2009年，五角场支行牢固树立“诚信立业、稳健行远”的核心价值观，加快推进经营战略转型，强化风险管理，进一步加大市场营销力度，各项业务均取得了较好发展。截至年末，各项存款余额219.4亿元，各项贷款余额为137.8亿元，中间业务收入8034万元，全年实现经营利润3.72亿元。

中国农业银行五角场支行网点分布情况表

名　称	地　址	电　话	邮　编
五角场翔殷支行	翔殷路1128号	65656509	200433
五角场复旦支行	邯郸路220号	65645291	200433
五角场国权支行	国顺路241号	55061292	200433
五角场支行武东储蓄所	武川路95号	55399101	200434
五角场中原支行	殷行路285号	65749353	200438
五角场世界路支行	世界路93号	65057871	200438
五角场支行驻第二军医大学储蓄所	翔殷路800号	25074264	200433
五角场营口支行	靖宇东路280号	65300076	200093

（续表）

名　称	地　址	电　话	邮　编
杨浦区长阳路支行	长阳路1919号	65198000	200090
五角场隆昌路储蓄所	宁武路280号	65183428	200090
杨浦区长白支行	长白路1号	55825012	200093
五角场周家嘴路支行	周家嘴路4420号	65807198	200093
五角场支行延吉中路储蓄所	延吉中路309号	55805967	200093
杨浦区黄兴路支行	黄兴路566号	65196282	200093
五角场支行黄兴路储蓄所	黄兴路1号	65437353	200090
杨浦区控江路支行	鞍山路7号	55960452	200092
杨浦区四平路支行	赤峰路65号	65985971	200092
杨浦区提篮桥支行	长阳路18号	65455305	200080
杨浦区杨树浦路支行	杨树浦路1121号底层	55217002	200082
杨浦区平凉路支行	平凉路780号	65899083	200082
五角场军工路支行	军工路2855号	33816201	200438

（王一骏）

【中国民生银行杨浦支行】 支行位于黄兴路2009号，有24小时自助网点2处，ATM自动取款机1台，存款机1台，职工共30名。2009年，年末人民币存款余额11.55亿元，比上年增加1.49亿元，外汇相对比较少。全年实现利润2257万元。

（周丽丽）

杨浦区招商银行营业网点分布情况表

名　称	地　址	电　话	邮　编
长阳支行（营业部）	长阳路1441号	65397754	200090
四平支行	彰武路41号	65637493	200092
五角场支行	黄兴路2000号	55055050	200433

上海农村商业银行杨浦网点分布情况表

名　称	地　址	电　话	邮　编
四平支行（营业部）	四平路1958号	55069640	200433
控江分理处	控江路1063号	65705036	200093
丰乐分理处	殷行路408号	65060974	200438
中原支行	佳木斯路432号	55227085	200433

区境内其他杨浦支行情况表

名　称	地　址	电　话	邮　编
华夏银行杨浦支行	控江路1207号	35120388	200093

（续表）

名　称	地　址	电　话	邮　编
中信实业银行上海分行五角场支行	四平路2543号	65100701	200433
兴业银行上海杨浦支行	鞍山路1号	55969077	200093
中国光大银行杨浦支行	政通路218号	55660900	200433

（三）保　险

【概况】 区域内有2家保险公司，中国人民保险公司杨浦支公司、中国太平洋保险公司杨浦支公司。具体分布如表：

保险公司杨浦支公司情况表

序号	名　称	地　址	电　话	邮　编
1	中国人民保险公司杨浦支公司	长阳路581号	65126870	200082
2	中国太平洋保险公司杨浦支公司	长阳路1388号	55082121	200090

【中国人民财产保险股份有限公司上海市杨浦支公司】 中国人民财产保险股份有限公司是中国内地最大的财产险公司，具备良好的社会形象和商业信誉，具备雄厚经济实力、团队和服务能力。2007年12月26日，公司与上海世博会事务协调局在上海签署《中国2010年上海世博会保险全球合作伙伴协议》，公司正式成为2010年上海世博会保险全球合作伙伴。公司将充分发挥品牌、市场、人才、产品、技术、网络、客户、服务等优势，为上海世博会提供完备、可靠的保险服务保障。位于长阳路581号上的中国人民财产保险股份有限公司上海市杨浦支公司是中国人民财产保险股份有限公司上海市分公司的分支机构，支公司立足杨浦，面向全市，辐射全国。多年来，积极为社会提供安全、有效、经济的保险保障，为客户财产保险提供针对性、专业化的保险服务。2009年，支公司按照市分公司的建设目标和发展要求，践行科学发展观，抢抓机遇，苦练内功，积极进取，业务保持了快速发展的良好势头。杨浦支公司承保了国家航天航空尖端科技卫星在轨保险；承保了长城航空公司飞机一切险；上海烟草集团的财产一切险、车辆险，复星高科技集团有限公司的财产一切险、车辆险、产品责任险和公众责任险等；还进一步巩固了与区民政局合作联动的“民生保险”，独居老人的“助餐无忧”、“独居无忧”、“服务无忧”、特殊困难家庭“慈善援助住院医疗补贴”等保险，已经产生了非常好的社会效果，使受灾企业和家庭及时恢复生产和经营，安定人民群众生活，为创建和谐杨浦平安杨浦做出了努力。2009年，支公司全年保费收入1.508亿元，全年共支付灾害事故赔偿1.142亿元，较好地发挥了保险的补偿作用。　（李红妹）

【中国太平洋财产保险公司杨浦支公司】 公司是国内第二大财产保险公司，承保各类财产保险和人身意外保险。公司曾荣获首届中国品牌大会“中国十大最具影响力品牌”称号。太保集团继2007年12月在国内A股市场成功上市后，又于2009年12月在香港联交所主板上市H股。公司具有贯通全国，联结全球的保险商务系统。网址：www.cpic.com.cn.quan，全国统一客户服务电话95500。上海市杨浦区支公司是上海市文明单位，现有员工30人。公司地址长阳路1388号，电话：55081010。支公司依托杨浦，面向全市各行各业及外省市部分行业，业务规模位居上海分公司辖内同级支公司前列，2009年，保费规模突破亿元。支公司主动接轨服务杨浦国家创新型城区，深入街道社区，继续发挥好保险的经济“助推器”和社会“稳定器”作用，为建设和谐杨浦多做贡献。　（袁渭澄）

（四）证　券

【概况】 区域内共有证券公司营业部25个，承担着区域内的证券交易。具体分布如表：

杨浦区域内证券公司分布情况表

序号	名　称	地　址	电　话	邮　编
1	中信建设证券上海营口路营业部（原华夏证券）	营口路818号	65389035*818	200433
2	中信证券有限公司辽源西路证券营业部	辽源西路111号	65033192	200092
3	国泰君安证券股份有限公司四平路证券营业部	四平路1962号	55065887	200433
4	国泰君安证券有限公司杨树浦路证券营业部	杨树浦路2525号	65191684*200	200090
5	申银万国证券股份有限公司黄兴路证券营业部	黄兴路2001号	55058133	200433
6	申银万国证券股份有限公司隆昌路证券营业部	隆昌路615号	55531063	200090
7	申银万国证券股份有限公司吉林路证券营业部	吉林路60号	65865152	200082
8	金元证券上海长阳路证券营业部	长阳路1665号	55806060	200090
9	无锡证券有限公司上海邯郸路证券营业部	邯郸路98号甲	65420631	200433
10	辽宁信托投资公司上海临青路证券营业部	临青路281-297号	65121312	200090
11	中煤信托投资有限责任公司长阳路证券营业部	长阳路1510号	65197475	200090
12	中国银河证券有限责任公司中原路证券营业部	中原路188号	55780091	200438
13	中国银河证券有限责任公司营口路证券营业部	营口路99号	65509262	200093
14	中国银河证券有限责任公司平凉路证券营业部	平凉路718号	68538888	200082
15	东方证券有限责任公司上海中原证券营业部	中原路286号	65058340	200438
16	东方证券有限责任公司上海许昌路证券营业部	许昌路1296号	65629003	200092
17	西部证券股份有限公司上海开鲁路证券营业部	开鲁路289号	65743611	200438
18	德恒证券信托投资公司周家嘴路证券营业部	周家嘴路3099号	65398366	200092
19	海通证券有限公司上海周家嘴路证券营业部	周家嘴路3255号	65180215	200092
20	海通证券有限公司上海本溪路证券营业部	本溪路181号	65031515	200092
21	华夏证券有限公司上海控江路证券营业部	控江路1501号	65043246	200092
22	山西省信托投资公司上海双阳路证券营业部	双阳路588号	55099011	200090
23	渤海证券有限责任公司上海彰武路证券营业部	彰武路65号	65151106	200090
24	联合证券有限责任公司上海大连路证券营业部	大连路1548号二楼	65154123	200092
25	北方国际信托投资公司上海赤峰路证券营业部	赤峰路43号	65976788	200092

【国泰君安证券杨树浦路证券营业部】 国泰君安证券股份有限公司上海杨树浦路证券营业部位于杨树浦路2525号，拥有营业面积1800平方米，3层楼面，职工数16人。营业客户26500户，交易总量373.84亿元。债券9100万元，基金3569万元。营业部奉行以客户为中心的服务理念，信誉第一的服务方针，竭诚为投资者提供快捷的交易通道、齐全的交易手段、丰富的交易品种、舒适的投资环境和及时的证券咨询。已开通网上交易、电话委托、自助委托、电话咨询，和工商银行、建设银行、农业银行、招商银行实行银证转帐及三方存管业务。

（陈　琦）

【国泰君安证券四平路证券营业部】 国泰君安证券股份有限公司上海四平路证券营业部位于四平路1962号，拥有1200平方米营业面积，共3层楼面，设有散户大厅2只、中户室1只、大户室及贵宾厅。营业部设有总经理室、办公室、财务部、电脑部和客户服务部，职工人数14人。

2009年，营业客户17959户，证券托管市值A股1967036714.3元，B股104395346.25元，基金49206533.89元，国债、企业债9579447.33元，利润3167.74万元。营业部奉行以客户为中心的服务理念，信誉第一的服务方针，竭诚为投资者提供快捷的交易通道、齐全的交易手段、丰富的交易品种、舒适的投资环境和及时的证券咨询。已开通网上交易、手机上网、电话委托、自助委托、电话咨询、免费邮寄对帐单，和工商银行、建设银行、农业银行、招商银行、交通银行、民生银行、兴业银行实行银证转帐、开通三方存管业务，并具有期货IB资格。

（俞 春）

【金元证券长阳路证券营业部】

该营业部位于长阳路1665号，现有两层楼面，800平方米营业面积，设有68个中户客位和20间贵宾室。2009年，在职员工13人，有客户8000多户，证券托管市值A股911547656.99元，B股13331016.82元，基金17674998.45元，国债、企业债券45855633.87元。行业实现集中交易通买通卖，实现保证金独立存管，让客户资产零风险，并荣获规范类券商资格。开通全天候电话委托，以及便捷快速的网上委托，配备神光、鹏搏、安邦、大赢家等多种咨讯系统；开通工行、招行的银证转帐系统，资深工作人员以服务手段多样化和品种多元化为投资者提供优质服务，同时为会员提供差异化增值产品与资讯的服务体系。

（顾 伟）

【中信建投证券营口路营业部】

中信建投证券有限公司是国家大力发展资本市场、培育合格市场主体、推动证券行业稳定健康发展的新形势下成立的。营业部位于营口路818号，营业面积2000多平方米，拥有300门委托电话、手机短信等增值服务设备。咨询电话65389001。有职工30人，客户6万人，市值达80亿。公司立足于新起点，充分发挥中信证券和中国建银投资公司两大股东的强大优势，同时拥有所有证券业务资格，可以为投资者提供更好的交易平台、更多的投资品种、更高的服务水平，致力于促进客户投资保值增值，实现公司的健康发展和价值理念。每周六上午举办理财讲座，已形成一定品牌知名度，颇受股民欢迎。

（祁 超）

【申银万国证券隆昌路营业部】

该营业部位于隆昌路619号，毗邻杨浦公园，三个楼层的营业面积达1500平方米，分设贵宾室、大户室、交易大厅等多个区域，有职工13人。2009年，营业客户20900户，年交易总量26.77亿，客户资产合计24亿元。申银万国是国内规模最大、经营业务最齐全、营业网点分布最广的证券公司之一，具有创新试点券商资格和A类AA级券商评级。营业部提供经纪业务的全部内容，为机构客户和个人投资者量身订做差异化的理财产品和提供高效的咨询服务平台，可针对不同的收益风险偏好，满足不同的投资需求。公司依靠申万研究所的强大支持，积极梳理与整合研究产品，统一研究品牌，积极提升客户增值服务，每天通过大赢家系列产品电子版和短信等形式为投资者带来最新鲜的咨询信息。

（张文敏）

十二、城市建设

（一）综　述

2009年，轨道交通12号线工程前期拆迁工作创造拆迁新速度，至11月27日，居民拆迁任务圆满完成，单位动迁基本完成，确保地铁车站按时交地施工。续建的轨交10号线杨浦段地下盾构全线贯通，正在进行出入口建设和设备安装；军工路越江隧道东线已于8月26日贯通，年底掉头向浦西推进西线，军工路北段拓宽工程地面道路施工基本完成，四平路2座下立交工程进展顺利，其中四平路中山北二路于2009年12月31日提前2个月通车，四平路大连路下立交施工进入尾声阶段。年内还完成民星北排水系统工程，大定海排水系统推进前期手续办理和单位腾地。

年内完成闸殷路（世界路—军工路）拓宽、关山路（国顺东路—国定东路）辟通，实施黄兴路（国定路—黄兴路桥）拓宽建设，完成江浦路（长阳路—榆林路）拓宽前期拆迁，城区路网进一步完善。全区112条道路面貌得到较大改观。完成民星北排水系统、大武川截污纳管、五角场地区国康路、政通路等排水管网建设，以及控江路（大连路—江浦路）、延吉西路（控江路—周家嘴路）等13条道路积水改善工程，城区排水管网和排水能力进一步改善和提升。推进无障碍设施建设，完成新建、改建盲道10150米，整改无障碍坡道84只，完成无障碍设施进残疾人家庭536户，进老干部家庭239户。新增公共停车场14个，新增1647个泊车位。

全年完成居民动迁6148户，拆除旧房面积12.4万平方米。旧住房成套改造竣工17万平方米。按照“原真性、整体性、可读性”的保护要求，修整历史风貌建筑。住宅建设施工总建筑面积188.10万平方米，住宅竣工面积46.59万平方米。对陈旧且公建配套少的小区进行综合整治涉及91个小区、235幢、建筑面积189万平方米。平改坡改造贯彻“穿新衣、带新帽、换内胆”的原则，通过整治环境、补充绿化等方法提升和改变小区的整体面貌。全年完成传统“平改坡”工程1316幢，建筑面积395万平方米，完成年计划的102.7%。市政配套道路建设工程年内完成一条全长为241米的道路新建工程，改善了该地区交通状况和城区面貌。完成公共服务设施7052平方米。“创智坊”通过了四高优秀住宅小区验收。

全年完成绿化发展总量183.14公顷，使城区绿化覆盖率达26%。其中：改建绿地5.6公顷，完成闲置土地绿化170公顷，整治绿化80公顷，更新行道树设施3668副。完成工农、复兴岛、民星、波阳、惠民5座老公园改造。大连路绿地（国歌纪念广场）建设于9月25日举行落成仪式，宣告该工程圆满完成。

（二）重大工程

【概况】　2009年，全面推进以轨道交通12号线、越江隧道为重点的重大工程，做好前期动拆迁和施工配合工作，协调解决工程施工中存在的问题、瓶颈，确保重大工程按节点顺利推进。轨道交通12号线工程前期拆迁工作创造拆迁新速度，确保地铁车站按时交地施工。续建的轨交10号线杨浦段地下盾构全线贯通，正在进行出入口建设和设备安装，军工路越江隧道东线已于8月26日贯通，军工路北段拓宽工程地面道路施工基本完成，四平路2座下立交工程进展顺利，其中四平路中山北二路于2009年12月31日提前2个月通车。

【轨道交通12号线杨浦段创造前期拆迁新速度】 12号线工程前期拆迁工作是区“破瓶颈、解难题、求发展”摘牌项目之一，涉及拆迁居民1067产1794户，单位64家。按照“先单位后居民，先区属后市属”的拆迁工作思路，积极筹措符合实际、居民乐于接受的多种规格、地段的拆迁房源，着重在拆迁方案优化、拆迁政策宣传培训、多方联动形成整体合力上求突破，创造了“分组划块”拆迁新方法，注重条块结合，充分发挥街道的作用，搭建街道、居委、律师和动迁经办人“四位一体”化解矛盾的平台，探索创新“第三方参与”矛盾协调机制，在基地设立“法律咨询服务窗口”，为居民提供法律咨询和援助。坚持阳光拆迁，实现全面的政策公开、过程公开、安置结果公开，坚持前后一致不动摇，取得了百姓的信任、支持，在整个拆迁基地形成了齐心协力、多方联动、和谐稳定的拆迁氛围，创造了新的拆迁速度：自4月11日启动签约后，隆昌路站截至6月7日酝酿期结束，整个基地48产94户居民全部签约；内江路站截至7月19日有奖期结束，整个基地439产841户居民全部签约；长阳路站有奖期结束，有580产859户签约，签约率达97.07%，三个站点在100天内创造了总体签约率98.2%的拆迁新速度。截至11月27日，12号线前期居民拆迁任务圆满完成。截至2009年底完成单位签约62家，占单位总量的96.9%。

【军工路越江隧道工程取得新进展】 军工路越江隧道是中环线工程两个越江工程之一，由上海城建隧道股份公司承建，工程已于2006年12月18日开工。2009年区继续做好施工配合工作，协调解决施工中存在的问题，确保工程顺利推进。军工路越江隧道采用直径14.87米的超大直径泥水平衡盾构施工，在克服地上众多重要构筑物和地下错综复杂的管线等困难下，于8月26日提前实现越江隧道工程东线贯通，长1490米的圆隧道在成功穿越复兴岛、黄浦江后，打通中环线东北部过江段最后一环。年底大盾构将原地调头，由浦东向浦西开始西线掘进，整个军工路越江隧道计划2010年底前竣工。

【推进大定海排水系统工程前期工作】 大定海排水系统为低标准排水系统，该系统目前道路已基本敷设排水管道，但管道达标率低，现有定海港泵站排水能力仅为4.2立方米／秒，距离规划要求的21.88立方米／秒差距大，区域积水现象十分明显，是中心城区需全面完成的八个低标排水系统改造工程中的一个。为提高该地区排水标准，解决积水问题，确保防汛安全，区与市水务部门联手建设大定海低标排水系统改造工程。该排水系统服务范围北起周家嘴路，南至黄浦江，西起临青路，东至运河，服务面积425公顷。大定海低标排水系统改造工程建设项目涉及该区域内的隆昌路、腾越路、贵阳路、内江路、杨树浦路、平凉路、长阳路等24条道路排水管网建设（工程量约20.7公里）和一座排水泵站建设。整个系统的建设将分近期和远期分步实施。近期主要实施杨树浦路、内江路、隆昌路、双阳路、平凉路、长阳路等9条道路总长9.63公里的排水管道建设和排水泵站的建设。年内，加强与市重大办、市水务局、排水公司和百联集团等部门（单位）的协调、配合，推进工程前期各项工作，明确上海世博会前先实施泵站主体建设和杨树浦路、平定路的管道工程。至年底完成初步设计审批，启动招投标、建设工程规划许可证等手续办理，单位腾地在协调推进中。

【四平路中山北二路下立交通车】 由轨道交通10号线公司代建的四平路中山北二路规划道路，设计为双向8车道，其中下立交部分为双向4车道，全长1.2公里，下立交下为10号线同济大学站，敞开段两侧是地面辅道双向4车道。该工程前期需动迁单位11家，区在2007年上半年完成前期拆迁后，做好施工配合工作，确保工程顺利推进。为缓解交通压力，下立交道路于2009年12月31日提前2个月通车。下立交的地面辅道也将在2010年一季度完工。四平路中山北二路下立交的开通，将大大提高四平路的运行能力，对整个区域路网功能的完善具有重要意义。

【举行轨交12号线房屋拆迁启

动仪式】 4月11日，轨道交通12号线（杨浦段）居民房屋拆迁启动仪式在内江路站隆重举行。区委常委、副区长、区轨道交通12号线工程建设指挥部总指挥庄少勤等领导出席启动仪式。内江路站、隆昌路站拆迁实施单位—上海桥盛拆迁公司董事长宣读《公开承诺书》，代表拆迁公司向全体被拆迁居民公开承诺：在拆迁实施过程中，始终坚持公开、公平、公正的原则，承诺政策前后一致、承诺公开安置结果、承诺实行阳光拆迁。庄少勤向工作人员授《告居民书》、《拆迁政策法规汇编》和《房屋评估报告书》，并宣布轨道交通12号线（杨浦段）居民房屋拆迁全面启动。庄少勤强调，轨道交通12号线（杨浦段）居民房屋拆迁坚持“阳光动迁”、“诚信动迁”，既体现物权的公正，又体现党和政府对困难群众的关心。在整个动拆迁过程中，要积极搭建与居民沟通的诚信平台，监督拆迁全过程，确保动迁全过程和动迁结果的公开、透明、公平、公正，始终贯彻“我为亲人搞动迁”理念，做好“阳光使者”。

【轨交12号线15家居民首获整体签约搬迁奖】 4月25日下午，轨道交通12号线内江站基地举行隆昌站、内江站两个站点整体签约搬迁奖颁奖仪式。隆昌站、内江站两个站点的15家居民代表胸戴大红花，高高兴兴地接过区委副书记、区长宗明颁发的奖金和区委常委、副区长庄少勤送上的鲜花，光荣地成为首批整体签约搬迁奖的获得者。仪式上，获奖居民代表发言，对党和政府的关心和阳光拆迁表示感谢，并向桥盛拆迁公司赠送锦旗。宗明代表区委、区政府向支持市区重大工程建设，理解、支持和信任阳光动迁的居民表示感谢，向第一批获得整体签约搬迁配合奖的居民表示祝贺。宗明强调，区委、区政府会高度关注居民动迁全过程，始终坚持“阳光动迁”、坚持政策操作前后一致，把阳光动迁、诚信动迁、和谐动迁进行到底。希望广大居民要抓住当前的机遇，享受12号线奖项多、奖金丰厚的优惠政策，抓紧时间签约搬迁，争取早走多得益，实现利益最大化。

【构建轨交12号线拆迁公信平台】 设立法律咨询窗口，由律师事务所派律师常驻在长阳路站、隆昌路站、内江路站3个动迁基地，为被动拆迁居民提供法律咨询和法律援助服务，化解家庭矛盾；设立公信平台，由律师、社区法官、人大代表、大学法学教授、社区代表等组成的社会公信人士参加，对相关法律、法规未涉及的动迁问题进行听证评议，对动拆迁安置结果有异议的被拆迁人进行政策方面的评议沟通，加强对拆迁公司拆迁过程中的监督，确保拆迁经办人严格按政策依法拆迁、阳光拆迁；成立政策咨询决策专家委员会，由具有法律专业知识、熟练掌握拆迁政策的专家组成，对拆迁过程中出现的有关问题，进行政策咨询决策讨论，提供操作意见和依据，确保轨道交通12号线动拆迁工作顺利进行。

【轨交12号线长阳路站基地开展党建联建】 为充分发挥党组织的政治优势和群众工作优势，确保12号线居民动拆迁工作顺利推进，中共杨浦区轨道交通12号线工程建设指挥部临时委员会积极探索党建新途径，在12号线长阳路站基地开展党建联建，日前举行签约仪式。聘请江浦路街道金上海居民区党总支书记蒋爱妙、秦家弄居民区党总支书记顾红妹、平凉路街道万新居民区党总支书记陈卫康被聘为拆迁基地党风廉政监督员，百群拆迁公司党支部分别与三个居民区党总支签订“轨道交通12号线长阳路站拆迁基地党建联建协议书”，就如何在重大工程项目拆迁基地上充分发挥党组织的政治优势和群众工作优势，紧密合作，优势互补，形成合力，共同做好被拆迁居民思想工作，稳步有序推进轨道交通12号线长阳路站拆迁工作达成共识。（高　明）

（三）市政基础设施建设

【概况】 2009年在推进重大市政工程建设的同时，以开展迎世博市政道路车行道和人行道整治、道路积水改善、架空线入地整治、无障碍设施建设、规范停车管理等5大类任务为契机，抓好市政基础设施建设，提高设施能级。继续加快实施道路辟通、拓宽，年内完成闸殷路（世界路—军工路）拓宽、关山路（国顺东路—国定东路）辟通，实施黄兴路（国定路—黄兴路桥）拓宽建设，完成江浦路（长阳路—榆林路）拓宽前期拆迁，城区路网进一步完善。做好道路整容、整治、整洁和人行道七类、八类等设施的清理整治工作，实施架空线入地整治，全区112条道路面貌得到较大改观。完成民星北排水系统、大武川截污纳管、五角场地区国康路、政通路等排水管网建设，以及控江路（大连路—江浦路）、延吉西路（控江路—周家嘴路）等13条道路积水改善工程，城区排水管网和排水能力进一步改善和提升。推进无障碍设施建设，完成新建、改建盲道10150米，整改无障碍坡道84只；完成无障碍设施进残疾人家庭536户，进老干部家庭239户。新增公共停车场14个，新增1647个泊车位。

【开展"迎世博，作贡献"立功竞赛活动】 5月开展"迎世博，作贡献"立功竞赛活动。活动根据轨道交通12号线拆迁、迎世博600天行动计划以及市政、水务、建筑业管理窗口服务等工作内容，分别确定拆迁工作、工程建设、建筑工地管理和窗口服务等四大版块的竞赛内容和考评标准，开展"六比六赛"。为确保竞赛活动的有序推进和有效开展，区建交委建立以党工委分管领导为组长，由委党群部门和相关业务科室负责人组成的立功竞赛活动领导小组。领导小组下设办公室，具体负责竞赛活动的整体推进、综合协调与日常管理工作。竞赛活动时间从2009年5月至12月，2010年1月召开总结大会表彰活动中涌现出来的先进集体和先进个人。

【迎世博城区道路景观面貌焕然一新】 注重将市下达的规定任务和区的实际情况相结合，聚焦重点，加强市政道路建设，提高市政基础设施能级，全面整治周家嘴路等9条市级主干道，完成高架周边道路整治79万平方米，围绕区域1+3发展格局整治道路33条，配合街道（镇）开展"一街一景"创建工作，打造11条景观道路，完成27条无主道路整治，全区道路状况得到极大改善，主要考核指标均达到优级，较上年度提高25.3%。2009年共完成车行道整治1044448平方米，人行道整治344914平方米，各占总计划任务的70%、116.9%，累计完成道路整容项目42项、整治项目99项、整洁项目21项、桥修项目8项、人行道专项整治项目20项，完成车行道整治1590047平方米，人行道整治613886平方米，各占总计划任务的107%、208%。整治路名牌1871块，清理单位指路牌406块，分别完成计划的100%、118%。整治人行道七类、八类等设施3793处，超额完成计划任务。（沈璐希）

五谷丰登，烘托出五角场商业副中心的节日气氛

【实施27条无主道路整治】 本区有数十条不属《上海市城市道路管理条例》管理范围内的道路，存在路况差、排水设施不全、建设和养护责任主体不明等"老大难"问题。为了解决这一问题，在迎世博道路整治中，区建交委跨前一步，主动承接，落实区市政署走访所属街道，调查排摸，征求意见，制定道路整修方案。该工程得到区绿化市容局及相关街道的支持和配合，年内完成图们路菜场、大剧院西侧、平凉路2691弄等27条无主道路整治，道路面貌焕然一新，通行条件大为改善，赢得沿线单位、居民的一致好评。（沈璐希）

【闸殷路拓宽段竣工通车】 闸殷路（淞沪路—军工路）道路改建工程，全长约3.82公里，其中辟通段（淞沪路—世界路）已于2008年7月1日完工通车。拓

黄兴路拓宽

宽段(世界路—军工路),长1.42公里,设六快二慢车道,经市区联手建设,于11月竣工通车。

【民约路辟通工程竣工通车】 民约路处于五角场商业服务中心的辐射范围内,西起市光路,东至国和路,道路全长约300米,红线宽度为20米,规划为城市支路。于2009年6月完工。民约路辟通后,将方便周边居民出行,并推动周边商业开发。

【关山路辟通工程竣工通车】 为完善五角场市级副中心地区的路网结构,有效缓解黄兴路交通拥堵状况,提高地区道路通行能力,区实施关山路(国顺东路—国定东路)辟通工程。该工程全长336米,宽度16米,原列为市房地局立项的住宅配套项目,2006年由区房地局作为建设主体实施了100多米,后由于动迁等原因未能全线辟通。2008年完成前期动迁。2009年初工程开工,3月份竣工通车。

【黄兴路道路拓宽工程启动】 黄兴路(国定路—松花江路)是区南北向交通主干道,也是联系五角场城市副中心与内环线快速路的重要通道。随着沿线功能性项目开发,加之公交线路集中、社会车辆众多,4快2慢的车道设置,已经无法满足交通需求,道路交通呈现全天候、全线拥堵状况。为改善交通,2009年区实施黄兴路(国定路—松花江路)道路拓宽。工程全长1.02公里,前期动迁单位14家,道路按规划红线拓宽至50米,拓宽后的车道为8快2慢,并设置公交港湾式停车站,同步实施架空线入地。6月各公用管线单位进场作业,10月上旬进行道路土建施工,主体工程于2010年3月底竣工。与工程所在的街道党工委、居委会党总支以及建设、施工、监理单位党支部开展党建联建活动,主动征询意见,为居民群众解决实际问题,有力促进工程顺利推进。工程全路段采用SMA沥青面层新材料,以提高道路工程质量,延长使用寿命,降低路面噪音。(沈璐希)

【道路工程首次使用“白加黑”新工艺】 平凉路(大连路—江浦路)为水泥板块路面,由于道路使用年限已超过20年,导致各板块之间的高差较大,跳车现象较为严重。为了提高道路平整度,增强行车舒适性,考虑到现有水泥板块比较完好,区市政署经深入研究,决定在迎世博平凉路(大连路—江浦路)道路整容工程中,使用“白加黑”新工艺,即利用原来的白色路面,在上面加罩黑色沥青砼面层,达到提高平整度、降低噪音、减少光反射的效果。为确保工程质量,区市政署吸取外区在此工艺实施过程中的经验教训,对施工过程中的各道工序严格把关。按照“既要保证砼板块变形量在收缩最大时进行灌缝,又要满足沥青摊铺气候温度的需求”的施工要求,选择11月下旬的最佳时间施工,改进传统施工工艺。加罩沥青砼面层工作于2009年底施工完毕,跟踪观察效果良好。该工程于2010年3月28日竣工。(沈璐希)

【完成22万户居民天然气转换市政配套工作】 2009年辖区内22万户家庭进行人工煤气转换天然气,涉及控江路、沈阳路、杨树浦路、唐山路、霍山路、隆昌路、河间路、平凉路、延吉路、周家嘴路等道路排管。为配合燃气市北公司推进这项实事工程,区市政署在迎世博600天道路整治计划确定后，主动与燃气市北公司协调，调整道路施工计划，争取将天然气转换工程与600天道路工程同步建设，避免道路重复开挖，同时做好行政审批，加强服务，并加强文明施工监管，确保天然气转换工程与道路整治工程取得双赢。（沈璐希）

【完成11条道路积水改善工程】 争取市水务主管部门的支持，实施迎世博11条道路积水改善工程，提高排水能力，解决地区标准降雨范围内积水问题。排管长度达5.7公里，总投资达到8000万元，约占全市道路积水改善工程总投资的三分之一以上。11条路段分别为：齐齐哈尔路（平凉路—杨树浦路）、榆林路（怀德路—江浦路）、怀德路（长阳路—济林路）、长岭路（中山北二路—抚顺路）、控江路（大连路—江浦路）、打虎山路（控江路—锦西路）、鞍山路（阜新路—锦西路）、延吉西路（凤城路—黄兴路）、国栋路（三门路政立路）、恒仁路（民庆路—长海路）、国京路（三门路—政立路）。11条道路积水改善工程排管施工抢在主汛期前全部完成，在汛期工程发挥显著作用，经受的80毫米暴雨雨量的考验，原先的易积水路段实现标准雨量内不积水，标准外积水少、退水快的目标，直接、间接受益居民达20万户以上。市水务局召开现场会，推行杨浦经验，市级新闻媒体也多次予以报道。（钱旭敏　沈璐希）

【开展道路积水工程党建联建活动】 为发挥党组织的先锋堡垒作用和每位党员的先锋模范作用，确保积水改善和道路修复工程优质安全、文明有序推进，5月19日，区建设交通党工委启动控江路积水改善和道路修复工程工地党建联建活动。区市政署、区水务所和施工单位、监理单位、沿线单位、社区、交警签订党建联建协议。建设单位、施工单位和监理单位明确建立党员、团员责任岗，树起旗帜，作出表率，自觉接受监督，热情服务社区。四平、江浦街道所属9个居民区党组织、控江路商业中心街创建办和杨浦交警三中队党支部的领导表示积极做好协调配合工作，加强对工程的监督和服务。党建联建活动营造良好的建设氛围，得到沿线单位和居民的大力支持和配合，确保工程按节点顺利推进。（钱旭敏）

积水改善工程现场

【架空线入地工程取得成效】 结合区重点区域和景观主干道，积极推进长海路、黄兴路等6条路段架空线入地工程，累计完成28.1公里信息线入地和21.7公里电力线入地工程，除与军工路越江隧道等重大工程工程同步推进的项目外，其余架空线入地整治工程基本完成，进度在全市名列前茅。为配合长海路历史风貌区建设，将原未立项的长海路一并纳入迎世博600天行动计划予以实施，为区级财政节约资金5000万元。通过实施架空线入地整治，清除城市道路空中的“黑色污染”，改善环境面貌。

【建立停车管理长效机制】 为进一步规范道路停车点和公共停车场库机动车和非机动车道路停放管理，制定《杨浦区机动车辆道路停放管理实施方案》和《杨浦区非机动车停放管理实施方案》，经区政府第120次常委会议同意后转发实施。区机动车和非机动车停放管理实施方案明确各部门和街道（镇）工作职责，形成各方联动、共同参与的长效管理机制，为实现区机非车辆停放的长效规范管理奠定良好的基础。

【抓好迎世博停车管理】 7月，开展迎世博知识和停车行业技能比武竞赛。竞赛活动分世博知识及停车行业相关内容竞赛和规划服务技能比武两个小组进行，共计80余名停车协管员参加比赛。借此竞赛活动更好地在区停车行业开展“树明星、带群星”活动，端正停车服务人员工作态度，提升服务质量，增强服务技能。召开全区停车行业动员大会，共同学习迎世博600天行动窗口行业服务文明调查公共停车服务行业特征指标工作要求中的十五项特征指标，透彻分析区存在的问题，制定整改措施。采用张贴海报、世博易拉宝、停车服务KT板、口号条幅、设置世博宣传岗和宣传员多种方式进行世博会的宣传；组织、设计和印刷3万张停车行业知识宣传卡由停车协管人员免费发放给驾驶员，提高驾驶员对停车行业“文明停车迎世博”的知晓率。 （郑 蓉）

【燃气管道违章占压整治任务全面完成】 根据上海市平安建设实事项目—燃气管道占压专项整治工作方案，2009年是燃气管道违章占压专项整治工作的最后一年，需完成21处燃气管道占压整治工作。区建交委牵头相关责任部门和定海、延吉、大桥、江浦等街道，会同市北燃气销售有限公司对23处燃气管道占压进行整治。在各成员单位和街道（镇）的支持和配合下，通过旧区改造实施动迁解决5处；拆除违章搭建解决3处；通过进行安全评估、安装燃气警报器等措施解决13处、200户，圆满地完成21处燃气管道违章占压专项整治任务，确保了燃气管道的安全。 （吴祥林）

【大武川泵站截流和管网建设工程竣工】 大武川泵站截流和管网建设工程由市水务局和市城投总公司、市城市排水公司实施，管网建设长度5.605公里，区同步配套修复道路1500米，面积4500平方米。项目于2008年9月启动，2009年8月竣工启用。该工程竣工已基本截除雨水泵站向河道排放污水的现象，对改善吉浦河水质和环境面貌发挥显著的作用。 （许 臣）

【民星北排水系统工程竣工】 民星排水系统划分为北块、中块、南块三部分，根据《杨浦区排水系统专业规划》，民星北、中、南三块以及森林公园、沿江工厂自排区（Yn2）将合并建成为民星排水系统。系统服务范围为：黄浦江—闸殷路—殷行路向北100米—铁路何杨支线—军工路—海安路—运河—黄浦江。地形呈南北向的窄长形状，服务面积841公顷。其中，雨水排水系统以森林公园、虬江为界，划分为民星北块、森林公园、民星南块三个雨水系统。民星北块雨水系统范围为闸殷路—森林公园北侧，面积338公顷。为提升民星北地区管网排水能力，市水务部门组织实施民星北排水系统工程建设，工程量为：雨水总管DN800—DN2700沿军工路向北至钱家浜处规划雨水泵站，经泵站提升雨水排入黄浦江。泵站设计规模20.6m^3/s，民星北泵站近期配泵规模6.90 m^3/s，工程于2008年4月开工，2009年12月建成启用，结合军工路北段道路拓宽和闸殷路拓宽工程的同步实施，系统总管已基本建成启用。 （许 臣）

【加强排水管网养护】 充分发

维修人员为小区疏通下水道

挥排水养护机械化作业效能，加大管网养护力度，认真迎接市行业主管部门的养护考核。2009年共完成管道疏通养护64091米，养护率达100%，清捞窨井23152座，清捞进水口39526座，养护质量稳步提高。2009年开展迎世博排水养护大会战，对区域的300公里下水道全面清淤养护。（钱旭敏）

【开展“迎世博、保安全”排水管道养护大会战】 为贯彻市水务局关于组织开展全市排水管道养护大会战的要求，全面提高区排水设施养护管理水平，为世博会的顺利举办和即将到来的汛期做好准备。区建交委及时召开动员大会，传达市有关大会战精神要求，提高相关养护责任单位对排水管道养护重要性的认识；重点加强对倒虹管、易积水路段、餐馆周边等重点部位、重点地区的排水管道养护，明确重大工程、建筑工地范围内排水管道的养护疏通职责；各相关养护责任单位认真细致分析各自管辖范围内的管道特性与周边实际情况，科学制定每月养护计划，并做好书面记录，确保养护计划按时、保质、保量；以开展“大会战”为契机，提升排水管道日常养护水平，做到进一步落实排水管道的养护责任，促进养护计划和经费的落实。整个排水管道养护大会战活动对区域的300公里下水道全面清淤养护，梳理出目前养护工作中存在的问题进行重点养护，确保汛中的管道畅通。在全市5—7月的半程评比中，区取得全市第一的好成绩。（钱旭敏）

【加强水资源管理】 加强对取水行政许可事项的事前、事中、事后的监督检查。做好取水年度审核、年报工作。2009年度实有取水户6家，取水量23.21万立方米，征收水资源费1.39万元。（钱旭敏）

【为安全度汛全面改造排水管网】 修订完善防汛应急预案，明确各部门（单位）的职责，提高防汛预案的针对性和可操作性，根据“条块结合、以块为主、属地管理、条条保障、块块负责”的区域市管理长效机制的原则，分别由区防汛指挥部相关成员单位和各街道（镇）防汛指挥部负责编制防御方案，做到“一事一预案、一处一预案”。贯彻市防汛指挥部《关于切实做好五角场地区防汛工作的通知》要求，建立工作机构，制订工作预案，明确职责任务，落实工作措施。完善区级防汛物资储备，建立区防汛指挥部“一个基地、四个点”的防汛物资储备体系，新投入50余万元增添应急排水设施、草包、木材等物资。抓好防汛基础设施建设，完成13项道路积水改善工程，在主汛期发挥作用；全力推进排水系统建设，民星北排水系统和大武川系统截污工程在主汛期发挥效用，五角场排水管网改造工程主汛期前已完成国康路、黑山路、关山路的管道埋设，国和路、政通路抓紧施工。全面开展防汛安全检查和防汛设施养护，按照全市防汛检查“六不放过”以及“不留死角、不留盲区、不留空白”的要求，加强防汛安全检查，消除安全隐患，完成沿江防汛设施养护和212米防汛墙加固改建；根据市水务部门部署，从5月份开始，全面开展市政排水管网养护大会战，对区内道路以及街坊内的下水道进行全面疏通，投入近1000万元，对控江西三村、辽源二村泵站和区域内排水管网改造工程及蒋家浜、定海港路等21处低洼易积水地区的管网改造。（吴祥林）

（四）旧区改造

【概况】 2009年，旧区改造动拆迁加速推进，积极实施“数砖头加保障”多元安置、集体搬迁奖励等新政策。全年拆除旧房12.4万平方米，完成居民动迁6148户，拆除旧房面积12.4万平方米。完成年度计划的123%。旧住房成套改造竣工17万平方米。平凉16、17街坊完成签约99.3%，18街坊已签约86%。按照“原真性、整体性、可读性”的保护要求，修整历史风貌建筑。

【旧改拆迁新突破】 河间路南块试点基地、平凉西块二期先后开展“数砖头加保障”安置新政策的试点和探索。

【律师援助服务团进驻动迁试点基地】 5月上海律师协会组成律师志愿服务团进驻河间路南块动迁试点基地，作为第三方参与和监督动迁工作，为旧改推进工作开创先河。

【加强资金监管推进阳光动迁】 6月24日在河间路南块动迁基地，区房管局与区检察院举行签约仪式，开展“加强资金监管、推进阳光动迁”专项预防工作。

【成套改造工程继续推进】 全年竣工旧住房成套改造工程房屋70幢，17万平方米，累计竣工298幢，60.50万平方米。完成59.8万平方米的改造总目标。

【修整历史风貌建筑】 按照“原真性、整体性、可读性”的保护要求，达到恢复原貌、重塑功能的目标。完成同济大学大礼堂、文远楼和上理工思晏堂历史建筑的修缮。

平改坡完成后的小区

（五）住宅建设

【概况】 2009年，住宅建设施工总建筑面积188.10万平方米，住宅竣工面积46.59万平方米。多渠道筹集资金，对陈旧且公建配套少的小区进行综合整治涉及91个小区、235幢、建筑面积189万平方米。平改坡改造贯彻“穿新衣、带新帽、换内胆”的原则，通过整治环境、补充绿化等方法提升和改变小区的整体面貌。全年完成传统“平改坡”工程1316幢，建筑面积395万平方米，完成年计划的102.7%。

【审核发放新建住宅交付使用住宅建设许可证】 对9个新建项目进行了交付使用验收审查，发放交付使用许可证9张，高层住宅18幢，多层住宅21幢，住宅发证面积20.84万平方米。对9个新建项目进行了交付使用验收审查。

创智坊

【旧小区房屋综合整治】 多渠道筹集资金对旧小区赤峰路89弄、眉州路938弄等涉及91个小区、235幢、建筑面积189万平方米房屋进行了综合整治，完成年计划的104％，受益户4200户。

【完成“平改坡”工程1316幢】 共完成传统“平改坡”工程1316幢，建筑面积395万平方米，完成年计划的102.7%，受益居民达8877户。

（六）住宅配套建设

【概况】 2009年，市政配套道路建设工程继续推进，完成一条全长为241米的道路新建工程，改善了该地区交通状况和城区面貌。完成公共服务设施7052平方米。“创智坊”通过了四高优秀住宅小区验收。

【创建四高优秀小区】 完成“创智坊”四高优秀住宅小区验收，总建筑面积3.77万平方米，349

户,绿地率 30%。

【茭白园路(怀德路—许昌路)道路新建工程】 该工程全长为 241 米,宽度为 16 米,建设内容包括:道路路面、雨污水、上水、煤气管道等。工程于 2009 年 10 月开工,2009 年 12 月竣工。茭白园路道路新建工程的实施,满足了“合生高尔夫”配套需求,完善区域地下管网设施,改善了该地区交通状况和城区面貌。

(七)园林绿化建设

【概况】 2009 年,按照“紧抓世博机遇,提升城市面貌”的总体要求,加快转变城市园林发展方式,着力促进杨浦生态文明建设,努力挖掘绿化的内涵和功能,圆满地完成了全年各项目标和任务。年内完成绿化发展总量 183.14 公顷,使城区绿化覆盖率达 26%。其中:改建绿地 5.6 公顷,完成闲置土地绿化 170 公顷,整治绿化 80 公顷,更新行道树设施 3668 副。完成工农、复兴岛、民星、波阳、惠民 5 座老公园改造。大连路绿地建设于 9 月 25 日举行落成仪式。新增屋顶绿化 1.6 万平方米。借助绿化热线及网格化管理平台,切实解决民生问题。受理各类事件 666 件。执行率 100%,处理率达 100%,回复率 100%,满意率为 95%。继续深化“绿化服务进社区”同创共建活动,协调解决居住区绿化投诉矛盾等居民实际问题。

【内环高架沿线绿化整治】 为确保在世博会期间杨浦区桥荫绿化景观靓丽且富有特色,充分体现“城市,让生活更美好”的世博主题,对桥荫绿化的种植养护采取了四项措施,使桥荫绿化景观面貌有了显著提升。一是优化植物品种。对植物进行筛选,最终,扶芳藤、八角金盘、海桐、爬山虎等成为桥荫特色绿化;二是补种空秃地块。杨浦区已完成补种空秃桥荫绿化约 5 千平方米,调整苗木约 10 万多株;三是完善桥柱绿化。由于桥荫下的立地条件较差,一部分的爬藤植物长势不良,通过补种爬藤植物及安装辅助支架等进行整治。全年完成区域内 100 余根、面积约 2 千平方米的桥柱绿化;四是加强养护管理。通过施肥改善土壤贫瘠、板结等现象,及时补充植物所需养分,加强日常养护管理,对区域内近 5 万平方米的桥荫绿化进行了全面施肥。

内环高架沿线绿化整治

【开展全民义务植树系列活动】 2009 年是开展全民义务植树活动 28 周年,围绕“共建绿色家园,同迎世博盛会”的宣传主题,在全区范围内广泛宣传发动,集中组织开展了“植树节”系列活动。除了继续开展“全民义务植树”、“主题宣传”及“树木认建认养献爱心”等深受广大市民欢迎的传统活动之外,区绿委办还与区教育局、区妇联、延吉新村街道等社区联手,开展“护绿小天使在行动”、“把春天带回家”、“家庭养花精品展”等一系列主题活动,将其贯穿全年,旨在进一步提高广大市民和社会各界爱绿、护绿、兴绿的意识。

【便民服务进公园　社区共建见成效】 公园、社区和志愿者“三位一体”的管理模式已实施多年。公园成为了社区共建的主阵地,各类社区便民服务活动纷纷走进公园,给游客带来了更多的的方便与实惠,真正实现了区域联动的目的。年内先后开展迎世博杨浦区档案便民服务,疫苗接种咨询活动,社区志愿者敬老服务。以上活动共吸引了3000多名游客。

【免费电影进公园】 为丰富社区居民的文化生活,杨浦区文化局、绿化市容局等有关单位联合开展"免费电影进社区"、"免费电影进公园"活动,居民不出家门,便可尽享"文化大餐"。7月4日晚,2009年第一次"免费电影进公园"活动在黄兴公园露天举行,电影《高考1977》吸引了数百名社区居民和外来务工者前来观看。

【大连路公共绿地建成】 大连路公共绿地建设工程是为国庆60周年的重大献礼工程,已于9月25日举办落成典礼,并正式投入使用。大连路公共绿地,西起大连路、东至荆州路、北依长阳路、南靠霍山路,规划用地面积27051平方米。该绿地的建设以纪念国歌在杨浦诞生为主题,将城市绿地景观、国歌纪念主题、应急避难场所、地铁交通换乘枢纽、地下车库、地下商业及应急避难培训基地七大功能融为一体,同时也是上海第一个具有城市防灾避难功能的绿地,填补了上海市在城市绿地应急避难场所的空白。

【全区老公园改造任务顺利完成】 2008年至2010年全市共有35座老公园进行改造,杨浦有8座老公园列入其中,分别为杨浦、平凉、松鹤、工农、复兴岛、民星、波阳、惠民,占全市老公园改造项目的25%。作为改造数量最多,工作量最大的城区,贯彻改造中"保留、提升、完善"的主体思想,即保留原有公园的历史风貌,如复兴岛公园恢复了日式园林特色,提升了景观功能,整治了白庐、紫藤花架等设施,杨浦公园通过拓展樱花林,新建果蔬园,恢复生态园等,着力突显公园特色。工农、波阳、平凉等公园通过强化公园服务功能,以社区居民为服务主体,形成与社区、景观相协调的特色公园,完善公园基础设施,所有改造公园均增加了新的体育活动设施、儿童游艺设施和场地面积,共计14642.28平方米,同时积极配合街道,满足市民休闲文化的诉求并在此基础上形成各公园特色,如民星公园的科普理念,平凉公园的计生理念等。

【"走近世博 走进绿化"主题宣传活动】 10月5日,"走近世博,走进绿化"—杨浦区绿化行业窗口服务日主题活动在杨浦公园举行。本次活动主题鲜明,内容丰富,其中舞台表演、绿化咨询、游客满意度测评等内容贯穿始终。活动中通过公园管理人员的服务承诺宣誓,志愿者宣读"文明游园"倡议书,插花表演,绿化咨询,进一步向游客普及绿化知识同时增强游客的爱绿、护绿意识。本次宣传活动也是迎世博"三五"集中行动的主要内容,共吸引了3000多名市民游客的参与。

【建立绿化三级巡查监督制度】 为充分发挥基层网络作用,提升绿化行业监管力度和服务水准,通过实施区、街镇两级绿委、社区绿化监督员三级巡查监督制度,完善全区绿化管理工作网络机制,达到城区绿化管理全覆盖,形成市民群众参与绿化管理的良好氛围。社区绿化监督员由居委会卫生主任担任,将辖区内发生的绿地失管、失养现象、毁绿、占绿等情况及时反馈给各街镇绿委办或责任部门,以便在第一时间内进行处理。各街镇绿委办或绿化专管员每周做好巡查记录,与社区绿化监督员经常保持双向联系,对疑难问题由区、街道(镇)绿委办进行协调解决。区绿委办每半年对各街镇绿化(居住区、单位)进行全面检查,提出整改意见并将检查结果进行通报。

【公园开设"世博专栏"】 公园免费开放后大大方便了周边居民每天到公园健身、娱乐,但同时由于游客人数增多,随之而来的不文明游园的陋习现象不同程度提升,为了纠正不文明现象,通过建立公园宣传栏,旨在通过由公园志愿者创办的宣传栏进行文明游园、世博知识宣传。在杨浦、江浦、平凉、民星等公园开设了10块"世博专栏",由近10位公园管理者和公园志愿者组成公园宣传栏报道小组,每季度紧密结合世博内容出专栏,向游客介绍:世博建设进程、游客如何提高文明程度自我纠正陋习现象、通过漫画形式反映公园少数游客陋习现象,告知游客远离陋习,倡导市民文明游园。 (戴逸飞)

（一）综 述

2009年，城市管理工作围绕杨浦知识创新区建设的总体目标有序推进。着力推进市容市貌改观、市民生活环境改善和城市管理水平提升等迎世博“三大工程”30项任务。高架、江河、干线和重要地点“四大战役”，周家嘴路、平凉路、杨树浦路等9条市级主干道整治等城市管理重点项目。根据不同区域的功能定位，充分挖掘历史文化、现代商务、科技创新、运动休闲等资源要素，紧紧围绕灯光、绿化、道路、标志、广告等环境要素，通过建设、改造和整治，整体推进“1＋3”（五角场市级副中心、黄兴体育休闲区一期工程、长海历史风貌保护区和滨江世博水门）四个重点区域建设，提升区域服务功能和景观形象。全年调水1亿立方米，清捞河面垃圾188.86吨。小吉浦河生态治理工程取得成效，完成大武川地区截污工程建设，33个污水排放口已完成截断。全区污水纳管率已达到85％。加强对区重大工程、实事项目和功能性项目的服务，开设前期工作绿色通道，将窗口服务延伸到工地现场服务。加强建筑节能和绿色建筑的管理，新建建筑节能50％标准全覆盖，探索建筑节能长效管理机制，制订《杨浦区民用建筑节能建设推进办法（讨论稿）》。全年削减二氧化硫243吨，超额完成年度目标。内环沿线降尘16.2吨／平方公里·月。区内两条放射道路中杨树浦路降尘为24.7吨／平方公里·月，军工路降尘为19.6吨／平方公里·月。区全年环境空气质量优良天数为331天，优良率为90.7％，空气质量优良率在全市排名12位，中心城区列位第4名。在严格管控“1+3”重点区域的基础上，将主要执法力量集中在一二类道路、景观道路、交通集散地及主要干道、中小道路、农贸市场周边等重点区域。共处置各类违法行为22625件，教育纠正113070件，使区的市容面貌情况总体保持良好。

（二）规划管理

【概况】 2009年，完成规划土地机构和职能整合，成立杨浦区规划和土地管理局。核发《建设项目选址意见书》13件，计用地面积42.8万平方米；《建设用地规划许可证》29件，计用地面积85万平方米；《建设工程规划许可证》85件，计建筑面积106万平方米；收购储备土地15幅，计203.46亩；完成谈判待签8幅，计190.22亩；签订土地出让合同48份，计299.956亩；核发建设用地批准书20件，计695.476亩。共办理建设项目复验灰线37件，计建筑面积95.49万平方米；建设项目竣工验收37件，计建筑面积50.33万平方米。加强对违法建设从源头上预防，对不规范以及未批先建、擅自变更项目功能、突破规划指标等违法违规建设问题加大执法力度，查处违法建设19件。

【成立杨浦区规划和土地管理局】 4月，根据市、区机构改革工作要求，在区编委指导下，完成规划管理职责和土地管理职责整合。将杨浦区城市规划管理局的职责和杨浦区房屋土地管理局承担的土地管理职责，整合划入上海市杨浦区规划和土地管理局，将杨浦区城市规划编制、信息管理、工程档案管理、地名管理、监督检查管理、窗口服务以及土地收购储备等工作由相关事业单位承接。内设办公室、总工程师室、规划管理科、建筑和景观管理科、法规监察科、土地利用科6个科室,行政编制为27名。

【定海社区控制性详细规划获市规划局批复】 定海社区规划范围为由军工路—复兴岛运河—黄浦江—宁国路—黄兴路—周家嘴路所围合的区域,总用地面积586.2公顷。规划以教育科研、商办、居住功能为主,规划沿杨树浦路沿线地区是现代服务业聚集区,黄浦江沿岸地区形成具有特色的休闲旅游、滨江博览区域,长阳路、平凉路沿线集中布置生活性商业设施。规划绿地不小于72公顷,规划市级、地区级公共服务设施用地不小于154公顷,社区级社会服务设施用地不小于6.6公顷,基础教育设施用地不小于23.6公顷。将结合地区发展,进一步完善各类社区服务设施。结合杨树浦电厂地区改造研究落实地区公共绿地要求。在旧改动迁配套住宅建设中,进一步深化落实社会服务设施、基础教育设施、公共绿地等配套公益性设施要求;优化城市公共服务功能,优化城市公共环境,妥善处理好规划实施中涉及到的相关关系,促进城市有序、协调发展。

【加大土地收购储备力度】 按照2009年土地储备计划,围绕重点地区、重点项目,在控制成本的前提下,加大工业用地收购储备力度。完成收购储备地块15幅,计203.46亩;完成谈判待签8幅,计190.22亩;谈判中14幅;委托谈判6幅;市储备地块2幅。编制《杨浦区土地储备规划(2010—2012)》,梳理可供用于城市更新的各类用地,确保合理利用土地资源,确保土地后续供应。开展对百联集团、电气集团、纺织控股集团、华谊集团等14个集团百余幅土地收购储备的可行性梳理、勘测定界及前期初步商谈等工作。开展"城区土地开发潜力分析与合理配置土地资源"研究,指导土地资源有序、合理利用。加强23幅收后土地管理,加强对土地看管单位的安全责任教育,做好防汛访台工作,确保看管土地安全、规范。

【加强土地出让和集约节约利用】 加强国有建设用地使用权公开挂牌出让,年初制订土地出让计划,坚持土地有形市场公开运作与区域功能定位有机结合,完成154街坊(十九棉地块)就近安置动迁商品房、100街坊(波司登人才公寓)、31街坊(文通集团)等经营性用地公开招投标、76街坊(烟草技改项目)、111街坊(临青路扩大用地)协议出让等地块出让工作,签订出让合同48份,计299.956亩;针对出让土地的交付情况、土地价款的缴付情况、开发项目的建设情况以及土地出让合同履行过程中要约内容变化等情况予以全过程监管。加强建设用地审批管理,对基础设施、社会事业用地进行建设用地预审12件,计562.421亩。做好行政划拨用地的预审、供地审批,核发建设用地批文24件,计1145.555亩。核发建设用地批准书20件,计695.476亩。进一步规范土地核验制度,核发建设用地竣工验收证明14份。开展"保增长、保红线"行动,在审批、管理、监管三权分离的体制下,严格执行相应法规政策,执行既定行政审批程序,以积极主动服务和严格规范管理为核心,以"控制总量、用好增量、盘活存量、提高质量"为原则,加快投资项目落地,提升对经济社会发展的综合保障能力,使土地投入和产

杨浦大桥灯光夜景

出绩效更优化。

【加强规划宣传】 加大城市规划宣传力度,营造全区上下知晓规划、参与规划的良好氛围。结合规划编制在规划网站、规划展示馆展示规划草案,深入社区召开群众座谈会,广泛征求意见、建议。共计向公众展示规划草案11件,收到有效意见、建议20余条。结合“一线工作法”在社区、学校、机关、部队开展规划宣讲,介绍城区建设取得的成果和未来发展的美好前景。开展规划政风行风、《测绘法》等宣传咨询活动,介绍城市规划相关知识和规划管理部门工作职能,接受群众咨询和监督。加强城市规划展示馆窗口建设,完善软硬件配置,更新数字模型、展板、宣传片内容,丰富展示手段,组织社会各界前往参观和指导,提高市民的规划意识和发展信心,引导市民共同关心和参与本区的城市规划工作。

【深化规划专家咨询机制】 发挥规划委员会咨询专家的人才库、智囊团作用,委托城市规划设计院、科研院所及社会专业机构开展产业发展、功能定位等课题研究、规划方案编制、重点地区国际方案征集及建设项目方案设计,组织规划、建筑、景观、交通、地下空间等方面的专家进行多方案评审、比选,为规划委员会决策提供参考依据。组织课题研讨、规划设计方案评审会20余次,邀请专家100余人次。

【深化建设工程规划方案公示制度】 加强建设工程规划设计方案公示的组织和监督检查。对建设单位张贴公示图的规范性、严肃性进行指导和宣传,加强监督检查;加强与项目所在街道、镇的沟通,将工程建设概况、规划指标等向街道、镇通报,对可能引发的矛盾作出预警。充分听取项目周边利益主体的意见,积极吸纳合理建议,提升项目功能和优化形态。由法制部门牵头,相关业务科室对反馈意见集中讨论研究,统一答复口径,根据矛盾特性组织答复沟通会,及时向居民反馈,妥善处理好相邻关系,有效化解矛盾。2009年共组织方案公示39项,收到意见、建议20余条,召开公示意见答复会2次,提高规划审批透明度。

江浦公园外景

【加强城市规划执法】 严格执行《城乡规划法》、《土地管理法》、《上海市城市规划条例》和《上海市城市规划管理技术规定》。加强政风行风建设,召开建设单位、社会监督员、街道测评站座谈会,主动听取意见和建议,加强政务公开力度,提高行政管理水平。完善行政复议、行政诉讼工作流程,处理城市规划行政诉讼案件2件,行政复议案件4件,申请强行执行案件1件。

【加强地名管理】 依法履行区地名委员会工作职责。根据区机构整合方案调整地名委员会成员单位。出版《杨浦区便民地图》,包含道路网络、建筑物、居住区、“三个中心”、公共绿地、轨道交通、政府部门、医院、银行、学校、星级宾馆、旅游景点、纪念地、宗教场所等地名信息,服务老百姓日常生活。对全区公共绿地地名进行普查和整治,对“四平科技公园”、“江浦公园”予以命名。加强地名日常管理工作,批准道路命名和建筑物命名23件,办理建筑物同名重音查询30件。

【完善规划信息公开工作】 拓展政府信息公开渠道,对杨浦规划网站进行改版升级，优化信息公开栏目设置，完善信息公开指南和目录，方便公众查询。完善接待总窗口查询点设置，通过显示屏滚动播放公开信息。定期向区档案馆送交政府信息，方便公众查询。2009年，接受市民咨询192次，其中公共查阅室接待10次，咨询电话接听52次，当面咨询接待110次，网上咨询20次。杨浦规划土地网站2009年度政府信息公开专栏访问320次。主动公开规划信息122条，涉及机构设置、办事指南、行政许可、地名管理等方面，在规定时效内公开和公布，公布形式规范。处理依申请公开案件66件，公开32件，部分公开2件，信息不存在9件，非本机关掌握15件，重复申请3件，非政府信息3件，依照其他法律法规查询2件。

【深化规划委员会机制】 落实城市规划工作“统一领导、统一规划、统一规范、分级管理”要求和“咨询、决策、执行、监督”相分离原则，明确区规划委员会“决策、协调、推进”的主要职责。根据区机构整合方案调整规划委员会成员单位。深化成员单位协同预审工作机制，加强会前协调沟通。召开规划委员会专题会议及规划例会9次，审议重点地区规划、规划调整及重点项目规划方案等60余项，提高科学决策能力和水平。 （瞿佳欢）

（三）市容环境管理

【概况】 2009年，杨浦区市容环境建设管理工作，按照市、区迎世博600天行动计划总体部署，积极推进大连路绿地、安徒生公园等市重点项目建设，着力推进市容市貌改观、市民生活环境改善和城市管理水平提升等迎世博“三大工程”30项任务，高架、江河、干线和重要地点“四大战役”，周家嘴路、平凉路、杨树浦路等9条市级主干道整治等城市管理重点项目。整体推进“1＋3”（五角场市级副中心、黄兴体育休闲区一期工程、长海历史风貌保护区和滨江世博水门）四个重点区域建设，提升区域服务功能和景观形象。积极推进市容环境管理责任区达标创建和“一街一景”创建工作，着力推进35条（段）中小道路市容环境综合整治工作，使城市绿化市容环境建设水平得到进一步提升。不断改善城区环卫基础设施建设，改善城区环境卫生状况。

【道路市容环境综合整治】 按照迎世博600天行动计划和政府实事项目建设要求，通过不断完善道路整治计划，采取措施，层层落实责任，完成彰武路、密云路、国宾路等35条中小道路整治任务，共完成店招店牌整治496处3487平方米，树穴加盖544处，补种行道树69棵，外立面粉刷328450平方米，铣刨加罩88453平方米，更新彩板11140平方米，绿化改造4245平方米，破墙透绿390米，城区道路市容环境整体水平得到进一步改善和提高。

【推进“一街一景”创建工作】 按照迎世博和杨浦知识创新区建设要求，积极指导12个街道（镇）围绕群众需求，选择14条中小道路开展“一街一景”创建工作。通过店招店牌改造、绿化和立面清洗粉刷等市容环境综合整治，拓展社区居民休闲娱乐场所，不断优化创建方案，并将创建工作向社区、街区拓展延伸，绿化市容整治工作向周边环境辐射，突出区域市容景观特点和文化特征，打造市民认可、环境优良、景

兰州路鹅卵石健身小道

观鲜明的特色景观道路。共整治店招店牌413处，绿化调整和改造10000余平方米，外立面粉刷4万多平方米，围墙改造200余平方米，行道树补种163棵，树穴加盖252只，补种绿化1200平方米，改建公共厕所1座，整体提升了城市功能和形象，使市民群众生活环境不断改善。

【九条市级主干道完成整治】 根据不同区域道路状况，着力推进周家嘴路、平凉路等9条市级主干道综合整治工作的有序开展，通过对道路沿线建筑立面、道路设施、绿化和市容环境建设综合整治，完成非居住房外立面整治粉刷23幢，店招店牌整治860处（7270平方米），使道路的市容环境面貌得到进一步提升。

【加强“四乱”等城市管理顽症治理工作】 整合资源，创新机制，制定措施，积极寻求突破市容环境管理瓶颈与难点的新途径。组织成立城管、公安、工商等70余人组成的联动执法队，多次开展联动执法，对“四乱”等城市管理顽症实施拔点行动。全年累计教育整改各类违法设摊60078起，查处17935起；教育整改跨门营业19524起，行政处罚1909起，使乱设摊和跨门营业数分别控制在市下达的1600个和650个以内。清除乱张贴70876平方米，清除乱涂写、乱刻画65777平方米，收缴小广告等印刷品404.74公斤，停机162起，“四乱”治理取得阶段性成效。

【开展违法建筑治理工作】 按照迎世博城市管理要求，坚持遏制增量、减少存量原则，加大违法建筑拆除力度，遏制新的违法建筑产生。对黄埔江沿岸、成套改造小区、私房及棚户简屋集中地区加大巡查力度，依法及时拆除黄浦江沿岸、轨道交通10号两侧、新江湾地区、五角场环岛周边、定海私房、军工路“城中村”等各类违法建筑。全年拆除各类违法建筑8.18万平方米，完成年度计划的136.4%。

【推进市容环境责任区管理达标创建工作】 按照“条块结合，以块为主，属地管理”的原则，协调指导各街道（镇）开展市容环境管理责任区管理创建达标工作，推进并完善管理、执法、作业和责任单位自律“四位一体”的市容环境管理模式，加强创建达标活动的日常指导和检查。在鞍山商业区探索建立门前责任“三、五、六”联建机制，通过指导沿街门店建立“自我管理委员会”，逐步实现沿街门店“自我管理、自我约束、自我优化”，形成政府（街道）、商家、市民环境共赢的氛围，努力构筑全社会共同参与、同创共建的市容环境管理责任区长效机制。11个街道（镇）完成市容环境管理责任区创建工作，定海街道的创建工作按既定方案顺利推进，为市容环境长效管理打下良好基础。

【加强环卫基础设施建设】 按照区政府实事项目建设计划和年度工作安排，结合杨浦环卫设施建设实际，促进“以人为本”和城市建设发展的有效结合，进一步加强城区环卫设施建设改造。共新建公厕5座，改建公厕8座，新建生活垃圾压缩收集站5座，新建改建倒粪站15座，新建改建垃圾箱房58座，新增更新废物箱2164只，设置小区生活垃圾“四分类”垃圾桶3592只、废电池桶890只，更新各类环卫车辆46辆，环卫基础设施建设得到进一步加强。

【推行生活垃圾“四分类”工作】 根据生活垃圾分类要求和标准，大力推进生活垃圾新分类，扩大生活垃圾分类收集范围，提高生活垃圾分类收集率。新增150个居住小区推行生活垃圾四分类收集，生活垃圾的收集和资源利用水平得到进一步提高。

【推行渣土“五定”管理制度】 结合杨浦区渣土治理和工地出土实际，制定渣土整治工作方案，规范渣土运输处置行为，落实渣土整治联席会议制度，定期组织公安、城管、环保、建交委等相关部门开展工地渣土运输车辆、中转码头联合执法行动，对工地、路口、码头等重点地区进行实时监控，使渣土管理关口前移。为辖区内工地建立管理档案，实行全程动态跟踪管理。落实渣土管理定专营、定价格、定卸点、定账户、定路线等“五定” 管理制度，确保中转建筑渣土去向明确、处置合法，实现渣土管理的规范性和长效性。

【重大活动市容环境综合保障】 圆满完成“世博号角—2009上海之春国际音乐节管乐艺术周”、

“2009起亚XGAMES亚洲极限运动锦标赛”、“五一”黄金周、大连路绿地建成及国歌广场升旗仪式、黄河大合唱和纪念建国60周年等大型活动及节日期间绿化市容保障任务。节日和活动期间，加强24小时值班制度，成立绿化、市容、环卫等各系统成立应急队伍，随时处置影响绿化市容的突发事件。加强节日期间景观灯光管理，做好户外广告设施的巡检和管理，确保景观灯光的亮灯率、完好率和户外广告设施安全。加强城区景观道路、商业街、交通集散地、旅游景点等周边市容环境动态管理和保洁力度，确保了购物中心、公园、广场、交通集散地等场所绿化和市容环境优美整洁。

【推进迎世博600天行动计划】 积极组织协调区相关委办局和各街道（镇）抓重点、克难点，全面推进迎世博600天行动计划市容环境建设管理各项工作按照时间节点推进实施。牵头完成迎世博城市管理市容市貌改观、市民生活环境改善和城市管理水平提升等“三大工程”30项任务，高架、江河、干线和重要地区等“四大战役”，周家嘴路、平凉路、杨树浦路等9条市级主干道整治等迎世博城市管理重点项目。在市城市管理指挥部迎世博600天计划工作进度考核中，杨浦一直名列前矛。

【开展迎“五一”、“十一”城市清洁行动】 根据市迎世博城市管理指挥部安排，结合迎世博第三个100天行动计划的实施推进和迎接建国60周年，在全区组织开展了迎“五一”、迎“十一”城市清洁行动，落实从墙根到墙根保洁，加强道路巡回保洁，消除道路保洁盲区，缩短垃圾在道路上的停留时间。

【聘请政风行风特邀监督员和社区监督联络员】 7月14日，在沪东工人文化宫召开“政风行风建设工作推进会”，举行局政风行风特邀监督员聘请仪式。经区人大、区政协推荐，聘请王亨利等10位同志为杨浦区绿化和市容管理政风行风特邀监督员，聘请宋卫华等605位居委主任（书记）、卫生主任为绿化市容政风行风社区监督联络员，进一步推进杨浦绿化和市容环卫行业政风行风建设，接受群众监督，积极引导群众参与。

【推行市容管理所改革试点工作】 8月11日，在平凉路1500号东宫三楼会议室举行市容管理所改革试点启动仪式，在四平街道和大桥街道等两个市容环境卫生管理所进行改革试点。从制度、机制、队伍建设、工作保障等方面明确市容管理所工作定位、理顺工作职能，进一步加强和改进市容管理所工作，深化“条块结合、以块为主、属地管理、条条保障、块块负责”的城市管理长效机制，推进绿化市容工作重心下移、管理资源和管理要素下移，对内部的管理、作业、执法、协管队伍等管理资源进行整合，确保政府绿化和市容环境管理职能向街道和社区延伸，适应新形势下绿化和市容环境建设管理要求。

【成立局行政事务受理和环境质量监测中心（筹）】 11月28日，在绿化管理署举行行政事务受理和环境质量监测中心（筹）成立仪式，负责全区范围绿化、市容、环卫等方面的投诉、建议和行政许可受理，负责全区绿化和市容环境质量的监控，是政府又一个为民办事的服务窗口，是进一步整合绿化市容行政管理资源，健全完善城市管理体制机制，推进绿化和市容环境常态长效管理的又一实践。 （宋政春）

（四）景观灯光、户外广告管理

【概况】 按照迎世博加强市容环境建设和管理600天行动计划要求，杨浦区景观灯光建设和灯光改造工程以五角场地区、内环高架沿线、黄浦江沿线景观灯光建设为重点，完成杨浦大桥灯光秀、杨树浦路水厂和黄浦江沿线34幢楼宇景观灯光建设工程，对内环高架沿线88幢楼宇景观灯光进行了建设、改造和大修，完成五角场地区及中环沿线5幢楼宇景观灯光进行改造和提升，完成五角场彩蛋大修改造和百联又一城西立面投影图片的试制工作。加强户外广告设施日常管理，对未经审批的户外广告设置单位责令限期拆除，逾期不拆的，协同行政执法部门强制拆除。全年拆除屋顶墙面广告200余块，拆除地面广告1800余块，拆除高炮广告10块，全面完成迎世博户外广告整治任务。

【加强景观灯光建设】 以五角

五角场彩蛋灯光夜景

场地区、内环高架沿线、黄浦江沿线景观灯光建设为重点，完成杨浦大桥灯光秀建设、杨树浦路水厂和黄浦江沿线34幢楼宇景观灯光建设工程，对内环高架沿线88幢楼宇景观灯光进行建设、改造和大修。加强已建灯光的维护和管理，确保城区景观灯光的亮灯率和完好率，使杨浦区景观灯光整体水平得到进一步提升。

【加强户外广告设施监督管理】

加强户外广告设施日常管理，对未经审批的户外广告设置单位责令限期拆除，逾期不拆的，协同城市管理行政执法部门强制拆除。为确保户外广告设施美观安全，做好防台防汛应急处置和日常管理。自3月份，向辖区相关单位和广告公司发放“户外设施安全状况自查表”，督促责任单位对户外广告设施进行自查。修订完善《杨浦区户外广告设施防台防汛应急预案》，与4家抢修协作单位签订合同，落实抢修队伍、器材、工具和车辆等，确保户外设施各项抢修及时，应急处置得当。根据上海市户外广告管理要求，完成了杨浦区户外广告设施设置阵地实施方案的编制，为全区户外广告长效管理提供依据。

（宋改春）

专　文

开展“1＋3”重点地区城市景观亮点建设

杨浦区“1＋3”城市景观重点地区指五角场市级副中心、长海路历史风貌保护区、黄兴创意文化体育休闲区一期工程和杨树浦路滨江世博水门现代服务业集聚区。根据不同区域的功能定位，充分挖掘历史文化、现代商务、科技创新、运动休闲等资源要素，紧紧围绕灯光、绿化、道路、标志、广告等环境要素，通过建设、改造和整治，整体提升区域的服务功能和景观形象。

一、完成五角场市级副中心周边国济路市容环境综合改造工程。整治过程中不断完善细部细节的设计与处理，进行景观灯光、户外广告、店招店牌和绿化景观布置的调整和优化，注重景观建设与周边建筑特征的协调统一。对百联又一城西立面投影景观画面及彩蛋灯光进行改造完善，提高了五角场地区绿化和市容景观的整体效果，取得市民群众对整治成果的认可和赞同。

二、长海路历史风貌保护区建设凸现杨浦百年市政历史新风貌。长海路整治过程中，注重历史文化元素在市容环境整体形象中的凸显，对道路设施、历史古迹标识、停车设置、栏杆颜色等进行协调处理，经建筑立面整治、店招店牌改造、绿化调整、架空线入地等综合整治，传承凸显了上世纪二、三十年代“大上海计划”建设的历史风韵。

三、黄兴创意文化体育休闲区建设使知识创新理念与时尚运动休闲有机结合。8月份，全面启动黄兴创意文化体育休闲区工程建设，紧扣体育文化主题，对双阳北路和国顺东路进行了道路综合整治，完成了沙滩运动区建设，中心广场及保健香花区和赤足区建设，滨水广场建设将与区总工会项目“东方城市森林大剧院”建设于2010年4月底完工。将满足市民创意创业和文化体育休闲的不同需求，丰富区域内涵、提升区域品位、扩大区域辐射能力，打造与五角场市级副中心相呼应的城市景观新亮点。

四、滨江世博水门现代服务业集聚区建设取得重大进展。按照区委、区政府打造“近代中国工业第一街”的建设要求，以世博水门、渔人码头为重点，保护提升滨江地区历史工厂、洋房等历史建筑风貌。通过功能、色彩、图案和景观灯光等绿化市容建设元素，开展绿化改造、灯光建设改造、建筑立面整治和道路综合整治，以绿化市容的整体效果凸显杨树浦路深厚的历史文化底蕴。完成计划中19个建设项目的16项，广信码头、兰路地块、渔人码头等3项整治工作有力推进。完成杨树浦水厂景观灯光及杨浦大桥“灯光秀”工程建设工程，全面完成杨树浦路“中国近代工业第一街”建设整体设计方案，以绿化市容的整体效果凸显杨树浦路深厚的历史文化底蕴。（宋改春）

虬江西段开盖工程完成后的河道美景

（五）河道管理

【概况】 以迎世博市容环境综合整治为契机，进一步开展以河道疏浚、截污纳管、生态修复治理为重点的水环境整治工作。调水1亿立方米，清捞河面垃圾188.86吨。小吉浦河生态治理工程取得成效。完成大武川地区截污工程建设。33个污水排放口已完成截断，区内河已基本消除污水排放口，污水放江污染河道现象基本清除。第二军医大学虬江开盖工程于2009年8月全面完成，消除河道瓶颈，改善水质，河道景观焕然一新。全区污水纳管率已达到85%。

【加强河道综合整治】 继续开展河道保洁、调水、工程建设和长效管理，确保区河道面清、岸洁，水质基本达到景观水标准。认真落实河道保洁、防汛设施的养护管理，共清捞河面垃圾188.86吨，清除陆域保洁垃圾50.78吨，清洁宣传版面180块，粉刷黑色广告120平方米。开展十七届“世界水日”、第二十二届“中国水周”宣传活动，围绕“保护水环境，迎接世博会”的宣传主题，在杨浦公园举办大型水务宣传咨询活动，邀请水务监督员开展2009年度水务工作视察活动，开展水环境保护专项执法检查，进一步提高社会各方保护水环境的意识。

小吉浦河深化治理工程取得成效

【小吉浦河生态治理工程取得成效】 在13个月内通过分阶段地投放生物酶制剂、生物净化剂，从根本上消除水体黑臭和富营养化现象。同时在两岸布设水生植物生态浮床，种植美人蕉、再力花等水生植物,改善河道生态体系。设计喷泉式样增氧设备,在增加水体含氧量的同时为河道增添趣味。经生态治理,曾经的黑臭河道基本达到景观水标准。

【虬江疏浚和二军大河道开盖工程竣工】 2009年12月31日上午,区虬江疏浚工程和第二军医大学虬江盖板开盖改造工程圆满通过完工验收。参建单位经过一年多的努力,虬江疏浚工程完成河道疏浚长度4103米,疏浚土方86973立方米;第二军医大学盖板改造工程拆除盖板3066平方米,新建线路桥491米,新建桥梁两座,新建绿化面积1562平方米。这两项工程的完成将进一步提高虬江的防汛能力,同时为虬江水质进一步改善创造了必要的条件。

【加强水务行政执法】 年内共执法巡查96余次,参加人次220余人次,检查内容涵盖建筑工地临时排水、行政许可规范、河道管理范围内施工、管线单位违规施工等80余件,其中立案调查限期整改的5件,责令整改的10件。同时对区黄浦江、市管河道沿线违规搭建、违规堆载、违规停泊、堵塞防汛通道(即“三违一堵”)开展进一步的专项排查。年内共受理水务行政许可50项,准予45项,其中:封堵管道20项,临时排水15项,取水5项,河道5项。不予许可5项。受理行政管理事项120项,办理114项。加强对防汛工作影响大的拆封排水头子等作业的监管,完善制度和告知内容,加强行政许可事前、事中和事后监督,确保涉水安全。

(钱旭敏)

(六)建筑业管理

【概况】 2009年面对市建设工程安全质量监管重心下移、原市管项目实行属地化委托管理的新情况,区建筑业管理与服务并重,开展建设工程行政审批制度进行改革,并于4月1日起试行,大幅缩短审批环节和时间,方便建设单位办事。加强对区重大工程、实事项目和功能性项目的服务,开设前期工作绿色通道,将窗口服务延伸到工地现场服务,主动协调推进前期工作,确保工程顺利建设。加强建筑节能和绿色建筑的管理,新建建筑节能50%标准全覆盖,探索建筑节能长效管理机制,制订《杨浦区民用建筑节能建设推进办法(讨论稿)》。依法加强对建设工程的监管,严格审批行政许可,规范招投标程序,开展施工企业经营行为的检查与整治,维护建筑市场正常秩序。进一步加强对建设工程安全和质量的监管,落实责任制和工作措施,区建设工程安全和质量受控。至2009年底,全区在建建筑工地329个(在建工地130个,竣工未验工地199个),建筑面积542.48万平方米,工作量135.03亿元。竣工验收交付备案单位工程数65个,其中土建单位工程数48个,建筑面积42.51万平方米(住宅单位工程数17个,建筑面积13.5万平方米)。装饰单位工程数17个,工作量2.3979亿元。

【改革建设工程行政审批管理程序】 根据区委、区政府和市建交委的要求,改变建设项目行政审批环节多、手续烦、费时长、服务不到位的状况,年初同区发改委、区监察局、区规土局等部门,经过前期调研和到兄弟区学习取经,在反复研究讨论的基础上,形成杨浦区社会投资项目(招拍挂用地)建设工程行政审批制度改革的实施意见,采用“一家牵头、一口受理、抄告相关、并联审批、限时办结”的方式,将企业投资项目建设工程审批管理程序整合归并为土地使用权取得、设计方案审批、设计文件审查和竣工验收等四道主要程序,分别由区规土局、区建交委牵头,相关部门协同配合,将各部门直接对建设单位的外部程序改为内部流转程序操作。改革后的审批管理流程从现行的9道主要程序、35个审批环节简化为4道主要程序、8个审批环节,大大压缩审批时限,同时通过管理部门的协作和信息平台的运用,可大幅减少目前建设单位所重复提供的材料,方便建设单位办事。4月1日《杨浦区社会投资项目建设工程行政审批制度改革工作实施意见》(试行)经区政府第97次常务会议通过开始试行。

【为外来务工人员提供信息卡上门服务】 区建管署关爱农民工,助办信息卡。作为城市建设的中坚力量,日益增长的外来务工人员在其中扮演着最基本也是最关键的角色。如何有效的将他们组织起来,维护和保障他们的合法权益,已成为当前安全文明工地建设、及确保区重大工程顺利推进的一个重要因素。对此,区建交委依法加强对建筑施工企业的管理,规范企业用工行为,并进一步加大对农民工的服务力度,区建管署主动到建筑工地现场为农民工办理信息卡,从制度上保障其权益。至今为止,已在使用信息卡上报用工数据的工地为178个,约占区内所有工地的67%,比全市平均水准高出2%。农民工信息卡内包括其劳动技能、从业经历、身体状况、工资发放情况、综合保险等个人相关信息,成为伴随其用工身份的“流动档案”。推行农民工信息卡制度,对督促建筑劳务企业的农民工综合保险工作,加强施工安全生产检查监督,解决农民工的就业指导、技能培训、医疗和养老保险等问题都有着重要的意义。 (王 芸)

【加强工地质量监管】 2009年面临建设规模不断增加,工程体量、高度、跨度和深度越来越大,结构形式多样化,技术复杂程度越来越高,监管队伍力量薄工期紧的重重压力,着重从四个方面加强对建设工程质量的监管,全年工程质量受控。落实财政资金,对区域内工程总数60.22%的在建工程,开展建筑材料质量专项整治,从源头上杜绝不合格材料的使用;落实分户验收工作,开展区域内在建工程全面普查,解决影响住宅使用的渗、漏、砂、粗等质量问题,有效提升住宅工程质量;强化基坑工程过程管理,严查设计、施工两套图等违规行为,切实将各项技术措施落到实处,消除质量安全隐患;抓好建筑节能监管,严格审查建筑节能设计、施工图审查等关键环节,确保新建工程节能达到50%的标准。2009年先后开展11个方面质量专项检查,共开具建设工程质量问题整改指令单33份,暂缓施工整改通知单14份。河间路107号保障性住房工程被建设部评为全国安全质量标准化样板工地;纺织科学院综合大楼等5个项目获上海市优质结构;宝地东花园4号楼等4个项目被评为上海市白玉兰奖;创智天地等8个工地被评为上海市节约型工地;区安质检站站长荣获“市建设质量十大精英”荣誉称号。

【工地安全和文明施工受控】
召开8次区建设工程质量安全工作会议,进行宣传动员和部署落实;全年培训民工4560名;制作122张宣传展版、150份宣传手册,发放320幅宣传横幅,拍摄《文明施工专项整治》专题片,在全区工地中进行巡展和播放。制定“一星期企业自查一次、两星期组织抽查一次、一个月讲评书面通报一次”的巡查制度。全年共签发建设工程安全隐患整改通知单150份,安全问题暂缓施工指令单14份,全面停工通知书2份。在河间路107街坊保障性住宅等5个工地率先试行远程监控,对施工现场实行实时监管。重点加强对基坑开挖、脚手架搭设等危险性较大分部分项工程的监管,严格要求施工单位必须在施工前进行重大危险源网上申报。严格落实质量安全责任书,建立以项目经理为第一责任人的质量安全责任体系,构建安全责任制网络。对26家不合格单位实施行政处罚,罚款金额49.5万元。143号住宅街坊等8个工地被评为上海市文明工地、延吉街道综合办公楼等8个工地被评为上海市平安工地, 28个工地被评为杨浦区文明工地。

【妥善解决民工工资欠薪问题】
重视解决民工工资清欠问题。加强领导,成立农民工工资支付专项检查领导小组。每周二有针对性地对区域内建设工地开展农民工工资支付情况专项检查,及时查处、整改部分存在拖欠工资现象的单位及相关责任人。加强日常监督和执法检查,完善劳务分包、工资支付管理,健全信用约束和失信惩戒机制。规范用工行为,强调用人单位招用农民工必须签订劳动合同,落实建筑工人工资卡制度;对恶意拖欠、克扣农民工工资的建筑施工企业和项目经理,在市场准入、企业资质年审和从业资格审查时进行严格限制。2009年共处理农民工上访催讨工资31起,设计拖欠工资民工人数518人,涉及拖欠民工工资金额504万元,解决率为100%。

【加大行政执法力度】 严肃查处违反国家法律法规和强制性标准的行为,重点检查现场分包管理现状,整治无资质、越级承包、违法分包等违规行为,有效规范区建筑业管理秩序。2009年共对58家违法违规的单位进行立案查处,行政处罚金额累计106.8万元,行政处罚结案率100%。

【实施工地远程动态监控】 在

保障性住房107工地等5个工地安装使用远程视频监控系统。该远程视频监控系统视野基本能覆盖整个施工项目，工地的工程质量安全和文明施工情况一目了然。该视频系统还可随时抓拍图片，一旦发生建设安全事故或者出现违章施工的情况，就能立刻调用相关资料，为接下来的应急救援等工作做好准备。一旦发现安全隐患，可以随时责令工地整改。

【控制扬尘污染】 与各施工单位签订扬尘控制三方备案书，与各工地项目经理签定扬尘污染控制责任书和建筑垃圾装运告知承诺书，在施工企业内部建立扬尘污染防治工作台账，建立以项目经理为第一责任人的施工现场环境保护责任制。采取随机抽查与重点监管相结合、专项整治与综合整治相结合、周检查与月检查相结合的监管形式，对绿网覆盖、围墙、围挡封闭等重点环节重点检查，建立长效工作机制。对各类违法违规行为，依法采取通报批评、约谈企业法人、行政处罚、取消评优资格、列入不诚信记录档案等方法，对在现场中抽查时发现的问题要采取有效的措施，限时整改。联合区环保局、城管、街道（镇）等部门和单位，开展多层面的专项检查，及时沟通、反馈建设工地扬尘信息，健全问题发现机制，共同推进扬尘整治工作进行。

【开展建材质量专项检查】 三次开展施工现场建材质量专项检查，共抽查18个项目，共41个单位工程（其中住宅28幢，公建13幢）。联合相关骨干检测机构，采用事先不通知，随机抽查的方式，主要检查内容：对钢筋、干粉砂浆等建筑材料监督抽样检测；对结构性材料进场、复试情况进行抽查；对结构性材料工业生产许可证及备案证明抽查；检查复试不合格建材的处理情况。根据检查结果显示，区建设工程施工现场建材质量总体处于受控状态。

工程文明施工现场

【两考期间开展绿色护考】 加强两考期间文明施工管理，实行"绿色护考"。区成立以区政府分管领导为组长的文明施工巡查小组，实施夜间巡查，除紧急抢险、抢修施工作业，以及市重大工程外，邻近居民住宅或住宅区的其它建设工程，全面禁止夜间（22时至凌晨6时）施工作业。重点排摸考点100米内的建筑工地，考试期间的每天上午8时至下午18时，距离考场100米范围内禁止从事建筑施工作业。对于违反规定、整改不力的工地，严格依法处理，尽量减少对两考的影响。

【基坑工程实行前置审核】 针对区基坑工程越来越多、技术要求越来越高的趋势，加强源头管理，在行政审批环节加强对工程安全设计的审查，特别是对深基坑工程强化前置审核把关功能。根据差别化管理原则，对于基坑开挖深度大于7米以及地下室两层、周边土质较差、管道系统复杂的基坑工程设计方案，必须报送市科技委评审；5米至7米的基坑工程设计方案，必须报送上海市资质的审核单位评审；不到5米的基坑工程设计方案，可以聘请专家（由上海市建筑施工深基坑专家库选出）鉴定审核。

【创建环保便民工地】 以创建环保便民工地作为迎世博加强工地文明施工管理的抓手，从2009年5月起严格按照申报、评定、审核、发牌的程序，2009已核发环保便民施工牌102份，基本覆盖全区在建工程。

【召开工程质量创优达标观摩会】 9月11日，2009年上海市工程质量创优、文明施工便民达标观摩会在区河间路107街坊保障性住房工地召开，区建设工地建设、施工、监理单位150位负责人参加会议。会上，区建交委介绍河间路107街坊保障性住房工地质量安全和文明施工管理的情况。市总站副站长姜敏指出，河间路107街坊保障性住房作为上海市中心城区最大的保障性住房建设项目，建立质量保证体系、环境保护体系、职业健康安全保证体系三大管理体系，认真落实技术方案、推广应用新技术、严把原材料关、实行业主、监理、总包、分包四方全方位质量跟踪、成品、半成品的保护等五大措施，是工程质量管理、文明施工的典范，要学习施工企业的综合管理水平，为世博会召开作出应有的贡献。

工程质量创优 文明施工便民达标观摩会

【召开基坑工程技术质量交流会暨现场观摩会】 12月24日，上海市建设工程安全质量监督总站在杨浦区30街坊（西块）——宝地广场召开上海市建筑基坑工程技术质量交流会暨现场观摩会。市各区县质量监督站站长、建工集团驻沪办、施工单位以及监理单位共计122位负责人出席会议。市总站站长潘延平指出，要预防和减少基坑事故的发生，必须关注“四个方面”：承压水、周边环境、施工监测以及预防、预控和预警。落实“三项基本制度”：现场准入制度、关键岗位人员的培训制度以及相关法律法规、强制性技术标准规范。强化“四个理念”：全生命周期、三从（从小、从早、从严）、差别化质量控制、抓重放轻。着力构建基坑工程质量体制体系，必须聚焦“三大要点”：聚焦重大危险源、聚焦突发事故应急预案、聚焦突发病、常见病。具有“三个支撑力量”：技术专家的理论支持力量、先进科学的技术支撑力量、安全质量队伍力量。

【加强招投标业务办理】 继续加强建设工程招投标管理和服务，规范招标、投标程序。至2009年底，发布公开招标信息82个，召开各类开评标会议300次，有1800家单位参与投标，450位评审专家参与招投标评标。全年办理施工招投标项目228个，比2008年同期增加30.7%，发包金额为14.2亿元；受理登记备案合同376个，备案合同金额为68.6亿元，与2008年同期相比增加27.1%。项目报建230个，与2008年同期相比增加28.6%，总投资额为13.0亿。发放施工许可证共83个。办理建材类综合交易（钢结构、幕墙、土石方及桩基）共121项，总合同价约为5.5亿元。农民工综合保险申报项目数186个，办理农民工综合保险17.5万人次，总金额为0.26亿元，与2008年同期相比略增。拍摄、发放农民工信息卡共6669张。建筑业企业资质审批13项；小型项目负责人备案共44人。办理安全生产许可证受理共12项。办理工程报监共106个，金额约35.8亿元，其中电梯报监9个，金额约1062万元；竣工备案27项，金额9.2亿元；节能材料备案共57个，总金额3094万元，节能措施登记为57个。

【全面开展建设工程企业检查】 8月17日至9月18日，对注册于杨浦区的区（县）级建设工程企业资质进行专项检查，采取电话联系、工商咨询、上门查证、书面通知等服务方式，确保区域内全部190家三级企业100%全覆盖，其中134家企业合格，45家企业限期整改，11家企业证书撤回。

【动态监管施工企业资质】 区建管署改变过去“静态服务”和“等上门服务”的工作方法，主动与区各街道（镇）、各经济园区及工商等有关部门联系，多次上门调查研究、召开会议，取得相关部门的支持，掌握区管施工企业的第一手资料，使区第一次建立区管施工企业档案，指导和帮助企业完善内部管理，提高经营管理水平。

【开设绿色通道，服务于重大工程】 针对重大工程项目、“迎世博”项目从办理报建到施工许可这一环节时间较紧的情况，区建管署推出“四专措施”，即：专线电话、专窗受理、专人受理、专门档案。对招投标等手续办理，加强指导，提出相关的解决方案，开设绿色通道，打造规范、高效、全方位、人性化的服务环境，每日安排3到4场专场开评标会议，推进前期工作尽快办妥。将服务由窗口向现场延伸，掌握信息，每月编制一期《重大工程进度汇总表》；建交委分管副主任带领相关人员深入渔人码头、世博水门等重大工程现场了解情况，与建设单位及时沟通，摸清项目进展情况，存在问题，及时加强服务和指导协调。对属市受理的医药广场工程、十九棉保障性住宅等工程，派出专人专项进行跟踪服务，指导办理报建、施工承发包、施工许可等手续，并与市有关部门协调，大大缩短相关手续的办理时间。2009年，共为213个重大工程、迎世博工程提供服务，其中区重大工程40项，迎世博工程173项，已经办结的区属重大项目及世博项目共107项，协助市属审批项目办结18项，正在办理46项。

（徐凯频）

（七）环境保护

【概况】 2009年杨浦区区域降尘为9.9吨/平方公里·月，全年削减二氧化硫243吨，超额完成年度目标。内环沿线降尘16.2吨/平方公里·月；区内两条放射道路中杨树浦路降尘为24.7吨/平方公里·月，军工路降尘

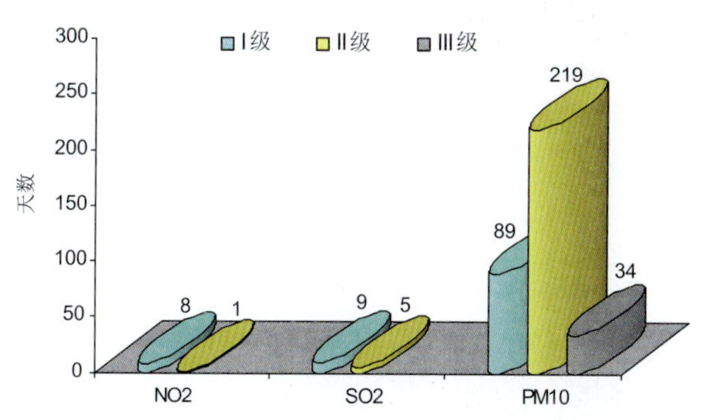

图1 杨浦区2009年环境空气质量主导污染因子

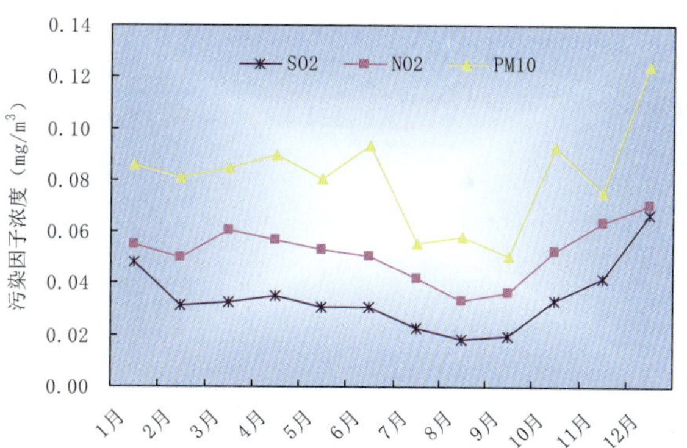

图2 2009年污染因子浓度的月变化趋势

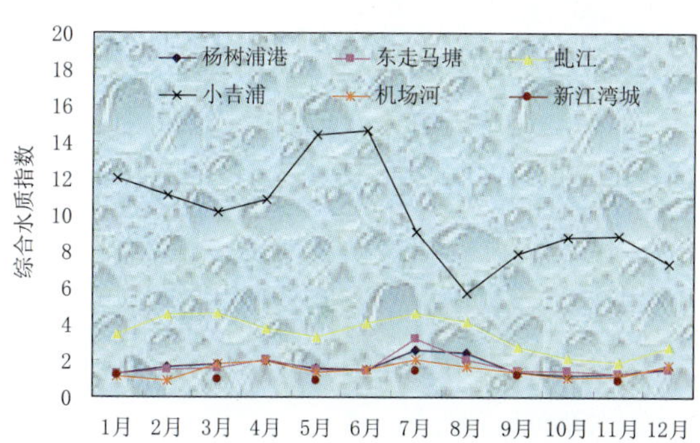

图3 2009年杨浦区河道综合水质的时间变化趋势

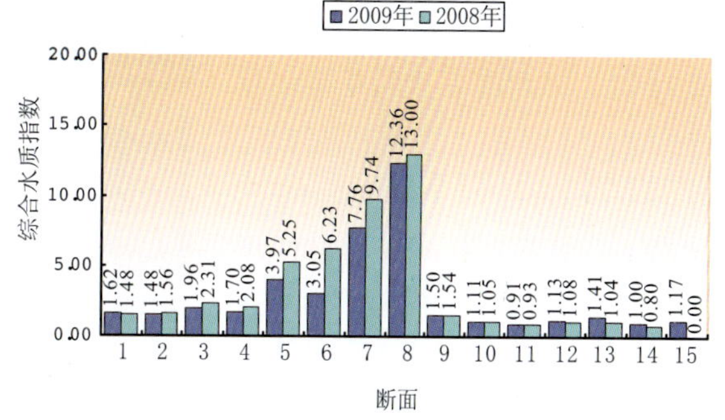

图4 2008—2009年杨浦区河道综合水质情况

为19.6吨/平方公里·月。全年环境空气质量优良天数为331天，优良率为90.7%，与去年同期相比提高了0.3个百分点，空气质量优良率在全市排名12位，中心城区列位第4名。其中I级天数达到了106天，比2008年增加了4天，空气污染指数主导因子仍以可吸入颗粒物（PM10）为主。

2009年杨浦区累计降水1227.4mm，pH平均值为4.75，酸雨频率为87.0%，按酸雨的五级分类标准仍属于重酸雨区。全年全区河道水质改善率达到11%，河道水质随时间呈现“双峰双谷”的变化（除新江湾水系外）。

认真执行环境影响评价制度，依法严格审批建设项目环境影响报告（书）表，对建设单位提出的治理项目污染因子的对策和措施，从科学、合理、有效、经济等多角度进行审核，全年共审批环境影响评价报告书（表）291份，环境影响评价登记表238份（其中餐饮项目166份、房产项目30份、制造业42份），验收394个项目，现场勘察1015余人次。

【推进第四轮环保三年行动计划】 按照高起点、高质量、高标准的要求，3月30日经区政府发文正式启动区第四轮环保三年行动计划。年内市下达的9个项目全部启动（其中4个项目完成三年目标），区计划今年实施的20个项目，除1个项目因迎世博市容环境整治的限制调整到明年实施外，其它19个项目全部启动。

【推动企业关、停、并、迁】 继续推动高能耗、高污染并严重影响居民生活的工厂（或车间）实施产业结构调整或关、停、并、转、迁。通过积极协调、加强沟通、督促检查，年内完成上海申达印染有限公司、上海汉高化妆品有限公司、上海欧本表面处理技术有限公司、上海机床铸造五厂等4家高耗能、高污染、环保矛盾突出的企业实施产业结构调整或关停并转迁，上海三爱思试剂有限公司危险化学品生产车间也已搬迁。

【创建工作成绩显著】 成功创建长白新村街道为无燃煤街道，延吉“控江西三村”和五角场镇“东方名城”为安静小区，四平同济绿园小区、控江恒联新天地花园小区为“上海市绿色小区”，其他6个条件较为成熟的小区为区级绿色小区。

【推进企业燃煤锅炉清洁能源替代】 加大力度推进燃煤炉窑灶的清洁能源替代工作。通过密切协调沟通，加强检查指导，进行专项补贴等举措，先后完成了杨浦车站、上海拖拉机内燃机有限公司、上海电缆厂有限公司、长海医院等单位共10台燃煤锅炉清洁能源替代，长海医院燃气锅炉安装已经完成，3台燃煤锅炉停用列入迎世博部队营区环境整治项目。

【整合执法资源打击不法行为】 年内共出动1221批次，3555人次，对企事业单位进行了1983户次专项检查，实施行政处罚13起，处罚金额27.25万元，有效地遏制了违法排污行为。依法、全面、足额、及时地开展排污费征收工作。全年共开征591户次，征收到金额117.79万元。

【首次实施“区域限批”】 “区域限批”能有效遏制以往环保行动中被叫停项目往往先补办手续过关，然后用各种手法拖延或拒

上海电缆厂改造后的燃油锅炉

绝兑现环保承诺的行为。为改变这种处罚不断、污染依旧的局面，加快从源头上彻底杜绝污染的步伐。7月，分别向上海五芳华实业有限公司和上海民星劳动工具有限公司送达了《关于建设项目环境影响评价文件审批的通知》，正式对两家企业实施“区域限批”，真正做到使企业重视环保、节能减排、自觉进行产业结构调整的作用。

【首批5家企业通过环保诚信企业评审】 积极推进区环保诚信企业创建工作。制定《杨浦区环保诚信企业评价管理办法》，规定十大类28项细化指标的考核评分标准，明确基本准入条件。严格评审标准，同时建立专家库，委托专家进行第三方评审。上海机床厂有限公司、上海汽车商用车技术中心、上海电站辅机厂有限公司、三得利光明啤酒（上海）有限公司、上海电缆神舟线缆有限公司5家企业，通过了环保诚信企业专家评审，成为杨浦区首批环保诚信企业。

【推进企业清洁生产审核】 组织区域内4家重点企业开展强制性清洁生产审核（上海拖拉机内燃机有限公司、上海三爱思试剂有限公司、三得利光明啤酒（上海）有限公司、沪东中华造船有限公司），推进企业节能降耗，减污增效，通过密切沟通，加强现场检查，及时掌握和推进工作进展。

【加强医疗废物和危险废物监管】 针对甲型H1N1流感疫情，及时召开工作会议，组织有关医疗机构完善应急预案，建立每月2次甲流医疗废物产生处置情况定期报告制度，做好危险废物处置合同备案管理，加强危险废物产生、处置情况监管，确保区域内危险废物安全处置率100%。

【开展世界环境日宣传活动】 6月5日，围绕“减少污染——行动起来”的中国主题和“你的星球需要你，联合起来应对气候变化”的世界主题，通过开展群众喜闻乐见的广场文艺演出、环保知识咨询投诉、环保展板等形式，以群众参与、社会关注为主线，多层次、全覆盖，大力宣传第四轮环保三年行动计划，倡导绿色生活理念。同时，各个街道也在小区内设置宣传点，扩大宣传的受益面，全面提高市民的科学素质和创新意识，使宣传活动深入基层，走入百姓生活。大桥街道“富天苑”等6个小区被授予2009年度杨浦区绿色小区。

三得利光明啤酒（上海）有限公司实施中水回用

【成功举办环保网上知识竞赛】 为深入开展“迎世博”法制宣传教育，于11月至12月中旬举办了“迎世博，环保在您身边”网上知识竞赛，共计429名公众踊跃参与答题，充分表现出对环境保护事业的关注和支持。参赛者普遍对环保常识和杨浦环境保护工作情况较为熟悉和了解，成绩90分以上的参赛者高达110名，占到全部参加者的25.6%。

【“迎国庆”突发环境事故应急演练】 9月在新江湾城组织应急监测演习，以确保建国60周年节日期间环境安全，同时检验杨浦区突发环境事故应急监测预案流程的可行性。演习模拟盐酸槽罐运输车在某主干道发生倾覆，不仅有刺激性气体泄露，而且部分流入附近河道。杨浦区环境监测站接到区环保局下达的应急指令，迅速召集应急小组赶往事发地点，根据现场提供基本情况，在途中拟定了监测方案、确定人员分工、准备应急设备。抵达事故现场后，应急小组按照应急监测方案分为两队四组进入，经紧急处置，盐酸泄露已基本得到控制，监测范围的浓度已降到环境安全浓度以下，河道水质恢复正常，事故危险消除。（陈刘芳）

（八）城管监察

【概况】 2009年，城管监察工作抓住市容环境问题中突出的顽症、难点和矛盾，将主要执法力量集中在一二类道路、景观道路、交通集散地及主要干道、中小道路、农贸市场周边等重点区域，并通过发挥街道“三总”作用、建立各方联合机制等措施，进一步放大综合执法效能，解决了一些市容环境方面的瓶颈难题，使区的市容面貌情况总体保持良好。

【迎难而上勇破顽症】 1月20日，区委常委、副区长庄少勤到大队检查指导城管执法工作，并就做好今年的执法工作提出几点要求。要完善执法管理监督反馈机制，制订行之有效的常规化、规范化制度，分解年度考核目标，从细处着手加强对执法情况的日常督察和反馈；要加强执法队伍建设，培养一线执法队员的责任意识和全局观念，提高一线队伍开展工作的主动性和有效性；要重视源头治理，落实好“块”上的综合整治，在如何整合资源，与街道、公安等相关职能部门形成有效机制的问题上下功夫；要主动跨前一步，发挥出城管队伍在综合执法工作中的积极作用。

【大力开展建筑渣土集中整治行动】 3月13日晚，开展建筑渣土集中整治行动，重点对施工工地擅自处置渣土，无证运输渣土，渣土运输违规偷倒、乱倒、超载沿途洒落等现象进行查处。为提高执法效率，城管与区废管所等职能部门联合执法，共同对整治违法行为施工工地及渣土车行驶线路上的各类违法违章行为进行整治。根据事先对日常巡查或者举报情况的排查汇总，明确了重点管控区域和路段，在军工路海安路、杨树浦路兰州路泥浆码头、杨浦大桥上匝道（周家嘴路黄兴路、眉州路河间路）、政立路武川路等五处设点伏击，并深入问题多发、易发的工地进行突击检查。共检查渣土车36辆，检查工地11处，查获违规渣土车18辆、违章工地1处，有效改善了周边市容环境，确保区内施工工地建筑渣土的规范管理。

【开展“四乱”顽症专项整治月活动】 6月1日至6月30日，组织开展“四乱”顽症专项整治月活动。针对日常执法中“脏、乱、差”问题较集中的区域，以及无证设摊、跨门营业、乱涂乱画等难点和顽症，采取宣传教育与执法管理相结合、集中整治与巡查执法相结合的方式，发挥与相关职能部门的联动作用，严格督查机制、责任机制、考核机制及投诉反馈机制，切实解决综合执法中的一些难点问题，改善市容环境整体面貌，为今年城市管理夏令热线工作的顺利开展打下基础。

【为高考学子保驾护航】 为做好今年高考的绿色护考保障工作，大队及下属街道（镇）分队全力以赴开展城区环境重点治理，确确实实为广大考生提供了一个良好的复习考试环境。

【城市管理综合执法联动队成立】 6月15日下午，杨浦区城市管理综合执法联动队成立暨揭牌仪式隆重举行。杨浦区城市管

城市管理综合执法联动队揭牌仪式

理综合执法联动队由多个成员单位联合组成，通过成立区综合执法联动队，加大治理城市顽症的力度，确保在城市管理和市容市貌的改善上有新提高、在管理顽症的化解上有新突破，提高政府部门、社会单位、市民群众参与城市管理的积极性、有效性和对管理实效的认同感、满意度，全面实现城市管理和环境有序、整洁、靓丽的目标。

迎世博暨第五次测评动员大会

【区领导视察城管联动队工作】 8月13日上午，区委副书记、区长宗明和区委常委、副区长庄少勤等一行领导到区城管联动队视察工作。宗明指出，联动执法工作的体制机制和执法效果要形成杨浦的特色做法，要把每次整治行动的前、后期工作抓实做细，在顽症整治中更要注重长效管理，着力于梳理总结经验、形成有效机制，这对于标准化、规范化、精细化管理有着十分重要的意义。

【市容环境集中整治月活动取得成效】 11月份，大队开展围绕“1339”重点区域，在全区范围内开展了以乱设摊（跨门营业）、乱搭建、乱张贴为重点执法内容的市容环境集中整治行动。行动以“以块为主，属地管理；疏堵结合，以堵为主；教罚并举，取缔为主”为原则，采取划片分块的形式，在全区分南、中、北三片同时开展集中整治。大队共采取集中行动7次，对比较突出的顽症问题予以重点执法，达到良好的“拔点”效果。此外，由各基层分队自行组织分队间的联合执法以及自查管理，不仅对街道交界区域地带的执法难热点实施了强有力的执法，而且进一步巩固了集中行动的执法成果，加强常态管理机制，防止违法行为旧问题的复发和新萌芽的产生。11月的整治行动提高了全区市容环境质量，也为确保全年综合执法目标的实现奠定基础。

【迎世博暨第五次文明指数测评动员】 为了以良好的工作成效迎接市第五次迎世博文明指数测评工作，12月11日下午，在沪东工人文化宫召开迎世博暨第五次文明指数测评动员大会。将主要工作集中在三个方面。一是对乱设摊、乱搭建、跨门营业等动态性市容问题的集中整治。二是对“三乱”、乱堆乱放、乱吊乱挂、灯箱广告、户外广告、商业牌匾、标牌标语等静态违章现象的清理整顿。三是落实巡查、督察和固守，维持常态化管理。同时落实重点地段及区域的“四定”（定人、定点、定责、定考）管理措施，确保工作的有序推进。抓住难点顽症多发区域，增强整治的力量和频率，延长整治时间。与街道（镇）和有关部门联动整治、互动管理。加强督查指导，及时消灭管理死角。全员投入，加班加点，力求圆满完成任务。（郑振欧）

(一)综 述

2009年,旧改拆迁有新突破,在河间路南块试点基地、平凉西块二期先后开展“数砖头加保障”安置新政策的试点探索,推行安置结果主动公开、第三方公信人事参与、创建规范拆迁示范点等举措,初步形成杨浦特色的拆迁工作新局面。全年拆除旧房12.4万平方米,动迁居民6148户。旧住房成套改造竣工17万平方米。住宅建设施工面积188.10万平方米,住宅竣工面积46.59万平方米。多渠道筹集资金对涉及91个小区、235幢、建筑面积189万平方米房屋进行了综合整治,受益户4200户。“创智坊”通过了四高优秀住宅小区的验收。市政配套道路建设茭白圆路竣工,居民出行方便,周边环境得到改善。保障性住房开工建设,总规划占地160多亩,建筑面积44万平方米。廉租住房受理2159户,落实配租2122户,已累计受理9559户,落实配租9347户。

年内批准商品房预售面积49.17万平方米,3929套,完成年计划40万平方米的122.90%。商品房预售面积30.48万平方米、2604套,成交总金额66.70亿元。分别是2008年同期的158.59%、137.12%、237.90%。商品房现售面积27.76万平方米、2292套,成交金额20.70亿元。分别是2008年同期的152.52%、128.69%、143.04%。存量房交易面积121.81万平方米,套数18327套,成交总金额154.67亿元,分别是2008年同期的228.97%、215.33%、275.26%。物业管理服务达标补贴正式启动,开展迎世博清洁家园主题活动。

(二)房地产市场

【概况】 房地产市场特点为商品房预售成交回升,存量房成交量放大,经历了持续上扬走势,市场快速回暖,成交显著活跃。年内核批商品房预售49.17万平方米3929套。加强房地产企业的资质管理,开展房地产开发企业资质诚信检查,健全房地产企业及从业人员诚信制度。对房地产经纪企业进行全面整顿梳理,不断规范经纪行为。

【商品房销售】 商品房预售面积30.48万平方米、2604套,成交金额66.70亿元。商品房现售面积27.76万平方米、2292套,成交金额20.70亿元。存量房交易面积121.81万平方米,18327套,成交金额154.67亿元。

【开展房地产开发企业资质诚信档案检查】 对现有179家房地产开发企业进行诚信档案检查(年鉴),经检查仍符合资质条件的有160家,占89.39%,注销的有19家,占10.61%。

【加强对房地产经纪企业管理】 为规范房地产经纪企业, 对全区房地产经纪企业资质进行全面整顿梳理。新办备案的33家,办理延期的93家,信息变更的15家,办理注销的34家。

【群租整治工作平稳有序开展】 整治群租31户,作为列入平安建设实事项目已第三年,累计已整治群租682户,完成三年计划557户的122.44%。

(三)物业管理

【概况】 制定《物业管理达标补贴实施意见》,通过政府“加大扶持、居民主动参与、企业规范服务”,打造了一批亮点小区、重点

保障性住房奠基仪式

小区和规范小区。开展杨浦区物业行业迎世博“清洁家园”主题活动,推进物业行业双文明建设。住宅小区物业管理不断深化。

【物业管理服务达标补贴正式启动】 3月29日,杨浦区推行物业管理服务达标补贴实施意见的通知下发,标志着推行物业管理服务达标补贴正式启动,在84个直管封闭式售后公房住宅小区率先试点。

【开展迎世博“清洁家园”主题活动】 4月15日,开展杨浦区物业行业迎世博“清洁家园”主题活动,活动动员了区域内所有物业服务企业和住宅小区居委会、业委会共同参与,覆盖全区800多个小区,涉及杨浦千家万户的居住环境。

【迎世博物业行业推进双文明建设】 5月7日,召开全区物业行业迎世博工作大会,要求全力以赴推进迎世博居住环境文明和窗口服务文明建设,全面完成各项目标任务。区窗口服务指挥部办公室、各街道(镇)分管领导及卫百辛(集团)负责人,各房管办事处主任,物业服务企业负责人等参加会议。

【住宅小区物业管理不断深化】 打造亮点小区35个,重点小区100个,规范小区115个。

【迎世博清洁房屋立面】 重点区域居住房屋和非居住房屋清洁立面931.95万平方米。(张志康)

(四)住房保障

【概况】 廉租住房受理2159户,落实配租2122户,(其中租金配租2121户,实物配租1户),发放补贴资金4771万元。廉租住房已累计受理9559户,落实配租9347户(其中实物配租163户,租金配租9184户),发放补贴资金16000万元。杨浦区保障性住房154街坊建设项目开工奠基。

【保障性住房开工建设】 6月29日,由杨浦区政府投资、区住房保障中心管理、杨浦置地公司开发建设的保障性住房项目—杨浦区154街坊建设项目开工奠基,总规划占地160多亩,建筑面积44万平方米。

【街道设立住房保障窗口】 各街道(镇)先后在社区事务受理服务中心设立住房保障窗口,实现前台一口受理,后台业务支撑的运转模式。建立前台受理后台操作、面积核定、收入比对、方案审批、租金补贴发放、疑难问题会商上报以及档案管理等流程制度。

专　文

杨浦区保障性住房开工建设

由杨浦区政府投资、区住房保障中心管理、杨浦置地公司开发建设的保障性住房项目—杨浦区154街坊建设项目6月29日开工奠基,建成房源主要用于杨浦区“十一五”重点旧区改造项目拆迁居民就近安置。该项目是上海中心城区迄今为止建设用地面积最大、建筑总量最高、入住户数最多的保障性住房建设项目,基地紧邻中环线,东至军工路,北至周家嘴路,南至规划中的长阳路,西至规划中的图门路。总占地160多亩,规划建筑面积44万平方米,建成后可提供房源5000余套,一期工程预计2011年交付使用。154街坊原为国棉十九厂厂区,原拟用于商业开发。区委、区政府从大局出发,为民生工作舍得投入，通过项目招标方式用于建设保障性住房，解决百姓住有所居问题。

在规划设计上，项目根据“档次不低质量高、房型不大功能全、占地不多环境美”的设计理念，按照节能省地型四高小区标准，定位于国际性大都市的保障性住房，重点突出三方面：

一是按需建设，突出房型小、功能全、环境美，强调“宜居”概念。精心设计与拆迁安置相适配的小房型，充分考虑日照采光的均匀性和视觉的通透性，考虑套型的便利性、科学性和前瞻性，为日后完善发展留下空间。综合运用美学、光学原理，设计建筑物立面，丰富城市空间。二是以人为本，突出多功能，舒适型优质完美的社区配套，强调“人文”概念。将居民生活特点及要求作为环境设计的重点，协调项目与区域环境的人文关系，面向社会规划全方位的社区管理服务设施。三是绿色环保，建设节能省地型四高小区和绿色住宅，强调“和谐”概念。突出人与环境的统一，体现可持续发展理念。

154街坊保障性住房建设项目是满足市民居住需求、改善和保障民生的实事工程之一，对于保障杨浦广大群众安居乐业、推动杨浦经济社会和谐发展具有重要意义。 （张志康）

（五）上海卫百辛（集团）有限公司

【概况】 卫百辛集团公司主要从事由上海市住房保障和房屋管理局授权集团公司对直管公房（含售后公房）近800万平方米的物业管理、房地产开发、旧住房成套改造和国有资产多种经营管理，具有房地产开发国家二级资质。截止2009年底，下属全资公司4家、控股公司3家，参股公司6家；净资产12.17亿元，其中直管公房资产10.92亿元。2009年，是实施《五年战略发展规划》目标第二年，集团公司牢牢抓住迎世博机遇，坚持以民为本，将关注民生、改善居民群众居住生活环境为重点，切实抓好民生工作、经济发展工作，不断推进党建、党风廉政和企业文化建设，全面完成各项目标任务。集团公司连续十四年获得市重点工程实事立功竞赛“优秀公司”称号；被杨浦区旧区改造指挥部、区轨道交通12号线工程建设指挥部授予“配合拆迁优胜奖”荣誉称号。

【迎世博，突重点，不断巩固“满意物业”创建成果】 做好住宅小区建筑物综合整治、二次供水设施改造和平改坡工作。完成高架两侧196幢39.03万平方米建筑物外墙立面粉刷，新安装雨蓬7611个，晒衣架3241个，移装空调外机3636台，安装空调外机罩4033个。完成平改坡综合整治54.85万平方米，小区综合整治工程18.57万平方米，二次供水设施改造210万平方米。完成房屋大修建筑面积69185平方米，翻修屋面44112平方米，翻修路面8194平方米，翻排下水道5140米，调换上水管13897米，修理水泵56台。解决了政民路230弄小区低洼积水问题。全年，共完成小修养护单88746张，修理及时率达100%，质量合格率98.5%，居民满意率97.8%。延吉、殷行急修中心、四平疏浚中心共完成急修任务单14565张，安排解决“急、难、愁”疑难项目202处。对5330个水箱、水池进行两次清洗。对管理的46个窗口、89个小区环境面貌、保安保洁和小区综合整治工作进行重点检查，还对150个道口房进行整治，使

整治后的多层住宅

平凉西块18街坊签约仪式

小区服务窗口环境面貌耳目一新。

【参与旧改，完成动拆迁工作】 积极参与旧区改造目标，承接的复旦附中基地已基本完成拆平；完成31街坊基地（唐山路1288号）动迁并拆平。9月19日平凉西块（二期）18街坊正式启动签约工作，首日签约22%，共计签约178产214户居民。全年共完成动迁居民1227产1541户，拆除房屋建筑面积33818.81平方米。

【推进旧住房成套改造工作】 集团公司认真做好旧住房成套改造项目，全年共实施控江路沿线、敦化路3弄1—5号、长白三村16—90号、鞍山路61—85号等处旧住房成套改造项目9个，其中，新开工苏家屯路29弄1—5号、长白三村33—35号等，施工建筑面积4.76万平方米，房屋69幢，受益户1700余户，竣工建筑面积2.38万平方米。

【经济指标完成情况】 集团公司全年完成主营业务收入5524.31万元，主营业务收入增长率为10.77%，账面实现净利润2911.8万元。上缴税收1229.75万元，上缴国资收益414.24万元。剔除授权直管公房，净资产收益率24.85%（计入物业小区保洁保安费补贴），国有资产保值增值率118.27%，资产负债率为93.93%。完成授权直管公房居住租金2408万元，回收率96.97%，非居住租金1195万元，回收率97.65%；居住小区管理费收入完成792.42万元，合计回收率98.27%。

【完善预算管理，严格规范操作】 严格执行预算约束机制，努力编制财务预算，合理安排资金使用，及时回收应收资金，做好预算跟踪管理，使公司货币资金保持在合理范围内。对上海绿宙包装股份公司投资的250万元申请核销获得区国资委的批准；完成新彩公司长白二村233街坊项目的资金周转，按投资比例投入相应资金；完成杨房拆迁公司、材料公司所属勤俭厂的经济效益和财务收支审计以及材料公司2004年至2009年1—6月保障基金专项审计。会同社会中介机构完成了七个物业公司2008年及2009年1—3月直管公房小区保洁保安费的专项审计。完成华新厂歇业清算工作。

【深入推进企业党建和精神文明建设】 认真抓好基层党组织建设，完成17个党支部组织建制和党员基础资料的统计梳理、归口国资委管理工作。党委与15个基层单位党政主要领导及公司本部各部门负责人签定了党风廉政建设目标责任书。集团第五届职工文化节系列活动，16个单位1000余名职工踊跃参与，充分体现卫百辛人的精神风貌和两个文明建设丰硕成果。集团获市文明单位1家；区文明单位10家。

（张开森）

（六）上海新杨浦置业有限公司

【概况】 2009年，上海新杨浦置业有限公司（以下简称“新杨浦公司”）全面完成2009年度工作目标，主营业务收入19.457亿元，净利润3.969亿元，实际上缴税收5931.9万元，实现了国资的保值、增值。

【集中力量，推进项目开发】 德国大陆亚太公司办公楼（C楼）项目，是公司迄今为止承接的建

涵碧景苑

筑标准最高的涉外工程项目，项目于2009年9月25日交付使用，业主德国方感觉十分满意，10月12日德方正式在新址开业，11月18日举行庆祝典礼。新江湾城“涵碧景苑”项目，是公司重点打造的品牌项目，2009年2月取得入户许可证，业主于3月底前分批入户，4月提前办出了小区大产证。

【拓展市场，寻求项目储备】 海南晟盛花园项目，完成设计勘察补勘、青苗补偿方案洽谈及场地平整、临时用电申请、违章搭建拆除等工作，为项目顺利开工打下了基础。长白229街坊“益晖新苑”二期项目，建筑面积近6万平方米，上半年获得政府“就近安置配套商品房”的认定，10月20日前办出发改委批复和用地规划许可证。图们路232街坊项目占地面积15550平方米。年中，完成该项目的就近安置动迁配套商品房基地认定工作。少年宫活动中心及培训中心项目5月开始介入，区重大办与区规土、发改委、房管、教育等部门协调后提出，把少年宫与培训中心土地分开，把培训中心土地以建造青少年活动中心名义以行政划拨土地方式给新杨浦公司建造培训中心，并由区规土局将该方案书面报告区政府，获得批准后按程序推进。许扬二期（平凉49街坊）旧改地块动迁项目，经协商，确认以老的动迁政策尽快重新启动该基地，动迁队伍于5月上旬进场，新的拆迁许可证办理完毕，并落实了动迁房源，11月21日动迁工作实质性启动。

【积极营销、抓住机遇，落实销售工作】 涵碧景苑项目，通过参加房展会、投放专业媒体宣传、举行商办楼巡展等多种方式的积极营销，2009年总销售金额达到4.87亿元。“观庭”项目，一期2009年度累计签约7套，销售资金0.67亿。二期A块累计销售签约93套，总销金额5.2亿元，2009年度回笼资金4.97亿。

【开源节流、盘活存量，规范企业管理】 财务管理方面，按计划基本完成全年预定目标。突出资金预算管理，平衡资金收付，为各在建、拟建项目提供了资金保证。落实筹划经济方案，经过协调，区有关部门同意了“益晖新苑”动迁房收购差价弥补杨浦区26街坊项目的方案，公司如期完成了1.5亿资金流转和方案实施。

【探索资产管理新模式】 继续探索和实践“项目开发＋租售并举”的模式，将自有商铺及办公楼等带来的租赁业务作为公司经营活动的重要辅助内容进行规范管理。2009年度新杨浦公司共管理营业用房2.1万余平方米，出租率达到100%；完成泗东路存量房860平方米、中原商都商铺80%以上面积、原闲置的宁国路28号办公楼等物业招租工作；南站项目资金的收回、松江项目的盘活、吴江农场债务追讨等事宜也在按规范程序积极推进。

【加强目标责任制管理】 落实预算目标考核责任制，强化预算执行及预算控制。继续以国资经营预算为抓手，推进公司全面预算管理；落实信访责任制，重点抓好信访矛盾处理。全年接待处理人民来信29件，信访办信率达到100%，有效推进矛盾化解；落实安全责任制，按照年初签订的目标责任书，定期开展安全检查，发现问题，及时落实整改措施，确保

职工文体活动

无安全生产事故。

【围绕中心、服务大局，做好党群工作】 公司党委进一步完善中心组学习制度，结合企业发展开展了形式丰富、数量充裕的学习，编制《中心组学习自学资料》，抓好领导干部层面的理论学习，围绕作风与廉政建设、经济与房产形势两大专题，组织干部集中培训，抓好中层干部的执行力建设。广泛开展“三找”、“三迎”主题教育活动，抓好全体职工的职业道德和素质教育。用好各个年龄段的干部，年内根据发展需要分别考察提拔了年龄在50、40和30岁左右的干部7名，初步建立《临近退休干部岗位管理暂行办法》，发挥干部梯次结构的传、帮、带作用。以项目一线为实践平台培养考察干部。注重在一线工程建设中积极发挥党员尤其是党员干部的先锋模范作用，全年发展新党员3名，转正预备党员4名。以廉洁从业责任签约为纽带，加强“一岗双责”责任落实。以企业廉政文化建设为契机，通过学习传达党风廉政建设会议精神、多媒体警示教育、开展“讲党性、重品行、作表率，奉献杨浦做贡献”主题教育活动等形式加强思想防范，做到警钟长鸣。落实“双优”例会制度和“三重一大”议事规则制度，组织开展专项审计和常规审计，从制度上杜绝腐败孳生。以纪念建国60周年和迎2010世博为契机，开展丰富多彩的企业文化活动。举办两年一度的评先创优活动，通过先进集体、优秀员工的评选表彰，激发全体员工的工作积极性。举办了以纪念建国60周年为主题的《我的企业我的家》摄影图片展，在职工范围内开展了参与度相当高的拔河、跳长绳运动赛，以工会为主举办了旨在丰富精神生活的交谊舞、太极拳培训，形成了具有新杨浦特色的企业文化，使企业精神文明建设成为新杨浦公司经济发展的推进器。（郭　虹）

十五、交通 运输 邮电

（一）综 述

上海巴士一汽公共交通有限公司是上海巴士公交（集团）有限公司下属的一家公交营运公司，是上海城市公共交通客运服务的骨干企业之一；市轮渡有限公司在区境内有6条轮渡航线；中铁集装箱运输有限责任公司杨浦直属站是上海铁路枢纽地区的一个货运站；五角场长途汽车客运有限公司是上海市公路主枢纽客运站布局规划“四主六辅”站点之一，也是杨浦区唯一的长途客运站；杨浦区的邮政工作由市邮政公司市北邮政局、市北邮政投递局和宝山区邮政局承担。中国电信上海公司是经营市内固定电信网络与设施业务的企业，杨浦区是该公司东区电信局的管辖范围。

（二）公交客运

【概况】 位于杨浦区政治路16号的上海巴士一汽公共交通有限公司，是2009年3月28日改制后的上海巴士公交（集团）有限公司下属的一家公交营运公司，是上海城市公共交通客运服务的骨干企业之一，主要承担市内公共交通、特约包车客运业务。公司停车场占地面积134227平方米，分设四个停车场，其中国江路停车场（淞行路377号）占地面积109000平方米；国和路停车场（国和路482号）占地面积13764平方米；市光路停车场（市光路111号）占地面积8672平方米；松花江路停车场（松花江路25号）占地面积2791平方米。公司经营管理的公交营运线路，主要分布在市区东北部，部分线路伸展至市中心的人民广场、外滩、南浦大桥、火车新客站、火车南站、吴淞客运码头等主要商业繁华路段和客流集散点，并辐射至周边的浦东新区及陆家嘴、宝山吴淞地区、闸北、虹口等诸多新村小区。2009年末，公司拥有城市公共交通线路51条（比上年增加5条），其中高峰线2条，夜宵线6条，除522、942、866、966、819、973路外，均为无人售票线路，线路总长度710.949公里（比上年增加95.18公里）。2009年末，公司拥有营运保管车1016辆（比2008年减少20辆），团客车86辆，公交营运车930辆，其中空调车930辆占100%；其中CNG车158辆占16.99%；二甲醚车10辆；在册员工有4766人，比上年末4720人净增46人。年公交路线车总客运行驶里程5533.4万公里，日均15.16万公里（比上年增长5.32%）；交路线车总客运量14636.5万人次（不含老年人免费乘车人次），日均客运量40.10万人次（比上年下降3.98%）。2009年，因受外滩改造市政道路大规模施工（外滩由双向各5车道改为各2车道）、吴淞路闸桥拆迁及吴淞路越苏州河隧道施工、四平路沿线轨道交通10号线施工及迎世博道路整治等影响，路线计划客运班次及营运公里损失情况比较严重，相关线路公交客运人次有所下降。

直接影响四平路沿线公交主要路线情况表

路　线	计算单位	1—12月实际日均人次	去年同期日均人次	同比减少%
55	万人次	15195	17867	-14.95
910	万人次	24079	25493	-5.55
123	万人次	16456	19651	-16.26
123区间	万人次	6705	7813	-14.18
合计	万人次	62435	70824	-11.84

【新辟179线路】　公交179路于2009年11月1日开通，具体走向：自凉城路起经凉城路、汶水东路、水电路、广灵四路、凉城路、广中路、平型关路、永和东路、共和新路、汶水路至原平路。回程：自原平路、江场西路、高平路、交城路、原平路、汶水路、共和新路、永和东路、平型关路、广中路至凉城路。沿途停靠站点：凉城路广灵四路（终点站）、水电路广灵四路（方向原平路汶水路）、凉城路广灵二路（双向）、广中路广粤路（双向）、广中路平型关路（方向原平路汶水路）、平型关路广中路（双向）、平型关路彭江路（双向）、永和东路平型关路（双向）、永和东路共和新路（双向）、汶水路共和新路（双向）、汶水路万荣路（双向）、交城路高平路（方向凉城路广灵四路）、江场西路高平路（方向凉城路广灵四路）、原平路汶水路（终点站）。全程长度：8.3公里，双向站数22只，平均站距755米，实施空调车单一票价2元。首、末班车时间：凉城路广灵四路（终点站）05:30时至22:30时；原平路汶水路（终点站）05:30时至22:30时。

【延伸168线路走向】公交168路于2009年2月28日延伸，具体走向：自复旦大学邯郸路起循原线至国帆路、国江路终点站。回程：国江路、国帆路、政和路、国浩路、淞沪路循原线至邯郸路。增设三组单向站及终点站站：国帆路淞沪路（方向复旦大学）、政和路国帆路（方向复旦大学）、国浩路政和路（方向复旦大学）及国江路淞行路（终点站）。

【调整100路、942线路走向】从2009年9月26日调整公交100路走向：增设二组单向站和一组双向站及终点站：海宁路吴淞路（方向山西北路）、河南北路海宁路（方向吉浦路）、海宁路四川北路（双向）及山西北路七浦路（终点站）。取消站点：乍浦路（终点站）、塘沽路（方向乍浦路）。2009年12月31日调整公交942路走向：增设四组单向站和一组双向站：东江湾路同心路（方向殷行路）、中兴路宝通路（方向殷行路）、中兴路鸿兴路（方向殷行路）、中兴路西藏北路（方向殷行路）、虹口足球场（双向）取消站点：中山北一路广中路（方向殷行路）、中山北一路花园路（方向殷行路）、中山北路西宝兴路（方向殷行路）、西藏北路芷江西路（方向殷行路）。

【公交线路作息时间调整情况】根据行业汽电车新的客运服务规范要求，自2009年7月1日起，部分公交线路终点站首末班车发车时间调整。60路原首末班车时间：定海桥5:40—23:00；政立路5:00—22:25，调整为：定海桥5:30—23:00；政立路5:00—22:30。80路原首末班车时间：杨树浦路5:20—22:00；安波路5:40—22:30，调整为：杨树浦路5:20—22:30；安波路5:30—22:30。100路原首末班车时间：吉浦路仁德路5:30—22:20；调整为：吉浦路仁德路5:30—22:30。577路原首末班车时间：复兴岛5:40—23:40；调整为：复兴岛5:30—23:40。大桥三线原首末班车时间：国和新村4:55—21:55；调整为：国和新村4:55—22:30。716路原首末班车时间：永业路6:05—23:20；调整为：永业路5:30—23:20。123路区间原首末班车时间：人民广场6:30—21:30；岳阳医院6:00—20:50，调整为：人民广场5:30—22:30；岳阳医院5:30—22:00。405路原首末班车时间：博兴路柳埠路6:00—22:00；曲阳新村6:00—21:00,调整为:博兴路柳埠路5:30—22:30;曲阳新村5:30—22:30。910路原首末班车时间:南浦大桥7:00—22:10;世界路6:00—21:20,调整为:南浦大桥5:30—22:30;世界路5:30—22:30。102路原首末班车时间:政立路5:00—22:20;调整为:政立路5:00—22:30。559路原首末班车时间:虬江码头6:00—21:30;青石路国权北路6:00—21:30,调整为:虬江码头5:30—22:30;青石路国权北路5:30—22:30。758路原首末班车时间:市光新村6:00—22:30,调整为:市光新村5:30—22:30。960路原首末班车时间:杨树浦路5:00—22:00;青石路5:30—22:00,调整为:杨树浦路5:00—22:30;青石路5:30—22:30。142路原首末班车时间:军工路翔殷路6:20—23:00;沽源支路5:30—22:20,调整为:军工路翔殷路5:30—23:00;沽源支路5:30—22:30。140路原首末班车时间:平江小区6:05—23:00;江湾镇5:30—22:25,调整为:平江小区5:30—23:00;江湾镇5:30—22:30。723路原首末班车时间:香山新村5:45—23:00,调整为:香山新村5:30—23:00。597路原首末班车时间:东方路张杨路6:00—21:00;彭浦新村5:50—21:00,调整为:东方路张杨路5:30—22:30;彭浦新村5:30—22:30。870路原首末班车时间:陆家嘴6:00—21:30;世界路6:00—20:30,调整为:陆家嘴5:30—22:30;世界路5:30—22:30。406路原首末班车时间:国定路政立路6:00—21:00;东靖路金京路6:30—20:30,调整为:国定路政立路5:30—22:30;东靖路金京路5:30—22:30。942路原首末班车时间:殷行路6:00—21:00;上海火车站6:30—22:00,调整为:殷行路5:30—22:30;上海火车站5:30—22:30。515路原首末班车时间:松花江路延吉东路6:00—20:30;上海火车站6:30—21:30,调整为:松花江路延吉东路5:30—22:30;上海火车站5:30—22:00。

【更新车辆装备,改善车容车貌】2009年,巴士一汽公司报废了145辆大客车,更新公交车141辆(全部是高等级空调车),其中SOF76辆(10米无级变速);S2G55辆(12米无级变速);S1D10辆(11米二甲醚车),为迎接上海世博会车况设施和车容车貌明显改观。

【公交应用信息化、智能化管理】2009年,巴士一汽公司进一步推进公交信息化应用、智能化管理措施落实,对现有智能化系统终端升级,涉及营运调度、营运服务、安全监理、票务结算、油料加注、停车场安保巡更、数据分析汇集等领域,管理绩效进一步显现。公交线路车辆全部安装了GPS信息系统车载终端,覆盖率100%。调度系统增加了班次统计、停站时间、中途准点等数据汇集和分析。8个营运分公司中有6个营运分公司建立了监控大屏,智能化管理及信息数据与公司共享,发挥了“靠前指挥”功效,提高了营运管理绩效。巴士一汽公司在客流较高的市中心枢纽站和集散点线路,123路人民广场、910路南浦大桥、66路丰镇、66B民宴、723路香山、960路杨树浦路6个点开通了全球眼。巴士一汽公司营运车辆在停车场内加油,已全面使用智能化加油信息系统,智能卡加油机替代了原有的油票,经对车卡、人卡信息同时读取后记录加油信息,大大提高了油料加注数据的准确性。并可以通过查询加油信息系统,把车辆油耗数据统计置于计算机管理之下。

(梁开明)

(三)过江轮渡

【概况】 2009年,是市轮渡有限公司不断加强建设和谐企业和全面实施迎世博600天行动计划的关键一年。年内,公司完成客运量9379.95万人次(其中区境内客运量3114.78万人次),机动车运量263.84万人次;客渡营运率93.1%,车渡营运率98.36%。船舶完好率100%。区境内6条轮渡航线有正式职工367人,其中,管理人员41人,渡轮驾驶员48人、轮机员55人、水手72人,服务人员151人。至年末,除原计划的世博园区外宁国路水门建设项目取消外,区境内6个渡口综合整治工作全部完工。由公司下属西渡船厂承建的22艘世博客渡船竣工交船16艘。

2008—2009年区境轮渡航线（渡口）客流量及营收情况表

轮渡站	客流量（万人次）		营收（万元）	
	2008年	2009年	2008年	2009年
其秦线（秦皇岛渡口）	893.29	888.39	577.40	578.00
民丹线（丹东路渡口）	562.44	501.06	365.08	326.34
歇宁线（宁国路渡口）	427.30	393.78	290.67	266.08
金定线（定海桥渡口）	1004.03	904.73	692.62	622.10
东嫩线（嫩江路渡口）	277.66	268.52	216.97	203.83
草临线（临江路渡口）	178.84	158.3	155.25	128.38

【实施“五个明显”目标】 年内，市轮渡有限公司为实施迎世博600天行动计划，对各项任务及目标要求作了详细的安排和规定，以“精神面貌、文明礼貌、站容船貌”建设为切入口，开展轮渡站现场管理、轮渡站环境治理、轮渡站员工学礼仪的600天行动。通过实施行动计划，达到：员工服务行为明显规范、员工仪容仪表明显整齐、员工诚心意识明显增强、乘客候渡环境明显改善、现场管理水平明显提高”的目标。开展全员培训，从思想意识、世博知识、服务态度、操作规范、礼貌服务等多方面进行轮训。另外，还请来了哑语教师教手语；英语老师教英语会话的“双语”学习，并将教学内容刻成光盘，对员工分批进行培训。

【“上海轮渡”网站试运行】 年内，市轮渡有限公司为了更好地服务世博、服务乘客，开通了“上海轮渡”网站(www.shanghaiferry.com)，并进行了试运行。其内容有车、客渡时间表、渡口的地址、查询电话、首末航班时间，还有渡口周边的公交信息，以方便乘客换乘。如遇黄浦江高潮位、大风、迷雾等恶劣气候引起的轮渡停航，即在第一时间通过网站、轮渡站告示、电子显示屏、轮渡站广播等形式告知广大乘客，亦为方便乘客上网查询提供及时、便捷的服务。

【渡口综合整治顺利完工】 7月21日，市交通港口局下发《关于实施黄浦江轮渡站和渡轮站容船貌整治工作的通知》，并随文转发市城交委批复原则同意市轮渡有限公司呈报的渡口整治方案，明确轮渡公司为整治实施主体。公司在完成了网上招标及评标、中标工作后，9月18日起渡口综合整治遂全面开工。为了不影响乘客过江，整治轮渡站的施工一律在错峰时段进行，尽量安排在双休日施工，从而将对乘客的影响程度降到最低。至年末，渡口综合整治工程全部完工。整治后渡口站房外立面颜色、囤船、浮桥及标识标牌规范统一。候船室的椅子、垃圾桶和通道雨棚等设施都焕然一新，并张帖乘客须知、航班时刻表和公告栏，安装电子显示屏、滚动播出航班信息。

【世博客渡船试运营】 9月27日，由世博会事务协调局主办、市轮渡有限公司承办的“中国上海2010年上海世博会首批新型客渡船暨试航仪式”在世博园区举行。首批4艘世博客渡船仪式结束后进行试运营。世博客渡船在船舶外型、功能转换、设备选用上与传统客渡船相比，均有较大的突破。船体采用流线型的造型，乳白色的船身配有大舱窗，明亮、整洁、显眼。封闭式空调船舱，内有视频、音响等设备，排放全部达到环保和节能的要求。渡船分为上下两层，上层既有客舱，也有观光平台，下层则为客舱，共有500客位。船上装有AIS自动识别导航系统，在航行中，遇到交汇船只，离本船的距离及本船的航速都会自动显示，通过集公司调度室视频监控系统和远程监控于一体的集成系统进行监控，并与海事部门联网，实时监控渡船的航行动态，保证航行安全。

【加强全面质量管理】 年内，市轮渡有限公司把全面提高服务质量，提升乘客满意度作为追求的目标，通过开展纠陋工作，不断提

2009年区境轮渡航线乘客满意度得分表

其秦线	民丹线	歇宁线	金定线	东嫩线	草临线
82.80	84.22	83.47	83.87	84.05	83.74

（傅　斌）

升轮渡整体服务质量。年度乘客满意度指数平均分值为84.5分，比上年上升1.05分，达到"公司乘客满意度指数≥80分"的质量目标。

（四）铁路货运

【概况】　2009年，中铁集装箱运输有限责任公司杨浦直属站是上海铁路枢纽地区的一个货运站，主营集装箱货物运输，同时也办理整车、大件、冷藏货物的发送和到达业务，具有集集装箱、整车、长短途运输和装、掏箱、仓储等各种货运服务功能。站内设有海关车办处，便于国际联运的报、通关，是国际联运、海铁联运的中转站。车站设行政部门6个（综合部、计划财务部、安全技术部、运输调度部、货运事业部、装卸事业部）。有正式职工20人。大专以上文化程度17人，有专业技术职称的17人。另有上海铁路局劳务输入人员380人。该站东濒黄浦江，与杨浦大桥毗邻，位于区境东南部内江路360号的上海铁路分局杨浦车站，1960年7月1日，作为一个独立货运站正式对外营业，是上海地区主要铁路货运站之一，也是国际海铁联运的主要中转站。车站总面积76.56万平方米，有各类线路120条，其中专用线64条，分别深入到周边的厂矿企业和港区码头；占地31.4万平方米，有3.11万平方米的国际集装箱专用货场。目前拥有到发线5条、作业线13条，总长1.1万米，62台装卸机械，可全天候装卸作业，单机最大起重能力为36吨。运输的主要货种有钢材、矿产、木材、砂石和机械设备、日用百货等。该站自行设计制造的自动化管冰制冰设备和四节式冷藏冷板车科研项目，为我国铁路冷藏运输之首创，填补了我国铁路冷藏运输的空白。该站与上海港集装箱综合发展公司联合组建的杨浦港站，是海运和铁路联合运输的连接点和中转站；与外高桥港务公司合作，经加强长期合作。车站拥有一个31.4万平方米货场，各类线路24条。装卸机械50台，最大起重能力45吨。全年到发集装箱9.7万标箱，增幅为7%。其中，国际联运发送11462标准箱，占全年总发运量的22%，减幅为12.9%。完成运输收入23122万元，减幅为13.8%。完成货物发送74.4万吨，减幅为8%。全年共组织集装箱班列运输211列。其中双层集装箱班列121列、阿拉山口31列、满洲里2列、成都4列、郑州东12列、西安2列、呼和浩特8列、包头15列、军运10列，其他6列，牛奶班列160列。全年共完成装车30878车，增2965车，增幅为10.6%。卸车完成20145车，少151车，减幅为0.7%。装卸车之差为10733车。

【安全生产平稳可控】　为加强现场关键作业的检查，设立现场安全督导员岗位劝阻、纠正、制止作业中的违章违纪。不间断开展劳动安全、货物装载加固、货车超偏载、货场综合治理、消防、装卸设备专项整治活动，对查出的安全隐患严格实施闭环消号管理。开展群众性的存在于职工身边的安全隐患排查活动，149名职工填写《安全隐患查处建议表》67份，经分类疏理落实整改，实现了车站改制后第三个行车、人身双安全年。（邵燕红）

（五）长途客运

【概况】　五角场长途汽车客运有限公司是上海市公路主枢纽客运站布局规划"四主六辅"站点之一，也是杨浦区唯一的长途客运站。拥有上海至苏、浙、皖、闽、赣、鲁、豫、鄂、湘等省市长途班线104条计120余只班次。随着杨浦区五角场地区的开发建设，五角场客运站先后于2003年9月22日，从原址四平路1779号搬迁至政立路120号江湾体育场北门，2005年8月18日又从江湾体育场北门搬迁至现在的国伟路456号。经历二次大迁移，加之地理位置不甚理想，造成旅客人数锐减、人气不足，使许多长途班线经营者相继迁出五角场客运站，经营班次大幅度减少，目前与

五角场客运站

2002年鼎盛时期相比，长途班次减少68.33%，人次减少81.53%。2009年春运共发1255班次，运送旅客12696人次，比上年同期上升20.44%和4.25%。

【以客运为主实现多元化格局】 为拓展市场，在发展以长途客运为龙头主业的同时实现以客运、汽修、旅游、宾馆、餐饮等多元化格局，而且还新建1个车辆公司，即“上海世平运输有限公司”，有高等级大客车32辆，驾驶员71名，主营长途客运和旅游客运。根据上海市城市交通管理局要求，32辆在用营运的大客车全部安装了GPS卫星定位仪，使公司的质量管理上了一个台阶。　（王元训）

（六）邮　政

【概况】 杨浦区的邮政工作由市邮政公司市北邮政局、市北邮政投递局和宝山区邮政局承担。位于吴淞路529号的上海市邮政公司市北邮政局，在杨浦区范围内有杨浦、鞍山路、控江3个邮政支局和16个邮政所；位于虹口区中山北二路1621号的上海市邮政公司市北邮政投递局，现辖10个投递支局，分布于杨浦、闸北、虹口等3个行政区域内，服务总人口约为250万人，服务总面积约为75平方公里；宝山区邮政局在杨浦区北部五角场地区、中原和殷行地区设有翔殷路、民星2个支局，7个邮政所。

【上海市邮政公司市北邮政局】 上海市邮政公司市北邮政局（以下简称市北邮政局），位于吴淞路529号（邮政编码200080），隶属于上海市邮政公司，其中在杨浦区范围内有3个邮政支局：杨浦邮政支局（黄兴路8号，邮编200090）、鞍山路邮政支局（鞍山路170号，邮编200092）、控江邮政支局（控江路910号，邮编200093）和16个邮政所。各邮政支局经营业务范围包括：（1）函件专业。包括国内国际信函、邮资封片卡、商业信函、邮送广告等业务；（2）储汇专业。包括邮政储蓄、邮政电子汇兑等业务；（3）速递专业。包括国际国内同城特快专递、节日鲜花礼仪、护照专递等业务；（4）集邮专业。包括集邮邮票、个性化邮票、定向制作邮品等业务；（5）包裹专业。包括国际国内包裹、快递包裹等业务；（6）代理业务。包括代理保险、代理基金、代理电信、代收公用事业费等业务。

【“学赶比创”竞赛活动】 开展“学劳模、赶先进、比贡献、创品牌”的竞赛活动，成立“北斗星营销团队”、“红缎带服务团队”和“北青先锋队青年骨干团队”三支市北局层面的品牌团队。“北斗星营销团队”由市北局一批业务熟练，综合素质高，营销业绩突出的营销能手组成，班子领导、营销先进、全国劳模王樑任名誉队长，“北斗星”寓意团队如同夜空中的北斗星一样，引领更多员工关心营销、参与营销和开展营销。“红缎带服务团队”由全国邮政系统先进单位四川路桥邮政支局服务特色为基础，在各支局设立“红缎带”便民导邮员，并组成市北局层面的“红缎带服务团队”，为用户进行导邮、送邮上门、提供用邮咨询、便民指路等各类服务。“北青先锋队青年骨干团队”由全局青年骨干和全日制大学生员工组成，是市北人才工程的蓄水池。

【“迎世博”集中行动】 营造“窗口讲文明、热情迎世博”的气氛，由控江邮政支局在大厅摆放海宝雕塑而兴起的，在每月5日、15

日和25日选择主办支局,开展设摊、道路清洁和交通协管等"迎世博——三五集中行动",并通过《迎世博简报》及时宣传全局迎世博动向。提出多项便民举措。在营业大厅增设了爱心轮椅、爱心雨伞、便民伞架、打气筒等便民用具,提供人性化服务。

【培训员工技能】 制定《岗位管理若干规定》、《加强岗位培训提升全员素质实施办法》、《开展岗位练兵竞赛活动实施计划》、《迎世博员工培训工作实施意见》等员工教育培训办法,开展"与青年朋友谈谈职业生涯发展的谋划"青年骨干座谈会,初步形成日常岗位培训、岗位考核、岗位晋升和岗位退出的管理模式以及岗位成才体系。3月启动全局练兵活动,组织"2009年市北邮政局岗位练兵比武大赛"。通过培训,在市公司比武大赛中取得优异成绩,6名选手获得全部21个奖项中的11个,获奖比例52%,并获得个人全能奖的前五名。

【建设"六讲"机关】 开展"六讲机关"建设活动,即"讲政治、讲学习、讲文明、讲服务、讲效率、讲和谐"六个方面。下发《精细化管理》、《超越性思维》、《情绪管理》等书籍,通过自学、座谈、撰写学习心得等形式,提高机关和各级领导干部素养。组织"五个一"党风廉政教育月活动,开展廉政硬笔书法等比赛。结合纪念建党88周年,举行"坚定理想信念,发挥先锋作用"党课活动。在参与经营发展中,机关围绕邮政贺卡、储蓄单项和邮品销售等,开展"战旺季、促发展、作贡献"专项经济指标劳动竞赛,为年度冲刺和重点业务发展作出贡献。

【员工实事工程】 2009年局领导班子深入基层实地调研8次,共计为员工解决实事项目4件,解决员工反映的热点难点问题30个。为941名干部员工集体办理了市总工会住院医保,积极组织参加上海邮政重病医疗互助保障和住院医疗互助保障,安排740人次的各类体检,按照市公司统一安排,做好965名员工疗休养券的发放和组织工作,为6个网点添置了微波炉、冰箱、洗衣机、乒乓台等生活设备,解决员工群众反映的实际困难。(刘 悦)

【上海市邮政公司宝山区邮政局】 宝山区邮政局在杨浦区北部五角场地区、中原和殷行地区设有翔殷路、民星2个支局,7个邮政所。服务面积35.3平方公里,服务常住人口近50万,投递路线117条、总长约2042公里,共有信筒、信箱70个。2009年完成业务收入6301.10万元,其中:函件业务收入2127.87万元,包件业务收入409.34万元,速递业务收入1191.92万元,储汇业务收入1016.66万元,发行业务收入819.25万元,集邮业务收入456.02万元。劳动生产率按从业人数329人计算达19.15万元/人年。民星支局营销团队被评为2009年度上海市邮政公司先进集体,樊文兵被评为2009年度上海市邮政公司先进生产(工作)者。

【邮政速递物流专业革新】 12月,邮政体制机制改革深入推进,速递物流资源重组整合,成立上海邮政速递物流宝山分公司,独立经营速递物流类业务。由此,邮政业务从原来传统的函件、包件、速递、储汇、集邮、报刊发行六大专业转为邮务类、代理金融类两大板块业务,其中邮务类包括函件、包件、集邮和报刊发行专业,代理金融类包括储蓄存款、代理销售保险基金国债、人民币理财、外汇、汇兑以及代收费等理财中间业务。宝山邮政速递物流分公司翔殷路经营部负责翔殷路支局、民星支局、运光支局等3处支局地界内的速递物流业务。

【开设邮民联系箱】 5月,翔殷路支局、民星支局积极响应上海市邮政公司关于做好"邮民联系箱"(以下简称联系箱)管理工作的通知要求,在本地投递道段范围内陆续安装联系箱30只。联系箱开箱作业按每日一频次执行,开箱工作由联系箱所在地界负责投递的作业人员承担。安装位置大多设于居民住宅出入口附近背风的墙面上,既便于用户投寄,又防止雨水侵入。邮民联系箱的推出进一步加强与用户的沟通,密切与用户的关系,也是邮政迎接上海世博会的一项重要举措。

【开办"爱心包裹"业务】 4月26日起,中国邮政受中国扶贫基金会的委托,开始开办"爱心包裹"业务,承担"爱心包裹"受理、寄递以及捐赠款的归集等工作。该项目是中国扶贫基金会借四川汶川大地震一周年和"六一"儿童节到来之际,发起和组织社会各界向四川、陕西、甘肃等地震灾区的中、小学校和学生捐赠礼物的主题活动。“爱心包裹”分为两款：学生型，重量约2.5公斤，捐赠价为100元；学校型，重量约15公斤，捐赠价为1000元。通过邮政营业网点设立的爱心捐赠站受理相关业务。区局全年收寄学生型包裹4197件、学校型包裹55件，排名全市各区县局首位。其中，翔殷路、民星支局共收寄学生型包裹543件、学校型包裹24件。

【成功开发“2010年世博会元祖中国情”邮资明信片】 民星支局为2010年上海世博会赞助商之一的元祖食品成功开发并策划制作“元祖2010年中国情”中秋项目，形成单笔业务收入230余万元。该项目立足于元祖每年中秋主推的“刮刮卡”营销活动，以邮资封片卡为载体，与“刮刮卡”有机结合，运用“世博专图”作为邮资封片卡的主推邮资图案，在传统中秋节宣传中融入世博主题元素，契合元祖作为世博赞助商的角色宣传。该邮资封片卡为一枚面值80分的明信片，其中正面正中主图由“2010上海世博心，元祖中秋中国情”两横排宋体玫红色字体构成，左下角配以元祖雪月饼实图，右上角以黄色水漾圆月和元祖月兔图背景衬底显出“元祖雪月饼，冰凉好个秋”两竖排产品宣传语，另侧平行附有“演绎民俗复兴传统”红底黑字，与右下角2010年世博会徽和吉祥物海宝图案上下呼应，凸显主题。明信片反面主图则是元祖食品的注册标志，邮资贴票处以印有世博会徽图样的圆月形图案作为邮资凭证，右联“刮刮卡”注明活动的注意事项，沿虚线撕开即可邮寄。

【员工拾金不昧行为受到新闻媒体报道】 1月11日，民星支局投递员应再金投递完毕归班回局途中，于中原路路口拾得一大袋人民币，几经周折，最终在当地殷行路派出所民警的帮助下，当日下午即将2.2余万元现金以及失主的身份证、临时居住证和银行卡等证件如数归还，并谢绝其重金酬谢。失主系中原路上经营老鸭粉丝汤店的店主，丢失现金包含进原料的货款和支付打工者的工资，为表达感激谢意，便将应再金拾金不昧的行为向上海新闻综合频道的媒体记者反映。次日新闻记者前往民星支局现场采访应再金和失主，拾金不昧事迹经媒体传播被广泛宣扬报道。（李文婷）

【上海市邮政公司市北邮政投递局】 2009年，荣获由上海市人民政府命名的2007—2008年度上海市文明单位称号，被评为2008年度上海市邮政公司文明单位。该局在杨浦区区域内主要设有三个投递支局，另外地处虹口区的提蓝桥投递支局也承担了部分杨浦区区域内的邮政投递业务：(1)杨浦投递支局，邮编200090，位于黄兴路8号，服务人口约23万人，服务面积约为8.5平方公里。(2)鞍山路投递支局，邮编200092，位于鞍山路170号，服务人口约22万人，服务面积约为6.5平方公里。(3)控江路投递支局，邮编200093，位于控江路910号，服务人口约24万人，服务面积约为7.2平方公里。(4)提蓝桥投递支局，邮编200082，位于虹口区东大名路1209号。该支局在杨浦区承担的投递区域大致范围为东至杨树浦港与杨浦投递支局为邻，南至黄浦江沿线，西至大连路与虹口区域接壤，北至周家嘴路与鞍山路投递支局为界，在杨浦区的服务人口约13.5万人。服务区域面积约4平方公里。各投递支局主要经办的业务有：投递各类国内、国际平常信函和挂号信函、商业信函、直投广告、包裹、账单等；全国8000多种邮发报刊杂志的收订和投递业务。

【开展用户意见征询活动】 为了解社会用户对各投递支局服务质量和通信质量的评价，各投递支局主动通过寄送书面征询单、电话征询、上门走访征询等不同形式，每月对所属投递区域内不同层次的企事业单位、个人用户进行意见征询。书面征询数量按每条邮路每月随机征询，电话征询按用户来电反映处理答复后随机抽查，上门走访则由支局负责人每人每月按30次进行。通过用户的反馈，了解社会各界用户对邮政行业的评价和建议或意见，拉近了邮政用户和邮政企业的距离。企业以此为切入点，寻找不足，为改进和提高服务质量和通信质量提供了直接和有效的依据。2009年度，三个投递支局各种形式征询累计超过7000次，其中杨浦投递支局为2128次，鞍山路投递支局为2650次，控江路投递支局为2284次，促进了企业投递服务质量和行风政风建设。

【开展结对活动】 2009年,各投递支局为迎接中国2010年上海世博会的召开,不断推动企业的服务质量和质量工作,主动开展结对活动。结对活动主要是通过投递员的了解,在自己的投递区域地界内,针对孤寡老人、特殊用邮需求、关心邮政发展等人群,主动寻找一名对象进行结对。目的通过结对对象,利用工作或业余时间,记录和满足结对对象的特殊需求和其作服务,不断地了解结对对象及周围人群对用邮效率、用邮环境、用邮质量等方面的意见或建议,进一步扩大邮政影响,主动参与社会及社区居民的活动。全年三个投递支局共建立结对对象达到155户。

【设置邮民联系箱】 上海邮政为不断提高邮政服务质量,经常了解用邮居民的意见或建议及需求,在居民较集中的住宅小区、人流往来较多、道路交通较为便利等处设置邮民联系箱,便于居民反映情况或需求。各投递支局作为直接管理部门,建立了相应的管理制度,每天派员负责进行开箱登记,及时了解和记录相关情况。截至年底,杨浦投递支局投递区域内设置邮民联系箱39只,鞍山路投递支局投递区域内设置邮民联系箱49只,控江路投递支局投递区域内设置邮民联系箱48只。 (吴根宝)

(七)电 信

【概况】 中国电信上海公司位于彭江路500号,于2002年11月18日成立,经营市内固定电信网络与设施业务。中国电信自正式全面接管原由中国联通经营的CDMA网络,成为真正意义上的综合信息服务提供商,具有互联网手机概念的"天翼"品牌也同时推出。中国电信10000号客户服务热线、网上营业厅和遍布上海大街小巷的254个营业厅网点开始受理189号段的申请,并同时推出总机服务、智能化短信等新业务。为进一步促进三网(电信网、广播电视网和计算机通信网)融合,公司大力发展IPTV业务,全年净增用户51.7万户,总数达到74.2万户,形成规模应用。上海IPTV通过与有线电视的差异化定位,在拉动宽带发展、创新运营模式等方面进行有益的创新与探索,已成为家庭用户的"第二台电视",充分显示IPTV的市场活力。为提升IPTV业务质量,公司开展接入网升速、城域网优化、端到端质量提升、技术标准化等工作,上海本地77%的ADSL用户速率可达到4M,5%的ADSL用户速率可达17M(具备开通高清IPTV的能力)。上海在全国率先发布IPTV2.2的标准规范,建立统一的2.2业务管理平台,实现统一的用户认证、计费、产品管理,初步建立业务经营分析系统。公司下属的东区电信局的业务服务范围涵盖杨浦区、虹口区。

【助力"知识杨浦"建设】 4月29日,中国电信上海公司东区电信局与杨浦区信息化委员会签署了《2009年度信息化建设合作协议》,共同编制了2009年度信息化建设实施计划,确定2009年信息化建设重点项目。一是共同推进"宽带提速"建设。新建一批POP点,进行GPON建设试点,实现杨浦全区2M宽带100%覆盖,8M以上宽带覆盖地区达到60%。二是继续开展"无线杨浦"建设。新建100个无线热点覆盖点,形成一张覆盖全区重要商务和休闲区域的高速无缝宽带网络。三是推进"数字化楼宇"工程。完成一批住宅小区、商务楼的光纤到楼层、到桌面工程,并对全区范围内的新建商务楼宇、经济园区、科技园区住宅小区全部采用光纤到楼层建设。四是积极推进3G战略。实现全区3G信号全覆盖,使普通市民都能"用得起、用得上"3G业务。五是积极开展信息化培训。开展为杨浦区各街道、委员会专兼职信息管理人员和联络员的信息化应用培训。

【助力世博通信、信息化建设】 2009年,中国电信上海公司迅速有力抓好世博筹备,共下达48个世博通信建设和信息化建设项目,总投资3.4亿元。4月28日,"信息通信馆"奠基仪式在浦西世博园区举行,年内完成信息通讯馆主体钢结构封顶,并按期启动布展工作。"信息通信馆"依托全球首创的展示技术,将提供前所未有的信息通信参观体验。9月26日,上海公司800兆政务共网200台数字集群终端正式交付世博局安保部,标志着800兆政务共网全面进入世博园区,为世博局日常工作提供指挥调度通信服务。11月12日,网上世博会(www.expo.cn)正式上线。网上世博会是实体世博会的导引、补充与延伸,是集推介、导引、展示、教育四大功能于一体的综合性、国际性的网上平台，作为上海世博会全球合作伙伴的中国电信全程提供技术支撑。12月11日，上海公司与《新闻晚报》签署了"掌握世博"手机报合作协议，上海公司将与《新闻晚报》强强联手，为1900万上海市民和7000万来沪游客提供一个便捷、高效的世博信息平台。12月23日，《百年梦圆》世博主题电话卡正式发行，电话卡采用纯银制造，这在中国电信制卡史上尚属首次。

【上海 IPTV 用户突破 100 万】 12月16日，中国电信上海公司举行"百万盛典，共炫视界"庆典仪式，庆祝上海电信 IPTV 用户规模突破100万，上海成为 IPTV 全国第一城。2005年10月，中国电信上海公司与上海东方传媒集团有限公司合作，在浦东新区、闵行地区开通 IPTV 业务商用试播电视。此后，双方在 IPTV 的产品开发、网络建设、技术研究、商业模式、用户发展等方面深入拓展，开创"上海模式"，取得了良好成果。上海地区的 IPTV 用户规模不仅率先在全国范围内突破百万，而且开机率和用户增长率行业领先，在用户界面创新、互动功能服务、发展高清内容等方面都走在了全国前列。通过和相关政府部门等的合作，IPTV 也提供各类社会事业、党员远教、公共服务信息等方面的服务。如采用 IPTV 向广大党员提供现代远程教育服务，目前有超过6000个党员现代远程教育站点，基本形成覆盖全市街道(乡镇)、居民区(村)的党员干部现代远程教育网络；为敬老院、智障人士"阳光之家"、农民工宿舍等提供 IPTV 优惠服务，使更多市民充分享受到上海信息化的成果。

【通信联南极】 1月1日，中国国内与南极两个科考站之间的通信全面开通，这是中国电信上海公司开通的最远端电路，满足了极地科考人员数据传送、语音传递和上网的通信需求，位于地球最南端的极地没有通信联系的历史被改写了。为了尽快在南极与国内间建立通信传输，中国电信上海公司长途无线部卫星地球站受中国极地研究中心的委托，承担了通信连接的方案设计制作、两个站点卫星小站的建设、全部的设备选型和链路测试。该通信系统采用点对点通信的方式组网，建立一个基于因特网的全 IP 方式的链路系统，在上海卫星站设立主站，在中山站、长城站设立远端小站，实现电话、图像文件传输、数据传送和上网。

【打造迎世博一流窗口服务】 中国电信上海公司以创建一流服务窗口为目标，从规范服务抓起，深化服务理念，不断推进迎世博提升服务能级工作。(1)公开12项迎世博服务承诺。套餐明晰，帐单详实；业务办理，热情迅捷；自主选择，透明安心；预约服务，准时守信；上门服务，主动规范；经理热线，民意畅通。(2)落实迎世博"四个无障碍"要求。语言交流无障碍。已有20个营业厅设置双语专柜，22个营业厅设立手语专柜，10000号客服热线每天24小时提供中英文双语服务。刷卡消费无障碍。营业窗口已安装685台 POS 机，覆盖率已达到100%。残障设施无障碍。有86个营业厅设有残疾人便捷通道。便捷服务无障碍。营业厅推出业务受理"2+3"、"免填单"和"电信专家咨询"等便民服务；安装自助终端112个，有43个厅的营业时间达到10小时以上。公司有46个窗口和120名员工被评为市迎世博"优质服务示范窗口"和"优质服务示范员"。(3)开展"三五"集中行动。3—12月，先后于每月5日窗口服务日举办"跨前一步、擦亮窗口"卫生整治、"宽带专家咨询、网络畅游省心"宽带顾问服务、"绿色网络，快乐畅游"保护儿童网上安全、"舒缓学子压力，全家轻松迎考"志愿者心理咨询服务、"用 e 账单做环保人，你我共建绿色世博"电子账单推广、"世博版新账单，给您服务'心'体验"解读新版账单、"绿色网络，低碳生活"节能环保宣传、"自助服务好帮手，信息生活新享受"自助服务终端宣传、"申请短信过滤功能，跟垃圾短信说拜拜"整治垃圾短信等10次主题活动。每次窗口服务日活动，根据当前社会和用户关心的热点问题，精心选定主题，策划方案，并选派业务专家坐堂活动现场。主题活动开展以来，共吸引近万名市民参与，上海公司也有近千名志愿者积极投身到活动中。　（王　勇）

（一）综 述

（1）认真落实迎世博600天行动计划。编辑出版《世博知识和市民礼仪简明读本》12万册；向居民小区教学点发放1500张世博宣传光盘；世博双语培训8万余人，考核合格人数1.2万余人，市民世博知识培训60万人。（2）提升创建工作的长效管理水平。开展对申报的文明单位和文明小区进行考核验收，确定区2007—2008年度区级文明单位362家，区级文明小区435个，区级军民共建先进集体78对。申报市级文明单位74个，市级文明小区217个，市级军民共建先进集体27对。（3）加强未成人思想道德建设。落实《杨浦区净化社会文化环境工作会议暨未成年人工作表彰大会》精神，制定方案措施；精选14首优秀童谣作品上报市文明办，参加全国优秀童谣评选活动；总结年度暑期工作，表彰156个先进单位和187个先进个人。（4）充分发挥志愿者队伍的功能。对2008年挂牌创建的18个志愿者服务基地进行梳理和新一轮创建申报，对6个被评为区优秀志愿者服务基地开展"杨浦志愿者服务基地风采展示"宣传，下发简报6期；全区招募世博志愿者报名人数超过4.5万人。（5）推进学习型城区建设工作。重点推进四大学习型组织建设，对14个区级项目进行社区教育实验项目验收。

（二）精神文明创建

【概况】 建立精神文明考核新机制，提高293个文明单位迎世博知识知晓率。推进"蒲公英"系列活动。组织信息平台应用业务培训，推进创建工作信息化管理。抓好市文明社区创建工作的迎检辅导和创建工作的中途管理，不断提高创建水平。

【充实和调整市民巡访员队伍】 1月6日，召开"文明指数"测评市民巡访员培训会和工作推进会，对现有市民巡访员队伍进行充实和调整，组建由人大代表、政协委员、市劳模、市区市民巡访员、延吉街道公园督查队、大桥街道市民督查队、五角场街道复旦大学博士生讲师团巡访员、五角场镇战士巡访团、青年DV摄像队成员等组成的杨浦区迎世博市民巡访员队伍。

【开展"迎世博、讲文明、树新风"宣传栏评比活动】 1月20日起，在各街道（镇）组织自建自评基础上，区迎世博社会动员指挥部实地对各街道（镇）申报的24个居委会宣传栏进行检查评选，从宣传栏的主题及内容、版面设计、图片文字的准确性、整体的美观性等方面进行综合评定，评选出一等奖2名，二等奖3名，三等奖5名。

【开展区第二次巡访测评检查】 2月5日20日，区市民巡访团组织30余名市民巡访员，分5个巡访组，按照市"公共文明指数"测评标准，对杨浦区各街道（镇）区域内交通路口、主干线、集贸市场、大型商场、居民小区的市容市貌、社区环境文明和公共场所的秩序文明进行巡访测评检查。测评方法按80∶20的比例抽查与复查相结合，进行对比分析，巡访结果反馈到各街道（镇）。

【召开区文明委暨学推委全体会议】 4月14日召开。区委常委、宣传部部长、区学推委常务副主任邹明主持会议并讲话。会议审议并通过年度杨浦区精神文明建设工作要点(送审稿)》、《2009年杨浦区创建学习型城区建设工作要点(送审稿)》以及2007—2008年度文明单位、文明社区(小区)、文明标志示范区域和军民共建社会主义精神文明先进集体的名单。区文明委全体委员和区学推委全体委员50余人出席会议。

【举行区精神文明建设大会暨"杨浦好儿女"颁奖典礼】 4月17日在沪东工人文化宫大剧场召开。会上,向获得全国文明单位和全国精神文明建设工作先进单位光荣称号的单位和获得市、区文明单位、文明小区、文明示范标志区域、军民共建先进集体以及优秀志愿者团队和个人的代表颁奖。区四套班子有关领导以及部分受表彰的先进个人和集体代表近千余人出席会议。

【举办精神文明创建工作网络创建操作培训会】 5月8日,在杨浦区文化馆举办培训会,全区28个街道、委、办、局负责精神文明建设创建工作的850名专职干部参加了培训会。培训会分两批进行培训,并正式启用"杨浦区精神文明创建网"。通过创建工作、创建活动等资料上网工作,进一步加强对精神文明创建工作的长效、常态管理,完善创建工作"发现—评估—反馈—管理"的长效、常态管理体系,发挥"长效常态巡察日志"的网上监督功能,促进精神文明创建工作上一个台阶。

【召开创建上海市文明社区工作推进会议】 10月14日召开,专题研讨新一轮文明社区创建工作。市文明办活动指导处处长出席会议,并从抓好迎世博一件大事,抓好和谐社区和以人为本两块基石,抓好形态、功能、素质三个文明,抓好卫生、安全、文化和创新四个重点作创建专题培训。区委常委、宣传部部长邹明出席会议并讲话。江浦、四平、延吉3个街道分别作交流发言,12个街道(镇)的分管负责人参加会议。

3月27日,举行迎世博倒计时400天活动

(三)文明礼仪活动

【概况】 加强宣传培训,编辑出版《世博知识和市民礼仪简明读本》12万册;向居民小区教学点发放1500张世博宣传光盘,世博双语培训8万余人,考核合格人数1.2万余人,市民世博知识培训60万人;围绕迎世博主题开展"文明我先行,携手迎世博"等系列主题实践活动。举行"我的门前我清洁"启动仪式,提高市民行动率。

【开展环境整治集中行动】 1月15日,在控江路商业街假日百货商店门前举行"人人动手,清洁杨浦,养成讲卫生爱环境好习惯"1.15环境整治集中行动,万余人参加此次活动。杨浦区四套班子领导和部队官兵、机关干部、中小学生以及社区志愿者千余人一起,清洗道路人行隔离护栏、沿街候车亭、广告灯箱、电话亭、灯柱等,清除沿线机非隔离绿化带垃圾,同时协助做好非机动车停放以及交通文明宣传等工作。

【举行迎世博倒计时揭牌仪式】 "迎世博倒计时400天——上海市教育系统'六百'系列活动和杨浦区'三五'集中行动启动暨倒计时揭牌仪式"于3月27日在五角场下沉式广场隆重举行。团市委书记潘敏,市教卫党委副书记、市教委副主任莫负春,区委书记、区人大常委会主任陈安杰,区委副书记、区长宗明,区政协主席李文连,团市委副书记邓小冬等有关领导出席仪式活动。部分高校、区迎世博城市管理、社会动员、窗口服务指挥部各成员单位以及驻区部队、社区居民、商业服务单位代表和学生代表共700余人参加。潘敏、陈安杰为“迎世博倒计时400天”揭牌。莫负春、宗明为上海市教育系统“六百”系列活动揭牌。莫负春、邹明分别就全市教育系统迎世博“六百”系列活动和杨浦区开展“三五”集中行动作动员部署。曹荣瑞、吴乾渝向大、中、小学生赠送《上海中学生报》、《少年日报》为配合“六百”系列活动出版的世博特刊。

【举行世博知识培训光盘授发仪式】 “文明我先行,携手迎世博”—杨浦新上海人世博知识培训光盘授发仪式于6月25日在五角场下沉式广场隆重举行。区领导为全区12个街道(镇)的来沪人员授发世博知识培训光盘。新上海人代表仲伟超向广大来沪人员倡议,号召大家“迎世博、学礼仪,讲道德、守秩序”,并向杨浦新上海人代表进行动员讲话。

【开展门前卫生责任制点评活动】 “我的门前,我清洁”门前卫生责任制点评活动于8月15日环境清洁日在鞍山路商业街举行。区有关领导、商业街自管委成员、市民巡访团成员和居民代表,按照道路整洁、门前有序、立面规范的要求开展点评,实现沿街各单位自我管理、自我约束、自我优化,使“我的门前,我清洁”活动保持常态长效。

(四)学习型城区创建

【概况】 围绕学习型城区创建工作,全力承办学习节活动。重点推进四大学习型组织建设,提出了“1511”创建活动。召开学习型组织创建和社区教育特色教材编写工作研讨会,深化社区教育实验项目。

【举行经典诗文诵读大赛】 第十一届上海读书节——上海市民经典诗文诵读大赛(复赛)于10月26日举行。活动宣传展示了杨浦区学习型社区、学习型家庭等各类学习型组织的创建成果。各街道(镇)从满足居民需求出发,使社区更文明、更健康、更和谐。参加本次复赛的有来自全市多个区的总工会代表队和企业代表队共36支。其中上海市邮政公司以吟诵《我骄傲,我是中国人》一诗取得了全场最高分。复赛最终评选出的15支参赛队伍,于11月9日参加在上海教育电视台举行的决赛。

【举行第三届学习节开幕式】 上海市第五届全民终身学习活动周暨杨浦区第三届学习节开幕式于11月1日在区文化馆隆重举行。活动周以“人人学习、促进发展”为主题,结合新中国成立六十周年、上海世博会的举办,体现“学习,为五星红旗增辉;学习,给千禧世博添彩”。约500人参加开幕式。开幕式上宣布“关于上海市成人教育之星表彰的决定”,11位长期从事成人教育工作,并对上海成人教育事业作出突出贡献的“成人教育之星”进行表彰。上海市第五届全民终身学习活动周系列竞赛活动:“社区歌唱竞赛”、“书画、摄影作品竞赛”、“世博知识竞赛”和“民俗手工艺作品竞赛”的一等奖获得者分批登台领取了奖杯。开幕式场外广场上,展出了反映上海市十八个区(县)自2006年以来学习型社会建设推进的创新模式(机制)的板面。经与会各区(县)代表的当场评选,杨浦区、徐汇区、长宁区获一等奖。

【举行机关学习型团队建设论

人人动手清洁环境

坛】 12月7日，区委宣传部和区委组织部、区机关党工委、区文化局等5部门联合举办的区第三届学习节机关分会场活动暨“学习·励志·创新·奋进——杨浦区机关学习型团队建设论坛”。论坛现场展示了49家区创建学习型机关示范试点单位的创建成果，区法院、区房管局、区国资委、五角场街道等单位还现场进行互动交流，各自介绍了创建学习型机关、学习型团队的做法。

（五）志愿者活动

【概况】 开展迎世博工作成果巡回宣讲活动，志愿者先后下居委会宣讲17场，受教育市民5000余名；对2008年挂牌创建的18个志愿者服务基地进行梳理和新一轮创建申报，对6个被评为区优秀志愿者服务基地开展宣传，下发简报6期，完成理事会换届工作；全面展开世博志愿者招募，报名人数超过4.5万。

【开展公共秩序日集中行动】 8月25日，开展以“文明出行”、“文明停车”主题活动。文明出行重点宣传“不乱穿马路”；文明停车重点宣传“非机动车有序停放”。在全区80个交通路口，机关干部集中上岗宣传文明交通，劝导行人、非机动车不乱穿马路；在12个街道镇范围内地铁轨道交通站点口、大型商厦超市周边、主要商业街等市民较为集中的地方组织志愿者开展“非机动车有序停放”宣传活动；在306个居委，与物业部门联手在居民小区内组织志愿者通过板报宣传、温馨提示宣传单发放等宣传途径，加大“非机动车有序停放”宣传和相关整治工作；在五角场万达商业广场开展“8.25文明出行，守序有礼”公共秩序日宣传活动暨“珍爱生命，拒绝酒后驾车”交通安全主题宣传活动。仪式上市交警总队总队长陈志康致词，市交警总队副总队长王梅根向全市390余万驾驶人发出“致驾驶人的一封信”，车友会私家车主代表作响应发言，酒后驾车违法者表达了深切感言，酒后不驾车家庭成员作劝导感言。现场还组织酒后驾车现场模拟体验活动，切身体验，感同身受。共有13000余名志愿者参与了活动。

【区迎世博工作成果巡回宣讲团深入基层】 9月16日起，杨浦区文明办、区志愿者协会组成了“杨浦区迎世博工作成果巡回宣讲团”，深入各街道（镇）的文化中心、居民小区，以市民教育市民的方式和多媒体教育的形式下基层，对广大市民开展“迎世博工作成果巡回宣讲”。宣讲分为“市容环境建设整治篇”、“城区绿化建设和服务篇”、“城区建设和交通管理篇”、“房屋管理篇”等4讲。“城区市容环境建设整治篇”已经举办22场，全区12个街道（镇）的7000余名市民听宣讲，深受市民欢迎和好评。

【开展“七彩青春 志愿杨浦”迎世博志愿者集中行动】 12月5日，即第24个国际志愿者日举行。团市委副书记徐彬、区委副书记魏伟明，副区长马杰富等领导看望并慰问志愿者代表。集中行动通过“12355走进社区”、“金融知识进社区”、“红轮椅行动”、“知闻世博”等贯穿全天七大系列活动，生动诠释志愿者精神。在五角场万达商业广场集中行动的主会场，来自市12355青少年公共服务平台、中国人民银行上海分行，杨浦区卫生、工商、公安等系统“青年文明号”的志愿者在活动现场设摊开展便民服务。活

12月5日，第24个国际志愿者日举行活动

动现场设置世博志愿者招募咨询区，还专门设计了“海宝拼图”、“世博知识 yes or no”、“世博场馆连线”等游戏，吸引市民参与。在五角场商圈和8号线嫩江路站，上海科技管理学校志愿者在上下扶梯前进行“左行右立”的宣传。“请靠右站立，留出通道给有急事的人。”志愿者的温馨提示，让行人注意到自己的行为，纷纷主动调整位置，在扶梯上留出一条“紧急通道”，秩序井然。

（六）未成年人思想道德建设

【概况】 开展未成年人工作思想道德建设先进单位和先进工作者评选活动，成立区净化社会文化环境工作协调小组；深入推进“做一个有道德的人”专题实践活动；暑期社会实践丰富多彩，以迎国庆、迎世博为主题，深入推进民族精神教育。

【召开区净化社会文化环境工作会议暨未成年人工作表彰大会】 6月15日在沪东工人文化宫召开。会上传达全国和上海市净化社会文化环境工作会议精神，部署杨浦区净化社会文化环境工作任务，表彰未成年人思想道德建设工作先进单位和先进工作者，教育局、检察院、文化执法队、大桥街道作交流发言，下发区委办、区府办《关于进一步净化社会文化环境，促进未成年人健康成长的实施意见》和《杨浦区净化社会文化环境工作任务分工》。52个成员单位领导共100余人参加会议。

【召开节能环保社区行启动仪式】 杨浦区青少年节能环保协会给中共中央政治局委员、上海市委书记俞正声写信汇报“节能小当家”情况。俞正声给孩子们回信，对“节能小当家”活动带动了家长和社区居民为保护资源而努力，表示十分欣慰，称赞孩子们的努力是对做好节能工作和办好“绿色世博”的宝贵支持。7月15日“小手牵大手，绿色迎世博—杨浦区节能环保社区行启动仪式”举行。《解放日报》7月14日1版“四万学生争当‘节能小当家’，俞正声回信鼓励孩子们带动家长和社区居民支持绿色世博”。

【召开杨浦区学生晚托工作研讨会】 8月21日召开。市文明办未成年人教育工作处处长等领导，区未保办和各街道（镇）社发科的负责同志参加会议。会议对做好未成年人工作提出两点意见：要形成合力。未成年人工作，是一项系统工程，要在文明委的领导下，需要教育部门、团委、妇联、各街道（镇）等单位齐抓共管，形成合力；要解决难题。在市级层面上看，学生的晚托问题还没完全解决，各区县也在积极探索这方面的解决途径。希望杨浦区充分发挥区域的特点，在这方面进行有益的探索，在解决师资、经费、场地、安全等问题上，找到一条“投入少、效益高”的路子。

【召开区未成年人暑期工作表彰大会】 9月28日在延吉街道（社区）文化活动中心举行。会议以“我爱我的祖国——向国旗敬礼、为世博添彩”为主题，总结年度暑期工作，表彰156个先进单位和187个先进个人，4所学校表演展示暑期特色节目进行。暑期工作以庆祝新中国成立60周年和迎接上海2010年世博会为契机，围绕“我爱我的祖国——向国旗敬礼、为世博添彩”活动主题，扎实推进民族精神教育和生命教育。引导和帮助未成年人调整身心、健全人格，培养能力，提高综合素质。广泛开展丰富多彩的社会实践活动，使广大未成年人度过了一个“安全、健康、快乐、有益”假期。

【举行安徒生童话乐园项目合作签约仪式】 “安徒生童话乐园、哈哈城堡联合新闻发布会”暨合作签约仪式于10月15日在上海复旦皇冠假日大酒店隆重举行。仪式由上海文广新闻传媒集团哈哈少儿频道、上海安徒生童话乐园共同举办。区委书记陈安杰、副书记魏伟明，副区长吴乾渝，中国福利会副主席艾柏英，上海文广新闻传媒集团纪委书记唐余琴等相关领导出席合作签约仪式。丹麦驻沪总领事何丽兰（SU. Sanne Hyldelund）女士，欧盟文化中心合作组织主席、丹麦文化中心秘书长Finn Andersen先生，丹麦驻沪总领事馆商务领事孔美德（Mette Knudsen）女士也应邀前来。上海文广新闻传媒集团哈哈少儿频道、复旦大学软件学院、上海古井投资发展有限公司的领导分别代表各方在合作协议书上签字。《人民日报》在10月16日11版上发布新闻“上海建‘安徒生童话乐园’”，《上海日报》10月26日B5版做了整版图文并茂的宣传报道，取得很好反响。（叶　宁）

十七、科　技

（一）综　述

2009年，杨浦区科技工作围绕“三区（校区、园区、社区）融合、联动发展”核心理念，完成“十一五”规划各项任务、“十二五”发展前期工作。4月，国家火炬计划环同济研发设计服务特色产业基地揭牌成立，并于9月13日举办上海设计产业论坛。年内，环同济知识经济圈总产值123.4亿元，比上年增长21%。杨浦区被科技部确定为2007—2008年度全国科技进步先进县（市）。年内，上海研发公共服务平台杨浦服务中心揭牌，杨浦区科技系统企业家联谊会成立。开展重点科技企业定点联系工作，继续推进科技小巨人工程，2家企业获得小巨人企业立项，3家企业获得小巨人培育企业立项。全年共申请专利3483件，比上年增长14.3%，位列全市第四，其中发明专利2089件、比上年增长17.4%、占全部专利申请量的60%。区知识产权局获得2008年度上海市区县知识产权工作先进集体。推动科学普及和防震减灾工作，举行第24届英特尔青少年科技大赛，五角场街道、四平路街道被上海市科普联席会议办公室评为上海市科普文明示范街道。开展各类学术交流活动，组织2009年度上海市科协重点学术活动资助项目申报，在区科技社团、企业科协和民办非企业开展讲理想、比贡献活动。杨浦区于2010年1月获得国家创新型试点城区称号。

（二）产业基地

【概况】　2009年，在杨浦知识创新基地正式纳入张江高新技术产业开发区的基础上，全区申报张江资金项目共18个，专项资金11020万元，根据国家对高新区的要求，整合区域资源，加强与张江衔接联动，建立资金项目审批、管理长效机制。制订节能环保、电子信息、现代设计三大产业三年行动计划，以重点产业为带动产业发展。开展高新技术产业化基地申报工作，创智天地园区获得市级软件和信息服务业高新技术产业化基地称号，杨浦知识创新基地的技术创新能力大幅度提高，国家火炬计划环同济研发设计服务特色产业基地揭牌成立，形成以研发设计为特色的产业集群和产业链。

（三）民营科技企业

【概况】　2009年，杨浦区有上海工具厂有限公司、上海大亚信息产业有限公司2家企业被认定为上海市科技小巨人企业；上海高晶金属探测设备有限公司、上海天跃科技有限公司、上海派芬自动控制技术有限公司3家企业被认定为上海市科技小巨人（培育）企业。20个企业项目被认定为上海市高新技术成果转化项目。首批认定的上海市科技小巨人及培育企业上海医疗器械厂有限公司（科技小巨人）、上海万方数据有限公司（科技小巨人培育）、上海复旦天臣新技术有限公司（科技小巨人培育）通过市科委项目验收。共初审申报高新技术企业20家；初审申报技术先进型服务企业3家；组织推荐申报各类人才计划3项。坚持科技招商服务工作例会制度，区科委加强与全区所有科技园区和街道（镇）、委办局经济园区的联系，每月对科技园区的户管招商企业进行上报统计分类，落实区招商服务中心下达的招商指标；筹备成立上海市杨浦设计企业协会，推进建设环同济经济圈现代设计服务特色产业基地建设。

(四)科技园区

【概况】 2009年,杨浦区有国家级大学科技园3个、国家级高校技术产业中心3个、国家级软件园1个、专业化科技园7个。成立上海体育学院科技园,为全国首家体育产业科技园区。全年共引进企业908家,比上年增长48.12%;注册资金28.1亿元,比上年增长159%。科技园区15幢楼宇企业注册、功能、税收“落地率”平均达到93.5%。

【创新服务平台】 上海研发公共服务平台杨浦服务中心揭牌。组织开展面向中小科技型企业赠送市研发公共服务平台“创新服务大礼包”活动,受益面覆盖科技园区内的110多家企业,无偿资助金额超过55万元;开展“创智天地创新公共服务平台建设”专项课题调研,获市科委专项课题资助经费12万元;完成区域内4家研究院所的59台大型科学仪器设施的信息填报和备案工作。上海高校技术市场落户杨浦,在高校展示馆中第一期展示推介高校拥有自主知识产权的应用性技术项目600余项,通过文字资料和信息发布高校推介的项目将超过5000项。市场的建设为高校科研成果转化和产学研一体化搭建平台。杨浦科技创业中心打造中国(上海)创业者公共实训基地大学生创业示范园,成为上海市“创业苗圃”试点单位,至12月,“创业苗圃”吸引、受理41个“创业种子”项目入圃申请,经遴选、评审,有33个“创业种子”入驻。

【上海体育学院科技园建设】 11月,上海体育学院科技园成立,占地面积5661平方米,建筑面积5300平方米。上海体育学院科技园作为全国首家体育产业科技园区,凭借上海区位优势,依托学院社会影响和科研、人才等资源,尤其是国家级健康实验室平台,聚集同类优势品牌企业,高起点搭建产学研一体化平台。在提供入驻企业所需办公商务空间、协助办理相关手续、争取优惠政策、物业管理服务的同时,逐步完善新产品(技术)研发和转化、创意策划、咨询评估与推广等方面功能。依托上海体育学院强势学科,上海体育学院科技园着力建设健康新技术研发中心、创意中心、服务中心、新产品发布及推广中心、培训中心和大学生创业孵化基地等平台,为入驻企业提供共享服务空间、经营场地、政策指导、基金申请、技术鉴定、咨询策划、项目顾问、人才培训等多类创新创业服务,促进企业健康成长,持续推进园区又好又快发展。

【复旦大学国家大学科技园建设】 复旦大学国家大学科技园由国家级复旦科技园、国家级复旦软件园、国家级复旦杨浦孵化基地、国家级高新技术创业服务中心和复旦枫林生物医药科技园等专业园区构成,成为复旦大学原创力向社会有效延伸的重要平台。年内,园区建设初具规模,基本形成研发基地、创业基地、孵化基地、产业基地的有机链接,构筑出源头创新和高新技术孵化产业化的支撑服务平台。园区建成具有孵化、研发、产业等功能场所约10万平方米,入驻园区企业300余家,涌现出复旦微电子、复旦光华、复旦天臣、复旦水务等一批业界瞩目的高科技企业和一批创新创业精英。

(五)知识产权保护

【概况】 2009年,贯彻落实《国家知识产权战略纲要》,全年共申请专利3483件,比上年增长14.3%,位列全市第四,其中发明专利2089件、比上年增长17.4%。区知识产权局获2008年度上海市区县知识产权工作先进集体、上海知识产权局系统政务信息工作先进集体、上海市授权专利实施状况抽样调查优秀组织奖等荣誉。2—4月,在全区中小学中开展杨浦区青少年科技创新小能手评选活动。4月,举办青少年知识产权工作总结表彰会暨杨浦青少年创新论坛,6所第二批杨浦区知识产权试点学校获得授牌。4月和11月举行青少年专利申请现场受理和咨询活动,50余项小发明创造获得知识产权局专利申请资助。10—11月举行区青少年知识产权知识竞赛。9—12月举行杨浦区知识产权试点学校知识产权实践项目评比,对获奖项目进行奖励,评选优秀知识产权辅导员。与区科技园区办、上海知识产权园合作,邀请区工商分局、区法院、区质监局、区司法局以及知识产权代理机构和律师事务所等分别在五角场高科技发展有限公司、同济科技园、复旦科技园、水产科技园、电力科技园等开展现场咨询和知识产权

杨浦知识产权专项工作会议

实务培训。10月，杨浦区知识产权局组织第6批上海市专利培育企业申报，推荐上报上海化学仪器仪表研究所、上海渔船渔机所、慧国（上海）软件科技有限公司、上海中优医药高科技有限公司等4家企业。

【开展迎世博知识产权保护工作】　3月，区知识产权联席会议召开2009年第一次工作会议，会上举行杨浦区知识产权试点园区授牌仪式，上海市五角场高新技术产业园等5家园区成为首批杨浦区知识产权试点园区。年内，杨浦区知识产权局与虹口、闸北等区知识产权局开展联合执法检查两次，重点检查标有专利号、专利标记的商品、药品是否标注规范，检查标有专利号和专利标记的商品是否有假冒、冒充专利的情况。4月，组成第五执法检查小组，对虹口区、杨浦区和崇明县的上海华氏大药房（大连路店）、国美电器五角场店、沃尔玛购物广场五角场分店、上海宝岛元申堂大药房、永乐家电（崇明南门店）等5家商业单位进行执法检查。10月14日由市知识产权局政策法规处带队，虹口区、杨浦区知识产权局执法人员共同组成第五执法队，对两区的商业企业开展知识产权联合执法专项行动。与区15家知识产权联席会议成员单位共同制定《上海市杨浦区保护世博会知识产权专项行动工作计划》。

【举办2009年知识产权宣传周活动】　4月，以“手拉手迎接精彩世博 肩并肩保护知识产权”为主题，以市民、企业、园区、中小学为重点目标开展10余项丰富多彩的宣传活动：区法院知识产权审判庭成立一周年成果巡展、区长电视讲话、《杨浦时报》知识产权宣传周专版、编印《上海市杨浦区知识产权案例集》、执法维权集中行动，举办金融危机和企业知识产权论坛、2009年杨浦区青少年知识产权工作总结表彰会暨杨浦青少年创新论坛、企业商业秘密保护的问题与对策讲座、科技型中小企业权益融资辅导讲座、创意产业发展中的版权保护讲座、杨浦区企业专利战略制定试点工作总结表彰会。市知识产权局、市经济团体联合会、市第二中级人民法院、上海知识产权研究所、上海联合产权交易所等知识产权领域领导、专家、学者等20余人作为嘉宾和主讲人，莅临杨浦为企业进行知识产权工作指导，提高了杨浦企业运用知识产权应对金融风暴的能力，宣传了知识产权的重要性，提高了市民、企业和中小学生保护知识产权的自觉意识。

（六）科学普及

【概况】　年内，召开杨浦区科普工作联席会议暨杨浦区全民科学素质行动计划纲要领导小组会议和科普工作会议。举办杨浦区科技节暨杨浦区青少年科技节系列活动，杨浦区科技节首次与青少年科技节同步合并举行，街道（镇）参与率100%。在市科普文明示范城区活动中，五角场街道、四平路街道被市科普联席会议办公室评为上海市科普文明示范街道。杨浦区科普教育基地升至15家。上海东区污水处理科普教育基地、上海颐高家庭数码体验科普教育基地挂牌成立。四平路街道、殷行街道、控江路街道社区活动中心科普体验工作室相续开室。制作100块迎世博、节能减排、安全卫生、健康等系列内容科普宣传展板，供各街道（镇）巡展。科技节开幕式上林元培、李大潜两位院士加入区科普教育工作志愿者队伍，开创了区科普教育事业的先河。

【加强防震减灾工作】 按照市地震局《关于做好上海市首个防震减灾日防震减灾科普宣传教育工作的通知》要求，认真制定并实施防震减灾紧急疏散演练等系列活动；按照市防震减灾地震应急分预案制订工作总体部署，落实各街道（镇）防震减灾工作分管领导和联络员登记工作，指导延吉新村街道作为试点单位起草完成首个应急分预案（初稿）的制订，报市地震局审核；组织开展杨浦区科技特色学校学生家庭防震减灾知识竞赛活动，选派2个学生家庭参加在上海市举办的全国家庭防震减灾知识竞赛活动，获得优胜奖。启动杨浦区防震减灾科普网站建设筹备工作。

4月25日，科技节群众表演

（七）科技社团

【概况】 年内，广泛开展学术交流和评选活动。3月，组织所属学会参加市科协发起的上海市科协第七届学术年会，区共有8个学会、协会、民办非企业单位上报9个项目，以杨浦区2009年学术年会的名义参加市科协组织的学术年会活动。组织8家科技企业、学会、民办非企业单位、园区科协、企业科协等共14个项目参加上海市科协组织的第十一届科技咨询和技术服务先进集体和优秀项目的申报评选工作。区电子学会与少科站签约合作，全力支持配合杨浦区少科站开展第24届年英特尔上海市青少年科技创新大赛。第24届英特尔上海市青少年科技创新大赛于3月21日—22日在同济大学第一附中举行。4月，组织区科协所属学会参加市科协开展的重点学术项目和决策咨询课题，共汇总11个项目和课题。其中室内设计师协会的室内制图标准研究和电子学会的水电煤节能效果科普展示台应用情况调查列入市科协的支持项目。5月，组织开展杨浦区科协2007—2008年度星级学会评选工作，共收到11家学会的上报资料。8月，配合上海市科协组织区各个学会、企业科协、街道科普协会、园区科协、民办非企业单位等，完成新中国成立60周年上海科技人物和科技成果评选活动（上海最值得纪念的科技人物、上海科技研究杰出贡献人物、上海技术创新杰出贡献人物，上海支撑、引领发展的科技成果4部分）。9月，召开杨浦区科学技术协会七届三次常委会，会议通报区科协第二届星级学会评选工作的情况，通过第二届星级学会名单。10月，区电子学会与区制冷学会、区电力工程协会在五角场街道举办节能减排会议。普及节能减排知识，为社区居民提供可实际操作的仪器，让社区居民实际体验到节能产品的节能效果，节能减排理念深入社区。 （吴 佩）

列入上海市高新技术成果转化项目

项目编号	项目名称	承担单位
200901015	飞睿环境参数监控软件 V2.0	上海飞睿测控科技有限公司
200901053	JXEC 型空调末端装置用智能型直流无刷控制器	上海聚新电子科技有限公司

（续表）

项目编号	项目名称	承担单位
200903148	同豪桥梁设计师软件 V1.0	上海同豪土木工程咨询有限公司
200903187	CG30 型工业电磁加热器	上海天剑电磁技术有限公司
200904212	FDTC- 酒瓶防伪胶帽	上海复旦天臣新技术有限公司
200905301	SKOWA 特种强化青板玻璃	上海光和光学制造有限公司
200905305	DA8026-G GSM 无线报警器	上海大亚科技有限公司
200905317	WRZ6 型旋转炉体微波溶样炉	上海迅同机器有限公司
200906384	PT124Y 隔膜式压力表	上海朝辉压力仪器有限公司
200907414	华御智能防信息泄漏软件 V5.0	上海华御信息技术有限公司
200908486	GT2000 型嵌入式集成电路编程器	上海耕研电子科技有限公司
200908493	SW-1A 型无线智能巡察系统	上海数卫电子有限公司
200908496	新型环保型 M180 型无甲醛生物胶	上海泓涵化工科技有限公司
200908524	风管气动清洗机器人（TJQ—A）	上海同生中央空调有限公司
200908535	LDJ-GN 智能化节能设备	上海联达节能科技有限公司
200909566	派芬旋挖钻机桅杆控制软件 V1.0	上海派芬自动控制技术有限公司
200910655	LB-NV-NC91/2670 型 e-filming 牌数码全景照相机	上海丽宝数码技术有限公司
200910697	变速箱电控操纵装置（SG-4A）	上海申赛机电控制技术有限公司
200910713	NT 型次氯酸钠发生器	上海赛一水处理科技有限公司
200911783	用于分子靶向用药的检测服务	上海荣健生物技术有限公司

列入上海市科技型中小企业技术创新资金项目

项目编号	项目名称	项目承担企业名称	行业分类
0901H1181	动态交通信息服务系统 DynTraffic V1.0	上海济祥智能交通科技有限公司	
0901H1182	多通道机械设备专家诊断系统	上海敏研机电科技有限公司	光机电一体化
0901H1183	国际货运代理 SAAS& 物流电子商务协同管理平台	上海迈普软件有限公司	电子与信息
0901H1184	一种用于空调和制冷系统节能的极化冷冻机油添加剂	上海澜水环境科技有限责任公司	新能源、高效节能
0901H1185	MLK6667 数控带锯齿型强力成型磨床	上海高耀机床有限公司	光机电一体化
0901H1186	商务智能 BI 财务内控监管系统	上海保融网络科技有限公司	电子与信息
0901H1187	动作感应电脑 / 基顶盒 / 电视遥控器	上海飞智电子科技有限公司	电子与信息
0901H1188	基于 NBA 的网络安全实时评估软件	上海庆青网络信息科技有限公司	电子与信息
0901H1189	基于 LINUX 系统的企业级多媒体智能化网络学习与培训管理平台	上海教杰计算机科技有限公司	电子与信息
0901H1190	竞唐高清嵌入式模拟情景教学录播系统	上海竞唐电子科技有限公司	电子与信息
0901H1191	高校实验室金融教学平台	上海硕研信息科技发展有限公司	电子与信息
0901H1192	坤德 DFM NX 设计软件 V1.0	上海坤德信息科技有限公司	电子与信息
0901H1193	可重构嵌入式 RFID 中间件 RiBox	上海帝和信息科技有限公司	电子与信息

（续表）

项目编号	项目名称	项目承担企业名称	行业分类
0901H1194	基于心理契约管理模式的 Internet 上网智能监控软件	上海半坡网络技术有限公司	电子与信息
0901H1195	基于元搜索与三维语义的产品在线监测与智能情报服务的互联网搜索系统	上海成方信息科技有限公司	电子与信息
0901H1196	复创科技园创业企业多维动态评估系统	上海复创计算机信息技术有限公司	电子与信息
0901H1197	融序信用风险管理系统	上海融序计算机信息科技有限公司	电子与信息
0901H1198	基于射频识别和无线局域网技术的博物馆藏品多媒体智能导览	上海复莱信息技术有限公司	电子与信息
0901H1199	基于 DES 技术的产品全生命周期管理（PLM）工具套件	上海欧俊计算机技术有限公司	电子与信息
0901H1200	基于开放式规则引擎的电信运营支撑中间件平台	上海恒尧信息技术有限公司	电子与信息
0901H1201	面向医药制造业的数据分析与信息挖掘软件	上海驰驭计算机科技有限公司	电子与信息
0901H1202	分布式并行多通道高清实景三维仿真系统	上海十加信息技术有限公司	电子与信息
0901H1203	乾罡 3G 平台上 MMO 手机网游引擎软件	上海乾罡网络科技有限公司	电子与信息
0901H1204	正辅基于电子商务平台的店铺优化管理软件	上海正辅信息技术有限公司	电子与信息
0901H1205	基于无线传感器网络的智能环境监测系统	上海奇芯电子科技有限公司	电子与信息
0901H1206	制造业信息全流程改进分析软件	上海蓝盟网络技术有限公司	电子与信息
0901H1207	有害物质泄漏后的安全应急指挥系统	上海横创软件服务有限公司	电子与信息
0901H1208	面向中小企业的团队协作效率平台	上海新湾软件有限公司	电子与信息
0901H1209	销售忠诚度管理系统	上海熙略信息技术有限公司	电子与信息
0901H1210	基于交通事件的实时主动式分析与管理系统	上海凌义电子信息科技有限公司	电子与信息
0902H1211	全球报刊综合业务管理系统	上海订阅网络科技有限公司	电子与信息
0902H1212	核酸类抗肿瘤医药中间体 5'- 脱氧 -5- 氟胞嘧啶 L- 核糖核苷的合成	上海信旗医药科技有限公司	电子与信息
0902H1213	“LightArray”生物芯片镜面反射型基片项目	上海点亮基因科技有限公司	科技咨询
0902H1214	抗肿瘤用靶向缓释制剂	上海同信生物科技有限公司	生物、医药技术
0902H1215	微生物环保除臭液	上海雅泰欣生物技术有限公司	生物、医药技术
0902H1216	低密度荧光定量多聚酶链式反应预装芯片	上海熙洛生物技术有限公司	电子与信息
0903H1217	耐腐蚀腰果酚环氧固化剂	上海经天新材料科技有限公司	新材料
0903H1218	W6332 电气封氢密封胶	上海威能新材料技术有限公司	新材料
0904H1219	污泥产氢产甲烷连续二阶段厌氧发酵工艺	上海盛创环保科技有限公司	环境保护
0904H1220	CFM-3000 数字式振幅整合脑功能监护仪	上海丽捷仪器设备有限公司	光机电一体化
0904H1221	吸附式双核处理人工电子耳蜗	上海耳蜗医学科技有限公司	生物、医药技术
0904H1222	RT Link 放疗识知软件	上海峨泰医疗器械有限公司	生物、医药技术
0904H1223	基于区域信息整合的居民健康档案管理信息系统 PHR	上海句芒网络信息科技有限公司	电子与信息
0905H1224	基于污泥资源化技术的高性能污水处理填料	上海同臣环保科技有限公司	电子与信息
0905H1225	Algaeplus 城市湖泊、河道生态修复系统	上海佳长环保科技有限公司	环境保护
0905H1226	用于还原工业废料 SiCl4 的磁旋转氢气电弧反应器	上海尤仕力等离子体科技有限公司	

（续表）

项目编号	项目名称	项目承担企业名称	行业分类
0905H1227	水产养殖用超声波曝气除藻装置	上海凯斯菲尔环境科技有限公司	
0905H1228	负载型纳米原子簇催化剂空气净化器	上海牛翼新能源科技有限公司	新能源、高效节能
0905H1229	用于城镇污水处理的新型生物载体开发及其一体化污水处理设备	上海创山环保科技有限公司	环境保护
0905H1230	多层珠粒板声屏障	上海保静环保工程有限公司	环境保护
0905H1231	全封闭式自动油污水分离器	上海堡纪环保技术有限公司	环境保护
0906H1232	基于自然语言理解及知识挖掘技术的多阶段计算机翻译系统	上海奥曦电子科技有限公司	电子与信息
0901H190900	新一代面向船舶行业高效管理的一卡通系统	上海金驰信息科技发展有限公司	电子与信息
0901H191000	嵌入式集成电路编程器	上海耕研电子科技有限公司	电子与信息
0901H191200	同磊斜拉桥集成分析设计软件	上海同磊土木工程技术有限公司	现代设计
0901H191300	主题资源学习社区软件系统	上海电达信息技术有限公司	电子与信息
0901H191400	基于 RFID 和 3G 技术的危险品物流监控管理软件	上海风陆信息技术有限公司	电子与信息
0901H191500	面向 TD-SCDMA、CDMA2000 制式的 3G 手机终端增值软件平台	上海扬讯计算机科技有限责任公司	电子与信息
0901H191600	电力配网调度自动化管理软件	上海复旦网络股份有限公司	电子与信息
0901H191700	花生壳远程控制及远程协助软件	上海贝锐信息科技有限公司	新能源、高效节能
0901H191800	同豪桥梁设计师软件 V1.0	上海同豪土木工程咨询有限公司	现代设计
0901H191900	面向金融行业的 DSC 数据服务中心平台	上海佳锐信息科技有限公司	电子与信息
0901H192000	基于国家商密算法的智能卡卡内操作系统	上海麦柯信息技术有限公司	光机电一体化
0901H192100	嵌入式流媒体图像采集处理系统	上海正合奇胜信息科技有限公司	生物、医药技术
0901H192200	网格定位出警终端	上海迈辉信息技术有限公司	电子与信息
0901H192300	基于 J2EE/XML 的电力行业在建工程在线管理系统及施工协作平台	上海天晶电力科技发展有限公司	电子与信息
0901H192400	3D 网络社区虚拟现实技术开发平台	上海崇立信息科技有限公司	电子与信息
0902H192500	中药复方制剂肝力保胶囊的临床试验	上海沪丰生物科技有限公司	生物、医药技术
0903H192600	氟耐特 - 节能型建筑外墙断热保温装饰系统	上海衡峰氟碳材料有限公司	新材料
0904H192700	城市轨道交通车辆制动控制系统	上海庞丰机电科技有限公司	科技咨询
0904H192800	BCNCG-1500VI 数控相贯线切割机	上海宝业机电科技有限公司	电子与信息
0904H192900	大深度气压沉箱无人遥控挖掘机	上海尤加工程机械科技有限公司	光机电一体化
0904H193000	工程车辆变速箱电控操纵装置	上海申赛机电控制技术有限公司	光机电一体化
0904H193100	体表心脏电信号的数字化拾取装置	上海剑幸生物科技有限公司	生物、医药技术
0904H193200	架空线故障报警器	上海艾晋电力科技有限公司	科技咨询
0904H193300	数字式垂直度偏差角传感器	上海衡盛科技有限公司	电子与信息
0904H193400	多功能一体化手动口腔治疗冲洗器	上海瑞圣生物医学科技有限公司	生物、医药技术
0905H193500	高效节能的饮用水安全消毒小型一体化装置	上海赛一水处理科技有限公司	科技咨询

（续表）

项目编号	项目名称	项目承担企业名称	行业分类
0905H193600	基于多种生物发光菌技术的水质综合毒性分析仪	上海凯实生物科技有限公司	生物、医药技术
0905H193700	A-MBR 系列平板式智能膜生物反应器	上海爱笛环境工程设备有限公司	环境保护
0906H193800	无线智能调控的大功率 LED 柔性发光体节能照明系统	上海复展照明科技有限公司	科技咨询
0906H193900	企业智能化冷热资源综合利用与管理系统	上海本家空调系统有限公司	科技咨询
0906H194000	LDJ-GN 智能化节能设备	上海联达节能科技有限公司	新能源、高效节能
0906H194100	不等径整体式防冻型太阳能热水系统装置用重力热管	上海金阳太阳能科技有限公司	新能源、高效节能
0907H194200	现代预应力成套技术	上海同吉建筑工程设计有限公司	现代设计
0907H194300	疾病用药遗传检测在妇幼保健医疗系统内的应用和服务	上海主健生物工程有限公司	生物、医药技术
0907H194400	面向中小型医疗机构数字化第三方医学检验诊断的技术服务	上海迪安临床检验中心有限公司	生物、医药技术

列入上海市科技小巨人（培育）企业

立项时间	企业名称	类　别
2009	上海工具厂有限公司	小巨人企业
2009	上海大亚信息产业有限公司	小巨人企业
2009	上海高晶金属探测设备有限公司	小巨人培育企业
2009	上海天跃科技有限公司	小巨人培育企业
2009	上海派芬自动控制技术有限公司	小巨人培育企业

获上海市重点新产品项目

项目编号	项目名称	承担单位	主管部门
09XP0502400	万方视频数据库服务软件V1.0	上海万方数据有限公司	杨浦区科委
09XP0502500	大对数数字电缆自动测试系统CTS350	上海电缆研究所	杨浦区科委
09XP0513600	第五墙FUVIT型无机预涂装饰板	上海衡峰氟碳材料有限公司	杨浦区科委
09XP0518700	FD-SMOKE表面磁光克尔效应测量系统	上海复旦天欣科教仪器有限公司	杨浦区科委
09XP0519200	X光食品异物数控成像探测器（GJ）	上海高晶金属探测设备有限公司	杨浦区科委
09XP0521100	等离子体复合光催化废气净化设（DGS-10）	上海锦惠复洁环境工程有限公司	杨浦区科委
09XP0523600	高强度预应力低松弛钢绞线生产SK1120/1+6	上海电缆研究所	杨浦区科委
09XP0525300	LDJ变流量智能化节电装置	上海联达节能科技有限公司	杨浦区科委
09XP0527000	金驰智能卡“一卡通”管理软件V1.0	上海金驰信息科技发展有限公司	杨浦区科委
09XP0530200	ST104A派芬智能人机显示器	上海派芬自动控制技术有限公司	杨浦区科委

十八、信息化建设

（一）综　述

2009年，杨浦区信息化工作围绕实现区域经济和社会又好又快发展的目标任务，结合区迎世博600天行动计划要求，全面推进、重点突破、拓展应用、增强实效，切实提高城区信息化总体水平。（1）加速推进信息化建设。完成区教育局等部门光纤接入工程、区卫生网网络结构调整、公务网与政务内网隔离、区总机房扩建改造等建设任务。（2）完善信息安全保障。开展公务网的调整和分级保护改造，对政务网进行安全测评。（3）推广信息化应用。加强门户网站与部门网站群管理；完善实有人口数据库、法人数据库；开展"书记—百姓网上通"等互动性信息化应用项目；完成区企业投资项目建设工程行政审批管理平台、区内外资企业网上并联审批并网改造、地理数据共享交换平台一期、社会防控体系四期工程492个监控点建设；组织开展协同理财和区信息化发展资金管理工作；做好社保卡、居住证日常管理、市民信箱等工作。（4）优化诚信体系建设。完成政府采购供应商信用评估报告188份；推进区商联会和区文化局信用信息服务平台建设；开展信用岗位培训，推广建立信用档案；围绕迎世博主题，深化诚信宣传教育。（5）推动产业发展和园区建设。协调推进复旦软件园工程建设；开展软件企业季度统计、年检初审工作；组织市高新技术产业化基地、市高新技术产业化、软件和集成电路专项资金等项目申报工作。2009年，创智天地园区获得市级软件和信息服务业高新技术产业化基地称号。

（二）信息化应用与推进

【概况】　在信息化应用与推进方面重点推进行政审批信息化建设，加强门户网站与部门网站群管理，推广协同办公平台，推进基础数据库应用开发，整合信息化应用平台。继续开展"书记—百姓网上通"、"区长在线"、"人民群众网上评议政府工作绩效"等互动性信息化应用项目。全年共受理居住证申请163172人次，其中临时居住证58746人次，新证续签94385人次，办理一年居住证10041人次（从业4109人次、投靠5932人次）；社保卡共办理补换卡28430张（其中补卡13601张、换卡14829张），累计139017张；市民信箱申请数1785人次。

【建设企业投资项目建设工程行政审批管理平台】　5月，企业投资项目建设工程行政审批管理平台试运行，改原来的串联审批为并联审批，将原来的逐次审批改为同步审核，将流程整合归并为四道主要程序：包括招拍挂出让土地使用权、规划方案审批、扩大初步设计审查及竣工验收。并联审批办公平台通过应用平台、应用支撑平台、信息安全体系、管理规范标准等建设，为建筑并联审批的相关职能部门提供一个信息资源共享、业务协作处理的核心平台，并通过网上办公的统一入口，实现"一站式"登陆；通过统一的权限管理机制，构建信息内容的多级别安全访问授权体系；该系统还提供构件化支撑平台，便于功能扩展和服务的复用。

【完成内、外资企业网上并联审批并网改造】　7月，完成区内资企业并联审批与外资企业并联审批信息系统并网改造。依托门户网站和杨浦招商网，建立行政审批信息公开、网上查询平台；通过对原有并联审批平台的更新改造，实现多个审批部门网上预审会商、前置并联受理等，逐步形成行政审批信息共享、并联协同机制；通过行政审批电子监察和视频监控系统实现对所有行政许可事项的实时监督、及时纠错，从而建立对窗口工作人员和部门科学的绩效评估体系。

【完成规划和土地辅助管理系统】 11月，杨浦区规划和土地辅助管理系统投入试运行，通过基于B/S结构的GIS系统、基于B/S的多种地图打印方式、基于地理空间的数据统计等设计，实现“实用、高效、安全、可持续”的系统建设，有效提高规划成果电子化程度，完善规划与土地信息整体性，为规划和土地管理局的业务审批提供有效的数据查询和决策支持。该系统以符合杨浦实际应用为原则，弥补市规划和土地管理局共享平台系统远程访问图层信息时GIS响应不够迅速、GIS的信息没有得到有效整合、地图定位方式有限、数据的应用服务程度不够高等、局限和不足。

【城管综合业务管理平台三期上线】 为满足协同办公及城管分队异地办公的需要，区城市管理监察大队通过三期分批开发、分批培训、分批上线的方式建设城管综合业务管理平台。12月，平台三期正式上线试运行，通过绩效考核管理、决策分析管理、统计报表管理等功能建设，实现科学内部管理、提高资源利用率、有效处理突发事件。通过该项目三阶段的实施建设，强化城管内部分队之间、科室之间的信息交流与协同，规范办公流程，建立有效的信息管理体制，为领导决策提供可靠的信息依据。

（三）信息产业

【概况】 继续推进信息产业基地建设，新复旦软件园桩基工程开始实施。深化软件产业管理，开展93家软件企业季度统计、年检初审工作，完成市专项扶持资金杨浦区匹配资金申请、管理、拨付工作。全区93家认定的软件企业总产值超过19亿元，上缴税收0.89亿元。

【加强软件和信息服务业管理】 3月24日，召开软件和信息服务业工作会议，邀请业内专家为企业开展政策宣讲，做好服务企业工作；开展区软件企业年检初审工作，受理70家软件企业资料；做好认定软件企业季度统计工作，通过短信告知、电话通知等多种方式，确保企业填报率100%；受理14家企业申报上海市高新技术产业化项目；受理24家企业申报2010年上海市软件和集成电路专项资金项目。

【获得市专项资金扶持】 经市政府批准，杨浦区有5家企业列入2009年上海市软件和集成电路产业发展专项资金项目计划，获得520万元专项资金扶持，分别是上海环思信息技术有限公司（基于SOA架构的印染企业节能减排管理系统软件，资助100万元）、上海华平信息技术股份有限公司（应用于金融集团企业的交互式全数字互联网高清视音频会议系统，资助100万元）、上海家城网络信息技术有限公司（个人基因组特征图谱转译分析阅读软件及数据库建设，资助100万元）、上海教育软件有限公司（基于国产基础软件的教育资源平台一体化解决方案在终身教育中的示范作用，资助120万元）、上海东大金智信息系统有限公司（适用于世博园区的参观者导游导览服务系统，资助100万元）。

【加快推动信息产业发展】 年内，深入5家科技园区、18家软件企业开展区信息产业相关调研，为“十二五”规划编写做好前期准备；编制《上海市杨浦区电子信息产业三年行动计划（2009—2011）》、《杨浦区信息服务业三年行动计划（2009—2011年）》，完成《杨浦区信息服务外包发展研究报告》；成立以分管区长为召集人，由区12个职能部门、6个科技园区组成的区促进电子信息产业发展联席会议制度，为产业发展确立保障措施；加快推进创智天地园区载体建设，新复旦软件园建设桩基工程全面施工，为杨浦区信息产业的发展增加了后劲。

【高新技术产业化基地设立】 按照市政府《关于加快推进上海高新技术产业化的实施意见》的总体部署，创智天地园区经上海市推进高新技术产业化工作小组办公室认定，获得上海市高新技术产业化（软件和信息服务业）产业基地称号。创智天地园区作为杨浦区软件和信息服务业的重点发展区域,打造具有国际竞争优势的软件和信息服务业产业集群。复旦软件园、创智天地园区被市商务委授予上海市软件出口(创新)园区后,重点加强对园区及园区入驻重点企业的跟踪、指导和服务,推动两个园区成为区软件出口产业集聚示范区。

(四)信息基础设施

【概况】 完善区基础网络设施,优化网络结构与环境,加强网络流量监控,提高网络运行效率。完成区中心机房扩容改造和公务网接入网分级保护改造。推进城市管理网格化建设,实施网格三期监控探头建设,监控信号接入区网格办和各街道(镇)网格分中心,提升城市管理水平。完善社会防控体系建设,开展信息化项目咨询;进一步完善教育、卫生网络体系,扩大网络覆盖面,推进社会信息化。

【推进社会防控体系和城市管理网格化建设】 年内,完成区现代社会防控应急体系四期492个监控探头建设,不断完善区防控体系管理机制,提高使用效率;按照场地建设、硬件配置、软件平台功能等标准化要求,推进延吉新村街道、定海路街道、新江湾城街道网格分中心硬件设施建设,完成平凉路街道网格分中心搬移工作;在区内12个街镇网格化管理分中心推广街镇网格管理分中心平台软件,提升城市网格化管理水平;根据区迎世博600天行动计划,加强网格化图像监控网建设,实施网格管理中心机房扩容工程和网格道路监控(三期)100个监控探头建设,以建筑施工现场、重大工程施工现场、乱倒渣土多发区域为主要监控目标。

【完成区中心机房改造】 10月,杨浦区中心机房的扩建改造工程完成。扩建后的中心机房位于隆昌路690号一楼,使用面积增加至120平方米,服务器、网络互联设备等容纳数扩充至100多件,对强电走线规则、漏电保护措施、接地保护措施等机房建设标准做了加强,基本满足区各部门日益增长的需求。托管在外的区门户网站搬迁至区中心机房,加强门户网站与部门网站群管理,实现集中管理、统一维护,从而完善区网络公共服务体系。

区中心机房改造完成

【保障政务网络信息安全】 年内,完善杨浦区公务网接入网分级保护改造,加强安全设备的配置,采用身份鉴别、电磁泄露防护、病毒防护、网络访问控制、网络入侵检测、信息安全审计等一系列安全防护措施,通过保密局涉密测试;完成区委办、区信访办、区府办公务网USB Key的制作发放工作;更新防病毒软件,在政务外网上使用卡巴斯基防病毒系统、政务内网上使用瑞星防病毒系统,定期升级防病毒服务器,使政务内外网处于安全、稳定、高效的应用环境,减少因病毒交叉感染而造成文件损毁、资料丢失等现象发生。

【卫生网建设】 区卫生局通过运用先进的计算机通信技术、控制技术,采用整体化系统集成的方法,建立起杨浦区卫生系统光缆专网和卫生综合信息平台。年内,完成区卫生医疗单位光缆铺设工程,优化区卫生网网络结构,提升各社区卫生服务中心的网络速度和安全水平;推进区级卫生网络数据中心建设;制定全区社区卫生服务中心信息化建设规范,对信息化硬件和软件标准作出明确要求，按照规范要求完成11家社区卫生服务中心机房改造；以殷行社区卫生服务中心为试点，统一各社区卫生服务中心的HIS系统，为公共卫生信息数据中心系统集成项目的应用配置统一的接口，从而实现医疗信息资源的互通共享；不断充实市民电子健康档案。

（五）信息化环境

【概况】 不断优化信息化发展环境，启动“城市光网”行动，有效改善接入网的传输质量；推进“数字家庭”社区信息化建设，创智坊、控江六村等住宅小区率先开通数字家庭业务。区政府信息公开工作、社会诚信体系建设取得新成效，进一步开展政府部门使用信用产品工作，推动企业信用制度创新建设。开展信息化发展资金项目评审，加强对信息化项目建设扶持力度。

【商业企业信用服务系统升级】 2008年12月，杨浦区商联会信用信息服务系统一期开发项目经专家组验收，达到预定目标。2009年1月，系统正式运行。该综合系统服务平台的运行，实现了区商业企业基本信息、信用信息以及政府职能部门监管信息的整合。3月，系统升级后，新老网站无缝隙衔接，实现区域企业历年积累的信用信息记录（诚信档案）及相关信用信息的及时转载和数据存储功能，月点击数较上年提高13%。年内，区商业联合会对该系统进行二期开发和配套规划，使信息管理工作更科学有效。

【落实区信息化发展资金】 4月起，区信息化委员会开展2009年度区信息化发展资金申报、审核工作，按照示范性、必需性原则，共确定9家单位（部门）的10个项目符合审批条件，申请资金总额204.65万元，匹配资金总额103.69万元，批准申请资金总额共计184万元。组织专家对安监局生产经营单位安全生产平台、五角场街道网格化管理平台、文化局文化精品网站建设及办公软件、规划和土地管理局规划土地辅助管理系统项目进行验收。

【推进文化市场诚信制度建设】 8月，启动杨浦区文化市场诚信制度建设，利用信息化手段建设文化市场信用管理平台。该平台汇聚企业的基本信息、监管信息（奖惩信息）和第三方测评信息，通过运用科学方法建立企业信用评价指标体系，逐步建成区文化市场企业信用档案库；通过信息发布、信用监管、信用评价、分级管理、信用激励和约束机制，促进文化市场企业健康发展。整合区网络文化监管平台，实现信用监管与高科技监管措施的有机结合，全面提高区文化市场技术监管水平。开展文化市场经营场所诚信创建活动，使文化经营企业认识到企业信用是企业长远发展的一种资源，并通过宣传培训、考核评定在全区推广诚信示范单位创建。

【召开区优秀信息化项目评介交流会】 12月，区信息化委员会召开区优秀信息化项目评介交流会，表彰2005—2008年度杨浦区20个单位（部门）的22个优秀信息化应用项目，区安全生产监督管理局等单位（部门）共37人参加。会议通报近几年区信息化委员会的工作情况，宣读优秀信息化项目表彰决定，开展优秀信息化项目交流座谈和电子政务宣讲，推广杨浦区人民群众评议政府工作网站、杨浦区企业审批管理系统、大办公OA系统及数据交换平台等重点项目。

【加快社会诚信体系建设】 年内，完成政府采购供应商信用评估报告188份；推进区商联会和区文化局信用信息服务平台建设；推广信用档案建设，推动商业企业主动上网申报企业信息，由专业资信公司提供信用报告，全区建立信用档案与开展信用评估的商业企业有53家；开展200人次信用岗位培训，帮助企业增强信用管理和应用信用交易手段，聘请80名优秀学员担任杨浦区诚信督导员，结合迎世博对区域12个街镇76户商业零售、超市、宾馆行业的骨干单位进行自律巡查；深化诚信宣传教育，围绕迎世博主题，配合上海旅游节、上海购物节等，开展诚信兴商系列宣传活动，树立起诚信五角场良好形象。（陆军霞）

(一)综　述

2009年,杨浦区有公办、民办中小学、幼儿园、特教及职业学校等各类学校175所,其中高(完)中16所(民办3所),初中36所(民办9所),小学44所(民办3所),幼儿园72所(民办和社会力量办学26所),特殊教育学校3所,中等职业教育学校1所。教师进修学院、少年宫、少科站等其他教育单位17个。各类学生总数85501人,其中高中13849人(民办1167人),初中24242人(民办5164人),小学27499人(民办3486人),幼儿园17212人(民办和社会力量办学6016人),职业学校1688人,特殊教育学生725人。农民工同住子女在校学生(义务教育阶段)11569人。全区教育单位教职工(不含民办)8158人,其中高中1579人,初中2327人,小学2444人,幼儿园1004人,特殊教育105人,教师进修学院160人,少年宫47人,少科站40人,其他教育单位452人。全区共有专任教师6837人,其中高级教师692人,占教师总数的10.1%,中级教师3701人,占教师总数的54.1%。学历达标率99.9%。全区有国际部3个,在校外籍和境外学生486人。全年财政教育拨款125106万元,比上年增长17.83%;财政专项拨款2819万元;教育附加费8761万元;教职工年收入8.96万元,比上年增长12.5%。学校总占地面积1789938平方米,校舍建筑面积1315603平方米。(1)素质教育。深入开展"两纲"教育,发挥6家杨浦社会实践基地的教育影响和辐射作用。召开区行为规范示范校表彰会,表彰65所区"示范校"、33所区"金座校",全区33所中小学校获得上海市行为规范示范校荣誉称号。制定区高中招收体育特长生的实施办法,做好高三体育特长生加分审核工作,试点开展"人人运动,学会游泳"活动。加强食品卫生、卫生防疫、健康教育工作,重点做好学校教职员工及学生甲型H1N1流感防控及疫苗接种工作。会同区民防办开展区中小学民防知识课程教学评比活动和突发事件紧急疏散演练。成功举办上海市第24届青少年科技创新大赛,获得全国青少年科技创新大赛基层赛事优秀组织单位。"节能小当家"活动获得全国创新大赛科技实践活动"十佳"称号。召开区中小学有效教学推进会、初中和高中教学会议。开展"教研共同体"实践探究,进行优秀教研组创建和评选活动,对全区51所小学及43所中学进行有效教学专项督导。(2)合作办学。制定《杨浦区基础教育创新试验方案》和《上海市基础教育创新试验区三年规划》,实施以课程建设为核心、以资源整合为基础、以师资培训为重点的"3+1"试验项目。被市教委命名为上海市基础教育创新试验区。建立上海理工大学附属中学"机器人实验室"、上海财经大学附属中学"金融实验室"。启动青少年科技公共实训基地建设,成立上海市青少年科学院沪东分院,通过网络平台,将高校图书馆资源逐步向中小学校开放。举行国家级课题《依托高校合作办学培养创新型人才的研究与实践》开题报告会,推进基础教育创新试验区建设进程。(3)发展各类教育。完成学前教育三年行动计划,制定《学前教育五年发展规划》,组织3所园所积极创建市示范性幼儿园评审,启动3所示范性幼儿园创建工作,组建多所园所联合体争创一级幼儿园，对10所公、民办幼儿园进行分等定级，80分以上园所超过90%。对打一小学教育集团、杨浦小学教育集团进行资源调整，新建上理工附小教育集团，开展幼小衔接课题研究，杨浦区被国家教育部评为全国推进义务教育均衡发展工作先进地区。制定《杨浦区特殊教育三年行动计划》，成立"区青少年教育指导中心"，关注问题青少年教育。推进实验性示范性高中创建工作，对财大附中等学校创建区实验性、示范性高中规划实施进行中期性评审，启动上理工附中、市东中学创建市实验性、示范性高中工作，促进高中教育的特色发展。组织参加上海市"星光计划"第三届中等职业学校职业技能大赛，获得51个奖项。(4)师资队伍建设。启动义务教育阶段绩效工资改革，成立绩效工资工作领导小组，完成在职人员绩效工资清算、发放工作，退休人员"共享费"清算、发放。启动第三轮"名学校、名校长、名教师"建设，建立3个"区名校长工作室"和9个"区名师工作室"，有3名校长成为市特级校长、6名教师成为市特级教师。(5)启动"校安"工程。成立领导小组，统一组织和协调全区中小学校舍安全工程的实施。对163所学校845栋校舍进行排摸，完成检测鉴定工作。制定《杨浦区校安工程三年规划》，确定第一批加固学校，选取打一二分校和区教师进修学院为加固试点单位，积极稳妥推进校安工程。上海音乐学院实验学校、硕和小学、中福会幼儿园总部、朝阳幼儿园等项目交付使用，全面完成区教师进修学院改建工程。（言　究）

（二）教育行政

【概况】 年内，围绕建设优质教育集聚区的目标，坚持教育优先发展战略，统筹协调各级各类教育，扎实推进素质教育，深化教育综合改革，强化教育内涵建设，努力提高教育教学质量。全面完成学前教育三年行动计划，大力推进小学教育组团发展，有序开展"幼小衔接"课题研究，关注外来务工人员同住子女教育问题，注重提升特殊教育实效，推动初中教育均衡优质发展，促进高中教育走特色发展之路，调整和推进中等职业教育快速发展。不断完善学校、家庭、社区"三位一体"的德育网络。依托高校优质资源，创建上海市基础教育创新试验区，成立上海市青少年科学院沪东分院。有效推进体育、艺术、卫生、科技、语言文字工作，完善信息化基础设施建设，优化教育网络信息交换平台和教育资源中心平台建设。（言　究）

【共建教育文献数据库】 1月5日召开的区共建教育文献数据库第20次协作会议显示，杨浦区教师进修学院教育文献数据库建设坚持走资源共建共享的路子，与静安区教育学院、上海师资培训中心、控江中学、杨浦高级中学等院校图书馆老师齐心协力，从几十万篇教育教学论文中精选出2万条教育文献题录数据录入数据库，现教育文献数据库题录数据已达30多万条。在区信息中心的支持下，教育文献检索系统与清华同方基础教育全文数据库成功链接，实现了网络全文检索一体化，成为上海普教系统教育情报工作的一大亮点。至年底，杨浦区中小幼只要在校园内上网进入杨浦教育网站主页，点击电子书刊中的"图书馆"，再进入"教育文献检索"，不仅可以获取题录索引，大部分文章还可获取全文。（甘民立）

【率先开通教育在线】 "杨浦教育在线"于3月28日正式开通。市经济与信息化委员会应用处处长、市教委信息中心副主任、上海市市民信箱电子邮件系统管理中心副主任、杨浦区信息化委员会主任、区教育局领导出席了开通仪式，现场指导"杨浦教育在线"的咨询活动。"杨浦教育在线"是市政府实事工程——"家校互动"特色项目之一。杨浦区教育局成功申报了两个"家校互动"特色项目——"杨浦教育在线"和"区域教育资源共享"，适时开发了"杨浦教育在线"平台，开全市教育系统之先河。旨在通过网络咨询，建立起家、校、社会互动共建的桥梁，促进学生的健康发展和社会的和谐进步。（言　究）

【创建上海市基础教育创新试验区】 4月12日，上海市教委正式命名杨浦区为"上海市基础教育创新试验区"。项目从2008年8月开始筹划，经过调查研究、专项研讨、方案申报、批准挂牌等几个阶段，确定"3+1"试验内容，制定了《上海市基础教育创新试验区三年规划》。试验重点是依托区域高校集聚的优势，实施以课程建设为核心、以资源整合为基础、以师资培养为重点、以评价创新为保障的基础教育创新试验。依托高校已建立上理工附中“机器人实验室”和上财大附中“金融实验室”；与华师大、上师大合作，共建教师专业发展中心，与复旦大学图书馆签订信息资源共享协议。（言　究）

【李宣海到杨浦调研基础教育】 5月6日，市教卫党委书记李宣海深入学校，调研杨浦基础教育工作。此次调研活动分实地视察与座谈两部分。在打虎山路第一小学，参观了学校的图书馆、体育馆等场所，并检查了食堂的卫生及学生的广播操情况。在杨浦高级中学，重点参观了于漪教育思想研究中心。（言　究）

【上海市青少年科学研究院沪东分院成立】 5月，上海市青少年科学研究院沪东分院正式挂牌成立。分院作为沪东及杨浦地区第一个青少年科技人才孵化基地，为中小学生搭建参与课程拓展实训及实施课题研究项目的平台，为中小学生走进高校实验室，参与和国际创新成果接轨的课题研究架起了一座桥梁。确立中小学与高校课题研究的联动机制将成为沪东分院的一大特色。（言　究）

【俞正声写信支持“节能小当家”活动】 6月25日，中共中央政治局委员、市委书记俞正声写信给杨浦区青少年节能环保协会的学生们，支持“节能小当家”活动。自2008年暑假起，区青少年节能环保协会发起了“节能小当家”活动。活动开展后，已有4万份《节能小当家活动手册》走进了全区中小学生的家庭。同学们从不了解水、电、煤的记录、计算方法到熟练掌握这些生活必备的技能，并带动了家长和社区居民一起采取力所能及的家庭节能措施，为国家节约资源、减少排放，也为家庭节省开支。活动在家庭、学校层面得到了热烈的反响。同学们收到俞正声的信函，感到倍受鼓舞，并决心从身边的小事做起，为国家的节能工作、为“绿色世博”尽自己的一份绵薄之力。（邵柯瞻）

【获全国推进义务教育均衡发展工作先进地区】 杨浦区通过扩容名校、托底薄弱学校、农民工子女进公办学校等有效措施，减小学校间“落差”和择校现象，不断提升义务教育的整体办学水平，努力办好每一所学校，满足人民群众日益增长的教育需求。11月3日被国家教育部授予全国推进义务教育均衡发展工作先进地区光荣称号。（言　究）

【接受上海市教育综合督政】 10月22日—23日，市教育委员会、市教育督导室对杨浦区进行为期两天的教育综合督政。区委副书记魏伟明致辞，副区长吴乾渝以《公平而优质——知识杨浦基础教育的追求》为题作自评汇报。市教育督导办主任杨国顺充分肯定了杨浦区的自评报告。期间，督政工作领导小组巡访了部分学校，召开了部分校（园）长座谈会，访谈了区相关委、办、局以及教育局分管领导，查阅了近200份（卷）文档资料，对杨浦基础教育工作进行了深入全面地了解。

人人运动，学会游泳

【教育行风满意度提升】 市学校行业行风综合满意度测评得分为97.48，杨浦区列全市19个区县第3位，区教育部门综合满意度测评得分为88.42，列区17个部门第4位。（橘　办）

（三）中小学教育

【概况】 加强德育工作，促进学生全面发展，以推进小学教育组团发展为抓手，广泛开展“幼小衔接”研究，以推进教育公平为取向，不断深化农民工同住子女教育，以人人都享有受教育权的全纳教育理念为导引，高度重视特殊教育，以努力办好每一所学校为重点，扎实推动初中教育均衡发展，以创建区实验性示范性高中规划评审为引领，大力促进高中教育特色发展，以市场需求为导向，着力发展中等职业教育。教育教学质量在全市继续保持领先水平。荣获“全国推进义务教育均衡发展工作先进地区”称号。

【杨福家走进杨浦网上公益学堂】 3月18日，中国著名核物理学家杨福家院士走进“2009年杨浦网上公益学堂——名师讲坛”，为初中生作了“治学与人生”的报告。杨福家结合自己的成长成才经历告诉同学们，成功离不开四大要素：人生观、兴趣、艰苦奋斗与机遇。最后，杨福家将他对中学生的殷切期望浓缩成以CHINA为首字母的五个英文单词（五句话）：C—Citizen，意即中学生首先应成为一个合格的公民；H—Honest，意即要诚信做人；I—I（我），意即在成长的过程中要努力发现自我；N—Never give up，意即在追寻理想的道路上要永不放弃；A—Ability，意即要不断提升自己的能力。（傅益平）

【市英特尔青少年科技创新大赛在杨浦举行】 第24届英特尔上海市青少年科技创新大赛于3月21日—23日在同济大学第一附属中学隆重举行。市科协副主席高小玫，杨浦区委书记陈安杰，英特尔中国区执行董事戈峻出席开幕式，市教育发展基金会理事长谢丽娟，市科协副主席余涛以及复旦大学等高校领导出席闭幕式。来自全市19个区县及江浙两省的青少年参加大赛。杨浦区作为本届大赛的东道主取得优异的成绩，“内环高架逸仙路口至共和立交出口借道排堵方案及其智能控制系统”等10个项目获得青少年科技创新成果一等奖（全市共83项）、“杨浦区中小学节能小当家”等3个项目获得了青少年科技实践活动一等奖（全市共20项）、“高层家具搬运机器人”等4个项目获得青少年机器人创意工程设计项目一等奖（全市共18项）。（邵柯瞻）

【上海理工大学附属小学教育集团成立】 4月8日，上海理工大学附属小学教育集团举行成立揭牌仪式。由上理工附小、长白二村小学分校、水丰路小学、水丰路小学分校、内江二村小学五所小学组成。是一个非事业法人、非企业法人、非社团法人的公办学校教育发展联盟体。组建后的教育集团，共有100个教学班，2869名学生，其中外省市学生631名，大约占全区小学生总量十分之一。上海理工大学附属小学教育集团围绕“不一样的生命，一样的精彩”的办学理念，各成员单位组成学习共同体，并依托上海理工大学的优势和资源，努力实现“资源共享、名师整合、优势互补” 的教育组团式发展目标，让教育集团所属每一个学生都能享受优质教育。（尚　礼）

【主办上海市“研究型课程”研讨会】 由上海市教委教研室、杨浦区教育局联合主办的上海市“研究型课程”研讨会复旦附中专场于4月28日在复旦附中举行，全市各区县的研究型课程教研员以及高中学校课程分管负责人参加研讨会。区教育局介绍杨浦区高中实施研究型课程的情况及取得的成效。复旦附中校长作题为《构建立体课程努力培养高素质创新型高中生》的主题交流发言。复旦附中以培养“四个主人”式的拔尖创新人才为目标，将研究性课程分为隐性课程和显性课程两大类。其中隐性课程就是关于培养学生“研究意识—研究平台—研究途径—研究目标”的课程，而显性课程则抓住课程改革这个核心，抓住教学这个主阵地，拓展更立体、更宏观的教学框架，使基础课、拓展课、研究型课程相互推动、相互生成，构建一个基础厚实、开放度高、选择性大、生长力强的立体的课程体系。复旦附中对于课程的研究性管理和指导为兄弟学校提供宝贵经验。（高钟柯）

【青少年科技节暨青少年创新峰会在杨浦开幕】 5月17日，上海市第八届青少年科技节暨上海市第二届青少年创新峰会在控江中学隆重开幕。本届青少年科技节由上海市教委、市科委、市科协、团市委共同主办。青少年科技节活动围绕“科技·人·城市——与世博同行”这一主题展开。上海市教育委员会主任薛明扬，上海市教育委员会副主任李骏修，上海市科学技术协会副主席俞涛，杨浦区副区长吴乾渝，杨浦区政协副主席邵志勇等出席会议。市、区领导为新成立的上海市青少年科技传播志愿者队伍授旗，为新一轮的上海市科技特色示范学校授牌，为上海市青少年科学研究院沪东分院揭牌。在新当选的20位上海市“明日科技之星”中，有6位杨浦区的选手，另有3位学生获得“明日科技之星”提名奖。创新峰会论坛还开展“大小院士话创新”活动，来自中科院的杨雄礼等院士与来自华师大二附中、控江中学等学校的科技创新选手们进行了对话，以“城市让生活更美好”为主题展开创新体验交流。同时，汇集着全市青少年创新成果的《上海市第二届青少年创新峰会优秀创新成果集》在开幕式上举行首发式。（邵柯瞻）

【中国青少年创意大赛上海地区选拔赛在杨浦举办】 “尚德电力杯”第三届中国青少年创意大赛暨知识产权宣传教育活动上海地区选拔赛于5月17日在同济大学实验学校举行，共有来自于上海市92所学校近500名学生参加了比赛。本次比赛由中国教育学会、国家工商行政管理总局商标局、中国版权协会共同主办，由尚德电力控股有限公司总冠名，由中国青少年创意大赛组委会、上海市科学艺术教育中心、上海同济大学实验学校共同承办。（谢　伟）

【市中小学师生识险避险、自救互救知识技能展示活动在杨浦举行】 9月25日，第二届上海市中小学师生识险避险、自救互救知识技能展示活动在同济一附中举行。本次活动由上海市教育委员会、市消防队、市公安局交通警察总队、市气象局等主办，杨浦区教育局协办。全市共有18个区、县代表队参加。本届活动体现三个拓展：主办单位的拓展，由1个增至5个单位；展示对象的拓展，由全部学生到增加了教师的参与；展示项目的拓展，从避险拓展到防灾。经过比赛展示，徐汇等6支代表队获得一等奖；杨浦等6支代表队获得二等奖。（言　究）

【参加长三角第五届中小学小班化教育研讨会】 11月25日—27日，长三角地区第五届中小学小班化教育研讨会在南京举行。杨浦区教育局应南京市教育局的邀请，组织区内部分中小学校长、教师及区教研员前往南京参加学习研讨活动。本届研讨会的主题是“实现面向每一个的教育”。三地教育同仁围绕小班化环境下有效课堂教学策略、课程设计和实施、多元化评价与学校管理等专题进行广泛交流。（易　教）

【高中有效教学现场推进会举行】 11月25日，区教育局在上理工附中举行以“聚焦有效教学，强化质量意识，培养创新人才”为主题的学年度高中有效教学现场推进会。教育部第38期全国高中校长班学员、杨浦区高中教导主任、学科教研员参加会议。与会人员分别观摩学校推出的以数学、物理、化学等理科学科为主的15节公开展示课，并在主会场和9个分会场开展课例交流和研讨活动。大连三中校长、物理特级教师张启超代表教育部第三十八期高中校长研修班作点评和发言。（高钟柯）

【两岸四地高中语文教学活动在杨浦举行】 12月4日—6日，第二届两岸四地“同课异教”高中语文教学研讨展示活动在市东中学举行。来自哈尔滨第六中学、沈阳第五中学、曲阜师范大学附属中学、开封市教研室、太仓高级中学、常熟中学、珠海市第二中学、澳门广大中学、台北市立建国中学、上海市大境中学及市东中学的12位老师参与此次公开课的交流展示。就《永遇乐—京口北固亭怀古》和《〈指南录〉后序》两篇课文进行了风格各异的教学。（言　究）

【市中小学生“世博心语”活动启动仪式在杨浦举行】 12月上旬，由上海市语言文字工作委员会、上海市教育委员会、上海市精神文明建设委员会办公室、共青团上海市委员会和上海世博会事务协调局主办的上海市中小学生“世博心语”传递和评选活动在打虎山路第一小学举行了隆重的启动仪式。副区长吴乾渝向来自市区各单位的领导、各大媒体记者致欢迎辞。市语委、市教委张民选副主任作了重要讲话。打一小学校长代表全市中小学师生作了发言。活动中，打一小学的学生用手中的笔把自己的心声，化成了一条条中英文的“世博心语”，并用文字和图画记录在“世博心语”日记本上，主办单位领导向各区中小学生代表颁发了“世博心语”日记本。启动仪式

后，“世博心语”日记本在本市18个区县间传递，相关活动成果还将在世博园的公众参与馆中展出。（言 究）

【全国工读教育研讨会在杨浦举行】 12月16日，教育部中学校长培训中心暨全国工读学校校长高级研修班工读教育研讨会在辛灵中学召开。与会的专家和领导在辛灵中学校长陪同下，听取学生对主题教育的讲解，观看学生的素描课，参观标准化的学生宿舍和杨浦区青少年教育指导中心。领导、专家评价辛灵中学是“工读教育的精品”。

【举办首届信息化教学应用创新大赛】 区教师进修学院主办的杨浦区首届信息化教学应用创新大赛，历时4个月，于12月22日落下帷幕。大赛设初赛、复赛和决赛三个阶段，根据大赛要求，先由各校初选后，推荐2—3名教师参赛。初赛共征集参赛作品119件，其中中学63件、小学56件。经过初审，共有48件作品入围复赛。复赛为说课比赛，经层层筛选，45位教师进入决赛。经评议，最终评出一等奖10名，二等奖15名，三等奖19名。比赛的全过程在“杨浦教育网”上进行了公示，区信息中心对获得一等奖的10节课进行了视频录制。（言 究）

【同济一附中低碳校园实验基地揭牌】 2月4日举行，同济大学党委副书记陆敏恂，杨浦区副区长吴乾渝为实验基地揭牌。教育局局长致辞，感谢同济大学对同济一附中创建低碳校园的支持和帮助，希望同济一附中抓住契机，不断完善实验项目，把实验基地做实、做好、做优。同济大学第一附属中学校长介绍“依托高校建设低碳校园创新教育实验基地”的设想。同济大学环境学院副院长向全校师生做《科技与绿色世博》专题讲座。

（四）师资队伍建设

【概况】 推进“三名”建设，着力培养教育领军人物，打造教育人才梯队。与复旦大学网络学院合作举办高中数学教师高研班，培训了20多名高中数学骨干教师；与华师大、上师大合作举办教育硕士班、本科班，有81名教师考取在职教育硕士；与上师大教育学院合作举办小学科学教师培训班，共培训112名小学科学与技术教师；与华师大学前教育和特殊教育学院合作举办幼儿园骨干园长培训班， 30名园长获得结业证书；与区卫生学校合作举办中小学、幼儿园卫生保健教师职后业务培训，培训200名左右的卫生保健教师。制订《学前教育师资队伍建设三年规划》和《特殊教育教师队伍建设三年规划》。与华师大合作开设培训课程，对教龄在5年内的职初教师开展分学科分学段的基本功培训活动。（言 究）

【启动第三轮名学校、名校长、名教师建设】 3月，区教育局下发《杨浦区第三轮名学校、名校长、名教师建设实施意见》和《杨浦区“名校长名师工作室建设实施细则》，在已有的2个市级名校长、5个市名师基地的基础上，再建立3个“区名校长工作室”和9个“区名师工作室”，选拔并认定了第二届44位区学科带头人和127位区骨干教师，比上届增加68人。在新一轮市特级校长、特级教师评选中，杨浦区有3名校长成为市特级校长、6名教师成为市特级教师。

【成立教师专业发展中心】 4月，区教育局与复旦大学、华东师范大学、上海师范大学等高校合作，共同建立教师专业发展中心，制定切合杨浦实际的教师培训方案、培训课程，探索“教、研、学”一体的新型教师专业发展模式。（任 诗）

【开展对口支教协作】 落实新一批17名教师到云南西盟、四川都江堰、新疆阿克苏及宝山等地支教。接待20位贵阳来沪挂职学习校长，对10名来自都江堰的教师进行为期一个月的培训。（任 诗）

【四名教师获市特殊教育奖】 11月19日，年度上海市教育发展基金会特殊教育奖颁发仪式在上海市聋哑青年技术学校举行。市教育发展基金会理事长谢丽娟、市教委副主任尹后庆等领导出席颁奖仪式，并向获奖的50名特教教师颁奖。杨浦区教师进修学院特教教研员李静、鞍山幼稚园邬鹏华、扬帆学校单小兰和凤帆初职校的李敏老师获得此项殊荣。该奖项每两年评选一次，旨在弘扬特殊教育工作者的奉献精神。（言 究）

二十、高等院校

(一)综 述

2009年,杨浦区域内共有高校13所,其中部属高校3所(复旦、同济、财大),市属高校3所(上理工、上海电力学院、上海体育学院),部队高校2所(二军大、南京政院上海分院),职业学校1所(上海城市管理职业技术学院),专科学校2所(版专、医专),电视大学、业余大学各1所。除2所军事院校外,11所高校共有占地面积777.88万平方米,建筑面积454.5万平方米;所设专业394个。各类学生人数338106人,其中:在校全日制学生129402人,研究生44963人,成人生174746人,留学生7948人。共有专任教师9359人,其中正高级1863人,副高级2807人。两院院士(在编)34人。

2009年杨浦区域内高等院校基本情况汇总表

单位	学生								专任教师			两院院士(在编)	专业数(个)	占地面积(万㎡)	建筑面积(万㎡)
	总计	研究生		普通本专科生		成人生		留学生	总计	其中					
		博士生	硕士生	本科生	专科生	本科生	专科生			正高级	副高级				
复旦大学	42365	4228	8707	12837	590	11074	1374	3633	2426	717	789	21	71	244.32	149.64
同济大学	58361	3307	19131	19692	326	9710	2948	2595	2983	645	879	12	80	266.75	157.98
上海财经大学	22950	899	3972	7996	—	1115	7755	1213	1006	195	341	—	36	49.85	4.99
上海理工大学	28027	280	3379	16843	696	4372	2246	211	1241	171	305	1	60	60.25	49.22
上海电力学院	18547	—	279	10479	299	4648	2829	13	655	55	168	—	25	54.62	27.64
上海体育学院	7277	205	576	3939	—	1913	361	283	375	54	142	—	14	39.54	24.1
上海医疗器械高等专科学校	3893	—	—	—	3450	—	443	—	176	12	44	—	14	14.33	17.5
上海出版印刷高等专科学校	4444	—	—	—	4007	—	437	—	195	13	38	—	20	20.7	5.88
上海电视大学	119254	—	—	—	—	26154	93100	—	98	7	23	—	39	5.59	7.29

（续表）

单位	学生								专任教师			两院院士(在编)	专业数(个)	占地面积(万m²)	建筑面积(万m²)
	总计	研究生		普通本专科生		成人生		留学生	总计	其中					
		博士生	硕士生	本科生	专科生	本科生	专科生			正高级	副高级				
上海城管职业技术学院	6665	—	—	—	3285	—	3380	—	194	3	71	—	21	21.2	9.55
杨浦区业余大学	887	—	—	—	—	—	887	—	10	1	9	—	14	0.73	0.71
总计	338106	8919	36044	71786	12653	58986	115760	7948	9359	1873	2809	34	394	777.88	454.5

（二）复旦大学

【概况】 2009年，学校开展深入学习实践科学发展观活动，紧紧围绕育人这一根本命题，坚持内涵发展，推动学校事业取得新的进展。(1)基本情况。学校现有直属院（系）28个（不包括继续教育和网络教育），附属医院10所，设有本科专业70个，一级学科博士学位授权点24个，二级学科博士学位授权点154个（其中自设30个，专业学位1个），硕士学位授权点229个（其中自设51个，专业学位10个），博士后科研流动站29个，一级学科国家重点学科11个，二级学科国家重点学科19个。在校普通本、专科生13 427人，硕士研究生8707人，博士研究生4228人，留学生3633人（其中攻读学位的留学生2531人）。招收普通本、专科新生3234人；招收研究生4446人，其中硕士研究生3293人，博士研究生1153人。有专任教师2426人、专职科研人员252人，其中高级职称1649人。有中国科学院、中国工程院院士36人，教育部“长江学者奖励计划”特聘教授53人、讲座教授30人，“国家重点基础研究发展计划（含重大科学研究计划）”项目首席科学家17人。(2)学科建设。实施“211工程”三期建设，完成“985工程”二期总结工作；推动各院系进行学科发展调研和制定学科发展规划，在7个院系试点国际学术评估。5个科技创新平台和7个哲学社会科学创新基地通过上海市发展和改革委员会组织的“985工程”二期建设绩效考察。(3)科学研究和科技成果转化。获立项理科、医科科研项目1320项，其中“973”项目2项，“863”重点项目1项，国家重大科技专项课题27项，获批国家自然科学基金项目339项，获得经费12811万元，其中，国家自然科学基金重大项目2项，重点项目11项，国家杰出青年科学基金7项。“微纳光子结构教育部重点实验室”和“器官移植免疫上海市重点实验室”立项建设。被科技部授予“储能技术国际科技合作基地”称号。32项成果获年度教育部高等学校科学研究优秀成果奖（人文社会科学）。成立复旦大学技术转移中心宁波分中心，与当地企业签订合作项目8项。加强“三区联动”，推动复旦大学科技园区的内涵建设。复旦大学国家大学科技园被科技部、教育部联合授予“大学生科技创业实习基地”。复旦科技园校友创新创业基地正式启动。(4)教育、教学改革。至年底，已建成通识教育核心课程约150门，共开设核心课程460门次，选课总人数3万5千余人次。获得国家级精品课程4门、上海市级精品课程10门、国家级双语教学示范课程2门；5项成果获得国家级教学成果奖，39项成果获得上海市级教学成果奖；5个教学团队入选国家级教学团队，4位教授获得上海市高校教学名师奖，3个教学团队入选上海市级教学团队，4个专业获得国家特色专业点建设资助，2本教材获评普通高校精品教材。首次启动“211工程”三期优秀大学生夏令营资助计划等6个创新人才培养计划。完成学科评议组换届及学位委员会的调整，完善交叉学部的建制，成立生物医学项目学位评定专家委员会。(5)师资建设。围绕建设可持续发展的人力资源管理体制机制，启动人力资源二级管理、高层次人才引进制度、高级职务聘任制度、租赁制灵活用工制度、岗位聘用聘任微观管理等五方面的改革。推进院系完成5年学科建设规划与人力资源规划，自主建立完善科学合理的岗位绩效评估考核和流动制度。落实“人才引进三年行动计划”，全年引进各类高层次人才70人；6位教授入选年度第一批国家“千人计划”。启动实施第四轮高级职务聘任综合改革，逐步探索建立世界通用、具有复旦特点的教师“tenure”聘任制度。(6)附属医院工作。以“共建共管”为契机，推进附属医院发展。附属中山医院、华山医院等6所卫生部所属医院将由卫生部与上海市人民政府实行共同投入、共同推进的管理模式，以此为契机，加快各附属医院内部管理体制和运行机制改革。开展“医疗质量万里行”活动，深化“医院管理年”活动。制订复旦大学住院医师规范化培养实施方案和政策建议，完善各附属医院住院医生的培养制度。附属中山医院现代化门急诊医疗综合大楼奠基，附属华东医院新市民医疗大楼正式全面投入使用。(7)国际化办学。全年接待各类境外代表团共409批6249人次。举办奥地利周、荷兰周、上海论坛等重大活动。召开国际学术会议52个。聘请长期专家101名、短期专家580名，到校接受“名誉教授”等荣誉称号的专家13人。实施教育部聘请外籍专家重点项目50个、海外优秀学者授课项目20个、上海市引智项目23个、普通短期专家项目41个。新签校际协议14项。设立中国首个外国留学生奖助学金。

（王安华　邓绪周　潘隽炜）

【汤钊猷获“吴阶平医学奖”】 1月9日，中国工程院院士、复旦大学肝癌研究所所长、附属中山医院教授汤钊猷获得2008年“吴阶平医学奖”，为年度唯一获奖人。中国科学院院士、全国人大常委会副委员长、“吴阶平医学奖”评审委员会主席韩启德向汤钊猷颁奖。汤钊猷于20世纪60年代末从事肝癌研究，在肝癌临床诊治和相关基础研究方面取得了突出成果，使肝癌从“不治之症”变为“部分可治之症”。建立国际首个高转移人肝癌模型系统，提出“亚临床肝癌”概念，被认为是“人类对肝癌的认识与治疗的巨大进展”，两度获得国家科技进步奖一等奖。

汤钊猷教授获得2008年“吴阶平医学奖”

【获得美国大学生数学建模竞赛2项一等奖】 4月，在美国（国际）大学生数学建模竞赛中，数学科学学院2006级本科生魏晨、王灵迪、张超彦团队获得数学建模竞赛一等奖，王拉芝、刘翀、陆丛凡团队获得交叉学科数学建模竞赛一等奖，为学校历年来在美国大学生数学建模竞赛中获得的最好成绩。美国（国际）大学生数学建模竞赛由美国数学及其应用联合会组织，得到美国国家科学基金、美国数学及其应用联合会、美国运筹学及管理科学研究所等单位资助，是当前世界上唯一的国际性学生数学建模竞赛。本年度共有来自美国、澳大利亚、加拿大、中国、德国、英国等14个国家的2049个团队参加竞赛。

【主办“上海论坛2009”】 5月11日—12日，学校主办的“上海论坛2009”在校举行，主题为“经济全球化与亚洲的选择——危机·合作·发展”。上海市市长韩正，教育部副部长郝平，中国人民银行副行长苏宁，国际货币基金组织日本首席代表小手川大助，德国联邦议员德中委员会主席Johannes Andreas Pflug等出席会议。来自30余个国家和地区的300余名政界、学界、商界的代表与会，围绕“经济全球化与亚洲的选择：危机·合作·发展”的主题，就全球经济和国际社会所面临的一系列重大问题展开研讨。

【复旦学生在第25届计算几何国际大会作学术报告】 计算机科学技术学院本科生郭泽宇、博士研究生孙贺的论文《关于最小曼哈顿网络问题算法和复杂性》在近170篇文章中脱颖而出，被第25届计算几何国际大会(SCG)录取,应邀出席6月25日在丹麦召开的大会并作大会报告。该论文同时作为最佳论文之一被邀请投稿到会议特刊Discrete and Computational Geometry(DCG)。这意味着长达十余年未解决的计算几何国际难题首先由这两位年轻人解决。这是25年来中国大陆研究机构的学者第二次应邀在该会议上作报告。

【丁昇的论文入选全国优秀博士学位论文】 9月,发育生物学研究所丁昇的论文《piggyBac转座系统——哺乳动物遗传分析的新工具》(导师:许田)入选第十一届全国优秀博士学位论文。

【"耶鲁全球在线复旦版"开通】 9月1日,由复旦大学社会科学高等研究院、复旦大学新闻学院和耶鲁全球化研究中心合作创办的网站"耶鲁全球在线复旦版"(www.yaleglobalfd.fudan.edu.cn)正式开通。复旦大学党委书记秦绍德、美国耶鲁大学校长理查德·莱文致信祝贺。该网站是"耶鲁全球在线"(Yale Global Online)的唯一中文版本,也是大陆第一家以全球化为主题的中文学术网站。"耶鲁全球在线"是全球化领域的优秀研究刊物,在世界范围内有广泛影响力。复旦版开通后,将在东西方之间构建起全球化研究的交流平台。

【"中国历史地理信息系统"参加"建国60周年成就展"】 9月19日—10月20日,"辉煌六十年——中华人民共和国成立60周年成就展"在北京展览馆举行。由复旦大学中国历史地理研究所主持研制的"中国历史地理信息系统"被教育部选中参加该展览的科教单元,以42英寸触摸屏电脑的形式提供系统互动,为整个教育部展厅仅有的三件实物展览之一。9月16日预展中共中央政治局常委李长春、国务委员刘延东、教育部副部长袁贵仁视察该系统。"中国历史地理信息系统(CHGIS)"是复旦人文社科研究开展国际合作的典范,由复旦大学、美国哈佛大学和澳大利亚格林菲斯大学等世界一流高校共同发起,该系统不仅涵盖整合性的海量历史地理数据,而且延展了数据的时空连续性,提供给研究者最完备、简洁的数据查询、检索、编绘数据地图和连接用户数据的功能。

由复旦大学中国历史地理研究所主持研制的"中国历史地理信息系统"

【复旦大学校友会成立】 9月19日,复旦大学校友会成立大会在相辉堂举行。上海市社团管理局局长方国平代表民政部宣读《关于同意复旦大学筹建复旦大学校友会的批复》。杰出校友李岚清、陈至立、韩启德、桑国卫、唐家璇等为校友会成立题词或发来贺信贺电。校党委书记秦绍德、校长杨玉良以及荣誉会长李达三、陈曾焘、谷超豪、汤钊猷、陆谷孙等为复旦大学校友会揭牌。复旦校友与师生代表近千人参加成立大会。

【召开复旦大学第十一届世界校友联谊会】 9月20日—21日,复旦大学第十一届世界校友联谊会在安徽芜湖举行。安徽省副省长唐承沛、校长杨玉良、前校长王生洪、校务委员会副主任彭裕文、校党委副书记王小林、副校长陈晓漫、许征出席。一千多名海内外校友与会。会议以"畅叙友情、深化合作"为宗旨,举办了自主创新高峰论坛、区域发展战略论坛、复旦-芜湖合作项目签约仪式、安徽省示范高中校长座谈会、海内外校友会代表座谈会、复旦大学附属中山医院与芜湖市第二人民医院协作医院揭牌仪式等活动。

【4位外籍专家获上海市白玉兰奖】 9月29日，上海市“白玉兰荣誉奖”授奖仪式在上海市人民政府举行。附属眼耳鼻喉科医院美国籍蒋家琪、澳大利亚籍俞道义获奖。上海市市长韩正向获奖者颁奖。蒋家琪为复旦大学特聘讲座教授，担任眼耳鼻喉科医院咽喉及小儿耳鼻喉科主任、学科带头人，是美国威斯康辛大学耳鼻咽喉—头颈外科系、生物医学工程系及言语病理系终身教授，主要贡献在嗓音的基础理论及应用研究方面，曾获得2002年美国“白宫青年科学家总统奖”、2003年度国家杰出青年（海外B类）及2004年度上海市“白玉兰纪念奖”。俞道义担任眼耳鼻喉科医院顾问教授，是澳大利亚西澳大学眼科和视觉中心生理和药理中心主任，其设计的生物工程性微滤过装置植入手术在猕猴高眼压模型已取得良好的长期降眼压疗效，曾获2000年度上海市“白玉兰纪念奖”。

【举行“谷超豪星”命名仪式】 10月20日，以中国科学院院士、复旦大学数学科学学院教授谷超豪命名的小行星“谷超豪星”命名仪式在校举行。中共上海市委副书记殷一璀出席仪式并讲话。校党委书记秦绍德、校长杨玉良、中共上海市委副秘书长姚海同、上海市政府副秘书长翁铁慧、上海市教育委员会主任薛明扬，中国科学院院士孙义燧、葛墨林及小行星发现者代表出席仪式。中国科学院紫金山天文台党委书记鲁春林向谷超豪颁授“谷超豪星”命名证书和命名铜匾。常务副校长张一华主持仪式。

【赵东元获两项殊荣】 10月，在南非举行的第三世界科学院（The Third World Academy of Sciences, TWAS）第二十届院士大会暨第十一次学术大会上，中国科学院院士、化学系教授、材料实验室主任赵东元由于其在介孔材料合成结构方面的突出贡献，被授予2008年度TWAS化学奖，成为第四位获得该奖的中国化学家。11月，在北京召开的何梁何利基金2009年度颁奖大会暨何梁何利基金成立15周年庆典上，赵东元获得2009年度何梁何利基金“科学与技术进步奖”。

10月20日，举行“谷超豪星”命名仪式

【复旦管理学杰出贡献奖颁奖】 11月1日，由复旦管理学奖励基金会设立的“复旦管理学杰出贡献奖”年度颁奖典礼在北京举行。中国科学院院士、中国科学院数学与系统科学研究院杰出研究员汪寿阳，中国科学院研究生院管理学院教授石勇，东北大学物流优化与控制研究所所长唐立新等3人获奖。中共中央政治局原常委、国务院原副总理、复旦管理学奖励基金会会长李岚清出席并讲话。中国科学院院士、全国人大常委会副委员长、中国科学院院长路甬祥出席并致词。李岚清和路甬祥一同为获奖者颁发证书和奖杯。

【140名师生与美国总统奥巴马交流】 11月16日，美国总统巴拉克·奥巴马在上海科技馆与500余名中国青年开展对话。复旦大学校长杨玉良主持活动，复旦大学140余名师生参加活动。

【4门课程被评为国家精品课程】 11月18日，哲学学院吴晓明的

“马克思主义哲学原著选读”、物理学系王炎森和马世红的“文科物理(理论与实验)”、上海医学院蒋国梁的“肿瘤学概论”、药学院朱依谆的“药理学”等4门课程被评为年度“国家精品课程”。

【何纳受到温家宝接见】 12月1日,国务院总理温家宝,副总理李克强在北京接见了复旦大学公共卫生学院教授何纳等9位国家艾滋病专家。何纳在原上海医科大学完成本科生和硕士研究生阶段的学习培养,获美国加州大学洛杉矶分校博士学位并获最优毕业生奖,曾赴以色列希伯来大学传染病研究中心访问学习。2003年起一直在云南、贵州、新疆、四川等艾滋病重度流行区和边远贫困地区从事艾滋病防治实践和流行病学研究工作,主持承担了国家艾滋病科技重大专项、国家防治艾滋病工作委员会项目、国家自然科学基金、美国NIH等国内外艾滋病研究项目和防治实施项目。

【周良辅当选中国工程院院士】 12月2日,附属华山医院神经外科主任周良辅教授当选中国工程院院士。专长神经外科,包括脑和脊髓肿瘤、颅脑损伤、脑血管病、先天性病变等。近来主要从事微侵袭神经外科如显微外科、颅底外科、神经导航外科、内镜外科、以及立体定向放射外科和肿瘤干细胞的研究。获国家科学技术进步二等奖1项、三等奖2项,教育部科技进步一等奖1项、二等奖1项,卫生部科学技术进步二等奖2项、三等奖1项,上海市科学技术进步一等奖2项、二等奖3项、三等奖2项,上海市临床医学成果一等奖2项、二等奖1项、三等奖1项;获《中国医学论坛报》杰出外科医生奖、光华医学奖、上海市医学荣誉奖等;被评为国家有突出贡献中青年专家、卫生部全国先进工作者、全国五一劳动勋章获得者。

【谷超豪获国家最高科学技术奖】 中国著名数学家、中国科学院院士、复旦大学数学科学学院教授、复旦大学数学研究所名誉所长谷超豪获得年度国家最高科学技术奖。在2010年1月11日举行的年度国家科学技术奖励大会上,中共中央总书记、国家主席、中央军委主席胡锦涛向谷超豪颁发奖励证书。谷超豪获奖后,中共中央政治局委员、上海市委书记俞正声,上海市委副书记、市长韩正代表上海市委市政府发来贺信,对谷超豪表示祝贺。谷超豪1926年生于浙江省温州市,1940年参加中国共产党,1953年起到复旦大学从事教学和研究工作。1957年,谷超豪赴莫斯科大学进修并于1959年获得莫斯科大学物理—数学科学博士学位。1980年当选中国科学院学部委员(院士),1994年当选国际高等教育科学院院士。先后获得国务院科学大会奖、国家自然科学奖(二、三等奖各1项),国家教委科技进步一等奖(2项)、华罗庚数学奖、何梁何利科技进步奖以及柏宁顿孺子牛金球奖(杰出奖),上海市首届科技功臣奖等十多项奖励,获得全国教育系统劳动模范、上海市第二届“十大教育功臣”等荣誉称号。 (潘隽炜)

(三)同济大学

【概况】 2009年,围绕“人才年、学术年、质量年”的工作思路与行动纲领,同济大学各项事业获得全面进步。(1)基本情况。学校现有直属院(系)30个,附属医院6所。在职教职工6350人,其

周良辅教授(图中)当选中国工程院院士

中专任教师2983人。专任教师中教授645人、副教授879人；具有博士学位的教师1572人、硕士学位的教师700人。全校各类学生总数77516人，其中研究生22438人、本专科生20018人、成教学生12658人、留学生2595人、网络学生19807人。当年招收普通本、专科生4651人，研究生6825人，其中硕士生6051人，博士生774人。（2）学科建设。学校有国家重点一级学科3个，国家重点二级学科（包括一级学科所含二级学科）21个。另有国家培育重点学科3个。增设艺术硕士、临床医学博士、口腔医学博士等3个专业学位点。博士学位授权一级学科点17个，二级学科点78个，自主设置二级学科博士学位授权点16个；硕士学位授权学科点210个，自主设置二级学科硕士学位授权点10个；专业学位授权点12个。（3）科学研究与社会服务。电子与信息工程学院蒋昌俊和生命科学与技术学院江赐忠教授分别获准主持973项目（含重大研究计划），医学院引进徐国彤教授，学校973首席科学家由3位增加到6位，主持973计划二级课题12项，共获国拨经费9000多万元。在国家重大专项方面，学校负责国家“水体污染控制”重大科技专项“巢湖城市水环境污染控制”和“长江下游地区饮用水安全保障”项目。承担“水体污染控制”、“核、高、基”、“大飞机”、“高档数控机床”、“新药创制”等5个重大专项的16个课题，国防重大专项方面取得新进展，合同总经费超过2亿元；承担了一批863、国家科技支撑等重大科研项目，合同经费总额超过2.3亿元。自然科学基金方面，共获批准项目203项，同比增长21%。（4）队伍建设。学校制定一系列人才引进政策，出台一系列青年教师的激励和培养政策。上海市学科带头人4名，上海市浦江人才计划11名，上海市晨光计划10名，上海市科技启明星计划10名、跟踪计划3名，教育部科技创新团队1个。4名教授入选中组部“千人计划”，海洋与地球科学学院刘志飞教授与土木工程学院朱合华教授分获“国家杰出青年基金”和“长江学者”称号。阮仪三教授获评“创新上海30年风云人物榜”评选活动产生的30位风云人物之一；吴志强教授获全国五一劳动奖章；颜德馨教授成为国家首批“国医大师”。（5）人才培养。全面推进“质量工程”建设工作。获得国家级双语课程2门，上海市精品课程9门，国家级精品课程6门；国家级教学团队1个，市级教学团队2个；上海市教学名师3位；国家级人才培养模式创新实验区1个。5个专业成为国家特色专业建设点。大学生创新性实验计划共获得教育部66个项目和上海市教委100个项目的资助。土木工程实验教学中心被批准为国家级实验教学示范中心建设单位。计算机科学与技术专业通过全国工程教育专业认证专家委员会组织的认证考查。全年共获国家级教学成果奖7项，其中一等奖1项、二等奖6项，居全国前列，上海第一。（6）对外联络发展与国际合作。新增凤凰卫视总裁刘长乐先生为校董，杰出校友、深圳市创东方投资有限公司董事长肖水龙先生为理事；新成立法国校友会和中法学院校友联谊会。建立遍布北美、欧洲、东南亚等7个国家55个省市、港澳台地区的75个地方校友会。全年接待来访的港澳台地区各类人员共1136人次。开展与港澳台地区高校之间的学生校际交流交换，以及与台湾成功大学、台科大、逢甲大学、台湾中华大学和崑山科技大学等高校派遣和接受学生交换一学期工作。（7）校园建设。医学与生命科学学部学生实验中心和动物实验中心落成。上海国际设计中心大楼进入内部装修和室外总体施工阶段。同济联合广场A楼基本完成外幕墙施工，并进入室内装修阶段。（8）学校管理。截至10月底，学校产业实现收入24.25亿元，同比增长17.57%；净利润1.45亿元，同比增长24.35%；上缴4766万元，同比增长9.11%。上海市大学生科技创业基金会同济分基金的资金规模1500万元，设立大学生科技创业项目46个，立项资金715.4万元，所有项目均成立公司，并入驻位于科技园内的大学生创业园，注册资金2028.2万元，就业人数270多人。首获“全国精神文明建设工作先进单位”称号，获“2007—2008年度上海市文明单位”称号。

【国家火炬计划环同济研发设计服务特色产业基地揭牌】 4月18日，“环同济研发设计服务特色产业基地”在学校综合楼揭牌，这是目前国内首个以现代服务业为主的特色产业基地。全国政协副主席、科技部部长万钢，上海市副市长沈晓明分别致辞并共同为基地揭牌。环同济研发设计服务产业基地由核心圈、扩展区和辐射点三个层次构成。其中“核心圈”以同济大学四平路校区为核心，面积约2.6平方公里。“扩展区”是以四平路为中轴线呈对称状的五边形区域，面积约10平方公里。在此基础上，进一步向外扩展，形成四个“辐射点”。环同济知识经济圈从2002年前后开始萌芽，逐步形成以设计为主体，包括图文制作、建筑模型、装潢、设计咨询类企业相配套的一条完整的产业链。2007年6月，同济大学与杨浦区启动“环同济知识经济圈”的建设。区域内企业不断集聚，从最初的100余家发展到近1000家，2008年总产出102亿元。

【《同济与世博》展览开幕】 5月17日，《同济与世博》大型展览在综合楼底楼大厅拉开帷幕。全国政协副主席、科技部部长万钢，全国人大常委、教育部原副部长吴启迪，上海市政协副主席、上海世博局副局长周汉民，校党委书记周家伦、校长裴钢、常务副校长李永盛等出席开幕式，并共同为展览剪彩。《同济与世博》大型展览分为综合篇、建筑规划篇、建筑设计篇、发展管理篇、能源环境篇、交通畅达篇、建设保障篇、科技项目篇、志愿服务篇等版块，共计110余幅展板，全面详实地记录了同济人为上海世博会成功举办而做出努力。

【多功能振动实验中心在嘉定校区开建】 5月25日，包含当今世界规模最大的四座地震模拟振动台组系统、国内荷载最大的结构抗疲劳实验系统的“同济大学多功能振动实验中心”项目，在嘉定校区内奠基开工。建成后它将为国家广泛领域内的振动和抗震试验研究、大型结构抗疲劳性能研究提供一个开放性的试验平台支撑。四座振动台总承载能力为200吨，为国内振动台承载能力之最。多功能振动实验中心位于嘉定校区西北角，总建设用地约16258平方米，总建筑面积约14590平方米，计划于2011年6月建成并投入使用。

【同济大学设计创意学院成立】 5月26日，以建筑与城市规划学院原艺术设计系为主发展而来的同济大学设计创意学院揭牌成立。作为学院产学研一体化的重要基地，由学校与瑞安集团合作共建的“同济设计创智中心”同日挂牌，这也是沪上首个由设计院校与企业联手共建的高端艺术创意中心。跨学科、国际化合作、产学研紧密结合，将成为设计创意学院三大重要办学特色。“同济设计创智中心”位于五角场大学路，毗邻创智天地广场，总面积1600平方米，由12套SOHO单元和底层展厅及商铺组成。学院将在创智中心为全球招募到的著名设计专家建立设计工作室，学生也可在此开展设计实践。由学院师生开发的品牌设计产品，将在创智中心展示、销售。

【同济女子书院揭牌】 5月26日，同济女子书院在学生社区西南九楼揭牌。这是沪上高校中首个以“女子书院”为品牌的学生社区女性素质提升教育基地。全国人大常委、教育部原副部长、同济女子学院顾问委员会主任吴启迪，上海市妇联副主席黎荣，校党委书记周家伦出席并致辞。周家伦和黎荣为“同济女子书院”揭牌，随后又分别为“女性俱乐部”和“女性沙龙”揭牌。揭牌仪式上，吴启迪和校党委副书记马锦明等还向女子书院特聘学业导师、职业导师、艺术导师和生活导师代表颁发聘书。

【举办首届“上海大学生创新活动论坛”】 5月30日，由上海市教委主办、学校承办的首届“上海大学生创新活动论坛”在校开幕，来自包括同济在内的17所沪上高校的170项优秀大学生创新活动项目案例，在综合楼底楼大厅展出。教育部高教司副司长刘桔宣读教育部贺信；校长裴钢，中科院院士、上海市科协主席沈文庆，振华港机（集团）总裁管彤贤，香港瑞安集团董事长助理周永平在创新教育高峰论坛上作大会报告；上海市教委主任薛明扬在闭幕式上讲话；市教委副主任王奇、常务副校长李永盛在开幕式上致辞并为《成果展》揭幕。当天，在集中展示各高校一批优秀大学生创新活动项目案例的同时，32个项目进行分组交流，其中4个项目进行大会交流。通过大学生自主投票，产生上海大学生创新活动“我印象最深的十佳项目”，以及“创新活动计划”入围徽标。刘立宇、俞为妍同学分别负责的两项目入选“十佳”，金梦奕同学设计的徽标入围。

【共建"上海环同济设计创意产业集聚区"揭牌】 9月12日，上海市首个市、区、校三方共建的创意产业集聚区——"上海环同济设计创意产业集聚区"揭牌。当天上午，上海市经济和信息化委员会、杨浦区人民政府与学校共同签署《关于进一步加强合作，联手推进上海环同济设计创意产业集聚区的合作意向书》，表示将进一步发挥大学知识溢出效应和政府政策扶持效应，加快推进这一区域内设计创意产业集群式发展，将其建设成为上海乃至全国一个以设计为特色，学科链、技术链和产业链紧密结合的重要的创意设计基地。"上海环同济设计创意产业集聚区"位于"环同济知识经济圈"同济大学周边2.6平方公里核心区域内。通过有效集成大学优势设计类学科资源，发挥大学知识溢出效应，如今已吸引近1200家设计类企业集聚，从业人员近3万，形成了以现代设计为主体的典型的设计创意产业集群，2008年总产值已达102亿元。上半年，在国际金融危机背景下，仍呈现逆势飞扬势头，总产出59亿元，同比增长19.3%。"环同济知识经济圈"于4月被国家科技部火炬计划批准为"环同济研发设计服务特色产业基地"。

【国内首个地面交通工具风洞落成】 9月19日，经过4年建设，由学校承建的国内第一个"汽车风洞"——上海地面交通工具风洞中心在嘉定校区落成。全国政协副主席、科技部部长万钢，上海市副市长沈晓明，教育部部长助理林蕙青，上海市原政协主席蒋以任，全国人大常委、教育部原副部长吴启迪，铁道部运输局局长、副总工程师张曙光，中国商用飞机有限公司副总经理、大型客机总设计师吴光辉，校党委书记周家伦、校长裴钢等出席仪式。风洞中心总建筑面积21095平方米，总投资4.9亿元人民币。风洞项目包括国内首座汽车气动声学整车风洞、国内首座热环境整车风洞和一个集汽车造型、加工、设备维护、科研和管理于一体的多功能中心。它与上海嘉定国际汽车城先期建设完成的同济大学新能源汽车工程中心、上海汽车质量检测中心、汽车试验场共同组成了地面交通工具测试研究基地。

【开通首条轨道交通试验线】 9月19日，作为学校在建、国内惟一的"城市轨道交通综合试验系统"重要组成部分，一条千余米长的轨道交通试验线在嘉定校区开通，一列含两节车辆的试验车在该试验线上运行试验。这将为我国城市轨道交通装备核心技术研发、以形成具有自主知识产权的轨道交通装备制造业提供必备的试验及测试公共性平台支撑。全国政协副主席、科技部部长万钢，上海市副市长沈晓明，教育部部长助理林蕙青，全国人大常委、原教育部副部长吴启迪，校党委书记周家伦、校长裴钢等出席试验线开通仪式，并试乘试验车。

【《纪念埃里希·宝隆逝世100周年图片展》在柏林市政厅展出】 作为中德科技教育年和德国柏林亚太周的重要活动，由同济大学和汉诺威孔子学院联合主办于10月6日起在柏林市政厅展出。全国人大常委吴启迪，副校长董琦，柏林市政府教育文化部国务秘书Husung，宝隆的亲

9月19日，国内唯一的首条轨道交通试验线开通仪式

属以及参加“同济论坛”的嘉宾等约200人出席。开幕仪式前，校长裴钢专程前往参观，并与柏林市政府教育文化部国务秘书Husung、宝隆的外孙女亲切交谈。开幕仪式上，吴启迪和董琦代表学校向宝隆的亲属赠送宝隆的画像和展览的微缩版合订本，董琦、Husung、宝隆的外孙女分别致辞。本次展览分为三个部分，第一部分是埃里希·宝隆和他的家庭，主要介绍埃里希·宝隆的生平；第二部分是埃里希·宝隆与同济医院和同济德文医学堂，主要介绍同济医院和同济德文医学堂的建立过程；第三部分是同济大学——中德文化交流的窗口，主要介绍同济大学的历史和对德交流的主要项目及成果。展览期间，中国驻德国大使吴红波专程前往柏林市政厅观看。展览还将到波恩、沃尔芬比特尔和汉堡等地巡回展出。

12月17日，举行著名建筑学家冯纪忠教授追思会

【学校招生引入中学校长直荐制】 11月10日，学校对外发布2010年自主招生方案，将首次在上海地区引入“中学校长直荐制”，直荐生比例大约占学校2010年第一批普通本科招生计划数的5%左右，具体视直荐生实际情况和学校招生需要而定。这部分学生将不参加学校组织的文化水平测试，通过学校专家审核后即可成为自主招生对象。在第一批本科批次以平行志愿A位置报考同济大学前提下，投档成绩达到上海市第一批本科最低录取控制分数线，即可投档。这是学校继年度自主招生首次引入“综合素质面试”之后，在2010年自主招生中做出的又一新尝试。

【冯纪忠先生逝世】 12月11日上午9时55分，著名建筑学家、建筑师和建筑教育家，中国现代建筑奠基人、中国城市规划专业与风景园林专业创始人，中国现代建筑、城市规划及风景园林教育的一代宗师，同济大学教授，建筑与城市规划学院名誉院长冯纪忠先生因病医治无效，在上海逝世，享年94岁。12月17日，冯纪忠先生告别仪式在上海龙华殡仪馆银河厅举行。冯纪忠先生的亲属、朋友、相关单位领导与学校师生300余人出席告别仪式。冯纪忠先生逝世后，各界朋友、领导与机构团体纷纷发来唁电和送来花圈以表达哀思和对冯纪忠先生的敬仰与缅怀之情。12月31日，冯纪忠教授追思会暨“冯纪忠与同济”图片展在建筑与城市规划学院举行。会上，“冯纪忠奖励基金”成立。这一奖励基金由冯纪忠教授家属发起，并捐赠100万元人民币作为启动资金，将设立“冯纪忠奖励基金教师奖”、“冯纪忠奖励基金学生奖”，分别用于奖励校建筑与城市规划学院教学业绩突出的教师、学业成绩最优异的学生。 (孙 竞)

(四)上海理工大学

【概况】 2009年，学校以现代大学制度建设为抓手，深化两级管理，加强内涵建设，学校事业发展继续保持和谐快速的良好势头。(1)拟定发展规划。制定《上海理工大学中长期改革和发展规划纲要》(初稿)，明确了学校的发展战略和中长期奋斗目标；探索和优化学院办学工作水平年度考核和评价方式及途径，构建学院办学工作水平年度考核和评估体系；制定《上海理工大学内涵建设项目(试点)遴选与管理办法》，组织学校“085工程”项目的先行先试申报工作，推进人才培养和学科建设。(2)人事用工分配工作。人事分配制度改革以学院(部)办学的绩效评价为核心要素进行资源分配。制定《二级管理部门岗位业绩津贴额度核拨试行办法》、《二级管理部门办学绩效评估试行办法》、《二级管理部门年度考核暂行办法》、《教师聘期考核暂行办法》等一系列文件,积极推进和落实两级管理实施方案,调动了二级管理部门的积极性。制定《关于人才引进与管理暂行办法》、《关于对新引进人才实施绿色通道的暂行办法》等文件,柔性引进长江学者1人、美国总统奖提名者1人;申报国家"千人计划"1人;申报东方学者8人,获批6人。(3)教学质量工程。实现外省市(自治区)招生全部晋升一本的目标,入学新生素质大大提高。继续完善贯通六大学科群的学科基础课程平台,建立核心课程建设机制;优化专业结构,精炼专业方向;扩大第二专业和第二学位培养规模,以工商管理专业(创业方向)的开办试点带动全校创新创业教育的广泛开展。在全国优秀博士学位论文评选中,"全国百篇优秀博士学位论文"和提名论文各获一篇,实现学校零的突破。进一步完善留学生与港澳台学生教学体系,提升培养留学生与港澳台学生的能力。现有7个学院20个专业开展留学生学历教育,留学生规模首次突破500人,居上海14所后发展留学生教育院校首位。(4)学科建设。出台《上海理工大学学科建设管理办法》及《关于上海理工大学学位点资源共享的实施意见》,积极探索实践学位点资源共享机制,在"印刷光学工程"硕士点学科开展招生试点。调整学科建设战略,不断推进以职业为导向的专业学位人才的培养。根据学校6大学科群建设的规划发展需要,适时进行学科、专业与学院的调整工作,机械学院材料成型与控制专业整建制划归材料学院,城建学院交通工程系整建制划归管理学院,能源与动力工程学院纳米材料学科方向划归材料学院,动力学院更名为"能源与动力工程学院",城市建设与环境工程学院更名为"环境与建筑学院"。"上海高校技术市场"落户上海理工大学国家大学科技园;学校技术转移中心成为第二批"国家技术转移示范机构"。(5)校园建设。率先提出学生生命周期信息服务、实施多媒体教学技术不间断培训服务理念并付诸实施,完成数字化校园框架和主干内容的建设,学校信息化应用服务水平居于上海市高校的先进行列。推进综合信息服务平台建设,启动数字迎新、离校、宿管、奖学金发放、公房管理、财务报销服务等一系列信息服务项目,启动建设数字档案、资产管理、信息公开平台。(6)校友会、教育基金会工作。完成各学院和有关省市校友分会的换届工作;开设"尚理"校友论坛;在上海理工大学103周年校庆日之际,组织海内外的校友返校。完成校友理事会换届工作,评选出第二届杰出校友,审议并通过《上海理工大学校友会章程(修订稿)》。依托二级学院及各地校友分会的力量,大力宣传基金会宗旨,主动开展募集工作。

【第一届复杂科学国际会议举行】 2月23日—25日,第一届"复杂科学:理论和应用"国际会议在上海理工大学举行。来自中国、美国、英国、法国、德国、日本、韩国、意大利等25个国家和地区约300名专家学者与会。在为期三天的会议中,与会专家带来了近20场精彩的学术报告,举办5场专题研讨会,就复杂科学方面的最新学术成果进行交流,集中探讨该领域内相关理论与实践问题。会议共收到来自世界不同国家和地区的投稿共计400余篇,入选的论文将被收录上会议论文集,由世界著名科技出版集团施普林格(Springer)出版并收录到其电子期刊数据库。

【庄松林获中国仪器仪表与测量控制领域杰出科学家称号】 3月26日,中国仪器仪表学会"庆祝中国仪器仪表学会成立三十周年"大会在杭州举行。庄松林院士被授予"当代我国仪器仪表与测量控制领域杰出科学家"荣誉称号。

【召开财务、审计工作研讨会】 4月10日—11日,会议围绕"两级管理体制下的学校财务管理模式与制度建设"、"上海理工大学二级学院预算决算管理暂行办法(征求意见稿)"、"学校资源配置和使用存在的主要问题,提高学校资源配置和资金使用效益的途径"等议题展开分组研讨。校长许晓鸣在总结中对二级学院和各职能部门领导提出要求:要以科学发展观为指导,进一步解放思想,深入推进两级管理体制改革,提高资源配置和财务管理的水平；要重视财务管理的规范性，加强财务预算、执行、决算的意识，加强对二级学院财务收支预决算的审计监督；要进一步提高学校财务管理政策的科学性和财务预算编制的科学性；要提高财务预决算的透明度；要进一步转变观念，提高财务服务意识。

【上海理工大学国家大学科技园入驻安徽蚌埠】 4月30日，上海理工大学国家大学科技园蚌埠基地揭牌暨入园项目签约仪式在蚌埠高新区举行。蚌埠基地是上海理工大学国家大学科技园在沪外的第一站，也是安徽省首个省外入驻的国家大学科技园。上海理工大学国家大学科技园蚌埠基地由蚌埠高新区管委会、上海理工大学国家大学科技园、蚌埠高新投资集团三方合作建设，致力于打造创业孵化和先进制造业产业化基地。基地将为培育和孵化创业企业、提升企业核心竞争力、推动蚌埠高新区发展和合芜蚌自主创新综合配套改革试验区建设及泛长三角区域经济合作发展作出积极贡献。下午，由上海理工大学与安徽省蚌埠市政府联合举办的“大学科技园与区域经济发展高层论坛”在蚌埠高新区举行。

【举行校领导与学生记者面对面座谈会】 5月12日，上海理工大学新闻网、《上海理工大学报》、《沪江青年报》、研究生部记者团20余位学生记者代表，带着从同学中征集的问题来到校办206会议室，参加由党委宣传部组织的学生记者座谈会。校长许晓鸣，党委副书记、常务副校长白苏娣和副校长丁晓东以及有关部门负责人出席会议。在“互动问答”环节，学生记者围绕学生民意的收集与反馈、学生参与教学过程管理与评价、学生管理、研究生教育、财务和后勤管理、信息化建设以及体育卫生工作等纷纷提问，校领导和部门负责人一一答疑释惑、现场表态；在“各抒己见”环节，与会领导和学生记者畅所欲言，对学校人才培养、后勤管理与监督、学生参与学校民主管理等问题提出各自的意见与看法。

【学生创业团队获德丰杰—思科全球创业大赛中国区冠军】 6月11日，学生任防振的创业团队在德丰杰—思科全球创业大赛中国区总决赛中获得冠军。大赛于5月在中国、印度、俄罗斯等13个国家和地区全面启动。中国区决赛于6月11日在上海创智天地举行。大赛从管理团队、技术创新、市场规模、竞争优势、定位、门槛、资金效率及财务预测等方面对创业团队进行综合评估。

【燕爽到校任党委书记】 8月25日，市委组织部在校图文信息中心会议室召开中层干部大会，宣布校党委书记任命决定。市委组织部副部长陆凤妹，市教卫党委书记李宣海等出席会议。会议由李宣海主持。陆凤妹代表市委宣读关于燕爽同志任中共上海理工大学党委书记的决定，并对校领导班子提出希望和要求。

【创新团队获2009年度德国“红点概念设计奖”】 9月，全球重量级设计大奖年度德国“红点设计大奖”揭晓，出版印刷与艺术设计学院青年教师谌涛及工业设计系本科生程佳露、王雅妮组成的创新团队“d+design”提交的设计作品“Tooth Brush”在来自56个国家的2733件作品中脱颖而出，获“红点概念设计奖”（Red Dot Concept Design Award）。这是学校师生首次获此殊荣。

【工商管理（创业管理方向）专业开始招生】 11月26日，上海理工大学工商管理（创业管理方向）专业创业班宣讲会在综合楼报告厅举行。学校在本科设立创业专业，在全国尚属首例。工商管理（创业管理方向）以创业管理过程为研究对象，以创业经营活动为主要研究内容，在工商管理专业理论学习的基础上，强化创业及其管理的实践教学，培养全面了解全球经济发展趋势、掌握现代企业管理理论和技能、敢于创业善于经营的专门人才。

【学校德国文化交流中心揭牌】 12月3日，德国汉堡市政府国务秘书吕德曼先生（Luedemann）率团莅校，出席“上海理工大学德国文化交流中心”揭牌仪式及上海理工大学与汉堡应用科技大学合作项目签约仪式。校长许晓鸣在致词中总结学校的办学渊源，以及与德国大学多年来在教育文化领域开展交流合作所取得的丰硕成果。表示，“上海理工大学德国文化交流中心”作为学校“沪江文化村”第一个筹建项目，将成为学生了解德国、走向世界窗口与桥梁。仪式上，校长许晓鸣、吕德曼先生和汉堡应用科技大学校长斯塔维奇共同为“上海理工大学德国文化交流中心”剪彩揭牌。许晓鸣和汉堡应用科技大学校长斯塔维奇还共同签署两校《新能源领域科技合作协议》和《学生交换协议》。

【徐中玉受聘为湛恩纪念图书馆名誉馆长】 12月8日，在学校图书馆大厅举行的湛恩纪念图书馆新址揭牌仪式上，著名文艺理论家、原上海市作协主席、沪江大学中文系教授徐中玉先生受聘为湛恩纪念图书馆名誉馆长。刘光坤女士向学校捐赠“刘湛恩革命烈士证明书”。

【与杨浦区就加强全面合作推进自主创新签署框架协议】 12月28日，校党委书记燕爽，校长许晓鸣一行13人，赴杨浦区出席“杨浦区与上海理工大学加强全面合作推进自主创新框架协议签约仪式”。许晓鸣和杨浦区委副书记、代区长金兴明就加强全面合作推进自主创新签署了框架协议。燕爽在讲话中指出，框架协议的签订，是学校依托杨浦、融入杨浦、服务杨浦，促进区域经济社会发展的一个重要切入点，标志着学校与杨浦区的合作交流又迈上一个新台阶。杨浦区委书记、区人大常委会主任陈安杰指出，杨浦创建国家创新型城区，迫切需要依托校能源环境、光电仪器、医疗器械、系统管理、装备制造、数字出版等优势学科，对接杨浦产业结构调整和城区功能转型，共同提升区域产业发展能级，努力走出“区校合作、联动发展”的新路。希望双方加强沟通，更加落实操作层的对接，更加落实产业联动，更加落实城区文明和大学文明的融合，实施资源聚焦、项目落地，努力实现区校共同发展。（董剑戟）

（五）上海财经大学

【概况】 2009年，通过深入开展学习实践科学发展观活动，学校各项工作取得新的进展。（1）基本情况。学校设有直属院系17个，博士后流动站3个，一级学科博士点4个，二级学科博士点38个，硕士点71个，本科专业36个，重点学科14个，科研机构55个，定期公开出版的专业刊物3种。学校教职工1549人，其中专任教师1006人，正教授195人，副教授341人。在校学生总数22950人，比上年增长3%。其中博士研究生899人，硕士研究生3972人，本科生7996人，留学生1213人，成教生8870人。毕业生就业率为95.51%，其中本科生就业率93.78%，硕士就业率97.85%，博士就业率96.83%。（2）教育教学。学校获国家优秀教学成果二等奖2项，上海市级教学成果一等奖4项，二等奖3项，二等奖5项；金融学院李书华获上海市高校优秀辅导员和上海市模范教师称号。学校连续16年、第8次获得市级“文明单位”称号。金融学教学团队入选国家高等学校教学团队，政治经济学教学团队入选上海市级教学团队，“统计学”专业入选国家级特色专业；新增教育部高等学校精品课程3门，市级精品课程3门，8门课程获得上海市重点课程建设立项，1门课程入选国家级双语示范课程，3种教材入选财政部2009—2011年学历教材建设计划，2门课程获得上海市高校示范性全英语教学课程。（3）师资队伍。制定《上海财经大学“千人计划”配套实施办法》和《2009—2011年“创新人才支持计划”实施方案》，将学科带头人引进纳入院系绩效评价指标体系。拟定专职科研人员聘任与考核办法，制定常任教师考评办法。组织教师参加教育部年度高校思想政治理论课骨干教师培训班和国家精品课程师资培训班。利用暑期举办“全国高校会计学实证研究研修班”、第三届现代经济学暑期师资课程进修班。有1人入选国家“千人计划”、3人入选国务院学位委员会第六届学科评议组成员、1人入选“上海市领军人才”、1人入选“上海市特聘教授（东方学者）”、7人入选“上海市浦江人才计划”、13人入选上海高校选拔培养优秀青年教师科研专项基金项目。5人入选上海市高校优秀青年教师。（4）学科建设。以重点学科为核心，推进“211工程”三期建设工作。学校编制并上报《“211工程”三期服务地方需求重点建设项目申请书》和《“211工程”三期服务地方需求重点建设项目投资计划表》，组织团队启动8项重大课题研究。制定《上海财经大学“211工程”科研、教学项目结项验收细则》，明确打包项目验收办法，强调学术档案的全项目流程收集，试行“211工程”三期重点学科建设项目科研项目滚动结项。

(5)科研工作。制订《上海财经大学优秀科研成果奖励条例补充规定》、《关于资助在〈中国社会科学〉、〈经济研究〉刊物发表论文作者后续研究的试行办法》、《上海财经大学基本科研业务费管理办法(试行)》以及《上海财经大学基本科研业务费管理办法实施细则(试行)》,做好SSCI刊物目录的分类工作。成立现代服务业研究、现代服务业科学与技术研究中心和经济法与社会法研究中心3个校级研究基地。学校有15项课题获得国家社科基金项目立项。(6)校园管理。图书馆馆藏199万册,其中中文图书130万册,外文图书8.4万册,中文期刊合订本5.8万册,外文期刊合订本1.5万册,中文电子图书45万册,外文电子图书1.5万册。全年到馆读者151.8万人次。出版社正式更名为上海财经大学出版社有限公司,成立出版社有限公司董事会、监事会。举办第三届校友年会,开展杰出校友评选工作。完成法学院、继续教育学院、国际教育学院、应用数学系、公共经济管理学院等5个党总支的换届工作,公开招聘金融学院和公共经济与管理学院院长,续聘会计学院、人文学院、外语系、财经研究所等4个单位的行政负责人。

【姚耐塑像揭幕仪式】 1月9日,为纪念姚耐(原院长)诞辰百年,学校举行姚耐塑像揭幕仪式。姚耐是校史上任职时间最长的校领导,他是学校重要的奠基人之一,为学校的组织建设、学科建设、师资建设、校舍建设呕心沥血,贡献了毕生力量。姚耐塑像坐落于武川路校区图书馆边侧,由青年雕塑家王曜创作而成。副校长孙铮主持揭幕仪式。校长谈敏、原校长张君一为姚耐塑像揭幕。学校师生和姚耐亲属等百余人出席塑像揭幕仪式。

【武东路100号校区揭牌】 1月20日,上海申教投资有限公司、同济大学、上海财经大学的代表共同签署《同济大学武东路100号校区移交接收协议》和《备忘录》,标志着同济大学武东路校区移交给上海财经大学,占有土地面积191亩。5月8日,副校长黄林芳主持武东路校区揭牌仪式。校党委书记马钦荣致辞,校工会常务副主席和校学生会主席共同揭牌。学校教师和学生代表百余人参加揭牌仪式。

【建立青年就业创业见习基地】 3月12日,校团委、就业指导中心在普华永道中天会计师事务所有限公司、安永华明会计师事务所上海分所和德勤华永会计师事务所有限公司签订“青年就业创业见习基地”合作协议书。建立“青年就业创业见习基地”,旨在广泛动员社会资源,为企事业单位选人用人搭建平台,帮助大学生积累工作经验,提高就业创业能力。

【获国家级教学成果奖2项】 4月20日,第六届高等教育国家级教学成果奖获奖名单公布,学校有2项成果获得国家级教学成果二等奖。分别是“《货币银行学》教学方法的改革与实践”,成果完成人为戴国强、柳永明、曹啸、胡乃红、叶伟春和“开拓创新,培养具有国际竞争力的会计学专业人才”,成果完成人为陈信元、王蔚松、潘飞、朱红军、钱逢胜。

【《外国经济与管理》获零差错佳绩】 上海市新闻出版局开展“迎世博600天行动计划”报刊

1月8日,现任和原任的党委书记、校长等领导在姚耐塑像揭幕仪式上合影

编校质量检查活动。4月,新闻发布会上公布检查结果,共检查上海607种期刊和97种报纸。在全市253种社科类期刊中,《外国经济与管理》获仅有5种期刊零差错之一的佳绩。《外国经济与管理》创刊于1979年1月,是由上海财经大学学术期刊编辑部主办的,国内外公开发行的全国管理类核心期刊。

6月18日,师生代表在暑期社会实践暨"千村社会调查项目"出征仪式上

【计算机应用能力大赛成绩优异】 5月20日,学校召开表彰"2009年上海市大学生计算机应用能力大赛获奖者"的大会。副校长孙铮到会致辞。学校共有102名学生组成34支参赛队伍,有8支队伍获奖。其中获市大学生一等奖2个,二等奖3个,三等奖2个,优胜奖1个。

【大学科技园暨杨浦科创小额贷款股份有限公司揭牌】 5月25日,举行"全球化背景下的上海国际金融中心建设论坛暨上海财经大学国家大学科技园、杨浦科创小额贷款股份有限公司揭牌仪式"。上海杨浦科创小额贷款股份有限公司是上海市唯一一家以国家大学科技园独立发起的公司,该公司与上海市大学生创业基金会合作,注册资金1亿元,扶持无固定资产担保类科技企业融资。主要客户是杨浦区科技中小企业。大学生创业,基金会允许拟投资企业以股权为担保提供抵押贷款。

【朱敏彦到校指导校志编修工作】 6月11日,上海市地方志办公室副主任朱敏彦率一行4人来校调研,并指导校志编修工作。朱敏彦介绍了上海市第二轮修志工作的开展情况,表示将全力支持财大校志的编修。谈敏感谢市方志办对学校修志工作的指导和帮助,并阐述了学校开展年鉴编纂、校志编修、校史展示等系列校园文化建设的设想。《上海财经大学志》的篇目顺利通过市方志办的审批,标志着校志正式纳入上海市第二轮新方志编修规划。

【暑期社会实践暨"千村社会调查项目"出征仪式】 6月18日,在武川路校区风雨操场举行暑期社会实践暨"千村社会调查项目"出征仪式。校团委书记介绍年度暑期社会实践活动开展情况。校学生处处长介绍开展"千村社会调查二期项目"情况。千村调查二期项目首席专家俞卫对学生提出希望。随后,全体学生举行宣誓仪式。校党委副书记刘永章鼓励参加实践项目的同学们努力探索,认真思考,将所学所思所想运用到形式多样的调查项目当中,在实践中检验真知。

【两名学生记者入选"世博城市之星"】 10月13日,上海"世博城市之星"评选结果揭晓,"学生通讯社"两名记者王淑娟、泥梦入选。"世博城市之星"全国选拔主题活动,是从世博会开幕倒计时500天开始至世博会开幕后100天结束。100名世博会注册大学生记者是从29个省份415所高校的1540名优秀校园记者的中进行选拔出来的佼佼者,经过网上报名、博客展示、网友及专家共同评判等多个环节。在世博会期间,他们享受世博会正式注册记者的待遇。

【张阳获第四届"黄达—蒙代尔经济学奖"】 10月15日,在中国人民大学举行的"黄达—蒙代尔经济学奖"颁奖典礼暨学术演讲会上,公共经济与管理学院教授胡怡建指导的博士生张阳获第四届“黄达—蒙代尔经济学奖”。他论文的题目是“中国税负归宿的一般均衡分析与动态研究”。“黄达—蒙代尔经济学奖”每两年评选一次，每次评出五篇优秀博士论文，论文选题为学科前沿，具有重要的理论意义和现实意义。

【《中国经济发展史》入选“三个一百”原创图书出版工程】 《中国经济发展史(1949—2005)(上下册)》是由学校的专家、教授撰写的“十一五”国家重点规划图书，于2007年12月由上海财经大学出版社出版，获上海市第七届邓小平理论研究和宣传优秀成果著作类二等奖。全书共分十五编，详尽地叙述和分析了1949—2005年新中国国民经济发展的历史概貌以及国民经济各个部门的发展历程，弥补了当代中国经济史研究在这一方面的薄弱环节，是对当代中国经济史研究的一个新贡献。10月中旬，该书入选“三个一百”原创图书出版工程。

【上海市浦东服务科学与工程研究院、博士后工作室成立】 10月31日，信息管理与工程学院与浦东新区发改委、商务部中国外包服务研究中心联合举行“上海市浦东服务科学与工程研究院”、“博士后工作室”揭牌仪式。商务部部长陈德铭、浦东新区区长姜樑、上海市商务委员会主任沙海林以及副校长丛树海等出席。“上海市浦东服务科学与工程研究院”是三个主办方联合国内外管理学界著名专家建设的中国第一家“服务工程”的专业研究与实验机构。该研究院将以现行政策为依据，为政府、企事业单位服务管理和服务研究者提供系统解决方案与科研咨询，完成国家未来发展具有引领性要求的实验及国家未来发展需要先行、先试的重要实践，树立国家未来发展需要先行先试的示范典型。

【马超获“汇通杯”冠军】 由汇通网承办，上海8所高校联合主办的第一届上海市大学生外汇模拟交易“汇通杯”大赛于11月2日至12月1日举行。1500名大学生经过激烈的角逐，上海财经大学2008级计算机技术专业学生马超以2020.81%资金收益率获得冠军。BMF上海代表处首席代表阮建华、上海通乾投资股份有限公司总裁宋医尔、汇通网CEO由春雷、校党委副书记刘永章出席颁奖仪式。

【4位教师入选2009年度“曙光学者”】 12月底，上海市教育委员会、上海市教育发展基金会公布2009年度“曙光计划”项目名单，青年教师夏立军立项的《中国证券市场独立审计治理功能研究》、蒋传海立项的《基于消费者寻求多样化购买行为的企业竞争性价格歧视和竞争政策研究》、金洪飞立项的《银行危机和货币危机的经济代价与持续时间的影响因素》、林晖立项的《双转态势下中国传媒业发展战略》获得2009年度“曙光计划”项目立项，成为“曙光学者”。(黄　豪)

(六)第二军医大学

【概况】 2009年，学校围绕学习实践科学发展观主线，突出教学中心，全力抓好落实，学校全面建设在又好又快发展中实现新进步。(1)思想政治工作。扎实推进第一、第二批学习实践科学发展观活动，取得以总后与上海市签署合作建设协议为标志的一系列成果，促进学校全面建设；大力培育当代革命军人核心价值观，开展主题教育活动，召开郭亚军荣立一等功庆功大会，学习宣传孔宪涛先进事迹，吴孟超当选“新中国成立后为国防和军队建设作出重大贡献、具有重大影响先进模范人物”和“年度践行当代革命军人核心价值观新闻人物”；认真学习贯彻党的十七届四中全会精神，深入研究加强学校党的建设长效机制；精心筹备组织庆祝建国和建校60周年系列活动，展示建设成就。(2)教学改革工作。优化人才培养模式，完成对临床医学五年制人才培养方案的论证修订，将“3+2”改为“4+1”，对临床医学八年制人才培养方案进行了中期评估和修订，加强课程和教材体系建设，着力减轻“学员、教员”负担；开展“名师与课堂”活动，首次组织5名教员赴香港大学学习交流；获国家教学成果二等奖3项、军队教学成果一等奖3项，国家级教学团队1个，1人获得国家模范教师称号，2人入选全军优秀教师，3人获得全军育才奖金奖。(3)学科人才工作。推进“211工程”三期建设，实施新一轮学科人才建设规划，调整完善重点学科建设计划，完成基础部、卫勤系、护理系、中医系、长海医院等单位有关学科调整；廖万清当选工程院院士，王红阳、苏定冯领衔的2支团队入选国家级创新团队，谢渭芬入选“长江学者特聘教授”奖励计划，曹广文、谢渭芬入选国家“百千万人才工程”，郭亚军、孙颖浩、夏照帆入选首届全军创新人才工程领军人才，李楠获中国青年科技奖，孙颖浩当选上海市“十大科技精英”。(4)医院全面建设。推进“一体两翼”发展战略，一院新江湾社区卫生服务中心结构封顶，二院浦东新院建设正式奠基，三院安亭新院建设推进；三所医院在上海市行风建设万人问卷调查中名列前茅；开展为军服务和支援西部工作，继续开展“健康军营行”活动，主动承担体系外医疗保健任务，认真落实“一卡通”和“同城双体系”要求。(5)科研创新工作。国家肝癌科学中心得到国家发改委正式批复立项，肝炎等传染性疾病防治、新药创制等国家重大科技专项课题进展顺利，医学免疫学国家重点实验室通过验收；学校与浦东新区签署推进生物医药领域深入合作框架协议，二院和基础部合作建设神经科学研究中心；进一步浓厚学术交流氛围，承办国际泌尿外科学大会、首届国际危重症护理研讨会、全球华人消化内镜学术会议等大型国际会议；各项科研指标落实，新获“973”、“863”、国家创新团队、杰出青年等各类基金项目353项，经费1.43亿元。

【学校5名专家被聘为国务院学位委员会第六届学科评议组成员】 1月9日，根据国务院学位办通知，学校5名专家被聘为国务院学位委员会第六届学科评议组成员，专家及学科评议组分别是：曹雪涛(基础医学)；王红阳(生物学)；李兆申(临床医学Ⅰ)；凌昌全(中西医结合)；柴逸峰(药学)。

【举行总后勤部与上海市政府合作共建第二军医大学签约仪式】 3月11日，签约仪式在北京举行。上海市市长韩正和总后勤部政委孙大发分别代表军地双方签字。中共中央政治局委员、中共上海市委书记俞正声，中央军委委员、总后勤部部长廖锡龙，国家卫生部部长陈竺，党组书记张茅和学校校长刘振全，政委曹国庆等领导出席仪式。

3月11日，总后勤部与上海市政府合作共建第二军医大学签约仪式在北京举行

【为西藏阿里地区培训医务人员】 4月14日，学校与西藏阿里地区卫生局签署医务人员培训协议。中华爱国工程联合会副主席贾文先，西藏阿里地区地委宣传部长贡布，学校政委曹国庆，副校长黄伟灿，训练部部长方国恩，长海医院院长李静，长征医院院长郑兴东等参加签字仪式。经双方协商：阿里地区卫生局每年选派5—7名医务人员到第二军医大学附属医院进修，每批1—2年。受训人员依据其专业性质，分别参加临床、护理、药事、医技和卫生管理等专业的培训，以实践培训为主，兼顾理论培训。首批6名医务人员统一安排在长海医院进修。

【学校紧急部署甲型H1N1流感科学防控工作】 5月4日，学校组织召开医疗工作例会，针对2009年全球甲型H1N1流感防控工作的严峻形势，为落实国家卫生部、总后卫生部和上海市卫生局关于疫情防控的指示精神，切实做好学校甲型H1N1流感防控和医疗救治工作，讨论和全面部署甲型H1N1流感防治工作。长海医院和长征医院分别汇报防

6月17日，学校举行郭亚军教授荣立一等功庆功大会

控甲型H1N1流感工作情况。

【郭亚军荣立一等功】 中央军委主席胡锦涛5月7日签署通令，给学校肿瘤研究所所长郭亚军记一等功。6月17日，学校隆重集会庆祝。总后勤部政委孙大发上将出席庆功大会，并给郭亚军佩戴军功章。上海市副市长沈晓明，总后勤部政治部主任郭旭恒少将，总后勤部司令部副参谋长刘卫平少将，上海警备区司令员江勤宏少将，学校校长刘振全少将，政委曹国庆少将，部分总后领导，校党委、校机关、各师团单位领导、学校科技干部和学员代表出席庆功大会。

【长征医院分别与江油市人民医院、绵竹市人民医院签订医疗技术帮带协议】 5月7日，为发挥长征医院的技术优势，扶持四川地震灾区医院的灾后重建，长征医院分别与四川省江油市人民医院、绵竹市人民医院签订医疗技术帮带协议。长征医院将定期派专家到两所医院指导工作，帮助建设重点学科，培养优秀技术骨干，同时采取来院进修等方式，提高江油、绵竹市人民医院医护人员的医疗护理水平。

【与浦东新区举行《关于推进生物医药领域深入合作的框架协议》签约仪式】 5月30日，市委常委、浦东新区区委书记徐麟等领导专程到学校，与学校举行《关于推进生物医药领域深入合作的框架协议》签约仪式。学校校长刘振全、政委曹国庆共60余人出席。签约仪式由曹国庆主持，浦东新区副区长张恩迪和学校副校长黄伟灿代表双方签署协议。签订框架协议，是贯彻上海市政府与总后勤部3月在北京签署的《关于合作建设第二军医大学的协议》精神的具体举措。根据框架协议的约定，浦东新区和学校将按照合作共赢原则，推进重大、高端的科研项目落户浦东，共同提高双方生物医药的研发水平；加强产学研的合作，推动学校科技成果在浦东的产业化进程；同时发挥学校的医疗教育资源优势，提升浦东医疗卫生机构的水平。

【长海医院烧伤科组织骨干力量赴川抢救伤员】 6月5日，成都市一辆9路公共汽车发生燃烧事件，当场25人遇难、76人受伤。成都军区总医院收治45名伤员，其中15名病情危重。6月7日，医院从烧伤科抽调以夏照帆主任为首，朱世辉副主任和肖仕初主治医师为核心的专家组紧急赴川，随后，又抽调医院唐洪泰副教授、李恒宇博士、纪世召博士和烧伤科监护室的冯萍护士长等骨干力量赴川，完成了最危重伤员的救治，得到成都军区联勤部和军区总医院的一致好评。

【长海医院专家为世博工地建设者开展医疗服务】 6月11日，医院组织40名专家教授，带着检查仪器、药品和体检车走进世博建设工地，为近千名建设者进行医疗服务，并向他们宣传疾病预防知识，提供健康咨询。这是医院联合民建上海市委科教文卫委员会、上海建工集团第七建筑公司等单位共同发起的“迎世博、送健康”系列活动之一。

【成立第二军医大学广州临床医学院】 7月9日，第二军医大学广州临床医学院在广州军区广州总医院揭牌成立。学校校长刘振全，广州军区联勤部副部长陈剑锋出席仪式，并为“第二军医大学广州临床医学院”揭牌。出席仪式的还有学校训练部部长方国恩,研究生院院长吴小松,研究生管理大队大队长卢良庆;广州军区联勤部卫生部副部长周学君,广州军区广州总医院院长刘坚,副院长黄海等领导,以及医院机关干部、受聘教师和学员共计200余人,双方代表签订教学合作的协议。

【医疗服务博士团深入革命老区金寨开展医疗服务】 7月22日开始,学校医疗服务博士团长途跋涉,深入革命老区、全国有名的将军县——安徽省金寨县,开展为期三周的医疗服务活动。暑期医疗服务博士团由牛冬梅等九名博士组成,博士团在金寨县古碑镇、双河镇,为老区人民以及老革命、老红军开展大型医疗义诊活动。据统计,医疗服务博士团共诊疗2000余人次,实施肾癌、腹腔镜胆囊切除术等复杂手术40余台,开展各类讲座、学术交流20多次。并赠送了价值六万多元的药品及医疗器械。

【学校与海军舟山保障基地合作签约暨第二军医大学教学训练基地揭牌】 9月21日,基地揭牌仪式在舟山保障基地举行。学校校长刘振全,副校长黄伟灿,训练部部长方国恩,科研部部长张从昕以及相关单位领导和专家代表,舟山保障基地司令员包裕平,副政委安全,参谋长蒋如华,政治部主任周校进,后勤部副部长曹迎春等领导出席仪式。方国恩与蒋如华分别代表双方在合作协议上签字,刘振全和包裕平为第二军医大学教学训练基地揭牌。

【长征医院浦东新院在浦东新区曹路镇举行奠基仪式】 11月7日,上海市惟一一家军队医院纳入“5+3+1”工程项目正式启动。作为上海市政府的民生实事项目——上海郊区三级综合性医院建设“5+3+1”工程重要组成部分,长征医院浦东新院在浦东新区曹路镇举行奠基仪式。这是本市新的卫生资源总体规划中惟一一家军队医院正式落户浦东,标志着本市“5+3+1工程在浦东得到扎实推进。

9月21日,学校与海军舟山保障基地合作签约暨第二军医大学教学训练基地揭牌仪式

【廖万清当选中国工程院院士】 12月2日,中国工程院2009年院士增选结果正式对外公布,学校长征医院廖万清教授当选中国工程院院士(医药卫生学部)。廖万清从医执教47年,创建中国第一个隐球菌专业实验室,对隐球菌和隐球病从形态学、免疫学,分子生物学以及诊断治疗等方面进行了深入研究,建立多种隐球菌病的快速诊断方法,使早期正确诊断率达95%以上。先后荣立二等功1次、三等功4次。

【总后卫生部在学校召开全军卫生干部任职教育工作会议】 12月3日,总后卫生部王玉民副部长,学校校长刘振全,副校长黄伟灿,总参军训和兵种部综合局副局长沈跃进,总后卫生部科训局局长周先志等30余人出席会议。刘振全在开幕式上代表学校致辞,总后政治部干部张保民干事、总参军训和兵种部综合局沈跃进副局长分别讲话,介绍全军和总后任职教育工作的发展趋势和有关要求。会议邀请北京卫生局科教处处长介绍国家住院医师规范化试点工作有关情况;各军医大学训练部部长,南京军区、海军、空军卫生部的领导作大会发言,交流任职教育工作的经验和做法。

【曹广文、谢渭芬当选新世纪百千万人才工程国家级人选】

12月，国家人力资源和社会保障部等七部委联合下发通知，批准学校基础部流行病学教研室主任曹广文教授、长征医院消化内科主任谢渭芬教授入选新世纪百千万人才工程国家级人选。曹广文，第二军医大学基础部流行病学教研室主任、教授、博士生导师，专业技术5级，荣立个人三等功2次。享受国务院政府特殊津贴、军队特殊岗位津贴。谢渭芬，第二军医大学第二附属医院消化内科主任、主任医师、教授、博士生导师，专业技术5级，获军队科技进步二等奖、军队医疗成果二等奖、上海市医学科技二等奖共5项。获全军院校育才奖“银奖”，被评为总后勤部“科技新星”。

【分子神经生物学教育部重点实验室通过教育部的建设验收】

12月17日，教育部在学校召开分子神经生物学教育部重点实验室验收会，分子神经生物学教育部重点实验室于2006年进行立项建设。验收会上，专家组认真听取神经生物学教研室主任何成关于实验室建设情况的报告，并进行现场考察，对实验室建设期间所取得的成果给予充分肯定。经过认真评议，专家组一致同意分子神经生物学教育部重点实验室通过教育部建设验收。

学校在宝山区上海人民武装学校训练基地举行“世卫—2009”城市恐怖袭击医学救援演习

【第二军医大学举行“世卫—2009”演习】 12月22日，由学校组织的“世卫—2009”城市恐怖袭击医学救援演习，在宝山区上海人民武装学校训练基地举行。此次演习是学校为圆满完成2010年上海世博会医疗保障任务的一次重要练兵。参演部队包括学校“三防”医学救援队、长海医院、长征医院和东方肝胆外科医院的医疗应急力量，共400多人。演习内容包括：核、化恐怖事件医学救援，可疑生物恐怖事件医学处置、批量伤员现场急救和集中点救治，以及批量伤员的院内救治。 （蒋闽勇）

（七）上海电力学院

【概况】 2009年，学校以开展深入学习实践科学发展观活动为引领，大力推进内涵建设，促进学校各项事业发展。2009届本科毕业生毕业率为98.17%，学位率为95.11%，本科毕业生就业率达96.71%。（1）教学工作。新建立铜陵电厂、玉环电厂等9家校外实习基地，使签约校外实习基地总数达到88个。从上海市电力公司、上海电力股份公司聘任硕士生导师，正式启动“上海市研究生联合培养基地”建设。成人学历教育新增环境工程、自动化（专升本）两个招生专业，使招生专业达到21个。新增设5个教学点，编写出版成教教材4本。继续教育全年完成52个班的培训任务，培训人数达到2844人。获上海市教学成果三等奖一项、上海市教育学会一等奖一项。（2）科研与产业工作。有两个学科被批准为上海市教委第五期重点学科。建设电力系统动模/数模一体化实验室（一期）、大型火电综合自动化系统平台、电力虚拟运行仿真研发平台、上海市热交换技术工程研究中心，完善可再生能源研发平台，建成兼有教学、科研、科普和成果展示功能的太阳能光伏/光热利用建筑一体化大学生节能生态艺术厅。获上海市哲学社会科学项目和教育科学研究项目3项，获上海市教委科技创新重点项目6项、一般项目9项。在科技成果获奖方面,学校获得上海市科技进步二等奖2项、三等奖1项以及中国电力科学技术三等奖1项。电力科技园被科技部和教育部认定为国家级大学科技园。(3)师资队伍建设。两名教师秦少臻、姚伟峰入选上海高校特聘教授(东方学者)。共引进具有博士学位教师42人,其中海外高层次人才6人,使学校具有博士学位教师达190多人,具有博士学位教师比例达30%,提前实现"双百博士人才工程"的规划目标。共有186名青年教师获得市教委优青基金资助,资助金额达468万元。(4)学生培养工作。发放各级各类奖学金、助学金总额达728余万元,受益学生达14521人次。共为09届毕业生召开160次中小型校园招聘会(宣讲会),提供岗位13879个,供需比达到1∶5。大学生素质拓展学校共组织23支团队分赴贵州、浙江、云南、江西等十省市开展暑期社会实践服务。选拔学生干部、学生党团员2907人赴城区、街道、企事业单位进行挂职锻炼。(5)国际交流与合作。全年接待来校讲学、访问、参加国际会议、顺访专家近60人次;共有40名学生赴英国攻读学位,选派8名中青年骨干教师赴英国进行研修,办理出国访问、考察、出席国际会议共35人次;接受来自津巴布韦、蒙古、澳大利亚等国的长、短期外国留学生25人,其中13人进入计算机科学与技术、国际贸易专业学习。与俄罗斯莫斯科动力学院、新西伯利亚国立技术大学、克麦罗沃国立大学、英国斯特拉斯克莱德大学、赫特福德大学、德国布兰登堡科技大学达成合作意向;与来访的越南电力大学代表团就建立合作平台,招收越南学生来校攻读学位,为越南电力系统培训干部与技术人员,共同申请在越南电力大学筹备建立孔子学院等事宜进行交流。(6)校园建设。学校完成动模/数模实验室、物流实验室、工程管理实验室、基础物理实验室扩建,火电站综合自动化系统平台进入建设阶段。能源与动力实验示范中心成功获批为上海市实验教学示范中心,新获得中央与地方实验室共建项目一项。在学海校区新建及改造49个多媒体教室。图书馆、数字化校园建设方面,对学海路校区两个图书馆进行功能上的调整和改造,加大书库面积,增加阅览座位400多个。校园建设方面,平凉新校区建设一期工程电力培训中心大楼建筑面积为20410平方米,研究生留学生楼建筑面积为14181平方米,均于2009年2月投入使用。一期工程三幢建筑都获优质结构奖,其中研究生留学生楼获得上海市"白玉兰"奖。

(王　飞　胡花玉)

【承办上海市高校体育工作研讨会】 1月10日,上海市高校体育工作研讨会在学海路校区大学生活动中心举行。市教委副主任李骏修,团市委书记、市大学生体育协会副主席潘敏,市教委体卫艺科处处长平杰、市大学生体育协会主席孙全兴以及各高校体育部门负责人等出席会议。该研讨会是加强各高校之间体育工作、体育文化交流的重要平台,将推动高校体育工作的优质发展。

【上海电力学院科技园被认定为国家级大学科技园】 2月18日,上海电力学院科技园被科技部和教育部认定为国家级大学科技园。4月17日,上海电力学院国家大学科技园揭牌仪式在学校隆重举行。《上海电力学院与杨浦区合作框架协议》、《上海电力学院与上海自动化仪表股份有限公司合作协议》签约仪式同时进行。国家科技部张峰海处长、教育部刘红斌处长、杨浦区宗明区长、曹家麟校长共同为国家电力科技园揭牌。杨浦区区委书记陈安杰到会与校领导共商科技园发展大计。11月18日上海市大学生科技创业基金会上海电力学院分基金会在学校成立并设立在上海电力学院国家大学科技园。

【举办上海市"绿色能源技术"研究生学术论坛】 6月9日—10日,上海市"绿色能源技术"研究生学术论坛在学校培训中心举行。来自清华大学、上海交大等15所高校研究生部(处)领导和专家学者、在读研究生以及学校相关院系师生与会。外高桥三厂庄清泉副总经理、上海电力公司俞国勤主任分别作题为"现代火力发电技术在外高桥第三发电厂的应用与创新"和"电力前沿技术发展与展望"的主题报告。与会研究生就"现代发电技术和节能"、"绿色环保技术"、"绿色电力系统"3个主题在分会场进行学术交流。

【召开年度上海市学位管理与研究生教育工作会议】 7月1日，上海市学位管理与研究生教育工作会议在学校平凉路校区召开。上海市教委副主任王奇作《优化结构，提高水平，增强社会服务能力》的主题报告。与会嘉宾分别以东北片高校、西南片高校、科研机构、联合培养基地四个组进行分组交流和讨论，为研究生发展工作提出很多宝贵意见，指出面对当前形势，研究生教育改革和创新的重要性。上海市学位办主任、高教处处长主持总结大会，四个小组分别就讨论内容归纳总结，提出在研究生教育中遇到瓶颈问题，期望此次研究生教育改革能给予各研究生培养高校院所更多的支持，同时也提出将科研院所与高校教育相结合，更好地为国家，为社会培养高质量人才设想和措施。

【建成“600MW超临界燃煤机组全范围仿真系统”】 10月20日—25日，学校电力与自动化工程学院的高水平特色发展项目研究平台“基于虚拟DCS的激励式600MW超临界燃煤机组全范围仿真系统”的安装调试和系统培训工作顺利完成，宣告该“仿真系统”正式建成。基于虚拟DCS的激励式仿真系统不仅能对电厂运行人员和管理人员进行机组启停、正常运行和故障处理等全方位培训，也能对电厂热控人员进行机组控制系统组态及自动调节系统参数整定等工作全方位培训，使受训学员全面掌握机组DCS系统适应工艺系统工况变化的能力。该仿真系统具有电厂DCS工程师站的全部功能，可结合电厂实际工况，分析和修改控制逻辑、组态参数、监控画面等工作，使热控工程师和研究人员在该仿真系统上进行各种电厂控制系统的研究和设计工作。

【成功举办2009Web信息系统与挖掘、2009人工智能与计算国际会议】 11月7日—8日，WISM'09-AICI'09(2009Web信息系统与挖掘、2009人工智能与计算)国际会议在学校成功举办。该国际会议由IEEE-CS、Springer、APNNA和NSFC共 同发起，旨在为国际上从事Internet信息挖掘和人工智能领域研究的专家、学者提供一个高水平的国际交流平台。来自美国、德国、澳大利亚、巴西、日本、韩国等16个国家和地区的400多名专家学者和研究人员与会。会议重点探讨如何通过人工智能、计算模拟扩展人的思维和认知，解决Web信息挖掘在具体应用中遇到的难题，从而帮助广大应用者在Web数据库中精确搜索有用的信息。会议已在美国、德国、澳大利亚等世界各地成功举办过六届。大会共收到论文近1800篇，录用504篇，内容涉及网络信息挖掘、电子商务、人工智能、智能计算等多方面的前沿研究成果。

【通过语言文字工作达标评估】 11月30日—12月1日，学校接受了市教委、市语委对语言文字工作的评估检查。评估专家组的反馈结果显示学校语言文字工作认识到位、措施得当、成效显著。全校师生将以评估专家的建议和意见作为开展工作的指导思想和着力点，在体现行业特色、开展本体研究、推行教师普通话测试等方面思考语言文字工作的新思路、新方法，并以六十周年校庆为契机，探索完善语言文字规范化建设的长效机制，力争将学校建设成行业高校中语言文字工作示范单位。 （胡花玉）

（八）上海体育学院

【概况】 2009年，紧紧团结和依靠三个主体(办学以教师为主体、教育以学生为主体、党建以党员为主体)，学科专业建设取得新成绩，人才培养取得新成果，服务社会取得新进展。(1)基本情况。学院现有体育教育训练、武术、体育人文、运动科学、经济管理、体育休闲、继续教育和国际文化交流8个系(院)以及1所附属竞技体校，设有体育教育、运动训练、社会体育、民族传统体育等14个本科专业，拥有体育学一级学科和下属所有4个二级学科的博士学位授予权以及10个硕士专业。在校全日制本科生3939人，各类研究生1051人，成人本专科生2274人。(2)师资情况。现有教职工716人。专任教师375人，其中正高级职称54人，副高级职称142人，博士生导师28人，硕士生导师117人。制定《2009—2012年师资队伍建设行动计划》、《上海体育学院关于推进青年教师培养发展的实施方案》、《上海体育学院关于中青年教师公派出国(境)进修管理办法》，外派8人出国出境进修，新增4名博士生导师、20名硕士生导师。(3)学科与科研建设。运动人体科学、民族传统体育、体育人文社会学完成上海市第二期重点学科建设，成为第三期重点学科。获中国体育科学学会科学技术奖4项，教育部高等学校科学研究优秀成果奖（人文社会科学著作类）三等奖1项。学院成为中国体育科学学会体育计算机应用分会挂靠单位。（4）教学质量。“体育教育专业群（术科）教育高地”通过第一期上海教委高地建设项目验收；体育教育实验中心成为国家级实验教学示范中心、武术教学团队成为国家级教学团队，获市级精品课程1门、市级教学团队1个、市教育高地项目1个、市教委重点课程4门；出版教材8部；获得上海市教学成果奖4项和国家体育总局教学成果奖9项（其中，1项国家体育总局教学成果一等奖、2项上海市教学成果一等奖）。（5）竞技体育。有75名运动员代表上海参加第十一届全国运动会预赛和决赛，获2枚金牌、3枚银牌、5.5枚铜牌，总分157.75分；4人获上海市一等功、5人获二等功、10人获三等功，10名运动员分获“上海市五一劳动奖状（章）、上海市新长征突击手（标兵）、上海市三八红旗手”等荣誉称号。获第29届北京奥运会科技攻关服务项目一等奖1项、二等奖4项、三等奖2项、个人贡献奖4项。（6）学生素质培养。20名辅导员参加市级培训、轮训工作；结合新中国成立60周年、“五四”运动90周年、2010年上海世博会等重大节庆活动，举办主题报告会、座谈会、征文、演讲比赛、歌咏会等；以“爱祖国，迎世博”为主题，组织128个暑期社会实践项目，1个项目获“知行杯”上海市大学生公益实践大赛一等奖。毕业生综合就业率超98%。（7）合作交流。创建全国第一个国家体育总局体育科技园示范区，搭建产学研一体化培养的新平台。校区联动发展，与杨浦区签订协议加强全面合作联手推进自主创新。完成上海市10个区县（10000余人次）运动与健康促进的指导工作和六个区在校中小学生（近6000人次）体制测试和体力活动调查。举办“海峡两岸体育教育、休闲体育论坛”、“第三届上海国际运动与健康高层论坛”和“2009体育赛事国际论坛”；成功申办2011年第五届亚太地区体育科学大会和第八届国际体育计算机科学会议。

【获上海高校特聘教授（东方学者）】 1月13日，运动科学学院刘宇教授被聘为上海高校特聘教授（东方学者）。刘宇主要研究方向为神经动作控制的生物力学机理和体育工程；曾任中国体育科学学会理事、中国运动生物力学学会副主任委员；2006年获“上海市首批百名领军人才”称号；承担国家自然科学基金项目、上海市浦江人才计划、上海市教委重点课题等项目。

【承办第一期全国体育产业高级研修班】 3月22日—28日，由国家体育总局体育经济司、国家体育总局人事司主办。来自全国31个省（市、自治区）、计划单列市及总局直属单位分管体育产业工作的负责人参加。23日举行开班典礼，国家体育总局副局长王钧、体育经济司、人事司以及院领导姚颂平出席。

【李宣海到学院调研】 4月21日，市教卫党委书记李宣海围绕深入学习实践科学发展观活动、学院事业发展情况及大学生就业等专题到学院开展调研。院党委书记虞丽娟，院长姚颂平，党委副书记、副院长戴健分别汇报。李宣海要求，必须坚持把教育教学和人才培养放在各项工作的首位，狠抓人才建设这个关键，遵循教育教学的基本规律，把当前的发展放在长远的发展中予以审视。

【上海世博会志愿者工作站揭牌】 4月30日，在院学生活动中心举行上海体育学院中国2010年上海世博会志愿者工作站揭牌仪式，院领导戴健、章建成、平杰出席。工作站完成5名首批世博志愿者、50名新闻特殊岗位志愿者、667名世博园区志愿者、92名城市服务站点志愿者的招募选拔工作。

【学院领导任免】 8月25日，学院召开干部大会，市委组织部副部长陆凤妹宣读市府任免决定，任命章建成为上海体育学院院长，免去姚颂平的上海体育学院院长职务。会议由市教卫党委书记李宣海主持。院党政领导及中层以上干部80余人参加。

【井冈山大学代表团到访】 11月6日，井冈山大学校长张泰城一行8人到校访问。党委书记虞丽娟介绍院办学情况，院长章建成代表学院签定合作协议。协议涉及专业建设、师资队伍建设、管理队伍建设等方面。院办、组织部、宣传部和教务处等职能部门负责人参加并进行交流。

第三届国际运动与健康高层论坛

【举行第三届上海国际运动与健康高层论坛】 11月13日，在院举行第三届上海国际运动与健康高层论坛。论坛由院和中国体育科学学会运动医学分会联合主办。中国体育科学学会秘书长田野，院党委书记虞丽娟分别致辞。来自美、意、日、韩、菲律宾等国和港澳台地区的著名运动与健康领域专家做专题报告，国内各高校、研究所运动人体科学和运动医学学科专家及相关科研人员参与研讨。副院长陈佩杰在闭幕式上向六名“张汇兰”优秀论文新人奖获得者颁奖。

【院运动员完成第十一届全运会任务】 11月18日，在上海国际会议中心举行“欢迎上海全运健儿凯旋表彰大会”。运动员韦剑、赵光勇等十人分获“上海市五一劳动奖状（章），上海市新长征突击手（标兵）、上海市三八红旗手”等称号。在第十一届全国运动会上，韦剑和赵光勇分获武术套路枪剑全能项目和散打男子67.5kg级金牌。

【上海体育学院科技园成立】 11月29日，上海体育学院科技园正式挂牌成立。仪式由院长章建成主持。国家体育总局科教司司长蒋志学宣读国家体育总局《关于同意建立国家体育总局体育科技示范园的批复》，国家体育总局副局长段世杰和上海市副市长沈晓明为“国家体育总局体育科技示范园”揭牌，上海市政府副秘书长翁铁慧和上海市教委主任薛明扬为“上海体育学院大学生创业基地”揭牌，杨浦区委书记陈安杰和院党委书记虞丽娟为“上海体育学院科技园”揭牌。上海体育学院科技园是全国首家体育类科技园，唯一一家国家体育总局体育科技示范园，也是上海体育学院大学生创业基地，由上海体育学院资产经营管理有限公司与上海杨浦科技投资发展有限公司共同出资设立。科技园将高校的智力资源与社会优势资源结合，探索体育院校“产学研”、“训学研”一体化的实质性举措，为体育新技术、新产

科技园揭幕仪式

品的研发和成果转化提供平台，为体育品牌企业聚集、连接与多赢打造平台，提供体育评估咨询、创意策划、资讯交换、体育经纪服务，为体育人才培养与大学生创业提供孵化基地等。

【举行孙中山先生铜像揭幕仪式】 12月8日，在院行政办公大楼北广场举行"纪念国务院命名上海市'国家历史文化名城'23周年暨孙中山先生铜像揭幕仪式"。仪式由上海市文物管理委员会、上海市教育委员会、中共上海市杨浦区委、区政府联合主办。上海市政协副主席、民革上海市委主委高小玫，上海市委宣传部副部长、上海市文物管理委员会副主任陈东，上海市委统战部副部长吴捷，上海市文物管理委员会副主任、上海博物馆馆长陈燮君，院党政领导虞丽娟、戴健、平杰，上海大学党委书记于信汇，中共杨浦区委副书记魏伟明出席。高小玫、陈东、吴捷等为铜像揭幕。仪式后，举办了"历史文化遗产保护与杨浦发展"主题研讨会。铜像由著名雕塑家、上海大学美术学院张海平教授负责制作。重建的孙中山先生铜像高3.2米，花岗岩基座高3.6米，铜像整体还包括12件0.8米宽的铜鼎。 （朱成磊）

（九）上海出版印刷高等专科学校

【概况】 学校紧紧围绕"坚持科学发展，加强内涵建设，努力创建国家示范性特色高专"这一主题，坚持高标准、高起点，高目标，扎实推进各项工作。（1）基本情况。学校现设有印刷包装工程系、出版与传播系、印刷设备工程系、艺术设计系、基础教学部、中外合作教育部和成人教育部共7个教学部门。有全日制在校生4000余人；成人学历教育学生460人；教职工300余人，其中教授、副教授50多人。学校占地面积20.7万平方米，校舍建筑面积5.88万平方米；学校固定资产总值12706万元，其中：教学科研仪器设备资产6563.00万元。（2）新校区建设。浦东新校区建设项目建议书取得市发改委批复；取得浦东新区规土局关于新校区建设项目选址意见书；公开展示各设计院投标方案，公开征询全校师生对方案意见和建议；新校区规划设计方案通过评审；修建性详细规划的编制工作已基本通过评审；可行性研究报告已报送至市教委，已进入评审阶段。（3）教育教学改革。顾萍老师被评为上海市教学名师，肖颖老师荣获"豹驰"杯印刷新人奖，印刷技术教学团队被评为上海市优秀教学团队（已上报国家级优秀教学团队），新增国家级精品课程1门（姚海根《数字印刷》课程），新增上海市精品课程1门（王正友《数字媒体基础》课程），顾萍等研究的《为企业"特征化"，完善专业建设体系》获得上海市教学成果奖二等奖。潘世俊等撰写的《对我校通过课外体育锻炼来提高学生体质健康标准的初探》论文获得全国体育教育优秀论文奖。出版系教师获得全国大学生广告艺术大赛指导一等奖和三等奖。首次开放第二专业（辅修专业），在数学、英语教学中，全面推进分层教学。两项中央与地方共建实验室项目"数字印刷实验室（二期）""数字出版实验室"共获得财政部及地方配套建设资金700万元。（4）学生工作。制定《学生海外实习专项奖学金条例》，第二批赴莫斯科国立印刷大学实习实训学生中，10名获得资助；学校注重学生的创业教育和培训，举办光华公益创业行动——上海NFTE创业培训校友沙龙活动和NFTE创业培训班。毕业生有11个团队成功创业，其中2个创业团队因参加NFTE创业培训表现出色获得由北京光华基金会颁发的全国创业精神大奖。毕业生人数为1116人，就业率达98.66%。（5）依托行业支持、服务行业。十几家行业单位在校设立奖学金。与著名印刷企业雅昌集团合作，开展"订单式"培养。与上海烟草印刷有限公司、上海人民印刷八厂、上海界龙中报印务公司合作设立印刷技师学院，进行"预备技师"的培养，校企合作平版印刷工"预备技师"高级工考试合格率达92%。与120多家企业进行"产学合作"培养。（6）师资队伍建设。学校新进硕士16人，博士2人，高级职称教师3人，行业高级技师1名，1名东方学者正积极引进中。推进人事分配改革，修订绩效考核指标体系，采取定量和定性考核相结合的方式，对教职工个人、各部门实行目标考核。实施《中青年教师出国进修实施方案》，已有4名教师获得出国进修资格。（7）国际合作交流。加强与美国罗切斯特理工学院、英国兰开夏中央大学、加拿大雪儿顿学院的合作交流，并巩固与莫斯科国立印刷大学之间互为海外实习基地建设，与台湾德明财经科技大学缔结姐妹校。接待来访交流海外高校领导、学者及专家共16批36人次，外事出访28人次。完成首批莫斯科国立印刷大学本科生和硕士生与校师生交流互访。（8）文明单位创建工作。首次荣获“上海市文明单位”称号。学校严格按照“市级文明单位”创建要求，建立文明创建工作机制，加强校园和谐文明建设和特色文化建设，开展一系列“迎世博，讲文明，树新风”主题教育活动。

【陈敬良荣获“中国百名有突出贡献的新闻出版专业技术人物”称号】 校长陈敬良，是上海理工大学出版印刷与传媒管理学科（上海市重点学科）带头人，享受国务院政府特殊津贴的专家，新闻出版行业领军人才。任中国印刷技术学会常务理事，上海印刷学会副会长；并担任《出版与印刷》与《上海理工大学学报（社科版）》的主编。陈敬良应邀参加国家新闻出版总署召开的全国新闻出版工作会议暨新中国60年百名优秀出版人物、中国百名优秀出版企业家、中国百名有突出贡献的新闻出版专业技术人物（“三个一百”）表彰颁奖大会。受到中共中央政治局委员、国务委员刘延东，新闻出版总署党组书记、署长、国家版权局局长柳斌杰同志等中央有关领导的亲切接见，并在表彰大会上被授予“中国百名有突出贡献的新闻出版专业技术人物”勋章，以表彰其在数字出版印刷技术研究领域和数字印刷专业技术人才培养领域做出的突出贡献。

【学生在诸多大奖赛中获得优异成绩】 在第十一届上海市大学生课外学术科技作品竞赛暨第十一届“挑战杯”全国大学生课外学术科技作品竞赛上海市选拔赛中，共获得二等奖1件，三等奖4件，获奖数列高职高专院校第一，并有3件作品被推荐参加全国“挑战杯”评选。校第一次参加全国数学建模大赛，4队选手参赛并全部获奖，取得全国二等奖、上海市一等奖、二等奖等优异成绩。学生在全国大学生广告艺术大赛获一等奖一名，三等奖一名。在第5届曼罗兰“印刷技术人才奖”获一等奖、二等奖。

【孙颙应邀到校作专题报告】 5月26日，著名作家、上海市政协文史委员会主任、上海市作家协会党组书记、副主席、上海理工大学特聘教授孙颙应邀到校作题为《走向世界与文化差异》的报告。校领导、全体教职员工及学生代表参加报告会。孙颙根据自己多年编辑出版工作中积累的经验，以及他对文化研究，对中国文化如何走向世界以及中西方文化之间的差异进行了深入探讨和深刻分析。

【21名师生赴莫斯科国立印刷大学实习交流】 7月18日—8月18日，21名校师生在莫斯科国立印刷大学进行为期一个月交流实习，此次实习交流考察团由副校长曾忠和上海理工大学出版印刷与艺术设计学院副书记刘彬带队。师生们在制版工艺、数字印刷、丝网印刷、数字工作流等课程环节中进行实习，真正亲历了“教、学、做”一体的教学模式。还参观莫斯科印刷集团、莫斯科第一印刷厂、联合报业等知名印刷企业。实习和参观活动对同学们了解俄罗斯印刷院校的教学模式和俄罗斯印刷行业的发展情况和水平起到很大的促进作用。校与莫斯科国立印刷大学之间互为海外实习基地，本次出访，双方圆满签署师生交流的校际协议，加强两校的交流，为校师生创造了更多更先进的实习交流平台。

【焦扬到校调研】 9月24日，上海市新闻出版局局长焦扬，副局长陈颂清率相关职能部门负责同志到校就学校服务上海数字出版产业有关工作情况进行调研。上海理工大学党委书记燕爽、校长许晓鸣，本校校长陈敬良，党委书记朱南勤等校领导出席会议，会议由上许晓鸣主持。陈敬良就紧密围绕数字出版产业发展需要、学校开展数字出版项目科学研究的推进情况、建设国家一流数字出版实验室的落实情况及新校区规划方案进行了汇报。焦扬对学校数字出版研发方面所取得的成绩感到高兴和振奋，对学校科研项目紧密结合上海数字出版产业发展进行科学研究充分认可。

【举行“盛世中华 和谐版专”大型文艺汇演】 9月29日，作为校庆祝建国60周年主题活动之一的“盛世中华 和谐版专”大型文艺演出在综合楼5楼礼堂拉开帷幕。

此次活动由校办、校团委和校工会三方协力共同主办。整个活动分为辉煌、和谐和祝福三个版块。第一版块辉煌：通过一系列气势雄伟的歌曲来见证祖国60年来的辉煌成就及风采；第二个版块和谐：通过表演者的激情演绎展现校来自四面八方不同民族、不同地域的人情风俗，共同汇集成版专这个大家庭的和谐风貌；第三版块祝福：用歌声用舞姿来祝福那些用"心"育人的园丁。

【学校与世博安保武警官兵举行主题联谊会】 12月24日在浦西驻训基地隆重举行"走进世博 军地共迎"军地共建主题联谊会。校长陈敬良，常务副校长滕跃民，党委副书记顾凯，副校长曾忠及武警十支队首长出席，近300位官兵代表和学生代表参加。此次演出是校为世博安保官兵的隆重献礼，通过精彩的节目表演把对官兵的关心和爱护直接送到驻地。活动当天，学校还向武警官兵赠送书籍，协助军区建设阅览室，丰富广大官兵的业余文化生活，并特聘武警十支队两位女军官做校课外辅导员，加深军地两用人才在培训、咨询等方面的合作。 （赵文蕾）

（十）解放军南京政治学院上海分院

【概况】 2009年，解放军南京政治学院上海分院坚持以学习实践科学发展观活动为主线，紧紧抓住教学工作复评创优这个龙头，深化改革求发展，紧盯质量搞建设，从严管理促稳定，扎实推进以人才培养为中心的各项工作。（1）学习实践科学发展观活动。3月下旬—11月中旬，分院全体党员参加动员部署、学习调研、分析检查和整改落实等4个阶段12个环节的学习实践活动。举行2场专题辅导报告，组织2次理论知识抽测和学习笔记抽查与展评，团以上干部撰写"讲党性、识大体、顾大局"体会文章。举行军事信息管理系转型先进事迹报告会和爱岗敬业先进典型事迹报告会，举办"翰墨丹心"学习实践活动书法展。编印简报24期，形成一批认识成果、实践成果和制度成果。经验和做法进入全军阶段性总结通稿。（2）思想政治建设。加强理论研究，推动中国特色社会主义理论体系"三进入"（进入教材、进入课堂、进入学员头脑）。做好培育当代革命军人核心价值观主题教育试点工作。中央和上海市13家媒体集中宣传军事信息管理系开展教学转型的先进事迹。高民政教授被评定为全国宣传文化系统"四个一批"人才。预防职务犯罪试点工作经验被《军事检察工作》转发。（3）教学复评创优工作。抓好217项全面整改、88项弱项整改、164项复评准备任务落实。组织军事体能和技能强化训练、课程和知识辅导，实施考核和模拟测试。（4）人才培养。制定《适应政工人才培养新需求，深入推进任职教育教学改革的意见》。选派三批21名教员干部赴合同战术训练基地参与部队实兵演习。组织半年制任职教育班次和部分研究生、本科生进行"精武"系列专项演练、政治机关实务能力训练和战时政治工作综合演练。参加全军军事案例教学创新研讨会获案例教学演示和论文两个一等奖。制定颁发《现地教学暂行规定》和《现地教学改革方案》，组织50名教员和教学管理干部赴井冈山干部学院进行现地教学考察，建立"爱国主义和革命传统教育"、"军事斗争准备前沿"、"改革开放前沿"等3个主题、20条线路、100个点的现地教学体系。（5）科研工作。制定《关于进一步加强和改进科研工作的意见》。承办全军培育当代革命军人核心价值观研讨会。《军队政治工作信息化术语标准》被批准为国家军用标准颁布全军施行。承办第四届全国人才学论坛、第五届全国情报检索语言发展方向研讨会等。全军政治工作信息化研发中心成立，总政治部主任李继耐到院揭牌。6项成果获全军第二届政治理论研究优秀成果奖大单位级以上奖励，3项成果分获军队科技进步二等奖、三等奖。（6）后勤保障。开展资金安全管理专项检查，建立财务信息化管理综合平台。实行军队单位公务卡支付结算。被评为总政系统饮食和商业服务社会化全面达标先进单位。完成住宅区住房平改坡综合整治、学员和战士宿舍太阳能热水系统安装及部分学员宿舍装修改造工程。被评为全国军民共建人口和计划生育先进单位。

【冯国勤率上海市春节拥军慰问团到院慰问】 1月19日，由上海市政协主席冯国勤率领上海市春节拥军慰问团到院慰问。冯国勤代表上海市委、市政府对分院为上海市政治、经济、社会发展所作出的突出贡献表示感谢。分院院长戴维民、政委贡沈平代表分院官兵对上海市为分院建设发展所给予的支持关心表示谢意,表示将进一步密切军政军民关系,为"第二故乡"的建设作出更大贡献。

【参与编纂的《军队信息化词典》出版】 3月,由分院军事信息管理系教授周军、葛敏、韩建新等参与编纂,林平忠担任执行副总编的军队第一部信息化综合工具书——《军队信息化词典》,由解放军出版社出版。该书共分为军事信息知识、军事信息资源、军事信息技术、军事信息系统等9个类目,收录词汇3066条。

【信息化综合大楼开工建设】 3月1日,分院信息化综合大楼主体工程开工建设,承建单位为中铁建工集团有限公司。该楼总建筑面积约54000平方米,预计2010年12月投入使用,该大楼主要承载的功能单元有现代化的图书馆新馆、模拟训练中心、卫星视频中心和专业实验室,竣工后将成为分院图书信息中心和作战实验中心。

【组织系队管理干部培训与考评】 3月13日—8月26日,分院组织系队管理干部培训与考评。该培训在内容安排上突出先进政治理论和前沿军事知识、条令条例和法规制度等应知应会内容的学习;突出对新形势下管理工作特点和规律的研究;突出对干部管理能力和综合素质的培养。评选出6名优秀系队管理干部。

【承担的三项全军军事科研"十一五"计划课题结项】 4月,分院教授刘芳、张克难、王联斌等承担完成的三项全军军事科研"十一五"计划课题——"马克思主义人文学与军队思想政治教育"、"全球化进程中的国家经济安全及其对军事战略的影响"、"军队与和谐文化建设研究",通过全国哲学社会科学规划办公室组织的课题鉴定和成果验收。

【《军队政治工作信息化人才培养与学科创新》获军队级教学成果一等奖】 6月,分院教授戴维民、罗剑明、沈国权、林平忠、刘永丹完成的《军队政治工作信息化人才培养与学科创新》获年度军队级教学成果一等奖。该教学成果在对全军政工信息化建设现状、人才培养需求、政工干部信息素养等情况进行调查分析基础上,研究确定了军队政工信息化人才培养的目标、要求以及重点建立的学科特色方向。

【《军队政治工作学进展(第一卷·2008)》出版】 6月,分院院长、教授戴维民主编的《军队政治工作学进展(第一卷·2008)》,由解放军出版社出版。该书系分院"军队政治工作"国家重点学科和"2110工程"重点建设学科取得的重要研究成果,是系统研究军队政治工作学学科建设的著作。

【召开张琪玉八十寿辰暨学术思想座谈会】 6月7日,分院召开庆祝中国情报语言学创始人——张琪玉教授八十寿辰暨学术思想座谈会。与会人员就张琪玉的学术思想及其学术品格展开座谈。中国图书馆学会、中国索引学会、北京大学等科研单位和知名高校发来贺信。张琪玉结合自身经历,讲述与情报语言事业不解之缘,倾诉追求学术真理人生感悟,表达对学术专业热爱之情。

【全国第五次情报检索语言发展方向研讨会在院召开】 6月12

举行系队管理干部培训与考评工作

日，全国第五次情报检索语言发展方向研讨会在院召开。来自全国情报检索语言领域的60余名专家、学者，围绕“理论进展”、“知识组织自动化”、“张琪玉情报检索语言思想”、“检索语言应用与发展”等学术前沿问题进行研讨。

【郑治龙获全军军事案例教学创新研讨会两个一等奖】 6月18日—19日，由南京地区院校协作中心、北京地区院校协作中心和军队管理研究会共同举办的全军军事案例教学创新研讨会，在南京陆军指挥学院召开。分院基础系教员郑治龙选送的论文《对案例教学法组织与实施的思考》和案例《批评中的启发性》分别获得一等奖。来自全军27个单位67名代表参加此次研讨会。

【培训第一期空军档案业务人员】 6月24日，第一期空军档案业务人员培训班开学典礼在分院举行。来自空军机关和部队师以上单位保密档案室47名干部、士官参加。该期培训班围绕军队档案工作基础理论、军队档案业务工作实践、军队档案信息化建设前沿动态展开教学。

【军事信息管理系先进事迹在全国媒体集中报道】 分院军事信息管理系是总部确定全军重大先进典型，7月5日，中央和上海新闻单位组成新闻采访团到院对该系开展教学转型事迹进行采访。7月底—8月初，中央和上海30余家新闻媒体集中报道该系事迹，各类报道稿件累计达500多篇（幅、条），报道文字量超过20多万字（不含网络作品），国内各主流网站第一时间转载报道。

【李继耐到院视察】 7月10日，中央军委委员、总政治部主任李继耐上将到分院视察并发表讲话。期间，李继耐听取分院工作情况汇报，接见分院师以上干部和教授、副教授并合影留念，接见军事信息管理系教员干部代表，为新成立的全军政治工作信息化研发中心揭牌，视察机关办公楼、教学综合楼、文体馆、师旅政委班等办公、教学场所。

【《军队政治工作信息化基本术语》颁布全军施行】 由总政指导分院研制的《军队政治工作信息化基本术语》被批准为国家军用标准，于8月1日起在全军颁布施行。编写该术语的作者为分院教授戴维民、林平忠、张正强、帅启朗、蒋杰、茅献鹏等。该术语是军队政工信息化建设基础性标准，是官兵从事信息化活动的工具书。

【3篇论文入选上海市纪念新中国成立60周年研讨会】 9月24日，由上海市委宣传部、市委党史研究室、市委党校等联合举办的纪念新中国成立60周年理论研讨会，在上海科学会堂召开，分院教授刘芳、孙力、曹雷等撰写的《党的军事指导理论创新发展的历史必然性及其经验启示》、《上海国际化大都市的基层社会整合——政府与基层党组织功能的变迁》、《新中国60年经济发展是一个辉煌整体》3篇论文入选。刘芳还在会上作交流发言。

【范晨获上海市大学生国防教育演讲比赛一等奖】 9月22日，由上海市教委、共青团上海市委等4家部门联合举行的“爱我中华，情系国防”全市大学生国防教育主题演讲比赛决赛，在上海教育电视台举行，分院基础系学员范晨以题为《把壮丽的青春献给祖国》的演讲一举夺冠。

【刘义权先进事迹报告团到院座

10月22日，学院举行刘义权先进事迹报告会

谈】 10月22日，来沪举行报告会的刘义权先进事迹报告团一行到院，与军事信息管理系教员和学员就军队档案建设的话题举行座谈。刘义权是解放军档案馆原馆员，全国档案战线的时代楷模；军事信息管理系是全军惟一培养图书、档案专业人才的教学单位，是全军重大先进典型。

【培训首期全军保密档案室干部】 10月30日，首期全军保密档案室干部轮训班在分院结业。来自全军各单位保密档案室29名学员，通过为期20天培训，完成15个专题68个学时学习任务。

【24篇博士论文入选全国军事学博士生学术论坛】 10月下旬，第四届全国军事学博士生学术论坛在南京陆军指挥学院召开，分院有24篇论文入选，其中由军队政治工作学专业博士生付土旺撰写的《我军官兵打赢信心现状的调查与思考》、刘新妍撰写的《军事科技创新团队中的领军人才研究》被评为优秀论文。

【10名新教员参加南京协作区首期联训】 11月16日，分院10名新教员赴南京陆军指挥学院参加南京协作区第一期新教员联合培训，基础系讲师孙勇获得该次培训青年教员讲课比赛一等奖。联训为期10天，培训内容主要为教育理论、国防教育价值观、教学方法能力和教学规章制度等。

【召开第三届政工干部任职教育研讨会】 11月25日，分院召开第三届政工干部任职教育特点规律研讨会，21人分别从教学法研究、政工干部能力培养、管理育人与环境育人和教改经验交流等方面进行交流发言。会议共收到论文112篇。

【裘克人获中国人才学研究突出贡献奖】 12月22日，中国人才学研究突出贡献奖表彰大会暨创业型人才开发高层论坛在北京举行，分院教授裘克人作为人才学分支学科——军事人才学主要创立者，获得中国人才学研究突出贡献奖。 （宋忠伟）

11月25日，举办当代革命军人核心价值观研讨会

（十一）上海城市管理职业技术学院

【概况】 2009年，上海城市管理职业技术学院（以下简称城管学院）围绕学习实践科学发展观，励精图治、扎实工作，在深化教学改革、扩大办学规模、完善设施条件、加强科研工作和提升师资质量等方面，取得显著进展和成效，学院第5次被评为上海市文明单位。（1）办学规模。计划招收全日制高职新生1200名，实际报到1185名，在校高职生3485人。全日制高职毕业生共计936人，就业率98.1%，成人岗位培训开设36种类型127个班次，培训共计12601人次。成人学历教育录取专科生550人、专升本208人，电大367人，网络教育390人，中专自学考67人，在校学生共计3833人。（2）教学改革。精品课建设取得成效，《物业管理实务》、《建筑工程测量》课程被评为上海市精品课程，使学院市级精品课程增加到6门。经济管理系建筑经济管理专业教学团队获得上海市第二届优秀教学团队称号，滕永健获得上海市第五届高校教学名师奖，滕永健、李刚获得年度上海市育才奖。学校实施教育、企业提供实践的校企合作培养高技能人才新模式，组织职业资格鉴定项目增加到6项。坐落在学院内第三个市级公共实训基地——上海市建筑技术公共实训基地落成启用，建筑与

中加合作培养木结构设计和建造人才

房地产管理和物业与智能化管理两个公共实训基地利用率提高，已接待实训学生约45000人次。(3)师资队伍建设。教师学历层次不断提升，有4名教师获得高级技术职务， 9名青年教师参加市教卫党委、市教委举办的“上海高校选拔培养优秀青年教师科研专项基金”培训，李进被评为上海市高校优秀青年教师，陈雪飞入选年度上海市普通高等学校青年骨干教师国内访问学者。(4)学生思想政治工作。成功举办思想政治工作会议，表彰先进集体和个人，成功举办第三届职业技能大赛、第九届校园文化艺术节和第九届“闪亮之星”歌手大赛。学院以公开招聘方式引进8位专职辅导员，充实专职辅导员队伍。召开辅导员工作研讨会，选派28名辅导员参加专题培训和岗前培训，辅导员队伍职业化、专业化建设取得实质性进展。(5)成人教育。学院已具有从研究生、专科起点本科(业余、函授、网络)、高中起点本科(网络)、专科(业余、电视、网络)、中专自学考等10多种成人学历教育类型，形成近40个专业、10多个教学点、94个班级、3800多名学生的成人学历教育规模。(6)科研工作。共有8项市级课题立项，出版著作和教材18部，公开发表论文180篇，其中核心刊物23篇。学院成功召开2008年度学校科研年会和第十届年度城市管理世纪论坛。(7)国际合作交流。形成“中德城市园林”和“中加建筑工程项目管理”2个专业、8个班级、352名学生的中外合作办学规模，与美国纽约州立大学Cobleskill农业与技术学院的中美合作城市园林合作办学项目已获上海市教委批准并通过教育部备案，列入正式招生，学院已成为上海市同类高职院校中拥有中外合作办学项目最多学校。

【为城市生态文明建设出谋划策】 1月10日，学院与市环保局、市生态经济学会联合主办“现代文明与城市发展生态化学术沙龙”，与会者就生态城市标准、世博在城市生态化中作用、上海生态化进程与未来趋势、城市生态大体系的框架及其建构等发表学术演讲，领导、专家们以大生态眼光、可循环思维和多样化理念探寻城市社会可持续发展，通过国内外前沿研究成果交流和借鉴，为上海乃至全国“城市生态文明”建设出谋划策。

【研讨城市现代功能区开发与历史文脉承传】 5月22日，学院与城市科学研究会、浦东新区川沙功能区三方联合主办“城市现代功能区开发与历史文脉传承学术研讨会”，会议介绍国外新城开发与旧城保护、功能重塑与文脉传承的新理念、新经验，探索功能区的历史文化积淀与现代开发优势，特别是原南汇区融入浦东新区后，给川沙新功能区带来新一轮发展机遇，与会专家学者还就城市新功能重塑与历史文物保护的相得益彰、互补提增作了学术交流。出席会议的有城市管理、规划专家学者，文汇、新闻晨报、香港商报等记者40余人。

【张姣成为第三批上海市“晨光学者”】 6月29日，学院青年教师张姣《基于人为因素的地铁工程施工动态风险分析》课题，获得上海市教育发展基金会项目6万元金额的资助，她也因此成为上海市第三批“晨光学者”。“晨光计划”是上海市教育发展基金会为推进本市高校教师队伍建设，促进优秀人才成长，重点培养

30岁以下、具有硕士学位青年骨干教师而专门设立的培养基金。“晨光计划”实施三年,学院已有5名青年教师先后获得该基金资助。

【滕永健获上海市教学名师奖】 7月3日,在教学第一线工作27年,潜心致力于高职学生职业能力培养的滕永健获上海市教学名师奖。滕永健具有扎实专业理论功底和丰富实践经验,是业内为数不多兼具高层次物业管理理论和实践“双师型”专家,主讲《物业管理》课程受到师生一致好评,在全国高职土建类学科建设领域中处于领先地位。主持的两项课题均获得上海市教委教学成果一等奖。

【建筑经济管理专业获高校市级教学团队称号】 7月21日,市教委颁布。以张凌云为学科带头人的经济管理系建筑经济管理专业是上海市高职高专的扶强、扶特专业,也是学院示范性专业。教学改革成绩突出,已有两门课程被评为上海市精品课程。该教学团队在科研和社会服务方面卓有成效,近年来承担了5项上海市和省部级重大课题,发表论文26篇,其中五分之二为核心期刊,完成国家级教学大纲编写,主编国家“十一五”规划教材,3次获得省市级教学成果一等奖。最近5年该专业学生就业率达到100%,专业对口率达到90%以上,深受用人单位欢迎。

【《物业管理实务》被评为2009年上海市精品课程】 7月21日,市教委颁布,《物业管理实务》、《建筑工程测量》评为2009年上海市精品课程。《物业管理实务》教学团队,针对行业发展和学生需求实际,适应上海的物业管理需要,遵循学生职业能力培养的基本规律,以真实工作任务和过程为依据整合、序化教学内容,与行业专家、企业技术人员合作编写一套工学结合的教材。《建筑工程测量》教学团队精选整合课程内容,构建以课堂教学为中心的立体化教学体系,采用传授式、示例式和建构式等多种方式,应用多媒体技术辅助教学,强化实践教学环节,致力于学生综合能力培养,课堂教学效果良好。

【中美合作城市园林专业获得批准】 经上海市教委批准,教育部备案,学院与美国纽约州立大学科布尔斯基(SUNY Cobleskill)农业与技术学院合作举办城市园林专业,该专业由中美双方共同制定教学计划、实施教学,引进科布尔斯基农业与技术学院课程,培养掌握花艺环境装饰、小庭院植物造景、景点植物种植设计以及植物造型技艺的综合职业能力,适应园林苗木花卉公司、园林绿化施工、养护企业从事植物栽培与养护管理、花艺装饰、小庭院设计等工作需要的技术应用性人才。

【建设技师学院形成校企合作培养高技能人才新模式】 学院运用上海建设技师学院平台形成政府购买培训、学校实施教育、企业提供实践校企合作培养高技能人才新模式,年度有9个专业449名学生参加技师学院组织的校企合作实习实训,339名学生通过职业技术鉴定,分别取得绿化工(高级)、智能楼宇管理师(高级)、室内装饰设计师(高级)、工程测量工(预备技师)、集成电路版图设计员(高级)和饭店管理人员(预备技师)等职业资格证书,学院获得政府68万元奖励。

学生在建筑技术公共实训基地上《钢筋混凝土与砌体结构》课

【上海市建筑技术公共实训基地落成使用】 该实训基地由上海市教委、市财政局批准立项并投资350万元，建筑面积约3500平方米，分为框架结构工程和砌体结构工程实训室、钢结构实训室、工程测量实训室和木结构建筑施工实训展示室四个实训功能区，能满足3000人次/年的学生实训和5000名/年农民工培训，运行10个月以来，已有近千人次学生参加不同项目实训、实验，取得良好教学与实训效果。

【学报更名为《上海·城市管理》杂志】 经国家新闻出版总署批准，《上海城市管理职业技术学院学报》改为《上海·城市管理》杂志，这是中国唯一的城市管理类社会杂志，也是国内同类学院中唯一一份面向全社会的学术与实证结合的权威学刊。该杂志内容覆盖国内外城市建设、管理、规划、交通、水务、环保、房地产、市政、园林、环卫、港口、航运、旅游等领域，将对城市发展与城市管理现代化展开前瞻性探索、学术研究和创新引领，并为该领域的实务践行搭建学术交流平台。

【第十届城市管理世纪论坛评选城市管理实践十优案例】 12月18日，学院主办“第十届城市管理世纪论坛”，论坛聚焦“年度城市管理实践优秀案例选拔与颁奖”主题，评选产生“年度十个城市管理实践优秀案例”，江苏省姜堰市城市管理局申报的“城市摊点人性化分类管理的探索与实践”和上海市公安局闵行分局申报的“建立覆盖全区的城市综合管理‘大联动’新机制”两个案例荣获“2009年度城市管理实践案例最具影响力奖”，连续举办10届的“城市管理世纪论坛”已经成为学院的品牌和名片。

（张伟民）

（十二）上海市杨浦区业余大学

【概况】 2009年，学校紧紧围绕“强化一个中心、抓好两支队伍、落实三项保障措施”努力提高学校的综合竞争能力，切实推进各项工作顺利开展。（1）基本情况。录取新生283名，在册学员887人；电大杨浦分校共招生670人，在籍学员1549人。继续开设会计上岗证、会计电算化、统计上岗证及与企业合作举办的人力资源短训班等，共培训各类非学历教育人员494人。学校有专职教师45名，其中高级职称教师10名，中级职称教师28名。业余大学开设14个大专专业。电大杨浦分校开设10个专科专业。许昌路校区占地面积10.97亩，校舍建筑面积7061平方米；开鲁路校区占地面积6.6亩，校舍建筑面积2484平方米。（2）科研和人才培养工作。全年发表论文8篇，举办3次专家学术报告会，有针对性地启动“对口拜师”结对项目，在收到的7份报名表中选拔出2位青年教师与复旦大学法律系副教授、留德博士白江结对。（3）社区教育。针对学员年龄结构，增加趣味性和直观性，辅以相关的知识延伸。“市民网络学习”推进研究，在延吉街道开展为期两个月的试点，制定试点工作方案，从学员招募、志愿者跟进指导、学习形式多样性和激励机制的制定都作了探索。（4）学生工作。继续坚持“成人教育、成才教育和成功教育”的主题思想。通过播放宣传片、获奖学员感言、教师介绍专业情况等新颖形式，使学生大受鼓舞，加强学生对学校生活的了解，增强他们融入学校、参与学校生活的主动性和自觉性。着力营造师生间、学生间的助学氛围，提高学生的学习力。以学生为主体，通过组建乐队、合唱团和舞蹈队等社团组织，充分发挥学生的主动性和主体意识，增强责任感。（5）荣誉称号。毛佳迁荣获上海市育才奖。

【加大招生力度，突破生源萎缩瓶颈】 2月，学校成立以党支部书记、常务副校长史文卿为组长的招生工作领导小组，将强化招生、开拓办学确定为重点工作。学校出台《关于加强学校招生工作的若干意见（试行）》，调整招生报名机构并完善招生激励机制；运用媒体在杨浦区域范围内进行广泛的宣传；走上街头、设摊咨询，现场解答学员疑问；设计“三联单”，充分调动广大教职员工积极性，形成“人人关心招生”浓厚氛围。突破招生工作瓶颈，提高学校的社会竞争力，保持学校的可持续发展。学校电大在招生人数和招生的绝对值上都较上年有了新的突破，实现了近8%的增长率，还荣获上海电视大年度招生工作集体奖、招生突破奖、理工科专业办学奖、新专业开拓奖及秋季招生规模奖等五项大奖；史文卿、张郑琪和朱墨华分别荣获上海电大系统招生负责人嘉奖、招生先进个人和招生明星。

【完成《迎世博简明读本》的编辑工作】 根据《杨浦区迎世博加强精神文明建设和社会动员宣传600天行动实施计划》的要求，学校组织编写《迎世博简明读本》，经多次修改之后，12万2千册读本于3月中旬发放至杨浦区12个街道镇及区各相关条口，为“世博知识进社区”各项活动的顺利进行赢得时间。

【举行夏寅荪专题师德报告会】 3月30日，同济大学教学督导、铁道与城市轨道交通学院教授、国务院政府特殊津贴获得者夏寅荪教授以“教师要把修师德、爱学生作为从师业的首位”为题，为全体教职工作一场生动师德报告会。近二个小时报告会，使老师们深有感触，师德锻炼要从点滴小事、一言一行中以身作则，身体力行地做起，并就“人格魅力、学识魅力和卓有成效的工作是人民教师永恒的追求”达成共识。

【举行社区教育网络学习启动仪式】 4月29日，假上海理工大学附属中学举行“社区教育网络学习启动仪式”，参加启动仪式的有市学习型社会建设服务指导中心、市学习办及区学习办相关领导、区各街道(镇)社区教育办公室、社区学校领导、教师代表和试点单位延吉新村街道的居民近百人。大会介绍推进网上学习方案，向社区居民发出网上学习倡议，为首批前来担任网上学习辅导员的5志愿者发放聘书，市区相关领导还共同点击开通了网上“杨浦家庭学习课堂”平台。通过在延吉新村街道的先行试点，不断推进、完善网上学习平台和学习机制，使更多社区居民都能参与网上学习。

【市电大领导到校检查教学工作】 4月30日，由上海电大副校长王连华一行7人组成检查小组来校检查和指导教学工作。通过听取汇报、检查网上教学、毕业设计(论文、作业)指导完成情况，还以现场听课、召开部分教师、学生座谈会等形式，了解学校教学常规及参与教学改革工作落实情况及存在问题。检查小组对学校为提高学生“学习到位率”的措施表示肯定，同时指出分校版网上资源在“导学和助学”中，能有效整合中央电大、市电大及其它电大有效资源，加强网上资源一体化建设，以案例和拓展为突破点来提高网上助学能力，有特色和亮点。

【开展以“成人高等教育的生存研究”为主题的校级课题调研】 年度围绕这一主题确定了“区办成人高校校园网建设与应用调研”、“成人高校校园文化建设的实践与思考”、“区办成人高校信息化建设的探讨”、“成人学习工科教学中学生应用能力培养的探索”及“成人高校艺术专业教学方法和专业发展探索”等11个校级调研课题，明确了各调研阶段的时间划分、阶段达成目标、阶段研究内容、阶段成果形式、阶段负责人等。这是学校加强师资队伍建设，加强科研工作新举措，旨在提高教师团队协作意识，提高科研能力和学术水平。

【“法国本硕课程班”正式开学】 5月14日，学校与法国巴黎贝希教育集团上海代表处，签定《教育合作交流意向书》及《建立友好学校交流协议书》，旨在促进中法两国教育文化交流。10月17日，“法国本硕课程班”在开鲁路校区正式开班，开学典礼由副校长王国强主持，杨浦区教育局党委书记、局长，贝希教育集团国际关系部主任、教导主任，贝希教育集团驻上海代表处首席代表、复旦大学法文系主任，学校部分领导及9位学员参加，法国驻上海领事馆也派专人前来祝贺。课程班以“应用营销学”专业为特色，突出“以人为本，以学生的可持续发展为本”，致力于开阔学生思路，了解和熟悉法国文化与教学；培养独立思考能力，培育学生创新意识，造就宽阔的视野和合作交往能力。

【召开首届学术年会】 8月8日，在校207室“首届学术年会”顺利召开，大会由校学术委员会副主任王海庄教授主持，学校领导、由校内外专家组成的专家咨询委员、11个校级课题组成员及提交论文的教师共计40余人参加大会。校级教育科研课题团队负责人逐一进行阶段性研究成果交流，部分教师就提交论文也进行交流发言。专家咨询委员会对首届年会的交流成果给予肯定，表示从选题到中期汇报，机制完整；参加人数多，课题范围广；选题角度恰当，对成人高校各项工作具有普遍意义。

【学校网站改版】 9月1日，改版后的学校网站正式开通。在广泛听取意见的基础上，新版网站增设了“校园新闻”、“组织生活”、“社区教育”、“区办高校课表”、“就业窗”等栏目，扩大宣传力度，条目清楚，分部门丰富校园网站内容，受到了教师、学员的一致好评。

【期末课程考核奖励方案（试行）》出台】 10月，经校党政工联席会议、行政会议反复讨论和征求意见，学校出台《上海电视大学杨浦分校期末课程考核奖励方案（试行）》。自2009学年度第一学期起采用卷面成绩实考合格率与市电大卷面成绩实考平均合格率相比较；合成（形考＋卷面）合格率与市电大平均合成合格率相比较的原则，给予不同额度的奖励。年度共有15位老师执教的23门课程获得奖励。

【社区教育辅导员工作】 10月30日，12名由青年教职工组成的社区教育辅导员与江浦街道、陈一、陈二等11个相应居民教学点的负责人在江浦街道举行结对仪式。辅导员们将通过定期深入基层调查研究、召开社区教育点学员座谈会、与基层社区教育工作者谈心、建立热线电话等途径，疏通和拓展同基层教学点沟通的渠道。通过结对，探索社区教育的课程开发与管理、学员管理、评价方式及教育教学的改进等，夯实常规管理的制度建设，创新管理模式；帮助社区学校逐步建立一支热心于社区工作的专职教师、兼职教师队伍及志愿者队伍，提高社区教育的教学水平，为杨浦区社区教育扎实推进打好基础。

【规范学习小组，成立学生e家】 11月，推出导师制工作方案，即在规范和完善学习小组的基础上，由学习小组自行聘任指导教师。目的是通过学习小组，使学生与教师经常保持联系，激发学生的学习积极性，推进学生自主学习，让学生在学习中达到互帮互学，资源共享的效果，增强班级的凝聚力，创造良好的学习氛围。学校现共有183个学习小组，聘请28位指导教师。12月20日“学生e家”正式开通，为学生及学习小组活动提供网络活动平台。（钱　蕾）

（十三）上海医疗器械高等专科学校

【概况】 2009年，学校以示范建设和评估创优为契机，以教学工作为重心，推进学校的国家示范性高等职业院校建设的科学发展。（1）基本情况。学校招收全日制专科新生1352名，其中自主招生400名，全年在校生3893人。全校教职工数289人，专任教师176人，其中正高12人，副高44人。学校现有17个专业，其中国家示范性高职院校建设重点培育专业3个，教育部高职高专改革试点专业3个。学校占地面积251亩，总建筑面积为17.5万平方米。（2）示范建设。国家示范性高职院校项目建设方案于5月获得教育部认可。医疗器械高职人才培养新模式“校企医监研全方位合作教育模式专业改革与实践研究”获国家级教学成果二等奖、上海市教学成果一等奖；医用电子仪器与维护专业改革与实践获得上海市教学成果三等奖。学校作为上海首家接受新一轮高等职业院校人才培养工作评估示范性高职院校于6月份顺利通过评估。（3）课改和公共实训基地建设。“医用核磁共振成像（MRI）技术原理及装置”被列为上海市精品课程；“医电产品分析与制作”及“医学检验仪器分析与维护”等4门课程被列为上海市重点课程。获得国家级职业教育公共实训基地建设项目1个、上海市职业教育公共实训基地建设项目2个；并获批中央与地方共建特色优势学科实验室建设项目。（4）科研与技术服务工作。共举办25次各类学术报告会，内容涉及医疗器械发展各领域，学校师生受益面达到90%以上。共签约校外科研与技术服务项目17项，引入外部资金202.4万，其中横向课题12项，签约经费180.2万元，纵向课题5项，签约经费22.2万元。（5）职业教育与培训工作。受中国假肢协会、国家食品药品监督管理局等单位委托，举办全国假肢制作师执业资格理论培训、国家医疗器械监管培训等共3期187人，与上海市卫生局、上海市医疗器械行业协会、上海市劳动局等单位合作，举办CAXA软件、ISO9001：2000和ISO13485医疗器械国际质量安全管理体系内审员、医疗器械注册师、锐捷认证网络工程师（PCNA）等各类培训班，参加学习人数达942人。（6）师资队伍建设。当年学校引进专业人员38人。组织14人参加高职高专学术水平与技术能力评议，36人参加中级职称评审，转正定级26人。教职员工全年参加各类业务培训、岗前培训和学历培训209人次，获上海市教委青年教师科研专项基金资助11人，获高校教师资格证书41人，共计使用培养经费86万元，为历年最高。(7)学生工作。初建以学生干部为主要力量的学生心理危机预警系统，创建心理社团，学生参与活动达千余人次。构建"资困、励志、强能"三位一体的资助育人新体系，专设学生资助接待处。为不同层次困难学生发放各类贷款总额达502万元，提供勤工助学岗位204个，为98名困难生免费提供创业培训。(8)就业工作。与14所高职院校联合开展"公共职介进校园"活动。有425家单位进校招聘，提供岗位约1100个，2009届毕业生就业率达98%，荣获上海市普通高等学校毕业生就业工作先进集体称号。(9)国际合作与交流。当年，接待日方教师、学生7批102人次，接待新加坡南洋理工学院、美国东北大学职业教育学院2批8人次。与日本大阪滋庆学园洽谈进一步扩展合作领域，与英国威尔士大学威尔士东北学院洽谈合作项目。全年派出10批30人次出国(境)考察、访问、培训学习。

【专业特色吸引人，教博会上展风采】 4月10日—12日，学校在第六届上海教育博览会示范院校展区设展，展示学校作为"国家示范建设重点培育高职院校"以来，在专业实训、精品课程和科研、社会服务人才培养的教育成果，上海市教卫党委李宣海书记一行亲临学校展区参观，听取有关专业介绍，充分肯定学校示范建设工作和专业特色设置，对展会上学生所表现出较强动手能力和实践技能表示赞赏。

【召开就业工作推进会】 5月14日，学校在报告厅举行"2009年就业工作推进会暨最受学生欢迎十佳用人单位表彰"。校长郦鸣阳、副校长张学龙，上海理工大学就业指导中心副主任陆祖尔及延吉大学生创业家园、上海中山医疗科技发展公司、上海市第九人民医院等用人单位领导及有关校领导出席会议。郦鸣阳为微创医疗器械(上海)有限公司等单位颁发最受学生欢迎十佳用人单位荣誉证书。学校有关部门负责人和老师就就业工作进展和成果作交流发言，用人单位代表还与在座师生进行现场互动。

【举行建国60周年大学生歌咏会】 5月20日，学校在大礼堂举办"祖国万岁·青春世博——迎接建国60周年大学生歌咏会"。本次歌会由团委主办，医械系和大学生艺术团承办。各系部和东沪校区千余名师生参加歌会。党委副书记江孝渔致开幕辞，希望同学们用美好的歌声向祖国问好，共迎祖国60华诞和世博盛会。歌会展现了医专学子热爱祖国的赤子之心和迎接世博的高涨热情。

【邵明立指导人才培养工作】 6月2日，卫生部副部长、国家食品药品监督管理局长局邵明立，副局长边振甲，上海市卫生局党委书记、上海食品药品监督管理局党委书记王龙兴，在上海衡山宾馆与校党委书记江才妹进行会谈。邵局长在肯定学校人才培养工作的同时，指示学校进一步开拓创新校企合作育人之路，彰显医疗器械高等教育办学特色，实现学校与企业共赢的良性循环发展目标。

【首家接受新一轮高职院校人才培养工作评估】 6月21日—24日，学校正式启动作为上海市首家接受新一轮高等职业院校人才培养工作评估的示范性高职院校的评估。评估专家组由高职教育专家、行业专家和资深教授等7人组成，组长由国家高等职业院校人才培养评估工作课题组组长杨应崧教授担任，副组长由南京工业职业技术学院范国强教授担任。校长郦鸣阳教授代表学校作自评报告。市教委高教处许涛副处长出席评估汇报会并讲话。三天内，专家组集体考察了校内实践基地、分头进行深度访谈、听取专业剖析及说课等活动。在评估工作专家反馈会上，评估专家高度评价学校人才培养工作取得的成绩，并针对学校在示范性建设中存在的不足提出解决对策。

【荣获全国职业院校技能大赛一等奖】 6月27日，由学校医电系组成的参赛队首次代表上海市参加在天津举办的"2009年全国职业院校技能大赛"，有来自全国31个省(区、市)的3200名选手参与角逐。学校2支参赛队分别获得

3G 基站建设维护及数据网组建技能比赛团体一等奖和电子产品设计与制作技能比赛团体三等奖,取得了历史性的突破,为上海市高职教育和学校赢得了荣誉。

【荣获国家级教学成果二等奖】 年内,学校创建国家示范高职院校取得的重要成果"校企医监研全方位合作教育模式专业改革与实践研究"获得国家级教学成果二等奖,并获得"精品课程、教学团队、重点课程、技能竞赛"等多项教育教学成果标志性奖项。该成果获奖,即是学校创建国家示范高职院校取得的重要成果,也是学校加强校企合作、深化教学改革,改革人才培养模式、提高教学质量取得的重要成果。

【任命郑刚为校长】 9月27日,上海理工大学在校行政楼六楼会议室召开干部大会。上海理工大学党委书记燕爽,校长许晓鸣出席会议。会议由医专党委书记江才妹主持。全校中层以上干部共40余人参加会议。燕爽代表市委组织部宣读上海市人民政府关于郑刚任上海医疗器械高等专科学校校长的决定。

【承办中国机器人大赛暨 RoboCup 公开赛第一分区赛】 12月22日—24日,"2009年中国机器人大赛"暨 RoboCup 公开赛第一分区赛上海医疗器械高等专科学校赛点"机器人游中国"比赛在杨浦体育馆举行。中国自动化学会机器人竞赛工作委员会主任、清华大学孙增圻教授,中国自动化学会机器人竞赛工作委员会副主任郑志强教授,清华大学计算机系钱宗华教授,市教委高教处领导徐国良和校党委书记江才妹、校长郑刚等领导出席开幕式。来自中国矿业大学等19所本专科院校的20支代表队参加角逐。学校参赛队分别获得"长假游"比赛冠军及三项一等奖;"短假游"比赛亚军、三项一等奖、一项二等奖和优胜奖。学校荣获大赛"杰出组织奖"。 (龚瑞怡)

2009 中国机器人大赛暨 Robocup 公开赛第一分区赛

(十四)上海电视大学

【概况】 2009年,上海电视大学以"为了一切学习者,一切为了学习者"的办学宗旨统领事业发展全局,各方面工作取得丰硕成果。(1)办学规模。学校学历教育全年招生45045名,同比增加了17个百分点。当年注册生规模达到113502名,其中本科28204名,专科85298名;有37426名学生毕业,其中本科6623名,专科30803名。直属开放教育学院年内招生2583名,2009秋注册学生7302名,保持了7000人的办学规模。非学历教育全年培训规模达到73.5万人次。(2)教学改革。完成"文化事业管理"专业、"建筑工程管理"等专业的开拓;制定了品牌专业建设标准,在工商企业管理等三个专科专业进行首批试点;编制上海电大第一套课程教学文件合订本;有序推进20余门优质课程建设,制定"课程学习包"建设规范与模板;聘请专家进行背对背评审,将专家意见反馈给教师,提升整体命题质量;推进中央电大基于网络的考试改革,完成中央电大新版教务管理软件的使用试点。(3)科研工作。完成16大类三个层次(国家级、市级、校级)120人次课题申报工作,获立项11类58项,《开放教育研究》杂志影响力不断扩大,入选中国学术期刊评价委员会《中国学术期刊评价报告——RCCSE 权威期刊和核心期刊排行榜》,学术影响因子在37本入选 CSSCI 的教育期刊中排名升至18位。(4)合作交流。承办全国电大系统教学工作会议,充分展示电大近年来教学改革过程和成果;应邀出席在联合国教科文组织总部巴黎举行的年世界高等教育大会;顺利举行由中国联合国教科文组织全国委员会主办、上海电视大学承办的"建立多语言学习网络空间"可行性研究国际专家工作组会议。(5)荣誉奖项。学校申报的"开放远程教育在上海学习型城市建设中的创新与发展"荣获第六届高等教育国家级教学成果一等奖;学校荣获年度国际开放与远程教育协会(ICDE)团体卓越奖;学校相关部门和个人在第九届全国多媒体课件大赛、第十三届全国多媒体教育软件大赛、广播电视大学教学反思征文评选、全国电大工科教师优秀论文评选活动和广播电视大学第一届文法类教师优秀论文评选中获得34项奖。

【开展首届百个优秀学习小组评选与表彰活动】 5月30日,上海电大在上海教育电视台演播厅举行"电大有我一个家——上海电大首届百个优秀学习小组表彰活动"。中央电大党委书记阮智勇,上海市教委学生处副处长、上海电大党政领导、各分校(站、点)相关负责人及获奖学生共200余人参加表彰会。表彰会上,10个获奖的优秀学习小组,以事迹短片、诗朗诵、小品、舞台剧等形式展示上海电大学习小组建设的成果,体现各有特色、以学生为主体学习型团队生命力。其中,浦东新区分校曹萍学习小组通过配乐诗朗诵抒发对上海电大和学习小组的深深眷恋。普陀分校曹晓鹏学习小组通过幽默诙谐中英文小品剧《王老虎抢亲》展现该学习小组快乐学习理念。建设分校蒋月舰学习小组中有一对夫妻和一对姐妹,他们同其他小组成员互助学习,亲如一家。

【荣获国际开放与远程教育协会(ICDE)团体卓越奖】 6月9日,在荷兰马斯特里赫特举行第23届国际开放与远程教育理事会(ICDE)开放远程学习世界大会暨欧洲远程教育大学协会(EADTU)年会上,上海电大荣获年度ICDE团体卓越奖。这是该奖项首次为中国大陆高校摘取,也是上海电大继年度获得联合国教科文组织哈马德国王奖之后,又一次获得国际大奖。

【张德明应邀出席年度世界高等教育大会】 7月5日—8日,上海电大校长张德明一行4人出席在联合国教科文组织总部巴黎举行的年度世界高等教育大会。大会主题为"基于社会变化与发展下高等教育和研究的新动力",共有来自约150个国家和地区的政府高官、高校校长、银行或企业高管、教师和学生组织以及政府和非政府组织代表等1000余人参加大会。张德明应邀在平行论坛上作题为《变数字鸿沟为数字机遇:基于信息通讯技术(ICT)的教师能力建设》的报告。他以上海电大为案例,和参会人员分享了ICT促进上海开放与远程高等教育跨越式发展的经验以及在这一过程中教师教育技术能力建设的成果。

【首获国家教学成果一等奖】 9月,4年一度国家大奖——高等教育国家级教学成果奖评审结果揭晓,由上海电大张德明校长领衔主持,王民、徐皓、李惠康、陈信、王连华等人参加"开放远程教育在上海学习型城市建设中创新与发展——上海电视大学实践与探索"研究成果荣获第六届高等教育国家级教学成果一等奖,这是学校首次获得该项殊荣。国家级教学成果奖从1989年开始评选,它与国家自然科学奖、技术发明奖、科学技术进步奖并称我国四大国家级奖励,其中教学成果奖是衡量教育水平的重要指标,每四年评审一次。

【成功举行2009联合国教科文组织远程教育教席国际系列研修班】 9月24—26日,在上海电大国顺路校区国际会议中心举行。本次研修班主题是围绕国际开放与远程教育理事会(ICDE)质量评审、远程教育质量保证和评估评审等问题展开。国际开放与远程教育协会(ICDE)、中国联合国教科文组织全国委员会和中国高校现代远程教育协作组秘书处对研修班给予支持。联合国教科文组织东亚远程教育教席主持人、上海电视大学校长张德明和联合国教科文组织北京(东亚)代表处代表乔尔·巴卡(Joel Bacha)分别在开幕式上致辞。参加本届研修班的有10所普通高校网络学院,7个省级电大,以及来自英国、挪威、美国、泰国、马来西亚、韩国、蒙古等国共40多位专家代表。上海电大系统60多位教师、管理和研究人员代表应邀参加相关研修活动。

【承办全国广播电视大学教学工作会议】 10月28日至30日，全国广播电视大学教学工作会议在上海电大召开。中央电大副校长严冰，李林曙及相关职能部门负责人，全国44所省级电大校领导及相关部门负责人，合作办学高校、部委及行业有关部门负责人，上海电大党政领导、相关部门及部分分校负责人等共200余人参加会议。会议主题是以开放教育实施十周年为契机，围绕开放教育内涵建设和可持续发展需要，研究加快教学能力建设、强化规范管理保障、推进教学改革深入开展和切实提高教学质量的措施和思路。开幕式还举行全国广播电视大学优秀教务管理集体、优秀教务管理工作者、教学反思征文活动颁奖仪式。会议特设上海电大教学工作专场汇报会。通过校领导、教师代表、学生代表、分校负责人代表、教务处代表多层次、多角度发言的形式，充分展示上海电大近年来在教学方面改革与发展。

【参加全国高校“现代远程教育与终身学习高端论坛”】 11月10日，由全国高校现代远程教育协作组和中央广播电视大学共同举办的“现代远程教育与终身学习高端论坛”暨“现代远程教育十年成果展”在北京举行，69所远程教育试点高校及有关行业系统、企业、基层单位和学生代表等约400余人参加了论坛和展览的开幕。上海电大校长张德明出席高端论坛并作题为《开放教育服务于学习型城市建设的实践与探索》的报告。重点介绍上海电大通过建设上海教育资源库、搭设上海终身教育平台、构架开放型的上海远程教育系统服务于上海建设学习型城市的历程。

【开展第二届奖助学金评选和颁奖活动】 11月15日，上海电大第二届奖助学金颁奖典礼在上海教育电视台二楼演播厅举行。颁奖典礼首先介绍15位来自不同行业的特等奖学金获得者的学习历程，年度共有173位学生获得助学金，其中20位特困助学金代表来到颁奖典礼现场，他们克服常人难以想象的困难，坚持学习。自2008年起，自筹一千万元奖助学金，用于激励和资助电大优秀学生。2009年是上海电大实施一千万元奖助学金的第二年，有3779名电大学子荣获奖学金，173名电大学子获得助学金。

【参加庆祝中国联合国教科文组织全国委员会成立30周年大会】 12月23日—24日，上海电大校长张德明，副校长王民应邀赴北京出席在北京人民大会堂举行的纪念中国联合国教科文组织全国委员会成立30周年、联合国教科文组织驻北京办事处成立25周年庆祝大会。张德明在北京民族饭店举行的教科文组织及合作伙伴研讨会上作主题发言，就上海电大作为教科文组织东亚远程教育教席近年来在国际交流与合作方面所取得的成就进行介绍，并对如何加强与教科文组织合作伙伴关系提出相关意见和建议。 （黄复生　王月艳）

二十一、文化

（一）综　述

2009年，区文化系统共有文化单位11家，其中文化馆1家，公共图书馆3家，电影院3家，评弹团、文化市场管理办公室、文物管理办公室和文化管理服务中心。文化馆建筑面积11362平方米、图书馆11484平方米、电影院13087平方米。区级公共图书馆藏书79.59万册，阅览席位1944座，图书馆读者流通71.46万人次，外借124.81万册次，组织各类读书活动（包括讲座）829次，馆外服务点75个。在职职工239人，其中105人具有各类专业技术职称，中高级以上职称49人。全区共有电影放映单位6家，座位数5345个，放映场次37020次，观众6200万人次；网吧92家，出版物许可经营书报刊、电子出版物企业196家，音像制品企业35家，娱乐场所（企业）109家，台球室18个，营业性棋牌室114家，专业性演出场所2家，美术品经营备案单位18家。街道（镇）达标的文化中心共12家，总建筑面积51008平方米，共有106支文艺团体，涉及健身操、腰鼓、合唱、时装、摄影、交谊舞、朗诵、江南丝竹、沪剧、京剧、越剧、扬琴、书画等方面，年内开展文艺演出161场，参与观众4万多人。区内拥有近现代优秀建筑、遗迹等文物68处，其中被列为上海市文物保护单位的有3处，区文物保护单位11处，博物馆、展示馆11处。

（二）社会文化

【概况】 成功举办"迎接世博倒计时一周年"城市森林音乐会，世博号角——2009上海之春国际音乐节管乐艺术节。与上海文广新闻传媒集团合作，承办直播全国的"庆祝中华人民共和国60华诞——纪念《黄河大合唱》诞生70周年"3万人大合唱。举行国歌纪念广场暨国歌展示馆落成典礼仪式。邀请中国人民解放军总政治部歌舞团来区举行2场大型交响音乐会《东方红》慰问演出。率先在全市中心城区成立区级文联，与市文联签署《促进文化合作发展的框架协议》。全年开展辅导讲座217场，文艺演出161场，派送辅导员1040余名，参与观众4万余人次；举行

总政歌舞团倾情献演杨浦

"百姓艺苑"社区与院团结对共建成果展演,展示结对共建的丰硕成果。3家区级图书馆被文化部评为一级馆。

【举办世博号角——2009上海之春国际音乐节管乐艺术节】 4月29日,由上海之春国际音乐节组委会、上海世博会事务协调局、市政府外事办公室、市教委、市文广局、市文联、中国音乐家协会管乐学会、上海文化广播影视集团、中共杨浦区委、杨浦区政府共同举办的世博号角——2009上海之春国际音乐节管乐艺术节开幕式在江湾体育场举行。艺术节历时3天,内容包括中国第三届非职业优秀行进管乐团队展演、管乐嘉年华、街游、大师讲坛、世纪广场专场演出等活动。来自西班牙、韩国、马来西亚的4支国外乐团和来自全国9个省、市及香港地区的28支国内乐团,共2500余名演员参加演出,为倒计时1周年的中国2010年上海世博会吹响嘹亮号角,为上海之春国际音乐节增添一曲华丽篇章。观众共2万余人次。

【筹办第十二届上海国际电影节"国际学生短片大赛"】 6月18日,由上海国际电影节组委会、上海世博会事务协调局主办,区文化局协办的第十二届上海国际电影节竞赛单元之一的"国际学生短片大赛"及颁奖仪式在万达影城成功举行,这是上海国际电影节竞赛单元12年来首次在社区举行,大赛以"Better City, Better Life"为主题。区委副书记、区长宗明代表杨浦区委、区政府在颁奖仪式上致辞。奥斯卡奖主席希德·甘尼斯、市文广局局长朱咏雷、上海文广集团总裁薛沛建、副区长吴乾渝等领导和嘉宾共同出席颁奖仪式。大赛共征得来自46个国家和地区的短片655部,来自不同国度的年轻电影人通过影片展现不同的城市生活。

【公共图书馆开展各类迎世博系列活动】 年内,3家区级图书馆分别发挥各馆优势,围绕迎世博、重大节庆等时代热点和区域重点工作开展健康积极的读书活动,承办"迎世博 过新年"亲子嘉年华、"世博礼仪伴我行"文明礼仪讲座、"思源传承话清明,和谐关爱同发展"主题活动、"便民服务学雷锋,激情聚集迎世博"主题活动、"4·23世界读书日"、"情牵世博 爱我中华 书写人生"活动,"迎世博 颂祖国 展风采"服务宣传周活动,"端午粽香情 军民一家亲 环保益健康 节能展才艺"活动,"我与祖国齐腾飞"庆祝新中国成立60周年诗歌征集活动,"争做文明读者"主题实践活动,"拒绝毒品 建平安家庭"、"童心系世博 阅读伴成长"等一系列丰富多彩的读书活动。

【推进"百姓艺苑"院团结对工作】 12月28日,在区文化馆召开2009年度杨浦区"百姓艺苑"院团结对活动表彰大会。上海市文化广播影视管理局局长朱咏雷、副局长王小明,上海文广影视集团副总裁何建华,上海文广演艺集团总裁吴孝明,及区有关委办局、上海文广演艺集团及其下属各院团、上海市群众艺术馆和杨浦区各街道(镇)的领导以及社区文艺团队群众代表约500人共同参加活动。展示活动围绕一次板面展示、一次评比表彰、一次配送资源整合交流会、一次文艺演出等深入开展。区文化局和各街道(镇)用版面展示2009年院团结对文化共建的工作理念、结对特色、结对亮点、获得成果;表彰院团结对工作中做出突出成绩的院团、街道、文化中心、个人及团队,开展百姓欢迎院团奖、优质服务院团奖、优秀辅导奖、辛勤培育奖、先进单位和个人等评比表彰;整合市东方宣教中心、市群众艺术馆等丰富资源,完善配送管理网络,形成从点对点向面对面发展的多元化院团结对资源配送机制。共建成果展示活动深化了院团结对工作,促进了专业院团与社区居民的文化互动和交流,完善了文化资源配置模式,更好地引导专业剧团深入社区、送戏上门。2009年,共组织开展辅导讲座217场,文艺演出161场,派送辅导员1040余名,参与观众4万人次。

(三)文物博物

【概况】 成立区文物保护工作专家组,建立区域文物管理机制,2009年共梳理排摸可保护的文物点120处,其中3处被列入上海市文物保护单位,11处被确立为区级文物保护单位,10处被确定为区级文物登记单位。深入开展文化寻根工作,举办杨浦文化名人回娘家主题活动。为缅怀革命先驱,加强海峡两岸交流,12月8日,在上海体育学院举行纪念国务院命名上海市国家历史文

杨浦文化名人回娘家座谈会

化名城23周年暨孙中山先生铜像揭幕仪式。为了加强青少年爱国主义教育,促进杨浦红色工运历史的挖掘,举行王根英烈士故居遗址纪念碑揭牌仪式。对区内的非物质文化遗产资源进行分类整理和归档,申报2个市级非物质文化遗产项目。

【举办国际博物馆日主题活动】 为迎接"5·18"国际博物馆日,5月17日,区文化局在五角场下沉式广场举办精彩博物馆·文明迎世博—杨浦区国际博物馆日现场咨询活动。区域内的中国烟草博物馆、上海自来水科技馆、上海院士风采馆、复旦大学博物馆、上海海洋大学博物馆、上海印刷博物馆、上海杨浦法院博物馆与上海体育学院中国武术博物馆等单位通过丰富多彩的宣传展板,向市民介绍区域内各博物馆、陈列馆的建设、发展等基本情况,展现博物馆、陈列馆的独特魅力。为突出迎世博主题,区文化局向前来参观的千余名市民分发迎世博宣传手册和各种纪念品,引领广大市民走进博物馆,以文明观展的实际行动迎接世博会。

【举办文化遗产日主题活动】 6月13日、14日,区文化局分别协调组织上海体育学院(学校行政大楼原为旧上海市政府新厦)和上海理工大学(原为沪江大学)两处文物保护单位的免费开放活动,全市近千名市民前来参观。区文物管理办公室从上海市著名明信片收藏家李聪豪先生珍藏的30余万张明信片中精心挑选了近百张反映老上海风情的明信片,在水丰路小学、上海理工大学、杨浦公园、延吉新村街道等学校社区举办在回忆中找寻—老上海城市风情明信片专题巡展,参观人数近万人。

【举办非物质文化专题展】 为弘扬优秀民族文化,延续杨浦深厚文脉,9月7日—11日,区文化局在区政府二楼大厅举办庆国庆、迎世博—杨浦区非物质文化专题展览,展览以建筑微雕作品《清明上河图》为主体,配合14个区级非物质文化遗产项目的图片介绍,让大家对杨浦区非物质文化遗产有更多了解,更加关注、重视、支持非物质文化遗产保护和传承工作,约1500人参观展览。自2006年以来,区文化局在全区组织开展非物质文化遗产资源普查工作,从普查收集的36项非物质文化遗产项目中,经过认真、细致地调查论证,整理出"上海港码头号子"等14个项目。经过专家鉴定和领导审查批准,2007年4月,杨浦区政府正式向社会公布首批14个区级保护项目。2009年,"建筑微雕"和"棕榈叶编织"又被列入第二批市级非物质文化遗产项目。

【举行杨浦文化名人回娘家系列活动】 10月30日,区委、区政府举行"我深爱的家园"杨浦文化名人回娘家主题活动。市文联党组副书记何麟出席。来自音乐界、表演艺术界、书画艺术界等50多位文化名人齐聚杨浦。在区委书记陈安杰的陪同下,杨浦文化名人先后参观杨浦区城市规划馆、国歌展示馆、新江湾城社区、江湾——五角场市级副中心和创智天地,领略了杨浦的飞速发展和巨大变化。参观结束之后,文化名人在创智天地资源中心报告厅进行座谈,大家深为杨浦近年来的巨大变化和强劲的发展势头所感动,对杨浦的美好前景充满信心和憧憬。晚上,举行《杨浦文化名人》画册首发仪式,区领导把精装的画册送给社区代表，小朋友把系着红丝带的画册送到每一位文化名人的手中；著名画家秦大虎专程从杭州赶来，向杨浦区政府赠送了自己的油画作品。

【举行孙中山先生铜像揭幕仪式】 12月8日，纪念国务院命名上海市国家历史文化名城23周年暨孙中山先生铜像揭幕仪式在上海体育学院举行。市政协副主席、民革上海市委主委高小玫，市委宣传部副部长、市文物管理委员会副主任陈东，市委统战部副部长吴捷，市文物管理委员会副主任、上海博物馆馆长陈燮君，上海体育学院党委书记虞丽娟、上海体育学院院长章建成、上海大学党委书记于信汇、区委副书记魏伟明，民革上海市委、市台办、市教委、市文管委、孙中山宋庆铃文物管理委员会、各区县文管委负责人，复旦大学、同济大学有关领导和专家，杨浦区四套班子、各委办局、街道（镇）领导，以及大学生、中学生代表近200余人参加仪式。重建后的孙中山铜像为铸铜材质，高3.2米，雕像基座为花岗岩，高3.6米，雕像整体还包括12件由铸铜建造的宽0.8米的铜鼎，恢复后的铜像成为青少年爱国主义教育的重要基地之一。

（四）文化市场

【概况】 全年共办理出版物、音像制品、娱乐场所、网吧等许可证69张，营业性演出13次。开展新形象网吧推广和示范网吧评比活动，启动卡拉OK内容管理服务系统安装，提升政府的管理效能和水平。杨浦区被列入全市第一批新闻出版（版权）职能下放试点区（县）。扶持五角场800艺术区品牌创建，五角场800艺术基地被评为首批上海市文化产业园区之一。在上海知识产权园内成立杨浦版权工作站，成为上海市5家首批版权工作站之一。与杭州金海岸文化发展股份有限公司合作，引入1800万元资金打造上海金海岸演艺大舞台（杨浦区大剧院），11月18日正式开业，平均上座率突破95%。长白电影院被列入上海市文化事业单位转企改制试点单位之一。

【开展新形象网吧推广活动】 年内，召开区域内网吧业主会议，与网吧业主签署新形象网吧推广活动承诺书，对辖区内所有网吧，包括连锁经营和非连锁经营网吧的运营状态进行全面梳理、逐一核实。通过监管平台保证文化服务器在线率、客户端安装率、计费系统与文化软件配置率等作用的发挥，安排专人每天不少于2–3次定时上网查看网吧报警信息，特别是违规接纳未成年人报警情况，提高网吧监管效率，确保网吧市场规范健康发展。共开展检查470次，其中联合执法64次，出动检查人员2321人次，检查网吧2131家次，立案处罚53件。A级网吧数量由21家增至32家，提升52%；C级网吧由39家减至5家，下降87%。网吧市场总体平稳、有序，网吧经营秩序进一步规范，场所环境有所改善，从业人员素质不断提高，逐步走入良性发展轨道。

【开展电子游戏（艺）机市场专项执法行动】 2月中旬—4月10日，根据《关于杨浦区游戏（艺）机市场专项整治的工作方案》，区文化市场管理工作领导小组各成员单位和街道（镇）精心组织、周密部署，开展迎世博600天行动电子游戏（艺）机市场专项执法行动。3月5日，区公安分局、区工商分局、区文化执法大队与平凉路街道、江浦路街道等，对35家电子产品零售及维修点进行集中整治，重点查处贩售赌博机的电子产品销售点、维修点，对5户无照经营、1户超范围经营的经营户作出停业和责令整改的处理。

【开展国庆节前文化市场专项检查】 9月24日—30日，区文化市场行政执法大队以深化迎世博600天行动为抓手，以打击侵权盗版和非法出版物为切入点，在全区范围内开展文化市场专项检查。行动期间，共出动检查26次，出动执法人员85人次；检查出版物经营场所41家次，网吧81家次，游戏机房14家次，舞厅、KTV等娱乐场所39家次，文物保护单位6家次；取缔非法出版物游商（地摊）15个；收缴盗版音像制品274张，非法出版物和盗版教辅教材16册，非法电子出版物4张。 （张晓瑾）

（一）综 述

2009年，区内有公立医疗机构30所（包括部队医院），民办医疗机构67所。公立医疗机构中，三级综合性医院2所，三级专科医院3所，二级综合性医院5所，二级专科医院4所，社区卫生服务中心12所（卫生站点56个），老年护理院1所，其他医疗机构3所；民办医疗机构中，医院12所，门诊部24所，诊所30所，其他1所。共有职工人数9571人（不包括部队医院），其中卫生技术人员8229人。区属卫生系统在职职工5321人，卫生专业技术人员4692人。高级职称297人、中级职称1228人。二级医疗机构医师中本科以上学历占80.45%、一级医疗机构医师中大专以上学历占67.25%。区属卫生系统大专以上学历护士占46.49%。全科医师达231人，占社区临床执业医师68.96%。享受国务院特殊津贴专家21人。全区实际开放床位8586张，其中区属卫生系统3278张。每千人床位数5.84张，每千人执业医师数2.78人，每千人注册护士数3.01人，每千人卫技人员数7.23人。全年诊疗总数13219959人次，手术90609例，其中区属卫生系统诊疗总数7190572人次，手术13443例。2009年，户籍人口居民平均期望寿命达到81.98岁，婴儿死亡率3.82‰，5岁以下儿童死亡率5.09‰。年内，区卫生工作围绕学习实践科学发展观活动这一主线，进一步解放思想，以改革创新的精神、以真抓实干的作风、以克难奋进的干劲，全面完成了社区卫生综合改革、公共卫生服务等区委、区政府的重点工作，迎世博工作取得显著成绩、人才强卫战略成果显现，甲型H1N1流感防控取得阶段性成效，医疗服务质量显著提升，各项卫生工作都取得了新的进展。

（二）卫生改革

【概况】 社区卫生综合改革长效机制日趋完善，改革各项核心内容进一步落实，社区卫生“6+4”功能建设不断丰富和完善，“六位一体”服务成效显著，各项综合考核指标较上年同期有较大提升。

【优化“六位一体”功能】 进一步深化社区卫生综合改革，推动中医药适宜技术在社区的全面推广，成功创建“全国中医药特色社区卫生服务示范区”。完善社区康复体系建设，《杨浦区脑卒中患者社区康复管理与治疗模式研究》课题纳入上海市项目试点，并作为世界健康基金会（HOPE基金会）项目。进一步规范“宁养”、“心理卫生”、“百人讲师团”工作流程，百人“讲师团”开展巡讲216场次，受益居民达9825人。将早期归侨服务纳入社区卫生服务工作，186名早期归侨纳入医疗照顾服务中。

【完善三二级医院支援社区工作】 以“人员流动模式、机构整合模式、项目对接模式”为创新特点的三、二级医疗机构支援社区工作得到稳步推进，继续完善“二带一”、“三带一”模式，建立对三、二级医院医师下社区工作的督查机制，充分利用区内三、二级医院的优势资源，大力开展中医进社区、康复进社区、宁养服务进社区、心理关爱进社区的特色服务。247名三、二级医疗机构医务人员定期支援社区工作，社区卫生人才队伍得到加强，服务水平稳步提高。

（三）医疗服务

【概况】 以医院管理年、医疗质量万里行、院务公开、平安医院为抓手，推进医疗服务质量持续改进，围绕学科建设、人才引进与培养、流程改造及设备更新、优化医院环境等方面重点工作，出台措施稳步推进，医院内涵质量稳步提升。

【医疗服务质量和效率得到提高】 年内，新设离休干部病床132张，以中心医院、市东医院为定点医院，以各社区卫生服务中心老干部门诊为基础的离休干部就医网络基本形成，3家社区卫生服务中心被评为市级离休干部社区卫生服务示范点，干部就医保障能力得到进一步增强。区属二级医院门急诊量344.15万人次，同比上升11.57%；出院6.17万人次，同比上升5.88%；病床使用率114.96%，同比上升2.57%；病床周转次数22.86次，同比增加1.1次；平均住院日同比下降10.68天；手术人次同比增加14.42%。社区卫生服务中心门急诊人次达346.11万，同比上升17.53%。居民医疗卫生服务的可及性进一步提高。

【开展重大社会活动和公共事件医疗保障工作】 年内，出动医务人员564人次、救护车76车次，顺利完成2009上海之春国际音乐节管乐艺术周、2009起亚X GAMES亚洲极限运动锦标赛、庆祝新中国60华诞《黄河大合唱》大型歌会、国庆60周年焰火晚会、大型交响乐东方红、全民健身日万人健康跑、迎世博600天行动计划倒计时揭牌仪式等一系列重大社会活动和公共事件的医疗保障工作。

【中医药事业取得新的进步】 年内，全区各综合性医院、社区卫生服务中心均已设立中医科，形成了覆盖全区的中医药服务网络。实施名中医下社区工程，11家社区卫生服务中心已全部完成社区中医药达标项目建设，其中2家完成市社区中医药服务示范单位创建，成功创建全国中医药特色社区卫生服务示范区。中医医疗机构中医药治疗率门诊达89.3%、住院达52.25%，以“简、便、验、廉”为特点的中医药进社区、中医适宜技术进社区、中医治未病理念进社区获得广大患者的欢迎，中医特色优势得到发挥，传统医学得到进一步弘扬。

【继续做好对口援建工作】 制定卫生对口支援都江堰市胥家镇灾后重建三年行动计划，先后组织5批援建医疗卫生队共17人、4批讲师团共18人次赴胥家镇，安排4批共22名当地医疗卫生人员来沪进修。新建的胥家镇公立卫生院及驾虹分院竣工并投入使用。与云南省普洱市卫生局签约结对支援，当地6名卫生管理及医疗技术人员来区挂职及进修。

（四）社区卫生

【概况】 中医药社区卫生服务建设取得显著进展，各社区广泛开展中医药卫生服务，成功创建“全国中医药特色社区卫生服务示范区”。全年，社区卫生服务中心门急诊人次达346.11万，同比上升17.53%。预防保健综合服务合计260.64万人次，同比上升33.70%。共减免签约门诊322.3万人次，减免金额2256.3万元。新增签约6681人，开具定向转诊单7437人。

【拓展社区卫生服务功能】 将中医药工作同社区卫生服务紧密结合，引进了岳阳医院，作为中医教学、医疗的骨干；同步引进了雷允上、荣庆堂等中医药企业，形成了较为完善的医疗、教学、预防保健等综合服务系统。建立中医“易筋经”操教学长期辅导点78个，普及社区居民10713人。通过在杨浦公园、杨浦体育馆开展“迎世博、促健康”社区居民“易筋经”会操活动及“上医杯”易筋经操展示比赛，进一步推动了此项运动的广泛开展。

【完善社区卫生服务平台建设】 年内，完成17个社区卫生服务站的标准化建设。3月，长白社区卫生服务中心正式启用，新建新江湾城街道社区卫生服务中心项目竣工，全面实现了每个街道（镇）有一个社区卫生服务中心，每1—2万人口设立一个社区卫生服务站（点）的目标。

（五）疾病防治

【概况】 年内，肝炎、肺结核、艾滋病、性病、血吸虫病等重点传染病和地方病得到有效防治，本区居民共报告乙类传染病1577例，发病率145.48/10万，同比下降0.55%；外来人口共报告乙类传染病737例，发病率414.21/10万，同比下降6.53%。未发生甲类传染病，手足口病疫情得到有效防控。

【开展甲型H1N1流感防控工作】 及时启动专项预案，加强疫情监测，落实防控措施，居家及集中医学观察点、口岸发热人员留验点、医院发热门诊等重点环节防控工作做到有力、有序、有效，在对来自五大洲32个国家的83批579名旅客的医学观察中取得了服务的零投诉，实现了全区“无两代病例、无社区传播、无重点人群传播、无重症病例、无死亡病例”的防控目标，得到市领导肯定及表扬，取得了甲型H1N1流感防控阶段性的胜利。开展区内流感疫苗接种工作，甲型H1N1流感疫苗、季节性流感疫苗累计接种92361人。

【开展“无烟世博”控烟工作】 以“无烟世博”为主题开展多项控烟活动。各街道（镇）、各级医疗机构、各高校、各中小学校结合世界无烟日主题和“无烟世博”新概念，因地制宜地组织开展各类宣传活动。完成了“迈向无烟中国”项目终期效果评估和《烟草控制框架公约》监测试点第三轮调查工作。区的“全国无烟医院”顺利通过评估。国家疾控专家在考察区控烟工作的过程中，予以了充分的肯定。创建上海市“无烟单位”活动，33个单位通过区级评审，11月接受市控烟协会验收。

【继续推进“婚检一门式“服务工作】 进一步完善婚检“一门式”服务的流程和管理制度以及考核激励机制，促进提高咨询率和婚检率。全年，总婚检率达46.71%、初婚检率达60.23%，较去年均有明显上升。

（六）公共卫生

【概况】 实施公共卫生三年行动计划，23个公共卫生项目全面完成。开展儿童和青少年龋齿和退休及生活困难妇女妇科病、乳腺病筛查项目。完成区内155所中小学和托幼机构儿童和青少年的龋齿筛查与防治工作。

【开展儿童与青少年“肥胖和近视”早期干预工作】 年内，完成0—6岁儿童生长发育系统监测及门诊服务51730人次，共有1822例肥胖儿童被检出，均进行矫治和随访跟踪管理，其中已治愈327例。完成全区47179名中小学生肥胖和视力的现场监测工作，视力不良率52.62%、肥胖率12.16%；对筛查中发现的视力不良、身体肥胖的学生，协同教育部门积极开展综合干预和指导。

【开展对退休和生活困难妇女妇科病、乳腺病筛查工作】 年内，区卫生局联合各街道（镇）办事处，多方协调，通过充实筛查队伍、规范筛查流程、优化环境等措施，共完成了22600人的妇女病普查工作。其中，患病人数10151人，患病率44.92%。退休妇女7638人，生活困难妇女2513人。

【为儿童和青少年提供免费龋齿筛查及防治服务】 “为7万名儿童和青少年提供免费龋齿筛查及防治服务”是区政府的实事项目。年内完成区155所中小学和托幼机构共72421名儿童和青少年的龋齿筛查与防治服务。

（七）学科人才

【概况】 围绕“人才兴医”和“人才强卫”战略，着力推进管理、医疗、公卫等方面人才的统筹配置和有序培养，获区政府、区委组织部领导的肯定。全区共有全科医师231人，分别占临床执业医师68.96%、在岗执业医师46.39%。将全科中医纳入全科医师培养范围，全科团队医务人员培训覆盖率达到75%以上（市局要求60%以上），得到了市预防医学会的好评。

【“名医师”建设工程纵深发展】 年内，“名医师”建设工程围绕“拓展、深化、完善”的核心内涵，20名导师与100名学员组成了20个发展团队，通过临床带教、示范、疑难病例讨论、手术观摩、参加国内外学术会议等多种形式进行学术交流，同时开展了15项“名医师课题项目”、选送优秀学员赴美学习，促进学员在临床技能、科研课题等方面有所提高，并在区域内外产生了一定的影响力、示范力和辐射力。1人获得上海市卫生人才“银蛇奖”提名奖，17人被评为杨浦区第七批拔尖人才和经营管理人才。

【学科与科研课题双丰收】 完成首轮（2006年—2009年）杨浦区卫生系统5个重点学科、7个重点专科、6个重点项目的终期评估，并开展新一轮8个重点学科、10个重点专科、12个重点项目评审、立项工作。全区在研各级各类课题共194项，由区科委、区卫生局承担的《上海市社区卫生服务机构医疗保险考核指标体系研究》课题，通过市级课题评审，达到国内先进水平，并为市有关部门出台社区卫生服务机构编制政策提供了科学依据。中医医院肾内科、中医针灸科被国家发展和改革委员会、国家中医药管理局确定为重点中医院建设学科。11个社区卫生服务中心被评为上海市中医药特色社区卫生服务重点项目。

（八）卫生监督

【概况】 进一步加强医疗服务、公共场所、饮水及职业卫生的监督管理，建立健全打击无证行医和整治“医托”的长效工作机制。年内，区卫生监督所监管对象3197家。其中公共场所2146家，存在职业病危害因素的用人单位253家，职业卫生服务机构6家，学校及幼托机构213家，病原微生物实验室82家，饮水卫生相关单位278家（水厂2家、管道分直饮用水单位10家、二次供水266家），健康相关产品生产企业9家，医疗机构210家。

【开展严打无证行医和“医托”活动】 全年共出动执法人员200余人次，取缔无证行医点86处，收缴各类药品、器械847件，拆除户外广告150余块，处罚金额达76400元，7名无证行医者被移交公安机关处理，净化了区域医疗市场。

【优化行政审批流程】 完善卫生监督制度建设，加强行政稽查，强化队伍建设，提高综合执法水平。严格行政许可审批，对医疗机构的设置、迁址变更申请实施听证程序，同时积极运用并联审批，简化流程，缩短审批时限，确保重大工程项目“绿色通道”的有效运行。年度共完成各类卫生许可项目2644件，其中公共卫生许可1110件，医疗执业许可1529件，备案或其他5项。

（强伟敏）

（九）爱国卫生

【概况】 年内，按照区委区政府对全区爱国卫生工作的要求和“2009年度爱卫工作计划”及“条块结合，以块为主”的工作原则，组织发动12个街道（镇）和全区的爱卫力量，发挥爱卫系统的组织网络作用，以迎世博爱卫保障工作、爱国卫生月活动、有害生物防制和清除虫害孳生源头、巩固市等级卫生街道和五角场镇国家卫生镇等工作为重点，完成了全区爱国卫生年度计划任务。

【开展爱国卫生月活动】 按照市爱卫办《关于开展2009年上海市爱国卫生月活动的通知》的工作要求，4月份，围绕以“人人参与护环境，清洁家园迎世博”的爱国卫生月主题，在全区全面开展了以“环境卫生大清理活动”、“单位卫生管理活动”、“春季病媒生物防制工作”和“‘环境清洁日’集中行动”为主要内容的第二十一个爱国卫生月活动。根据《上海市单位卫生标准》要求，在全区7600多家单位中，开展了单位内部卫生达标活动，对达标的136家“迎世博爱国卫生合格单位”进行了挂牌明示。组织300多名区武装部官兵和民兵及公务员、居委干部、爱卫志愿者在长白街道2号地块的“动拆迁停滞工地”开展了集中环境卫生综合整治活动。

【开展迎世博600天行动】 制定实施《上海市杨浦区迎世博加

爱卫志愿者在周四爱卫义务劳动中清理小区绿地

强爱国卫生运动600天行动工作计划》,发挥各职能部门、街道(镇)和专业机构的作用,落实环境卫生保洁及监督责任,推进环境治理进程。发动各单位、居委会以清洁室内外环境、公用楼道、绿化地、环卫设施和病媒生物防制等工作为重点,全面开展环境卫生整治和管理工作,完善单位、居住区定期督查制度,提高市民群众生活和工作环境质量。通过组建306支"小区卫生自管员迎世博志愿者服务队",结合迎世博"三五"活动和月末周四"清洁家园日"各项活动,组织爱国卫生志愿者开展环境卫生巡查和居住小区、沿街单位环境卫生大扫除等一系列活动。配合区迎世博社会动员指挥部积极推进鞍山路商业街"我的门前我清洁"试点项目。

【巩固卫生创建成果】 年内,围绕迎世博600天行动目标,继续推进国家卫生区创建工作。以国家卫生镇和市一级卫生街道(镇)的巩固复查工作为平台,自查自纠,提高长效管理工作质量,促进全区整体环境卫生质量的不断优化,夯实国家卫生区创建基础。五角场镇通过了全国爱卫办的复查。全区有1600余家各类单位被评为"迎世博爱国卫生合格单位"。

【开展病媒生物防制工作】 年内,以城市"让虫害远离生活"为主题,针对本区面积大,人口多的现状,特别是外来人口多,动拆迁工地多,基础设施差等特点,全面做好迎世博病媒生物控制保障工作。坚持以环境整治为主,经常性与突击性工作相结合,切断繁殖途径,有效控制虫害密度,减少了虫媒传染病的发生。在全面加强应急处置队伍建设和管理的工作中,进一步在人、财、物等方面加大投入,并多次组织应急演练和应知应会相关知识的培训和考核,不断提高全区应对突发事件的能力,出色完成了森林公园"世博号角"音乐会的虫害消杀保障任务。为提高有害生物防制工作质量,重点开展规范化除害服务站建设工作,在建章立制、人员配备、硬件建设等方面加大投入,经市除四害协会评审,全区已建成"AA级"服务站4家,"A级"服务站4家。在年内各项突击活动中,全区共出动逾6000人次,对约4000余个行业(场所)进行喷洒,累计喷洒约300万平方米,增设诱蚊缸3000余只,设置捕蝇笼9000余只,毒鼠站18000余只,形成了较为有效的防制屏障,通过化学、物理等综合整治手段,有效降低了辖区虫害密度。

【开展防控甲流感工作】 年内,在全区范围内开展有重点的环境整治和预防性消毒等工作,组织开展甲流感重点人群相关知识调查,提高防控甲流感知识普及。5月份和中高考期间,对全区公共场所及10个考场的228个考点进行了消毒。在建立甲型H_1N_1流感密切接触者医学观察点的工作中,紧急抽调除害服务站专业人员15人,对莫泰168酒店霍山路店的医学观察点的215间客房,共3万多平方米进行了消毒作业,并派驻人员,全程参与观察点的工作,确保医学观察点的建立和正常运作。区爱卫办公室被评为区防控甲流感先进集体,并有3位同志分别被评为区和卫生系统的防控甲流感先进个人。

【加强行政督查】 年内,对重点行业的1054家单位进行行政执法检查,督促整改845家,处罚209家。全年处理市民爱国卫生方面的来信来电、"区长热线"和区政府督办件共26起(件),办结率100%。

(十)健康城区

【概况】 年内,全面启动《上海市杨浦区建设健康城区2009年—2011年行动计划》,在各有关委办局和街道(镇)的支持、配合下,按时完成年度目标任务和3大类61项工作指标。李伟辰、张红娣等21位同志被市爱卫会授予"2009年度上海市建设健康城市先进工作者"光荣称号。

【开展全民健康生活方式行动】 以提高健康生活方式技能的人群比例为目标,根据"以合理膳食和适量运动为切入点,倡导和传播健康生活方式理念,推广技术措施和支持工具,开展各种全民参与活动"的全民健康生活方式行动总体要求,配套盐勺发放工作,年内全区发放控油壶49万只,覆盖率达到100%,并结合健康路建设和倡导"人人坚持日行万步"活动,全面推进"健康一二一"(日行一万步,吃动两平衡,健康一辈子)行动。同时,在每个居委会的宣传栏张贴《健康

健康生活方式宣传点活动

城市墙报》、在每条健康路上设置健康知识宣传板，广泛开展健康知识宣传；并在具备基础条件的单位中推进“健康生活方式示范单位”建设工作，目前有12家单位建成市级健康单位先进。据抽样调查，区健康生活方式知晓率人群达64%。

【开展健康市民行动】 以提高市民掌握“合理膳食和适量运动”的健康理念为目标，深入推进“五个人人”健康市民行动(“人人动手清洁家园”、“人人劝阻室内吸烟”、“人人坚持日行万步”、“人人掌握控油控盐”、“人人学会应急自救”)，结合迎世博、健康教育、倡导健康生活方式、中医进社区等活动，将“五个人人”健康市民行动深入到家庭和单位。

【建立“市民健康自我管理小组”】 年内，通过推进组建“市民健康自我管理小组”的区政府实事项目，进一步探索市民群众健康自我管理的模式，全区12个街道(镇)全部建立社区“市民健康自我管理小组”，参与人数达到8千多人；在财经大学等20个单位，建立了“健康自我管理小组”，组员有284人。建立小组活动有1名医生给予专业指导，医疗卫生专家专题讲座，每周1次小组活动，每月1次组长例会，每双月1次街道(镇)例会和社区卫生中心科长例会等制度，积极协调相关部门和社区资源，确保“市民健康自我管理小组”的各项活动顺利进行。年内，长白新村街道长二(1)居委会、江浦路街道陈二居委会、延吉新村街道舒兰居委会和平凉路街道福宁居委会等4个市民健康自我管理小组被市爱卫会授予“2009年度上海市市民健康自我管理小组先进”光荣称号。

【开展创建无烟单位活动】 年内，在全区创建无烟医院、无烟学校活动，积极引导市民树立控烟意识，养成不在公共场所吸烟、劝阻室内吸烟、不主动敬烟和不接受敬烟的习惯，大力营造全面控烟的社会氛围。市肺科医院、市东医院被评为“全国无烟医院”，控江中学等93家单位被评为“市无烟学校”，东方商厦等3家企事业单位被评为“市无烟单位”，154个居委会被评为“区无烟居委会”。在机关、医院、学校全面开展控烟，餐饮、宾馆和文化娱乐场所设置控烟标识，全区发放“禁烟标识”2万余枚。

【开展“人人学会应急自救”行动】 在红十字会、民防办、消防等部门的协同配合下，围绕社区伤害防止工作，以迎世博和普及市民日常突发事件的应急处理知识和救护技能为重点，各社区积极开展救护技能培训工作，通过讲座、知识问答、现场演练等多种形式，在社区和单位举办“人人学会应急自救”培训活动1千多次，直接接受培训的人次达到4万多。向市民普及识别危险警示及逃生标识的技能，提高了市民在地铁、楼宇等公共场所应对突发事件的自救意识和能力。应急自救知晓率在调查人群中达到30%。

【开展“人人掌握控油控盐”行动】 利用健康知识宣传媒介(社区健康宣传栏、杨浦时报、杨浦有线台、健康讲座等)，在全区开展“控油控盐”基本知识的宣传；通过“市民健康自我管理小组”，在广大社区居民中普及“控油控盐”的各种方法；向居民户免费派发健康生活方式支持工具(控油壶49万只)和相关的健康宣传资料(宣传册页),全年发放宣传资料逾58万份。年内有60多万人次的市民、168家单位的食堂、72家营业性餐厅,开展了“控油控盐”活动。

向市民发放控油壶

【建设健康单位】 年内,开展了创建健康单位活动,受到街道(镇)、学校、医院、工厂的积极响应,取得了良好的效果。长白新村街道、殷行街道、四平路街道被市爱卫会授予“2009年度上海市健康社区先进”光荣称号。市东医院、上海肺科医院等12家单位被市爱卫会授予“2009年度上海市健康单位先进”光荣称号。在“2009上海健康校园论坛”上,财经大学作了题为《加强高校健康教育,推进健康校园建设》的交流发言,另有6所院校的建设“健康校园”论文参加了交流。

(王康明)

（一）综　述

杨浦区域内有2家三级甲等医院，分别是上海交通大学医学院附属新华医院、同济大学附属上海市肺科医院；2家部队医院，分别是第二军医大学附属长海医院、东方肝胆外科医院。

新华医院拥有3所市级研究机构：上海市儿科医学研究所、上海市小儿先天性心脏病研究所和上海市环境与儿童健康重点实验室；拥有2个上海市临床医学中心：小儿外科畸形临床医学中心和小儿心血管病临床医学中心；拥有上海交通大学医学院的2个分支医学院：新华临床医学院和儿科继续教育学院；拥有上海交通大学医学院的3个系部：营养学系、儿科学系和耳鼻咽喉学系，被列为国家教育部重点学科，被立项"211工程"第三期重点建设学科；心血管内科、骨科成为教育部重点学科，领受国家级重点学科铭牌。上海市肺科医院（上海市职业病医院）是以呼吸系统疾病诊治为特色的三级甲等专科医院，创建于1933年，是同济大学附属医院。医院核定床位数825张，实际开放床位达到980张，设有16个临床科室、9个医技科室、1个上海市重点实验室和1个校级研究所。

第二军医大学附属长海医院创建于1949年，是一所集医疗、教学、科研为一体的现代化大型综合性医院。1993年首批评为三级甲等医院。医院设有科室50个，床位1900余张。拥有一批国内外知名的专家教授和中青年技术骨干。医院现有博士点25个、硕士点40个，并设博士后流动站3个。每年完成医疗、药学、护理等专业和外国留学生共3000多名学生的教学任务。东方肝胆外科医院，是一所以肝胆外科疾病诊疗和研究为主的三级甲等专科医院，由江泽民同志亲笔题写院名。有国家肝胆外科开拓者、"模范医学专家"、2005年度国家最高科学技术奖获得者吴孟超院士，医院已发展成为国内唯一集医、教、研为一体的院、所合一的专科医院和亚洲最大、国际一流的肝胆外科疾病诊疗及研究中心。

（二）上海交通大学医学院附属新华医院

【概况】　2009年，是新华医院全面提升，跨越发展的一年，是锐意进取的一年，也是丰硕收获的一年。（1）基本情况。医院占地面积7.3万平方米，总体建筑面积达12.3万平方米，全院职工2763人，其中医生占29.6%，护理人员占42.4%，医技人员占11%。医生中博士研究生占24.1%，硕士研究生占44.1%。医院有博士生导师46名，硕士生导师73名，设有临床博士后流动站，博士专业点7个，硕士专业点17个。医院学科齐全，拥有核定床位数1228张，设有47个临床科室，66个专业，建有心脏介入诊治部等八个医疗技术与服务平台等。医院拥有三所市级研究机构：上海市儿科医学研究所、上海市小儿先天性心脏病研究所和上海市环境与儿童健康重点实验室；上海市小儿外科畸形临床医学中心；儿科医学院、新华临床医学院和儿科继续教育医学院三个上海交通大学医学院分支医学院及临床医学系、儿科学系、耳鼻咽喉科学系、营养系四个医学教育学系。（2）学科建设。领衔的国家教育部重点学科儿科学作为"211工程"第三期重点建设学科进入建设期。蔡威教授领衔的新生儿外科学团队入选市教委的上海高校创新团队第二期建设项目。心血管内科和骨科作为上海交通大学医学院教育部重点学科组成部分,建设工作按期进行。先后有7人次获得国家教育部"新教师"基金项目、市科委"优秀学科带头人"计划、市教委"曙光学者"计划、市科委 "青年启明星"计划、市科委"青年启明星跟踪"计划。16人分别获全国优秀博士学位论文提名奖、上海高校选拔培养优秀青年教师专项基金、王宽诚医学奖励基金以及交大"晨星计划"后备人才一、二等奖。(3)医疗工作。医院门急诊总人次为2856301人次,同比增长13.0%;出院病人总人次为59479人次,同比增长17.4%;住院手术人次为35378人次,同比增长21.8%;床位使用率为108.79%,同比上升3.24%;床位周转率为43.42次/床,同比上升6.44次/床;平均住院日9.21天,同比缩短0.93天。药占比43.18%,同比降低3.6%。评价医院运营绩效的主体指标连续第二年列为同级同类医院前列,住院与门诊单价继续有效控制在同级同类医院平均水平以下。(4)科研成果。全院新立126项纵向科研项目,其中国家科技部863计划1项,国家自然科学基金24项,市科委科研项目40项,市教委和市卫生局科研项目20项。全年获得各级各类科研奖项4项,其中刘振国领衔的《帕金森病运动并发症发生与非多巴胺受体磷酸化关系及信号转导的研究》、戴力扬领衔的《胸腰椎爆裂性骨折的治疗》、吴晔明领衔的《儿童先天性消化道畸形腹腔镜微创手术纠治》获年度上海医学科技进步奖三等奖;吴敏领衔的《挥发油类纳米中药制备的关键技术开发、药效研究及临床运用》获2009年度上海中西医结合科学技术奖三等奖。(5)合作交流。全年出国、出境参加国际会议、培训或学术交流141批,共173人次;参加国内学术会议共1550人次;接待来自美国、德国、日本等15国家与地区的专家来访33批,共108人次,接受美国加州大学、美国华盛顿大学医学院、香港理工大学等5批22名实习生来院学习。成功举办"上海心脏节律论坛"、"上海新华儿童呼吸国际论坛"、"第三届全国脂肪肝病学术会议暨两岸三地高峰论坛"、"第二届国际玻璃体视网膜疾病研讨会"等重大国际、国内会议。院美籍客座教授John F. Rosen教授荣获上海市人民政府颁发的年度"上海市白玉兰纪念奖"。(6)文化建设。将文化建设与发展紧密结合,以"迎世博"为主线,开展"迎世博窗口服务百日竞赛活动"等系列活动,窗口单位先后获得上海市卫生系统世博服务品牌创建集体、上海市卫生系统首批世博服务品牌奖。医院荣获第十四届上海市文明单位、第九届上海市卫生系统文明单位、上海市卫生系统医院文化建设先进单位和上海市学习型企事业单位,被授予上海市医务工会十佳文化品牌奖。

【两个建设项目被列为上海市重大工程】 医疗保健综合楼及小儿外科临床医学中心楼和市血液中心杨浦血站两个项目被列为2008、2009年度上海市重大工程。医疗保健综合楼占地面积4000平方米,建筑面积34024平方米,地下2层,地上19层,内设14个病区,500张病床,5200平方米的门急诊区域以及与之配套的绿色通道、影像诊断中心、中心实验室、7间手术室、重症监护中心、各类科研中心及干部康复、活动中心等,总造价23155万元,计划于2011年年底竣工。小儿外科临床医学中心楼占地面积1500平方米,建筑面积18000平方米,分8层,共分普外、骨科、泌尿、神经等5个专业病区,设200张床,及外科矫正室、手术室、小儿监护病房及其他医疗设施,总造价10700万元,计划于2011年年底竣工。

【耳鼻咽喉科学系成立】 1月,由新华医院耳鼻咽喉—头颈外科牵头,联合交大医学院附属瑞金、仁济、九院、六院等多家医院的上海交通大学医学院耳鼻咽喉科学系正式成立,系主任由新华医院吴皓教授担任,挂靠在新华临床医学院。该学系将主要负责临床医学专业学生的毕业前教育,以及耳鼻咽喉科专科医师的毕业后教育。学系的成立将有效解决长期以来各临床医学院教学内容考核要求不一、教学要求不一的情况,通过将各单位的教学资源有机融合,达到优势互补、教学规范化系列化的目的。

【崇明三级医院创建工作启动】 2月,上海市郊区三级综合医院建设项目举行启动仪式,新华医院全面负责崇明三级医院创建工作，崇明县县长赵奇和新华医院徐卫国院长代表双方签约。原崇明县中心医院更名为上海交通大学医学院附属新华医院（崇明），新华医院将按照《上海市三级综合医院评审标准》，有计划、分步骤地实施学科与人才队伍建设，利用3年时间对新华医院（崇明）进行全面提升，使之成为集医、教、研于一体的三级医院。根据规划，上海交通大学医学院附属新华医院（崇明）将拥有1000张床位，在科室设置、人员结构、管理水平、技术水平、医疗设备、信息管理、统计指标等方面全面达到三级综合医院的水准，医院将于2012年迎接三级医院评审验收。

【举办迎世博窗口服务百日竞赛活动】 自4月1日起，新华医院"迎世博窗口服务百日竞赛"活动在门急诊各窗口展开。医院成立由院长徐卫国担任组长，副组长分别由副院长吴皓、副书记顾琦静担任领导小组，还设立竞赛活动办公室。活动要求各参赛服务窗口从改善服务、改进流程为切入口，简化环节，统一标识，落实便民措施，营造更加舒心的服务环境，提高群众满意度。医院共有40多个班组550余人申报参加本次竞赛活动。在9月召开的总结表彰大会上，妇科门诊班组获得特别奖、成人补液室和出入院处班组获得服务品牌奖。

【郭迪教授百岁寿庆活动隆重举行】 5月23日，中国儿童保健事业开拓者和发育行为儿科的创始人郭迪教授迎来一百岁生日，医院为郭迪教授举行隆重的百岁寿庆活动。全国政协副主席、科技部部长万钢，卫生部部长陈竺，上海市委副书记、市长韩正发来贺信，副市长沈晓明、市政协副主席蔡威等市领导到会祝贺。郭迪1911年出生于广东潮阳县，1935年从上海圣约翰大学医学院毕业，获得医学博士学位，后赴美留学取得儿科学硕士学位。1952年参加上海第二医学院儿科医学系的筹建工作，1978年在新华医院成立了国内综合医院的首个儿童保健科，在国内率先组织开展儿科心理测验、新生儿遗传代谢病筛查、小儿锌营养研究等，取得的成果仍广为应用。

【《儿科学》被评为国家级精品课程】 8月，由新华医院孙锟教授带领的《儿科学》被评为国家级精品课程，并同时被评为上海市精品课程。新华儿科从2003年起开展《儿科学》精品课程建设，进行了一系列教学方法的改革和创新。在《儿科学》教学中逐步实施"PBL"教学法，在见习教学中应用"情景模拟教学"，在临床实习中增加"模拟人"操作课程，在八年制《儿科学》教学中用全英语的多媒体演示，医学教学质量获得全面提高。

【中西部地区医师培训慈善公益项目启动】 8月14日正式启动。来自云南、贵州、吉林和黑龙江等省市的30名医务人员成为该项目的首批学员，他们将在新华医院接受为期一年的免费专业培训。该项目面向云南、贵州、广西、四川、西藏、陕西、宁夏、甘肃、内蒙古、新疆、青海、辽宁、吉林和黑龙江等中西部地区，招收学员为在二级甲等以上医院高年资专科医生。培训实行导师制，培训科目包括心血管内科、普外科、心胸外科、儿内科、儿外科、耳鼻咽喉－头颈外科等，同时医院承担有关进修费、住宿费。该培训项目得到上海市慈善基金会和上海医药股份有限公司的资助，在两年时间内，为60—100名中西部地区的高年资专科医师提供奖学金。

【新华临床医学院与加拿大麦克马斯特大学正式签约】 11月27日，新华临床医学院与加拿大麦克马斯特大学在新华医院大礼堂正式签约，确立长期合作伙伴关系。新华临床医学院与麦克马斯特大学正式合作签约后，将采用"走出去，请进来"的方式，邀请麦克马斯特大学医学院的专家到新华临床医学院作有关PBL的讲座和培训，同时临床医学院将派遣教师前往麦克马斯特大学医学院进行PBL的专项培训，规范地推进PBL的教学模式，加强医学生临床思维和临床技能的培养。双方的合作与交流，将使新华临床医学院PBL的教学水平更上一层楼，为人类的健康事业培养更多的高素质医学人才。

【交大医学院耳科学研究所聋病分子生物实验室成立】 11月12日，上海交通大学耳科学研究所聋病分子生物学实验室在新华医院成立，该实验室的成立标志着先天性耳聋已从出生后筛查干

11 月 12 日,聋病分子生物实验室成立

预阶段迈向出生前预防阶段,使医务人员从基因水平上寻找先天性聋儿的“踪迹”成为现实,将实现从根本上减少先天性聋儿的出生、提高人口素质的目标。该实验室配备有 HRM 高分辨溶解曲线基因突变检测仪、高速离心机、DNA 分光光度计等高端设备,其主要研究任务是针对社会和广大聋人群体影响巨大的先天性耳聋展开分子生物学和遗传学研究,以推动先天性聋病的诊断和治疗技术发展。

【第一届党代会隆重举行】 12 月 25 日,中共上海交通大学医学院附属新华医院第一次代表大会隆重举行。医院第十三届党委书记孙锟同志代表医院第十三届委员会做《坚持科学发展观,为实现新时期跨越式发展努力奋斗》的工作报告。会议审议通过了《中共上海交通大学医学院附属新华医院第十三届委员会工作报告》和《中共上海交通大学医学院附属新华医院纪委第六届委员会工作报告》,以无记名投票方式,选举产生中共新华医院第十四届委员会委员和第七届纪律检查委员会委员。中共上海交通大学医学院附属新华医院第十四届委员会委员名单:(按姓氏笔画排序)全志伟,孙锟,吴晔明,吴皓,陈睦　徐卫国,顾琦静。党委书记:孙锟。党委副书记:顾琦静。中共上海交通大学医学院附属新华医院第七届纪律检查委员会名单:(按姓氏笔画排序)王雪峰,李文华,邵红,顾琦静,程明。纪委书记:顾琦静。纪委副书记:邵红。

【新华大讲堂开讲】 12 月,以“传播人文关怀,汇聚名流精英,弘扬新华精神,打造新华品牌”为宗旨的“新华大讲堂”,在新华医院大礼堂正式开讲。第一堂课邀请上海市教委审计处吴小蕾处长做“重视审计工作,增强干部责任意识”的讲座。新华医院临床科室主任、行政管理干部以及一线医务人员等二百余人聆听了报告。“新华大讲堂”创意独特、主题新颖、内容活泼,受到医务人员的欢迎,医院将邀请更多的国内知名专家、文化学者和学术精英,为广大新华员工提供文化、人文、思想领域的“精神盛宴”,为各科室提供展示自我的平台,将“新华大讲堂”打造成具有新华特色的文化品牌。

【约翰·罗森获上海市白玉兰纪念奖】 约翰·罗森(John F. Rosen)为美国爱因斯坦医学院蒙特费尔儿童医院的儿科学教授,环境科学与铅项目组的负责人。约翰·罗森医生把促进中国儿童的健康作为己任,推动和指导中国儿科学研究,特别是儿童铅中毒领域的研究工作。近 20 年来,罗森医生作为新华医院的客座教授每年自费到医院讲学,曾十多次率“美国儿童铅中毒预防专家访问团”访问上海、北京和杭州等地,进行讲学指导,并先后提供经费培养医院的科研人员,在他的帮助下新华医院建立起中国第一个儿童铅中毒防治研究中心,第一个儿童铅中毒临床诊疗中心、第一个环境与儿童健康研究中心、上海第一个环境与儿童健康重点实验室。约翰·罗森荣获上海市人民政府颁发 2009 上海市白玉兰纪念奖。 (新　华)

(三)同济大学附属上海市肺科医院

【概况】 2009 年,上海市肺科医院坚持“以病人为中心”,推进医院各项事业的健康发展,为提高人民健康水平、防控甲型H1N1流感等重大传染疾病以及构建社会主义和谐社会作出贡献。(1)基本情况。上海市肺科医院(上海市职业病医院)是以呼吸系统疾病诊治为特色的三级甲等专科医院,创建于1933年,也是同济大学附属医院。核定床位数838张,实际开放床位达到980张,设有13个临床科室、8个医技科室、1个上海市重点实验室和1个校级研究所。现有职工900余人,专业技术人员比例占80%,其中,博士生导师8名,硕士生导师15名,硕士以上学历人员150人,高级职称人员达到99人。医院占地面积10.3万平方米,建筑面积近7万平方米,绿化面积达70%。为满足广大病员的就医需求,在本市延庆路还另设一门诊部。年度病人满意率达到99.1%。(2)学科建设。制定《上海市肺科医院重点学科评估指标体系(试行)》,通过科学与客观的评估,树立科学人才观,打造人才培养科学体系,把"以人为本"精神融入学科人才建设。年内组建结核病诊疗中心,保持该学科在本市乃至国内领先地位。建设青年人才库,已有20名优秀青年人才入选,获得了医院培养政策的倾斜。年内有2人获得国家留学基金委公派访问学者项目。(3)医疗工作。门急诊量427098人次,比上年减少4.77%,出院人数27768,比上年增长21.96%,手术人数2564人次,比上年增长7.82%,平均住院天数由16.31天下降至13.45天,床位周转率28.33次/每床,比上年提高20.30%。胸外科在国内率先开展活体肺叶移植及单肺移植术后对侧肺上叶切除术,肺移植手术成功率继续保持国内领先水平;微创手术数量、治疗水平均居于国内领先水平。肺循环科在国内肺动脉高压临床与研究领域影响力日渐扩大,其中艾森曼格综合征患者的介入治疗和肺血管介入治疗属于国内首创。通过探索肺栓塞溶栓治疗和急性药物反应试验等诊疗技术,在肺血管病和右心疾病治疗等领域处于全国领先水平。(4)科研工作。全年共获得"十一五"攻关重大专项、国家科技重大专项等88项,获得经费达2702万元。为保证科研工作的质量,新建动物实验中心已在年内完成。(5)合作交流。举办主题为"肺癌的个体化治疗"的首届中德肺癌论坛和"医院发展,学术先行"的首届医院学术年会。年内有18人次在不同国家举行各类学术会议上进行大会交流或作专题报告;19篇论文被国际会议收录并作壁报交流,其中1篇还获得最佳壁报奖;1人分别应邀赴泰国、菲律宾全国肿瘤内科大会作专题报告,并主持TIME亚太肿瘤会议和作专题报告;1人获得亚太呼吸学会青年学者奖。

【温暖生命——"元旦送阳光"活动】 1月1日,由上海市解放日报(周末版)、上海市癌症康复俱乐部和上海市肺科医院等单位共同举办的温暖生命——"元旦送阳光"活动在上海市肺科医院门急诊大楼举行,本次活动的主题是"一张新年贺卡,温暖生命",上海市肺科医院医务人员为近百名慕名前来的肿瘤患者进行了义诊。来自肺癌康复指导中心和上海市肺科医院的一百多位青年志愿者还分三路到病房慰问住院的近两百余位肿瘤患者,并将200余张自己亲手制作、写满祝福话语的新年贺卡和新年的祝福送给那些患病住院的肿瘤患者们,鼓励他们战胜疾病的信心。

1月1日,温暖生命——"元旦送阳光"活动在上海市肺科医院门诊大楼举行

通过与患者诚挚的感情交流及精神鼓励，温暖了患者及家属的心灵，增强了他们战胜疾病的信心与勇气。

【姜格宁获得卫生部有突出贡献中青年专家荣誉称号】 院胸外科主任、主任医师姜格宁，长期从事胸外科临床和科研工作，享受国务院特殊津贴，主要研究肺移植、气管外科及肺部肿瘤、纵膈肿瘤诊断和外科治疗，擅长于气道支架置入、肺容积减少和胸腔镜外科治疗等手术，分别获得过教育部科技成果二等奖、上海市科技成果二、三等奖和上海市临床医学成果二等奖，主编或副主编有《肺移植》、《实用呼吸内镜学》、《胸部微创外科》等多部专著，发表论文100余篇，目前承担1项上海市重大课题和2项上海市科委课题。鉴于其中胸外科临床和科研领域所做出的突出贡献，被卫生部授予2007—2008年度卫生部有突出贡献中青年专家荣誉称号。

【国内首例亲体双侧肺叶移植手术】 2月3日，胸外科成功实施一例小儿活体肺叶移植手术，患者为一位来自河南郑州的11岁男孩，术前患有先天性肺发育不全伴大疱气肿，必须通过双肺移植方能得到有效的治疗，通过患者父母提供移植供体，整个手术过程非常顺利，患者恢复情况良好。该手术为国内首例，标志着中国在活体肺移植领域又有新突破。

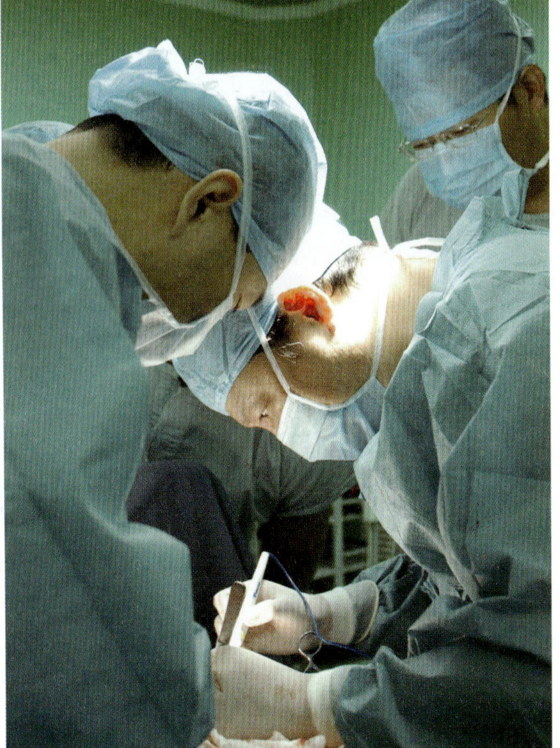

2月3日，胸外科成功实施国内首例亲体双侧肺叶移植手术

【获得“全国无烟医院”荣誉称号】 2月10日，由中国控烟协会和中国医院协会承办的全球健康合作伙伴创建无烟医院项目第一年项目总结暨第二年项目启动会在北京召开，共有500余人参加本次会议。会上，上海市肺科医院等20家医院获得“全国无烟医院”荣誉称号，刘国卫副院长获得“创建全国无烟医院活动贡献奖”。

【科技重大专项“十一五”计划第一批课题】 3月6日—7日，在北京召开的科技重大专项“十一五”计划第一批课题研究任务部署工作会上，由上海市肺科医院牵头、肖和平主任主持的《复发性结核病治疗的研究》项目课题和胡忠义教授参加的《结核病药敏及快速诊断技术和产品的研究》子课题，与国家专项实施管理办公室签署《国家科技重大专项项目(课题)任务合同书》。5月23日，上海市肺科医院又与相关协作单位举行该项目签约仪式。该专项将围绕国家重大传染病防治需求与目标，突出国家导向，立足自主创新，整合优势科技资源，构建防治重大传染病的科技支撑体系，为有效降低其发病率和病死率，提升突发传染病应急处置能力提供科技支撑。

【王寅梓获得上海市医院行政管理学术交流会优秀论文奖】 11月21日，“2009年上海市医院行政管理学术交流会”在浙江嘉兴举行，本次大会主题为“医院行政管理与效率”。上海市医院协会陈志荣会长，顾小萍秘书长，嘉兴市人民政府蒋仁欢副市长和来自上海市部分市级医院100余人参加会议。上海市肺科医院王寅梓撰写的《医院机关行政人员培养模式构建》荣获优秀论文奖，在会上作专题报告。该论文对医院机关人员的培养模式进行探讨和研究，对如何提高医院机关人员管理能力和水平提高有着积极意义。

【肺动脉高压治疗研究入选2009年国内十大医学新闻】 荆志成主任主持开展的“伐地那非治疗肺动脉高压”临床研究，在45例肺动脉高压患者中进行为期1年的研究，患者对该药物的长期耐受性有着较好效果。该研究6月22日在线发表于《心脏》(Heart)杂志。在《中国医学论坛报》组织评选的国内十大医学新闻(事件)活动中被评为国内十大医学新闻(事件)之一。

【首届中德肺癌论坛召开】 12月12日—13日，首届中德肺癌论坛在上海举行，本届论坛由中国抗癌协会肺癌专业委员会、同济大学附属上海市肺科医院和德国海德堡大学共同主办，孙燕院士、廖美琳教授和丁嘉安教授为本届论坛的名誉主席，吴一龙教授、高文院长以及来自德国的Christian Manegold教授共同担任论坛主席，国内外近300余位专家参加论坛。本届论坛的主题是 “肺癌的个体化治疗”，通过论坛的举办，旨在充分展示中德两国在肺癌治疗领域取得的学术成果，为中德两国间进一步分享全球肺癌领域的研究成果，创造更多的科研协作机会搭建一个定期、定点的交流平台。(沈 鹰)

(四)第二军医大学附属长海医院

【概况】 2009年，医院全面建设始终保持了创新发展、和谐发展、科学发展的良好势头。(1)思想政治建设。开展学习实践科学发展观活动，邀请杨浦区委陈安杰书记等领导和专家亲临医院讲课交流。精编下发《科学发展观学习要点100问》，在总部和学校工作组检查时被表扬推广；着眼长效制度建设，按照“坚持根本的、废除过时的、完善适用的、创新可行的”要求，梳理分析全院387项管理制度，提出98项制度修改、9项制度废止的综合意见；开办机关干部业务论坛，组织科技干部撰写个人职业生涯分析报告，在各类人员中开展“做学习实践模范，为校庆院庆增光添彩”活动。在科学发展观学习实践活动群众满意度测评中，院党委群众满意率达到99.2%。建设“学习型、和谐型、务实型、廉政型”班子的经验做法被总后转发推广；全院7个党总支、57个党支部进行换届改选；张玲娟被评为全国“巾帼建功标兵”，夏照帆被评为“全国三八红旗手”，胸心外科ICU被树为“全国巾帼文明岗”，戴生明荣获“银蛇奖”一等奖，苏家灿获杨浦区青年创新奖；全年共发放测评表5.2万余份，满意率达到98.34%，在上海市万人问卷调查中长海医院保持市内同类医院第一名。(2)医护质量工作。全年门急诊总量突破210万人次，再创历史新高；其中门诊量187万人次，同比去年增长20.83%；急诊23.6万人次，同比去年增长22.18%；手术例次3.23万人次，同比去年增长22.83%；出院人数6.08万人次，同比去年增长15.39%。主办“第31届国际泌尿外科大会”、“第二届全球华人消化内镜学术大会”、“国际腔内血管学大会”、“第九届东方脑血管介入治疗大会”以及其它兄弟学科举办的重大学术会议达24次，来自近60个国家和地区的近4000名国内外知名专家齐聚一堂，国内国际学术地位不断提升；泌尿外科在国内率先开展单孔多通道腹腔镜技术，成功实施肾切除手术，心胸外科率先开展胸腔镜辅助下的系列微创心脏手术。(3)教学改革工作。全年完成28个班次、1600余名学员近5000学时的教学任务，承办国家军队继续教育一类项目30项，举办各类讲座120次。消化内科、外科教研室申报的教学成果分获上海市教学成果一等奖和全军教学成果一等奖，同时获国家级教学成果二等奖。获总后百门优质课程2项、总后百部精品教材3部，上海市教学研究重点基金项目1项。(4)学科人才建设。医院专科中心、研究所30年建设经验，在全军医院学科建设研讨会上作了大会交流；扎实做好检验科ISO15189认证工作，实现临床实验中心的独立运行，引进PET/CT、3.0T核磁共振、DSA等一批国际先进的诊疗设备。全年获得科研基金课题116项，资助金额超过4500万元；获得省部级二等奖以上奖项11项。(5)后勤建设。着眼打造“平安医院”，强化行政安全管理，开展“人人学消防、平安迎世博”消防知识培训等活动，举办“担起责任、防患未然”安全知识竞赛。推进监控中心建设，投入40余万元修复了药局制剂楼消火栓系统和烟感报警系统，投资30万元修复中心楼和机关楼的消火栓系统；充分发挥应急分队的重要作用，及时、果断地处理多次医闹事件；军地联手打击“医托”、“药托”，保证了医院正常的医疗、工作秩序；全年安全行车90万公里，未发生一起等级事故。

（李良栋）

【与浙江海宁市人民医院举行共建协作签字仪式】 1月4日，长海医院与浙江省海宁市人民医院共建协作签字仪式在上海宝隆宾馆举行。长海医院夏阳政委带领院常委，海宁市沈利农市长一行出席签字仪式。长海医院副院长陈进清和海宁市人民医院院长张金海共同签署共建协议书。

（邱志涛）

【韩正率团来新春慰问】 1月19日，上海市委副书记、市长韩正率上海人民拥军慰问团来到医院，代表市委、市政府向医院全体医护人员致以新春问候。学校校长刘振全、政委曹国庆，医院院长李静、政委夏阳以及其他校院领导、部分三级以上专家教授、科室主任及医护人员约240人出席了慰问活动。院长李静向慰问团介绍了医院的发展进程和基本情况；韩正市长代表上海市委、市政府致慰问辞；学校政委曹国庆代表全校师生致答谢辞。

（朱　奎）

【召开党委扩大会议】 2月20日，院党委委员、纪委委员、专家组成员、党总支书记等250人参加会议。李静院长在会上作题为《凝神聚力科学发展，以全面优异的成绩向院庆60周年献礼》的工作报告，夏阳政委作题为《深化和谐内涵，破解建设难题，全面提升医院科学发展的质量效益》的重要讲话，郑荣昌副院长作2008年度财经运行管理情况和2009年财经运行管理重点工作报告，政治部伍先平主任传达了学校党委扩大会议的主要精神。

（史永波）

【徐志云在国内率先成功开展胸腔镜辅助下的系列微创心脏手术】 3月，长海医院胸心外科徐志云主任等在国内率先成功地开展胸腔镜辅助下的系列微创心脏手术。已完成各类微创心脏手术16例，其中包括全胸腔镜下先心病矫治手术、胸腔镜辅助结合小切口的瓣膜手术等难度高的治疗，特别是其中的6例心脏瓣膜手术为国内罕见，手术成功率达到100%，处国内领先地位。

（邱志涛）

【举办庆祝“5.12”国际护士节暨表彰大会】 5月11日，长海医院举办主题为“塑优雅之形，炼天使之心，创长海护理品牌”的庆祝“5.12”国际护士节暨表彰大会。院常委、机关科长以上领导、各片协理员、全院护士长及护士代表共300余人参加了大会。医院政委夏阳宣读了长海医院年度护理工作成绩突出的集体和个人的表彰通报，并由院领导为获奖集体与个人颁奖。院长李静在会上作重要讲话。会后，进行“迎世博、迎院庆”主题的文艺演出。

（陆小英）

【专家教授服务团赴山西大寨村开展医疗咨询和义诊活动】 5月22日，由杨瑞和、霍正禄、赵继军、楼国良、惠宁、何建、仲明、张玲、周彬、梅冰、王美堂等40余人组成的专家教授服务团，在医院政委夏阳率领下赴山西大寨村开展医疗咨询和义诊活动，受到山西省晋中阳泉市委、市政府的欢迎。专家团利用半天时间先后服务群众近600余人次。

【烧伤外科参加成都军区总医院烧伤病员的抢救】 6月7日，长海医院接到总部指示：赴成都军区总医院参加成都市的一辆9路公共汽车发生燃烧事件进行烧伤病员抢救工作。烧伤外科夏照帆主任、朱世辉副主任等7名专家教授紧急赴成都军区总医院进行抢救工作。救治了45名伤病员，其中15名重危病人。长海救治组的工作得到了成都军区联勤部和军区总医院的一致好评。

【长海医院专家为“世界博览会”工地建设者开展医疗服务】 6月11日，长海医院组织40名专家教授，带着体检车、检查仪器、药品等为世博建设工地的近千名建设者进行医疗服务，并向他们宣传疾病预防知识，提供健康咨询。这是长海医院联合民建上海市委科教文卫委员会、上海建工集团第七建筑公司等单位共同发起的“迎世博、送健康”系列活动之一。市政协副主席、民建上海市委主任委员、上海世博会执委会副主任周汉民，市卫生局副局长李卫平以及医院院长李静，政委夏阳，新闻报领导，建工集团领导出席启动仪式并致辞。

（邱志涛）

【孙大发到长海医院视察】 6月15日，总后勤部政委孙大发上将率总后政治部郭旭恒主任、总后司令部刘卫平副参谋长等来院视察。实地考察了长海医院与杨浦区合作建设的新江湾城社区卫生服务中心，听取了夏阳政委代表院党委作的专题工作汇报。孙大发政委作了重要讲话并给予了充分的肯定。

【顾军赴加蓬参加“和平天使—2009”医疗救援行动】 6月17日，皮肤科主任顾军教授接受中央命令，作为国家医疗队员参加此次人道主义救援联合行动，圆满完成赴非洲加蓬实施人道主义救援任务，以精湛的医术，良好的形象得到国际同行好评。

（朱　奎）

【国外著名专家到四川贫困山区举办培训班】 6月22日，长海医院专家联合美国微创外科医师协会主导，赴边远贫困山区四川省平昌县人民医院举行为期1周的腹腔镜技术培训班进行帮带工作，全县各卫生机构共抽出50多人参加培训，培训班的开展得到当地政府及医院的好评。并计划每年2次，每次1周时间，免费提供部分医疗设备，力争用3年时间为该县建成巴中地区正规、先进、高效的微创外科中心。（朱建华）

【十六名专家赴东海舰队基地巡诊】 6月24日，由夏阳政委、孙颖浩副院长率十六名专家携带医疗器材和十余万元的药品奔赴东海舰队基地，为即将执行索马里护航保驾任务的舰队官兵和一线指战员送医送药送健康，深受广大官兵的热烈欢迎。（朱　奎）

【郑宏良获得第十九届世界耳鼻咽喉科大会最佳论文奖】 6月，第十九届世界耳鼻咽喉科大会在巴西的圣保罗召开，世界100多个国家和地区约8200人参加了大会，中国大陆50多位专家与会。大会设有主题报告、圆桌讨论、自由报告和海报展示等。评选出7篇最佳论文。医院耳鼻喉科郑宏良教授应邀主持了主题为“声带内移成形术”的专题圆周会议，并向大会报告了医院在声带内移成形术研究中的最新成果，其中题为“喉返神经修复治疗声带麻痹附309例报告”论文，被大会学术委员会评为喉、咽及气管、食管科学类的最佳论文。这是中国代表自参加该组织举办的世界大会以来首次获得最佳论文奖。（邱志涛）

【举行“第九届东方脑血管病介入治疗大会”】 10月30日—11月1日，由中国人民解放军脑血管病诊疗中心、上海市血管疾病临床医学中心、长海医院临床神经医学中心主办的“第九届东方脑血管病介入治疗大会”在上海召开。第二军医大学校长刘振全出席开幕式并作重要讲话。中国医师协会神经外科分会副主任委员、北京天坛医院吴中学教授和中华医学会上海分会神经外科专业委员会主任委员、华山医院黄峰平教授分别代表学会出席开幕式并致辞。长海医院政委夏阳以及前世界神经介入联合会主席、美国著名专家Alejandro Berenstein教授等国内外众多著名专家学者出席开幕仪式。大会围绕脑动脉瘤、血管畸形(瘘)、脑动脉狭窄、溶栓与取栓、抗凝及抗血小板五个论坛进行交流；同时，进行介入手术直播演示及现场解说。（张永巍）

【举行建院六十周年庆祝大会】 11月28日，长海医院举行“建院六十周年庆祝仪式”。上海市人大常委会主任刘云耕，市政协主席冯国勤，总后勤部卫生部副部长陈新年，市委常委、上海警备区司令员江勤宏，副市长沈晓明，中华医学会副会长白书忠，学校校长刘振全，政委曹国庆等领导出席庆祝大会。大会由长海医院政委夏阳主持，长海医院院长李静做60年来长海医院的发展回顾报告，夏阳宣读长海医院终身成就奖的60位专家教授的名单，并为他们颁奖”。总后勤部卫生部副部长陈新年，上海市委常委、上海警备区司令员江勤宏，上海市副市长沈晓明，中华医学会副会长白书忠，第二军医大学校长刘振全、政委曹国庆等领导分别讲话。（朱　奎）

长海医院2009年度获奖情况一览表

部门	姓名	职务	奖项	内容	（称号）等次	颁奖单位
呼吸内科	白　冲	教授	育才奖	军队院校育才奖	银奖	总后勤部
外科	王克农	教授	育才奖	军队院校育才奖	银奖	总后勤部
骨科	李　明	教授	育才奖	军队院校育才奖	银奖	总后勤部
整形外科	邢　新	教授	育才奖	军队院校育才奖	银奖	总后勤部
神经外科	刘建民	教授	育才奖	军队院校育才奖	银奖	总后勤部
消化内科	李兆申	主任	科学技术	《东南沿海战区野战内科学相关关键技术研究》	军队科学技术进步一等奖	总后勤部
骨科	许硕贵	教授	科学技术	《战创伤粉碎性髌骨骨折与骨部连的基础与临床研究》	军队科学技术进步二等奖	总后勤部
胸科	徐志云	主任	医疗成果	《胸部主动脉瘤的外科治疗和研究》	医疗成果一等奖	总后勤部
影像医学科	王　莉	主任	医疗成果	《存活心肌的磁共振检测：与核医学、超声、冠状动脉造影的对比研究》	医疗成果二等奖	总后勤部
麻醉科	邓小明	主任	医疗成果	《吸入麻醉药行控制性低血压在复杂脊柱手术中的应用》	医疗成果二等奖	总后勤部
普外科	傅传刚	副主任	医疗成果	《低位直肠癌保留肛门括约肌手术相关研究》	医疗成果二等奖	总后勤部
风湿免疫科	戴生明		医疗成果	《高血压的基础和临床研究》	医疗成果二等奖	总后勤部
烧伤外科	夏照帆	主任	专业技术	第二届军队专业技术杰出人才奖	二等奖	中央军委
			临床技术进步	《烧创伤诱导的内源性损伤防治的基础与临床研究》	二等奖	国务院
消化内科	杜奕奇	副教授	上海市第四届		青年科技英才奖	市政府
胸外科	侯明君		上海市护理工作	“胸心外科围手术期护理管理工作改进系列研究”	改进成果奖	市政府
麻醉科	王利丽			“新型手术室树突组织结构图的研究和应用”		
泌尿科	孙颖浩	教授	第104届美国泌尿外科年会	世界华人泌尿外科	特别贡献奖	美国
烧伤外科	葛绳德	教授	中华医学烧伤外科年会	烧伤外科专家有突出贡献	中国烧伤医学终身成就奖	中华医学会
心脏内科	秦永文	教授	国家科技进步	《缺损性先天性心脏病介入治疗新技术方法及器械研制与临床应用》	二等奖	国务院
骨科	张少成	主任	国家科技进步	《战创伤脊髓神经救活及晚期功能重建系列研究》	一等奖	国务院
消化内科	李兆申	教授	国家科技进步	《幽门螺杆菌关键致病因子CagA、Va cA的生物学特性及其临床应用》	二等奖	国务院

（五）第二军医大学附属东方肝胆外科医院

【概况】 2009年，第二军医大学附属东方肝胆外科医院（简称东方肝胆外科医院），以创新的思路、超常的举措，圆满完成年度工作目标，医院建设呈现全面推进、协调发展、重点突破的良好态势。（1）基本情况。医院有床位712张，设有临床科室19个，辅诊科室12个，研究室4个。医生210人，专业人才队伍761人，全院共有工作人员1036人，其中博士生导师16人、硕士生导师33人，高级职称37人，副高职称46人。医院总占地面积30万平方米（包括安亭院区在内），建筑面积7.8万平方米（未包括安亭院区）。（2）政治工作。狠抓学习实践科学发展观活动，狠抓当代革命军人核心价值观教育，狠抓医德医风建设，在医院管理年检查中名列全市专科医院前茅，在上海市卫生行风万人问卷满意度调查中位列全市专科医院第一名。（3）学科建设。国家肝癌科学中心获得立项批复，总投资达4亿元，筹建工作正有序展开。成功申报国家优秀创新团队，王红阳院士领衔肝癌研究团队获得国家自然科学基金委创新研究群体项目立项批复，资助经费500万元，为医院第一个获得资助的优秀创新研究群体。（4）医疗工作。门诊量突破13万人次，再创历史新高。出院人数21153人次，同比增长13.81%，手术例次6725人次，同比增长6.34%，全院平均住院日10.71天，同比下降1.01天。床位使用率87.01%；院内感染率0.75%，同比下降0.15个百分点。全年医疗收入突破5亿元，同比增长29.3%。（5）科研成果。国家科技重大专项课题进展顺利，国家科技重大专项，医院中标3个课题，共1.72亿元。全年医院共立项33项课题，总经费累计达1098万元，项目数创历史新高；在研课题达123项，总经费达1.36亿元。全年医院共发表SCI收录论著40余篇，总影响因子达128分。马优钢获军队医疗成果奖二等奖，翟博、周飞国、卢彩霞获军队医疗成果奖三等奖。叶志霞主任获得上海市医学科技三等奖，是上海市首个护理专业的医学科技奖。（6）合作交流。美国匹兹堡大学教授、澳大利亚墨尔本大学教授、香港医院管理局等多位专家来院进行学术交流和讲课，院内共有47人次参加国内学术会议，24人次参加国际学术会议。聘任Amadeo Marcos、Amadeo Marcos为院客座教授。

【吴孟超医学科技基金会获首届上海慈善大会“抗震救灾捐赠特别奖”】 1月6日，在上海市政府召开的首届上海慈善大会上，吴孟超医学科技基金会荣获抗震救灾捐赠特别奖。会前，中共中央政治局委员、上海市委书记俞正声，上海市委副书记、市长韩正等领导同志亲切接见出席大会的吴孟超院士等获奖代表。上海市副市长沈晓明，上海市红十字会会长谢丽娟参加会议并为获奖代表颁奖。“5.12”汶川地震发生后，吴孟超医学科技基金会在第一时间向灾区捐赠总价值达500多万元急救药品，其做法被上海红十字会会长盛赞为“为国家分忧、为温总理分忧”。（王　蓓）

【吴孟超院士参加总后与上海市政府合作建设第二军医大学签约仪式】 3月11日，在北京举行。中共中央政治局委员、上海市委书记俞正声，中央军委委员、总后勤部部长廖锡龙出席签约仪式并讲话。卫生部部长陈竺出席仪式。总后勤部政委孙大发与上海市委副书记、市长韩正签署协议。院长吴孟超作为第二军医大学专家代表应邀参加签字仪式。期间，吴孟超分别向总后勤部领导和上海市领导汇报医院近期发展情况及传染病重大专项、安亭新院和国家肝癌科学中心建设进展情况，总后领导表示将积极支持医院建设发展，上海市委书记俞正声、市长韩正表示将在医院安亭新院和国家肝癌科学中心建设上给予政策和经费上大力支持。

（邱福建）

【王红阳院士在全国政协十一届二次会议上的提案受关注】 3月，在全国政协十一届二次会议上，全国政协委员、院生物信号转导研究室主任王红阳院士向大会提交的《改善和优化企业人才建设的几点建议》提案受到广泛关注，多家媒体对提案进行报道和解读。王院士建议：要为企业提高人才待遇减负，提供社保政策支持；要改善人才人居环境，提供住房优惠政策；要设立急需型高端人才引进基金；要建立具有企业特征的人才评价（包括职称评定）体系和机制。

（余艳婷）

【吴孟超院长带领科室支部书记走访华西村】 4月10日，医院结合第二批深入学习实践科学发展观活动，组织党委班子成员和科室支部书记，到被誉为“天下第一村”华西村参观见学。吴孟超院长和全国劳动模范、华西村原党委书记吴仁宝两位新闻人物坐在一起畅谈科学发展历程，使大家深受启发。通过参观见学坚定大家解放思想、谋求科学发展信心和决心。中央电视台、中央人民广播电台等多家新闻单位对此进行报道。学校、总后、总政先后对此做法进行转发。（王　蓓）

【举行肝脏解剖暨外科技术新进展学习班】 5月7日，医院与香港中文大学联合举办首期“肝脏解剖暨外科技术新进展学习班”。全院100多名医师参加学习。学习班邀请香港中文大学外科学系教授、中国科学院刘允怡院士授课。紧密结合肝脏外科手术实际，阐述肝脏解剖理论和肝血流阻断及肝切除方法。（袁小南）

【许丽丽当选全国卫生系统护理专业“巾帼建功标兵”】 5月11日，全国卫生系统护理专业“巾帼文明岗”和“巾帼建功标兵”表彰大会在北京举行。全国人大常委会副委员长、全国妇联主席陈至立出席会议并讲话。医院特需治疗科护士长、副主任护师许丽丽光荣当选“巾帼建功标兵”。（王　蓓）

【吴孟超参加大力培育当代军人核心价值观英模代表座谈会】 6月3日，吴孟超院长在北京参加由总政治部组织召开的大力培育当代革命军人核心价值观英模代表座谈会，并在会上作题为《在为医学事业奋斗中实现报效祖国》报告发言。受到总部首长和与会代表热烈欢迎和高度赞扬。会前，军委副主席徐才厚、总政治部主任李继耐亲切接见吴孟超院长。（邱福建）

【举办第二届全国肝脏移植病理学术研讨会】 6月13日—14日，由全国肝胆肿瘤及移植病理协作组、中国抗癌协会肝癌专业委员会、上海市医学会肝病专科委员会、东方肝胆外科医院共同组织，医院病理科承办的第二届全国肝脏移植病理学术研讨会在医院举办。来自全国十余所肝移植中心的近40位移植临床和移植病理相关专业专家学者出席会议。医院副院长沈锋授予Thung SN教授第二军医大学客座教授证书。（袁小南）

【举办第二期科室主任培训班】 6月20日—21日，医院在嘉定区安亭镇唐朝酒店举办第二期科室主任培训班。第二军医大学校长刘振全出席闭幕式并讲话。此次培训班主题是：学习实践科学发展观，努力创建研究型医院。培训班邀请上海市第六人民医院院长何梦乔教授、复旦大学梁鸿教授、北京大成律师事务所秦志宏律师分别就科主任管理职责与管理艺术、新医改方案解读、医疗纠纷防范与司法实践为题作专题报告。

【丁劲获上海市“银蛇奖”】 6月24日，上海市卫生系统第十二届“银蛇奖”评选揭晓，医院生物信号转导研究室副研究员丁劲博士当选三等奖第一名。根据上海市卫生局决定，由于丁劲博士年龄不满35岁，同时被授予市“新长征突出手”称号，他也成为医院最年轻的“银蛇奖”得主。（张　鹏）

【吴孟超当选为国防和军队建设作出突出贡献的100位英模人物】 7月10日，经中央军委和总政治部批准，由总政组织部、干部部、宣传部主办的“新中国成立后为国防和军队建设作出重大贡献、具有重大影响的先进模范人物”评选揭晓，包括吴孟超院长在内的100位英模光荣当选。（王　蓓）

【召开医德医风监督员培训工作会议】 7月29日，医院召开医德医风监督员培训会议。院长吴孟超、政委李捷玮和机关各部门领导参加会议，院医德医风办公室人员，院内外医德医风监督员40多人参加培训。院医德医风领导小组成员、政治部主任李国强总结报告医院近年来医德医风建设情况；上海市卫生局纠风办主任徐楚作“医德医风监督员如何发挥监督职能、促进医德医风建设”报告；医德医风院外监督员、杨浦区人大代表、上海柴油机股份有限公司工会副主席朱娅莉作“热心、用心、诚心履行职责，要做就要做好”发言。（张　雪）

【王红阳领衔研究团队入选“国家自然科学基金创新研究群体”】

9月4日，王红阳院士领衔的肝癌研究团队申报的国家自然科学基金委创新研究群体项目“炎症促进细胞癌变的分子调控”正式得到国家自然科学基金委员会立项批复。该项目研究期限3年，经费500万元。这标志着医院在肝癌基础研究方面又上新台阶。王院士牵头的这一创新群体项目是国家自然科学基金委员会生命科学部是年度批准的6个创新群体项目之一。（王　蓓）

【吴孟超参加国庆60周年军队卫生工作座谈会】 9月22日，庆祝新中国成立60周年军队卫生工作座谈会在北京举行，来自全军医疗卫生战线的代表们欢聚一堂，回顾光辉成就，总结建设经验，就如何在新起点上推动军队卫生事业又好又快发展进行深入研讨。吴孟超院长作为代表参加座谈会，并在会上作《从“三人小组”到“三甲”医院》的报告，引起强烈反响。（邱福建）

【钱其军获国家杰出青年基金资助】 9月22日，经国家杰出青年基金评审，医院病毒—基因治疗实验室主任钱其军研究员获得资助。这是该院科学研究和人才培养取得的又一标志性成果。国家杰出青年基金主要资助在自然科学基础研究领域取得国内外同行承认的突出成绩的优秀青年学者，旨在促进优秀青年科技人才的成长，培养和造就一批进入世界科技前沿的优秀学科带头人。

【吴孟超院长参加国庆观礼】 10月1日，应国务院奖励办公室邀请，吴孟超作为国家最高科技奖获得者代表参加首都北京举行的国庆60周年观礼活动。吴孟超和应邀嘉宾一道登上天安门观礼台，观看盛大的国庆阅兵式和群众游行，检阅共和国六十年来创业和发展的雄伟画卷，体验、见证和庆贺共和国所取得的辉煌成就。当晚，吴孟超院长再次登临观礼台，参加在天安门广场举行的以“礼赞祖国、讴歌时代、振奋民心”为主题的联欢晚会，观看精彩的文艺演出和绚丽的大型焰火表演。

10月1日，吴孟超——国家最高科技奖获得者参加首都60年国庆观礼

【参加“健康军营行”活动】 10月26日，医院“健康军营行”医疗队到空军某部雷达站，为基层官兵送医、送药、送医疗知识，开展健康服务活动。7天内共巡诊8个基层单位，共为451名基层官兵完成内外科检查、B超检查、血样尿样检查；发放药品15箱，进行科普讲座、医疗知识培训20余课时，解答医疗咨询100多人次，培训卫生员常规用药知识8人次，发现需进一步检查或治疗的肝胆疾病13例(除脂肪肝以外)，其他疾病7例，受到官兵好评。（王　蓓）

【医院国家肝癌样本库及共享数据库建设取得阶段性成果】 10月，东方肝胆外科医院国家肝癌样本库及共享数据库建设取得阶段性成果，基本完成位于院内的肝脏组织样本库的实体建设，并完成样本库基础网络环境的构建。以周伟平教授为首的课题组承担了重大专项中“病毒性肝炎相关肝癌样本库及其相关信息共享数据库的建设及维护”的课题，正式启动建立国家肝癌样本库及共享数据库。（杨　远）

【举办首届东方胆胰内镜论坛暨ERCP诊疗新进展研习班】 11月5日，首届东方胆胰内镜论坛暨ERCP诊疗新进展研习班在医院开幕，医院内镜科主任胡冰主持活动。论坛秉承“紧贴临床实

际,注重教学互动,博采众家之长,展现前沿发展"的一贯宗旨,邀请来自日本、韩国、香港及内地十多位胆胰内镜领域杰出专家,展示精湛操作技术,提出最新诊疗理念。会议期间,完成困难胆管结石的内镜处理等13例内镜手术的实况转播。 (王　蓓)

【全军护理部主任培训班学员来院参观】 11月18日,来自全军30多家医院的护理部主任培训班一行50余人应邀来医院参观。在医院示教室,院长吴孟超看望培训班的学员,与大家进行交流并合影留念。副院长连斌向来宾介绍医院基本情况及发展前景。护理部主任叶志霞为培训班学员介绍医院护理工作在管理、优质服务和科研方面的特色。

(袁小南)

【在"万人问卷" 中获全市专科医院第一名】 11月,根据市卫生局通知,在9月上海市卫生行风"万人问卷"调查中,医院总满意度为95.4%,名列市级专科医院第一位。医院在办事规范、办事公开、办事效率等3类12项中满意度均为97.3%,高出全市平均满意度5.7—11%;在整改情况、服务态度、规范收费、遵章守纪4类21项中,高出全市平均满意度1.6—3.2%。 (张　雪)

【吴孟超当选年度践行革命军人核心价值观新闻人物】 "2009年度践行当代革命军人核心价值观新闻人物"评选活动于10月全面启动,分别在全军政工网和中国军网刊登101名候选人名单及其简要事迹,采取评委评选和网上投票评选相结合的形式,评选出20名践行当代革命军人核心价值观新闻人物,吴孟超院长光荣当选。12月19日,颁奖典礼在解放军电视宣传中心举行,军委、总政领导出席颁奖典礼,军委副主席徐才厚为吴孟超院长颁奖。

(王　蓓)

【举行"肝癌中西医综合治疗论坛"】 12月15日,"肝癌中西医综合治疗"论坛在医院举行。吴孟超院士、杨甲梅教授等和上海复旦大学附属肿瘤医院中西医结合科主任刘鲁明教授等医疗界著名专家聚集一堂进行探讨。院中西医结合科主任罗明介绍医院中西医结合科的特色疗法,重点阐述近年来该科针对晚期肝癌及肝癌术后患者创立的中药内服、外敷和门静脉置管输注三种治疗肝癌的方法,并详细报告27名患者接受门静脉置管输注中药抗肿瘤治疗术的临床情况,引起与会专家关注。 (袁小南)

专　文

肝移植患者13年后当妈妈

2009年岁末,肝移植患者小夏照例给东方肝胆外科医院院长吴孟超院士寄来贺年片,还告诉他一个好消息,自己当上妈妈了,大胖儿子已经三个月,她和孩子身体都很健康。喜悦之情溢于言表。

13年前,15岁的小夏感到自己最近经常无故手抖,导致写字困难,说话变的结结巴巴,还时常腹部疼痛。家人带她到医院检查后发现,她患上了严重的肝豆状核变性,已经影响到肝脏功能,出现了肝硬化和脾脏肿大。家人带着小夏辗转多处求医,均没有明显效果,最后慕名找到上海的吴孟超院士。吴院士和杨甲梅教授为小夏进行细致检查后发现,小夏的病情已经非常严重,肝脏代谢功能几乎完全紊乱,最好的办法就是进行肝移植。1996年8月2日,吴孟超带领杨甲梅等人,用8个小时顺利完成了移植手术。1个月后,小夏的症状基本消失,刀口完全愈合,各项化验指标全部恢复正常,顺利康复出院。在小夏出院至今的13年时间里,医院每年两次为她免费体检。

肝豆状核变性又称Wilson病,是一种常染色体隐性遗传的铜代谢障碍疾病,由于铜在体内过度蓄积,损害肝、脑等器官而致病,多发于10—25岁间,若不积极治疗则患者可能无法成人。而采取肝移植的治疗手法,则可以从根本上改变由肝豆状核变性引起的机体代谢异常,从而使患者过上正常人的生活。现在小夏不但结婚生子,而且自己也成为一名优秀的中学美术教师。

(王　蓓)

二十四、体育

（一）综述

2009年，由杨浦区培养输送的运动员，在世界体育竞赛中获得2金，在亚洲体育竞赛中获得3金，在第11届全运会中获得4金、8银、6铜。全年共批准各项目一级运动员3人，二级运动员151人，批准各项目二级裁判员38人。区内有市级体育传统项目学校15所（其中小学2所、中学13所）；区级体育传统项目学校37所（其中小学14所、中学23所）；社会体育指导员1724名，新增299名。共有11个社区体育健身俱乐部（其中3个国家级、8个市级）、7个青少年体育俱乐部、17个社区公共运动场、12个社区健身苑、421个小区健身点、8个社区市民体质监测和1个社区市民健康体质监测指导中心。拥有公共体育场馆66个，体育场地面积944093平方米，人均公共体育设施面积0.87平方米。区网球协会于3月14日挂牌成立。区属体育场馆全年经济创新1136万元（其中体育本体产业占49.5%）。全区114个电脑体育彩票销售点共销售5490万元、即开型体育彩票销售750万元，销售额位居全市各区县第六名。杨浦区被评为“全民健身与奥运同行全国亿万老年人健步走向北京奥运会活动”先进地区，区体育局获2005—2008年度“全国群众体育先进单位”、2009年“全国全民健身活动优秀组织奖”和“全国推广健身气功先进单位”。

（二）群众体育

【概况】 成功举办首个“全民健身日”上海市启动仪式暨市民健康跑等大型活动，一批单位和个人获得全国群众体育先进，全民健身与世博同行的群体活动蓬勃开展。

【上海市“俱乐部”杯笼式足球赛在杨浦举行】 2月16日，“迎世博 贺新年”上海市“俱乐部杯”三人制笼式足球赛在黄兴体育运动公园全民健身中心鸣哨。市体育局副局长李伟听出席开赛仪式。该赛由市体育局主办，区体育局、区城市建设投资有限公司承办。共有来自全市各社区体育健身俱乐部的近30支队伍、200人同场竞技，区江浦队与定海队分获成年组、青少年组冠军。

【举办迎世博第二届“上财附中杯”中小学生、幼儿游泳比赛】 4月26日，区第二届“上财附中杯”中小学生、幼儿游泳比赛在杨浦温水池举行。财大附中、杨浦高级中学、上海体院附中、昆明学校和建设小学等参加比赛，运动员达100多人，通过比赛，检验了游泳业训成果和队员能力。

【全国“游泳之乡”评估组一行视察杨浦】 5月14日，国家体育总局评估组来区检查评估第八届全国“游泳之乡”创建工作。副区长吴乾渝会见评估组一行，并介绍了杨浦加强“游泳之乡”创建工作的做法。评估组在听取了工作汇报后，对创建工作给予肯定，认为杨浦区的创建工作始终走在全国前列，“全国看上海，上海看杨浦”，杨浦已实现了“游泳之乡”“七连冠”，现在正向“八连冠”迈进。希望杨浦再接再厉，为全国推广更多的创建工作经验。

【“杨浦长白杯”老年人益寿保健操比赛举行】 5月22日，上海市全民健身与世博同行“杨浦长白杯”老年人益寿保健操比赛在杨浦体育馆举行，共有各区县39

全民健身活动

支队伍、近600名老年运动员参赛。杨浦区长白新村街道、浦东新区金桥镇等8个单位荣获最佳奖,徐汇区田林路街道、闵行区虹桥镇等11个单位荣获优秀奖,嘉定区华亭镇、金山区朱泾镇等22个单位荣获优胜奖。

【长阳新苑游泳池举行第五届“学院杯”游泳比赛】 8月22日,长阳新苑游泳池举办“第五届学员杯游泳比赛”。该池全年共办三期游泳培训班,学员160名、达标105名。此次比赛共有56名参赛选手,最小的年仅4岁。

【杨浦代表队在首届全国老年人体育健身大会上获佳绩】 6月,第一届全国老年人体育健身大会(健身气功交流比赛),在秦皇岛体育中心落下帷幕。由区延吉街道为主组建的上海健身气功代表队,夺得健身气功《八段锦》团体金奖、《五禽戏》团体银奖,个人《五禽戏》、《八段锦》银奖、《易筋经》铜奖。

【举办全民健身节活动】 区第十四届全民健身节于11月21日—29日举办。健身节以“贯彻全民健身条例,迎接和谐健康世博”为主题,营造了“全民参与健身,构建和谐社会”的良好氛围。在健身节期间共开展竞赛和活动43项次,参与人次10万多。

【国家体育总局赴殷行街道调研社区体育】 11月30日,由国家体育总局群体司社体处、首都体育学院等领导和专家学者组成的“全国社区体育工作调研组”,在市、区体育局领导的陪同下赴殷行街道开展社区体育工作调研活动。殷行街道介绍了近年来政府高度重视社区体育工作,加大健身设施建设与投入,根据不同群体的健身需求开展形式多样的健身活动,扶植培育社区体育健身俱乐部,以及开展“体育生活化”实验基地创建等做法,得到了调研组充分肯定。

【召开学校体育资源开放工作总结表彰会】 12月25日,2009年度杨浦区学校体育资源向社区开放总结表彰会在五角场镇政府大礼堂举行,会上,表彰了一批先进集体和个人。延吉第二初级中学、复旦大学和殷行街道办事处分别就有关工作经验和值得推广的做法作了交流发言。市体育局副局长李伟听,副区长马杰富、吴乾渝出席。

(三)体育竞赛

【概况】 年内,继续举办极限、壁球等一批有影响的国际赛事活动,扩大了“知识杨浦”的知名度。

【第二届上海极限音乐狂欢节举行】 9月26日,上海第二届极限音乐狂欢节在新江湾城SMP滑板公园举行,共有来自中外100多名顶尖极限高手与2000多名观众共享嘉年华快乐。狂欢节安排了包括轮滑、滑板、小轮车等极限街区项目的同场竞技和演示,来自国内外的8支时尚乐队轮番登台演艺。

【中国壁球公开赛在杨浦再次开赛】 10月27日—11月1日,“百联又一城”中国壁球公开赛在杨浦举办,共有17个国家和地区的20余名壁球高手参赛。澳大利亚的瑞恩·库斯科里和日本的松井千夏分获男女冠军。该届中国壁球公开赛是PSA和WISPA的积分排名赛事,与往届相比，公开赛规格和选手水平都大幅度提高，还特别邀请外籍裁判的加入和国际壁球高级评估员的首次光临。

（四）竞技体育

【概况】 杨浦区输送的一批运动员在第11届全运会等国内各类比赛上获得佳绩，加大了体教结合力度，业余训练规范化建设有序推进，区少体校和区游泳学校在国家体育总局高水平体育后备人才基地的第二轮认定中通过。

【孙海平到区少体校作讲座】 4月23日，中国田径队副总教练孙海平应邀赴杨浦对二、三线教练员进行执教培训，针对田径项目的训练问题进行了专项解答。还现场为大家作了力量、速度、髋部、腹肌、背肌等执教演示。区内各项目教练员参加了专题讲座。

【吴乾渝出席联合办训签约仪式】 5月20日，同济一附中与区足球学校联合办训签约仪式在同济一附中举行，并成立体教结合二线男子足球队，副区长吴乾渝出席并讲话。在区领导牵头下，区教育局和区体育局加强体教结合工作，在发展青少年足球运动上取得新进展。

【召开体教结合工作推进会议】 6月25日，区体教结合工作推进会在复旦实验中学举行，市体育局副局长郭蓓、副区长吴乾渝到会讲话。全区中小学校校长、办训单位负责人、体育教研组长、体育老师和教练员等近300人参加。会议还印发了《关于进一步加强体教结合工作的若干意见》、《关于对体育教师开展业余训练的奖励暂行办法》和《2009年杨浦区中小学体育竞赛计划》等文件。

【手球联赛体校女子组夺冠】 8月11日，杨浦少体校女子手球队在上海同洲模范学校潘多体育馆夺得了2009年“同洲联盟杯”全国中学生、业余体校手球联赛体校女子组冠军，这是全国青少年最高级别比赛的金牌。

【杨浦小将在2009年全国少儿游泳锦标赛上获佳绩】 8月8日—11日在宁夏银川举行的全国少儿游泳锦标赛中，杨浦运动员秦文悦代表上海以总分309.7分获得女子99年组自由泳全能第三名，50米自由泳第一名，4×50米自由泳接力和4×50米混合泳接力第一名，两个接力项目均打破全国年龄组纪录。8月15日—18日在洛阳举行的全国少儿游泳锦标赛中，杨浦运动员翁炜代表上海以总分79.9分获得男子12岁年组自由泳全能第一名，以79.9分获得男子12岁年组蝶泳全能第三名，100米自由泳第二名，400米自由泳第一名，100米蝶泳第三名，200米混合泳第一名，4×50米自由泳接力第一名并打破全国年龄组纪录，4×50米混合泳接力第二名。由昆明学校二线组队的运动员沈冯泽辉以总分83.1分获得男子13—14岁组仰泳全能第二名，50米自由泳第一名，50米仰泳第二名，100米仰泳第二名；周译文获得50米和100米仰泳的第三名。

（五）体育管理

【概况】 加强体育社团、社会体育等管理，全区各单项体育协会依法开展了换届工作，夏季游泳开放等工作有序推进，中日等地民间体育交流成功举办。

【杨浦少年足球队赴日本横滨交流】 8月19日—23日，应日本横滨市足球协会邀请，杨浦U12少年足球队一行21人，代表上海市赴横滨市参加横滨开港150周年国际少年足球大会的交流活动，通过比赛和交流，增进了两地民间体育文化的了解、交往和友谊。

【香港手球代表队到杨浦竞技】 8月20日，香港男女手球队与平凉路第三小学手球队进行了两场激烈的交流比赛，平三小学女队和香港少年男队分别获胜。交流期间，平三小学队向客队赠送了海宝吉祥物，向客人宣传推介了上海世博会。

【夏季游泳开放接待泳客51万人次】 6月20日—9月10日，区游泳池开放共22所，83天，开放13408场次，接待泳客517744人次。开放学游泳指定场所13所、举办各类游泳培训班2650班次，人数3076人。中学生达标827人、小学生达标1417人；游泳池（馆）安全开放连续10年以上5所，20年以上3所，30年以上2所，40年以上1所。培训池主任、救生组长、水质工、卫生管理员等81人，培训救生员63人、

人人运动学会游泳活动启动

合格35人。年度审证207人、上岗192人，国家职业技能鉴定通过考核90人，审核颁发执业资格证书33人。推荐市级优秀救生组2个、救生员2名、评选区级优秀救生员17名。

【区网球协会成立】 3月14日，区网球协会一届一次会员代表大会暨协会成立大会在上海体育学院召开。上海体院院长姚颂平，区委副书记魏伟明，区委常委、副区长庄少勤，副区长吴乾渝等出席。大会顺利通过协会章程、选举办法等议程。

【群体工作中心组第一次例会在杨浦举行】 上海市区县群体工作中心组第一次例会在杨浦召开，全市19个区县体育局分管局长参加此次会议，市体育局副局长李伟听到会讲话，副区长吴乾渝会见与会代表。会前，各区县分管局长参观了杨浦区规划展示馆、黄兴体育运动公园。

（杨士奉）

二十五、民主党派工商联

（一）综　述

2009年，区各民主党派、工商联坚持以邓小平理论和三个代表重要思想为指导，坚持中国共产党的领导，坚持学习实践科学发展观，在杨浦知识创新区建设和改革、发展、稳定等大局中，发挥了政治协商、民主监督和参政议政等职能，为构建和谐社会的建设和服务民生作出了贡献。在区政协十三届三次全会上，民主党派共递交了集体议案49件，个人议案115件，大会发言10篇，受到有关领导和部门的关注。

年内，全区8个民主党派共有成员2266人，其中发展新成员67人。支部90个。

区各民主党派成员人数和主任委员名单

党派名称	主任委员	成员总数（人）
总　计		2266
中国国民党革命委员会杨浦区委员会	沈贻初	268
中国民主同盟杨浦区委员会	徐国民	481
中国民主建国会杨浦区委员会	陆孝民	411
中国民主促进会杨浦区委员会	邵志勇	302
中国农工党杨浦区委员会	杨祉雷	378
中国致工党杨浦区委员会	陈　玲	103
九三学社杨浦区委员会	任建兴	287
台湾民主自治同盟杨浦区委员会	吴　敏	36

（二）民革区委

【概况】 2009年，民革区委下设9个支部，共有党员268人。其中，男性162人，女性106人。具有中高级职称的173人，占党员总人数64.55%，文化程度大专以上212人，占79.1%，拥有博士学位4人。党员平均年龄60岁，退休党员135人，占52.37%。党员中有民革市委委员3人；区人大副主任1人，区人大代表4人；区政协常委2人，区政协委员14人；被聘为市、区公安、工商、房产等各类特邀（特约）监督员13人。一年来，民革区委紧紧围绕杨浦知识创新区建设，坚持不懈地抓好民革自身建设，充分发挥党员的作用，积极履行参政党的职能，在参政议政、民主监督、社会服务、对台工作等方面取得了一定的成绩。（1）思想建设。区委以学分会学习为抓手、以骨干为对象、以支部为单位、以多种形式为手段，抓学习、抓落实、抓贯彻，提高政治理论学习的针对性和实效性。着重学习党的十七届四中全会精神、科学发展观理论以及市、区有关会议的精神，并带动各支部的组织生活。全年共编辑出版《杨浦民革》报4期。(2)组织建设。发展新党员8名，平均年龄39.8岁，其中本科学历5名，专科3名，中级职称2人，高级职称1人，行业涉及教育、金融、政府机关和科技型企业。与区社会主义学院联手，举办了1期新党员培训班和1期骨干学习班，共有40多名党员参加了学习培训。区委还推荐1名党员参加民革市委第26期中青年骨干学习班。基层支部每月1次组织生活开展正常，支部的凝聚力和战斗力显著提高。(3)参政议政。在区政协十二届三次全会上，共提交集体提案6件，个人提案40件，其中《关于迎世博营造社会宣传、市民参与氛围的建议》被区政协评为优秀提案。(4)祖国统一工作。对台工作是民革的重点工作，区委组织党员学习胡锦涛同志的讲话，明了党和国家的对台方针、政策。要求党员在赴台探亲访友和对台交往中，多做台湾人民的工作。民革区委直属支部、文教二支部被评为民革上海市委2007-2009年基层工作特色支部、2009年度杨浦区统战系统社会服务工作先进集体；1人荣获2007—2008年度民革上海市委"三八"红旗手；1人被评为民革上海市委2007—2009年基层工作先进个人，1人受到民革上海市委通报表扬；1人荣获杨浦知识创新区第七批拔尖人才光荣称号；2人被评为2009年度杨浦区统战系统社会服务工作先进个人。

【民革重庆市委领导到杨浦考察】 3月6日，民革重庆市委专职副主委冯文二、秘书长黄平率民革重庆市委机关各处室负责人及部分区级机关专职副主委一行到民革杨浦区委学习考察。民革上海市委专职副主委王卓贤、秘书长李栋樑陪同参加学习交流会。区委常委、统战部部长张慧珠接待考察团一行。民革区委主委代表杨浦民革对远道而来的客人表示热烈的欢迎，并就杨浦区的经济社会发展概况及民革杨浦区委的组织概况、自身建设等方面作了简要介绍，重点介绍了民革区委贯彻"三区融合、联动发展"理念，开展与社区、校区合作共建，开展参政议政、社会服务和精神文明建设的特色工作。民革区委文教二支部主委、直属支部主委就支部开展的监狱帮教工作、社区关爱助学等特色工作作了交流发言。会上，双方还就民革的思想建设、组织发展、支部建设、机关建设等方面做了深入的交流和探讨。

【联合课题调研获奖】 4月7日，区委召开课题调研会议，利用与高校民革共建的优势，与同济民革、同济大学图书馆之友社成立了联合调研小组，通过问卷调查、访谈等方法，走访复旦大学孵化基地、复旦大学科技园三期、延吉大学生创业园区、国科大厦、上海信息技术大厦以及同济大学科技园里的7家大学生创业企业，了解各项政策对大学生创业的实际影响。经过半年多的调查研究，完成《杨浦区大学生创业政策实施情况及其方向》的调研报告，在区委统战部召开的课题调研成果会上予以发布，并荣获优胜奖。

【举办庆祝国庆60周年电影招待会】 9月28日，民革区委在上海万达国际影城举行了电影招待会。近120名党员观看了影片《天安门》，重温开国大典盛况。

【孙中山先生铜像重现上体院】 12月8日，曾于1937年毁于日军炮火的孙中山先生铜像在上海体育学院内恢复重现。民革上海市委主委高小玫等领导为铜像落成揭幕。民革上海市委副主委李世耀、民革杨浦区委主委等向铜像敬献了花篮。铜像重现工程共花费约126万元，其中70万元来自社会各界人士的捐款。作为继承和发扬孙中山先生遗志的民革成员，民革杨浦区委的党员们共为该铜像筹集了10万元。

【开展共建工作】 2009年，区委继续深化与长白新村街道的共建工作，除认真开展各类帮困助学、医疗咨询、文明世博等活动外，上半年还邀请同济大学的教授为街道干部，社区、居委统战干部，统战人士作《2009年我国经济形势报告》。文教二支部、直属支部也继续深化帮教、助学济困、为老服务工作；科卫支部发动支部成员积极参与系列医疗咨询进社区的活动；文教一支部围绕社会热点，与育鹰学校共同探讨如何加强农民工子女教育问题。 （张　菊）

（三）民盟区委

【概况】 2009年，民盟区委共有下属基层支部(小组)23个，其

组织盟员开展法律咨询活动

中独立支部(小组)18个,综合支部5个,盟员481人。(1)以思想教育为先,加强理想信念教育。盟区委围绕庆祝中华人民共和国成立60周年、纪念共产党领导的多党合作和政治协商制度确立60周年的契机和重点,紧扣时代主题和发展大局,不断探索适应形势发展要求的思想建设新途径和新方式,全方位、多角度地开展思想政治建设。年内先后组织盟员赴江苏连云港和山东日照学习考察,参观上海世博会展示馆,深入田子坊创意园,举办《风雨同舟共辉煌》大型主题庆祝活动,共同讴歌新中国成立60年来的辉煌成就。(2)以组织建设为核心,塑造新时期新形势下的参政党。区委领导班子定期召开主委办公会议和区委全会,适时召开区委扩大会议,研究思想建设和组织建设工作,并采取积极措施加以落实。盟区委始终将基层支部建设作为盟工作的重要内容,充分发挥基层组织作用,促进基层支部工作更加规范化、制度化。举办了暑期干部学习班,组织基层支部负责人、支部委员参加学习和考察,提高了基层干部的理论素养和政治思想水平,增长了工作经验,提高了盟务工作的实践能力。年内有1位同志提拔为副处级领导干部,2人担任主任助理,2人被提拔为副馆长、副校长,1人获得上海市优秀园丁奖。全年共有14人被批准入盟,新盟员学历都在大学本科以上,均有中级以上职称,平均年龄不到40岁,进一步充实了盟区委的新鲜血液。(3)以发挥参政党作用为目标,积极履行参政党职能。盟区委把做好参政议政与发展杨浦的大局目标紧密相连,将民盟的智慧和力量凝聚到推进“三区融合,联动发展”这一杨浦发展大目标上来。调研报告《拓展飞地,全力推进杨浦知识创新成果产业化发展》获得区委统战部优秀调研成果奖。盟区委共向区政协大会提交集体提案11件,委员个人提案15件,其中《关于杨浦区迎世博市容环境建设的建议》的提案被列为区重点提案,《关于推进杨浦创新型城区建设的几点建议》作为民盟区委大会主题发言,并作了5个专题发言,获得了区领导的高度好评。获得民盟市委社情民意信息工作先进集体,1人被评为先进个人,1人被评为民盟市委优秀通讯员。(4)多渠道服务社会,将共建不断引向深入。在与上海电力学院、远程教育集团的民盟组织开展共建活动中,盟区委注重共同学习提高,经常举办联组学习,交流学习体会;注重发挥高校的智力优势,共同参与有关调研课题的考察调研,积极建言献策;注重共同服务社会,共同推进文明社区建设。为了更好地服务社会,今年以来,盟区委进一步加大了与街道的共建合作力度,开展了一系列关注民生、为社区建设服务的共建活动,与民盟市委、上海远程教育集团联合举办《你身边的经济学》和《青少年健康知识讲座》电视讲座片首发式,盟区委出资向四平街道21个居委分别赠送了两套电视片。在五角场万达广场举办了大型法律咨询活动,受到区内外群众欢迎。民盟区委被民盟市委评为2007—2009年度盟务工作先进集体。

【社情民意信息反映工作成效显著】 民盟区委把反映社情民意作为民主党派参政议政的重要手段和渠道,采取多种鼓励措施,积极向上反映群众呼声和民生问题。年内,民盟区委向市有关方面反映涉及金融、交通、医疗、教育等方面社情民意18篇，其中4篇被民盟中央采纳，8篇被市政协和市委统战部采纳，有关银行卡应限制向大学生发放、轨道交通延长营运时间等问题已得到整改。民盟区委被民盟市委评为2009年度社情民意信息工作先进集体，副主委被评为市社情民意信息工作先进个人和优秀通讯员。

【一份提案引起的思考】 民盟区委原区委委员钱峻崖于2001年初向区政协提交了《关于设立国歌纪念馆的提案》。杨浦是一个有着光荣革命传统的城区，电影《风云儿女》于1935年在原荆州路405号的上海电通影业公司厂址内拍摄，影片主题歌《义勇军进行曲》因而唱响全国。2005年在开展共产党员先进性教育的过程中，在杨浦建造国歌展示馆被提上议事日程。经各有关方面的共同努力，国歌展示馆于建国60周年前夕建成对外正式开放。

【三区一校联手庆祝60华诞】 为庆祝中华人民共和国成立60周年，纪念共产党领导的多党合作和政治协商制度确立60周年。9月，民盟区委联手虹口、闸北和复旦大学民盟委员会，在复旦大学联袂举办以"风雨同舟共辉煌"为主题的庆祝纪念大会。民盟市委副主委沈志刚、吉永华，中共杨浦区委常委、统战部长张慧珠和中共复旦大学党委副书记王小林等出席大会，与800多位盟员共庆新中国华诞。马莉莉、吴双艺等一批来自民盟的著名艺术家献上了精彩的文艺节目。

【成立世博志愿者服务队】 在迎世博倒计时300天之际，民盟区委向全市民盟组织和盟员发出倡议，积极发挥和运用民盟成员的专业优势和资源，踊跃投入迎世博志愿者行列，成立世博志愿者服务队"服务世博、奉献世博"，为举办"成功世博、精彩世博"作出民盟成员的新贡献。这一倡议得到民盟市委充分肯定和支持，在全市民盟组织中引起强烈共鸣。9月，杨浦、虹口、闸北和复旦大学民盟组织宣布正式成立"迎世博志愿服务队"，市、区有关方面领导为4支志愿者服务队授旗。

【建立党盟恳谈会制度】 为加强与基层支部所在单位中共党组织的联系与沟通，争取党组织对盟务工作的支持和帮助，民盟区委于年初建立了"党盟恳谈会"制度，并于春节前夕与各单位党组织负责人迎春恳谈。以后民盟区委将定期开展党盟交流，通报区委工作要点，宣传推广基层党组织支持、帮助盟支部的好做法和好经验，有效推动基层党组织对盟支部在组织建设、思想建设等方面的关心和支持，进一步融洽党盟关系。 （黄意斐）

（四）民建区委

【概况】 2009年，民建区委共有基层支部14个，会员411人，平均年龄60.0岁，其中在职191名，占46.57%；具有中高级职称的284人，占69.1%，非公代表人士14名。会员中任民建市委委员2人；市人大代表3人，区人大代表5人（其中常委1人），区政协委员17人（其中常委2人）；市区特约（邀）监察、检察、审计、法院审判工作等各类监督员17人。（1）思想建设。以庆祝建国60周年、人民政协成立60周年、中国共产党领导的多党合作和政治协商制度确立60周年为契机，区委举办了征文活动，共收到征文31篇，其中《政党制

"风雨同舟共辉煌"庆祝纪念大会

度的建立与确立是由中国特定社会历史条件决定的》一文被评为民建中央建国60周年征文优秀奖。编辑出版了4期《杨浦民建简讯》,共4.5万字。为民建中央网站、上海市委网站、《上海民建会讯》、区委统战部网站等提供27件信息。全年举办了学习班2次,共有56名会务骨干参加;选送了4位会员参加市委的骨干学习班;一位会员参加了中共上海市委党校为期3个月的学习班。(2)参政议政。有9人次被区委、区政府、区委统战部、区建交委、区环保局、区房管局等有关单位聘为评议员。全年共收到35条社情民意,其中《关于推进国家海外高层次人才创新创业基地建设的几点建议》获区长批示,《民建杨浦区委建议职教培训产业化》被人民政协报登载,并被民建中央网站采用;《关于开发建设五角场水岸休闲娱乐中心的若干建议》、《建议制定公务车限驶配套措施》、《关于整治违法建筑的几点建议》等3篇被民建市委《调研与建言》采用。《关于深化杨浦区域创新体系建设的思考与建议》的调研报告,获得区委统战部的调研优胜奖,同时该文被编入由区委统战部出版的《同舟行》。在区政协十二届三次全体会议上,区委向大会递交了4件组织提案和20件个人提案。(3)组织建设。全年共发展15名新会员,平均年龄为36.9岁,其中非公企业家有5名。全年共举行4次主委办公会议;4次区委全体会议;举行7次专委会活动;举办8次与高校、社区、政府部门的共建活动;14个支部全年共举行61次组织活动,支委会62次。区委总结了五年来合作共建的经验,并在民建上海市十一届十次常委(扩大)会议暨市委委员学习会上作了题为《关于区域民建组织工作合作会议机制情况介绍》的发言。(4)社会服务。组织会员参加民建中央扶贫毕节的考察活动,组织10多位企业家会员赴沈阳参加2009年中国(辽宁)非公论坛。共支助62名家境困难的学生。会员企业上海殷行建筑有限公司承建的工程获国家建筑工程最高奖——“2009年度中国建筑工程鲁班奖”。组织专家为3位会员提供了法律专业咨询。开展慰问会员、为老会员祝寿等工作。通过市委互帮基金等,对24人次家庭困难的成员发放慰问金7600元。区委、第五支部分别被评为杨浦区社会服务工作先进集体,3人为先进个人。

【获得区政协优秀提案奖】 区委集体提案《关于制订实施杨浦产业规划的几点建议》、个人提案《关于政府采购进一步发挥节能作用的建议》获得了2007—2008年度区政协优秀提案奖。

【召开非公会员企业家座谈会】 2月26日,区委在会员企业上海春申江家具有限公司召开社会服务工作委员会会议,会议就国际金融危机以及错综复杂的国内外经济形势,结合各会员企业自身的生存与发展进行讨论。区委正副主委以及非公企业家会员20余人出席会议。

【举行专题学习会】 7月2日,区委5个支部与民建同济大学委员会假座同济大学化学馆多媒体教室联合举行专题学习会。区委主委传达市委关于《深入学习贯彻科学发展观,推动民主党派自身建设》的讲话精神。70多位会员参加活动。

【举行民建杨浦区委七届第十一次(扩大)会议】 7月21日,区委举行七届第十一次(扩大)会议,会议传达了民建上海市委《关于开展2007—2009年度先进支部评选活动的决定》;讨论通过了区委《关于开展2007—2009年度先进支部活动的决定》和《评选先进支部、优秀会员工作制度》,区委副主委、委员和各支部主任等17人参加了会议。

【召开调研工作研讨会】 8月26日,区委召开调研工作研讨会,会议商讨并确定了把《关于深化杨浦区域创新体系建设的思考与建议》作为“党委出题、党派调研、政府采纳、部门落实”而递交的调研报告。与会人员就调研报告提出了修改意见,为创新城区的建设建言献策。

【区校共建学习活动】 9月26日—27日,民建区委与同济大学、上海海洋大学、上海财经大学民建组织共赴浦东上海海洋大学举行区校共建活动,学习贯彻党的十七届四中全会精神。区委正副主委、中共上海海洋大学党委组织部长兼统战部长、同济大学委员会主任、上海海洋大学支部主任、上海财经大学支部副主任、民建区委委员和部分高校民建会员等28人出席了此次活动。

【举行民建杨浦区委七届第十三次（扩大）会议】 10月23日—25日，民建区委赴浙江嵊州举行七届第十三次（扩大）会议。会议由主委主持，区委委员、支部正副主任等36人参加。会上传达了中共中央统战部部长杜青林向党外人士通报党的十七届四中全会的讲话精神，要求各支部继续把十七届四中全会精神的学习作为当前和今后一段时期的重要政治任务。并从加强党派自身建设的高度充分认识基层组织建设的重要性，为明年支部的改选做好准备。

【调研成果获优胜奖】 11月26日，区委统战部举行各民主党派、工商联、无党派人士调研成果信息发布暨社会服务工作先进表彰大会，区委主委作了题为《关于深化杨浦区域创新体系建设的思考与建议》的调研成果介绍，调研报告被授予区委统战部2009年度调研成果优胜奖。

【开展先进支部评选活动】 根据民建中央提出开展评选2007—2009年度先进支部活动的工作要求，区委制定了相关的评选工作制度，以民建中央对基层支部的出席率、覆盖率、年组织生活次数等要求作为评优的主要指标，以在参政议政、社会服务、关心凝聚会员等方面有突出事例为查考指标，评选出第一、五、六、七、十三支部共5个支部为区级先进支部，第一、十三支部同时荣获市级先进支部称号。（马志强）

（五）民进区委

【概况】 2009年，民进区委共有会员302人；其中具有高级职称的108人，占会员总数35.9%；具有中级职称的175人，占58.1%，拥有特级校长1名，特级教师4名。民进区委下属基层支部为16个，其中独立支部10个，联合支部6个；参政议政工作小组6个。会员中，现有全国政协委员1人，民进市委常委1人，市政协委员1人，区人大代表5人，区政协副主席1人，区政协常委1人，区政协委员13人，特邀监督员9人。（1）思想建设。以学习中共“十七大”精神为重点，着重研读和商讨十七届四中全会公报及会议精神，以“纪念建国60周年和政协成立60周年”为契机，举行“四个一”系列纪念活动：即一次党史教育辅导报告会；一次现场参观教育活动；一次大型主题纪念会；一次“风雨同舟60年”的征文活动。推进学分会政治学习平台，每月一次中心组学习将有关重要内容、上级会议精神，近期时事要务等通过支部主任贯彻到基层支部会员的组织生活中，切实落实基层支部组织的学习内容。全年组织各类专题学习和教育活动10余次，参加成员达200余人次，并举办了新成员学习班和中青年骨干会员学习班。（2）参政议政。调整成立了6个调研小组和活动委员会，由区委主委、副主委和部分委员分管，部分支部主任担任组长，鼓励会员积极参与区委的参政议政工作。民进区委在区政协十二届三次会议上提出集体提案7件和个人提案17件，7名委员参与了三个主题的联组发言，相关提案和发言均引起区有关部门的重视，并均得到及时解决。区委《关于杨浦区社会建设与管理创新的思考与建议》的调研报告，获区委统战部2009年调研报告优胜奖。（3）信息工作。继续开展“我为杨浦发展建言献策”活动，并结合世博会的召开，开展“迎世博啄木鸟行动”，要求会员们在生活中充当有心人，寻找城市管理的漏洞和不足，及时通过照片、文字信息等方式上报区委；全年有20余条信息通过直线渠道，向有关部门（城管、工商等）反映情况，部分问题得到及时解决，社会效应良好，并获民进市委颁发的参政议政信息工作优胜奖。（4）组织建设。按照“抓好一支队伍（即基层干部队伍），把握两条脉搏（即基层支部的组织建设和思想建设）”的原则，坚持深化基层支部自身建设，开展“创优达标”支部评选活动。区委领导深入基层支部，为2010年基层支部换届和下一阶段区委后备干部的甄选工作开展调查研究，并要求各支部推荐优秀后备干部人选，年内已完成支部推选工作，争取在2010年初将区委班子“板凳拉长”，将增补人选确定到位。区委全年共发展新会员12名，全部具有中高级职称。民进区委和医卫支部分别获区委统战部“2009年度社会服务工作先进集体”称号，两名会员获“社会服务工作先进个人”称号。

【举行集体提案答复会】 3月18日，马杰富副区长就民进区委提出的《关于完善我区居家养老模式的思考与建议》的提案召开专题答复会，他认为区委提案立意高，角度准，建议实，具有较高的前瞻性和较强操作性，特别对提案中关于政府如何搭建平台，开展社会化运作的有关建议给予了高度的评价，并要求相关职能部门继续深入研究，制定相应政策予以解决。马杰富对区委的真知灼见表示感谢，并希望区内职能部门能进一步加强与民主党派的合作互动。

【举办高考填报志愿辅导报告会】 4月28日，民进区委与控江街道联合举行高考填报志愿辅导报告会。50余名学生家长参加。报告会上，解释了“平行志愿”、高招投档流程方面的新政策，提出志愿填报参考的“硬指标”和“软指标”，提醒家长营造良好氛围减轻考生压力等心理指导。

【举办世博礼仪讲座】 6月16日，区委与控江街道联手举办了以“精彩世博，擦亮窗口”为主题的讲座。由上海市百万家庭学礼仪讲师团主讲。讲座从世博知识、世博礼仪入手，结合社区窗口服务特点，辅以生动有趣的例子，讲解了“着装礼仪”、“接待礼仪”，并强调了“三心”，即“感恩心”、“公德心”、“责任心”的重要性。

【召开纪念建国60周年大会】 9月28日，区委召开纪念建国60周年大会，区委主委要求会员们认真贯彻落实党的十七届四中全会精神，发挥党派自身优势，为杨浦区经济发展、社会稳定发挥作用，为祖国繁荣昌盛作出贡献。会上，各支部演出了精心准备的诗歌朗诵、演唱、舞蹈等节目。

【为社区敬老院开展医疗咨询活动】 10月30日，区委下属医卫支部为控江街道敬老院30多名老人开展了医疗咨询服务，受到老人们的欢迎。 （徐　敏）

（六）农工党区委

【概况】 2009年，区委下设14个支部，共有党员378人，成员平均年龄58.5岁。其中女党员189人，占成员总数的50%；高级职称122人，占32.3%，中级职称217人，占57.4%；在职188人，占49.7%。成员中，现有农工党市委副主委1人，市委常委1人，市委委员2人，全国人大代表1人，市人大代表1人，区人大常委1人，区人大代表4人，区政协常委2人，区政协委员12人。区委荣获农工党上海市委政治交接学习教育活动优秀组织奖，2006—2008年度组织工作先进集体等荣誉称号；两名成员荣获农工党中央组织工作先进个人称号。（1）思想建设。通过主委学习会、双月干部学习会、培训班、座谈会、上党课以及举行报告会和专题研讨会等形式，有计划地组织好领导班子、骨干队伍和党员学习中共十七大会议精神、农工党中央及上海市委有关文件等，以提高对民主党派搞好政治交接的认识。举办新党员学习班、骨干学习班，开展农工党党章党史教育。组织年轻党员祭奠农工党创始人邓演达之墓，找寻农工党历史遗迹等，加深对农工党的认识。（2）组织建设。全年发展党员11名，其中女同志5人。大专（含）以上学历11人，其中研究生5人（博士1人）。高级职称3人，中级职称5人。医卫界5人，教育界3人，其他3人。建立和完善后备干部档案，按照制度对后备干部做好考察和考核，为2010年支部换届做准备。推行支部主任年终述职制度。增补2名区委副主委，1名区委委员。对在职支部建立了“议政日”、“互助日”、“慰问日”等制度，对退休支部建立了探视制度、贺寿制度、慰问走访制度等。（3）参政议政。区“两会”期间，区委形成了《关于杨浦利用世博契机推动旅游经济的几点建议》、《关于加快推进杨浦创新型城区建设的建议》等5件集体提案。闭会期间，继续关注区域经济的协调发展，形成了《关于积极引进行业协会落户杨浦，促进杨浦经济发展的建议》，得到了区政协主席会议的关注和区政府有关部门的重视。认真开展课题调研，形成《关于立足产业高端、大力推进杨浦总部经济发展的建议》的调研报告。区委领导认真参加中共区委的“双月座谈会”、“小范围谈心会”等会议，对区的重大事项和重大决策积极思考、发表意见。（4）共建合作。与对口联系单位（区卫生局）、共建单位（农工党复旦大学邯郸分委会、区商务委、延吉街道）共庆国庆佳节。借助复旦优势共同研讨调研课题，形成调研报告。与区卫生局、区中心医院、市东医院等共同培养了一批党外年轻干部。

（5）社会服务。建立捐助对象档案，协助统战部以及区委做好两节慰问工作。继续做好区委爱心募捐箱工作，在本党党员遇到重病和重灾时及时慰问和组织好捐助工作。区委向安徽山区学校捐助专项助学款及用于教学、文体、阅读物品达数万元。

【召开党员大会暨2009年新春联欢会】 1月20日，区委党员大会暨2009年新春联欢会在区政协联谊俱乐部三楼大会场召开，近200名党员参加。副主委回顾了区委会2008年的主要工作；主委作了《新年致辞》，勉励全体党员再接再励，在党市委和中共区委的领导下，紧紧围绕区的工作重点，认真履行参政党职能，不断加强自身建设，不断提高参政议政能力，为加快杨浦知识创新区建设，推动区经济和社会各项事业又好又快发展献计出力。与会党员表演了丰富多彩的文艺节目。

【召开“迎新会”】 2月19日，区委在统战大楼三楼东会议室召开了欢迎新党员的“迎新会”。会上，区委2008年度新党员各自做了自我介绍，并谈了加入农工党的心得。主委在会上殷切希望新党员加强学习，保持正确的政治方向，努力做好本职工作，积极参加党派组织的各项活动。

【召开工商界（非公有制经济）党员恳谈会】 3月3日，区委假座外滩五号会所召开工商界（非公有制经济）农工党员恳谈会，市委社会服务部朱总路部长出席会议。主委与区委非公有制经济农工党员亲切交流，表示：区委要支持帮助非公有制经济人士积极应对国际金融危机，平稳渡过这次难关，并促进经济较快发展。把应对国际金融危机作为学习贯彻科学发展观的重要实践，积极面对和承担历史赋予的使命。

【赴安徽山区开展帮困助学活动】 9月12日，区委赴安徽祁门二中开展帮困助学活动，捐助了现金、图书以及一批文体用品。区委对该校的帮困助学开始于2007年，在校方的遴选和安排下，该校七年级两位失去母亲、家境贫困而品学兼优的同学得到了资助。三年来，区委共捐赠专项助学款及教学、文体、阅读物品等款物达数万元。

【举行庆祝建国60周年、人民政协成立60周年大会】 9月25日，区委在区政协联谊俱乐部召开建国60周年和人民政协成立60周年大会，农工党上海市委秘书长金如颖、区委统战部有关领导出席大会，区委共建单位区商务委、区卫生局、延吉街道、复旦大学领导、代表应邀出席会议，区委150多名党员参加会议。会上展现了丰富多彩的诗朗诵、演讲、知识竞赛和文艺节目。

【举行区委成立50周年庆祝大会】 12月25日，区委在复旦大学光华楼隆重举行农工党杨浦地方组织建立62年、农工党杨浦区委成立50周年庆祝大会。市政协副主席、农工党市委主委蔡威，区委书记、区人大常委会主任陈安杰，区政协主席李文连，区委常委、统战部部长、区政协副主席张慧珠，农工党市委专职副主委姚俭建等领导出席大会；农工党复旦大学委员会、区卫生局、延吉街道、区商务委等共建单位以及区各民主党派、区工商联等相关领导和200多名农工党员参加了大会。区各民主党派和工商联代

农工党区委成立五十周年庆祝大会

表向大会致贺词,区委主委代表十一届区委会做工作报告,会上表彰参政议政先进集体,并向区委老领导颁发了“突出贡献”荣誉证书。

【召开十一届四次扩大会议】 会议于12月25日在复旦大学光华楼召开,农工党市委专职副主委姚俭建等出席会议,区委第十一届代表大会代表、区委委员、各支部主任等50多人参加会议。会上,区委正副主委、区委委员和各支部主任进行了述职,报告了2009年区委工作总结和今后的工作要求。 (稽振颉)

(七)致公党区委

【概况】 2009年,致公党区委共有党员103人,其中具有高级职称68人。5月,成立上海理工大学支部(筹),市委直属单位。目前区委共有6个支部。党员中,现有致公党市委委员1人、市妇委会委员1人,市青委会委员1人,市政协委员1人、市人大代表1人,区政协委员3人(其中区政协副秘书长1人)、区人大代表1人,各类特邀监督员5人。区委委员任明慧被推选为杨浦区第四届“巾帼新秀”,受到表彰。(1)思想建设。以大力开展思想建设、推动组织建设上新台阶为重点,认真开展区委的各项工作,积极履行参政议政和民主监督职能,不断加强党派自身建设,努力开创参政议政、自身建设、社会服务等工作新局面。(2)组织建设。今年组织发展工作严格按照市委发展党员要求和比例顺利开展。共发展4名新党员,其中1名中学教师,1名外企行政经理,1名银行部门经理,1名市府机关干部,均为大学学历,平均年龄32.8岁,都是所在单位的业务骨干,年纪轻、学历高,为组织增添了新的活力。区委注重做好青年后备干部的选拔、培养工作,推荐了5名青年骨干党员参加市委第十四期中青年干部培训班。7月在嘉定召开的市委组织发展工作会议上,区委作了关于“如何提高组织凝聚力,增强组织活力”的交流发言。(3)参政议政。结合区情,区委在市、区两会上积极建言献策,今年提案主要集中在交通、环境、教育以及社区文化等四个方面,既具有较强的针对性,又提出了许多建设性的建议。共提交区政协个人提案19项,集体提案4项(均被相关部门采纳)。在充分论证的基础上,确定“优化人才结构,提升杨浦的国际化水平”为调研主题,通过问卷调查和个案访谈等形式,深入了解在国际化大背景下,杨浦人才的结构与现状、存在的问题以及所应采取的对策等,为提升杨浦区的国际化水平献计献策,荣获区优秀调研报告奖。在上海市两会召开前,受致公党市委委托,区委联合复旦大学传媒与舆情调查中心完成了《上海市民关于上海世博会的关注程度及其评价的舆情调查》报告,该报告被作为政协大会发言(致公党市委)的主体内容在两会期间发表,受到了市领导及有关部门的高度重视。

【举行爱心基金捐款和爱心义卖活动】 5月,响应市委设立上海致公爱心基金的号召,区委举行为爱心基金捐款活动,共计收到64人次、10290元的捐款。5月10日上午,青年党员积极响应并参加市委青年工作委员会开展的“纪念汶川地震一周年,支援灾区重建工作”爱心义卖活动,共捐赠物品82件,筹得义卖善款1982元。

【张立军一行参观杨浦】 5月27日,致公党市委专职副主委张立军、秘书长凤懋伦带领全体机关干部在区委主委陪同下,参观了杨浦区城市规划馆、新江湾湿地公园、五角场万达商业广场等代表杨浦特色的地方。

【召开庆祝新中国成立60周年、人民政协成立60周年暨迎中秋座谈会】 9月29日,区委召开庆祝新中国成立60周年、政协成立60周年暨迎中秋座谈会。会上,全体党员们欢聚一堂,迎国庆,庆中秋,叙情谊、话发展。大家结合自己的所见、所闻、所感,畅所欲言。不少老同志结合各自的工作和生活经历,从不同的角度回眸新中国成立60周年暨政治协商制度确立60周年来的光辉历程,畅谈人民政协与各民主党派携手共进的风雨历程,畅谈建国60周年,特别是改革开放以来我国发生的巨大变化,各项事业所取得的巨大成就,表示由衷的赞美和自豪。

【出席《中国发展论坛·2009——武汉城市圈“两型社会”建设》论坛】 10月22日—23日,致公党中央在武汉举办《中国发展论

陈玲主委和部分青年党员组织同济一附中学生参观新江湾湿地

坛·2009——武汉城市圈“两型社会”建设》论坛，区委主委参加论坛，并提交了“基于绿色城市模式的两型社会构建”会议论文，该论文在《中国发展》2009年第6期上发表。

【荣获参政议政先进称号】 在12月10日召开的市委社情民意工作暨表彰会议上，区委荣获“致公党上海市委社情民意工作先进集体”称号，李双龙荣获“致公党中央参政议政工作先进个人”称号，方里荣获“致公党上海市委社情民意工作先进个人”称号，另有二人受到表扬。

（崔世平）

（八）九三学社区委

【概况】 2009年，九三学社区委共有6个基层支社，社员287人，平均年龄61岁，45岁以下有39人，占13%，高级职称173人，占60%，在职113人，占39%。社员中担任市人大代表1人，九三学社市委常委1人，区人大代表3人（其中常委1人），区政协委员11人（其中常委2人）。（1）参政议政。在区政协十二届三次会议上，社区委提交了集体提案8份，个人提案10份。在区人大十二届二次会议上，社区委人大代表提交了人大议案1份，书面意见2项。在专题发言中，就杨浦区如何应对金融风暴、加强劳动保障协管员管理、迁建区少年宫、迎世博提升市民素质等作了发言。《关于以太阳能应用为切入点，促进绿色杨浦城区建设的建议》的提案获2007–2008年度区政协优秀提案。完成了调研报告《杨浦区中小科技型企业风险管理对策研究》。（2）组织建设。基层支社组织生活结合区委布置的工作和学习内容，定期开展了活动。有组织听报告、到郊外一日游、小组讨论、参观学习等多样形式，青年组、老年组、妇女组各自结合自身的特点开展了各种类型的活动，增强了社员间的交流与沟通，加强了组织凝聚力。社区委紧密围绕政治热点、结合国际国内时事，努力整合各方资源，为广大社员做讲座报告，增强广大社员的政治意识，提高政治素质。全年发展新社员3人。（3）思想建设。全年共办6期《九三杨浦简讯》，为每位社员订阅《民主与科学》的杂志。6月25—26日，区社会主义学院联合8个民主党派区委共同举办党派新成员学习班。社区委有9名新社员参加学习。在11月26日区委统战部召开的“2009年杨浦区各民主党派、工商联、无党派人士调研成果信息发布暨社会服务工作先进表彰大会”上，社区委和四支社获得先进集体的表彰，2名社员获先进个人表彰。社区委荣获2008年度九三学社上海市委信息工作二等奖；《提高市民环保意识，促进限塑管理办法有效实施》调研课题被评为2008年度社市委参政议政工作三等奖。（4）共建工作。社区委与共建单位的合作共建稳步推进。邀请上海理工大学党校教授苏金发为社员做“科学发展观与马克思主义中国化”专题报告，邀请同济大学刘春彦教授为五角场社区干部群众百余人作了《全球金融危机的形成机理及对我国的影响》的专题报告。

【接待区卫生局答复提案】 2月27日和3月3日，区卫生局主要领导率有关科室负责人到社区委来就社区委在区政协十二届二次全会上提交的《关于加强医院住院病房护工管理的建议》和《关于营造和谐医患关系的几点建议》两份提案进行答复。社区委和提案撰写人员接待答复。双方就提案内容进行了充分沟通、交流，卫生局详细解答了提案中所涉及到的问题和建议，有关部门将根据提案内容制定相关实施细则，切实落实提案。

【传达学习全国“两会”精神】 3月30日，社区委邀请全国政协委员、九三学社市委副主委李定国为区社员传达全国“两会”精神。李定国从会议概况、关注热点、工作报告、两会争鸣、建言献策等五个方面对民生、医保、就业、养老等焦点问题做了重点讲解。80多名社员参加会议。

【举办学习科学发展观专题报告】 5月25日，社区委特邀请上海理工大学党校教授苏金发为社员做“科学发展观与马克思主义中国化”专题报告。他详细阐述了科学发展观的提出、科学发展观与马克思主义中国化、学习实践好科学发展观等三个方面的内容，受到了社员的欢迎。复旦大学九三委员会和上海体育学院九三支社的相关社员也参加了报告会。

【与五角场街道党工委举行共建活动】 6月11日，社区委和五角场街道党工委在五角场社区文化活动中心举行共建活动。邀请同济大学经济与管理学院博士、同济大学金融衍生品研究所所长刘春彦教授，为五角场社区居民做《全球金融危机的形成机理及对我国的影响》的专题报告。重点介绍上海国际金融中心建设的由来、规划、作用和进程，还为社区居民讲解如何结合目前迎世博的契机做好家庭理财，受到社区居民欢迎。

【召开“纪念人民政协成立60周年暨九三学社建社64周年社庆大会”】 9月2日，社区委召开“纪念人民政协成立60周年暨九三学社建社64周年社庆大会”，180多名社员参加。上海市政协原研究室主任李锐为全体社员做了纪念人民政协成立60周年的主题报告。会议通报了九三杨浦区委2009年以来的主要工作。宣读了在2009年“两会”上社区委提交和被采纳的政协提案和人大议案目录，对7个参政议政先进集体和8名参政议政先进个人进行了表彰。九三学社中央委员、副区长吴乾渝，区委统战部有关领导应邀参加了大会。

【举办2009年“知识杨浦”九三论坛】 11月19日，由社区委、区人力资源与社会保障局、社复旦大学委员会、社同济大学委员会、社上海财经大学支社、社上海理工大学支社、社上海体育学院支社共同主办的“齐心携手，拓展大学生创业之路——2009年‘知识杨浦’九三论坛”，在中国（上海）创业者公共实训基地大学生创业就业服务中心隆重举行。会上，区人力资源和社会保障局详细介绍了杨浦区大学生创业三年行动计划。来自复旦、同济等5所高校九三学社组织和九三区委的教授专家讲述了以促进大学生就业创业为中心的6篇论文。区委常委、统战部部长张慧珠，副区长吴乾渝、九三学社上海市委副主委黄鸣出席会议。

（周　晶）

（九）台盟区委

【概况】 2009年，台盟区委进一步加强自身建设，通过全体盟员组织生活会，区委委员、支部委员会议，盟员骨干会议等多种形

11月19日，举行2009年“知识杨浦”九三论坛

式组织各类学习活动，让盟员及时了解、正确认识形势，在思想上、行动上与党和政府保持一致。为增加盟员感性认识，组织盟员参观考察上海崇明越江隧桥工程和崇明生态岛建设，参加纪念中华人民共和国成立60周年、人民政协成立60周年、台盟成立60周年系列活动，增强盟员对祖国和中共的向心力和凝聚力。履行参政议政职能，积极建言献策，在区人大十四届四次会议上提出代表书面意见1件，在区政协十二届三次会议上提出集体提案10件，委员个人提案4件；在专题讨论会上，盟员中政协委员代表盟区委分别发言。10件集体提案均已立案被转往各有关部门，得到妥善处理，收到了书面答复。至年底，共有盟员36人，其中有中、高级职称的12人，占33%。盟员中，担任台盟中央副主席1人、台盟市委主委1人、副主委1人；市人大代表1人、市政协常委1人、市妇代会代表1人；区政协委员4人（其中区政协常委1人、副秘书长1人），区人大代表1人，区青联委员3人，区特邀监督员5人。在“2009年杨浦区各民主党派、工商联、无党派人士调研成果信息发布暨社会服务工作先进表彰大会”上，台盟区委和盟区委调研组荣获“杨浦区社会服务工作先进集体”光荣称号；二人获“杨浦区社会服务工作先进个人”光荣称号。

【举办台情报告会】 4月22日，区委通报当前海峡两岸形势，有关会议精神以及区对台工作的重点。出席会议的盟区委委员、支部委员、调研小组成员以及部分青年盟员进一步了解了对台工作情况，为开阔眼界、拓展思路，更好地发挥台盟基层组织作用提供了有力帮助。9月11日，盟区委会同区社会主义学院、民革区委、区台联会共同举办《海峡两岸形势展望》报告会，邀请台盟市委副主委王中作主题演讲，相关组织的骨干成员共50余人出席。

【动员盟员积极参加迎世博行动】 盟区委动员盟员积极投入《迎世博600天行动计划》。在区政协全会期间，盟区委提出了《关于以迎世博为契机，进一步加强对台工作的几点建议》等3件集体提案，为迎世博献计出力。5月1日，2010年上海世博会志愿者招募（杨浦·同济）启动仪式在四平路街道社区文化中心举行，盟区委动员5名青年盟员参加。5月21日，传达区委统战部转发市委统战部《关于在上海统一战线开展“为文明增色，为世博添彩”活动的通知》主要精神；台盟市委开展“我为世博献一计”参政议政素材征集活动；区委统战部召开“同舟共济、精彩世博”——杨浦区统战系统迎世博行动推进大会的情况。动员全体盟员积极投入迎世博“为文明增色，为世博添彩”活动，提出围绕中心、服务大局，立足本职、努力工作，履行参政党参政议政职能，为世博会筹办献计献策。

【举行新中国成立国60周年、政协成立60周年、台盟成立60周年系列纪念活动】 盟区委组织了一支以青年盟员为基础、区委班子成员为骨干、老中青骨干盟员参与的合唱队伍，参加盟市委“热爱祖国”主题纪念歌会；选送青年盟员代表盟区委在区各界人士庆祝中华人民共和国成立60周年、人民政协成立60周年联欢会上，表演女声独唱《亲吻祖国》，表达了广大盟员热爱祖国，拥护中国共产党，拥护改革开放的真挚情感。在区各界人士纪念建国60周年、人民政协成立60周年座谈会上，区委作了发言。

【开展合作共建活动】 年内，区委与区卫生局、大桥街道开展了一系列有声有色的共建活动，有情况通报会、座谈会、年终工作总结会等。还尝试与大桥街道、区卫生局一起，会同区委统战部、区社院、区台联会联合举办报告会，邀请上海电力学院党委宣传部部长李家珉教授主讲“学习和实践科学发展观”。

【推进社会服务工作】 8月1日，盟区委协助上海交通大学医学院附属新华医院、上海交通大学医学院附属仁济医院、上海中医药大学附属龙华医院、岳阳医院和曙光医院，在新华医院综合楼演讲厅联合举办了“冬病夏治让呼吸更轻松”巡回讲座。为100多名患者开展了“冬病夏治与反复呼吸道感染”，“冬病夏治让哮喘患者更轻松”，“关节病、冻疮的冬病夏治疗法”的讲座与免费医疗咨询活动，受到了与会者的一致好评。盟区委10余名盟员参加了活动。（谈祖敏）

举行“杨浦区非公有制企业人大代表、政协委员2009年新春团拜会”

（十）区工商联

【概况】 2009年，区工商联认真学习实践科学发展观，围绕国家创新型城区建设，立足杨浦民营经济“两个健康”发展，努力提高工作水平和服务质量。（1）思想建设。开展第三届市、区优秀中国特色社会主义事业建设者评比活动，加强思想教育和政治引导工作，教育民营企业家自觉履行社会职责。先后完成《异地工业园区》等项调研报告，为区领导决策提供依据。（2）组织建设。形成和完善区工商联加强规范管理等6项工作制度，召开区工商联执（常）委会，选举产生区工商联主席。全年发展新会员62家，现有会员1267家。（3）参政议政。与上海社会科学院联手开展区创意产业园区建设与发展调研，完成《聚焦“助推器”功能、积极推动以老厂房为载体的创意产业园区可持续发展》调研报告。加强参政议政专委会建设。区“两会”期间，有12名政协委员递交个人提案，20多人参加联组发言，提交4件工商联团体提案。其中《关于加大扶持政策落实力度确保我区非公有制经济平稳较快发展的建议》被区政协列为重点提案。（4）服务社会。举行情系“双千”、“光彩”助学——上海东鑫电力工程安装有限公司购书卡捐赠专项活动；向长海医院捐赠价值35万元的汽车一辆；长白商会9家民营企业在甘肃定西市援建“长白商会希望小学”，并捐助35万元修建费；组织14名民营企业家报名参加世博志愿者活动；为奉贤二桥村安装路灯捐款10万元。区光彩事业促进会被市委统战部、市工商联、市光彩事业促进会授予“2009年度上海市光彩事业组织奖”。

【召开非公企业代表新春团拜会】 1月8日，“杨浦区非公有制企业人大代表、政协委员2009年新春团拜会”举行。区领导陈安杰、宗明、李文连、魏伟明、张慧珠、陈丽龄、马杰富等与区百余名非公有制企业人大代表、政协委员欢聚一堂，同庆新春。团拜会由张慧珠主持，魏伟明代表区四套班子向企业家们表示新春问候，并表明区委、区政府始终支持、引导和鼓励非公有制经济健康发展，希望代表们积极发挥各自优势，推动区非公有制经济健康发展。

【上海市城区工商联工作例会在杨浦召开】 3月31日，上海市城区工商联工作例会在杨浦召开。市委统战部副部长、市工商联党组书记季晓东，市工商联副主席陈平田、金亮、唐豪及各部、室负责同志出席会议。市中心城区工商联领导和有关同志共30余人参加会议。季晓东就发挥工商联优势、提升工商联能力作发言，要求大家要充分发扬工商联综合优势、组织优势、资源优势，发挥统战性、经济性、民间性的作用，贴近政府、贴近企业、主动介入。各兄弟区围绕服务民营企业等作交流发言。

【举行大学生创业、就业互动沙龙活动】 4月15日，区工商联联手上海理工大学举行主题为“创业成就未来、就业走向成功”大学生创业、就业互动沙龙活动。区委常委、统战部部长张慧珠，副区长马杰富等领导以及企业家代表、学生代表等共计300余人出席活动。区工商联发动33家会员企业推出招聘岗位78个，拟招聘260人，推出实习见习岗位43个，拟吸纳学生157人。2名企业家代表、3名创业成功人士，介绍自己创业就业的经历与经验，并透露相关创业就业项目信息；33家会员企业与青年大学生们进行现场招聘洽谈，共有200多名大学生表达就业、见习求职意向。贝斯特电器制造有限公司、丰泽园医药研究所、复星长征医学科学有限公司等7家会员企业增选为上海理工大学研究生实践基地，并举行授牌仪式。

2009年民营企业招聘周上海主会场活动在杨浦人才广场举行

【举行民营企业招聘周上海主会场活动】 5月15日，由区人力资源和社会保障局、区总工会、区工商联共同举办的2009年民营企业招聘周上海主会场活动在杨浦人才广场举行。区工商联积极联系会员企业参与招聘周活动，共组织20家企业推出52个岗位，拟招聘140人。此次活动受到市、区领导高度重视，市工商联副主席金亮、副区长马杰富到现场慰问工作人员，并对民营企业家响应政府号召，勇于承担社会责任，千方百计腾出岗位，积极参与招聘活动给予高度评价。

【杨浦区与江苏大丰市签署全面战略合作协议】 7月28日，杨浦区与江苏大丰市举行全面战略合作签约仪式。区委书记、区人大常委会主任陈安杰，区委副书记、区长宗明，区委常委、统战部部长张慧珠，副区长柴尧迅、唐海东和大丰市领导丁宇、倪峰、吴家祥、李东前等出席签约仪式。陈安杰从长三角一体化和深化沪丰合作的高度，对做好杨浦与大丰全面战略合作提出希望和要求。表示杨浦区将严格按照全面战略合作协议要求，高起点、高标准、高层次地做好产业转移，与大丰共谋发展，实现双赢。活动中，区政府与大丰市政府签订全面战略合作框架协议。共签约项目9个，其中工业项目5个、三产服务业项目4个，总投资37.65亿元，其中外资3500万美元。活动前，大丰市领导还参观了上海市杨浦区城市规划展览馆。

【举办第二次购书卡捐赠专项活动】 9月11日，杨浦区机关党工委、区工商联和区光彩事业促进会在五角场小学联合举行情系“双千”“光彩”助学——上海东鑫电力工程安装有限公司购书卡捐赠专项活动。区委常委、统战部部长张慧珠出席活动。张慧珠强调捐赠书卡活动是光彩事业与“双千”活动有机结合，是引导民营企业家参与和谐社会建设有效载体，希望广大民营企业家积极行动起来，结合企业自身情况，积极回馈社会，争当社会主义优秀建设者。要求区机关党工委、区工商联等主办单位和各街道（镇），结合深入学习实践科学发展观，通过组织捐赠书卡等特色活动，将“双千”等助困助学活动向企事业单位、社会各界人士延伸，使之成为各方广泛参与、凝聚党员群众、促进社会和谐的有效平台。李汉卿董事长向“双千”活动助学同学每人赠送一份购书卡。

【奉城镇二桥村路灯工程捐赠仪式举行】 12月20日，区工商联资助奉城镇二桥村路灯工程捐赠仪式在奉贤举行。区委常委、统战部部长张慧珠和奉贤区委常委、统战部部长程云华出席捐赠仪式。区工商联将人民币10万元支票赠二桥村委会，以资助其完成村路灯安装项目。村党支部、村委会将印有“扶贫帮困、心系百姓”锦旗赠送给区工商联。捐赠仪式上，双方还就进一步加

与江苏大丰签署全面战略合作协议

强“城乡共建、结对帮扶”等工作进行磋商。

专　文

扩展“三区融合、联动发展”内涵 推进异地工业园区建设

为更好地适应建设杨浦国家科技创新型城区要求，更好地转变经济增长方式，促进知识型生产性服务业发展，杨浦区工商联在专题调研和考察论证基础上，针对企业生产用地紧张、生产成本上升、劳动用工困难等瓶颈问题，提出了通过“飞地”形式，克服土地制约等瓶颈，以“企业组团”和“政府间协议”形式，降低外部交易成本，实现产业梯度转移，帮助企业平稳发展和做大做强新思路。其主要设想是通过建设异地工业园区，不断扩展“三区融合、联动发展”内涵，引导相关企业合理布局，将总部或研发、销售部门留在杨浦，形成“两头在内、中间在外”产业格局，走出一条区域合作、优势互补、多方共赢，有效应对国际金融危机的发展新路。

根据区委领导批示精神，杨浦区工商联等有关部门专门成立项目调研小组。从2008年下半年开始，先后对江苏省苏南、苏中和苏北地区11个县市进行实地考察，形成《杨浦“异地工业园区”项目调研报告》，并提出异地工业园区建设初步设想。为使“异地工业园”选址和建设更为符合企业需求，按照土地资源、劳动力供应、交通情况、产业基础、基础设施、扶持政策、动力水源及原材料等8个方面指标，分别对备选园区进行评估，并多次听取企业意见，最后确定大丰市常州高新区大丰工业园、海安经济开发区为杨浦异地工业园区首选址。经与大丰市和海安县政府多次协商，先后于2009年7、8月份，分别签订共建工业园区协议和全面战略合作框架协议，进一步明确园区共建，以及经济、社会事业、人才等方面合作原则和要求，为上海杨浦（大丰、海安）工业园项目正式启动奠定基础。10月20日，区委书记、区人大常委会主任陈安杰率区四套班子领导，区有关委、办、局负责人，以及杨浦大学科技园区、辖区内部分国有企业和民营企业代表共100余人，专程赴江苏大丰、海安两地，与盐城市委书记赵鹏、南通市市委书记罗一民，以及大丰、海安的党政领导等共同出席位于江苏大丰和海安的上海杨浦工业园区奠基开建仪式，正式启动上海杨浦（大丰、海安）工业园区项目。当天开建的大丰工业园区首批建设开工项目共5家企业，占地764亩，总投资14.95亿元，注册资本1.6亿元；海安工业园首批开工项目6家企业，占地282亩，总投资5.528亿，注册资本7800万元。加强与江苏省大丰市和海安县两地合作，建设杨浦异地工业园区，是杨浦区贯彻科学发展观、破解城区转型和发展难题创新之举，也是杨浦融入长三角，构筑产业梯度衔接共赢模式的重大战略举措，上海杨浦（大丰、海安）工业园区开工建设，不仅符合长三角一体化发展战略，而且有助于推进国家沿海开发战略实施，实现杨浦与大丰、海安合作共赢，优势互补。　（任友佐）

二十六、人民团体社会团体

(一)综　述

2009年,区各人民团体、社会团体坚持邓小平理论和三个代表重要思想的指导,坚持学习实践科学发展观,在杨浦知识创新区建设和改善民生等重大工作中,认真履行了各自的职能,发挥了纽带、助手和后备军作用,为构建和谐社会和三个文明建设作出了贡献。

(二)区总工会

【概况】　2009年,区总工会所辖行业、地区和直属工会组织33个。全区基层工会1531个,涵盖单位4991个,职工155909人,其中工会会员149987人,农民工会员43439人。全年,开发岗位13330个,成功推荐3430人实现就业,对3243名职工进行了就业技能等培训,东亚进修学院被确定为全国工会就业技能培训基地。在定海、五角场地区总工会试点"行业工会建在地区上"工会组建模式,以联合制、代表制的形式在街道建立起10家地区行业工会。加强维护职工权益,全年参与调解企业劳资纠纷案件292件,成功调解257件;全年受理法院委托调解劳动争议案件153件,结案111件,成功调解66件,调解成功率60%。举行"杨浦工会2009年帮困送温暖大会和'一日捐'仪式",募集职工捐款193万元;元旦、春节期间,各级工会协助党政发放帮困、慰问金365万元,走访慰问10779人次;完成1036名困难职工档案的录入工作,帮扶信息与全总、市总联网,做到有帮就有档。年内,中共中央政治局委员、全国人大常委会副委员长、全国总工会主席王兆国,全国总工会副主席、书记处第一书记孙春兰,市人大常委会副主任、总工会主席陈豪,区领导陈安杰、宗明、魏伟明等分别对杨浦工会工作予以批示。区总工会获得全总授予的"2008年度市级财务工作先进单位。区总工会在全国工会工作经验交流会上作大会交流发言。

【区首届百名产业精英产生】　1月18日,召开"2009年杨浦区劳模(先进)迎春茶话会",隆重推出杨浦区首届百名产业精英。此次产业精英评选活动于2008年6月启动,经过个人自荐、劳模(专家)举荐、组织和群众推荐、基层工会民主测评、同级党组织审核、专家组评审和名单公示等程序,最终确定100名人选。除了对产业精英进行表彰外,还将在申报"杨浦拔尖人才"、"劳动模范"和"五一劳动奖章"等评选时,予以优先推荐。同时,对产业精英实施常态管理,每三年评选一次,年度复审不合格者取消荣誉称号和相关待遇。

【723家企业响应"不减薪、不裁员"倡议】　在应对金融危机中,组织杨浦百家劳动关系和谐企业发出"积极应对金融危机,勇于承担社会责任"倡议。该倡议获得723家企业董事长、工会主席签名响应。他们将与工会、职工共同克服困难,尽量不裁员、不减薪,不将职工推向社会;若企业经营难以为继,确需裁员、减薪时,将依法经职代会(职工大会)讨论。区总工会将这些企业名单通过《劳动报》、《杨浦时报》向社会进行公示。2月11日,市人大常委会副主任、市总工会主席陈豪批示:"杨浦区积极做好职工队伍稳定工作的举措很好,应予总结推广。"

【四川、河北、河南三省总工会分别考察区工会工作】 3月10日、6月2日、11月17日，四川、河北、河南三省总工会分别到杨浦考察工会工作。来访单位分别参观区总工会职工援助服务中心、杨浦区工蕴人力资源公司等地。

【区知识女性联谊会举行第一次会员大会】 3月10日，由区总工会、上海烟草集团、新华医院、上海又一城购物有限公司联合发起成立的区知识女性联谊会举行第一次会员大会，选举产生第一届理事会理事、正副理事长、秘书长，并向理事会理事单位进行授牌。该联谊会拥有区域内高校、市属单位、委办局、外资、独资企业在内的31家会员。理事会宗旨是：按照和谐社会建设要求，集聚区域内各界优秀知识女性，积极投身杨浦知识创新区建设，发挥智力优势，整合资源，培育精英队伍，服务广大知识女性。

【举行重大工程立功竞赛活动表彰动员大会】 4月9日，杨浦区迎世博重大工程实事项目立功竞赛活动表彰动员大会在沪东工人文化宫召开。区委副书记魏伟明，区委常委、副区长庄少勤等出席会议。区人大常委会副主任、区总工会主席袁建民主持大会。会议对立功竞赛活动杨浦分赛区的先进集体和先进个人予以表彰，并向新一轮立功竞赛参赛青年突击队授旗，向迎世博窗口服务行业立功竞赛参赛单位授“服务公约”标识牌。区重点项目、重大工程立功竞赛组委会成员单位领导、参赛单位代表等300余人参加表彰动员大会。

【举行庆祝“五一”国际劳动节活动】 5月1日，杨浦职工庆祝“五一”国际劳动节暨迎世博倒计时一周年活动在沪东工人文化宫举行，区委书记、区人大常委会主任陈安杰，区委副书记、区长宗明，市总工会副主席茆荣华出席庆祝活动，并为2008年以来获得各类先进荣誉称号的集体和个人颁奖。区委副书记魏伟明代表区委、区政府向全区各界职工送上节日诚挚的祝福，并为区“迎世博窗口服务行业立功竞赛劳模巡访团”授巡访证。区人大常委会副主任、区总工会主席袁建民通报杨浦区总工会获得全国总工会、上海市总工会先进表彰情况。区部分劳模先进代表、区迎世博重大工程立功竞赛单位代表、部分工会干部和企事业单位职工代表300余人参加庆祝活动并观看演出。

【承办上海就业援助工作推进会】 5月31日，市总工会在区文化馆举行“千方百计促就业，齐心协力保稳定——就业援助服务行动工作推进会”，该推进会由区总工会承办。市总工会副主席肖堃涛、陈国华等领导出席会议并讲话。区总工会以《打造“二级平台、四种模式”，推进创业带动就业工作》、殷行地区总工会以《充分发挥职工援助服务中心作用，全力推进职工创业就业》为题在会上分别作交流发言。

【创业带动就业“四种模式”探索获有关领导赞同】 6月3日，区总工会探索的创业带动就业“四种模式”受到全总副主席、书记处第一书记孙春兰肯定与批示：“杨浦区总促进就业、提高职工素质的经验很好。”这“四种模式”分别是：“1+1群”、“园区+项目”、“总店+分店”和“公司+网站”。该模式也获得区委书记、区人大常委会主任陈安杰批示：“总工会在推进创业带动就业工作中解放思想，勇于探索，创造了许多好的做法和经验，值得肯定和推广。”

【参与国企改革改制工作做法在全国推广】 在对上海矽钢有限公司1088名职工分流安置中，区总工会打破工会体制隶属界限，会同有关部门主动参与，从规范职代会程序入手，指导企业开好职代会，为企业分流职工送岗位、送关爱，确保该公司职工顺利分流安置。《工人日报》头版头条对该做法予以报道，中共中央政治局委员、全国人大常委会副委员长、全国总工会主席王兆国批示：“杨浦区总工会会同企业工会主动参与解决企业改制中职工分流问题，维护了职工权益，维护了稳定，媒体要报道正面好经验，加强舆论引导。”10月19日，全国工会工作经验交流会议在武汉召开，区人大常委会副主任、区总工会主席袁建民在会上作交流发言。

【上海首家工会主管作协成立】 9月9日，上海首家由工会作为业务主管部门、市第一家区级作家协会“上海市杨浦区作家协

杨浦区作家协会成立

会”正式成立。中国作协会员、上海作协副主席、复旦大学中文系主任陈思和当选为第一任会长。选举产生15名第一届理事会理事和102名区作协会员。成立大会通过《上海市杨浦区作家协会章程》,明确杨浦区作家协会由区总工会作为业务主管部门,性质为中共杨浦区委领导下的生活、工作在杨浦的作家自愿结合的社会团体,是区委、区政府联系作家的桥梁和纽带。区财政为作协划出专项经费。市作协主席王安忆和区委副书记、区长宗明共同为区作家协会揭牌。

【全面铺开“行业工会建在地区上”工作】 12月9日,在沪东工人文化宫召开加强地区行业工会建设会议,全面铺开“行业工会建在地区上”工作。自7月定海街道成立第一家地区行业工会——建筑业工会联合会试点以来,将街道(镇)辖区的非公企业按照“门类相近、行业相同”进行归类,以联合制、代表制的形式建立行业工会,经过5个月运行,该模式获得区委支持。区总工会制定了《上海市杨浦区总工会关于加强地区行业工会联合会建设的试行意见》,对地区行业工会的建立、行业工会领导的产生、行业工会经费来源以及行业工会基本职责予以明确,并提出“行业工会建在地区上”模式将于2010年1月全面推行,地区行业工会将在2010年上半年基本组建完毕的要求。 (吴媛媛)

(三)团区委

【概况】 2009年,全区有14—35周岁青年107286名,团员20650名,团委34个,团总支92个,团支部642个,专职团干部55名,兼职团干部1169名。(1)开展青春世博行动。建立志愿者招募工作站、街镇工作分站、大型商场宣传招募点,至年底,全区报名人数8万余人。承办“青春的节日——上海青少年世博宣传文艺巡演活动启动仪式”,举办“小手牵大手,绿色迎世博”节能环保社区行启动仪式、“七彩青春志愿杨浦——12.5迎世博志愿者集中行动”、“感受世博”摄影比赛、“畅想世博”海报设计大赛等活动,组织3000余人次青年为管乐艺术节、黄河大合唱等大型活动提供志愿服务。(2)主动服务杨浦经济社会发展。牵头成立YBC上海杨浦(试点)办公室,举行YBC论坛和YBC创业培训。举办“科学发展,激情创业——杨浦青年企业家座谈会”,组织区委领导、团市委领导走访万达商业广场、复旦微电子等重点企业,联合瑞安集团开展“CEO进高校”活动。组织区青联委员、青年企业家赴江苏、河南等地学习交流,与盐城团市委缔结友好关系。(3)以“五四”运动90周年为契机,举办“飞·Young纪念五四运动90周年大会”,开展五大主题30余项活动。围绕新中国成立60周年,开展“我与祖国共奋进”主题实践活动,承办团市委“向国旗敬礼,为世博添彩”——庆祝中华人民共和国建国60周年、中国少年先锋队建队60周年升旗仪式。(4)召开社青联席会议第六次会议,探索开展针对外来务工人员子女的“杨浦一家亲”项目,在全市率先开展了中职校联校社工试点,获市社青工作和社工工作年度考核双优秀。(5)召开共青团杨浦区第十二次代表大会,向各级党政机关输送优秀青年干部6名。加强基层团建工作,五角场社区(街道)团工委参与团中央基层组织建设试点,殷行社区“阳光之家”团支部工作得到了中央政治局委员、市委书记俞正声的肯定。出版《火红的乐章——从沪东劳动童子团到杨浦少年先锋队》队史。

【开展“四百青春示范行动”】 3月5日，会同区文明办联合举办的“迎世博 比奉献 展风采”——区百家共青团号、百支青年突击队、百名青年岗位能手、百支青年志愿者服务队青春示范行动在五角场百联又一城购物中心门前拉开帷幕，区委副书记魏伟明，区委常委、宣传部部长邹明，团市委副书记邓小冬，第二军医大学长海医院政治部副主任王贵平等领导出席活动并看望了志愿者代表，百余名志愿者设摊为群众服务。

【召开社区青少年事务管理联席会议】 3月31日，2009年杨浦区社区青少年事务管理联席会议第六次会议举行。会上，团区委作了工作总结和部署，签署了促进青年就业共建协议和不捕、直诉涉罪未成年人考察教育的共建协议，教育、劳动、检察等部门进行了交流发言。区委副书记魏伟明，市综治办副主任、市社区办主任蔡忠讲话，副区长吴乾渝主持会议。

【举办世博会志愿者招募（杨浦·同济）启动仪式】 5月1日，由市世博会筹办工作领导小组志愿者组主办，区委、区政府、同济大学共同承办的“启航——中国2010年上海世博会志愿者招募（杨浦·同济）启动仪式”在四平社区文化活动中心举行，市委常委、宣传部部长、市世博会筹办工作领导小组志愿者组组长王仲伟，同济大学党委书记周家伦出席仪式，共同为中国2010年上海世博会杨浦区和同济大学志愿者工作站揭牌。团市委书记潘敏，市文明办副主任陈振民，市教卫党委副书记、市教委副主任莫负春，区委书记、区人大常委会主任陈安杰，区委副书记、区长宗明，同济大学常务副校长李永盛为中国2010年上海世博会杨浦区各街道、镇和同济大学各校区志愿者工作分站授牌。

【举行“五四”表彰大会】 5月4日，“飞·YOUNG”——杨浦区纪念“五四”运动90周年大会在沪东工人文化宫举行。区委书记、区人大常委会主任陈安杰，区委副书记、区长宗明等区四套班子领导和团市委有关领导出席大会。会上，成立了团中央青年就业创业见习基地，表彰了第七届“杨浦十大杰出青年”并以舞蹈、诗朗诵、情景剧、歌曲等方式展现了“五四”运动90年来杨浦青年的良好风貌。

【举办杨浦青年创新人才培训班】 6月15日—24日，联合区委组织部、区委党校举办“杨浦区2009年青年创新人才培训班”。在开班仪式上，区委常委、组织部部长于秀芬讲话，有关领导向第七届“杨浦青年创新奖”获得者颁奖。

【举行迎世博倒计时300天窗口服务日主题活动】 7月5日，“青春世博行动：青春的节日——上海青少年世博宣传文艺巡演活动启动仪式暨杨浦区迎世博倒计时300天青年窗口服务日主题活动”在五角场下沉式广场举行。团市委书记潘敏、区委副书记魏伟明共同启动上海青少年世博宣传文艺巡演活动。团市委副书记夏科家，区委常委、宣传部部长邹明分别致辞。市综治办副主任、市社区办主任蔡忠，区委常委、副区长柴尧迅，副区长唐海东等领导为五角场商圈青年文明号创建单位授牌。

【举行“小手牵大手”节能环保社区行启动仪式】 7月15日，团区委、区教育局、区绿化和市容管理局、区环保局、区节能减排办等部门，在上海市首批“绿色社区”——恒联新天地花园举行了“小手牵大手，绿色迎世博——杨浦区青少年节能环保社区行启动仪式”。区委副书记、区长宗明，市教卫党委副书记莫负春，团市委副书记夏科家，市绿化和市容管理局副局长陶渊，市环保局党委副书记姜南，区领导魏伟明、陈丽龄、吴乾渝、姚秀平等出席，吴乾渝主持仪式并宣读了中共中央政治局委员、市委书记俞正声的来信。现场，宗明和市十佳少先队员谈成共同为杨浦区少工委揭晓了“绿色世博章”。莫负春、姜南、魏伟明为杨浦区节能环保社区行首批启动的24个社区代表授旗。

【召开杨浦区第十二届团代会】 10月9日—10日，共青团杨浦区委员会第十二次代表大会在东宫举行。团市委书记潘敏和区领导陈安杰、李文连、魏伟明、陆勇华、张慧珠、柴尧迅、邹明、马杰富等参加会议。大会正式代表、列席代表、特邀代表及先进青年代表等出席会议。大会选举产生了共青团杨浦区第十二届委员会委员、候补委员和团区委书记、副书记、常委。会后,陈安杰、魏伟明、马杰富接见新一届团区委领导班子。

【YBC 杨浦(试点)办公室揭牌成立】 12月8日,中国青年创业国际计划(简称YBC)上海杨浦(试点)办公室揭牌成立。YBC全国办总干事谷丽萍、导师委员会主席杨华东,团市委书记潘敏、副书记陈凯,区委副书记魏伟明,区委常委、宣传部部长邹明,副区长马杰富等领导,以及来自全市的创业青年代表、创业导师代表等近200人参加了揭牌仪式。此前,区委书记、区人大常委会主任陈安杰等领导陪同YBC全国办领导参观了国歌纪念广场、中国(上海)创业者公共实训基地、新江湾城、五角场市级副中心、创智天地,举办了YBC论坛、YBC创业培训以及招待酒会。(李　倩)

(四)区妇联

【概况】 2009年,全区社区(街道)妇联11个,镇妇联1个,基层居民区妇代会303个。区妇联获得"全国维护妇女儿童权益先进集体"、"上海市推进学习型社会建设先进单位"、"上海市迎世博宣传教育贡献奖",被市妇联推荐为"2004—2009年度全国妇联基层组织建设示范区"。(1)组织建设。全区11个街道全部完成社区妇联换届工作,303个居民区妇代会进行了换届选举,妇代主任100%进两委班子。(2)实事项目。引导市民"学礼仪"、"行礼仪",全年完成12007名市民培训,占全年计划109%。启动新一轮退休和生活困难妇女免费妇科病、乳腺病筛查实事项目,全年实际筛查22600人,完成计划113%。(3)女性人才工程。与区委组织部开展第二期"卓越女性领导力"系列培训。以党外优秀女性为重点,与区委统战部联合举办"让中国女性更魅力"讲座;举办第十期区"青年女干部培训班";向市妇联、区委组织部推荐优秀女性人才21人次,241人纳入女性人才库。评选表彰全国、市、区三八红旗手176名,三八红旗集体41个,区巾帼新秀10名。3人入选"新中国60年上海百名突出贡献女性"。在上海市女性"十佳"创业方案竞赛活动中,区推荐参赛的面塑艺术、麦秆画等2个创业方案荣获"十佳"称号。(4)家庭文明建设。12个街道(镇)全部成立社区家庭文明建设指导中心。在100户家庭中开展"学习型家庭"分类培育和管理试点。举办"迎世博,建友善之家"区第十一届家庭教育宣传周活动。(5)妇女维权工作。区妇联《心理疏导解心结,妇联信访促稳定》的经验被全国妇儿工委和市妇联采用,全年妇女儿童调解工作室接待受理90件,制作调解协议10件。为70多名助残员进行家政服务技能培训,为663人次女性提供就业上岗机会,其中536人次成功就业。(6)妇儿委办工作。全区儿童"龋齿、肥胖和近视"三病防治项目效果明显,龋齿充填构成比大幅提高,肥胖检出率和小学生视力不良率均呈下降趋势。完成妇女儿童规划监测评估,启动区妇女儿童发展"十二五"规划编制工作。

中国青年创业国际计划(简称YBC)上海杨浦(试点)办公室成立

【市"三八"妇女维权周启动仪式举行】 3月1日,由市妇联、市人力资源和社会保障局、市司法局、市法宣办联合主办，杨浦区委、区政府协办的市“三八”妇女维权周启动仪式在五角场下沉式广场举行。市人大常委会主任刘云耕宣布维权周启动。市妇联主席张丽丽，区委书记、区人大常委会主任陈安杰，区委副书记、区长宗明等领导出席。仪式上，区委、区政府领导向6位女大学生代表发送了本区居委会见习岗位的“面试通知书”，五角场镇姐妹编织社带头人作交流发言。江浦路街道报送参选的格言获市“平安家庭”格言征集活动一等奖。活动现场，专家志愿者们为社区群众提供了劳动政策咨询、创就业指导等咨询服务。

【召开纪念三八国际劳动妇女节99周年大会】 3月5日，在区文化馆隆重举行“发展相伴丽人行”杨浦区纪念“三八”国际劳动妇女节99周年大会。区领导陈安杰、宗明、李文连、魏伟明、张慧珠、忻伟君、马杰富、吴乾渝、顾伟强、岳杨等出席会议。市妇联副主席黎荣参加大会。会议表彰了2007—2008年度区三八红旗手(集体)、区第四届巾帼新秀和2006—2008年度区优秀妇女工作者。陈安杰宣布区“迎世博，邻里一家亲”活动正式启动。会前，区领导还接见了第四届“巾帼新秀”并与她们合影。

【开展女大学生职业辅导活动】 5月17日，由区妇联主办，同济大学、上海理工大学和易保网络技术有限公司协办的“走近职场杨浦女大学生职业辅导”活动在易保网络技术有限公司举行。在企业嘉宾、职业顾问的指导下，采用案例分析、小组讨论和角色扮演等方式互动交流，让在校女大学生深入了解和全面认知企业选拔人才地标准和流程，从而有针对性地培养自身的职业素养。区妇联组织开展“女企业家进校园”、“女大学生进企业” 和“引航导师带教制”等系列活动，为女大学生提供职业指导和创业就业实践机会。

【杨浦区女企业家协会成立】 6月30日，召开杨浦区女企业家协会成立大会。会上，一批女企业家与上海理工大学的女大学生签定了“职业引航导师带教协议书”，由女企业家担任女大学生的职业引航导师，依托企业，为女大学生提供创业就业实践机会。会后，举行了“绽放——女大学生职业素养SHOW”活动。来自复旦大学、同济大学和上海理工大学的选手，通过模拟表演——应聘、现场演示——职场生活、阐述创业计划书和回答职业教练提问等形式，展示职场礼仪、公关能力、临场反应和现场表现等能力。女企业家对女大学生表现的职业素养进行了现场点评。区委常委、统战部部长张慧珠，市妇联副主席黎荣等领导出席大会。

【杨浦区“军嫂之家”成立】 7月30日，区妇联和新江湾城街道联手举行“双拥一家亲，军民鱼水情——区‘军嫂之家’成立揭牌仪式”，旨在为军嫂搭建服务平台，提供法律援助、心理咨询、就业指导、技能和素养培训及和谐家庭关系指导，是拥军优属工作的新载体。会上，军嫂代表、空军26师军人代表和新江湾城街道党工委作交流发言；开通区“军嫂之家”新江湾城军嫂俱乐部服务网页；与会领导亲切慰问了丈夫已开赴北京参加国庆阅兵式训练的10名军嫂代表；市妇联副主席黎荣为区“军嫂之家”揭牌。区委副书记魏伟明要求各部门给予资源支持，把拥军优属“老三篇”、“新三篇”工作做出声势、做出实效。

【举办“相约9·9关爱一生”活动】 9月9日，杨浦区500多对新人领取结婚证，喜结连理。为了帮助更多的新婚夫妇尽快完成角色转变，构建和谐家庭，区妇联联合区民政局举办“相约9·9，关爱一生”活动，为新领取结婚证的夫妇发放《新婚家长学校指南》和《牵手—播种幸福》讲座邀请函。为处于不同成长阶段的婚姻和家庭提供专业的婚姻经营指导、危机干预、家政、亲子教育等服务。

【“11·5”巾帼文明岗窗口服务日展示】 11月5日，区妇联、区迎世博600天行动窗口服务指挥部在百联又一城联合举办“争创巾帼文明岗，优质服务迎世博”“11·5”窗口服务日活动，来自教育、卫生、文化、商委、民政的巾帼文明岗展示了各行业优质服务迎世博的成果，市巾帼文明岗百联又一城总服务台等优秀班组，交流了争创巾帼文明岗，打造优质服务品牌的经验和体会。

【“愿景、互动、成长”学习型家庭推进会召开】 11月19日，区妇联召开“学习型家庭”推进会。市妇联副主席朱鸣、副区长马杰富等领导出席会议。社区学校校长、街镇妇联主席、学习型家庭试点户代表共170余人参加。区妇联作《营造氛围、深化内涵,推进杨浦学习型家庭创建工作新发展》的报告,回顾总结了近年来在学习型家庭创建工作中探索的新内涵、创造的新方法、形成的新机制。3户学习型家庭试点户分别讲述了“怀揣梦想,用学习改变生活”、“坚强奋进,用学习保持快乐”、“硕果累累,用学习成就事业”的事迹,所有与会者都为他们乐观坚强、坚持学习的精神所打动。随后,专家们分别从不同的专业视角对3户家庭进行了剖析,解读出学习型家庭的真谛。朱鸣和马杰富分别就下一步工作开展提出了要求。

【推进区家庭暴力受理点工作】 11月24日,区妇联、区综治办、区公安分局联合开展家庭暴力受理点巡查和推进活动。区相关部门领导实地查看了五角场镇和殷行派出所的家暴受理点,听取了“家庭暴力受理点”联手搭建平台、形成处置合力、创建“零家庭暴力社区”的工作情况汇报,并以“迎世博、保稳定、促和谐”为主题,召开区家庭暴力受理点工作会议,就巡查情况作总结。区各街道(镇)派出所所长和妇联主席针对社区家暴处置个案进行了工作交流。会议特邀上海市心理咨询师协会专家参加,就家暴个案危机干预处理技巧进行点评。

【举行妇女组织建设工作推进会】 12月21日,区妇联与区委组织部召开区妇女组织建设工作推进会。市妇联主席张丽丽,区委副书记魏伟明出席会议并讲话。张丽丽、魏伟明为新成立的区教育局、区文化局妇女工作委员会授牌。魏伟明提出要进一步认识新形势下妇女组织建设的重要性,尽快做到“组织、工作、服务”三覆盖的工作要求。张丽丽充分肯定了杨浦妇建工作,希望各级妇女组织坚持党建带妇建,按照“健全、拓展、凝聚”工作方针,夯实妇建,扩大组织覆盖和工作覆盖,提高能力,创新拓展,发挥组织群众、引导群众、服务群众的助手作用,在知识杨浦建设中,在上海国际大都市建设中贡献力量。（宋永丽）

（五）区侨联

【概况】 2009年底,全区共有侨联基层组织14个,归侨536名。区侨联工作坚持以“凝聚侨心、汇集侨智、发挥侨力、维护侨益”为重点推动各项工作。李俊杰等6人被评为上海市侨联优秀联络员,五角场社区、江浦社区、平凉社区侨联和五角场镇侨联“侨之家”被市侨联授予“特色侨之家”称号,林珏、徐晓萍荣获“全国归侨侨眷先进个人”称号,曹国强被评为“全国侨联系统先进个人”。

【开展为侨服务工作】 年初,开展了迎新春、敬老帮困送温暖活动,发放慰问金55740元,慰问侨界人士308人次,其中归侨112人次(其中21名早期归侨);为95人办理了归侨慈善医疗卡;为3名早期归侨开展上门送发养老金服务工作。10月下旬,区侨联对早期归侨体检开展了征询工作,170余位早期归侨确认参加体检,12月下旬,与杨浦区中心医院沟通,商量确定体检项目。

【召开信息工作会议】 2月下旬,区侨联召开信息工作会议,总结了上年信息工作情况。表彰了信息工作先进个人和“纪念改革开放30年和侨联组织恢复活动30年”征文作者,平凉社区侨联获征文组织奖。全年出版6期《杨浦侨联简讯》,同时编辑电子版通过电子邮件发送给侨界人士。

【推进“侨之家”规范化建设】 2月下旬,召开“侨之家”规范化建设交流会,对市侨联命名的“特色侨之家”的延吉、长白、四平和大桥社区侨联以及五角场、江浦、平凉社区侨联等3个“侨之家”进行了表彰。5月中旬,在市侨联召开的推进“侨之家”规范化建设会议上,区侨联作了《加强“侨之家”建设,推进社区侨联工作》的交流发言。市侨联下发了推进“侨之家”规范化建设的若干意见和“侨之家”活动记录台账后,区侨联及时进行了贯彻落实。组建了新江湾城社区侨联联络组,完成社区侨联组织全覆盖的目标。五角场、大桥和延吉社区侨联分别召开了第二次归侨侨眷代表大会,选举产生了第二届侨联委员会。

【发动侨界开展迎世博活动】 4月22日,会同区社院组织世博知识培训。按照市侨联的要求,开展了“迎世博、迎国庆”诗歌创作活动，收到诗歌68篇和征文16篇。平凉街道主办“迎世博社区戏曲大奖赛”；四平街道在侨联系统、建设工地和社区等作了七场世博知识系列讲座；江浦街道举办迎世博沪剧专场演唱会；长白街道组织“奔向世博、激情畅想”演唱会；五角场街道会同复旦法学院08级法律硕士党支部开展“喜迎世博，争做守法好公民”法律咨询活动；延吉、殷行和五角场镇等侨联举办了迎世博讲座和座谈会等活动，营造了浓浓的迎世博氛围。

【区科技园区侨界联合会成立】 4月27日，区侨联召开科技园区侨联筹备工作会议，对筹备科技园区侨联工作提出了要求。经过各科技园区推荐和区侨联的沟通，50名新侨代表人士（企业中层以上管理人员和企业经理）组成了杨浦科技园区侨界联合会。8月22日，举行了杨浦科技园区侨界联合会成立大会，选举产生了主席、副主席和秘书长、副秘书长。12月28日，区委统战部、区侨联联合组织“走近世博走进杨浦”科技园区侨联主题活动，区侨联青年委员会、科技园区侨联20余人参加。大家表示，要积极参与世博、参与杨浦建设，更好地参政议政，服务发展。

【组织援建北川中学活动】 根据中国侨联关于援建北川中学的倡议和市侨联部署，召开社区侨联干部会议进行布置，在《杨浦侨联简讯》上刊登中国侨联的倡议和市侨联会议精神，并通过发送电子邮件和短信、电话等发动广大归侨侨眷为援建北川中学献爱心，各社区侨联积极开展多种形式募捐活动。至6月底共有465人参与，捐款52465元。

【召开区第六次侨代会】 12月15日，区第六次归侨侨眷代表大会召开。上海市侨联党组书记李葳萍，区委副书记魏伟明，区委常委、统战部部长张慧珠，区人大副主任杭开才，副区长唐海东，区政协副主席方伦贵，市侨联副主席屠杰等领导到会祝贺。魏伟明代表区委、区政府向大会致祝词。区五届侨联主席向大会作了题为《求真务实 锐意进取 努力开创侨联工作新局面》的工作报告。大会选举产生新一届侨联委员49名，选举产生区侨联第六届委员会主席、副主席；聘请区侨联第六届委员会顾问；大会首次聘请11位海外委员。 （区侨联）

（六）区残疾人联合会

【概况】 2009年，全区有各类残疾人7.6万余人，其中持证残疾人20367人：肢体8783人，视力4110人，智力2820人，精神2680人，听语1820人，多重154人。（1）开展上海创建全国残疾人工作示范城市达标试点工作。组织召开全区创建工作推进会，会同有关部门重点推进三项刚性指标的完成，即：在全区12个街镇建立了4个标准型、8个基本型精神残疾人日间照料站，实现全覆盖；在全区18处主要公共场所设立65个残疾人机动车泊位点和44个非机动车泊位点；做好档案资料归档立卷、目录汇编、媒体宣传、文字材料撰写、实地视察各点选择等各项迎检准备工作，顺利通过了中残联、市检查组对区达标验收和评审。（2）深化康复服务。投入620余万元，推进对重点人群、重点对象和重点项目的康复服务。完善重残无业人员机构和居家养护体系，为963名重残无业对象提供养护服务；在全市试点为脑瘫儿童提供辅助器具进家庭，对15名脑瘫儿童进行康复训练；推进辅助器具组合适配，组织专家为66名对象进行个性化评估和适配；为61272人次残疾人提供“送康复服务上门”等十余项个性化康复服务。（3）推进职训就业。在11个街镇建成“阳光职业康复援助基地”，对25个重点窗口服务行业120名工作人员进行培训；对75名“阳光之家”服务人员开展中级上岗证培训；组织30名盲人按摩师开展“学英语、迎世博”培训；新建上海海韵人造花有限公司残疾青年职业见习基地，吸收8名残疾青年参加实训；推荐20名残疾人在棒约翰餐厅见习上岗；与区总工会联手举办电子商务培训班，培训听语残疾人19名；举办残疾人就业专场招聘会，全年共推荐147名残疾人参加招工面试，安置残疾人就业56名，今年毕业的6名残疾人大学生100%就业率。（4）完善社会保障。向5792名各类残疾人困难家庭发慰问金（品）167.6万余元；为1425名残疾人办理手机信息费、固定电话费补贴、宽带优惠及发放“阳光乘车卡”；为11262人次各类困难残疾人落实重残无业最低生活保障及养老补助、医疗保障、医疗救助、志愿助学、推保、帮老助残等帮扶措施；对241辆残车进行更新，对687辆残车进行了年检，发放补贴费76万余元；开展第二代残疾人证换发工作，换证率达87%。（5）营造助残环境。组织开展第十九次“全国助残日”、第十次“上海助残周庆祝活动”和第十次全国“爱耳日”、“爱眼日”宣传教育活动，增强公众防残助残意识；组建区残疾人民乐队，编排文艺作品参演，激发残疾人对生活的热爱；组团参加市第七届特奥运动会；举办“迎世博——我运动，我快乐”区南、北片特奥运动会和第三个“全国特奥日”活动，使更多智障人士走出家庭，融入社会。

【区首支残疾人民族乐队成立】 2月26日，对区20余名肢残人和盲人进行了民乐演奏选拔赛，挑选7名选手组成了杨浦区残疾人民乐队。经过培训后到社区、学校和部队演出。

【专题研究上海市创建全国残疾人工作示范城市推进工作】 4月，区政府第96次常务会议专题研究部署上海市创建全国残疾人工作示范城市推进工作。会议听取了区残联关于区参加上海市创建全国残疾人工作示范城市工作情况及打算的汇报，并就精神残疾人日间照料站等难点问题进行了具体研究。会议要求，要加快推进街镇精神残疾人日间照料站建设，积极落实场地、人员，建立工作制度，明确工作责任和时间节点，确保创建任务按时完成。要在确保安全和工程质量的基础上，抓紧落实区残疾人综合服务活动中心和残疾车专门泊位建设，力争早日为残疾人提供服务。

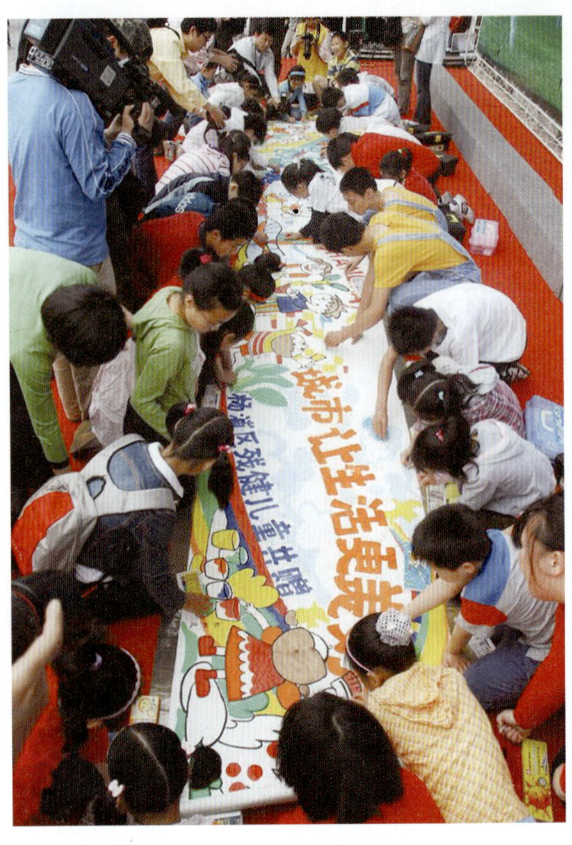

5月17日，在第十九次“全国助残日”广场宣传活动之际，杨浦区智残儿童共同描绘长卷，表达喜迎世博的美好心愿

【举办第十九次“全国助残日”暨第十次上海助残周广场宣传活动】 5月17日，市残工委、区委、区政府在沪东工人文化宫广场联合举办“关爱残疾孩子，发展特殊教育”——第十九次“全国助残日”暨第十次“上海市助残周”广场宣传活动。副市长、市政府残工委主任胡延照出席活动，市府副秘书长范希平向热心于残疾人事业的企业代表颁发荣誉证书，市残联党组书记叶兴华代表市残联接受了企业捐赠；区委书记、区人大常委会主任陈安杰为“杨浦区残疾人迎世博文明礼仪宣传队”授旗；市残联理事长金放，区委副书记、区长宗明分别致词。

【金放到杨浦调研】 5月26日，市残联理事长金放一行来杨浦调研创建全国残疾人工作示范城市工作。金放对区前一阶段创建工作给予肯定，并提出要求。金放一行还实地察看了殷行街道精神残疾人日间照料站日常工作和开展活动的情况；市、区残联的领导及相关负责人就加强基层残联组织建设、精神残疾人日间照料站日常管理、残疾人车泊位等创建工作进行了具体商讨，并达成共识。

【举行“杨浦区街镇精神残疾人日间照料站授牌仪式”】 6月10日，在大桥街道社区文化中心举行“杨浦区街镇精神残疾人日间照料站授牌仪式”。市残联副理事长季敏、副区长马杰富参加授牌仪式。有关领导向12个街镇的精神残疾人日间照料站授牌。事前，市、区有关领导实地察看了大桥街道精神残疾人日间照料站，了解日常管理、开展康复服务、各类活动的情况。

【组团参加市第七届特奥会】 上海市第七届特殊奥林匹克运动会于5月26日—6月11日举行。区残联挑选了84名运动员代表杨浦区参加比赛，并获得52枚金牌、24枚银牌和13枚铜牌。

【叶兴华到杨浦调研】 7月7日，市残联党组书记叶兴华、副理事长王爱芬一行视察调研区残疾人就业工作。他们先后察看了大桥街道阳光职业康复援助基地、“海韵人造花有限公司”残疾青年职业见习基地和延吉新村街道阳光职业康复援助基地，了解了残疾人在基地参加劳动、康复活动等情况。叶兴华对杨浦近年来依托区域优势，在完善阳光之家管理、促进残疾人就业保障等方面所作出的有益探索给予充分肯定并对下一阶段工作提出要求。

【首期残疾人电子商务实训班开班】 9月20日，会同区总工会举办首期残疾人电子商务实训班，19名听力语言残疾人参加。所有通过实训的学员，都将直接进入区总工会下属的大学生电子商务创业实训基地（www.shdxscyw.com上海大学生创业网）。该基地作为电子商务创业平台，为残疾人创业者提供10大类目、1万多种、300万元以上低于市场批发价格的产品，以及从创业培训、技巧培训，到产品进货、包装发货等一系列配套服务。

【徐凤建到杨浦视察】 10月26日，中国肢残人协会主席徐凤建、副主席王延、中国肢残人协会无障碍委员会副主任李洪印一行在市、区残联领导的陪同下，来到重度肢体残疾人家中，实地察看家庭无障碍设施改建及辅助器具家庭组合适配情况，并与残疾朋友亲切交谈，了解根据残疾人实际需求进行无障碍设施个性化改造的情况。

【通过上海市创建全国残疾人工作示范城市达标验收评审】 10月27日，中国残联、市政府残工委领导和专家一行对区进行上海市创建全国残疾人工作示范城市试点达标情况进行评审。市验收组副组长、市政府残工委副主任、市残联理事长金放，区委书记、区人大常委会主任陈安杰，副区长、区创建工作领导小组组长马杰富等领导出席。

【参加上海市精神障碍者书画摄影作品展】 11月，上海市残疾人康复工作办公室在上海市阳光艺术中心举办了“追梦——上海市精神障碍者书画摄影作品展”，为精神残疾人展现自己的艺术才华提供了平台。杨浦区共有5名精神残疾人报送15幅书法、绘画作品参展，区残联荣获优秀组织奖。 （姚佳晶）

（七）区社会主义学院

【概况】 2009年，杨浦区社会主义学院（以下简称区社院）以深入学习实践科学发展观为主线，以服务杨浦科学发展、促进社会和谐、推进统战干部培训、理论研究和宣传工作为要求，在杨浦经济社会全面发展中，努力增强服务能力，较出色地完成了全年任务。

【举办民主党派专职干部培训班】 4月22日—24日，与卢湾、青浦区社院联合举办民主党派专职干部培训班。中共中央政治局

举办民主党派专职干部培训班

委员、市委书记俞正声视察培训班工作。培训班由市社院副院长彭镇秋作开班动员，民进上海市委副主委陈强努作《民主党派专职干部应具有的素质》专题报告，中共上海市委党校副教授吴从环作《学习实践科学发展观提高干部执行力》主题报告。本次培训班不仅加强了杨浦、卢湾、青浦区际之间的交流，还创造条件，与杭州市民主党派有关同志开展省际交流。杨浦区9名党派专职干部参加培训。

【举办党外中青年干部培训班】 6月8日—10日，与区委组织部、区委统战部、区委党校联合举办2009年度杨浦区党外中青年干部培训班，共有54名学员参加。本次培训班以“学习贯彻科学发展观”为主题，在形式上将课堂授课与学习参观相结合，将理论培训与形势教育相结合；在内容上涵盖了中国共产党领导的多党合作、政治协商等基本政治制度、经济发展形势、2010年上海世博会、干部与心理、杨浦建设与发展等多个领域。

【举办统战工作学习班】 8月19日，区委统战部、区社院联合举办2009年杨浦区统战工作学习班。区委常委、统战部部长张慧珠出席并作开班动员。来自区各委办局、街道（镇）分管书记、统战干部50余人参加培训。此次培训班是区委统战部开展学习实践科学发展观活动、推进整改落实工作的具体举措，是进一步把统战干部的思想统一到党中央、市委和区委对统战工作要求上来的动员会，也是针对近年来各单位统战分管书记、统战干部队伍变动较大而组织开展的统战工作实务培训。区委统战部五位副部长分别围绕民主党派、无党派、新社会阶层人士、政协、民族宗教、侨务、社区统战、对台事务以及非公经济和工商联工作等作了专题讲座。

【汇编2009年度统一战线理论研究论文集】 年内，出版了2009年杨浦区统战理论研究论文集。区政协主席李文连作序，区委常委、统战部部长张慧珠写后记，全书近20万字。

【办好《团结讲坛》】 2009年，《团结讲坛》先后邀请了中共中央党校研究室副主任、经济学博士周天勇教授作《我国人大和政协体制的改革与完善》专题报告；中国作家协会会员、杨浦区政协学习和文史专委会副主任、上海电视大学中国传统文化研究所所长鲍鹏山作有关弘扬中华文化、精读文化经典专题报告；全国人大代表、上海市人民政府发展研究中心咨询部主任、民建上海市委专职副主委张兆安作《展望全国两会后经济形势》报告；上海电力学院党委宣传部部长，管理与人文学院社会科学系教授李家珉作《学习和实践科学发展观》报告；上海同济大学马列学院副院长丁晓强教授作《建国60年执政经验》报告。《团结讲坛》讲座9讲，800余人次参加听讲。

【编写学习资料】 为配合区各民主党派和有关人民团体的政治学习，编印“聚焦两会”、推进民主政治建设、中国特色政党制度、党的十七届四中全会精神等学习参考资料专辑10期，约20万字。

【编写《统一战线基础知识问答》】 区社院历时近1年，以2005年编写的《统战干部应知应会手册》为蓝本，重新编写了《统一战线基础知识问答》，近8万字。全书分为统一战线基本理论、统一战线基本方针政策、专用名词和党派、团体与有关单位、中共杨浦区委统战部及统战系统基本情况五个章节，对于基层统战工作者具有实践指导意义。

【召开市、区教学工作研讨会】 12月22日，区社院召开2009年社会主义学院教学工作研讨会。通过研讨，与会同志达成一致共识：2010年市区社院将联手，共同完成三项任务。即：编写一本基础教学参考资料；更新师资库；筹办2010年教学研讨会。上海市社院副院长张颖到会并作讲话。（陈　征）

（八）区台联会

【概况】 2009年，区台联会共有会员130人，其中台胞29人，台属101人。台联会下设中心学习组、对台宣传写作组、台胞联络组、台属联络组、参政议政组、联谊交流组。全年召开会长会议5次，理事会议2次。组织各种学习讨论、联谊活动、听报告等交流活动20次，共计有480余人次参加。撰写对台宣传稿件，一年被录用122

篇；其中网站录用37篇，对外涉台媒体与对内各报刊录用85篇。编印台联会讯4期。春节期间，区台办领导和本会正副会长走访慰问了台胞台属19人，送上礼品和慰问金，把党和政府的关心和温暖送到台胞台属手里。

【形成议案、提案共21件】 在区召开的两会上，台联人大代表产生议案1件，意见2件。政协委员形成提案18件，其中台联会团体集体提案1件。会前，召开台界人大代表、政协委员及知名会员座谈会，并通过各小组基层会员了解社情民意，就台界人士如何为杨浦经济发展和促进海峡两岸早日"三通"做好台湾民心工作等内容进行深入议论。其中，人大议案"杨浦知识创新区的文化建设"得到区人大的重视。台联团体提案"借世博契机、将新康里改造成北外滩'田子坊'，开发建设台湾风情一条街"得到有关领导的重视。个人提案"在国家级创新城区建设中，进一步促进大学生创业的建议"、"关于把区府实事项目做实做好的建议"、"关于治理公共场所犬类粪便污染环境卫生问题的建议"、"关于加强大学校园路边摊管理的建议"、"保障性住房的房型应更灵活合理些"、"关于利用世博机遇举办大型商展及推介活动的建议"等提案，均得到区有关部门领导的重视和好评，并得到了较为满意的答复和落实。

【台胞台属迎新春】 1月12日，假座上海理工大学工会二楼多功能厅举行2009年迎春联欢茶话会。上海理工大学副教授、新任区台联会会长张淑平博士向全区台胞、台属致新年贺词。理工大学港澳台办公室主任郭建中副教授向全体会员介绍了该校国际化办学理念的特点，学校办学的国际化程度进展情况，以及学校港澳台留学生的情况。台界区人大代表冒宏远向全体会员传达杨浦区十四届人大四次会议精神；张淑平传达区政协十二届三次会议精神；区台办主任向全体台胞、台属致以新春的问候并介绍了近期台情。联欢会上上海交响乐团演出了精彩节目和会员们的自娱自乐等。近百名台胞、台属参加了迎春联欢活动。

【闸北区台联到杨浦开展交流活动】 2月25日，闸北区台联会一行9人来到杨浦区参观交流。客人们参观了创智天地和中国武术博物馆，以及旧上海市政府大楼"，领略了市级副中心环五角场商业圈。两区台联会进行了交流座谈活动，分别介绍基本情况和工作要点，双方就新形势下如何开展对台工作进行了沟通交流。

【接待台湾桃园陈氏宗亲会参访团】 4月25日—29日，区台联会在区台办的统一协调下，接待了台湾桃园县平镇市陈氏宗亲会上海参访团一行18人。参访团参观杨浦城市规划展示馆和旧市政府大楼、飞机楼等优秀历史建筑；参观了上海印刷博物馆、中国武术博物馆等，受到台湾客人的高度赞赏。区台联将《上海市杨浦区台胞台属联谊会成立20周年纪念册》赠送给每一位台湾客人；在上海"迎世博600天"之际，台联会还向客人们赠送了世博会书籍《城市，让生活更美好—上海世博会读本》。

【台胞参与世博会志愿者活动】 5月1日，上海世博会志愿者招募（杨浦·同济）启动仪式在四平社区文化中心开幕。市委常委、市委宣传部部长、上海市世博会筹办工作领导小组志愿者组组长王仲伟，同济大学党委书记周家伦为上海世博会杨浦和同济大学志愿者工作站揭牌。区委书记、区人大常委会主任陈安杰，区委副书记、区长宗明出席活动，区委常委、宣传部部长邹明主持活动仪式。由区台联会、台盟杨浦区委组织的由20人参加的在沪台湾省籍同胞志愿者队伍，在区台联会会长张淑平带领下出席启动仪式。

【举办学习胡锦涛总书记对台讲话培训班】 9月11日—12日，台联会在统战大楼六楼多功能厅举办"杨浦区台联会学习胡锦涛总书记对台重要讲话骨干培训班"。台联会会长、理事和会员20余人参加了培训。培训班特邀请台盟上海市委副主委王中作《海峡两岸形势展望》专题报告会；区社院为学员们主讲《统战理论与实践》。区台办作《如何做好新形势下的对台工作》专题报告。

【孙中山先生铜像揭幕仪式举行】 12月8日，孙中山先生铜像揭幕仪式在上海体育学院举行。2008年2月，区台联会副会

提案者夏申吾副会长在铜像前合影

长夏申吾在区政协十二届二次全会上提交了一份提案称：作为原国民政府历史遗迹的重要部分，孙中山先生对中国的历史进程具有深远影响，尤其是孙中山先生在上海各处的历史纪念地，更为海内外华人所景仰，因此建议有关部门尽快恢复其历史原貌。提案提出后，区文管委多次与夏申吾进行交谈与答复，在各级领导和各界人士的关心支持下，经过积极筹备，孙中山先生铜像再次矗立在上海体育学院行政楼北广场中央花园。（梁素霞）

二十七、治安 司法

（一）综 述

2009年，区公安、检察、审判、司法等工作围绕构建和谐社会和建设杨浦知识创新区中心工作，切实履行职能，维护辖区社会政治安定和治安秩序稳定。区公安机关开展“迎世博、保平安”打击整治攻坚战22个专项行动和代号“亮剑”专项系列行动，全年侦破各类刑事案件3918起，并侦破公安部督办的特大跨国（境）贩毒和特大骗税团伙案等一批有影响的重特大刑事、经济犯罪案件。完善社会治安防控体系，推进平安社区建设。全年全区发生各类刑事案件4990件，比上年减少1.7%。完成国庆60周年烟花燃放、万人“黄河大合唱”等大型活动的安全保卫任务。区检察机关批准逮捕各类刑事犯罪案件571件771人，立案侦查职务犯罪案件13件15人。理顺监督关系，加强监督信息沟通，提升监督水平。首次在审查批捕阶段对一起由民事纠纷转化轻伤害案进行刑事和解。在一起聚众斗殴案中依法对12名在校大学生做出不诉决定。加强刑罚执行和监管活动监督。区法院共审结、执结各类案件18348件，比上年下降1.48%和上升1.66%。在审判中坚持司法为民举措，将调解贯穿诉讼全程。首次以民事、行政和刑事“三合一”审判模式审结一起假冒他人注册商标案。成立诉调对接中心，成立旧改基地巡回审判法庭。积极探索审判服务旧区改造机制。区各级人民调解组织调处纠纷14866件，调解成功14503件，出具协议书8008份。加大治安、医疗事故、道路交通事故、商业案件、轻微刑事案件和刑事附带民事赔偿案件的委托调解力度，开展人民调解进商务楼宇，推进人民调解进楼组。组织律师、公证员深入区重大工程建设和动拆迁基地，提供全方位法律服务。区法律援助中心承办案件563件。建立劳动争议人民调解联动机制，使人民调解提前参与至劳动争议仲裁阶段。

（二）公 安

【概况】 2009年，区公安工作以再创优秀公安局为目标，推进“三项建设”（信息化、执法规范化、和谐警民关系建设）、“三项管理”（人口、社区警务、虚拟社会管理）和队伍正规化建设，完成各项工作任务，维护辖区社会政治和社会治安持续稳定。杨浦公安分局被评为上海市优秀公安局，分局机关被评为2007—2008年度上海市文明单位。（1）维护政治安定。全年上报情报信息264份，其中被公安部录用85份，被市局录用28份；全年化解上级部门交办疑难信访件38件，投诉类信访件、群众越级上访数分别比上年减少24.9%和42.6%，降幅均列全市第一；查处“法轮功”邪教组织煽动性案件25起；化解各类不安定因素168起（次）；完成国庆60周年烟花燃放、万人“黄河大合唱”等大型活动的安全保卫任务。（2）“严打”整治行动。开展“迎世博、保平安”打击整治攻坚战22个专项行动和代号“亮剑”专项系列行动，全年侦破各类刑事案件3918起，查处犯罪嫌疑人1368人；侦破公安部、市公安局督办的重特大专案3起，查处犯罪嫌疑人60人；侦破恶势力专案6起，查获犯罪团伙58个，查处犯罪嫌疑人296人；命案侦破率100%；侦破各类经济犯罪案件369起，查处犯罪嫌疑人156人，追回经济损失2984万余元；

抓获逃犯433人；在羁押人员中深挖犯罪线索141条，协破刑事案件389起。(3)社会治安管理。开展吸毒人员集中收戒、打击涉刀涉枪犯罪和查禁娱乐休闲场所“黄、赌、毒”等专项行动，全年查获“黄、赌、毒”治安案件2593起，查处涉案人员2019人，收戒吸毒人员712人。加强针对性防范宣传和设施建设，严密防控体系，刑事发案得到有效控制，全年发生各类刑事案件4990起，比上年减少1.7%，其中群众关注的“两抢”(抢劫、抢夺)、入民宅盗窃侵财类案件分别比上年减少11.8%和12%。(4)公安行政管理。完成全区居住房屋及实有人员信息采集、人房信息关联等工作，实现门弄牌定位率、房屋信息采集率、人房关联率三个100%和实有人口登记率95%目标。完善交通管理模式，改善道路交通秩序，全年发生交通事故(上报)181起，死亡15人，分别比上年减少18.8%和6.3%。抓好消防监管和火灾隐患排查整治工作，完成全区42家餐饮场所厨房安装自动灭火设施的区府实事项目，全年发生火灾事故223起(启用新统计方法，不搞比较)，死亡1人，比上年减少50%。(5)基础建设。投入1.38亿元用于信息化和“一八五”(一个基础、八个平台、五个系统)项目基础建设，推行网上办案、网上办事、网上侦查和基础工作信息化警务模式；在各居民小区业主论坛上建立209个网上社区警务室，健全完善群众报案、求助、办事回访工作制度；制定10余份执法规范性文件，建立完善执法监督工作联席会议和执法过错问责、追偿制度；探索“两个实有”(实有人口、实有房屋信息)全覆盖工作长效机制，基本形成“动态、重点和综合管理”运作架构；建立24小时受理咨询、提供各种警务服务的网上警务窗口和“三会一公约”(社区事务听证会、社区矛盾调解会、社区民警评议会，社区群众自己制定并要共同遵守的公约)等警民双向沟通机制；以网上社区警务室为平台，探索建立队伍“专业化＋普及化”全警参与和网上网下联动的体制机制。

【新江湾城派出所推进新一轮社区警务建设】 1月始，新江湾城派出所围绕新一轮社区警务机制建设，以提升群众安全感、满意度，构建和谐社区、和谐警民关系为目标，通过“四个突破”，即突破责任区警种运作模式、突破信息应用瓶颈、突破原有防范模式、突破来沪人员单一管理模式等措施，提升打、防、管、控等实战效能，取得明显成效。全年共查获寻衅滋事、盗窃等违法犯罪团伙5个，其中一个系市局督办涉黑涉恶犯罪团伙，查处犯罪嫌疑人108人，辖区刑事案件比上年减少33.7%，其中入室盗窃、入民宅盗窃、扒窃拎包、盗窃“三车”等与群众相关的侵财类案件均得到有效控制，分别比上年减少50%、13.3%、70.3%和45.8%。

【开展打击银行卡犯罪专项行动】 2月，针对犯罪嫌疑人持银行卡恶意透支、冒用信用卡和使用伪卡诈骗犯罪增多(仅上半年区各商业银行信用卡诈骗犯罪报案数比上年同期增加20%)情况，开展为期半年的打击银行卡犯罪专项行动。采取情报导侦，主动出击、内外合作、联手打击等措施，取得明显实效。截至7月底，共侦破各类银行卡犯罪案件66起，查处犯罪嫌疑人20人，抓获逃犯7人，追缴赃款86万余元，各项数据在全市经侦系统中名列第一。

【推广社区民警王礼明“五勤”工作法】 江浦路街道陈二居委有4个新老小区、1870余户居民，治安状况复杂，刑事案件多发，且邻里纠纷频发，群众安全感、满意度均较低。2001年，江浦路派出所社区民警王礼明接任该管段，积极实践、探索，形成一套行之有效的“五勤”社区工作方法，即关爱群众勤服务、基础工作勤调研、治安防范勤挖潜、调解纠纷勤动脑、转化对象勤攻心，确保一方平安。王礼明管辖的小区2002年—2007年被评为市文明小区，2006年和2007年被评为市安全小区和市平安小区，2008年被评为全国百佳学习型社区，中央电视台作专题报道。2月，区公安分局总结王礼明“五勤”工作法，并在全区推广。

【大桥派出所狠抓“三个环节”预防减少上访】 2月，大桥派出所紧扣民警预先控访、领导靠前约访、协助上级接访三个环节，上下联动，内外结合，多策并举，着力从源头预防减少上访，将矛盾纠纷化解在社区，确保辖区一方稳定。全年共收到各类信访207件，其中投诉类信访62件，越级上访9件，分别比上年减少11.8%、56.9%和46.4%，未发生涉及公安的进京上访事件。

【消防整治攻坚战效果明显】 4月，消防支队开展为期半年的“迎世博、保平安”消防整治攻坚战，组织各派出所全力消除火灾隐患，杜绝死亡事故。以公众聚集场所、高层和地下建筑、危棚简屋消防安全监督以及民用爆炸品管理为重点，通过狠抓火灾隐患排查整治、严格日常监督管理和构建长效机制等措施，创造良好的消防安全环境。截至9月23日，共组织各类集中检查行动52次，整改火灾隐患3602处，发放法律文书3349份，处罚场所179家；火灾死亡人数、伤人数分别比上年同期减少50%和33.3%，抢救财产总值比上年同期增加556.3%，全区火灾形势持续稳定。

【控江路派出所以“三个三”工作法推进打击整治攻坚战】 4月，“迎世博、保平安”打击整治攻坚战开展后，区公安分局控江路派出所发挥“三支队伍”（办案队、巡逻队、打击小分队）作用，形成严打高压态势；发挥“三防措施”（人防、技防、物防）作用，扎实基础防范工作；发挥“三项激励”（运用考核、标兵评选、树立典型）作用，营造争先创优氛围。截至10月21日，共侦破四类案件（入室盗窃、扒窃拎包、街面诈骗、盗窃车内物）68起，查处犯罪嫌疑人13人；查获犯罪团伙2个，查处犯罪嫌疑人14人；入室盗窃、扒窃拎包和街面诈骗案件分别比上年同期减少20.7%、7.5%和41.2%，盗窃车内物案件与上年同期持平，辖区刑事发案得到有效控制。

【开展打击街面突出治安问题专项行动】 4月，通过对110警情、治安打击、民警走访等信息梳理汇总，以及现场实地踏勘等手段，对区内街面突出治安问题重点区域开展全面排摸，确定拉客招嫖、扒窃拎包、兜售淫秽物品和流浪乞讨等四类街面突出治安问题的重点区域（路段）18处，按一点一方案要求，对重点区域逐一制定针对性打击整治措施。通过着装巡逻和便衣巡逻、机动巡逻和定点守护、日常防控与重点整治相结合，组建5支由治安、刑侦支队，派出所民警和社保队员组成的便衣打击小分队，实行重点区域网上和实兵联动巡逻、图像监控室和街面执勤力量协作联动，提高打击整治工作覆盖面。截至10月底，共查处各类街面违法犯罪人员613人，街面治安得到有效管控。

【打防入室盗窃犯罪】 4月15日始，在“迎世博、保平安”打击整治攻坚战22项专项行动中，将涉及民生、又易形成社会热点的入室盗窃案件作为打防重点之一，通过挖掘警种联动增长点，提升“以打促防”实效性；抓住信息建设切入点，凸显“信息导防”针对性；紧扣警社合作关键点，提升“基础实防”有效性，取得明显成效。截至11月底，共侦破入室盗窃案件163起，查处犯罪嫌疑人65人；全区接报入室盗窃案件561起，比上年同期减少23.7%。

【抓获1名隐匿17年的命案在逃人员】 8月1日，殷行派出所接到银行报警系统反馈，有一存款人使用王富友身份证在嫩江路邮政储蓄所内办理大额现金（41万元）汇款手续。经比对，王富友系1992年发生在黑龙江省1起故意杀人案的犯罪涉嫌人。专案组运用综合信息系统查询比对功能，通过排查和追踪，于26日在民星路408弄内抓获犯罪嫌疑人王富友（男，46岁，黑龙江省依兰县人），并在其住处缴获“王洪凯”假身份证1张。经查，1992年王富友在黑龙江省实施杀人后，便潜逃至上海，以“王洪凯”身份隐匿在沪打工和经商至案发。

【侦破“4·16”“纵深行动”骗税团伙案】 2008年5月初，区公安分局获悉，自2007年7月起，一自称“林华潮”的广东籍男子，涉嫌利用上海某外贸公司业务员在外贸代理活动中失职漏洞，通过该外贸公司为江苏等地生产厂家出口总额逾3000万元木质家具，并通过申报退税获利300万元等。经查，该骗税犯罪团伙系一个庞大的跨省市犯罪网络，作案环节复杂。在公安部统一指挥下，在广东、安徽、江西等地警方和税务、海关部门配合下，沪、粤、赣、皖协同开展代号“纵深行动”的集中破案抓捕行动，经缜密侦查，于2009年5月26日查获以犯罪嫌疑人张杰明（男，36岁，广东省饶平市人）为首，跨国境、跨

5月28日，押解“4·16”骗税团伙案犯罪嫌疑人回沪

省域实施骗税犯罪团伙，抓获犯罪嫌疑人22人，缴获赃款600余万元，涉案外贸公司15家，涉案开票企业100余家，虚开用于退税的增值税发票9亿余元，涉案骗税金额1亿余元。案件侦破工作在2009年度上海经侦系统经济犯罪案件侦察破案精品案例评选中获金奖。

【侦破“3·10”特大跨国(境)走私、运输、贩卖毒品案】 2008年11月13日，区公安分局根据线索，抓获涉嫌非法持有毒品犯罪嫌疑人马群(男，38岁，上海市人)、王琴芳(女，32岁，浙江省嘉善市人)，当场缴获冰毒50余克，并在王住处查获疑似冰毒、K粉毒品100余克，以及用于加工毒品搅拌器、烘箱、模具等工具。经追审，于2009年3月9日在虹梅路又抓获涉嫌贩卖毒品外籍犯罪嫌疑人刘伟(男，49岁)等4人，缴获毒品可卡因800余克。刘交代其与香港籍男子干如良等人共同组织跨境、跨地区毒品贩运，并称将有大宗毒品于近期通过渔船从公海入境。分局会同市局有关部门组成专案组，并报请公安部批准，该案被列为2009年度公安部毒品目标案件。在公安部指挥下，在浙江、辽宁、福建、广东、香港等警方配合下，经缜密侦查，于5月12日侦破该起跨国(境)走私、运输、贩卖毒品案，分别在浙江舟山、辽宁大连抓获犯罪嫌疑人干如良(男，66岁，香港人)等6人，缴获冰毒9.794千克、运毒渔船一艘。7月16日，公安部对案件侦破发来贺电。案件侦破工作在2009年度刑警803破案奖评比中获金奖。（陈光星）

(三)检　察

【概况】 2009年，区检察工作切实履行检察职责，保障世博会顺利举办、服务杨浦国家创新型试点城区建设。区检察院被命名为市文明单位。寿志坚被授予市人民满意的公务员称号，赵萍被授予市三八红旗手，封雪冬被授予市青年岗位能手。(1)打击刑事犯罪。全年共批准逮捕各类刑事犯罪嫌疑人571件771人，提起公诉679件952人。其中批逮严重暴力犯罪以及抢劫、抢夺、盗窃等侵财犯罪嫌疑人351人，提起公诉382人。批捕公安部督办、涉嫌骗取出口退税3800余万元的12名犯罪嫌疑人，组织专项公诉6批27件39人。批捕制假售假、金融诈骗、非法经营等破坏社会主义市场经济秩序犯罪嫌疑人72人，提起公诉132人，逮捕36名非法集资等金融犯罪和利用金融产品、融资工具等实施的新型金融犯罪嫌疑人，提起公诉85人。会同公安打击侵犯著作权等专项活动，依法逮捕6人，提起公诉8人。(2)查办和预防职务犯罪。共受理举报线索57件，立案侦查13件15人，判决的6人均判处有期徒刑以上刑罚，其中4人判处5年以上有期徒刑(3人被判处10年以上有期徒刑)，涉案金额522万余元，为国家挽回损失262万余元。查处高校合作办学等领域窝、串案件8件9人。侦破工程建设领域职务犯罪案件5件6人，查办国企改制中的职务犯罪案件3件4人，查处1起动迁公司工作人员贪污公款案。查办执法人员职务犯罪案件1件1人，结合办案开展个案预防8件、专项预防5件，发出检察建议5份，提出预防对策11件，督促有关单位建立健全规章制度12项。与区纪委联合开展预防违纪违法犯罪预测预警工作，在11家有行政执法权的成员单位试点。到机关等单位作法制报告20余场次，编发《预防专刊》4期4000册。结合顾祺祺贪污社会救助金案开展系统预防做法，得到市检察院、区委肯定，并获市检察院服务大局保障民生十佳案（事）例提名奖。（3）诉讼监督。会同公安等部门会签《关于贯彻落实〈上海检察机关、公安机关关于进一步加强监督配合机制的若干意见〉的实施意见》、《关于刑事案件适时介入、捕前协商工作的若干意见》等文件，理顺监督关系，加强监督信息沟通、提升监督水平。落实宽严相济政策，依法不批准逮捕39件62人，不起诉4件16人，建议法院从轻处理100余人。首次在审查批捕阶段对一起由民事纠纷转化轻伤害案进行刑事和解。在一起聚众斗殴案中依法对12名在校大学生做出不起诉决定。加强未成年人刑事检察工作，推动建立法定代理人到场、合适成年人参与等机制。在3起相对不起诉案中探索未成年人轻罪犯罪记录有条件消灭。追捕犯罪嫌疑人28人，追捕到位28人，追诉27人。追诉公安遗漏起诉犯罪事实8项。依法对5名犯罪嫌疑人做出绝对不捕决定。开展刑事审判法律监督专项检查。抗诉抢劫案1件，得到法院改判。在民事审判和行政诉讼监督中，建议提请抗诉案件3件，法院再审改判2件，向法院发出检察建议4件，得到采纳。（4）加强刑罚执行和监管活动监督。共发出检察意见书19份、检察建议2份、检察公函23份，提出不同意减刑、假释的检察意见各2件。加强羁押期限检察，制发《催办函》7份，提请二分院发出纠正违法通知书1份。（5）社会稳定工作。坚持检察长接待和领导包案等制度，定期下访巡访，受理各类申诉86件，接待来访358人，化解祁祥华等缠访案，相关经验被高检院申诉厅全文转发。协助高检院办结赵鹤民申诉案。

【寿志坚荣膺市人民满意的公务员】　区检察院公诉科副科长寿志坚先后获得全国敬业奉献好人、市第二届十大平安英雄、区政法系统标兵、执法为民好干警、第二届杨浦好儿女，市检察系统个人二等功、三等功。面对荣誉他没有止步，克服癌症病痛，2006年—2009年，办案282件388人，审核案件1892件，追诉到位14名犯罪嫌疑人，办案数量、质量名列前茅。2009年12月29日，在上海市人民满意的公务员和人民满意的公务员集体表彰大会上，寿志坚被授予上海市人民满意的公务员光荣称号。

8月26日，盗窃煤气案件专题研讨会

【办理盗用燃气案】　2008年10月，靳家云与其丈夫林青荣无证经营欣梦酒家。在未向燃气公司（下简称公司）付清管道施工费，公司未安装燃气表具、开通人工煤气情况下，私接管道，盗用煤气用于酒家经营。2009年3月，公司在日常检查中发现，拆除其私接设施。靳、林俩人再私接继续盗用。7月，又被公司发现即向区公安分局报案。区检察院根据案件实际情况经调查取证，确立此案犯罪数额计算方式和认证规则，即犯罪金额＝设备总流量 × 营业小时 × 营业天数 × 燃气单价。设备总流量计算采取同类营业场所比对后，由专业机构根据国家标准进行检验测试的方式最终确定；营业小时、营业天数确定，则鉴于此类无证小饭店经营的非规范性，采取有利被告人原则。经鉴定，靳、林俩人无证经营欣梦酒家期间，盗用人工煤气价值8.3万元。经区检察院提起公诉，11月13日，区法院以盗窃罪判处靳家云有期徒刑3年,缓刑4年,罚金人民币2万元;判处林青荣有期徒刑3年,缓刑3年,罚金人民币2万元。2009年12月22日,市检察院以上海市人民检察院检察委员会通报形式发布区检察院办理靳家云、林青荣盗用燃气案,为全市检察机关提供案例指导。

【侦破鲁鸿雁受贿案】 鲁鸿雁,男,1968年4月16日生,原系同济大学网络教育学院、继续教育学院(下简称网院)常务副院长。同济大学与上海住大企业发展有限公司采取合作办学模式,于2007年6月成立同济大学沪西学院。办学性质属非学历教育,学院理事会推荐鲁鸿雁兼任沪西学院院长,并经同济大学批准任命。在合作办学以及与上海千帆进管理进修学院、上海盛玺数字科技发展有限公司业务往来中,鲁鸿雁利用全面负责网院及沪西学院工作的职务便利,包括在新生入学、与网院之间互换(互认)学分、沪西学院学生转入网院就读学历文凭等事项上具有决定权之便,以疏通关系等为由,收受贿赂共计33万元。2008年11月27日区检察院对鲁鸿雁涉嫌收受贿赂立案侦查,12月11日逮捕。2009年9月23日,区法院以犯受贿罪判处鲁鸿雁有期徒刑11年6个月,剥夺政治权利2年,没收财产2万元。

【侦破忻建鸣受贿案】 忻建鸣,男,1952年10月16日出生。忻建鸣从1999至案发前担任区教育局全额拨款的事业单位——区教育工程设备综合管理站站长,全面负责教育局下属中小学幼儿园等教育单位基建(大房修)项目、校舍、设备采购分配、财产等管理工作。2005年至2009年4月间,忻建鸣先后收受承建工程项目工程队、上海仁信安装工程有限公司、上海南汇建工集团坦直建筑分公司、江苏宜兴市盛唐门窗有限公司等相关人员贿赂折合人民币共计100余万元。2009年5月15日,检察院接到举报后对其展开初查,6月16日立案侦查,7月1日以涉嫌收受贿赂将忻建鸣逮捕。12月29日,区法院以犯受贿罪判处忻建鸣有期徒刑12年,剥夺政治权利2年,没收财产5万元。

【侦破陈小铨受贿案】 1月,区检察院根据群众举报调查发现上海打捞局工程船队设备科科长陈小铨(男,1967年5月23日出生)在62号船的改建及大力号船的改造业务过程中有收受业务单位现金事实,于5月20日立案侦查并刑事拘留, 6月2日逮捕陈小铨。查明陈小铨2000年至2009年担任上海打捞局工程船队航机科(2009年更名为设备科)科长期间,利用负责船队所属船舶修理及机务、技术管理等职务便利,在与东海船舶修造厂开展大力号轮改造期间,多次收受该厂修船管理部人员贿赂,在与上海祥帆船舶工程有限公司及舟山定海4806工厂盘峙修造船分厂开展沪救捞62号船改建业务过程中收受贿赂,共计11万余元。10月16日,区法院以犯受贿罪判处陈小铨有期徒刑10年,剥夺政治权利1年,没收财产1万元。

【抗诉邓正娥抢劫案获改判】 2008年8月4日,邓正娥至被害人龚某某家中,诱骗龚吞服两粒晕车药昏睡后,将写字台上人民币500元取走。同年8月14日,邓正娥至尤某某家中,采用同样手法实施犯罪,但尤并未昏睡,后邓正娥趁尤离开之际,窃得现金1800元、身份证及银行存单后逃逸。次日,邓正娥持存单、身份证从银行取现2.1万元。区法院以犯抢劫罪、盗窃罪判处邓正娥有期徒刑7年6个月,罚金1万元。区检察院经审查认为,邓正娥系“入户抢劫”,原判适用法律错误,量刑畸轻,遂提出抗诉,市检察院二分院支抗。2009年5月22日,第二中级人民法院认定邓正娥入户抢劫,判处其有期徒刑12年,剥夺政治权利2年,并处罚金1.5万元。

【不起诉12名在校大学生】 2008年8月,犯罪嫌疑人张某、吴某与葛某因琐事发生矛盾,葛某遂纠集姚某、花某,张、吴纠集陈某等7人(均系高中同学),双方次日进行互殴,致姚某轻伤,葛某、花某轻微伤。区检察院提前介入侦查,在掌握12名犯罪嫌疑人已被上海财经大学、上海理工大学等高校录取情况后,从办案政治、社会、法律效果出发,及时与公安研究处理方案。一是采取非羁押强制措施,确保顺利入学。案发距高校开学仅数天,如对犯罪嫌疑人采取羁押措施,势必对入学产生不利影响,更可能影响其今后人生轨迹，因此建议公安采取取保候审强制措施。二是落实观护帮教措施，强化对涉案人员教育挽救。由检察、公安组成专人观护帮教小组，定期对涉案学生考察谈话，加强教育，促进转化。三是作出不起诉决定，对犯罪记录有条件封存。鉴于涉案人员均系初犯、偶犯，因同学矛盾引发斗殴，主观恶性不大，且均有自首情节，并在考察期内表现良好。2009年8月，区检察院对12名犯罪嫌疑人作出不起诉决定，并联合公安对犯罪记录予以封存。

（殷小龙）

（四）审判工作

【概况】 2009年，区审判工作以科学发展观为统领，认真开展“人民法官为人民”主题教育活动，坚持为大局服务，为人民司法，努力满足人民群众维护合法权益的新要求，切实履行宪法和法律赋予的职责，为促进杨浦经济平稳发展和社会和谐稳定提供司法保障。区法院被中央政法委、解放军总政治部评为全国维护国防利益和军人军属合法权益工作先进单位、荣获上海市文明单位、上海政法系统化解信访矛盾工作先进集体，民事一庭、立案庭被市妇联评为巾帼文明岗。（1）案件审理。共受理各类案件17692件，连同上一年存案共审结、执结18348件，比上年分别下降1.48%和上升1.66%；存案件942件，比上年下降41.05%。案件平均审理天数44.52天。二审改判、发回重审瑕疵率1.2%。受理刑事案件710件，审结718件；受理民事案件9960件，审结10453件；受理商事案件1870件，审结1895件；受理行政案件92件，审结101件，有7起案件行政首长出庭应诉，促成原告与行政机关和解而撤诉的占32.67%；受理知识产权案件168件，审结178件；受理执行案件4843件，执结4953件，执结标的7.45亿元，执行标的清偿率88.94%。（2）注重司法为民。在审判中坚持深化司法为民举措，落实诉调对接中心场地建设，构建1个诉调对接中心、4个巡回审判点、12个社区法官工作站的工作机制，将调解贯穿诉讼全程，民、商事案件调、撤诉率77.55%，排名全市法院第一，刑事案件附带民事赔偿部分调解率86.54%。（3）应用法学研究。结合审判实务与复旦、同济等高校加强法学理论交流，共撰写调研文章和案例163篇，其中30篇论文在国家或省市级刊物上发表，9篇论文在全国、上海市和上海法院系统获奖。全年共被上级法院采用信息、专报和情况反映73篇，被最高法院转发3篇。（4）信访接待和化解矛盾。深化立案接待窗口规范化建设，发挥咨询、查询、导诉、立案、信访、调解等功能，开展网上信访、判后答疑、司法救助工作，全年共接待来访31286人（次），处理来信3008件。向61名经济困难当事人提供司法救助金114万元，全年缓、减、免交诉讼费，金额共计40.25万元。（5）综合治理和法制宣传。推进法律宣传进社区、进校区，组织审判人员开展未成年人保护工作，编写依法行政、劳动争议和知识产权纠纷案例集3册，组织近百名学生旁听庭审，指导和帮助学校和社区举办模拟法庭。围绕杨浦建设国家科技创新型示范城区，制定为知识杨浦提供知识产权保护服务的若干意见，与区检察院建立协调沟通机制，就知识产权刑事案件的公诉、审理、预防等定期交流。

【向全区居民发出公开信】 3月10日，为提高巡回审判方式化解和调处矛盾纠纷的知晓度，区法院在各社区广泛张贴和发放《杨浦法院巡回法庭告社区居民书》，介绍社区巡回法庭主要受理婚姻家庭、“三费”（抚养、赡养、扶养）纠纷、涉及房屋财产损害赔偿、相邻纠纷，欠费引发的物业管理合同纠纷等7类案件。社区居民凡涉及上述民事纠纷，可先到社区居委会、街道（镇）人民调解工作室、社区法官进行调解，调解达成协议后要求出具法院调解书的，可移交巡回法庭法官制作调解书；若调解不成的，也可移送巡回法庭就近审判，减少社区居民奔波之累，受到社区居民好评。截至12月底，区法院巡回法庭共接待居民群众1119人次，协助社区对1018起矛盾纠纷开展化解工作，开展以案论法228次，对1884人次的社区居民进行普法宣传。

【以“三合一”审判模式审结一起假冒他人注册商标案】 浙江余姚来沪经商的余远生和钱幼素夫妇，假冒他人生产并注册商标的“山牌”和“合和”门窗滑撑铰链，在沪非法经营共计18万元。3月15日，区法院首次以民事、行政和刑事“三合一”审判模式，由负责审理知识产权案件及刑事案件的法官共同组成合议庭，对被告人余远生侵犯他人知识产权行为，以及触犯刑法的犯罪行为合并进行审理。查明，2006年4月，余远生与妻子钱幼素作为合伙股东，共同申请设立余姚市鼎铃门窗配件有限公司，实际经营地在宝山区一处租赁房内，由妻子钱幼素担任公司法定代表人，丈夫余远生担任总经理。公司创业之初主要经营小型汽车遮阳伞。2007年初，夫妻俩商量决定改做建筑上广泛使用的各种规格的门窗滑撑铰链，并看准广东一建筑有限公司生产的“山牌”和佛山市一家实业公司生产的“合和”牌门窗滑撑铰链，不但质量好，而且销路畅，在建筑行业有一定的知名度。为摆脱公司生产困境，由余远生至上海某建筑市场低价购进生产门窗滑撑铰链材料运至老家，以每根一角五分的价格，请人在材料上用冲压机床刻上“山牌”或“合和”商标，在完成其他生产装配工序后，以假冒他人生产并注册商标的“山牌”和“合和”门窗滑撑铰链，在沪出售给3家建筑公司。经审理，区法院认为，被告人余远生的行为构成假冒注册商标罪，公诉机关指控罪名成立，依法应予惩处。当庭作出一审判决，判处余姚市鼎铃门窗配件有限公司罚金91000元；判处被告人余远生拘役6个月，缓刑6个月，罚金9000元。

【社区法官机制与基层社区治理研讨会在杨浦举行】 6月1日，市法官协会和杨浦区委在复旦大学新闻学院报告厅联合举办社区法官机制与基层社区治理研讨会，杨浦区委作题为《党委领导、司法主导、多方参与，积极构建诉调结合化解矛盾的社区治理新机制》主题报告；区法院和区司法局分别作题为《围绕区情民意、主动跨前服务、推动法治社区、促进科学发展——社区法官机制实践与经验》、《不断贴近民生需求深入开展诉调衔接》分报告。与会代表根据建设社会主义和谐社会的各项要求，围绕当前城市治理中，如何运用诉调结合方式化解社会矛盾的主题进行深入探讨，为进一步强化法治化城市建设，畅通司法机关与人民调解组织协调配合渠道，探索新时期预防化解社会矛盾的新途径，提供理论支持和决策依据。

【开展世界知识产权日宣传周活动】 4月22日—29日，为营造鼓励知识创新和知识产权保护的良好环境，结合审判实际开展“4·26”世界知识产权日宣传周活动。邀请上级法院资深法官，在复旦科技大厦面向区科技企业举办讲座，就企业商业秘密保护的现状和问题、商业秘密的基本原理、司法认定商业秘密侵权的步骤、现行法律法规等方面进行讲解。同时，向社会各界开通区法院知识产权维权热线，采用24小时接听方式，为社会各界有知识产权保护与救济需求的单位和个人提供法律咨询服务，由知识产权审判庭法官做好记录并及时解答。期间，区法院领导走访区重点科技企业，召开座谈会和联席会议，解答知识产权法律问题，查找管理漏洞，提高尊重他人知识产权和保护自身知识产权意识。

【审慎处理企业资金“断链”和个人“断供”案件】 为积极应对金融危机引发一些从事加工出口服装、机械零件等企业因订单“断链”，和个人还贷能力下降引起

社区法官机制与基层社区治理研讨会

“断供”纠纷，努力做到审理一案，盘活一家企业，稳定一户人心。区法院慎用司法强制措施，注重利益平衡，审慎处理企业订单“断链”、个人“断供”案件，共审结商事案件1895件，商事案件调结撤诉率77.56%，排名全市法院第一，市高院在区法院召开全市法院商事审判调解工作推进会，推广区法院商事审判调解模式。

【成立诉调对接中心】　8月20日，举行诉调对接中心揭牌暨改建启动仪式。市高院副院长盛勇强、区委副书记魏伟明为诉调对接中心揭牌。魏伟明指出，成立诉调对接中心，有利于促进构建杨浦多元化矛盾纠纷解决机制，标志着杨浦在构建完善多元纠纷解决机制迈出坚实一步；有利于形成工作协调、职能互补的工作机制，形成上下联动、齐抓共管、各司其责的工作模式。成立诉调对接中心有利于发挥审判资源优势，构建以诉为背景、诉为指导、诉为依托、诉为保障的一门式大调解平台。诉调对接中心制订文明接待、网上信访、网上立案审查、判后答疑、司法救助和法律援助衔接等各项便民利民制度。

【开展法官走进社区走近群众司法服务日活动】　为实现审判资源下沉，扩大司法服务工作，10月起，区法院要求每一位法官对口联系两个居委会，每季度至少一次到居委会了解社情民意，以提高做群众工作的能力；通过提供法律咨询和法律服务，直面群众、沟通思想，满足社区居民不断增长的司法需求；及时疏导民情、促进社会和谐稳定。要求所有参加活动的法官记明社区群众反映的问题或提出建议，以及现场处理情况，对未能解决的问题应记录附表。至12月底，区法院所有法官都走访了对口联系的居委会。

【苏泽林到区法院调研】　11月3日，最高法院副院长苏泽林和出席全国法院立案信访窗口建设经验交流会的近200名立案信访领导到区法院调研立案接待窗口司法为民达标创优活动情况，普遍认为区法院立案接待窗口体现了有序、规范、便民、便捷的管理模式。在克服原有基础设置不足的情况下进行重建，取得因陋就简、温馨协调、为民便民、诉调对接的成效，取得投资少、标准高、场所小、设施全的效果，有利于经济欠发达地区法院学习、借鉴。

【成立旧改基地巡回审判法庭】　11月7日，区法院在平凉路街道18街坊动迁基地举行旧改基地巡回审判法庭揭牌仪式。在动迁基地现场设立巡回审判法庭，使动迁居民有了便捷的法律服务渠道，使社区有了更完整的法律保障体系。旧改基地巡回审判法庭接受动迁居民关于动拆迁政策及相关法律咨询，并对动迁组织、基层人民调解组织和社区社工的矛盾调处业务能力开展培训。至12月底，区法院旧改基地巡回审判法庭共接待居民群众500余人次，搭建调解公信平台18个，成功调处矛盾纠纷6起，签订书面协议2份。

【对市首起盗用人工煤气案作出判决】　11月13日，区法院对上海首起盗用人工煤气引起的刑事诉讼案进行公开审理，并当庭作出一审判决。检察机关指控被告人靳家云、林青荣夫妇在双阳路开设欣梦酒家期间，未向上海燃气市北销售有限公司付清人工煤气管道施工费的情况下，私接管道盗用人工煤气用于酒家经营活动。经查实，3月，上海燃气市北销售有限公司工作人员在日常检查时发现上述被告人私接管道盗用人工煤气用于酒家经营活动遂于拆除。7月，在检查中再次发现被告人仍在继续盗用人工煤气遂报警。经鉴定，确认上述被告人共盗用人工煤气金额83000元。案发后，上述被告人在家属配合下退赔了赃款，法院依法作出酌情从轻处罚，判处被告人靳家云有期徒刑3年，缓刑4年；判处被告人林青荣有期徒刑3年，缓刑3年，各处罚金2万元。

专　文

积极探索审判服务
旧区改造新机制

区法院把审判工作置身于区委工作大局中思考，置身于杨浦的发展建设中定位，2007年以来，围绕旧区改造（以下简称旧改）工作，充分做好司法保障和法律服务工作，不断探索、实践审判服务旧区改造的新机制。

帮助营造旧改诚信氛围。轨道交通12号线是全市重大基础设施建设项目。杨浦段沿线居民虽然盼动迁的愿望很强烈，但有少数居民对动拆迁工作缺乏认同和信任。为此，区法院与区建设交通委员会联手，把听证程序引入动拆迁中，搭建动迁公信平台：一是拆迁人、被拆迁人和房屋承租人可以就原住房建筑面积的认定、应安置人口的认定和保障托底补贴对象的认定等争议申请听证；二是对自己的或他人的动拆迁安置结果有异议的被拆迁人可以获得答疑；三是对拆迁公司拆迁过程中的做法进行监督。具体举措：一是深入拆迁基地，加大法制宣传力度，帮助被拆迁居民解读物权法的法律内涵；二是聘请退休法官担任首席听证员，发挥法律专长，直接参与听证事项的评议；三是针对可能影响达成拆迁协议的被拆迁人家庭内部矛盾纠纷，由社区法官和巡回法庭提前介入诉前化解。听证程序的引入，推动了轨道交通12号线杨浦段拆迁工作，被拆迁户在酝酿期和有奖期的100天签约率达到98.2%。

突破旧改试点法律障碍。区委、区政府对建造于上世纪50年代的煤卫合用、不成套的系统公房，由政府牵头对旧房拆除重建。此举在试点基地内得到了大多数居民的支持，但也有少数承租户不同意改造、拒绝签约从而影响整个重建工程的实施。区法院为突破这一僵局，积极寻找法律支撑，和有关部门共同研究，参照《物权法》精神提出建设性意见，并邀请上级法院、法学专家对拆除重建旧房改造的法律性质、拆除重建所涉房屋的物权属性、司法介入的法律依据等问题进行充分研讨。在取得共识的基础上，报请市高级法院会同区政府和市政府法制办、市人大法工委等部门就《上海市房屋租赁条例》第42条进行释法。市人大法工委以函复形式明确“出租人的改造方案经改造范围内三分之二以上承租人同意，即可认定为出租人和承租人协商一致”。至此，为司法介入拆除重建工作中这一瓶颈问题找到了契合的法律依据。

指导旧改工作规范推进。一是在法院内部设立重点工作督导办公室，对外统一联络沟通，掌握区有关部门和动迁基地的需求，对内结合法院职能，抓协调、抓督办。二是进一步巩固和完善良性互动机制。针对旧区改造和市区重大建设项目推进中面临的动拆迁难题，通过“事前指导”和“规范引导”相结合，从源头上规范和支持政府依法动迁，避免因工作过失引发矛盾和诉讼。在平凉西块一期基地的动拆迁工作中启动了良性互动机制，降低了行政裁决的诉讼率，该基地共拆迁5098户，经前期化解，最终不服拆迁裁决进入行政诉讼的只有25件，占7.3%。

圆满化解旧改纠纷。区法院组建设旧区改造纠纷审判专项合议庭，统一司法标准，重点解决人民群众在旧改过程中遇到的各种法律问题，帮助化解诸如旧改建设项目场地、用房前期租赁关系清理，动迁前期的家庭内部析产、一房多户权属纠纷，动迁过程中的合同履约以及各种衍生纠纷等。审理中坚持调解优先原则，寻找切实可行的方案一揽子解决各方矛盾。一是注重诉前调解，缓和当事人对抗情绪。二是注重释疑解惑，合议庭法官采用电话交流、上门沟通送达等形式反复宣传解释，消除猜疑、增进互信。三是注重关注弱势群众，在调处拆除重建案件中，与有关部门沟通，建议减少需居民支付的相关费用，尽最大努力帮助居民争取较好的居住条件。经努力，涉及旧改的纠纷大多以调解结案，尤其是涉及佳木斯路基地和中原一村拆除重建方式实施公房改造的7起诉讼案，全部达成调解协议，避免了案件判决结案最后强制执行可能引发的矛盾激化后果，实现了多方共赢的社会效果。

（束培民）

（五）司法行政

【概况】 2009年，区司法行政工作以深入学习实践科学发展观活动为抓手，充分发挥各项职能作用和整体优势，为杨浦知识创新区建设提供优质的法律服务和法律保障。（1）人民调解。全区各级人民调解组织调处纠纷14866件，调解成功14503件，出具协议书8008份，其中接受法院委托的民事纠纷4443件，调处成功4091件，接受公检法等部门委托的轻伤害案件247件，调处成功239件。“110”公安、司法联动接处警7512件。在五角场商圈设立人民调解工作室，为企业和消费者提供法律咨询、矛盾纠纷调解、消费投诉等服务，日常接待群众咨询240余人次；选择殷行、五角场等街道试点调解进楼组活动，选聘楼组调解员（信息员），在第一时间调解矛盾纠纷。（2）法制宣传。全年举办领导干部专题法制讲座20次，坚持区人大常委会和区政府常务会议会前学法制度，坚持新任处级领导干部法律知识培训和考试制度（全年117人通过考试），坚持行政首长出庭应诉制度（全年8起）和应诉、答辩等知识培训；继续创建民主法治示范小区活动。会同相关街镇，组织44家居委会创建并申报市级民主法治示范小区；组织各委办局举办法制讲座137次，各街道（镇）举办基层法制讲座342次，法制文艺汇演159场，开展法律咨询活动539次，发放宣传资料45余万份，宣传对象60万人次。（3）社区矫正和安置帮教。推进社区矫正目标管理，率先建立期满宣告预告制度。建立街镇级公益劳动场所14个，1716人次累计公益劳动19138小时；加强对社区服刑人员的心理健康教育、心理关爱和个案心理矫正，为134名初级矫正对象建立心理健康档案，对11名存在心理问题、行为异常的重点对象开展心理危机评估谈话；促进刑释解教、社区服刑人员的就业和帮困解难，开展岗位培训、就业指导和就业援助，实施就业上岗跟踪反馈机制。（4）法律服务。拓展服务杨浦的新方法和新途径，组织律师、公证员深入区重大工程建设和动拆迁基地，接待群众法律咨询640人次，参与调处纠纷293件，同时参与探索区突出信访矛盾化解工作机制，共同研究制定动拆迁信访矛盾《化解口径的认定办法》、《处置方案论证规则》和《处置方案及终结操作流程》等文件，为化解重大突出信访矛盾奠定基础，得到市委政法委副书记林化宾的批示肯定。组织法律服务进经济园区、进企业，指导律师进驻市知识产权园，建立知识产权调解委员会，共举办法制讲座26场，参加对象2000余人次；成功调解2起知识产权保护纠纷，《解放日报》等媒体进行报道；完善工作机制，加强区政府法律顾问团建设，共接收委托处理47件法律事项。截至年底，新引进9家律师事务所，区属律师事务所共有54家。律师事务所共办理案件5047件，业务收入9496万元；公证处办理公证约18000件，业务收入1722万元。基层法律服务所共代理诉讼、非讼业务667件，业务收入239.37万元；区法律援助中心承办案件563件，接待群众咨询5838人次，解答“12348”专线电话咨询4149次。

【开展法制案例教育活动】 2月，组织力量编写包括《杨浦区公民法制教育案例集》、《杨浦区人民调解案例集》、《杨浦区青少年法制教育案例集》和《杨浦区进城务工者法律知识指南》在内的《上海市杨浦区法制宣传教育》系列丛书，免费发放到社区；邀请专家、学者和具有实际办案经验的法律工作者对典型案例进行分析和点评，录制成一套法制系列讲座视频资料，分发到全区各个居委会。视频讲座内容包括《信访条例》、《社会保险政策》、《城镇职工基本医疗保险政策、城镇居民保险政策、医疗保险操作流程》、《常见国内民事公证》、《老年人权益保护》、《劳动合同的履行与劳动争议的处理》、《法律援助实施的几个问题》、《物业管理条例》、《动拆迁法律法规讲解》和《依法调解》等10讲。各居委会认真组织居委干部、社区党员、楼组长和居民观看，播放200多场次，受众1万余人，取得良好宣传效果。

【认真做好迎世博窗口服务工作】 3月1日起，区法律援助中心取消午休，实行全天接待（上午9点至下午5点）；对80岁以上老人和重残人员等特殊对象100%提供上门咨询服务；实行“12348”法律咨询热线骨干律师咨询制度，提高服务质量；改建无障碍通道，方便特殊人群；接待大厅窗明几净、公示文本统一规范、服务方式方便快捷；开展全体公证员和行政人员的业务培训，加强信息化建设，完善公证办证须知，进一步方便社区群众；深入社区，与街道司法所签约，建立共建关系，并在社区窗口提供公证办证须知菜单；在社区居委会设立公证咨询点，定期为小区居民提供咨询、讲座。

【老干部法律援助分中心成立】 3月17日，区法律援助中心在区委老干部局设立老干部法律援助分中心。主要职责：定期开展法律咨询活动，每月第二周的周二上午，由区法律援助中心派遣2名律师，为上门咨询的老干部答疑解难，为老干部维权提供法律意见和法律帮助；不定期举办法律知识讲座，开展普法宣传教育。至此，区法律援助中心已在区总工会、妇联、残联、老龄委、人武部和老干部局设立了分中心，在区婚姻登记处和12个街道（镇）设立工作站，在300余个居委会设立联络点。

【区法律援助中心加强青少年维权工作】 3月，与区公安分局共同印发《关于对刑事侦查阶段未成年犯罪嫌疑人、被害人提供法律援助的实施意见》，规定在刑事侦查阶段因经济困难没有聘请律师的未成年犯罪嫌疑人，可以申请法律援助，从而将对未成年犯罪嫌疑人的法律援助从审判阶段延伸至侦查阶段。9月，区法律援助中心对浙江慈溪市一未成年人追讨抚养费案件提供援助。在案件审理过程中，该未成年人的监护人（其母亲）不幸遇害，其外祖父母因经济困难无法来沪继续参与案件的审理。承办律师及时向中心反映了上述情况，中心当即安排办案律师驱车前往慈溪，在慈溪市法律援助中心的协助下，律师会见了当事人，协调解决了未成年人的监护问题，并成功促使原被告就未成年人的抚养费问题达成协议，从而使本案在第一时间得到妥善解决，有效地维护了该未成年人的合法权益。截至12月，区法律援助中心先后为14名刑事侦查阶段的未成年犯罪嫌疑人和1名被害人提供法律援助，办理未成年人刑事民事法律援助案件160件，内容涉及青少年抚收养、监护、医疗、教育、继承等方面。

【开展“一般矛盾不出居委，疑难矛盾不出街镇，矛盾不上交”活动】 4月，区司法局与区综治办联合印发《关于开展“一般矛盾不出居委，疑难矛盾不出街镇，矛盾不上交”活动的实施意见》。截至12月，各街镇综治办、司法所以及各级人民调解组织共开展纠纷排查活动1016次，发现各类民间纠纷（苗头）3055件，调解成功率100%，属于就地解决的矛盾纠纷，无一转交或上交。其中成功调处重大群体性纠纷47件，防止重复上访、群体上访43件，防止转化成为恶性刑事案件14起；其中各司法所直接参与疑难复杂纠纷调解702件，协助街镇处理其他社会矛盾纠纷45件、成功36件。例如，7月下旬，四平路街道发生一起突发事件，某贸易公司职员陈某在宿舍内摔倒，因脑溢血抢救无效死亡。死者家属一行20余人来沪与死者单位交涉，因赔偿数额差距过大，双方数次协商未果，死者家属不仅不同意将遗体火化，还占据单位经营场所设置灵堂，双方矛盾可能随时激化。闻讯后，四平路司法所迅速作出反应，牵头综治办、劳动监察等部门，商讨解决对策，加班加点，说情说理，引导双方互谅互让，双方终于达成一致，在调解协议上签字。

律师为动拆迁居民提供法律服务

【组织律师参与动拆迁工作】 4月，区司法局委派律师常驻在建的轨道交通12号线杨浦段内江路站、隆昌路站、长阳路站和平凉西块旧区改造（二期）16、17街坊5个动迁基地。通过事前审查、提供全日制法律咨询等，有效化解和缓解了一批动拆迁矛盾，推进了动拆迁进程，赢得动拆迁居民的信任和称赞。轨道交通12号线杨浦段内江路站、长阳路站、隆昌路站共有动拆迁居民1794户，签约99.9%；平凉西块旧区改造（二期）16、17街坊共有动拆迁居民2252户，签约97.5%；10月开始拆迁的18街坊共1016户，签约74.4%。市委政法委副书记林化宾批示：“主动组织律师参与动拆迁工作很有意义，有利于发挥律师专业优势，更好地服务群众，有利于

闭、272个修缮和7个拆除早期民防工程治理任务。完成年度维修养护民防工程122个，建筑面积5.2万平方米，达到年度计划112%。完成725块民防工程标识指示牌安装。（5）地下空间安全管理的监管力度逐步加大。编制《杨浦区地下空间安全管理迎世博600天行动计划》，并按照确定的工作步骤，加强工作领导和协调，积极推进地下空间安全管理基础工作落实。开展地下空间防汛专项工作，完成编制区地下空间防汛专项应急预案，指导街道（镇）完成编写地下空间突发公共事件应急方案。印发《关于做好杨浦地下空间世博保安全群防群治工作实施意见》，在重大节日、特殊节点期间多次组织地下空间安全管理联席会议成员单位开展专项联合行政执法检查。（6）社区民防建设逐步深入。完成102个居民小区民防规范化建设，参加市民防办组织的上海市社区民众防护技能运动会，荣获团体总分第一名。（7）民防宣传教育持续开展。开展防灾减灾日主题宣传周活动，联合区民政局、区应急办、区交警支队，组织五角场街道、五角场镇、新江湾城街道等单位，在五角场万达广场开展以“关注生命安全，加强防灾减灾”为主题的集中宣传活动。在区内中小学开展“迎世博，学防灾”学校民防知识巡展活动。

【开展防灾减灾日主题宣传周活动】　5月7日—13日，全市开展防灾减灾日集中宣传周活动。5月11日，区民防办与区应急办、区公安分局、区民政局等单位联手，在五角场万达广场设点，通过摆放宣传图版、设置民防知识咨询服务台等方式开展集中宣传。全区近百名民防志愿者参加活动，发放《市民防灾必读手册》5000份、《关爱生命，防患未然》防灾手册6000份。为深入持续开展防灾减灾宣传，在汶川特大地震1周年和国务院确定的首个防灾减灾日之际，区民防办与区教育局共同在杨浦区回民小学启动“迎世博、学防灾”学校民防知识巡展，作为主题宣传周活动的延续，巡展活动持续到年底。

【完成“民防—2009”组织指挥网上演习】　6月23日—24日，在区民防指挥所参加市民防办举行的市带各区的“民防—2009”网上演习。演习主要内容是应对台风暴雨灾害时组织民众防护和地下空间防汛行动，是一个新的命题。参演单位由区委宣传部、区建交委、区信息委、区商委、区应急办、区防汛办、区公安分局、区民政局、区卫生局等14家部门和12个街道（镇）共55人组成。在全体参演人员的共同努力下，演习取得成功。各街道（镇）武装部部长现场观摩演习。指挥所网络运行正常，文书传送无差错。参演者反映，对民众防护工作有了新的认识，对地下空间安全管理有了更深的理解。

【首次开展应急避险和疏散安置场所普查】　6月—12月，按照上海市人民政府办公厅印发的《关于本市开展应急避险和疏散安置场所普查的通知》（沪府办[2009]63号）要求，经区政府第109次常务会议原则通过后，开展普查工作。普查数据显示，全区共有普查对象399个单位，总占地面积1145.6万平方米，可安置人员90.5万人，普查数据汇总后上报市民防办。普查成果全面掌握区域内可用于平时防灾与战时防空的应急避险和疏散安置场所的种类、数量、分布情况和可安置人数，为制订紧急避险场所建设规划，制订和修改完善人员疏散撤离防护应急方案和战时人口疏散方案提供科学依据。

【参加全市防灾警报试鸣】　9月19日上午11时40分，按照市民防办统一要求，准时鸣响防灾警报。全区有74台警报设备参加试鸣。在警报试鸣期间，各街道（镇）组织1.6万人开展人员应急疏散演习。在警报试鸣前，向居民小区、区内企事业单位和公共场所发放并张贴宣传资料20余万份。警报试鸣期间，区内工作、生活秩序井然。

【安装民防工程标识和指示牌】　10月—12月，按照市民防办要求，在区内各人员掩蔽民防工程口部共安装725块标识、指示牌。在人员掩蔽民防工程口部设置标识牌是加强人员掩蔽民防工程建设管理的重要内容，通过安装标识牌，让广大市民群众知晓社区人员掩蔽民防工程的识别、位置和使用方法，既是保障战时人民群众快速有序掩蔽的有效手段，也是实行防空防灾一体化，完善城市避险场所的有益探索。

【获上海市社区民众防护技能运

动会团体总分第一名】 10月28日，上海市民防办公室在同济大学举办上海市社区民众防护技能运动会，杨浦参赛队荣获团体总分第一名，获集体项目搭建应急帐篷、现场应急救护、100米接力输水3个一等奖和200米接力灭火二等奖，个人项目获4个一等奖、5个二等奖等奖项。

【试行防空警报属地化管理】 1月起，区民防办将防空警报器由区民防办统一管理模式试改为区民防办指导，街道（镇）武装部管理，警报器设置点单位负责看管维护的属地化管理方式。区民防办、街道（镇）武装部、警报器设置点单位三方一同实地查看，并进行逐点交接。在交接时，区民防办向各街道（镇）武装部以及警报器设置点管理单位明确警报管理意义、管理方法和岗位职责。交接后，区民防办举行防空警报业务培训，组织警报管理人员学习警报管理知识和维护警报技能，增强国防观念。

【向居民小区配置民防应急箱】 为加强平安小区安全保障设施建设，为居民小区配备民防应急箱列入2009年政府实事项目。由区政府投资，先后为居民小区配置864只民防应急箱。民防应急箱内配有过滤式防毒面具、救生绳、橇棒、照明电筒、二氧化碳灭火器、绝缘手套、绝缘鞋、通用工具盒、急救盒、人员疏散指挥棒、危险区警戒带、电喇叭和民防应急背心等应急器材，主要用于小区发生火灾、化学、触电、供排水等事故时，实施组织人员应急疏散、防毒、救助被困人员、现场紧急救护等先期应急处置，为社区民众处置各类突发事件，提高自救互救能力提供保证。

【早期公用民防工程治理】 为提高公用民防工程总体质量，改善使用环境，适应上海世博会要求和城市整体建设水平，改变外部容貌和内部环境，提升民防工程形象，按照市民防办下达的拆除一批、封闭一批、改造一批、修缮一批的治理计划和统一要求，1月起，区民防办开展全区早期公用民防工程治理工作。针对杨浦区早期民防工程量大点多的特点，通过组建工作班子，制订工作计划，摸底梳理，排出治理对象，编制治理计划，上报市民防办批准后组织力量施工，从施工质量、工期、经费、安全等方面严格把关，协调好在治理中的各类问题。到年底，完成封闭46个、修缮272个和拆除7个早期民防工程治理任务。

【开展上海世博会地下空间保安全群防群治工作】 9月起，根据市地下空间管理联席会议办公室的部署和要求，开展上海世博会地下空间保安全群防群治工作。上海世博会地下空间保安全群防群治工作分为准备、整治、巩固、守望和总结5个阶段。杨浦以区地下空间安全管理联席会议为平台，坚持安全第一、综合治理的工作方针和全面防控、重点治理、分工协作、联合执法、消除隐患、长效巩固的工作要求，印发《关于做好杨浦地下空间世博保安全群防群治工作实施意见》。在重大节日、特殊节点期间多次组织地下空间安全管理联席会议成员单位开展专项联合行政执法检查。全区地下空间安全使用处于受控状态。截至12月底，相继完成准备、整治2个阶段。建立发现预警、双向抄告、联合执法、信息交流4项机制，综合治理与专项治理相结合，建立应急体系，确定重点适时调整业态等措施。 （张存罩）

安装民防工程标识牌

二十九、民族 宗教

（一）综 述

2009年，区民族工作以开展民族团结进步社区创建活动为抓手，促进了民族团结和社会稳定；宗教工作以贯彻党的宗教自由政策为契机，依法管理宗教事务，引导宗教与社会主义社会相适应，大力调动宗教界人士的社会主义积极性，为维护社会稳定作贡献。区常住人口中有38个少数民族，近万人。宗教群众2.8万余人，其中佛教1.4万人，基督教8000人，伊斯兰教6000人，天主教1000人。宗教教职人员21人，开放宗教活动场所6处。

（二）民族工作

【概况】 2009年，区民族工作紧紧围绕各民族“共同团结奋斗，共同繁荣发展”的民族工作主题，全面贯彻执行党和国家的民族政策和民族法律法规，充分发挥民族界人士的积极作用，围绕中心，服务大局，把民族工作纳入党的工作全局，纳入社会主义精神文明建设的总体规划，进一步深化民族团结进步社区创建活动，为维护社会稳定作出贡献。（1）认真贯彻落实国办33号文件精神，确保党的民族政策落到实处；（2）按照市民宗委的统一部署，圆满完成2008—2009年度民族团结进步社区创建活动；（3）联合区少数民族联合会抓好清真供应情况检查，确保本区清真食品的正常供应；（4）针对民族宗教工作敏感时间节点，围绕“认清、分清、防住、稳住”的总体工作要求，保持了民族宗教界的稳定；（5）积极组织“帮困送暖、爱心助学”活动。春节期间帮困313户，共计7.3万余元。捐助区贫困少数民族大学生，共集资善款7.5万元；（6）结合庆祝建国60周年，开展爱国主义教育活动；（7）依法保障少数民族的合法权益，做好服务保障工作，全年为少数民族群众出具民族成份证明224份，恢复更改民族成份证明信28份，申报上海市常住户口证明29份。

【贯彻落实国办33号文件精神】 2008年4月，国务院下发了《国务院办公厅关于严格执行党和国家民族政策有关问题的通知》（国办发[2008]33号），先后4次组织各有关职能部门进行学习，开展2次自查自纠工作，保证党的民族政策落到实处。2009年8月，上海市贯彻落实国办33号文件检查组到区检查工作，听取了区民宗办、区卫生局、区商务委、区教育局、区城管大队等10个单位的工作汇报，并抽查了5家宾馆和1个社区事务受理中心，经检查，区贯彻落实国办33号文件精神情况良好，未发现有违反民族政策情况。

【开展民族团结进步社区创建工作】 根据市民宗委的要求，紧扣建设平等团结互助和谐的社会主义民族关系，开展了2008—2009年度上海市民族团结进步社区创建活动。全区有8个街道（镇）参与本轮创建。通过创建，区的社区民族工作得到了进一步深化、细化，创建工作取得了优异成绩。殷行街道、五角场镇获“上海市民族团结进步模范社区”称号，长白、五角场、延吉、四平、江浦和大桥6个街道获“上海市民族团结进步优秀社区”称号。殷行街道党工委书记获“第五次全国民族团结模范个人”的荣誉称号。

【市政协委员调研区清真副食品

供应工作】 2月26日，市政协副秘书长张喆人、市政协民宗委主任杨奇庆率部分市政协委员来区调研清真副食品的供应情况。他们实地察看龙江路菜市场清真供应店和鞍山路农工商超市清真专柜的零售情况，听取区民宗办关于区清真副食品供应情况的介绍，并就清真副食品供应情况、市场价格和优惠政策的贯彻落实与区政协委员进行座谈交流。区政协主席李文连参与接待。

【做好民族宗教敏感时间节点维稳工作】 围绕“认清、分清、防住、稳住”的总体工作要求，召开街道、镇分管领导会议，传达中央和市委、市政府的要求，对辖区内维吾尔族同胞开设的清真餐饮店和流动人员情况进行了调查摸底，通过领导上门走访，开展宣传教育等形式，落实各项维稳工作。加强对清真寺的管理和防范工作，寺内教职人员也按照全国和市伊协要求进行教育，正面引导，有效地保持了清真寺及周边地区的安全稳定。

【开展建国60周年庆祝活动】 9月25日，区少数民族联合会举行了建国60周年和区民族联成立20周年庆祝活动。区委常委、统战部部长张慧珠到会祝贺，有关方面领导和新老民族工作者180余人参加活动。会上表彰了殷行、五角场镇等8个少数民族联络组，观看了少数民族的歌舞。

【召开民族宗教工作领导小组会议】 12月21日，区召开2009年度区民族宗教工作领导小组会议，区委常委、统战部部长张慧珠参加会议并讲话，区14个委办局的分管领导参加会议，副区长马杰富主持会议。会议听取了区民宗办2009年区民族宗教工作情况和2010年重点工作。区旅游局、区商务委就贯彻落实国务院[2008]33号文件精神作交流发言。

（三）宗教工作

【概况】 2009年，区宗教工作全面贯彻党的宗教信仰自由政策，依法管理宗教事务，坚持独立自主自办的原则，积极引导宗教与社会主义社会相适应，进一步调动和发挥宗教界人士的积极性，确保区宗教界的稳定。（1）广泛开展民族宗教法制宣传和便民为民服务活动；（2）贯彻落实《宗教事务条例》，认真组织宗教场所监督检查工作，完成部分宗教团体、场所换届工作；（3）开展文明宗教活动场所创建活动，组织基督教沪东堂开展创建2008—2009年度上海市文明宗教场所工作；（4）严密部署，扎实工作，圆满完成民族宗教敏感节点各项维稳工作，确保宗教活动顺利进行；（5）配合有关部门，积极做好各项重大活动的安全和服务保障工作；（6）以贯彻落实党的宗教政策为目标，宗教场所建设有序推进；（7）组织民族宗教界代表人士开展谈心活动，进一步加深相互间的了解和友谊；（8）妥善处理涉及民族宗教因素的矛盾，有效维护社会稳定。

【开展民族宗教法制宣传活动】 3月，开展“民族团结、宗教和睦、共迎世博”2009年上海市民族宗教法制宣传周活动。3月1日和10日，在万达商业广场和沪东工人文化宫广场分别举行民族宗教法制宣传暨大型便民为民服务宣传活动。3月6日，邀请市民宗委有关领导为少数民族基层工作

9月25日，区少数民族联举行庆祝新中国成立60周年和区民族联成立20周年庆祝活动

者和宗教场所的普通信徒作法制宣传专题报告会。

【举行江湾清真寺开工仪式】　1月16日，易地重建的江湾清真寺破土动工。区委常委、统战部部长张慧珠，市伊斯兰教协会会长白润生，区民宗办主任，五角场镇分管领导及部分穆斯林代表出席开工仪式。建成后的清真寺能基本满足本地区及周边穆斯林群众过宗教生活的需求。

【举行杨浦区基督教第六次代表大会】　2月22日，杨浦区基督教第六次代表大会在上海基督教沪东堂隆重举行。区委常委、统战部部长张慧珠，副区长马杰富，市基督教三自爱国会主席沈学彬，市民宗委、区民宗办及有关街道（镇）和区各民族宗教团体领导应邀出席大会。会议听取并审议区第五届基督教的工作报告；修改了区基督教三自爱国会和区基督教教务委员会章程；选举产生新一届委员和常委，并选举产生区基督教三自爱国会主席、副主席和区基督教教务委员会主任、副主任。

【市伊斯兰教协会领导看杨浦】　3月30日，上海市伊斯兰教协会会长白润生、副会长金宏伟、方宗伟到区参观考察。先后参观杨浦城市规划展示馆、创智天地展示馆、新江湾城文化体育中心和复旦大学新校区，并就杨浦的伊斯兰教工作进行了座谈交流。区委常委、统战部部长张慧珠接待白润生一行。

【举行上海太平报恩寺重建奠基仪式】　5月29日，区举行千年古刹上海太平报恩寺重建奠基仪式。全国人大常委会委员龚学平，市人大常委会副主任胡炜，区委书记、区人大常委会主任陈安杰，区委副书记、区长宗明，区政协主席李文连，市民宗委副主任曹海红和有关方面领导、社会各界来宾和信教群众出席仪式。太平报恩寺原名太平教寺，始建于宋太平兴国年间，2006年9月修复工作正式启动。太平报恩寺建成后，将方便杨浦及周边信教群众的宗教生活。

5月29日，上海太平报恩寺重建奠基仪式

【民族宗教界开展庆祝建国60周年活动】　9月15日，区天主教爱国会和区基督教两会举行杨浦区宗教民族界人士庆祝建国60周年、人民政协成立60周年大型联欢会，80多名天主教和基督教群众高歌《歌唱祖国》，将联欢会的气氛推上高潮。27日，召开区民族宗教界庆祝建国60周年座谈会，区民族宗教团体、场所负责人、教职人员等30人参加座谈。区天主教爱国会、佛教法善庵和景星路清真寺也分别组织委员、护法居士和穆斯林群众等，通过召开座谈会、悬挂横幅等，开展了丰富多彩的庆祝国庆活动。

【伊斯兰教、天主教和基督教欢庆宗教节日】　9月21日，区120余名穆斯林群众在景星路清真寺欢庆伊斯兰教开斋节。区委常委、统战部部长张慧珠参加活动，并向全区穆斯林群众表示节日慰问。12月24日，区天主教和平堂、区基督教沪东堂各自举行了2009年圣诞活动，参加圣诞活动的信教群众有4000余人。当晚，张慧珠前往天主教和平堂、基督教沪东堂，与信教群众一起欢渡圣诞平安夜。

【召开佛教法善庵寺务管理委员会第三届换届会议】　9月24日，佛教法善庵举行寺务管理委员会第三届换届会议。区委常委、统战部部长张慧珠，市佛教协会和五角场街道领导应邀出席会议。参加会议的法善庵比丘尼众和护法居士等40余人听取了第二届寺管会的工作报告，并通过民主推选，体圣法师当选为第三届寺管会主任。

【区政协委员视察宗教场所】 9月24日，区政协民族和宗教委员会委员，在区政协副主席方伦贵的带领下，对区宗教场所建设情况进行视察。委员们实地察看了在建中的江湾清真寺和重建中的太平报恩寺建设的现状，听取了区民宗办有关情况的汇报，并就严格执行《宗教事务管理条例》，进一步做好民族宗教工作进行了座谈。

【举行“上海市基督教两会庆新中国60华诞活动】 9月26日，市基督教两会假杨浦区基督教沪东堂举行“庆新中国60华诞暨复堂30周年”庆祝活动。中国基督教协会，上海基督教等有关方面新老人员和市区部分民宗办负责人、各区教堂的教牧同工、义工，约1500余人参加活动。他们以演唱爱国主义歌曲，表达欢庆建国60周年的喜悦之情。

【召开伊斯兰教景星路清真寺寺管会第七届换届会议】 10月22日，伊斯兰教景星路清真寺举行了寺务管理委员会第七届换届会议。市民族宗教委、市伊斯兰教协会和平凉街道等有关方面领导应邀出席会议。参加会议的穆斯林代表听取了第六届寺管会的工作报告，通过民主推选，选举产生了第七届寺管会主任。

【参加上海市宗教界迎世博消防演练比赛】 11月5日，上海市民宗委和市消防局在奉贤区海湾旅游区东海观音寺联合举行“上海市宗教界迎世博消防演练比赛”。区民宗办以景星路清真寺、天主教和平堂、基督教沪东堂和佛教法善庵为单位，联合组成杨浦宗教界参赛队参加比赛，获得了“精神风貌奖”。（步尔晶）

三十、社会生活

（一）综 述

2009年，在构建和谐社会和建设知识杨浦中，区社会生活各项工作有序推进。区劳动保障工作实施积极的就业政策，努力构建和谐劳动关系，全面落实各项民生保障政策，完成市政府下达的新增就业岗位、控制城镇失业登记人数、外来从业人员参加综合保险和外来农民工培训等实事项目。区民政工作坚持服务大局、服务群众、服务基层，保持健康发展的良好态势，全年共救助55.6万人次，支出救助金1.5亿元。全区低保覆盖34191人，占全市救助总人数11%，列中心城区第一位。区人口和计划生育各项工作取得新进展，杨浦区成功创建中国人口早期教育暨独生子女培养示范区，优生促进工程（免费优生健康检查项目）被列为国家试点区，人口计生综合改革和人口计生队伍职能化建设两项工作被列为上海试点区。区老龄工作以创建全国老龄工作先进单位为契机，认真落实市、区政府新增养老床位、居家养老服务、老年人日间服务中心和老年人助餐服务点、安装紧急呼叫装置、建设标准化老年活动室等实事项目，全面实施独居老人结对关爱行动计划。成立中国老龄科研中心杨浦科研基地。杨浦区被列为全国老年友好城区试点区。

（二）劳动和社会保障

【概况】 2009年，区社会保障工作全面落实各项民生保障政策，完成市、区政府就业保障指标。杨浦区作为上海惟一一家被评为全国首批民营企业招聘周组织工作优秀城区，绩效考核工作入选2009年度中国政府管理十大创新典范。杨浦区人力资源和社会保障局被评为2009年度全国清理整顿人力资源市场秩序先进单位。（1）完成政府实事项目。帮助成功创业人数列入年度区经济和社会发展重要考核指标，技能培训列为区政府实事项目。全年共新增就业岗位25021个，完成市政府下达指标104.25%；城镇登记失业人数27809人，控制在市政府下达28020人目标范围内；外来从业人员参加综合保险覆盖人数130939人，完成市政府下达指标133.75%；开展外来农民工培训3497人，完成市政府年度考核指标105.97%。（2）就业与就业服务工作。全年各类用人单位招工73059人次，退工59916人次。共认定安置“双困”（家庭困难、就业困难）人员2856人，安置就业2650人次。共办理大龄协保就业岗位补贴158349人次，发放补贴金额7600.75万元；审核失业保险金14874人，发放失业保险金211802人次，发放金额10969.76万元；大龄失业人员就业岗位补贴131430人次，补贴金额6308.66万元；大龄失业人员社会保险费补贴36046人次，补贴金额1479.15万元。（3）鼓励创业。探索促进“勤工助学—实习见习—定向指导—创业就业”四位一体工作机制，整体推动大学生就业工作。全年帮助成功创业623人，完成指标103.83%；青年职业见习3221人，完成指标161.05%；全年审批开业贷款31笔、审批贷款金额285万元，发放房租补贴325万元、补贴金额474万元；推荐在职创业带头人项目4个；全区8个开业园区共入驻非正规就业劳动组织及小企业377家，吸纳从业人员3655人。（4）劳动力市场监管。会同区总工会、工商、公安、城管、妇联、规土、建交委等有关部门先后组织8次专项执法行动，对1056户用人单位实施劳动保障监察，对其中205户用人单位作出责令整改指令，对21户用人单位作出行政处理处罚。通过有效监察，为2206名劳动者追讨工资353万元，责令企业为22292名员工补缴各类社会保险费622万元，取缔非法中介10户。(5)落实社会保障政策。申领失业保险金6.69万人；全区7131名65岁以上高龄无保障老人按政策纳入社会保障；支援外地建设退休(职)回沪定居人员30166人办理复核帮困补助，其中居住证办理16331人。全年认定困难企业25家，实际职工5706人，享受补贴3817人，补贴金额494万元。(6)劳动保障基础管理。认定工伤1797人，完成劳动能力鉴定1146人。办理跨省市调动32人；审批知(支)青子女回沪就读21人；审批农婚知青补助转移支付62人。审批企业实行其他工时制257户，其中综合工时制187户，涉及职工37607人；不定时工时制130户，涉及职工7677人；工资手册登记备案1597户；审核集体合同备案71份，涉及职工9938人。全年共立案受理劳动争议案件1861件，按期办结2281件，其中调解成功1389件，调解成功率74.6%，并于8月中旬在全市率先办结所有积案370件。(7)信访与社会稳定。全年共受理各类信访事项7197件，其中来访6854人次，集访10批53人次，来信343封，全部予以妥善处理。根据市专项办工作要求，做好新疆支青专项稳定工作。为3292人办理帮困补助，3655人办理养老保险，3612人办理医疗保险，确保全年不发生一起影响社会稳定的重大事件。

【调整征地养老人员生活费标准】 通过与普陀、虹口、长宁、闸北、徐汇等6个中心城区劳动保障局进行沟通协调，制定《关于提高征地养老人员生活费发放标准的通知》(杨劳保[2009]1号)，明确从2009年1月1日起对全区1397名征地养老人员生活费作适当调整，由原来每人每月720元提高到每人每月800元，每人每月增加80元。

【举办新春专场招聘会】 1月19日，区人力资源和社会保障局、总工会、团委、妇联及残联举办以“就业援助你我他，真情相助度难关”为主题的新春专场招聘会，81家用工单位参加现场招聘，推出各类岗位400个。根据地区大学生和就业困难人员两大群体就业难的情况，特设见习岗位和公益性岗位两大专区。12家单位参与见习岗位招聘，提供50个见习岗位；区内12个街镇的公益服务社提供40个交通协管员岗位。招聘现场为求职者提供自主创业、职业指导、职业培训、法律援助等就业服务。1057人次求职者现场应聘，达成就业意向306人。

【开展“春风行动”专项行动】 2月19日，区人力资源和社会保障局、建交委、总工会、人口计生委、人口办等单位在五角场万达广场举行杨浦区“春风行动”专项活动暨春风送温暖、送政策、送服务活动。活动现场发放就业服务及综合保险政策宣传材料10000份，就业宣传画200套，“春风爱心包”800套，当场解答300人次关于综合保险、劳务纠纷调解、就业指导、工伤等方面的问题。

【设立上海市杨浦区人力资源和社会保障局】 2月26日，根据区委、区政府《关于印发〈上海市杨浦区人民政府机构改革方案〉的通知》(杨委发[2009]11号)精神，设立上海市杨浦区人力资源和社会保障局，为主管区人力资源和社会保障工作的区政府工作部门，并挂上海市杨浦区公务员局牌子。原区人事局、区劳动和社会保障局、区卫生局医疗保险办公室的职责整合划入区人力资源和社会保障局。

【举办2008年冬季退役士兵市场就业招聘会】 4月16日，区人力资源和社会保障局、民政局、团区委、殷行街道举办杨浦区2008年冬季退役士兵市场就业招聘会暨社区青年‘见习、培训、就业’一体化推进会活动。110家企业进场招聘，提供岗位318个，招聘人数450人，其中28家见习单位共计提供87个见习岗位，帮助缺乏工作经验的失业青年通过见习，积累经验，成功上岗。此次现场应聘1080人次，达成意向录用385人次，其中退役士兵意向录用85人次。

【开展民营企业招聘周活动】 5月15日—21日，区人力资源和社会保障局、区政府合作交流办、

2009年民营企业招聘会

总工会、工商联在杨浦区知识创新区人才广场举办2009年民营企业招聘周活动。活动启动当天，68家企业参加现场招聘，推出314种类岗位，招聘人数750人。招聘现场设立咨询点，提供劳动者合法权益维护、求职技巧指导、职业生涯规划、培训政策宣传等服务，吸引1600人次进场，应聘岗位1151人次，现场达成录用意向279人次。

【制定《杨浦区大学生创业三年行动计划》】 7月，制定《杨浦区大学生创业三年行动计划》，整体规划大学生创业工作。与中国青年创业国际计划（YBC）全国办公室建立全面合作关系，配合做好引进YBC2009模式标准及建立YBC杨浦办公室的各项筹备工作。扩大大学生创业企业人才服务"绿色通道"影响力，建立大学生创业企业定期沟通机制，提高服务水平。落实人事专员实行上门服务制度，全年开展上门服务共1770次。新建4个专业化大学生创业孵化基地，总建筑面积2万多平方米。

【设立上海市杨浦区劳动人事争议仲裁院】 7月24日，根据区人民政府《关于设立上海市杨浦区劳动人事争议仲裁院的通知》（杨府发[2009]24号）精神，设立上海市杨浦区劳动人事争议仲裁院。该院为参照公务员法管理事业单位，行政隶属区人力资源和社会保障局，机构级别相当于副处级，人员编制20名。区劳动人事争议仲裁院受区劳动人事争议仲裁委员会委托，负责受理并承担辖区内劳动人事争议调解和仲裁等相关事务。

【开展推进劳动关系和谐企业（园区）创建活动】 8月—12月，在全区企业中开展推进劳动关系和谐企业（园区）创建活动。全年表彰71家劳动关系和谐企业和2家劳动关系和谐工业园区，并从三年评选的劳动关系和谐企业（园区）中表彰奖励10家和谐劳动关系创建活动示范单位。围绕"五个一"：制作一套发展和谐劳动关系工作宣传展板、在《杨浦时报》上刊登一期专版、出版一本创建工作汇编、拍摄一部劳动关系和谐企业示范单位专题片、召开一次总结表彰大会，加大创建活动工作力度，引导企业自觉遵守国家有关劳动法律法规，激发企业社会责任感。

【中国（上海）创业者公共实训基地揭牌】 由市人力资源和社会保障局投资3.77亿元，位于杨浦区国定东路200号，总用地面积4.55万平方米，总建筑面积11.49万平方米的区重大功能性项目——中国（上海）创业者公共实训基地于11月10日揭牌，一期工程中的大学生创业就业服务中心、大学生创业示范园正式启动运行。国家人力资源和社会保障部副部长张小建、上海市副市长沈晓明参加揭牌仪式。基地主要有两方面功能：一是创业实训功能（主体功能），通过提供创业实训、创业服务和创业园区，为创业者，特别是大学生创业者提供一条龙创业服务；二是高技能实训功能，主要根据上海产业发展对高技能人才的需求，按照资源整合、功能互补原则，建设一批技能含量较高的实训项目，搭建国际引进培训平台，提升上海职业培训水平，为适应上海产业结构调整和优化提升培养一批高素质技能人才。

【举办2010届高校毕业生杨浦

秋季专场招聘会】 11月28日，区人力资源和社会保障局、复旦大学、同济大学、财经大学、上海理工大学等在杨浦人才广场举办2010届高校毕业生杨浦秋季专场招聘会。该场招聘会是参与2009年秋季全国人力资源市场高校毕业生就业服务周推出的公益性专场招聘会。105家单位前来参会，提供包括建筑、光电、IT、通信、会展、证券、咨询、服务零售等行业岗位共计1690个，吸引近2000名大学生入场应聘，收到简历3570份，现场达成初步意向1155人。

杨浦区人力资源和社会保障对外服务窗口

单 位	地 址	电 话	邮政编码
杨浦区人力资源和社会保障局信访接待室	榆林路735号	25032432	200082
杨浦公共人事服务中心	淞沪路605号	33193318	200433
杨浦区医疗保险事务中心	兰州路1118号	65896544	200082
杨浦区劳动争议仲裁委员会接待室	济宁路363号	25033417	200082
杨浦区劳动保障监察、投诉举报接待室	平凉路790号	55218323	200082
杨浦区劳动保障事务管理所	江浦路696号	55214449	200082
杨浦区外来人员就业管理中心	济宁路363号	65899800	200082
杨浦区就业促进中心	江浦路728号	55212436	200082
敦化职业介绍所	控江路506号	55212436	200093
鞍山职业介绍所	打虎山路28号	55212436	200092
五角场职业介绍所	政立路205号	55212436	200433
杨浦区开业指导服务中心	延吉东路325号	55831803	200093
杨浦人力资源有限公司	延吉东路325号	55826013	200093

杨浦区各街道（镇）社会保障服务中心

单 位	地 址	电 话	邮政编码
定海路街道	长阳路3066号	65439387	200090
大桥街道	平凉路1730路	35120320	200090
江浦路街道	许昌路1150号	65853533	200092
平凉路街道	吉林路18号	65127780	200082
四平路街道	鞍山路158号	65145236	200092
控江路街道	靖宇南路99弄16号	55809215	200093
延吉新村街道	延吉中路77号	65482211	200093
长白新村街道	延吉东路107号	55822985	200093
殷行街道	国和路1047号	65063740	200438
五角场街道	政通路100弄11号	55621137	200433
五角场镇	国和路425号	65564636	200433
新江湾城街道	政立路501号	55130258	200433

专　文

整合资源　加强联动 推进劳动争议仲裁积案化解

随着新的劳动法律法规密集出台、劳动者维权意识不断提高，劳动争议案件急剧攀升呈井喷态势。2009年，区人力资源和社会保障局面对争议案件多、办案人员少、办案场所紧缺等不利因素，在区委、区政府的高度重视和正确领导下借各方力量，狠抓落实积案的化解和办结工作。全年共办结劳动争议案件2281件，其中超期积案最多时高达370件，于8月份率先在全市范围内办结所有积案。

加强预警，将劳动纠纷化解在萌芽状态。规范仲裁立案程序，对申请仲裁的劳动者，要求其提供企业相关登记信息和有关证据；对不能按照要求提供证据的，引导其先到基层调解组织申请劳动争议调解，案前化解部分争议案件，从源头上减轻仲裁部门办案压力。发挥劳动监察预警作用，加强仲裁与劳动监察的联动，对于劳动者向劳动监察举报的案件，尽可能由劳动监察解决，不将劳动者推向仲裁；深入企业、园区宣传劳动法律法规，组织企业参加有关法律法规培训，通过严格执法推进依法用工。

多方联动，健全劳动争议调解机制。按照市人力资源和社会保障局提出的“力争将小额、简易的劳动争议化解在调解阶段”要求，本着预防为主、基层为主、调解为主的原则，深化仲裁调解机制研究，加大基层调解组织建设力度。区内建立945家各类劳动争议调解委员会、371个各级人民调解委员会、12个街镇劳动争议调解办公室。为切实发挥基层调解组织功能，组成《劳动争议基层调解工作指导机制研究》课题组，提出推进意见，合力推进基层调解工作，力争将纠纷解决在基层。与区司法局签订劳动争议人民调解联动机制合作协议并制定具体实施意见，通过受理前引导当事人先行调解和立案后委托人民调解组织调解，既从源头上减少案件的受理，又化解了部分积案；联手区总工会、企业联合会等部门，进一步发挥劳动关系三方协调机制作用，引入工会特邀调解员参与劳动仲裁委托调解，梳理82件案情相对简单的案件委托工会调解员和街镇工会网络指导员调解，取得较好效果。推进街镇劳动争议调解组织建设，制定《杨浦区劳动争议仲裁委员会关于委托街镇劳动争议调解办公室调解劳动争议的试行意见》，开展街镇调解员业务培训、带教和旁听庭审等工作。指导街镇劳动争议调解办公室做好仲裁前先行调解工作和劳动争议委托调解工作，努力将争议纠纷解决在基层。至年底，各街镇案前调解、委托调解案件644件，成功调解380件。

内外挖潜，多渠道增强办案力量。通过明确任务、精简流程、加班加点、周末开庭等方法，平均每人每周办结案件由原来的4件增加到8件，再增加到10件以上，对超额办案的人员，给予一定奖励，充分挖掘专职仲裁员最大潜力。通过从局劳动监察部门抽调工作人员协助办案、实施兼职仲裁员独立办案、聘请街镇司法所法律工作者以及吸收具备一定法律基础的区青年储备人才参与案件审理等途径，组成化解积案突击队，一年内增加工作人员10人。至年底，街镇司法所法律工作者参与办案46件，兼职仲裁员独立办案88件。与区财政局沟通，申请财政专项经费作为办案津贴，给予基层调解组织、兼职仲裁员等协调化解结案工作人员办案奖励，调动工作积极性，促进积案快速办理。

截至8月中旬，成功化解所有积案370件。劳动争议案件处理进入正常状态，除公告送达的案件外，其余案件基本均能在45天内办结。　　（周淑均）

（三）民政工作

【概况】　2009年，杨浦区民政局荣获全国基层低保规范化建设典型单位、全国婚姻登记规范化单位、全国三八红旗集体等；杨浦区被列为全国老年友好城区试点区、全国第二批社会工作人才队伍建设试点区。（1）社会救助帮困。全区低保覆盖34191人，占全市救助总人数11%，列中心城区第一位。全年共救助55.6万人次，支出救助金1.5亿元。低保对象就业1346人，其中劳动部门推荐就业1199人。开展个案帮扶875例，支出帮扶金367万元。推进事前医疗救助试点工作，累计减免医疗费17.4万元。与中保上海分公司推出特殊困难家庭慈善援助住院医疗补贴计划，共有203名对象享受住院补贴9.15万元。向8135人次义务教育阶段的低保家庭学生和特殊困难家庭学生发放教育救助券。开展2285户申请廉租房家庭收入核对工作。全年救助流浪乞讨人员2114人次,救治移送弃婴(儿)24名。共募集慈善帮困金321万元,支出300余万元。(2)社区建设管理。区辖11个街道、1个镇,共有居委会306个。居委会换届选举圆满完成,直选率71.4%,平均参选率93.4%,共选举产生居委会成员1625名,进行全员培训。做好1000名大学生公共服务见习工作,其中636名进入社区岗位见习。开展对口支援都江堰胥家镇社区守望相助计划,殷行街道17个居委会与都江堰胥家镇1个居委会、16个村委会结对,开展交流合作,提供各类援助。社区事务受理服务中心实行双休日便民服务。在定海路、新江湾城等街道开展事务受理服务中心“前台一口受理、后台分类办理、中心一头受理”试点工作。殷行街道、江浦路街道陈二居委会分别被评为全国和谐社区建设示范街道和居委会;四平路街道、五角场街道、五角场镇被评为上海市和谐社区建设示范街道(镇);新江湾城街道被评为上海市社区建设模范街道;另有33个居委会获上海市和谐示范居委会称号,67个居委会获上海市社区建设模范居委会称号。(3)双拥优抚安置。全区有优抚对象9300余户(人);军队离退休干部1717人,占全市军休干部近1/3,居全市首位。落实各项优抚政策,共支出优待抚恤金3000余万元。共接收安置2008年冬季退役士兵305名,安置率100%,自谋职业率83.3%。接收军休干部273人。成立杨浦军休文化艺术团。建立区第一家军嫂俱乐部,为军嫂提供心理咨询专项服务。区干休五所军休干部张世明、干休二所所长袁菊莉分别被评为全国先进军队离退休干部和全国先进军休工作者。(4)社会组织管理。全区共有社会团体117家,民办非企业单位408家,社会团体分支机构3家。全年批准社会团体登记成立8家、筹建7家、变更13家,社会团体分支机构登记成立1家,民办非企业批准成立25家、变更登记67家、注销登记2家、核准名称62家。完成449家社会组织工资基金申报工作。上海儿童世界杨浦幼儿园被上海市社会组织规范化建设评估委员会评为五A级社会组织,上海金程国际金融专修学院和上海现代物流科技培训指导服务中心评为四A级社会组织。(5)社会工作管理。全区共有社工167人,其中有社工师资质68人,助理社工师资质99人。培育发展3家专业社会工作机构——复馨社工师事务所、馨浦老年社工师事务所以及大桥社区为老服务社工师事务所。开展社区公益项目招投标工作,杨浦区“牵手夕阳——关爱老人服务”、“助困心理阳光之城”、“优抚对象关爱工程”、“重残无业人员家庭关爱行动”等6个项目完成招投标,项目经费310万元。(6)社会福利企业。全区共有社会福利企业20家,其中街道(镇)福利企业4家,区属福利企业14家,市属代管企业2家。职工总数972人,其中残疾职工353人。残疾职工年人均收入14500元,与2008年相比增长9.2%。贯彻落实《关于加强区残疾人基本生活和劳动就业保障的意见》精神,全区20家社会福利企业残疾职工全部建立档案,规范用工退工手续,残疾职工社会保障做到应保尽保,参保率100%。完成10家区属福利企业改制“脱帽”工作。全年完成销售收入30683.45万元,利润1613.98万元。(7)社会行政事务管理工作。整合区军休所,组建区军队离退休干部服务管理中心;分设区救助管理站与区社会救助事务中心;新设区民政财务结算中心、区社会组织服务中心。全年共受理结婚登记11230对、离婚登记2984对,开具无婚姻登记记录证明7366份。办理区人大代表书面意见7件、政协委员提案7件,办复率和走访率100%。受理群众来信341件,其中查办件111件,办结率100%。

【举办心系汶川慈善书画义拍暨杨浦区各界爱心人士迎春慈善联谊会】 1月20日,心系汶川慈善书画拍卖暨2009年杨浦区各界爱心人士迎春慈善联谊会在上海财大豪生大酒店隆重举行。市慈善基金会副理事长郭开荣、崔善江,市慈善基金会常务副秘书长姚宗强,区委书记、区人大常委会主任陈安杰,区委副书记、区长宗明,区政协主席李文连,副区长马杰富出席活动。马杰富代表区委、区政府和百万杨浦人民向长期以来关心支持杨浦慈善事业的社会各界人士表示衷心感谢,衷心希望各界爱心人士能一如既往地关心支持杨浦慈善事业发展,祝大家新春快乐。当日共有97

各界爱心人士迎春慈善联谊会

幅书画义拍、义卖，现场共募得善款36万元，将全部用于都江堰胥家镇对口援助工作。

【马伊里调研综合帮扶工作】 2月4日，市民政局党委书记、局长马伊里一行到区调研综合帮扶工作。区委书记陈安杰，区委副书记、区长宗明参加接待。副区长马杰富汇报区构建综合帮扶体系、养老服务事业、基层政权建设、社会组织建设等工作，社区社工代表发言。马伊里指出，杨浦在帮困救助方面坚持探索创新、标准化建设和机制保障，有着扎实的工作基础和优良的工作传统，希望在社会帮扶工作中继续体现创新精神，进一步发挥社会组织和企业在帮困救助上的积极性，发挥民间非营利组织在综合帮扶和促进就业方面的重要作用，开发社区基层公共服务岗位，让高校毕业生在见习过程中了解社会，为社会培养具备实践经验的有用人才。陈安杰表示，区委、区政府始终把解决民生问题放在突出的位置，杨浦在大力推进经济发展时，要着力解决好人民群众的切身利益问题，扎实做好民生保障工作。希望市民政局对杨浦民政工作加强指导和支持，帮助杨浦开展相关课题研究和试点工作，为全市面上工作推广先行先试。

【开展知识拥军活动】 2月17日，副区长、区双拥工作领导小组副组长马杰富一行走访慰问驻区虬江码头海军部队，向909舰官兵赠送2台触摸式电子阅读器，参观舰队文化设施建设情况。海军91860部队政委叶建林大校接待了马杰富一行。马杰富指出，杨浦区开展的电子阅读器进军营活动正是落实全国、市双拥表彰大会精神，适应信息社会发展，对电脑进军营、图书进军营等传统拥军项目的整合与延伸；在新一轮双拥创建中，要充分发挥区域内智力资源集聚优势，不断拓展双拥工作的外延，丰富双拥工作的载体，让驻区部队广大指战员共享杨浦知识创新区建设成果。叶建林对杨浦区委、区政府长期以来支持部队现代化、信息化建设表示衷心感谢，表示91860部队广大官兵一定不辜负杨浦百万人民的深情厚意，为杨浦知识创新区建设多做贡献。

【开展庆祝新中国成立60周年和上海解放60周年系列活动】 开展纪念上海解放60周年活动：举办“百名将军颂上海”活动，区委、区政府领导与百名老将军和社会各界人士欢聚一堂，共同纪念上海解放；召开纪念上海解放60周年座谈会，邀请部分参加解放上海战役的老战士和为解放上海牺牲的烈士遗属，区领导在会上向革命前辈和烈属赠送慰问品。开展丰富多彩的庆建国60周年活动：举办军休系统庆祝新中国成立60周年文艺演出，为杨浦军休文化艺术团揭牌，军休干部及干休所工作人员自编自导演出文艺节目，同庆祖国60华诞；开展新中国成立60周年双拥书画作品征集活动，共收到双拥书画作品100余幅，经区书画院专家评定，评选出优秀作品8幅，参加全市双拥书画作品评选活动。推进关爱功臣活动：开展“慰问建国功臣”活动，共走访慰问为新中国成立做出突出贡献的优抚对象500余户，发放慰问金30余万元；组织优抚对象参加“看杨浦”、国庆观影、体检等活动。

【杨浦区复馨社工师事务所揭牌

成立】 5月18日，区民政局、复旦大学社政学院党委中心组联组学习会暨杨浦区复馨社工师事务所揭牌仪式在杨浦区社会组织孵化基地举行，该社工师事务所是首家区校合作举办的专业社会工作机构。市民政局副局长方国平、副区长马杰富等出席会议。方国平希望杨浦区民政局和复旦大学加强合作，紧密联系，让复馨社工师事务所这个新生儿茁壮成长，把杨浦建设成为中国大陆地区社工师成长的摇篮，成为第一位高级社工师的诞生地。马杰富对社会组织、社工、社区“三社联动”工作提出科学发展、明确目标、合作共赢、做深做实等意见，要求区民政局和复旦大学强强联手，争取在项目管理上有新的突破，在功能上有新的扩展。方国平、马杰富和复旦社政学院副院长梁泓共同为上海杨浦区复馨社工师事务所揭牌。

【试行特殊困难家庭慈善援助住院医疗补贴计划】 8月24日，区慈善基金分会与中国人民财产保险股份有限公司上海市杨浦支公司签订杨浦区特殊困难家庭慈善援助住院医疗补贴协议。明确从9月1日开始，凡属区低保家庭、民政特殊对象和优抚对象，将获得30元/天，最高900元/年的住院医疗慈善援助款，这是区将商业保险引入社会救助的又一次尝试。副区长马杰富强调，此次与中保杨浦支公司签订杨浦区特殊困难家庭慈善援助住院医疗补贴项目，将商业保险引入社会帮困体系，进一步完善了医疗救助，切实减轻困难家庭在医疗支出上的经济负担。至12月底，全区共有203名对象享受住院补贴9.15万元。

【完成区第九次居委会换届选举工作】 根据《居委会组织法》的规定和市委、市政府的统一部署，从4月下旬至7月中旬开展区第九次居委会换届选举工作。有273个居委会依法进行换届选举，直选率71.4%，平均参选率93.4%，共选举产生居委会成员1625名。另有30个居委会由于旧区改造、市政工程动迁等原因暂缓选举。全区共有居委会干部1779人，其中男性372人，女性1407人；本科46人，大专243人，高中专1403人，初中87人；新一届居委会干部中党员639人，新任居委会成员545人；书记、主任一人担任的居委会49个。

【国家民政部新社会组织学习实践活动指导小组到区调研指导工作】 12月15日，全国新社会组织学习实践活动指导小组上海调研座谈会在杨浦区召开，民政部副部长、新社会组织深入学习实践科学发展观活动指导小组副组长姜力一行，到区调研指导新社会组织学习实践活动开展情况。市民政局党组书记、局长马伊里主持调研会。民政部民间组织管理局局长孙伟林出席会议。副区长马杰富出席并致欢迎辞。姜力对上海和杨浦新社会组织学习实践活动给予肯定，强调：一要认真抓好整改落实阶段各项工作，解决制约社会组织自身发展的突出问题；二要研究、建立社会组织党建和自身发展的长效机制；三要落实社会组织发展的扶持政策和措施，在转移职能、政府购买服务和落实优惠政策上下功夫；四要培养和创造社会组织自身品牌，提升社会组织的能力和社会影响力。马杰富代表区委、区政府对全国新社会组织学习实践活动指导小组表示热烈欢迎和衷心感谢。

区领导春节慰问困难家庭

专　文

杨浦区民政局被民政部评为全国基层低保规范化建设典型单位

杨浦区户籍人口108万，各类社会救助对象3.7万人，占户籍人口3.4%，救助总量位列上海中心城区第一位，占全市救助人数的11%。2007年以来，按照《民政部关于开展基层低保工作规范化建设活动的通知》精神，杨浦区积极行动，认真部署，广泛开展基层低保规范化建设。区民政局结合杨浦人口多、救助任务重的实际，按照民政部、市民政局低保工作规范化建设的要求，与区财政局、区人事局联合印发《关于进一步规范本区社会救助工作的实施意见》，从制度建设、队伍建设、岗位设置、经费保障等方面提出工作目标和建设要求，通过全区上下共同努力，全区基层救助工作管理服务水平得到了提高，基本实现"健全制度、规范操作、提高素质、改善条件、促进公开"的目标，切实保障了困难群体的基本生活，起到了维护社会稳定、促进社会和谐助推器的作用。2009年1月，杨浦区民政局作为上海市唯一一家区级单位被民政部评为全国基层低保规范化建设典型单位。

健全各项救助管理制度。区民政局梳理低保救助工作流程，统一审批工作、资金发放和报表统计、低保金银行卡办理、社会救助信息系统等工作流程，明确低保救助的岗位设置和岗位职责，要求街镇救助机构健全和完善学习交流、低保会审、财务管理、工作奖惩、内部监督、政务公开等各项救助管理制度，各项制度内容具体、职责明确、程序严谨、实施严格。

规范救助工作办事程序。对基层各项救助工作环节实行程序化管理，坚持照章办事，全区12个街镇救助机构均严格执行低保救助"受理、审核、审批"三分离办事程序，按照低保公开的各流程环节，统一使用规范性文本，做到群众咨询有告知书、材料齐全有受理书、批准享受有通知书、停止救助有决定书。推行救助信息系统实名操作，强化权限意识和责任意识。

加强专业救助队伍建设。根据市政府关于"社会救助工作人员确保与居民人数的配比超过万分之一"的要求，配足配强基层救助专职工作人员。2004年起，区财政对符合要求的救助专职工作人员每人每年补贴工作经费2.5万元，2007年规定了各街镇救助工作人员最少配备数，对配备数达到要求的街镇救助机构，区财政每人每年补贴3万元。区财政每年对街镇救助机构给予5万元的工作经费补贴，确保基层救助工作经费。全区共有专职救助工作人员136人。区编委于2008年1月同意设立区社会救助事务中心，区民政局通过岗位竞聘、借调等措施，公开招聘中心副主任1名，招聘或借调工作人员4名，人员全部到位。区民政局对全区救助工作人员每年开展业务轮训。

推进政风行风文明建设。区民政局结合街镇社区事务受理服务中心建设，推进窗口规范化建设，做到办事流程公开上墙、政策法规公开上墙、工作制度公开上墙，不断完善救助政务公开制度，在改善基层救助机构工作条件的同时不断提高广大群众对救助工作的认知度和救助机构的公信力。区民政系统连续两届获得市民政系统文明行业称号，连续两年为区政风行风测评第一名。

加大救助资金管理力度。区民政局、财政局、审计局、监委等部门每年联合对街镇救助资金使用情况开展督查，确保救助资金的安全使用。区民政、财政局规定救助资金财务管理的统一规范，定期组织街镇财务人员培训。全区各街镇的低保金发放全部通过财政国库直拨方式发放，低保资金社会化发放达到98%以上，并严格救助资金签收工作制度，确保准确、及时、足额发放到救助对象手中。　（顾　勇）

（四）人口与计划生育

【概况】 2009年，杨浦区人口和计划生育工作以深入学习实践科学发展观为主线，各项工作上取得新进展。杨浦区成功创建中国人口早期教育暨独生子女培养示范区，优生促进工程（免费优生健康检查项目）被列为国家试点区，人口计生综合改革和人口计生队伍职业化建设两项工作被列为上海试点区。（1）基本情况。全区常住人口总数120.62万人，其中户籍人口总数108.63万人（户籍育龄妇女人口总数26.14万人），外来流动人口总数14.33万人（外来育龄妇女人口总数7.58万人）。常住人口出生数7668人，出生率6.02‰；户籍人口出生数5869人，出生率5.41‰；户籍人口自然增长-2549人，自然增长率-2.36‰，全区户籍人口连续17年负增长；妇女总和生育率0.63；人口老龄化率22.33%；户籍人口计划生育率99.42%，外来流动人口计划生育率93.64%。区财政全年投入2809.4万元，人均25.9元。（2）依法行政。依法审批《再生育子女告知书》409份；实行《独生子女父母光荣证》当场受理当场发证制度，确认发放《独生子女父母光荣证》5027份；基层审核20350名退休人员领取一次性计划生育补充养老金；对全区144人次独生子女伤残死亡家庭父母发放扶助金49.2万元，对49名实行计划生育的无业夫妇年老发放一次性计划生育奖励11.96万元；对3072名计划生育特别扶助对象（年满49周岁，依法只生育或者合法收养一个子女，现无存活子女或者子女持有《中华人民共和国残疾人证》，且残疾等级为三级以上，未再生育和未再收养子女的对象）发放特别扶助金484.6万元。与48对收养子女的夫妻签订计划生育协议，出具无子女证明24份。全年共立案审查征收社会抚养费案件88件，做出《征收社会抚养费决定书》129件，实际征收社会抚养费124万元，占应征款项73%，所征款项全部上缴国库。基层为外来孕妇办理《生育联系卡》1938张。开展全区性流动人口专项集中执法检查4次，各街道（镇）执法检查98次，共查验《流动人口婚育证明》3.1万人次，验证合格率90.11 %。开展区计划生育药械市场专项整治活动，与卫生、公安等部门联合执法，取缔11家非法实施胎儿性别鉴定和选择性别人工终止妊娠场所。开展流动人口育龄妇女信息调查与录入，全年完成5.2万余条信息入库。（3）宣传服务。开展流动人口计划生育宣传服务周、关爱女孩行动、7·11世界人口日、10·28男性健康日、12·1世界艾滋病日等宣传活动。为杨浦区户籍已婚人员和符合条件的来沪已婚人员提供基本项目免费计划生育技术服务，共计25640人次，费用100万元。（4）优生优育。以婚育新风进万家和0—3岁早期教养等项目为抓手，创建江浦路街道宝优美早教中心和四平路街道宝宝乐早教苑，早教覆盖率98.5%。全区共有计划生育免费药具发放点1063个，全年共免费发放总价值50万元药具。（5）协会工作。做好30万元人口计生专题福利彩票推行工作，推行独生子女保险。女性安康基金为2500名外来媳妇提供女性健康保险。募集5万元对全区125户独生子女特困家庭进行慰问。把青春健康PLA互动式教育引入课堂，对67所学校师资进行培训。为区域内472名外来媳妇和外来人员进行职业技能培训，培训项目涵盖家政服务、母婴护理、保育员、养老护理和创业培训等多个领域，共计举办13个培训班，平均合格率90%，平均就业率80%。

【开展流动人口计划生育关怀关爱活动】 1月20日，在长海广场举办"情系两地、共建和谐"流动人口计划生育关怀关爱活动月启动仪式，现场受理来沪人员、农民工投诉，发放《致来沪人员的一封信》800余份，为500多名来沪人员提供专家咨询。活动月期间，全区各街镇人口计生部门通过宣传活动、咨询服务、上门走访慰问等多种形式，为来沪人员、农民工提供人口计生政策法规、生殖健康知识、社保劳动权益等咨询服务。至12月，全区共设置1063个安全套免费发放网点、363个24小时自取箱（柜）、43台自动售套机，发放免费避孕药

1月20日，在全区开展流动人口计划生育关怀关爱活动

具20000余份；发放计划生育宣传手册30000余份；为500余户流动人口0—3岁婴幼儿家庭提供科学育儿指导服务。

【0—3岁早教和独生子女保险被列入区政府实事项目】 2月，社区0—3岁早期教养项目和低保困难家庭独生子女保险项目被列入2009年区政府实事项目。社区0—3岁早期教养项目通过政府购买服务的方式，为55254人次社区散居0—3岁婴幼儿提供优质早期教养指导服务，使全区常住人口中98.5%以上的婴幼儿享受到政府提供的公共产品。在全区形成“1+1+5+50”（1个早教中心、1个分中心、5个示范点、50个指导站）服务网络，逐步建立和完善政府推动、部门协作、社会参与、家庭响应的社区0—3岁婴幼儿科学育儿指导服务体系。低保困难家庭独生子女保险项目是根据上海市计划生育协会要求，创新公共产品和服务供给机制，由政府出资为区域内7135名低保困难家庭独生子女提供每人60元的意外保险，逐步建立和完善政府为主、社会补充的人口和计划生育利益导向机制，鼓励群众自觉实行计划生育。

【初步建成杨浦区人口地理信息系统一期工程】 3月20日，杨浦区人口地理信息系统一期工程初步建成。该系统主要功能：（1）摸清杨浦人口家底，掌握杨浦人口基本数据，如常住人口、户籍人口、流动人口总量变化情况；（2）了解知识创新区战略实施5年以来杨浦人口变化特征，如人口老龄化、劳动力人口变化、学龄人口分布变化、教育人口分布情况；（3）重点研究人口导入区人口发展情况，了解知识创新区战略对不同区域人口导入的效果。（4）全区各街道（镇）人口功能定位。根据街道人口特点，明确街道人口功能性质，为不同区域人口分类管理打基础。（5）跟踪各街道（镇）人口规划执行情况，对超规划街道进行人口发展预警。（6）明晰杨浦人口在上海19个区县中的发展状况。

【2009上海市母婴健康社区行活动在杨浦启动】 4月25日，市人口与发展研究中心与杨浦区人口计生委联合在大桥街道社区文化中心主办2009上海市母婴健康社区行启动仪式。市人口计生委副主任孙常敏、副区长吴乾渝出席启动仪式。母婴健康社区行活动集宣传、讲授、咨询、培训和科研为一体，依托由临床产科、儿科、儿保、婴儿神经发育和儿童心理行为等近20位教授组成的育儿专家团，深入全市19个区县，辐射近300个街道、社区，大力传导科学育儿理念和知识，满足不同层次家庭的优生优育需求，惠及社区群众10多万人次。除对孕、婴家庭进行科学孕育，婴幼儿营养保健、生长发育和疾病免疫等指导外，融入出生缺陷早期干预知识普及、0—3岁的婴幼儿整体心智发育健康评估、训练辅导和主题资讯等特色讲授，开展运动性心智训练活动。同时，新建立母婴健康社区行专业官方网站——宝优网，利用网络视频的技术平台和超大容量的服务空间，提供科普育儿知识，开辟专家互动平台，使广大年轻父母享受到更方便、更及时和更专业的育儿服务。

【2009年上海市“世界人口日”宣传活动暨关爱女孩行动推进会在杨浦举行】 7月10日，市人口计生委、杨浦区人民政府、复旦大学、市计生协会在复旦大学联合举行2009年上海市“世界人

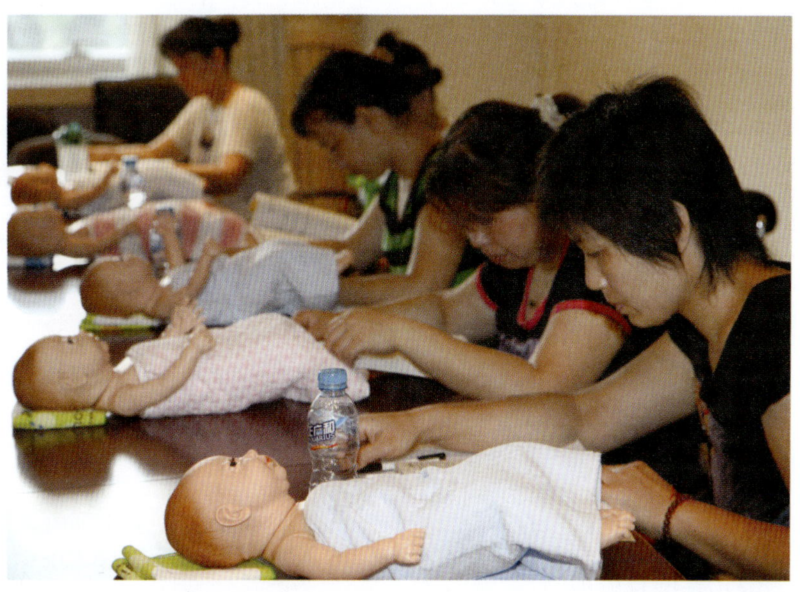

开展外来媳妇母婴护理技能培训

口日”宣传活动暨关爱女孩行动推进会。副市长赵雯出席会议。市人口计生委党委书记、主任谢玲丽，区委书记、区人大常委会主任陈安杰，区委副书记、区长宗明，副区长吴乾渝，复旦大学副校长张一华出席会议，会议由市人口计生委副巡视员张梅兴主持，吴乾渝代表杨浦作交流发言。活动仪式上，启动“阳光同伴关爱女孩社区、校区、园区行”活动，向50名品学兼优的困难女生和150名实行计划生育的外来媳、外来务工妇女赠送助学金和免费技能培训卡。活动现场举办“投资于女孩和妇女发展的100个理由”现场征集、阳光同伴俱乐部关爱女孩主题班会，以及为外来媳和外来务工妇女免费提供母婴护理和编织技能培训。

【完成《2008年杨浦人口发展分析报告》】 9月10日，区人口计生委根据2008年区域人口形势，结合“十一五”期间区人口计生、卫生、教育和为老服务等社会事业发展情况，完成《2008年杨浦人口发展分析报告》，反映杨浦在功能转型过程中人口结构的变化及其未来发展趋势，为政府和各部门制定发展规划、实施社会管理和公共服务提供人口数据支撑，为杨浦创建国家科技创新型城区提供必要的科学决策依据。报告分5个方面分析杨浦人口发展的特点：(1)低生育水平得到稳定，人口总量平稳中呈现增长趋势。(2)人口分布不均有所缓解，区域人口发展各有特点。(3)老龄化程度日益加剧，高龄问题尤需重视。(4)出生人口处于增长期，学龄人口处于调整期。(6)出生性别比偏高得到有效遏制，但仍需防止出现回弹。

【召开人口计生“十二五”规划思路专家研讨会】 11月10日，召开人口计生“十二五”规划思路专家研讨会。上海人口与发展研究院、上海市社科院人口与发展研究所、上海市计划生育科研所、复旦大学出生缺陷干预中心等单位的专家学者参加研讨会。区人口计生委介绍杨浦区人口和计划生育工作现状、面临的问题以及“十二五”规划的初步设想。与会专家就如何开展杨浦区人口计生“十二五”规划编制工作的思路、方法和步骤等展开讨论，专家认为，要根据杨浦区的特点做好重点工作和宏观的面上的工作；要高度重视面临的出生人口数量减少的问题；要关注出生人口健康问题、青春期问题以及中老年人健康问题，加强与卫生部门之间的联动。会议强调，“十二五”是一个重大的转折期。杨浦区在“十二五”期间要重点做好4方面工作：实现从人口大区向人力资源强区的转变；改善人口结构；推动区域人口分布；解决老百姓的民生问题。

【杨浦区人口和计划生育指导中心落成】 12月1日，杨浦区举行人口和计划生育指导中心落成仪式。上海市人口计生委主任谢玲丽和区委书记、区人大主任陈安杰为指导中心落成揭牌。杨浦区人口和计划生育指导中心是控制人口数量、提升人口素质、服务育龄群众的公共服务平台，承担全区育龄群众的生育、节育、优生优育等的生殖保健咨询、指导和计划生育药具管理、服务职责，承担全区12个街镇人口计生综合服务站技术服务人员的培训与指导。其主要服务功能有：行政事务受理、免费技术服务、避孕药具发放、宣传教育培训、计生政策咨询、人口信息采集、基层工作指导。

【举行“阳光同伴进中学”暨“阳

阳光同伴会刊创刊

光伙伴园地"揭牌仪式】 12月15日,在控江中学举行"阳光同伴进中学"暨"阳光伙伴园地"揭牌仪式。市人口计生委副主任、市计生协会常务副会长孙常敏和区委副书记魏伟明为"阳光伙伴园地"揭牌,副区长吴乾渝出席揭牌仪式。区教育局和控江中学分别以"青春健康,和谐成长"为主题发言;控江中学学生代表向全区中学生发出"快乐青春、健康同行"倡议;阳光同伴俱乐部大学生志愿者自编自演小品《困惑》,并与控江中学学生共同组织举办"爱·责任·健康"主题班会。

【研究成立社区人口计生社工队伍】 12月25日,区政府第125次常务会议,专题研究社区人口计生队伍职业化建设工作。会议决定,由区人口计生委和区民政局联合下发《关于推进杨浦区人口计生系统社会工作者队伍建设的实施细则》,在12个街道(镇)各推出1个人口计生社工岗位,实行人事派遣制,委托区人才中介公司向社会公开招聘、择优录用。人口计生社工协助做好人口计生奖励与扶助、人口信息采集等事务,开展家庭计划、避孕节育、优生优育、生殖健康和预防艾滋病等指导,对独生子女伤残死亡家庭进行心理疏导和精神慰藉,协助开展流动人口服务管理、社区人口计生宣传教育等公共服务工作。

【调动社会力量推进优生促进工程】 年内,在上海市巾帼月嫂服务中心建立北片优韵俱乐部,实现借助社会力量,整合社会资源,扩大服务范围的目的,推进优生促进工程。优韵俱乐部成立优生促进工程专家组,推出优生咨询指导、孕前健康指导、高危人群指导、合理营养指导,坚持开展一周两次咨询指导、每月一次专家授课,定期组织优生促进活动。各街镇人口计生干部负责宣传引导、组织发动工作,通过人口计生网络,及时掌握新婚人群信息,加强与优韵俱乐部联络员沟通。信息进入优韵俱乐部后,免费接受优生促进工程孕前健康系列服务,待孕青年免费享受由街镇提供的孕前健康检测,怀孕青年免费享受由社区卫生提供的指导随访和出生缺陷二级预防服务。全年共有450对新婚夫妇加入优韵俱乐部会员,其中接受免费孕前健康检测280对。 (方 超)

(五)老龄工作

【概况】 2009年,全区有60周岁及以上户籍老年人24.26万人,占户籍总人口22.3%,其中80周岁及以上老年人4.6万人,百岁老人80名,纯老家庭26064户,独居老人11040人。区老龄工作以争创全国老龄工作先进单位为契机,开拓创新,杨浦区被列为全国老年友好城区试点区。区老龄办被评为全国敬老爱老助老主题教育活动优秀组织单位、上海市老龄工作先进单位。成立中国老龄科研中心杨浦科研基地。(1)落实市区政府涉老实事项目。年内,全区新增养老床位744张,批准执业养老机构46家、床位数5096张,占全区老年户籍人口2.1%;为18998名老年人提供居家养老服务,完成年度计划102%,其中9309名老年人享受政府服务补贴,补贴金额共计1630万元;新设2家老年人日间服务中心和12家老年人助餐服务点,共有14家老年人日间服务中心和28家助餐服务点;完成31家非标准化老年活动室修缮工作和47家标准化老年活动室创建工作,社区标准化老年活动室总数203家。(2)加强养老服务保障。落实老年人最低生活保障制度,全区共有547户老年人家庭享受最低生活保障,297名高龄无业老人纳入社会保障;向全区2077名低保、低收入的无医保老人发放慈善助医卡。开展老年法律法规宣传百余场次,接待老年人法律咨询3286人次,批准老年人法律援助42件,调解涉老纠纷586件。(3)深化为老服务工作。推进"牵手夕阳"独居老人结对关爱行动计划,及时更新独居老人数据库信息,完善关爱机制,实现结对关爱全覆盖。培育和启动"爱心军护"助老特色基地,发挥第二军医大学学员护理专长,试点为独居老人提供医疗护理服务。制定《关于整合社会资源构建为老服务网络的实施方案》,推动现有服务设施发挥最大效能,为老年人提供各类优质的社会化服务。与中国人民财产保险股份有限公司上海市杨浦支公司等保险公司合作,构建具有杨浦养老服务特色的助餐、独居、服务、日托、住养、活动、银发、助浴"八无忧"工程,减少养老服务风险,使杨浦老人养老无忧。(4)老年文教娱乐活动蓬勃开展。发展老年教育,全年参加学习的老年人数38816人、占全区老年人总数16%,远程教育老年人数20591人,参加各类社会教育老年人数72505人。(5)推进为老服务设施规范化运作。制定《杨浦区养老机构管理办法》、《杨浦区社区老年活动室管理办法》、《杨浦区老年人日间服务中心管理办法》、《杨浦区社区老年人助餐服务点管理办法》等4个文件以及相应的考核标准、补贴办法,进一步完善相关为老服务设施的准入、监管、推出机制。抓好重点项目达标示范单位创建工作,全区有37家养老机构通过市养老服务行业协会达标示范单位验收。

【举办“牵手夕阳”独居老人迎春联谊会】 1月22日,组织独居老人代表及助老关爱员等200余人,在五角场梅园酒店宴会厅举行迎新春联谊活动,副区长、区老龄工作委员会副主任马杰富出席,向老人送上节日的问候与祝福,与老人共进年夜饭,向在场的每位独居老人赠送慰问品。各街镇分别组织辖区内独居老人吃年夜饭。春节期间,区走访慰问69户特困老年人家庭,发放慰问金6.9万元;向200户困难老人家庭赠送年货。

【中国老龄科学研究中心杨浦区科研基地揭牌成立】 3月21日,中国老龄科学研究中心杨浦区科研基地授牌仪式在杨浦区老龄科研中心举行。中国老龄科学研究中心主任张恺悌,上海市老龄科学研究中心主任等出席仪式。张恺悌指出,养老服务业是拉动内需的重要工程,要摸清家底算清账,不断完善老龄工作的政策、措施;要高起点开展老龄工作,创新思路,讲求实效;要注重培养一批想干事、能干事、有思路、有激情的老龄干部。杨浦科研基地是中国老龄科学研究中心在上海建立的第一家科研基地,将围绕老龄工作的热点、难点、重点问题,积极探索研究,为区老龄工作的持续健康开展提供决策依据和理论支持。科研基地在长白新村、大桥、平凉路、四平路、殷行5个街道开展《城乡老年人家庭户和老年人状况调查》。

【承办上海市老年基金会社区老年助餐点助餐车发放仪式】 6月2日,上海市老年基金会在定海路街道助餐服务点举行社区老年助餐点助餐车发放仪式,市人大常委会副主任、上海市老年基金会理事长胡炜,区委书记、区人大常委会主任陈安杰,区委副书记、区长宗明,上海市民政局副局长、市老龄办副主任高菊兰,区人大常委会副主任陈丽龄,副区长、区老龄委副主任马杰富等出席仪式。胡炜强调,尊老爱幼是中华民族的传统美德,开展为老助餐服务,不仅能为老年人,尤其是独居、困难老年人解决就餐难题,也能给老年人提供谈心交友的机会,为老年人带来精神慰藉,推动和谐社会的建设。陈安杰对上海市老年基金会给予杨浦老龄事业的帮助和支持表示衷心感谢,要求以此次助餐车发放仪式为契机,关注老年人、特别是困难老人最为迫切的服务需求,为老年人多做实事、多办好事、多解难事,不断提升杨浦老年人晚年生活的幸福感和满意度。仪式上,杨浦区共受赠52辆助餐车。全市19个区县老年基金分会领导参加仪式。

【推进“银龄行动”】 6月,参与上海市第七期沪疆两地“银龄行动”(为老年人老有所为提供平台)的6名老年知识分子奔赴新疆库尔勒地区,支援当地医疗建设。拓展区“银龄行动”服务领域,开展以“迎世博、银龄在行动”为主题的系列活动,如组织老专家、老教授深入社区开展“健康知识百讲”活动;组织“快乐大篷车”老龄艺术团赴社区老年人纳凉服务点进行巡演;延伸杨伯寿工作室手臂,设立4家工作分室,为社区老年人提供法律服务。“银龄行动”内容丰富、覆盖面广,全年有10万余人次老年人从中受益。

【举行首批100家社区老年人纳凉服务点启动仪式】 7月13日,举行首批100家社区老年人纳凉服务点启动仪式。区人大常委会副主任、上海市老年基金会杨浦区分会会长陈丽龄,副区长、区老龄委副主任马杰富出席活动,并为12个社区老年人纳凉服务点代表赠送为老服务器材。马杰富强调,设立首批100家社区老年人纳凉服务点,是关注民生、服务老人的重要体现,也是区为老服务模式的又一创新举措,纳凉服务点投入运作后,要立足“十个有”的服务标准(即有冷气开放、有清凉食品、有防暑用品、有文体娱乐、有医疗服务、有心理咨询、有健康讲座、有助餐服务、有消毒

千名老年志愿者参加“红色之旅”活动

设备、有消防设施），加强管理，规范运作、优化服务，充分发挥纳凉服务点为老服务阵地作用。

【召开区老龄工作委员会第十二次全体（扩大）会议】 8月24日，在大桥街道社区文化活动中心召开区老龄工作委员会第十二次全体（扩大）会议。区委副书记、区老龄工作委员会主任魏伟明就做好老龄工作提出4点要求：要完善“9073”（90%的老年人由家庭自我照顾，7%的老年人享受居家养老服务，3%的老年人享受机构养老服务）养老服务格局，不断满足老年人多样化养老服务需求；要加大涉老社会组织的培育力度，逐步形成“三社”（社区、社会组织、社工）互动的工作机制；要探索合理有效的运作模式，进一步提升养老机构、老年人日间服务中心、助餐服务点、老年活动室等为老服务设施的服务功能；要加强老年安全保障工作，提高老年人晚年生活的安全系数。区老龄委委员单位分管领导、联络员，各街道（镇）分管领导、社保科长共70余人参加。

【举行庆祝上海市第22个敬老日活动】 10月22日，在沪东工人文化宫举行庆祝上海市第22个敬老日大会，区委副书记、区老龄工作委员会主任魏伟明，区人大常委会副主任、上海市老年基金会杨浦区分会会长陈丽龄，副区长、区老龄工作委员会副主任马杰富等领导出席，各界老人代表1000余人参加活动。大会表彰杨浦区老龄工作先进单位（集体）和先进个人；向区内10所中学代表赠送孝亲敬老读物《和您在一起》（中学版）；上海市消防局金盾艺术团以及区老龄艺术团呈现精彩纷呈的节目汇演。敬老日期间，全区各街道（镇）、企事业单位开展多种形式庆祝活动近300场，受益老人1.6万人次。

【举行千名老年志愿者“红色之旅”活动】 为庆祝建国60华诞，铭记革命人的丰功伟绩，进一步激发区老年志愿者的服务热情，10月12日，区老龄办组织千名老年志愿者参加“红色之旅”活动，早晨6时30分，20辆巴士从复旦大学新江湾校区正门分三路出发，赴南湖观红船，赴沙家浜观新四军活动旧址、革命传统教育馆，赴茅山观新四军纪念馆、苏南抗战胜利纪念碑，以重温革命历史，弘扬志愿精神。在活动开始前的发车仪式上，不少老年志愿者纷纷表示将以更饱满的热情为广大社区老年人服务，为构建“温馨杨浦、和谐老龄”为老服务品牌体系增光添彩。 （谢润洁）

三十一、街道（镇）

（一）综　述

2009年，区辖11个街道、1个镇，共有居委会306个。10个社区（街道）党工委下设行政组织党组、综合党委和居民区党委；殷行社区（街道）党工委下设行政组织党组、综合党委和居民区工作部。五角场镇党委下设综合党委、五角场集团公司党委、7个居民区片党委。

年内，殷行街道、江浦路街道陈二居委会分别被评为全国和谐社区建设示范街道和居委会；2个街道、1个镇被评为上海市和谐社区建设示范街道（镇），1个街道被评为上海市社区建设模范街道；33个居委会被评为上海市和谐示范居委会，67个居委会被评为上海市社区建设模范居委会。创建市级平安社区6个、市级平安小区259个。全年12个街道（镇）共调解纠纷7400起，调解成功率均在95%以上。受理群众来信10900件，接待来访约8000人次，新增就业岗位2.32万个。加强市容环境整治，创建景观道路，全年拆除违法建筑6.53万平方米。深入开展精神文明创建活动，社区资源共享，社区学校文体设施向居民开放。殷行、四平路、延吉新村、五角场、江浦路、控江路、大桥等7个街道和五角场镇被评为市文明社区。12个街道（镇）共创建市文明小区217个、区文明小区435个。

年内，11个街道共完成地方税73598万元；五角场镇完成地方税16929万元。

2009年各街道（镇）基本情况表

街　道	居委会（个）	户籍人口（人）	文明小区		市级平安小区（个）	图书馆（个）	文化活动中心（个）	完成地方税（万元）
			市	区				
定海路街道	19	89048	5	15	16	1	2	5280
大桥街道	28	121962	27	40	28	1	1	9142
平凉路街道	30	108077	25	37	25	1	1	4246
江浦路街道	24	74757	12	27	19	1	1	3661
长白新村街道	16	62426	7	17	15	1	1	7909
延吉新村街道	17	77778	15	30	15	1	1	4544
控江路街道	25	82636	15	38	22	1	2	9518
四平路街道	22	95792	16	35	18	1	2	7343
殷行街道	49	144215	41	66	38	1	1	10360
五角场街道	32	118173	29	65	20	1	1	7495
五角场镇	39	103302	23	61	38	1	3	16929
新江湾城街道	5	8162	2	4	5	1	1	4100

（二）定海路街道

【概况】 位于区境东南端，东南沿黄浦江与浦东新区隔江相望，北起周家嘴路与长白新村街道、延吉新村街道接壤，西临隆昌路、宁武路、平定路与大桥街道相连。辖区以老式公房和棚户简屋为主，是个厂居混合的老村地区，户籍人口89048人、27552户，居委会19个。辖区内有大专院校2所、中学4所、小学3所、幼儿园3所，医院3家，为区公安分局、党校、团校所在地。交通便捷，有28、577、135路等18条公交线路。街道办事处地址：隆昌路56号。（1）社区党建。社区（街道）党工委下设行政组织党组、综合党委和居民区党委，有党总支20个（其中居民区党总支19个、“两新”组织党总支1个），党支部107个（其中“两新”组织党支部35个、机关党支部1个、事业党支部1个、离退休党支部4个、居民区党支部66个），党员4580人。围绕“党员干部受教育，科学发展上水平，人民群众得实惠”的总体目标，深入开展学习实践科学发展观活动，加大干部培训、考核、选拔、任用力度，组织干部参加在线学习、核心执行力等各类培训。完成居民区党组织换届选举和业务培训工作。（2）综合治理。全年发生刑事案件260起。全年受理来信5920件，接待来访507人次；受理纠纷673起，调解成功率100%，出具调解协议书470件。外来人员办理居住证3970人，临时居住证17915人。（3）社会保障。全年发放各类救助金2910.4万元，救助各类人员8.2万人次。13181人次享受支内回沪帮困补助资金71.35万元。市民综合帮扶172人次，享受帮扶资金33.34万元。为1700名退休及生活困难妇女提供免费妇科病筛查。为1242名老人提供居家养老服务，为200多名老人提供送餐服务，老年人日间照料中心入驻老人20名，新建定港助餐点和2个标准化老年活动室，对独居老人实行关爱员日报告制度。成立阳光康乐站，为精神残疾人士提供专门服务。开展“春雨”助学行动，为19名低保低收入残疾家庭学生补贴学费。（4）劳动就业。全年新增就业岗位1950个，完成年度指标100%；外来从业人员参加综合保险覆盖人数8922人，完成年度指标131.21 %；外来农民工培训人数100人，完成年度指标100%；工资集体协商覆盖劳动者3161人，完成年度指标105.37%；扶持创业人数32人，完成年度指标106.67%；青年职业见习人数179人，完成年度指标102.29%；登记失业人员2374人，控制在区下达指标2451人以内。（5）市政管理。综合整治定海路、波阳路，拆除违章建筑61间、713平方米。年内共清理乱刻画、乱涂写、乱张贴1905处，取缔乱设摊2991次，新设非机动车停车点46处，制作杨树浦路、共青路沿街店招店牌236处。综合整治隆昌路541弄等动迁停滞基地。隆昌路、河间路一街一景绿化景观工程完工。完成中环线两侧房屋综合整治任务，清洁非居住房建筑立面78.6万平方米，清洁居住房建筑立面12.3万平方米。完成轨道交通12号线居民房屋拆迁工作，121基地（南至黄浦江边，西至平定路，北至杨树浦路，东至杨树浦煤气厂）顺利收尾，128街坊奖期内完成64产、完成率98.5%，149街坊（南至平凉路，西至贵阳路，北至河间路，东至内江路）完成率93%。（6）精神文明。创建市文明小区5个、区文明小区15个。开展社区精神文明“十佳好事”评比，其中2件入选区“十佳”。以《解放日报》读报点为载体，举办《七一，我们共同的生日》等主题读报活动。借助上海淮剧团、上海群艺馆、东方配送中心共建资源，开展基层团队日常辅导，编排《城市，让生活更美好》以及《腾飞2010》等舞蹈，与区文化馆联手编排《码头号子》参加市国际艺术节演出。依托社区学校场地开放，举办端午风情、建军80周年等大型专场演出近10场。（7）街道经济。龙泽大厦商务楼宇“三落地”（功能、注册、税收落地）率76%。全年完成地方税收5280万元。年内引进企业66户，其中注册资金500万元以上企业5户。

【大学生创业计划正式启动】 3月，街道建立大学生创业扶持基金，与区创业扶持政策叠加，补贴地区大学生创业中经营场地的租赁费，帮助解决大学生创业资金难问题，开辟街道大学生创业孵化基地，整合资金与创业项目开发，为有意创业的大学生量身定做创业计划，为创业新手提供快速发展的平台和通道。至12月底，共募得企业前期捐赠30万元。

【完成居民区党组织和居委会换届选举】 5月13日,党工委、办事处召开居民区党组织和居委会换届选举工作动员会,换届选举工作正式启动。7月11日,为居委会换届选举日,共有18个居委会进行选举,其中直选12个,占选举居委会67%。通过选举,选出居委会成员112名,其中主任15名,副主任11名,委员86名。7月15日至7月24日,为居民区党组织换届选举,19个党总支进行选举,其中7个党总支直选,占总数38.9%。通过选举共选出党总支书记19名,副书记9名,委员69名。

【完成人口和房屋信息采集录入试点工作】 6月,街道人口和房屋信息采集录入试点工作按期完成辖区内门楼牌序列表制作、GIS纸质地图标注和房屋(人口)基础信息采集系统的门楼牌号录入定位工作。共录入11650个门牌号码,将现有常住人口、派出所综合信息平台中人户分离信息和来沪人员办理居住证信息共计105804条导入房屋(人口)基础信息采集系统,其中已关联信息(与系统中房屋地址实现自动匹配信息)105731条,未关联信息(无法与系统中房屋地址实现自动匹配信息)73条。

【社区事务受理中心和社区文化活动中心建成开放】 8月,街道新建社区事务受理中心和社区文化活动中心正式对社区居民开放。该中心位于长阳路3066号,共有五层楼面以及地下一层。一楼为社区事务受理中心大厅,设有劳动、社保、计生、医保等与居民密切相关的服务项目,设置排队叫号与多媒体查询系统等智能化系统及休息等候区等人性化服务,为居民办事提供更加便捷的服务;二楼为事务受理中心办公区域;三楼为社区文化活动中心会议室;四楼为社区文化活动中心,设有戏曲沙龙、可容纳46座的影视观摩厅等;五楼为多功能厅;地下一层为健身区域,提供11种健身器材和4张乒乓球桌。

8月,新建的社区事务受理中心和社区文化活动中心开放

【开展学习实践科学发展观活动】 9月23日,社区(街道)党工委召开深入学习实践科学发展观活动动员会,街道学习实践活动正式启动。整个活动分为学习调研、分析检查、整改落实等3个阶段。召开246名党员群众座谈会,建立社情快递工作机制,听取收集意见建议49条;班子成员撰写调研文章11篇。针对存在的突出问题,街道党政班子领导召开专题民主生活会,开展批评与自我批评,经集体讨论和党员群众评议,形成党政班子分析检查报告。至12月底,49条意见建议全部解决。

【开展定海路—波阳路拆违综合整治】 10月,针对定海路—波阳路乱搭建现象严重的问题,街道联手派出所、城管、交警、工商、环卫等部门,开展定海路—波阳路拆违综合整治行动。城管于10月13日贴出拆除乱搭建的公告,限令10月20日前自行拆除,并上门发放了整改通知书,劝导业主进行自我拆除。对于未自行拆除的业主,街道于10月30日开展联合拆违执法行动,共拆除定海路西侧、波阳路南北两侧违章建筑61处、建筑面积713平方米,并制定波阳路景观道路建设规划,修整波阳路路面,着手进行波阳路一街一景创建,安排固守力量,确保违章搭建不再返潮。

专 文

创新方法迎难而上 四位一体提速签约

2009年4月11日至7月19日，轨道交通12号线居民房屋拆迁隆昌站48产、94户和内江站439产、841户全部签约，完成拆迁任务。在100天的时间里，街道共选派机关干部、居委干部等70余人组成推进小组，与派出所、城管监察一分队、拆迁公司等配合，合力促进拆迁签约。在推进拆迁的过程中，街道创新总结了充分发挥群众性思想政治工作优势，破解私房地区共有产、一产多户集中、家庭矛盾复杂的行之有效的办法——四位一体工作法，为旧改大推进奠定了坚实的实战基础。

隆昌、内江站两基地私房集聚，一产多户、共有产多，利益分摊困难，造成家庭矛盾突出。街道在矛盾协调解决的探索中运用四位一体工作法，四位一体：即在工作中，由拆迁公司经办人、律师、街道推进组、居委干部合力协调商量，化解遇到的难题。拆迁政策操作者、上海桥盛拆迁公司承担诚信拆迁操作员角色，坚持热情服务、诚信拆迁，确保政策执行无偏差；上海四维乐马律师事务所受区建交委委托承担法律问题裁判员角色，在基地内开设法律咨询接待窗口，为拆迁居民提供拆迁安置相关事宜的法律咨询服务；70多名机关干部和居委会干部，组建7个工作推进组承担取信于民公正员角色，帮助被拆迁居民奖期合法权益最大化，承担起政策宣传和家庭矛盾协调的职责，通过集中宣讲、专题组织生活会等，帮助居民正确理解政策条款，担负起对“依法、诚信、阳光”拆迁进行过程监管的责任；隆昌、内江路站拆迁基地所在的东白林寺、爱国二村第二居委会干部们承担居民纠纷救火员角色，劝说居民理性思考，消除顾虑，以自己的积极行动赢得合法利益最大化。

通过四位一体工作法，各方合力上阵，争取效率最高化，四位一体既是集结各方之力、共同会诊把脉解决家庭矛盾的协商平台形式，也是依托各方资源、联动推进签约安置的工作运作机制。借助四位一体，拆迁公司经办人、律师、街道推进组以及居委干部四方成员齐聚一堂，站在不同位置，发挥各自特长，提供一体服务。由此，严格操作、公正监督、协调矛盾、促进签约的四方合力也得以充分体现。 （唐　洁）

（三）大桥街道

【概况】 位于区境中南部，因杨浦大桥浦西段引桥跨境而命名，东起隆昌路、宁武路、平定路与定海路街道接壤，西沿杨树浦港与平凉路街道、江浦路街道交界，北至周家嘴路与控江路街道、延吉新村街道相邻，南至杨树浦路临黄浦江与浦东新区隔江相望。辖区户籍人口121962人、3.97万户，28个居委会。区域内有幼儿园4所、小学5所、中学4所，为区法院、区检察院、区卫生局、区疾控中心、区规划局等机关单位所在地。长阳路沿线有社区卫生服务中心、欧尚超市、普陀山海鲜大酒店、海上大富豪酒店等；平凉路沿线有沪东工人文化宫、杨浦区图书馆、社区文化活动中心、社区事务受理服务中心、平凉公园（人口文化公园）等。宁国路、黄兴路贯穿区境南北，有东西向道路13条，南北向道路10条，有8、22、25、28、33、135、538、842路，申川线、大桥三线、大桥四线、大桥五线路等20多条公交线路。2009年，街道被评为全国全民健身活动先进单位、上海市文明社区、上海市平安社区等。街道办事处地址：眉州路871号。（1）社区党建。社区（街道）党工委下设行政组织党组、综合党委和居民区党委。有党总支29个（其中居民区党总支28个、“两新”组织党总支1个），党支部149个（其中“两新”组织党支部31个、离退休党支部3个、机关党支部1个、居民区党支部110个、创业党支部4个），党员6331人。深入开展学习实践科学发展观活动，开展“讲党性、重品行、作表率、奉献杨浦作贡献”主题教育活动，组建辖区首家新社会组织联合党支部，完善街道党员服务中心和复旦国际与公共事务学院青年志愿队结对共建活动，发动党员参加世博先锋行动在一线活动，编辑出版《大桥共产党员的风采》，修订完善《大桥街道廉政制度汇编》。完成居民委员会、居民区党组织和妇代会换届选举。（2）综合治理。全年共发生刑事案件405起。全年处理来信来访1186件，其中来信432件（其中查办件125件，交办件43件，督查件6件），来访635次，来电119次，处理率100%。全年调处各类民事纠纷725起，出具人民调解协议书700份，调解成功率100%，其中受理法院委托案件53件、治安委托案件10件、轻伤害委托案件10件、劳动仲裁委托案件6件，委托案件涉案金额302.99万元。来沪人员办理居住证1235人、临时居住证7283人。定期进行志愿者团体辅导和心理咨询师个案督导，心理咨询44件、推进心理个案12件、危机干预9件、团体辅导18次、个案督导11次。新建10个消防宣传栏，设立100个消防灭火点。为1000户独居老人、残疾人家庭更换老化电气线路。对地区寄宿制建设小学近千名师生开展消防逃生演练和消防知识讲座，免费为学校安装应急逃生器112套。新装119扇电控防盗门、修缮100扇电控防盗门，为居委会和物业配发民防应急箱88个。与居民区党总支、大型企事业单位签订《中国2010年上海世博会大桥社区安全保卫工作责任书》，组建2400人的世博安保平安志愿者队伍。（3）社会保障。全年救助各类对象103016人次，发放各类救助资金2858.22万元。43250人次享受支内回沪帮困补助资金1047.03万元。实施市民综合帮扶措施，298人次享受帮扶资金51.51万元。为2350名退休及生活困难妇女提供免费妇科病筛查。建立全市首家为老服务社工师事务所，为1930名老人提供居家养老服务，为70名老人安装“安康通”紧急呼叫器。完成3个标准化老年活动室建设、1个老年人助餐服务点和社区精神病人日间康复照料中心建设。（4）劳动就业。全年新增就业岗位2155个，完成年度指标100.23%；城镇失业登记人数3496人，控制在区下达指标以内；外来从业人员综合保险覆盖人数8462人，完成指标120.89%；工资集体协商覆盖劳动者人数2856人，完成指标109.85%；青年职业见习人数330人，完成指标133.60%；扶持创业人数31人，完成指标103.33%；外来农民工培训人数110人，完成指标100%；为2366名非正规就业从业人员办理综合保险。受理复核支援外地建设退休（职）回沪定居人员帮困补助4080人。（5）市政管理。全力推进迎世博600天行动计划，完成市容环境责任区管理达标街道创建工作，完成街道网格化管理分中心建设，集中力量开展内环两侧14条道路市容环境综合整治，更换周家嘴路、平凉路、眉州路等沿街商铺店招店牌1086块。粉刷二级以下旧里私房立面31.1万平方米、企事业单位房屋建筑立面清洗粉刷299.65万平方米、平改坡综合整治22.25万平方米。完成平凉路（宁国路—临青路）以及以红房子医院周边道路为主的一街一道路创建工作。加强河间路101街坊和方子桥等拆迁停滞基地日常管理，完成河间路南块195产219户居民动迁工作。投资约60余万元解决河间路、方子桥等地积水问题。（6）精神文明。开展颂祖国迎世博系列活动，第三届学习节开幕式暨心理服务进社区项目研讨会等活动。东方讲坛、名家名作社区行以及街道讲师团开设“月月讲”讲座，开展健身气功、彩巾操、易筋操、太极拳、百万家庭学礼仪等各类培训，开展迎世博不文明陋习大家找、大家评、大家除活动，制作《为世博加油、为祖国喝彩——大桥社区建设成果巡礼展》系列展板。社区文体团队135支近3000人，社区文化活动中心特色团队有21支近500人。创建27个市文明小区，40个区文明小区。（7）街道经济。全年完成地方税9142万元。新办企业31户，引进注册资金1.2亿元，其中注册资金超过500万元企业7户。

【建成社区精神病人日间康复照料中心】 4月，街道在广州路16号建成社区精神病人日间康复照料中心（阳光欣园），为具有上海市户籍，年龄在16—55岁之间，病情稳定，自愿服药，生活基本自理，并经专业医生评估，总危险度在2级以下（含2级）的有需求的持证精神残疾人提供康复照料，至12月底，有19人接受照料服务。

【档案工作争创市一级先进】 5月起，开展机关档案创市一级先进工作，编制档案升级（市一级）评定考核细则与台账对照表及各类考核资料130多本。投入经费8万多元扩容安置48平方米2间有18列密集架的档案库房和1间24平方米的工作室。12月，通过市、区档案升级工作专家评审组考核验收，晋升为机关档案工作市一级先进单位。街道档案室藏有文书档案80203件，照片档案6820张，录像档案94盒，荣誉档案1047件（册），设备档案429卷，基建档案14卷，会计档案2728卷（册），电子档案274

9 月，举行“钻石婚我们的 60 年”庆典活动

件，资料 536 册 13430 件。档案室接待查阅档案 1253 人次，提供档案查阅利用 8174 卷（件）。

【开展老龄特色系列活动】 9 月 25 日—10 月 26 日，结合上海市第 22 个敬老节，迎接世博倒计时 200 天，庆祝建国 60 周年，街道开展为期一个月老龄特色系列活动，其中有“携手流金岁月，见证风雨人生”——上海水上消防指挥艇“兵儿子”为上海市十大寿星、中国十大寿星之称的 108 岁徐琼玉老人祝寿，并与她及 7 对钻石婚老人结对。举行“钻石婚我们的 60 年”庆典活动，为钻石婚老年伉俪们定做中装，拍摄纪念照，庆典活动唤起老人们美好的回忆。举办“呼唤民族精神，弘扬爱国情怀”——100 幅老电影海报展，“回忆往昔岁月，重温红色经典”——放映由街道老龄办制作的老电影集锦 10 分钟短片，“打开记忆心扉，再现青春悸动”——评选老年人喜爱的 10 句红色电影经典台词。

【为老服务社工师事务所揭牌成立】 10 月，街道在杭州路 66 弄 35 号，成立大桥社区为老服务社工师事务所。该事务所是一家致力于推进社区老龄事业发展的社会组织，承接政府、社会、个人委托的服务项目，引入专业社工和志愿者力量，运用社会工作理念和方法开展多元化专业服务，探索服务独居老人的新模式，通过项目实施帮助老年人学会健康自我管理方法，探索社区养老健康自我管理模式，通过同伴辅导员的培育，完成老年人自主、自助的管理模式。至 12 月底，承接重残无业人员家庭关爱行动和大桥社区老年人健康自我管理两个服务项目，受益老人 780 人。

【开展颂祖国迎世博系列活动】 年内，街道组织开展颂祖国迎世博主题系列活动。举行金牛踢春、楹联送暖新春联欢会，端午呈祥迎世博暨大桥社区文体团队展演、首个全民健身日主题活动启动仪式暨大桥杯乒乓球比赛、爱我中华 · 喜迎世博爱国歌曲大家唱歌咏比赛、墨香伴书韵 · 丹青泻芳菲读书交流活动等。11 月 20 日，由街道主办，社区文化活动中心、上海市楹联学会杨浦分会承办的大桥杯楹联大赛，正式向社会各界人士征求对联，奏响 2010 年第六届“桥文化”研讨活动的乐章。11 月 29 日，承办杨浦区第十四届全民健身节闭幕式暨大桥社区全民健身系列活动表彰大会。组织引进上海歌剧院艺术团等大桥社区专场巡演、端午节艺术行、欢乐在大桥迎世博倒计时 300 天明星专场演出、庆祝第二十五届教师节活动等多场主题文化活动，社区居民与上海滑稽剧团等市级专业演出团队知名艺术家进行互动。

【创业心理咨询室扶持培育青年创业】 1 月，街道在社区服务管理中心建立大桥街道创业心理咨询室，依靠优秀大学心理教授和专业资质社工的心理辅导资源，结合完备的组织机制设置，从根本上为青年创业者提供动力和助力。心理咨询室的建立不仅是加强就业指导，完善就业结构，也是扩大就业模式，以创业带动就业，探索青年创业心理咨询的一项重要措施，为青年创业提供系统专业的心理支持和帮助。全年接待来电 86 人次、来访 28 人次。其中有 8 人成功创业（2 人开办小企业公司，6 人开办非正规组织），1 人被推荐进行创业见习，4 人申办创业（1 人创办小企业，3

人创办非正规组织）。开展2次创业政策宣传和主题创业心理培训，近60人参加培训。

【加强未成年人思想道德建设】年内，街道整合文化、教育、体育公共服务等资源，创新丰富活动载体，开展秉承传统、内涵丰富、活动创新、老少皆宜的社区活动，推动辖区未成年人思想道德建设。在国庆60周年期间，收集解放以来“中国百年百部老电影”、“解放战争篇”等近两百部优秀电影作品，开展“艰难的岁月、光辉的历程”黑白老电影联展。在辖区28个居委会活动室组织学生轮流观看经典革命老电影，就影片中经典的台词、对话、片段等开展革命老电影一句话影评活动，使学生感悟中国共产党的伟大，颂扬建国60周年的巨大成就。邀请大桥楹联协会、杨浦区教师进修学院语文特级教师，开办《东方讲坛——人文精神与古诗词诵读》讲座，近300名社区中小学生和诗词爱好者参加。

专　文

突破瓶颈开拓创新，全力推进动迁试点工作

在河间路南块动迁基地试点工作（上海市第二家试点单位）中，街道坚持以服务为主的动迁工作新思路，健全动迁工作机制，实施“数砖头保障托底”、“主动公开动迁结果”和“多元安置”的全新动迁方案，做好居民思想工作，强化政府在动迁工作中的主导作用，使动迁工作回归到理性轨道上。该基地位于平凉路1751弄，有195产219户人家，核定人口为630人。2009年2月18日动迁工作正式启动，当年12月4日完成所有居民动迁工作。

此次动迁工作街道参与时间最早（准备阶段已经参与）、参与面最广（参与动迁方案制定和修改、政策培训、意见征询、居民思想工作、矛盾化解、困难家庭帮困补助等全过程）、机关干部参与人数最多（入户做工作300多次）。动迁基地设3个奖期：其中酝酿期为一个月，签约率66.7%以上；全奖期为两个月，签约率90.8%；减奖期为一个月，6月18日后进入无奖期。截止到7月9日许可证到期停止所有奖励时，有5产居民未签约，至12月4日最后3户也全部动迁，整个动迁工作取得阶段性试点成果，为加快杨浦乃至上海市旧区改造和城市建设积累了有益经验。

整合资源形成合力，健全动迁工作机制。与区房管局住房保障中心形成合力推进工作。对存在的一些不稳定因素，社区民警、司法专职调解人员及时化解矛盾。街道基层工作人员在动迁准备阶段深入居委会调研，召开居民代表座谈会，听取居民意见和建议，形成书面报告报送区政府领导，为领导正确、合理制定动迁政策、安置方案提供依据。建立社区舆情收集、分析、利用、反馈制度，在及时预防和化解矛盾中掌握主动权，会同区住房保障中心及上海律师协会等给予明确答复，化解可能激化的矛盾。

健全组织落实人员，发挥三支队伍作用。街道党工委书记担任旧区改造分指挥部总指挥，办事处主任担任常务副总指挥，街道所办院队、基层工作组负责人任组员，充分发挥居委会、机关干部和社会公信人士三支队伍作用。居委会干部主动陪同动迁居民看房源，只要动迁工作需要随叫随到。街道1位处级干部和5位基层工作人员常驻动迁基地，在酝酿期、全奖期等重要时间节点，抽调30多名机关干部担任动迁基地联络员，分成7个工作组，由处级领导带队上门做居民思想工作。发挥人大代表、政协委员、社区法官和居委会干部等社会公信人士的监督作用。上海律师协会律师作为第三方参与对居民的调解和证据保全等工作，与动迁经办人员沟通、核对动迁协议签订公开过程，了解掌握动迁对象的思想动态，为居民答疑释惑，有效化解矛盾。

关注民生强化保障，维护动迁居民利益。成立帮困工作领导小组，对动拆迁家庭进行调查摸底，受理困难家庭申请认定，调查核实，发放补助金。对一些情绪较为激烈、对动迁政策持有怀疑态度的居民家庭，上门真心沟通，宣传动迁政策，确保居民利益的最大化。成立由办事处分管领导任总指挥，派出所、区信访办、街道综治办等人员组成的维稳指挥部（维护拆迁基地稳定和矛盾化解工作指挥部），随时参与现场维稳工作，防止群体性矛盾激化，派出司法专职调解人员、法院退休法官，深入基地开展调解工作。

（张莲琴）

（四）平凉路街道

【概况】 位于区境西南部，东以

兰州路为界与大桥街道相邻，西以大连路为界与虹口区接壤，南以黄浦江为界与浦东新区隔江相望，北以长阳路为界与江浦路街道相邻。辖区户籍人口108077人、37634户，30个居委会。辖区内东西横向有杨树浦路、平凉路、长阳路等中小道路13条，南北纵向有大连路、通北路、许昌路、江浦路等中小道路13条。交通便捷，有37、70、80、135、310、841、960等22条公交线路设站经过，地铁4号线设站穿过，大连路过江隧道、丹东路和秦皇岛码头有轮渡与浦东新区相通。辖区内有沪东老年医院1所区属医院，有市东中学、惠民中学、杨浦职校分校、齐齐哈尔路第一小学等9所中小学，有中国烟草博物馆，是区委、区人大、区政府所在地。街道办事处地址：吉林路1号。（1）社区党建。社区（街道）党工委下设行政组织党组织、综合党委、居民区党委。有党总支18个（其中居民区党总支17个、"两新"组织党总支1个），党支部105个（其中居民区党支部72个、"两新"组织党支部27个、机关党支部1个、事业党支部1个、离退休党支部4个），共有党员4612人。围绕学习实践科学发展观活动开展各项党建工作。（2）综合治理。全年受理来信1953件，来访2500人次。受理调解各类纠纷608件，制作调解协议书498件，调解成功率98%。发生刑案376起。对社区矫正对象开展分级矫正工作，共有矫正对象45人。接待法律咨询服务489人次。举办各类法制讲座和培训18场（次），参加2790人次；开展各类法制宣传活动16次，受益群众7890人次。（3）社会保障。全年救助各类对象73863人次，发放救助金2833.2万元。元旦、春节等节日期间，实施救助10230人次，补助、救助金211万元；15110户次廉租房家庭，发放廉租房补助金906万元。投资110万元，建成第二所老年人日间服务中心和1个单一型老年人助餐点；创建3家标准化老年活动室，修缮4家非标准化老年活动室；成立阳光康乐站（社区精神病人日间照料站），组织141名残疾人参加免费体检，513名残疾人参加基本健康保健活动。为2100名老人提供居家养老服务，其中政府补贴999人，补贴金额204余万元；结对关爱独居老人1198名，对70岁以上纯老家庭实行亲情关爱；为44名老人提供日间照料服务。全年接待处理老年维权、信访45起，调处率100%。（4）劳动就业。全年新增就业岗位2182个；城镇登记失业人数3183人，控制在3188人范围内；完成扶持创业目标数30个；外来从业人员综合保险覆盖人数6505人；完成外来民工培训100人；工资集体协商覆盖劳动者人数2024人；青年职业见习人数252人。"双困"（就业困难、家庭困难）人员认定228人，安置零就业家庭8户。（5）市政管理。开展迎世博600天市容环境综合整治，对霍山路、惠民路、榆林路、杨树浦路等7条道路进行综合整治，清除乱招贴2851处，拆除违章建筑1231平方米，整改店招店牌192处2400平方米，外立面粉刷19100平方米；完成5个小区10幢高层92385平方米综合整治和8个小区多层公房综合改造。完成惠民公园改造工作。创建怀德路一街一景和市容环境责任区达标。全年平凉西块（二期）动迁签约2441产2821户，完成95.13%；轨道交通12号线长阳路站动迁签约501产779户，签约率100%；2、3街

平凉西块动迁居民签约前，在基地了解动迁政策

坊延伸段动迁签约399产，完成56.1%；48、52街坊动迁签约435产，完成68.61%（其中太平报恩寺65产动迁全面完成）；激活动迁停滞基地49街坊，签约26产31户，签约比例14.4%；58、62街坊签约230产，完成53.7%；江浦路拓宽动迁签约54产，完成93.10%；怀德路拓宽动迁签约14产，完成100%；40街坊（渔人码头）和霍山路447弄（大连路绿地）230户居民的动迁工作全面完成；世博水门项目动迁签约127产，完成100%。（6）精神文明。征集迎世博文明格言提示语630条，制作迎世博宣传手册、台历等宣传品36400余册（件），发到家庭、楼组和企业。每个迎世博百日开展流动红旗竞赛、世博文明之星评比、倒计时大型文化活动等。新成立志愿者队伍50多支，创建市级文明小区25个，区级文明小区37个。深化与评弹团结对共建，举办评弹演出辅导活动97场次；邀请东方剧场进社区演出13场；组织各类专题讲座12期；摄制"红色印迹"平凉史迹宣传片；举办"迎世博、颂祖国、看平凉"大型图片展；举办迎国庆社区居民歌会、中秋节系列文艺汇演等活动。百万家庭学礼仪培训700名。（7）街道经济。全年完成地方税收4246万元。引进企业112户，注册资金共计2.23亿元，其中注册资金500万元以上企业12户。

【召开迎世博城市管理研讨会】 6月5日，街道召开迎世博城市管理研讨会，邀请区城市管理指挥部、区绿化市容局、区网格办、区房地局、区城管大队等部门领导参加。与会者实地勘察江浦路、杨树浦路、平凉路等几条主干道路综合治理情况，现场分析存在问题。研讨会上，街道汇报迎世博社区环境综合整治、顽症治理工作开展情况等城市管理的做法和措施，以及存在的突出问题。会议指出，当务之急要整合行政资源力量，强化联合执法工作机制，细化工作方案，制定区域管理标准，划分重点和一般整治区域，落实差别化整治措施，突出亮点，建立长效常态管理机制，使社区、道路环境及顽症整治等城市管理工作取得一定突破。

【召开拆迁工作立功竞赛推进大会】 7月29日，街道在社区文化活动中心召开拆迁工作立功竞赛推进大会。区委常委、副区长庄少勤出席会议。会议对街道拆迁工作进行阶段性总结，对在推进拆迁工作中表现突出的先进个人和居委会进行表彰，明确下阶段街道推进拆迁工作重点。庄少勤指出：要充分认识当前任务的极端重要性；要坚定阳光动迁的信心和决心；要群策群力，开拓进取；要营造良好的拆迁氛围。街道全体机关、事业干部，桥盛、百群拆迁公司领导，辖区所队院负责人，三星、秦家弄居委干部近90人参加会议。

【举办爱国歌曲大家唱歌咏展示活动】 为庆祝新中国成立60周年，9月27日，街道在社区文化活动中心举办喜迎世博、爱我中华、爱国歌曲大家唱歌咏展示活动。社区23支合唱团队近1000人参加活动。大家用歌声喜庆祖国母亲60华诞，用歌声赞美改革开放30周年带来的累累硕果，用歌声鼓舞杨浦平凉人为迎世博建设美好和谐家园而共同奋斗的信心。

【完成居民区党组织和居委会换届选举】 5月8日，党工委、办事处召开居委会和居民区党组织换届选举工作动员大会，居委会和居民区党组织换届选举工作正式启动。街道成立两委换届选举工作领导小组，制定《居委会及居民区党组织换届选举工作实施方案》，明确换届选举纪律。7月11日是居委会换届选举日，14个居委会进行选举，其中直选9个，占选举居委会64%。通过选举，选出居委会成员78人，其中主任14名，副主任2人，委员62名。7月25日，居民区党组织换届选举，20个党总支进行选举，其中4个党总支直选，占总数20%。通过选举共选出党总支书记20名、委员104名。

【建成平凉社区第二老年人日间服务中心】 11月，街道建成第二家社区老年人日间服务中心。副区长马杰富参加剪彩仪式。平凉社区第二老年人日间服务中心位于江浦路400号，投资100余万元，建筑面积200平方米，共二层。主要分为生活区和娱乐区两大部分。一层为餐厅、阅览室、理发室、健身室。二层为午休室、棋牌室、影视厅、休闲吧、浴室等，可为老人提供日托、居家养老、文体娱乐、沐浴理发、卫生保健、法律援助、心理咨询及精神慰籍等服务。

【海杨居民区开展创无烟环境活动】 海杨居民区成立以党总支书记带头,各楼组长为队员的禁烟志愿者队,定期在社区开展无烟宣传,发放宣传资料;与小区居民签署无烟家庭签约书,引导吸烟人士为了家人的健康,逐渐减少吸烟量,并主动带动亲友和邻里共创无烟家庭。禁烟志愿者队以社区孕婴家庭为重点对象,主动上门宣传、签订无烟家庭协议书,并定期回访了解、记录家庭无烟落实情况。此举措受到不少孕婴家庭积极响应,主动到居委会签订协议书,承诺不在家中吸烟、设烟具;来客不敬烟;劝阻来客不吸烟。为迎世博当好东道主,积极营造一个无烟的居住环境。

专　文

发挥组织优势,坚持以人为本 全力推进旧区和谐改造

几十年来居住在旧里棚户区老百姓期盼早日旧区改造,改善生活环境、提高生活质量。2009年,平凉路街道迎来了旧区改造高峰。街道着力推进的旧改任务主要是全市五幅重点成片旧区改造地块之一平凉西块(二期)和轨道交通12号线等大市政项目,覆盖3000多户人家、上万人口,力度之大、难度之高为近年罕见。街道党工委、办事处以科学发展观为指导,立足一线,以人为本,全力推进旧区和谐改造。

领导班子把旧区改造作为一项造福人民、温暖千家万户的民生工程,研究制定工作方案,采取措施,立足一线,靠前指挥,把旧改工作作为街道中心任务抓紧抓好,不断加大推进旧区改造工作力度。建立党工委书记为旧改动迁第一责任人,处级干部包片、科级干部包块、每个干部包组的动迁“分片划块,包组进户”负责制,早九晚九,责任到人,街道所有机关干部以主人翁的态度投入到动迁工作中去,做好动迁政策的宣传员、居民需求的信息员、居民心声的传递员、动迁签约的促进员。成立旧改推进办公室,从机关干部队伍中抽出10名精兵强将和一批居委干部全脱产进驻各个拆迁基地联合驻(蹲)点办公,加强指挥部、街道、动迁公司三方联动,为居民争取最大合法利益。领导干部直面矛盾,帮助动迁居民理情绪、算细账、释疑虑,在解决民生难题中形成感召力。党员干部积极发挥先锋模范作用,想群众所想,急群众所急,说千言万语,想千方百计,解千难万难,把党的阳光政策送进千家万户。

坚持把党旗插在旧改拆迁基地上,把党员形象树立在群众的心目中。街道与动迁公司、居民区党组织与动迁公司分别建立党建联建工作机制,签订党建联建协议,发挥机关党员作用、居民区党组织骨干带头搬迁,社区党员居民现身说法,使党组织的战斗堡垒作用体现在拆迁服务的工作前台。在旧改民生工程中锻炼队伍、培养干部,把讲党性、重品行、做表率主题教育与推进动迁出业绩相结合,在动迁一线锻炼干部,在动迁一线考察干部。把愿不愿挑重担,能不能挑重担,有否大局意识,有否艰苦奋斗的工作精神,有否动拆迁工作的业绩作为考察干部的重要依据。形成了干部积极向上、勇担责任的良好氛围。10多名干部提拔任用,3名青年干部入党。在机关中开展立功竞赛,根据分片划块分组要求制作居民签约进度表,编制下发机关干部《联系居民工作手册》,定期检查干部联系居民情况,落实工作考核、强化岗位激励,激发干部内在动力,形成比、学、赶、帮、超的良好氛围。　　(王颖珺)

(五)江浦路街道

【概况】 位于区境西南部,南至长阳路与平凉路街道连接,北依控江路与四平路街道接壤,东临兰州河与大桥街道、控江路街道毗邻,西至大连路与虹口区交界。辖区户籍人口74757人、26942户。有居委会24个。辖区内交通便捷,呈“三横三纵”布局,东西走向有控江路、周家嘴路、长阳路,南北走向有大连路、许昌路、江浦路,河道有杨树浦港。公交线路有6路、14路、17路等12条,轨道交通4号线经过大连路站,轨道交通8号线经过江浦路站和鞍山新村站。辖区内有中小学7所、职业学校1所、业余大学1所,有新华医院、社区卫生服务中心,有海上海创意产业园区、上海卷烟厂、全国500强餐饮企业沈家花园。街道办事处地址:许昌路1212号。(1)社区党建。社区(街道)党工委下设行政组织党组、综合党委和居民区党委。有党总支22个(均为居民区党总支),党支部39个(其中“两新”组织党支部27个、机关党支部1个、事业党支部1个、离退休党支部5个、居民区党支

部2个，其他党支部3个），党员5257人。开展学习实践科学发展观活动。完成居民区党组织换届选举。开展世博先锋行动，发动社区各级党组织和党员参与、服务、奉献上海世博会。推进区域大党建，社区党工委与辖区6家单位党组织签约联建，推动社区党员服务中心为社区单位党员服务，推动社区单位参与社区建设。加强“两新”组织党建，培育海上海白领党员志愿者党建品牌，树立“五好”党组织福阳置业和捷联咨询等先进典型。（2）综合治理。全年受理群众信访943件，办结率100%。全年发生刑案355起。全年共调解民间纠纷805件，调解成功率98%，制作协议书236件；提供法律咨询605件1065人次，提供法律援助2件。对刑满释放人员通过临时性救助，逐步帮助其自食其力。（3）社会保障。全年发放各类救助金748.53万元，救助各类人员2.7万人次。其中25人享受事前医疗救助，减免医药费1.8万元；承接126个市民帮扶个案，帮扶金额21.93万元；向突发重、特大疾病困难家庭开展事后救助托底，借款27.41万元；187户家庭享受廉租房政策，发放廉租房补贴327万余元。街道有60岁以上老人17952人，老年大学1所，标准化老年人活动室13个。残疾人1340人。建成标准型精神病人日间照料中心，建立阳光职业康复援助基地，成立江浦路街道救助管理站。为1403名社区老人提供居家养老服务，实施独居老人信息的动态管理和结对关爱全覆盖。（4）劳动就业。全年新增就业岗位2223个，完成指标101.97%；城镇登记失业人数控制在1981人以内；外来从业人员综合保险覆盖人数5027人，完成指标104.73%；组织外来农民工参加培训80人，完成指标100%；扶持创业人数36人，完成指标120%；工资集体协商覆盖劳动者人数1092人，完成指标109.2%；青年职业见习137人，完成指标100%；认定就业困难人员285人，100%给予安置。建立扬帆职业指导服务站和开业指导专家——江浦服务站，对社区居民开展就业指导；制定《促进创业带动就业工作实施意见》，投入30万元专项基金加大对社区青年尤其是大学生的创业扶持力度，全年创办36家小企业和30家非正规就业组织。（5）市政管理。完成轨道交通12号线长阳路站江浦动拆迁基地79产居民搬迁，完成长阳路941弄（76街坊）动拆迁基地收尾。投入100余万元创建沿街店面门前市容环境责任管理达标街道。开展迎世博600天行动计划，完成一街一景一小区建设以及周家嘴路两旁房屋外立面整治，成立联动执法队，加强市容管理。投入40万元建成五环、金鹏两个标准化社区卫生服务点，开展第三轮健康城区建设三年行动计划，在江浦公园建立科学健身路。创建上海市A级有害生物防治站。（6）精神文明。街道创建成新版市级文明社区。组织迎世博倒计时400天、300天、200天活动，广泛动员社区干部群众。举办世博知识讲座50余场、组织世博知识网上答题，发放世博知识读本、开展世博双语培训、启动世博志愿者招募，组建社区市民巡访团、完善问题整改机制。全年3600人次志愿者参与控江路市级交通文明示范路段管理。组织窗口工作人员世博知识、业务知识、礼仪知识的全员培训，开展迎世博社区办事窗口政风行风建设百日竞赛活动。社区文化活动中心做到天天有活动、周周有演出，举办第一届社区文化艺术节，社区文化团队新增书画沙龙、摄影爱好者沙龙和锡剧队，社区图书馆对社区居民开放。成立宝优美（江浦）启育中心，社区0-3岁婴幼儿近1000人次参加免费的户外亲子活动，开展入户指导服务1200余人次。创建市文明小区12个、区文明小区27个。（7）街道经济。完成地方税收3661万元。引进企业112家，其中注册资本500万元以上企业11家，引进资金人民币15295万元、美元20万元。

【成功创建新版市级文明社区】

3月，街道启动创建新版市级文明社区工作。主要做法：逐项逐层分解指标，落实责任科室、明确工作措施；加大宣传力度，制作1200余张宣传板在各小区主要道口、楼道内张贴，制作文明社区创建宣传交通卡套3.7万份、年历和文明创建倡议书各3万张，发放到每家每户，在《今日江浦》报上开辟“小蔷薇”专栏倡导文明风尚；整合区各职能部门力量和街道资源，做好小区顽症专题整治行动、相关投诉和媒体曝光处置工作以及集中行动。通过创建活动，社区面貌明显改善，文明程度明显提高。年底，街道通过市里验收，成功创建市级新版文明社区。

【成立扬帆职业指导服务站】 3月，街道成立扬帆职业指导服务站，该服务站设置于社区事务受理中心，主要为社区内大学毕业生开展“量体裁衣式”个性化就业指导。在扬帆职业指导服务站里，毕业生们可以获得求职登记等多形式、多方位咨询服务，工作人员根据服务对象的学历、专长、技能等情况，开展一对一有针对性、个性化职业介绍和指导服务。服务站全年共为81人提供职业指导服务，5人自主创业，32人成功就业。

【完成轨道交通12号线长阳路站江浦动拆迁基地动拆迁工作】 4月21日，街道启动轨道交通12号线长阳路站江浦动拆迁基地动拆迁工作。该基地包括长阳路1021—1045号（单号）、江浦路911弄1–4号，共有79户居民，其中成套公房55户，私房5户，旧里19户。街道按照该动拆迁基地内的党员户、困难户、租赁户、空关户，两劳、吸毒特殊家庭等，采取领导班子成员分类包干到户、居民区党组织与动迁公司党建联建等措施，配合动迁公司做好政策宣传和居民思想工作，到7月底，提前实现100%签约搬迁。

【完成居委会和居民区党组织换届选举】 5月，党工委、办事处召开居民区党组织和居委会换届选举工作动员会，换届选举工作正式启动。7月11日和7月18日是居委会换届选举日，21个居委会分两批进行选举，其中直选15个，占总数71.4%。通过选举，选出居委会成员128人，其中主任19人、副主任3人、委员106人。7月25日是居民区党组织换届选举日，24个居民区党组织进行选举，其中实行直选的13个，占总数54.2%。通过选举，选出居民区党组织书记24名，副书记6名，委员129名。

5月29日，街道为轨道交通十二号线长阳路站江浦动拆迁基地发放第一个集体签约配合小组奖

【举办首届社区文化艺术节】 9月30日—10月8日，街道举办以“庆国庆、迎世博”为主题的首届江浦社区文化艺术节。9月30日，在星洲城小区（三期）广场举行开幕式，著名电影艺术家仲星火参加开幕式。艺术节内容精彩丰富，先后举办社区综合艺术作品展、江浦陶艺展以及“都市魅力”表演专场、沪剧、歌舞、少儿表演专场等群众文艺演出活动，受到社区居民热烈欢迎，共有近2000名居民观看艺术节各类演出。

专　文

迎世博600天，全民在行动

2009年，是上海世博会筹办的迎战之年，也是迎世博600天行动计划实施的关键一年。从3月开始在全市开展迎世博、讲文明、树新风“三五”集中行动，即每月的5日、15日、25日分别开展“窗口服务日”、“环境清洁日”、“公共秩序日”行动，江浦社区广大机关干部、居委干部、社区党员、居民积极参与，共同创建文明和谐社区，迎接世博盛会。

在社区，广大机关干部踊跃带头。每月15日的“环境清洁日”，街道全体机关干部会统一戴上志愿者袖章，出现在社区内的卫生死角，有时是在沿街路面上，拿起抹布擦洗标牌、护栏等公共设施，拿起扫把清扫道路路面，拿起小铲铲除黑色广告，拿起钳夹

社区党员群众志愿者在迎世博全民义务劳动日暨授旗授牌仪式现场签名

捡拾路面废纸烟头等小垃圾；有时是在居民区里，劝阻衣服乱晾晒、非机动车乱停放等现象，清理小区堆积垃圾、楼道堆放杂物。每次活动，全体干部踊跃参加，遇到周末，纷纷放弃休息早早来到集中地点，遇到下雨，不怕风雨，穿着雨衣照样活跃在服务世博、迎接世博的第一线。

在居民区，广大居委干部、党员、居民积极参与。在陈一居民区，100多位党员、楼组长、居民在居委干部带领下，积极参加小区内的清洁活动，他们清扫街坊、整治楼道内乱堆物、清除黑色广告、规范小区内停车，他们中年龄最大的90高龄，精神抖擞地成为清洁家园的主人。在大花园小区，50名党员分头参加清理楼道堆物、绿化丛中垃圾的活动；在金上海小区，居民们认真地在冲洗垃圾箱房周边和废弃场地的建筑、生活垃圾；在陈二居民区，居民们实行卫生区域包干制，由居民自己负责小区内卫生责任区域环境，共同打扫清洁环境，对小区内乱丢垃圾的行为给予提醒和监督。

在办事窗口，广大工作人员热忱服务。街道组织各办事窗口开展社区办事窗口政风行风建设百日竞赛活动。社区事务受理中心窗口工作人员积极学习业务规范知识、文明用语和服务忌语，以良好的精神状态共同比业务、比服务；社区卫生服务中心开展微笑多一点、告知多一点、沟通多一点、尊重多一点、方便多一点活动，使服务更温馨；小区物业公司开展“迎世博，满意服务在小区，满意服务进家庭”活动，提高物业公司服务水平。经过各窗口贴心服务，提高了居民群众的满意度。（李　威）

（六）四平路街道

【概况】 位于区境中西部，东起杨树浦港与控江路街道相望，南到控江路与江浦路街道接壤，西至大连路、大连西路与虹口区毗邻。辖区户籍人口95792人、27793户。居委会22个。辖区内交通便捷，生活设施较为齐全。南北干道路有铁岭路、鞍山路、苏家屯路等11条中小道路，东西道路有本溪路、锦西路、阜新路等7条中小道路，公共交通有轨道交通8号线，有70路、123路、220路、843路、871路等21条公交线路。辖区内有同济大学、杨浦高级中学、铁岭中学、打虎山路第一小学等13所大中小学校。有社区文化活动中心、四平电影院等文化场所，有鞍山路邮电支局、东区电信局。2009年，街道荣获全国精神文明建设工作先进单位、全国离退休干部先进党支部、全国少年儿童平安行动示范社区、上海市安全社区等荣誉称号。街道办事处地址：锦西路69号。（1）社区党建。社区（街道）党工委下设居民区党委、综合党委和行政组织党组。有党总支26个（其中居民区党总支22个、“两新”组织党总支2个、其他党总支2个），党支部104个（其中居民区党支部70个、“两新”组织党支部28个、其他党支部6个），党员5075人。与奉贤区青村镇湾张村和桃园村开展城乡结对共建工作，四海党总支与静安寺街道流动党支部开展联组学习，组织“两新”白领青年党员参加迎世博救护知识、世博礼仪培训，开展“迎世博 促和谐”党内激励、关怀、帮扶系列活动。（2）综合治理。全年接待群众来访204批602人次，受理群众来信314件，办结率100%。安装电控防盗门45扇。做好刑释解教人员安置帮教和社区在刑人员矫正工作，有刑释解教人员215人，安置就业率85%以上。全年调处各类民事纠纷486件，制作调解协议书279份，调解成功率97%。全年发生刑事案件328起。加强来沪人员管理和服务，信息登记率96%。街道出资购买惠及全体社区居民的综合保险，织就社区居民公共安全网。（3）社会保障。组织开展"三捐"（捐款、捐物、捐岗位）"三助"（助学、助医、助服务）献爱心帮困募捐活动，募集帮困资金31万元。全年发放各类帮困救助金1760余万元，救助7.13万人次。落实支内回沪人员帮困救助，为7984名支援外地建设退休（职）回沪定居人员办理帮困补助手续。为867位老人购买"银发无忧"综合保险，为81户独居纯老家庭安装"安康通"紧急呼叫器，为1178户纯老家庭免费安装煤气报警器，为1520名生活有困难的老人开展居家养老服务。落实1134名独居老人结对关爱，结对率100%。有老年人助餐点2个，215名老人享受助餐服务。（4）劳动就业。全年安置"双困"（生活困难、就业困难）人员99人。深化劳动争议调解室试点工作，全面落实发展和谐劳动关系三年行动计划，化解劳动争议37起，追讨欠薪63.19万元。新增就业岗位2007个，城镇登记失业人员控制在1687人以内，外来从业人员综合保险覆盖人数6599人，外来农民工职业技能培训80人，扶持创业30个，工资集体协商覆盖劳动者人数1176人。（5）市政管理。完成1.6万平方米旧房成套改造；完成鞍山路、控江路等5条道路的市政排水管网改造和鞍山六村、鞍山七村等2个小区积水点改造；启动胜利村7–9号动拆迁；完成鞍山六村、鞍山七村等3个小区的综合整治；安装楼道扶手600米。加强防汛防台和应对雨雪冰冻灾害性天气工作，完善灾害性天气应急预案。完成抚顺路一街一景建设和国康路等3条道路改造。粉刷围墙墙面3万多平方米。拆除鞍山三村等4个小区违法建筑160多处，建筑面积2600多平方米。创建市级绿色小区1个，区级绿色小区1个。与883家商店（单位）签订《门责责任书》。（6）精神文明。深化"三区（校区、园区、社区）融合、联动发展"核心理念，以与同济大学新一轮签约为新起点，发挥同济大学名师讲学团的优势，举办东方讲坛13场；继续开展志愿者活动，为大学生搭建融入社区的平台。开通四平路街道网站，促进四平同济人文社区创建。与上海滑稽剧团等专业院团共同举办演出15场；举办构建四平同济人文社区——2009年四平社区闹元宵民俗风情节、军民共建联欢晚会、庆祝新中国成立60周年文艺演出等。迎世博双语培训500人次，迎世博礼仪培训2052人次。创建市文明小区16个、区文明小区35个。（7）街道经济。重视产业结构调整和区域经济协调发展，加快建筑设计、工程施工企业引进和产业集聚，全年完成地方税收7343万元；共引进企业95户，其中注册资金500万（含）以上企业14户，引进注册资金人民币22500万元。商务楼注册、功能、税收"三落地"率89.22%。

【召开社区（街道）第一届妇女代表大会】 2月24日，在街道大会场召开四平社区（街道）第一届妇女代表大会，区妇联主席出席会议，85名代表参加。会议听取社区（街道）妇联工作报告，以无记名投票方式选举产生新一届

社区迎世博宣传骑游队宣传世博知识，倡导文明世博

妇联执委11人。新一届妇联执委在社区党工委领导下，充分发挥群众团体和社会组织的优势，组织社区妇女积极参加社区社会经济文化建设，将妇女工作辐射到新经济组织和新社会组织中，切实维护和实现广大妇女群众的根本利益。

【举办深入学习实践科学发展观活动联组学习会】 4月14日，区纪律检查委员会、社区（街道）党工委在街道会议室举行深入学习科学发展观联组学习交流会，区纪委常委班子成员、四平路社区（街道）党政班子成员参加学习，参观鞍山四村居民区旧住房改造实事项目。区委常委、区纪委书记陈守正充分肯定街道在推进民生工作中取得的成效，要求再接再厉，在更高的起点上有所发展。会议对加强民生实事项目建设和提高党风建设的有效性进行交流，对街道在民生实事工作中加强纪检监察进行探讨。

【举行杨浦·同济上海世博会志愿者招募启动仪式】 5月1日，中国2010年上海世博会志愿者招募（杨浦·同济）启动仪式在抚顺路360号社区文化活动中心举行，共青团市委、市世博会办公室、市教委、同济大学、区委的领导以及社区单位的代表等出席授牌仪式，活动现场专设世博志愿签名墙和志愿者招募点。至中午12点，975名市民和大学生报名参加上海世博会志愿者，其中居民志愿者292人，大学生志愿者683人。

【好党员勇救湖中三盲人】 6月19日，65岁的社区党员孙灶立在和平公园内下棋时听到呼救声，立即循声跑至湖边，见3位盲人正在湖水中挣扎。救人要紧，老孙二话没说，一跃跳入湖中。他不顾自身年老体弱，咬紧牙关，一个接着一个，把3名落水者从湖中央拖到岸边，在其他人的帮助下，落水者终于脱离了危险。老孙从湖中上岸时，由于体力透支，自己已无力站稳，在棋友搀扶下，他才回到了家。

【完成居委会和居民区党组织换届选举】 4月，社区（街道）党工委、办事处分别召开居民区党组织和居委会换届选举工作会议。7月11日、18日，21个居委会进行换届选举，其中直选14个，占选举居委会67%。通过选举，选出居委会成员126人，其中主任21名，副主任23名，委员82名。7月25日，居民区党组织换届选举，21个党总支进行选举，其中4个党总支直选，占总数19%。通过选举共选出党总支书记21名、副书记11名、委员113名。

【“三·五·六”门责活动启动】 7月15日，区鞍山路商业街百家门店门前卫生责任制“三（自我管理、自我约束、自我优化）·五（目标共定、巡访共查、责任共担、整改共纠、成果共享）·六（每个门店有一份门责责任书、一名门责管理员、一块创建标识、一套清洁工具、一个废物箱、一个清洁箱）”联建活动在街道办事处启动。中共上海市委宣传部副部长、市精神文明建设委员会办公室主任、迎世博600天行动社会动员指挥部副总指挥马春雷出席活动，区领导陈安杰、柴尧迅、邹明等共同为鞍山路商业街门店代表佩戴环境卫生责任制胸牌。沿街门店代表发言，签订承诺书，自发成立门责管理委员会，开展环境卫生自检自律活动。活动号召商家履行社会责任，共同建设鞍山路商业一条街。至12月底，“三·五·六”门责活动在彰武路、赤峰路等商业街全面开展。

【苏家屯路获得上海市民满意的人行道称号】 9月1日，由市城乡建设和交通委员会发起的上海市民满意的人行道评选结果揭晓，苏家屯路成为全市19条市民满意的人行道之一。这是苏家屯路继5年前被评为上海市十大景观道路后再获殊荣。苏家屯路位于鞍山路、打虎山路之间，南起锦西路、北连阜新路，长380米，宽6米。道路两侧绿树成荫，花草茂盛，景观别致。

【企业家俱乐部开展活动】 9月21日，环同济知识经济圈企业家俱乐部在同济大学礼堂开展活动，俱乐部全体成员、上海滑稽剧团艺术家共680人参加。俱乐部企业家们就如何应对金融危机、拓展市场、发展企业进行交流，并观看上海滑稽剧团艺术家文艺演出。在区政府和街道办事处的关心支持下，通过俱乐部这个平台，环同济知识经济圈逐步显出日益成熟稳定的经济效应，成为杨浦区经济发展的一支重要生力军。

【四平·同济青少年健康教育基

地揭牌成立】 10月27日，由街道组织的四平·同济大学青少年健康教育基地揭牌签约仪式在街道大会场举行，区安监局、教育局，同济大学及社区中小学领导、社区青少年代表共180人出席仪式。由街道社会发展科牵头负责具体工作，该教育基地支持社区青少年健康教育，提供心理、生理健康咨询和服务，开设健康辅导和讲座，至12月底，共开设讲座3场，为220人提供心理咨询服务。

【通过国家级安全社区评审】 11月19日，由国家安全生产监督管理局组成的专家评审组听取社区整改汇报、实地查看安全项目示范点的建设等，对街道创建国家级安全社区工作进行评审验收，专家评审组在审查后给予充分肯定和高度评价。12月，四平社区被评为国家级安全社区。自2006年5月创建国家安全社区以来，街道成立专门工作小组，聘请专业人员任顾问。主要开展道路交通安全、老年人煤气使用安全、青少年心理安全等12个安全项目工作，并开展定期协调议事、事故与伤害监测、安全社区宣传、安全绩效评审。3年中共防止老年人家庭煤气泄露事故15起，安全工作成效明显。

专　文

旧住房换新貌

从2005年起，街道配合区房地局陆续对社区旧住房进行成套改造，通过改造扩建及对原有建筑物平面的局部调整，达到厨房和卫生间独用，并对房屋的套型、水管、排污管道、小区绿化等方面进行综合整治，提升小区市容环境卫生面貌。至2009年，社区完成85幢楼旧住房成套改造，房屋总建筑面积16.52万平方米，受益居民5000多户，占杨浦区旧住房成套改造总量的28%，平均每户增加建筑面积约9平方米。综合整治（主要对道路、绿化方面的整治）小区14个，总面积31.3万平方米。经改造和整治，小区面貌焕然一新，鞍山四村旧住房改造在2008年1月荣获国家建设部人居环境范例奖。中共中央政治局常委、国务院副总理李克强，中央政治局委员、上海市委书记俞正声，市委副书记、市长韩正，联合国副秘书长安娜、非洲城市市长考察团成员先后到鞍山四村考察旧住房改造工作，整个项目的推进与实施体现了政府关注民生、服务百姓的宗旨。

四平社区始建于20世纪80年代前，是杨浦区不成套房屋比较典型、集中的地区。随着时间流逝，旧住房的种种弊端逐渐显现出来。小区道路开裂、坑洼不平、严重积水，绿化覆盖率低，公共配套设施不完善，居民乱搭现象严重。楼房墙面风化剥落，钢筋外露，楼内走道、楼梯损坏严重，水管渗漏、堵塞，煤气和通信设施陈旧老化；厨房、卫生间面积小，且几户合用，产权归属难以确定。这些不成套房屋的主人都是产业工人，经济收入不高，无力购买新建商品房，于是旧住房的成套改造成为他们的梦想。

同住在鞍山四村3楼的老钱和老郑是邻居，改造前他们一直合用卫生间和厨房，费用平摊。老钱家人口多，卫生间和厨房使用次数频繁，打扫卫生也比较马虎。老郑家两口人对此很不满，认为自家出了相同的费用却得不到同等使用价值，加上对卫生要求比较高，两家人经常发生矛盾和争执。居委会多次出面调解，但关系还是比较紧张。直到鞍山四村进行旧房改造后，两户人家厨房和卫生间都单独使用，老钱与老郑的邻里关系也得到根本改善。老钱激动地说："现在有自己的厨房和卫生间了，家里人多，使用起来也更方便，也更自由。非常感谢政府对我们的帮助和支持，让我们住到独用房子，过上了好日子。"

经过整治，小区环境得到了多方面的改善。鞍山四村物业管理人员小刘高兴地说："以前房子大多破旧，小区环境杂乱，加上管理不严格，居民们的生活垃圾也不能及时清理掉，导致很多居民对小区环境很有意见。绿化方面就更差了，除了街边寥寥的几棵树，整个小区几乎看不见绿色。自从绿化改造之后，树木多了，草地扩大了，休息乘凉的亭子建起来了。我们物业公司管理起来更方便了，居民也更加配合我们做好保安、保洁和绿化工作。"小区综合整治中增设了广场、健身器材和老年活动室，老年人有了好去处。小区经常组织安排一些文艺活动，让居民们在工作之余更好地享受生活。

通过对小区"穿新衣、戴新帽、换内胆"，翻新道路、种植绿化、铺设管线、周边道路整治等，做到改一片、成一片、亮一片。小区的综合整治和旧住房的成套改

造大大改善了居民的生活环境质量，充分展现出“杨浦让生活更美好”。（张志卫）

（七）控江路街道

【概况】位于区境中部，东至双阳路，与延吉新村街道相邻；西至杨树浦港，与江浦路街道、四平路街道分界；南至周家嘴路，与大桥街道接壤；北至走马塘，与五角场街道隔塘相望。辖区户籍人口82636人、31935户。居委会25个。辖区内交通便捷，南北干线有双阳路、黄兴路、凤城路、江浦路；东西干线有周家嘴路、控江路、延吉路、松花江路、中山北二路；杨浦大桥内环线贯穿辖区。有90、115、103路等10多条公交线路，轨道交通8号线在辖区内设站经过。有上海外国语大学附属双语学校、控江二村小学、控江中学、杨浦高级职业技术学校等8所学校；区住房保障和房屋管理局、区财政局、区税务分局、区教育局、杨浦大剧院、控江医院坐落在辖区内。2009年，街道荣获第二次经济普查国家级先进集体，成功创建上海市市容环境卫生责任区管理达标街道。社区事务受理中心被评为上海市青年文明号，“燕子救助法”被评为上海民政系统十佳服务品牌。街道办事处地址：沧州路138号。（1）社区党建。社区（街道）党工委下设行政组织党组、综合党委和居民区党委。有党总支28个（其中居民区党总支25个、“两新”组织党总支3个），党支部101个（其中“两新”组织党支部37个、机关党支部1个、企事业党支部2个、机关离退休党支部4个、居民区党支部57个），共有党员6442人。完成居民区党组织和居委会换届选举。深化“党群和谐一帮一”、“在职党员临时党支部”等党建品牌建设，组织社区帮困结对、迎世博公益劳动等活动。开展以“队伍建设好、群众服务好、稳定维护好、工作落实好、各方评价好”为内容的“五好”居民区党组织和居委会建设活动。罗曼照明工程有限公司党支部获2009年上海市“五好”党组织、党建示范点，健尔斯党支部获党建工作特色品牌“务实进取奖”、上海市优秀支部网站。（2）综合治理。整治治安突出问题，组织10次整治，取缔无证无照行业6家；取缔大运盛、新凤城、紫城等小区11家群租户。采集来沪人员信息134条，来沪人员办理居住证13118人（其中一年期居住证3301人、临时居住证9817人）。推进平安实事项目建设，为保障型小区安装151扇电控防盗门，为社区居民安装5000只防盗窗扣。全年接待群众来信来访621件，其中来信260件，来访198次，来电92次，电子邮件32件；处置和缓解集体上访事件39起。调处各类民事纠纷392起，出具协议书263份，调解成功率95%以上。全年发生刑案287起。有刑释解教人员72人，其中安置就业71人，重新犯罪率1.23%。规范社区矫正、刑释解教人员工作，新建1个公益劳动基地（共有25个公益劳动基地）。（3）社会保障。全年发放救助金1794.6万元，救助各类人员54642人次。发放最低生活保障22420户，大病医疗救助554人次，综合帮扶129人，支内帮困23393人次。新建老年活动室3个、修缮2个，标准化老年活动室累计22个。新建控江路1200弄单一型助餐点。为149户家庭安装“安康通”紧急呼叫器。为234名老人提供助餐服务，为1645名老人提供居家养老服务，结对独居老人1616人。全年廉租房共受理228户，受益171户。对143名重残无业人员实施医疗保障，为48户残疾人免费安装无障碍设施。（4）劳动就业。新增就业岗位2172个，完成年度指标101.97%；扶持创业成功31人，完成年度指标103%；农民工技能培训62人，完成年度指标103%；外来从业人员综合保险覆盖3831人，完成年度指标106%；工资集体协商覆盖劳动者人数2778人，完成年度指标111%；失业登记人数控制在2284人以内。安置“零就业”家庭、“双困”（就业困难、生活困难）人员165人；推荐2059名社区失业人员就业，其中单位录用182人、单位见习47人。（5）市政管理。完成杨浦大剧院—控江路周边区域和长岭路全线一街一景建设；统一制作更新永吉路、松花江路等多条道路近600块店招店牌；完成内环高架沿线500米范围内154幢房屋31.6万平方米外立面粉刷，为首排54幢房屋2851户统一安装空调外罩、晾衣架和雨篷。完成周家嘴路两侧房屋外立面粉刷。全年拆除违章建筑1892平方米。恒联新天地和东方名园小区创建为市级、区级绿色小区。（6）精神文明。创建15个市文明小区、38个区文明小区。编写《感动控江教育读本》。深化与上海歌舞团共建，舞蹈《绿色家园》荣获上海市“舞动精彩”社区舞蹈大赛金奖。（7）街道经济。完成地方税收9518万元。引进企业111户，其中注册资金500万元以上企业12户。企业注册资金共计41549万元。商务楼宇“三落地”（企业工商注册、税务登记、税收收入落地）完成46户，“三落地”率79.4%。至12月底，街道共有企业831户，实现交纳税收企业650户。

【举办控江·创业者论坛】 4月15日，社区（街道）党工委、办事处在复旦大学光华楼袁天凡报告厅举办控江·创业者论坛。区委副书记、区长宗明，副区长马杰富出席论坛。区财政局等部门领导、企业家代表、大学生代表等共200余人参加。论坛以创业促发展、创新求突破为主题，凸现共克时艰的勇气和信心。区财政局局长作政策解读，上海富大集团董事长以“金融危机与企业过冬发展”为题进行专家导论，上海昆泰投资管理有限公司总经理等3名企业家作主题发言。全体参会人员就普遍关心的“企业资金链”、“应对金融危机的解决途径”、“大学生就业”等问题开展互动交流。论坛上，成立控江路街道创业者服务中心，上海电视台纪实频道向演讲嘉宾赠送“我们的选择——改革开放30周年成就”影碟资料片。

4月15日，社区（街道）党工委、办事处在复旦大学光华楼袁天凡报告厅举办控江创业者论坛

【组建迎世博心行动信息采集队】 5月，街道与SMG纪实频道、复旦大学新闻学院、新闻晨报共同组建迎世博心行动信息采集队。这支信息采集队以扩大信息覆盖面、提高市民参与率、提升信息层次度为原则，进一步落实迎世博600天行动，打造“感动控江·真情纪实”品牌，开展“精彩世博，文明先行”宣传教育活动。信息采集队由79名写作、摄影、摄像爱好者组成。街道聘请复旦大学新闻学院、新闻晨报、SMG纪实频道6名老师，对信息采集、组稿编写进行指导，组织信息员实地了解新闻单位采编流程、参加纪实频道世界环境日节目录制，至12月底，信息采集队采集信息70余条。

【完成居民区党组织和居委会换届选举工作】 5月—8月，开展居民区党组织、居委会和妇代会换届选举工作。撤去原凤城四村、凤城五村、凤城六村、恒联居委会，新建抚岭和凤联居委会，居民区党总支作相应调整。5月15日，党工委、办事处召开居民区党组织和居委会换届选举工作动员会，换届选举工作正式启动。7月11日是居委会换届选举日，20个居委会进行选举，其中直选13个，共选举产生居委会成员125名，其中主任20名、副主任11名、委员94名。7月24日、25日居民区党组织换届选举日，20个居民区党总支进行选举，共选出党总支书记20名、副书记14名、委员96名。

【创建上海市市容环境卫生达标街道】 6月，街道顺利通过为期一月的实效验收，创建成为上海市市容环境卫生责任区管理达标街道。创建中，街道建立健全管理、自律、作业、执法、监督“五位一体”的市容环境卫生责任区工作模式，形成工作合力。成立应急队伍，辖区内所院队办分别成立迎世博城市管理问题处理应急小组，通过签订责任书等形式明确各自职责，形成包干责任制，及时整改各类问题。加强宣传教育，向社区居民和责任单位发放《告居民书》、《责任单位（人）权利和义务告知书》等各类宣传资料2万余份，并向社区居民公布城区市容环境监督投诉电话，形成共同管理、共同监督的良好氛围。

【控江社区文化活动中心和党员服务中心落成启用】 6月29日，控江社区文化活动中心和党员服务中心启用仪式在凤城二村19号举行。市党员服务中心主任与社区（街道）党工委书记为社区文化活动中心和党员服务中心揭牌，区文化局向社区文化活动中心赠画，上海儒博文化有限公司向社区文化活动中心赠书，区委宣传部副部长、区文明办主任向同济大学世博知识进社区志愿者服务队授旗，志愿者们宣读倡议书。控江社区文化活动中心由本溪幼儿园分园改建而成，位于凤城二村19号，总建筑面积1533平方米，共分三层，有社区图书馆、东方信息苑、多功能活动房、多媒体视听室、健身房、多功能报告厅等功能房。街道党员服务中心与社区文化活动中心实现资源共享，设有谈心室、接待室，人大代表、党代表、志愿者工作室，在“两新”组织党组织中设党员服务站1个、联络点15个，在街道社区事务受理服务中心设党员组织关系接转窗口。

【开展世博先锋行动在一线服务活动】 7月1日，街道在社区党员服务中心开展世博先锋行动在一线服务活动，共计700余人参加。鸿达物业管理有限公司、申扬房产评估管理有限公司、卫良物资有限公司等15家单位推出38个就业岗位，应聘人数63人，达成意向37人，当场签约1人。现场开展法律、医疗卫生、创业指导等12项咨询服务，以及理发、家电维修、自行车修理等7项便民服务。

【开展学习实践科学发展观活动】 2009年9月—2010年1月，党工委组织开展深入学习实践科学发展观活动。居民区两委班子、“两新”组织、机关、直属企事业、离退休支部共6300名党员参加。街道举办各类辅导报告31场。召开“迎世博，合力破解城市管理顽症”联组学习，区委常委、副区长庄少勤和7个职能部门主要领导参加，分析街道在城市管理中涉及的5方面12项顽症；召开专题民主生活会和专题组织生活会，领导班子成员调研走访176次，召开座谈会48次、参加人数678人，与党员群众谈心314人，问卷调查200份，经梳理汇总，形成12个方面245条意见建议；制定整改落实方案，涉及城市管理、民生保障等3方面17项整改事项。

【维护农民工合法权益】 控江地区从事建筑、制造、维修等工作的农民工有3000多人，为维护其合法权益，年内，在控江地区总工会协调下，企业工会改善农民工居住条件，住申钢设备租赁有限公司、豪城建筑发展有限公司等10余家企业为农民工提供集体宿舍3000多平方米。加强农民工业务培训，新凤城迎宾馆等15家企业为农民工提供多层次培训，共培训在岗农民工1385人，80%以上农民工经培训获得初级以上职业资格证书或上岗证书。控江地区总工会以“关心员工劳动安全，让工作环境更和谐”为主题，向迎世博市区重大项目工地建设者赠送意外伤害保险，942人受益。

专　文

营造充满生机的文化绿洲

控江路街道在推进社区文化建设工作中坚持“思想教育进小区，文化艺术进居委，伦理道德进家庭”的理念，着力提升社区居民文明素质，展现和谐文明、健康向上的精神风貌。

文化“化人”提升品质。充分发挥文化团队的平台和载体作用，提高文化品位，并以独特的文化品位来塑造社区形象，展示社区品牌。控江路社区有舞蹈团、合唱团、戏曲队、舞狮队、腰鼓队、铜管乐队、门球队等多支文体团体，走进居民区，参加各种活动演出。舞蹈《开门红》、《绿蒲扇》、《江南韵》，女声小组唱《中华大地美》、《故乡》，沪剧表演唱《欢欢喜喜迎世博》等精品节目向社区居民展示，丰富辖区居民的文化生活，既教育人、凝聚人，又营造良好的社区文化氛围。舞蹈队是控江路街道文体团队中的一支优秀团队，在市、区比赛中屡获奖项，舞蹈《绣》被选送中国江南文化节江南舞蹈比赛。

文化“滋养”知识哺育。社区文化根植于社区土壤，人们在这里得到滋养、哺育和成长。沪剧、越剧、淮剧等7支戏曲沙龙活跃在社区里。举办迎新春戏曲专场、申曲雅韵迎世博等沪剧专场演出，为社区居民献上丰富的文化大餐。72岁的胡阿姨和62岁的沈阿姨参加社区文化活动近20年，每周五下午都来参加越剧沙龙。她们曾在上海电视台举办的五星奖合成大擂台中7次卫冕成功，是一对黄金搭档。她们说，我们的愿望就是把喜欢唱越剧的朋友们组织起来，让大家一起感受这份快乐，让大家的生活过得更充实。

文化“励志”活力四射。社区文化能开启人的智慧，激励人的意志。每天晨曦微雾，控江社区的25个居民区就热闹起来，居民们有的打太极拳，有的翩翩起舞，有的打羽毛球……形式多样的文体活动让小区充满活力。大运盛晚霞读书会、控四（1）阳光乐园、望春花和凤四腰鼓队、紫城舞蹈队、凤三（3）戏曲队等文化团队吸引了众多居民。街道举办的“迎世博、庆端午”联欢晚会，深化了端午节内涵，倡导了与世博同行。60多岁的李先生是个残疾人，他热爱生活，把浇灌社区文化绿洲当作激励自己的志向。他热衷于参加社区文化活动，花大量时间为社区居民献上琵琶独奏，或为小区文化演出伴奏，感染了许多人。（谢　静）

（八）延吉新村街道

【概况】 位于区境中部，东沿安图路、敦化路到内江路，与长白新村街道分界；南接周家嘴路，与大桥街道和定海路街道相邻；西到双阳路，与控江路街道接壤；北至走马塘，与五角场镇隔塘相望。辖区户籍人口77778人、29924户，居委会17个。辖区内交通便利，有近20条公交路线贯通。有上海医疗器械高等专科学校和上海出版印刷高等专科学校，中学6所、小学7所，有幼儿园、托儿所，区科技馆、少科站、体育活动中心，区级文化馆、图书馆、电影院、社区卫生服务中心。2009年，街道被评为全国社区教育示范街道、上海市三八红旗集体。街道办事处地址：延吉中路77号。（1）社区党建。社区（街道）党工委下设行政组织党组、综合党委和居民区党委。党总支19个（其中居民区党总支17个、“两新”组织党总支2个），党支部76个（其中居民区党支部51个、“两新”组织党支部19个、机关党支部1个、事业党支部1个、离退休党支部4个），共有党员5970人。认真贯彻实施《楼组党建三年行动计划》和《楼组党建创建工作实施方案》，采用楼组党建党小组活动记录本书写《民情日记》，筛选优秀日记汇编成《民情“连心桥”，百姓“晴雨表”》一书。（2）综合治理。全年接待来访151起；受理群众来信207件，其中查办件108件，网上受理65件，处理率100%。共接待群众法律咨询6283人；调处各类纠纷666起，调解成功率99%，出具规范协议书415件。投入180余万元用于平安建设，共安装电控防盗门240扇，在全区率先建立社会治安综合治理工作中心和居民区综合治理工作站。全年发生刑案185起。办理来沪人员临时居住证2427人，一年期居住证686人。对辖区内55名矫正对象进行分类管理和教育。对268名吸注毒人员开展“四帮”（帮思想、帮心理、帮生活、帮就业）工作，其中就业104人，认定戒断毒瘾71人。（3）社会保障。全年发放各类救助金1236万元，救助对象27000人次，最低生活保障对象、协保人员15441人次，发放金额447万元；慈善助医卡89张，发放金额44500元；实物补助、发放粮油帮困卡6823人次，发放金额36万元；重大病医疗补助196人次，发放金额73万元；2841人申办支内回沪补贴，发放金额593万元。为社区625名低保、低收入老人提供7625人次政府补贴的居家养老服务，为1068名老人提供自费居家养老服务。建成内江新村老年助餐中心。为2162名退休妇女及生活困难妇女进行免费妇科病、乳腺病筛查。（4）劳动就业。全年新增就业岗位1910个，外来从业人员参加综合保险覆盖人数3985人，工资集体协商覆盖劳动者人数1061人，农民工培训60人，青年职业见习148人，分别完成年度指标100%、104.87%、101.05%、100%和102.77%。城镇登记失业人员2220人，控制在区下达指标内。组织两期创业教练小组，成功创业30名。（5）市政管理。全年共组织35次联动执法，取缔乱设摊3730余处、跨门营业480处，取缔夜排档145处，处理违章堆物200处。完成营口路、隆昌路、敦化路、安图路以及永吉路一街一景建设项目。街道市容环境综合管理投诉中心全年受理投诉195件,办结率100%。全年共拆除违法建筑4454平方米。在人流集中地区新增自行车停放点3520米。6个小区平改坡综合整治完工。(6)精神文明。创建市文明小区15个、区文明小区30个。继续开展"延吉风韵月月展"活动,推出"延吉风韵双月展",创建培育小区"一居一品"。落实迎世博每月5日、15日、25日集中行动,组织机关事业干部、社区单位、居委干部、小区志愿者等3200余人次对辖区内主要道路和小区进行整治。举办"迎世博、文明礼仪"、"迎世博——邻里一家亲"、"世博知识网上竞答"、"迎世博、学双语"等培训和"我为世博贡献啥——我微笑、我拾起,绿色家园行动"等活动。举办东方讲坛、延吉讲坛90余场。百万家庭学礼仪开设培训班19次,培训学员1820名。10所辖区学校双休日向居民开放,参加各类活动居民5万多人次。(7)街道经济。全年完成地方税4544万元。新引进企业110户,注册资金10778万元、1.08万美元,其中注册资金500万元以上7户。

【创刊《今日延吉》报】 1月,《今日延吉》创刊。《今日延吉》是一份由延吉新村社区(街道)党工委、街道办事处主办的社区综合性月报,每月下旬出刊,共计发行20000份,发行范围:社区居民、辖区单位和学校、上级部门等。每期四版,设有"重要新闻"、"综合新闻"、"社区传真"、"今日延吉人"、"延吉潮"等栏目,宣传党的路线、方针、政策;弘扬光大干部群众爱岗敬业、奉献社区的精神;反映社情民意;报道社区建设和管理的各项工作。《今日延吉》力求真实性、及时性、可读性、有效性。

【开展法律法规宣传咨询活动】 3月4日,在延吉图书馆门口举行迎世博、学法律、讲和谐——法律法规宣传暨学雷锋大型义务咨询服务活动,社区党员、团员青年、志愿者、居委干部等近100人参加咨询活动,内容涉及医疗、法律、救助、就业、青少年援助等政策咨询及量血压、理发、修鞋修伞等各类便民服务,共为800人次提供咨询和服务,共发放迎世博、国防宣传、民族宗教、计划生育等宣传资料1000份。

【与各职能单位签订社区建设管理责任书】 4月17日,街道办事处与辖区内的延吉派出所、城管七分队、延吉环卫管理所、延吉工商管理所、延吉房管所、延吉社区卫生服务中心、食品药品监督三分所、交巡警二中队、市容环卫作业队和延吉物业公司等10家区职能部门派出机构和有关职能单位签订《2009年延吉新村街道市容环境综合建设和管理工作目标责任书》,将迎世博各项重点工作和社区建设管理的责任分解细化到各职能单位。街道制订《关于对区职能部门派出机构和有关职能单位开展工作考核的实施办法》,通过群众评议、部门间互相测评、街道城管办测评、有关职能科室和街道城管委考核等程序,对区职能部门派出机构和有关职能单位年度工作目标完成情况进行考核和评分,不断提高社区建设和管理水平。

【召开创建学习型团队推进会】 4月20日,街道在上海出版印刷高等专科学校召开创建学习型团队推进会。市文明办副主任陈振民,区委常委、宣传部部长邹明,著名社会学家邓伟志等领导和专家出席会议。社区人大代表、辖区职能单位、中小学校长、居委干部和居民代表近200人参加会议。社区(街道)党工委书记、办事处主任总结部署延吉社区创建学习型团队工作。延吉四村居委会、延吉工商所、上理工附中和机关党支部分别作交流发言。会上,街道领取由中国成人教育协会、社区教育专业委员会颁发的全国社区教育示范街道奖牌;命名延吉人大代表小组为关注民生学习型团队,延吉社区讲师团、延吉社区志愿者队、上海理工大学附属中学为奉献世博学习型团队,街道开业园区业主联谊会、街道心连心开业指导服务室为创新创业学习型团队,街道合唱队、街道健身气功操队为和谐文化学习型团队,延吉(长白)工商所、延吉图书馆、街道杨伯寿人民调解工作室为社区服务学习型团队。

【延吉大学生创业家园开园】 4月28日,街道在水丰路180号延吉大学生创业家园举行上海理工大学国家大学科技园延吉大学生创业家园开园仪式,市人力资源和社会保障局副局长沙中飞、市科协副主席王智勇、区委副书记魏伟明等出席仪式并为创业家园揭牌。园区总建筑面积2500

平方米，共有办公用房71间，每间12—18平方米不等。园区对入驻的初创企业免交两年租金。有21名大学生成为首批入驻园区的创业者，20名成功创业的企业家被园区聘为首批开业指导专家。

【举办“世博先锋行动在一线”主题活动】 7月1日，街道在社区文化中心举办“世博先锋行动在一线，让广大群众感受党的关怀、展示党的形象、撒播党的阳光”主题实践活动。主要内容：6家企业为大学生、下岗失业人员提供就业岗位，为自主创业人员提供创业指导、就业政策答疑、工商登记和企业税收咨询等服务；党员志愿者开展世博知识、法律咨询和医疗保健、维修眼镜和现场办理借书卡等为民服务；开展世博志愿者和暑期大学生图书馆志愿者招募活动。有12人与用人单位达成就业意向，25人报名参加世博志愿者，为社区居民提供各类咨询、便民服务1078人次，发放迎世博知识宣传读本450份。

【开展机关干部与创业学子结对活动】 9月11日，街道召开深入学习科学发展观，鼎力支持大学生创业暨延吉新村街道机关干部与大学生创业者座谈会，入驻创业家园的42位大学生创业者与街道党政领导和科室负责人共同探讨创业发展工作。创业者感谢街道为他们创业提供免租金场地、全程办理注册手续、创业培训等人性化服务。街道安排每位处级领导联系两家企业，每个科室联系一家企业。建立联系后，街道机关干部每月至少与创业者交流沟通一次，并提供力所能及的帮助。

【举办学习节活动】 9月—12月，举行第三届学习节活动。活动内容：延吉社区学校和老年学校的课程学习；街道各科室组织的征文比赛；书法、绘画、小品、手工艺和摄影等艺术类活动竞赛及人口学校组织的孕妇保健讲座等。活动参与人数1.2万人次。11月6日，在延吉社区文化中心举行“学习，让生活更美好”杨浦区第三届学习节延吉分会场启动仪式。区委常委、宣传部部长邹明，市推进学习型社会建设指导委员会办公室主任杨平等出席。启动仪式上对各居委会办学点的优秀教师进行表彰，对廉政格言征集和征文活动获奖者进行颁奖。

7月1日，举办“世博先锋行动在一线”主题活动

【与派出所、延吉物业公司签订专项工作协议】 12月11日，在延吉物业管理公司会议室与延吉派出所和延吉物业管理公司等签订《居民区治安防范联防联动工作协议书》，明确居民区综治工作站（包括居委会书记、治保主任、综治社保队员、综合协管员）、延吉派出所（包括社区民警、公安社保队员）和延吉物业管理公司（包括小区物业经理、门卫、小区巡逻人员、监控服务人员）的工作职责，在延吉一村等6个小区中开展治安防范联防联动工作试点。街道和物业公司各出资10万元设立“一案一奖”专项基金，对抓获各类违法犯罪分子或提供治安线索最终协助抓获违法犯罪分子的主要有功人员，予以专项奖励。延吉物业公司新增10辆电动巡逻车、20台对讲机和20名保安人员，有效控制防范各类治安案件的发生。

专　文

延吉四村睦邻中心
——和谐社区新景观

2009年，为了进一步促进社

区人际关系的融合,推动和谐社区的新发展,街道与多家产权单位协商,整合延吉四村1200余平方米的房屋资源,建设延吉四村睦邻中心,引进专业的社会组织和社工参与社区服务和管理,借助专业性和社会性等优势,以人为本,为社区居民提供更加符合实际需求的服务。

与时俱进的时新设施。延吉四村睦邻中心建筑面积1200余平方米,设有多功能老年活动室、亲子活动室、助餐厅、影音室、书吧、健身苑、艺趣苑、书画苑、健康服务点、社区卫生服务中心康复室、阳光休闲吧等设施,全方位、多层面的满足社区居民日益增长的物质和精神文化生活需求。

丰富多彩的活动板块。为老特色服务活动:设有老友会、银发故事汇、健身堂、世博全能赛、丹青书画室、"制造快乐"工作室、众乐园等多项服务内容,满足老年人娱乐、社交、学习的需求,打破老年群体与其他人群的隔阂,增强老年人对社区的归属感及老年生活的幸福感,使老年人真正地感受到老有所养、老有所医、老有所学、老有所为、老有所乐的生活情趣。家庭特色服务活动:设有"欢乐时间"(父母子女互助活动)、"好孕妈妈"工作坊(母婴保健指导和服务)、"一棵树"父母互助组(父母互助小组,交流育子经验)等多项服务内容,为社区婴幼儿童及青少年家庭提供支持,帮助家长提高教育子女的技能,帮助父母和子女建立良好关系,促进家庭和谐。青少年特色服务活动:设有社区使者(组织青少年志愿者团队,参与社区活动)、开心小伙伴(组织社区青少年参与数字影像作品制作活动)、成长之路(开办专家讲座,帮助青少年健康快乐成长)等多项服务内容,丰富青少年校外活动。综合特色服务活动:设有社区"大人物"(展示和介绍社区典型人物)、健康369(以生活方式为主的健康维护服务)、星期六剧场(每周六组织文艺演出)、阳光小屋(发挥小型图书馆和茶室的功能)、社区万花筒(社区最新资讯分享)等综合性社区服务活动。

睦邻中心的创建,把广大社区居民从楼组、家庭这个小家吸引到睦邻中心这个大家庭中来,营造不是一家人,更比一家亲的大家庭氛围。以睦邻中心为平台,延吉四村小区建立起一个邻里关爱,家庭和睦,文明祥和的"熟人小区"、美好家园。

(蒋彩利)

(九)长白新村街道

【概况】 位于区境东部,东临黄浦江与浦东新区隔江相望;南沿周家嘴路、军工路至海安路,与定海路街道接壤;西沿安图路、靖宇东路、敦化路到内江路,与延吉新村街道毗邻;北以虬江、走马塘,与五角场镇为界。辖区户籍人口62426人、19666户。居委会16个。境内有上海理工大学及中学3所、幼儿园3所。医疗卫生、社会福利、商业网点等基础设施比较齐全,有区级医院1所、公共卫生中心1所、区福利院1所、街道敬老院1所;有卜蜂莲花、联华、华联等5家大中型超市和10多家便民连锁店。沿军工路有上海机床厂、上海工具厂、上海电缆研究所等国有大中型企业。境内控江路、周家嘴路、军工路、松花江路等14条道路纵横交叉,公交线路有220路、868路、6路、22路等21条,其中始发站点13条。中环线东段纵贯地境中部。街道办事处地址:靖宇东路27号。长白社区(街道)2009年被市综治委评为市级平安社区。(1)社区党建。社区(街道)党工委下设行政组织党组、综合党委和居民区党委。共有党总支16个(其中居民区党总支15个、"两新"组织党总支1个),党支部68个(其中居民区党支部41个、机关党支部1个、离退休党支部2个、"两新"组织党支部24个),党员3873人。对居民区、"两新"组织和流动党员,进行调查梳理,制定《长白新村街道学习实践科学发展观活动实施方案》,通过《新长白》社区报、党建网和党员服务中心宣传学习实践活动。制作《在新起点上又好又快发展的长白新村社区》短片和《社区党的建设工作巡礼》画册。(2)综合治理。全年受理群众来信159件,其中普通来信111件,查办信48件;接待来访207批次计523人次,处理率100%。调解各类民事纠纷336件,制作人民调解协议书154份,调解成功率96%。处理110报警366件,与公安联手调处化解轻微伤害案件4起,法院移交调解案件7起。刑释解教人员198人,帮教197人,安置191人,重新犯罪率3.41%。有外来人员9385人,办理居住证9214人,办证率98.18%,建档率100%;房屋租赁

1151户,治安纳管率100%。安装电控防盗门24扇。创建市平安小区15个。(3)社会保障。全年发放各类救助金1927.97元,救助人数42884人次。其中低保覆盖人数34361人次,发放金额1029.46万元;医疗救助130人次,发放金额29.42万元;支内回沪定居人员补助7159人次,发放金额383.39万元;办结廉租住房154户,发放金额353.1万元。全年共计助急268人次,助餐36666人次,助医1959人次,助洁46767人次,助浴1829人次,助行133人次。有60岁以上老年人13589人,居家养老1080人,为老服务志愿者280人。为760位独居老人送夏令慰问品,并附一张“温馨小贴士”,帮助老人掌握防暑降温知识;为社区内370名独居老人购买保险,为196名困难老人和敬老院老人购买保险;为社区198名90岁以上老年人每天送牛奶,送生日礼物。(4)劳动就业。全年新增就业岗位1902人,完成率101.71%;扶持创业30人,完成率100%;外来从业人员综合保险覆盖人数4359人,完成率117.81%;外来农民工参加技能培训65人,完成率100%;工资集体协商覆盖劳动者1497人,完成率106.93%;社区失业人员数1693人,控制在目标数之内;青年见习108人。组织45名青年参加以“橙色阳光”为主题的职前教育;组织社区89名失业青年参加定向培训和各类职业技能培训,推荐就业率68.72%;53人次应届大学毕业生到社区参加见习。通过职业介绍、专场招聘等,辖区内501名应届大学毕业生中,办劳动手册411人,就业231人,升学21人。(5)市政管理。改造4条无名道路,创新建成健康社区宣传一条街。增设延吉东路、控江路等4路段非机动车停车点,在人行道设置护栏,划分非机动车停车标识、标线3250米,设栏杆4600米。拆除违章建筑5565平方米,清除垃圾30.5吨,铺设地坪300多平方米,修复路面200平方米。修缮海城路便民集市150个摊位1500平方米,9月29日重新营业。辖区14条道路、38个小区开展门责达标创建综合整治,向沿街单位发放门前责任告知书500多份,安装空调外机罩114个,围墙粉刷7550平方米,补种绿化289平方米,拆除沿街不符规范店招店牌69块,安放印有“文明迎世博,环境靠大家”标识的废物箱200个。创建无燃煤街道通过市级验收。(6)精神文明。创建市文明小区7个、区文明小区17个。新增居民区宣传栏25个,制作“世博知识”、“文明素养”为主题宣传板,在居民区巡回展示;制作世博知识居民楼道宣传贴板;开展世博知识网上测试。每月5日、15日、25日开展“窗口服务日”、“环境清洁日”、“公共秩序日”集中行动。组织机关志愿者、社区志愿者、高校志愿者、辖区企业职工志愿者参与。发放世博知识读本等宣传品5000余份。(7)街道经济。全年共完成地方税7909万元。招商引资入驻企业54户,注册资金500万元以上企业14户,累计注册资金18978万元。

【开展迎世博学雷锋讲文明活动】 3月5日,在沧达大厦广场举行文明世博在行动启动仪式暨迎世博、学雷锋、讲文明志愿者活动。街道领导为8支文明世博在行动志愿者队伍授旗,希望社区志愿者充分了解上海世博会重要意义,积极践行文明礼仪,继续发扬雷锋精神,以奉献世博为己任,全力打造精彩长白。仪式后,开展低保、医疗救助政策,廉租房政策、妇女儿童维权、劳动和保障政策等便民咨询活动,老年健康服务、理发、家电维修等便民服务,高等院校、城管、物业、房产、医疗等单位志愿者100余人参与活动。

【成立阳光康乐站】 4月1日,位于控江路121弄8号的阳光康乐站成立,为社区精神疾病患者提供康复场所。康乐站设有健身房、阅览室、谈心室等功能室,配置电视机、康乐用品等设施。为让进站的患者得到科学有效的治疗,街道聘请专业医务人员负责日常管理工作,对患者进行心理疏导、开展娱乐康复和社会适应能力训练等,社区精防医生定期上门,进行随访、指导,协同做好日常康复工作。阳光康乐站占地约100平方米。

【举办健康永伴夕阳红活动】 4月5日,在街道党员服务中心的夕阳红健康驿站,安图医院10余位专家医生现场为120多名社区居民提供一对一医疗服务咨询。壮大志愿者队伍,做到服务社区全覆盖,原每周一次的健康咨询只在社区党员服务中心设点,辐射到15个居民区,夕阳红健康驿站是社区党员服务中心的品牌项目。全年共安排专家医师44人次开展医疗讲座、咨询，共有1400余人次参加活动。

【民治路居民区青少年活动中心揭牌】 4月28日，长白新村社区（街道）举行民治路居民区青少年活动中心揭牌仪式，区委副书记魏伟明、区人大常委会副主任沈贻初、市阳光社区青少年事务中心总干事刘庆元等领导出席。民治路居民区青少年活动中心是上海市首家以居民区青少年为服务对象，融体育、文化娱乐为一体的综合性青少年活动中心。该中心利用居委会活动场地，开辟羽毛球场，配备篮球、乒乓等运动设备；建有青少年室内活动室，内设图书阅览室、青少年心理咨询室和多功能娱乐室，设立书法培训、法制教育、科普推广、心理疏导、体育锻炼和英语培训等活动基地，为社区青少年提供学习交流、休闲娱乐等服务。

【完成居委会和居民区党组织换届选举】 5月12日，街道党工委、办事处召开居民区党组织和居委会换届选举工作动员会，换届选举工作正式启动。7月11日是居委会换届选举日，14个居委会进行选举，其中7个直选，占选举居委会50%。通过选举，选出居委会成员93人，其中主任13名，副主任5人，委员75名。7月28日，居民区党组织换届选举，14个党总支进行选举，其中6个党总支直选，占总数42.9%。通过选举共选出党总支书记14名、副书记9名、委员98名。

【长白社区文化活动中心和事务受理中心落成启用】 12月11日，街道举行长白社区文化活动中心、社区事务受理中心揭牌启用仪式，区委副书记魏伟明，区委常委、统战部部长张慧珠出席仪式并为“两个中心”揭牌。“两个中心”位于延吉东路105—107号，总建筑面积4800平方米。一楼至二楼为事务受理中心，共设24个接待窗口，分别设置引导咨询区、综合受理区、后台协同区和休息等候区，为社区居民提供“一门式”服务；三楼至六楼为文化中心，设有社区学校、体育俱乐部、图书馆、健身房、体质检测室、多功能展示厅等，是一座集文化、健身、学习、休闲为一体的综合性文化活动场所。

专　文

乐交学习伙伴　共享人文长白
——长白新村社区创建学习型社区侧记

长白新村社区通过整合学习资源，搭建学习平台，培育学习组织，创新学习载体，营造人人终生学习，时时处处学习的浓厚氛围，满足社区居民有其学、优其学、乐其学、终身学的学习愿望，进一步提升社区文明程度。

培育学习型组织，人人学。街道重视各类学习型组织的培育。除了通过抓中心组学习和机关学习，打造学习型机关以外，还广泛培育一批学习型家庭、学习型企业、学习型团队以及学习型居委。2009年将学礼仪与迎世博600天行动计划相结合，相继举办“我和世博”、“携手世博，共创和谐”等专题讲座；与居民区党组织联手，将“党员素养与世博礼仪”、“礼仪和影响力”等专题讲座融入居民区党员组织生活，举办礼仪讲座20余场，有近千人次参加培训。举办“今天我们怎样当家长”大讨论，5篇教子育儿体会被编入杨浦区家庭教育读本《健康人生、快乐家庭》中。

丰富文化教育活动，乐其学。

松花居委会举办迎世博、颂国庆纳凉晚会

在学习型社区的创建中，街道提倡在活动中学习、在学习中明理，结合时势开展活动，通过活动提升学习兴趣，通过活动感受长白人文魅力。街道举办学习节活动、书画展、社区青少年绿色奥运环保涂鸦大赛、0到3岁早教指导等活动，开展春节赛春联、元宵包汤圆、端午节包粽子、敬老节金婚庆典、纪念改革开放30周年经典歌曲演唱、弘扬奥运精神趣味体育竞赛等，培育社区特色文体团队，培育以传统花架拳的武术刀法为基础的太极飞凤刀队和由越剧、沪剧、京剧、扬剧、淮剧组成的长白社区戏曲队，传承优秀民俗文化。增设了数码编辑、绒线编织、老年拼音、时装表演、陈式太极拳、拉丁舞、布艺画等课程，先后开设30多个班级，1000多名居民和青少年参与社区学习活动。

搭建学习教育平台，优其学。街道想方设法增设社区教育平台，发挥其教育服务功能。2008年1月创刊社区报《新长白》，2009年增设小区宣传栏近50个，无论是小区老年活动室、图书馆、党员服务中心，还是社区文化中心，都是一个个精心设计的学习平台和载体。街道以迎世博600天行动计划为指导，开展世博知识进社区活动。通过世博知识宣讲、世博知识读本、世博知识竞赛、世博知识水平测试等途径传播世博知识，每个居委会完成180名居民参与世博知识培训和考核任务。成立世博双语推广队，举办世博双语兴趣班、普及培训班、双语提高班，开展世博双语大家说活动，组织200名居民学习世博双语。家住延吉东路的林老伯，前年退休在家，说起回归社区的这段日子，他感慨万千："做单位人习惯了，退休在家，感觉浑身不自在。幸好走进了小区老年活动室，看看书、读读报、打打球，日子过得也挺带劲的。现在参加了小区的英语培训班，每天早晚坚持念念英语，进行简单的交流应该是没什么问题的。"

（孙瑞红）

（十）殷行街道

【概况】 位于区东北角，东临黄浦江畔，西至世界路，南起民星路，北接宝山区。辖区户籍人口144215人、56091户。新建城市庭园居委会，有居委会49个。辖区内交通便捷，生活设施齐全。南北干道有世界路、中原路、包头路、白城路、军工路，东西干道有闸殷路、国伟路、殷行路、开鲁路、市光路、国和路、嫩江路、民星路，道路总长24公里。公交线路有61路、28路、124路、137路、139路等29条和轨道交通8号线。有18所中小学校和1所城市管理职业技术学校。文化体育设施有区文化馆、区少儿图书馆、中原体育馆、社区文化活动中心、社区市民健身中心、白城路公共绿地运动场。2009年，街道被评为全国和谐社区建设示范街道、全国群众体育先进单位。街道办事处地址：包头路781号。（1）社区党建。社区（街道）党工委下设行政组织党组、综合党委、居民区工作部，居民区工作部下设9个新村片党委。开展居民区党组织换届选举和"两新"组织党建工作，有党总支49个（其中居民区党总支47个、"两新"组织党总支2个），党支部196个（其中居民区党支部157个、机关党支部5个、离休党支部2个、退休党支部1个、"两新"组织党支部31个）。党员10456人。组织党员开展学习实践科学发展观活动、参与"迎世博先锋行动"和开展"讲党性、重品行、作表率，奉献杨浦作贡献"主题活动。与闸北发电厂、上海柴油机股份有限公司等7家单位党组织签订《辖区单位在职党员双重管理协议书》。（2）综合治理。开展"迎世博、抓防控、保稳定"夏季百日竞赛活动。全年处理群众来信260件、接待来访245人次，其中督办件71件、周四领导接待41件、网上投诉56件。调处各类民事纠纷973件，制作调解协议书574份，调解成功率98%以上。新安装电控防盗门652扇、更新263扇，实现居民楼道电控防盗门全覆盖；安装围墙倒刺7040米、落水管防攀爬设施250根、防盗铁栅栏249扇。全年发生刑案487起。（3）社会保障。全年共发放各类救助金3619.4万元，救助对象14万人次，其中定补对象230人次，发放金额10.23万元；享受最低生活保障对象66148人次，发放金额2046.89万元；协保人员最低生活补差对象2511人次，发放金额24.03万元；重残无业人员4436人次，发放金额248万元；大病重病补助对象191人次，发放金额57.84万元；综合帮扶对象173人次，发放金额28.67万元；慈善帮困和居委会帮扶对象889人次，发放金额24.91万元；临补对象776人次，发放金额23.69万元；领取粮油帮困卡对象22143人次，发放金额98.51万元；支内、支疆、知青回沪等定居人员补助对象43835人次，发放金额1054.46万元。为2707名老年人提供居家养老服务，为400余名老年人提供助餐服务。完成6个标准化老年活动室建设和7个非标准化老年活动室修缮。(4)劳动就业。全年举办专场招聘会6场、创业指导主题活动10次。新增就业岗位2207个，完成区指标101.7%；外来从业人员综合保险覆盖人数7341人，完成区指标112%；工资集体协商覆盖劳动者人数1662人，完成区指标110%；城镇登记失业人员控制在区下达指标4937人之内。(5)市政管理。落实迎世博城市管理600天行动计划，继续加强欧尚超市中原点、国和路等5个重点区域环境管理和整治，调整139路始末站沿街店铺和包岭菜市场业态，周边环境明显改观。更新整治中原路、开鲁路等道路和区域店招店牌785块。实施市光路、工农三村一街一景一小区创建工作，通过上海市市容环境责任区达标街道创建。开展"清洁家园迎世博"专项活动53次，参与环境整治和公益劳动9.3万人次。完成工农三村、开鲁路382弄等多层旧小区平改坡综合整治113.9万平方米，完成市光四村、民星二村、包头路300弄等高层住宅外立面综合整治46.3万平方米，完成白城路沿线多层住宅外墙粉刷20.5万平方米。全年拆除违法建筑2520平方米。(6)精神文明。创建市文明小区41个、区文明小区66个。启动2009年—2011年新三年健康社区建设行动计划。开展迎世博上海市计量诚信示范社区创建，在全区设立首家关注民生、计量惠民服务点。举办以歌颂祖国、唱响世博为主题的社区文化艺术节，第二届社区春联文化节和第十一届社区体育运动会。完成市级科普示范项目——民星科普公园改建。百万家庭学礼仪培训1152人。(7)街道经济。新引进企业80家，注册资金27071万元，其中注册资金超过500万元的5家。共计入驻企业867家。完成地方税10360万元。

【举行合作办报签约仪式】 1月15日，区委宣传部、殷行社区(街道)党工委举行《杨浦时报》与《今日殷行》合作办报签约仪式，区委常委、宣传部部长邹明参加。根据协议，《今日殷行》作为《杨浦时报》社区版，每两个月随《杨浦时报》在杨浦区域内发行。社区版及时报道街道在社区党建和社区建设管理中的新做法，弘扬社区新风尚，反映社区居民的诉求和需求。

【区领导参加阳光之家团支部主题活动】 5月4日，殷行街道阳光之家团支部举行共享阳光、共享世博——纪念五四运动90周年主题活动。区委书记陈安杰、副区长马杰富出席，并向阳光之家团支部赠送"海宝"玩具，团员们向区领导回赠自己制作的布艺画。主题活动上，阳光之家团支部集体朗诵自己创作的朗诵诗《夸夸我们的团支部》，并向社区团员青年发出迎世博、讲文明倡议。

【社区文化活动中心开放】 殷行社区文化活动中心于5月23日正式开放，举行落成庆典仪式。市文明办副主任陈振民，市文广局副局长王小明，区委常委、宣传部部长邹明等出席，并为社区文化活动中心落成揭幕、向社区文化活动中心赠画。社区文化活动中心位于市光三村164号，建筑面积2843平方米，共有四层楼面。一楼设有舞蹈排练厅、社区学校、社区卫生服务点；二楼设有社区图书馆、东方信息苑、读者沙龙、绘画摄影室；三楼设有科普体验馆、社区学校教室、会议室；四楼为多功能厅。至12月底，举办各类文艺演出12场，舞蹈队、合唱队等团队活动450余次，共接待参与活动居民10余万人次。

【完成居民区党组织和居委会换届选举工作】 5月8日，党工委、办事处召开居民区党组织和居委会换届选举工作动员会，换届选举工作正式启动。7月11日是居委会换届选举日，47个居委会进行选举，其中直选33个，占选举居委会70%。通过选举，选出居委会成员256人，其中主任47名，副主任4人，委员205名。7月25日，居民区党组织换届选举，47个党总支进行选举，其中18个党总支直选，占总数38.3%。通过选举共选出党总支书记46名、副书记26名、委员169名。

【举办首届社区文化艺术节】 5

9月26日，举行“唱响世博，律动殷行”殷行之声歌咏大赛

月23日—9月26日，街道举办以歌颂祖国、唱响世博为主题的首届文化艺术节。5月23日，举行开幕式，上海轻音乐团、上海滑稽剧团、上海杂技团、区文化馆和社区合唱队共同演出百姓艺苑专场。艺术节期间先后举办殷行之声歌咏赛、军地篮球赛、“两新”组织文艺汇演、少儿绘画赛、社区学校教学成果展等活动，于9月26日在“唱响世博、律动殷行”殷行之声歌咏大赛决赛中落下帷幕。60000余人次参与各项活动。

【创建计量诚信示范社区】 5月20日是世界计量日，在区文化馆召开由市质量技术监督局主办、区质量技术监督局和殷行街道办事处承办的上海市迎世博计量诚信示范社区活动大会。市质量技术监督局副局长郑光辉、副区长马杰富等出席。党工委书记作《推进计量诚信，惠及社区百姓》发言。区质量技术监督局长与街道办事处主任签订共建计量诚信社区协议书。会后，郑光辉、马杰富为设立在殷行职工援助服务分中心的上海市关注民生、计量惠民服务点揭牌。

【创建全区首家全国和谐社区建设示范街道】 6月3日，由市委办公厅、市政府办公厅、市委组织部、市民政局等11个部门组成的评审组，对殷行街道全国和谐社区建设示范街道创建工作实地评审验收。在区委副书记魏伟明、副区长马杰富等陪同下，评审组考察殷行街道阳光之家和新建成的社区文化活动中心，现场察看创建工作资料。党工委书记运用多媒体汇报创建工作。经公示，殷行街道全国和谐社区建设示范街道创建成功，于10月19日在江苏省苏州市召开的全国和谐社区建设工作会议上被正式授予该称号。

【举行世博先锋行动在一线社区服务活动】 7月1日，党工委在党员服务中心举行世博先锋行动在一线社区服务活动。活动现场，来自社区单位、社区非公企业的党员职工、企业主为社区居民开展保健知识、法律咨询、心理疏导等服务，被服务对象近500人次。区总工会与殷行街道综合党委、地区总工会和劳动科联手举办就业招聘会，共有30家单位参加招聘，推出370余个就业岗位，500余人参加应聘，其中60人达成用工意向。区委常委、组织部部长于秀芬等实地察看活动现场。

【开展学习实践科学发展观活动】 9月17日，社区（街道）党工委召开深入学习实践科学发展观活动动员会，殷行街道学习实践活动正式启动。整个活动经过学习调研、分析检查、整改落实等3个阶段。召开15个党员群众座谈会，建立社情快递工作机制，听取收集意见建议249条，班子成员撰写调研文章10篇。针对存在的突出问题，街道党政班子召开专题民主生活会，开展批评与自我批评，经集体讨论和党员群众评议，形成党政班子分析检查报告。对梳理出的8大类21个突出问题落实整改措施，至12月底解决13个，其余问题在深入学习实践活动中解决。

专　文

激发各方活力　共建和谐社区

10月19日，在江苏省苏州市召开的全国和谐社区建设工作会议上，殷行街道被授予全国和谐社区建设示范街道称号，这是全区首家获得此荣誉的街道。

殷行街道是一个以工薪阶层居住为主的特大型社区。在2008年创建成功上海市和谐社区建设示范街道的基础上，街道党政班子紧紧依靠社区各方力量，进一步整合社区各类资源，不断探索党委领导、政府负责、社会协同、群众参与的社区建设管理机制，开展全国和谐社区建设示范街道创建活动。

发挥各方作用，形成共创共建合力。成立由党工委书记任组长的创建工作领导小组，制订创建工作实施计划，定期召开创建工作会议，发挥党工委在创建中的统揽全局、协调各方的组织领导作用；充分发挥9个新村片党委作用，整合片内学校、医院、物业、商店等组织资源，形成创建工作合力。以社区党员服务中心和阳光之家为阵地，建立1个党员志愿者服务总队、2个志愿者服务基地和13个社区党员志愿者工作室，发挥党员的先锋模范作用，吸引、感召1.9万名群众加入志愿者队伍，投入到创建活动中。以社会组织服务中心为平台，以老年协会、体育俱乐部、癌症俱乐部、民族之家等社团群团为骨干，把社区180余家新社会组织和文体团队组织起来，共同参与迎特奥等重大活动。举办驻区单位迎世博文艺汇演，共有108家单位、1500余人次参加。

加强软件建设，提升社区文明程度。以文化为媒，举办社区春联文化节和社区文化艺术节，140余支社区群众文体团队竞相表演；依托百姓艺苑平台引进上海木偶剧团、上海轻音乐团、上海杂技团走进社区演出，努力打造"一街一品"文化品牌。把学习型社区、文明社区、健康社区等创建纳入和谐社区创建中，街道相继被评为全国群众体育先进单位、市科普示范社区、市食品安全宣传示范街道等称号。街道每年开展社区十佳好人好事评选和表彰，先后涌现出市优秀志愿者严素娥、市"老娘舅"之星刘桂华，"杨浦好儿女"刘玉宝、陈凤萍等先进典型。

探索工作机制，确保创建成效。完善硬件投入机制，根据社区的实际和居民需求，街道每年加大对公共服务设施建设投入。共投入3650余万元，新建社区文化活动中心、老年人服务中心，扩建社区事务受理服务中心和社区卫生服务站点，不断完善社区公共服务网络，满足社区居民物质文化需求。完善资源整合机制，注重公共服务设施整合共享，在全区率先向社区居民开放辖区内18所中小学校场地，向区文化馆、区少儿图书馆和市属体育场馆等服务资源拓展延伸，为社区居民提供更多服务。完善民意诉求机制，通过社区党建工作代表会议、社区代表会议等制度以及区"一线工作法"的完善，建立健全社区居民民意表达、收集和处理机制。在学习实践活动中，建立社情快递制度，把收集到的居民诉求汇总梳理，上报到每周一党政班子会议上，由分管领导一一认领，使老百姓急难愁问题在最快时间内得到解决。

（叶基馥）

（十一）五角场街道

【概况】 位于区境中西部，东自黄兴路桥起，沿黄兴路转国顺东路；西自大柏树逸仙路至三门路，与虹口区江湾镇接壤；南至大柏树沿邯郸路，到合流污水管道；南接走马塘河至黄兴路桥起，沿黄兴路转国顺东路，北转双阳支路、上海拖拉机厂东侧围墙，沿翔殷路及黑山路、虬江、国和路至政立路，与五角场镇相邻；北自三门路（逸仙路至国权北路）与宝山区高境镇毗邻，沿国权北路往南转至政立路止国和路，与新江湾城街道接壤。辖区内有河道三条：走马塘长4750米、虬江河长6030米、吉浦河长1555米。辖区户籍人口118173人、35872户。居委会32个。辖区内有复旦、同济（分校）、财大等高校7所，中、小学12所，驻地部队12个，企事业单位2000余家。道路45条，经过和始发的公交线路30余条。街道办事处地址：政通路54号。2009年，街道荣获全国安全社区、全国群众体育先进单位等荣誉称号。（1）社区党建。社区（街道）党工委下设行政组织党组、综合党委和居民区党委。有党总支29个（其中机关党总支1个、居民区党总支28个），党支部123个（其中"两新"组织党支部35个、居民区党支部82个、机关党支部2个、离退休党支部4个），党员6076人。完善社区——企业党员义工服务中心、"两新"组织党员网上组织生活平台，创新开展党委兼职委员履职交流会，接受社区群众评议。街道区域性大党建做法获市基层党建创新成果三等奖。街道被市委组织部、市委党校命名为研究性教学基地。（2）综合治理。全年受理群众来信222件，来访480批527人次，处理群体矛盾、个体矛盾62起。街道主任信箱、区长在线、人民群众网上评议政府，人大代表、政协委员提案、议案答复率为100%。调解民间纠纷679件，制作调解协议书316份。全年发生刑案524起。（3）社会保障。全年发放各类救助金1254.91万元，救助4.29万人次，其中低保补助2190人，发放金额665.37万元；支内支疆补助2143人，发放金额411.75万元；市民综合帮扶89人，发放金额13万元；医疗救助127人次，发放金额30.15万元；临时补助510人次，金额11.92万元。享受廉租房政策399户，补贴金额177.55万元。建成1个标准化老年活动室（建新小区）、扩建（修缮）7个标准化老年活动室，落实居家养老服务1540人。全年"十助"（助餐、助浴、助洁、助医、助行、助急、助乐、助安、助学、助聊）8.99万余人次。为42名残疾儿童提供医疗康复服务，金额2.49万元；为637名残疾人申请辅助器具702件，金额9.85万元。社区生活求助热线全年累计受理各类求助咨询事务1691件次，政府购买服务476人次，补贴金额14582元。（4）劳动就业。全年新增就业岗位2090个，完成指标100%；失业登记人数1714人，控制在4.5%之内；扶持创业30人，完成指标100%；外来从业人员参加综合保险覆盖人数17444人，完成指标132.15%；农民工职业培训190人，完成指标100%；劳动者工资集体协商覆盖人数2715人，完成指标108.6%；青年职业见习169人，完成指标100.6%。开展抽样调查大学生2019人，推荐就业230人次，提供创业咨询79人次，进行开业能力测试45人次，重点岗位推荐13人。全年受理各类劳动调解案件118起（149人），调解成功74起（100人），挽回劳动者工资损失17.63万余元。（5）市政管理。城市网格化管理分中心全年受理事件2.13万余件，主动发现率97.24%，事件结案率99.96%，及时处置率99.96%，群众满意率99.94%。通过上海市市容环境责任区管理达标检查，共粉刷立面1.8万平方米，清理小区垃圾1000余吨，划停车点69处，处理环境问题441件。整治道路立面5.49万平方米，拆除违章建筑1.53万平方米，粉刷电线杆1770根，制作晾衣架324副，整改店招店牌286间，安装非机动车停放架210米，设立便民服务修理摊点44个，开展联合执法80余次。开展16条道路市容环境卫生责任区管理工作，完成政本路（国定路至农场桥）一街一景创建工作。（6）精神文明。创建市文明小区29个，区文明小区65个，市、区文明示范标志区域3处。全年共举办东方讲坛10期，举办座谈、讲座、征文、竞赛、演讲等各类读书活动41次，1.2万余人次参与。举办5场知识讲座和科普辅导，开展10次广场军民共建为民服务活动，居民1.1万人次、官兵900余人参加。组织开展"魅力五角场，我们为你增光添彩"系列活动，制作迎世博宣传车，发放各类宣传品6万余份，制作迎世博大型公益宣传围墙3面，小区宣传栏60个、展板近1300块。组织2万余名志愿者参加迎世博600天文明指数测评志愿服务活动。社区文化中心全年承办会议312次，举办培训267次、演出190场、讲座42次，播放电影106场、接待参观68批次、各类展出13场，参加居民近60万人次。（7）街道经济。全年完成地方税7495万元；引进企业110户，其中注册资金500万元以上的企业11户，引进注册资金4.009亿元、20万欧元、5万美元。商务楼宇"三落地"率（注册落地、税收落地、功能落地）80%。重点企业上海中企人力资源咨询服务有限公司、上海安欣保险代理有限公司分别与上海中小企业对外交流中心签约合作。

【举行社区（街道）"1+3"党组织书记、兼职委员履职交流会】 2月23日在五角场社区文化中心召开。社区"1+3"党建模式就是在社区党工委统揽协调下，发挥行政党组、综合党委和居民区党委"三条线"党组织工作优势。会上，"三条线"党组织书记和复旦大学党委宣传部部长等4位兼职委员作履职交流发言，共同探讨关于如何深化区域党建这个课题。区委副书记魏伟明参加会议，并强调，推动区域性大党建要进一步加大行政资源、社会资源和公共资源的整合力度，着力做好领导方式、活动方式和工作内容的转变。机关工作人员等共130余人参加会议。

【举办迎世博行动推进会】 3月18日，街道在五角场社区文化中心召开2009年精神文明建设工作会议暨“魅力五角场，我们为你增光添彩”迎世博行动推进会。区委常委、宣传部部长邹明、上海财经大学党委副书记刘永章以及区有关部门、社区(街道)党政班子成员等出席会议。邹明对下一步工作提出3点要求，要统一思想，提高认识；要奋发有为，开拓创新；要全民发动，全力以赴。上海财经大学向社区捐赠50台电脑，邹明和刘永章共同点击开通上海财经大学·五角场社区迎世博专题网。社区居民代表、大学生志愿者等120余人参加会议。

【市委党校学员到街道开展现场教学活动】 5月13日，市委党校领导干部进修班学员到街道开展教学活动。学员们参观老年人日托中心、社区文化中心，了解社区建设、管理和公共服务现状，街道办事处领导就社区建设发展分五角场社区概况、社区工作的体会、社区工作面临的问题、进一步做好社区工作的思考等4个专题作工作汇报，对市委党校学员提出的问题和建议作解释和回答，市委党校教授对现场教学作点评。12月，街道被市委组织部、市委党校命名为研究性教学基地。

【拍摄制作“迎世博魅力社区”专题片】 五角场社区为首批上海近年来在经济社会、精神文明建设等方面取得显著成绩的10家社区之一。6月—7月，街道参与拍摄制作“迎世博魅力社区行”专题片，于7月20日—25日，在上海教育电视台“魅力社区行”版块中，分知识家园、百年追梦、军民情深、多彩生活、和谐的家等5个专题播放。7月26日，在同时段进行“魅力五角场，知识新家园”主题晚会，通过魅力社区巡礼、魅力生活、魅力人物、魅力文化、魅力宣言以及专家点评等电视手段，全方位展示和彰显五角场社区魅力。万余人次集中收看该系列专题片。

【成功创建国家级安全社区】 自2007年起，街道开始组织创建国家级安全社区。2009年7月，通过上海市安全社区评审后，接受国家级安全社区验收，国家、市、区级专家先后到金海岸网吧、颐高数码广场、三湘世纪花城、建新小区等实地检查老年人安全、消防安全、家居安全等干预措施。街道通过建立伤害监测网络，制定伤害监测报告卡、月报表、入户抽样调查、建立分析档案等定期了解掌握各类型伤害事故发生频率、变化趋势，努力营造安全、健康、和谐的社区环境。10月18日，在北京全国安全社区工作会议上，五角场街道被国家安全生产监督管理总局授予全国安全社区荣誉称号。

【开展深入学习实践科学发展观活动】 2009年9月—2010年1月，五角场社区(街道)党工委在基层党组织和党员中开展深入学习实践科学发展观活动。活动经过学习调研、分析检查、整改落实3个阶段，期间党政班子成员间开展相互谈心102次，召开各类座谈会6次，征集并梳理归类4大类48项意见建议，确定29项具体整改项目。11月23日，市委副秘书长、市委学习实践活动领导小组办公室副主任刘卫国一行到街道调研指导工作，对街道学习实践活动阶段性成果表示肯定。市委巡回指导检查组组长杨天欣、副组长赵英，区委副书记魏伟明，区委常委、组织部部长于秀芬先后到街道进行专题调研，对

9月28日，高校学生在社区第三届文化节开幕式上表演歌舞

活动阶段性工作作指导和部署。至12月底，共解决或解释沟通意见建议40个，其他8个需研究解决的问题按时间节点要求推进。

【举办社区第三届文化节活动】9月28日—10月28日，五角场社区举办第三届文化节活动。9月28日，“走进辉煌十月，迎接精彩世博”专题文艺演出暨五角场社区第三届文化节开幕式在上海财经大学礼堂举行。区委常委、宣传部部长、区迎世博社会动员指挥部总指挥邹明，副区长吴乾渝出席。文化节期间，街道组织开展多场老年人时装表演，大学生民乐队演出、文体团队展示、书画展等活动。辖区内部队、高校、商区代表共3000余人次参与活动。

专 文

整合高校智力资源
推进学习型社区建设

五角场街道依托“知识杨浦，学习广场”平台，充分发挥辖区复旦大学等7所高校智力资源丰富的优势，按照“资源共享、联学联创”的创新理念，深入推进学习型社区建设，形成街校联动，营造互帮互学的浓厚氛围。

健全组织，人才互融。街道通过健全工作体制，建立运作机制，构建区域性大学习格局，辖区内高校领导积极支持学习型社区创建。2006年，街道成立社区教育委员会，吸纳复旦大学、南京政治学院上海分院、第二军医大学继续教育学院、上海财经大学、远程教育学院等高校的相关部门负责人担任委员，高校专家、教授组成的智囊团为学习型社区的创建出谋划策。社区教育委员会每年定期召开工作例会，共同研究探讨学习型社区建设问题，构筑社区与校区联动新格局。

搭建平台，阵地互动。街道在上海远程教育集团的关心支持下，先后投资20余万元，在辖区7个网格片中设立9个远程教育点，实现天网、地网、人网“三网合一”，使社区居民足不出户就能学到各种知识，为广大干部群众读书学习畅通了渠道、提供了广阔的天地。街道还出资为家庭生活困难但又渴望充电学习的社区居民发放1000张上海教育资源卡，保障社区弱势群体学习的权利。海洋大学还在社区学校建立科普园地，向社区广大市民宣传科普知识。

整合资源，知识互享。街道以东方讲坛为依托，每年邀请高校专家、教授深入社区，就国际国内形势、健康养身、金融理财、法律维权、文明礼仪等方面为社区百姓举办讲座，参与群众万余人次，被市、区评为东方讲坛优秀办学点。组建成立五角场职工流动学校，聘请复旦大学、上海财经大学等高校专家、教授组成一流的教师队伍，走进辖区企业、商务楼宇、钢材市场，开展岗位培训、技能竞赛、学术沙龙等学习活动，推进学习型单位的创建。组建成立复旦大学党的创新理论宣讲团，为社区居民义务开展讲座，由辖区内高校专家教师和社区老干部组成的“枫叶丛林”学习沙龙，坚持月月有学习，月月有活动，成为高校和社区老干部相互交流、增进友谊的全新平台。

志愿服务，优势互补。街道与复旦、财大等高校合作成立高校专家志愿者工作室，为居民答疑解惑、心理咨询等。复旦大学博士生讲师团经常深入社区，为居民建立起讲座资源库，义务为社区居民送上既紧扣时代脉搏、又符合百姓需求的各类专题知识讲座，复旦、财大等5所高校大学生组成精神文明巡访团，结合学习型社区创建中遇到的问题，开展巡访活动，根据自己所学撰写了多篇调研文章，为社区建设积极建言献策。

在高校“智”源的大力支持下，五角场地区形成了浓厚的读书氛围，乐于学习、勤于学习、善于学习、终身学习的理念在社区蔚然成风。（赵 云）

（十二）五角场镇

【概况】位于区境东北部，东临黄浦江，与浦东新区隔江相望；西接新江湾城街道和五角场街道；北与殷行街道接壤；南与长白新村街道、延吉新村街道、控江路街道毗邻。辖区户籍人口103302人、3.97万户，居委会39个。镇域内文教卫生设施齐全，历史人文资源积垫较深，高等院校、科研机构多，第二军医大学、上海体育学院、长海医院、东方肝胆外科医院等，上世纪30年代《大上海计划》中的旧市政府大楼、图书馆、博物馆、飞机楼和国立音专等一批上海近代优秀历史建筑坐落在镇域内。城市市政设施良好，交通便捷，中原路、营口路和翔殷路贯穿镇域南北、东西，20余条公交线路纵横交错，翔殷路隧道、地铁8号线方便居民出行。2009年，镇获全国全民健身活动先进单位。镇政府地址：政立路55号。(1)社区党建。镇党委下设综合党委、五角场集团公司党委、7个居民区片党委。党总支39个(其中机关党总支1个、居民区党总支38个)，党支部220个(其中机关党支部5个、居民区党支部157个、综合党支部43个、离休党支部2个、退休党支部1个、流动党支部1个、集团公司党支部11个)，党员7518人。开展学习实践科学发展观活动，修订区域党建工作委员会章程和简则，按照居民区片划分重新建立7个联席会。推进“两新”组织党建工作，组建商务楼宇联合党支部和园区党员服务站。完成居民区党组织和居委会换届选举。实施党代表大会常任制和代表任期制，建立党代表、人大代表工作室。(2)综合治理。全年共受理各类来信164件；接待来访494批838人；调处各类矛盾纠纷817起，制作协议书380份，调解成功率99.3%。全年共发生刑事案件388起。投入46万元安装镇域内电控防盗门和入室盗窃高发案小区简易防盗设施。完成全镇6万余间房屋、16.1万实有人口的信息采集。(3)社会保障。全年共对6.5万人次发放各类救助金1511万元，对2471人发放各类帮扶助困金142万元。新建五角场镇为老服务中心，改扩建敬老院，新增3个老年助餐点，全年居家养老1670人。建成开放阳光康乐站、阳光职业康复援助基地。新增就业岗位2251个，完成指标101.4%；失业人员登记控制在2096人以内；企业工资集体协商覆盖劳动者人数4451人，完成指标103.51%；外来从业人员综合保险覆盖数10122人，完成指标115.02%；扶持创业60家，完成指标100%；职业见习173人，完成指标100%；职业见习后首次就业率82.6%，居全区之首。(4)市政管理。对军工路、民星路、世界路等9条道路610余块店牌店招进行整治。完成恒仁路、国栋路、国京路3条道路积水点改造工程，国栋路辟通。完成中环沿线立面整治40幢，取缔沿线4个大型废品回收站(点)。开展闸殷地区“城中村”整治，拆除违法建筑508间、1万余平方米。(5)精神文明。创建市文明小区23个、区文明小区61个。世博知识培训7000余人次，近4万名市民参与世博知识网上答题。发放世博宣传品、倡议书近2万份，开展7次迎世博成果宣讲、近2000人参加，招募世博志愿者6000余名。举办镇第三届学习节，文化中心、社区学校、老年学校为传播先进文化的主阵地，镇老年学校被评为上海市示范性老年学校。开展“清洁家园日”和“我微笑，我捡起”主题活动，营造整洁舒适的生活环境。(6)经济工作。全年完成地方税1.69亿元。引进各类企业423户，注册资金6.5亿元，其中注册资金500万元以上企业36户。与全球家居巨头丹麦JYSK集团签订战略合作协议。海尚杰座、财富广场等4个重点商务楼宇“三落地率”(功能、注册、税收落地)达到78%以上。与上海科学院技术转移中心合作建立上海新材料科技园(杨浦)产业基地。与上海绿地建设集团签订合作开发闸殷路知识创新基地项目框架协议书，完成该地块整治清理工作。世界路国际科技建材港项目方案确定，完成该地块内轻纺市场及商业门店搬迁。

【为企业搭建与社区沟通交流的平台】 2月24日，联手镇域内泛亚生命科技有限公司，特邀龙华医院副主任医师朱戎举办呼吸道传染病预防讲座，来自机关、居民区、企业200余人参加讲座。泛亚生命科技有限公司同时向工作在一线的交巡警、民警、城管人员赠送600余份由泛亚生命科技有限公司研制的对鼻腔清洁专业护理的新产品，既为企业提供了宣传产品的机会，又引导企业落实社会责任，实现双赢。

【为老服务中心正式开放】 3月16日，位于翔殷路791弄5号的镇为老服务中心正式对外开放。该中心是该镇为老服务的一种新尝试，借鉴托儿所的形式，在白天子女外出上班时，让无人照看的老人们到中心日托并参加各项活动。中心有理发、量血压、理疗及医药咨询检查等服务项目，可容纳50名老人同时就餐。每周组织老人们开展棋牌、阅览、乒乓、影视欣赏、卡拉OK、健身操、舞蹈等活动，丰富老年朋友的精神文化生活。有全日入托老人8人，参与项目服务和活动的会员73人。

【开展“三十六宅”整治】 上世纪30年代，实行大上海计划兴建新市中心区时，在市光路、民府路建造花园住宅36幢，售于当时市府高官和工商人士居住，人们称之为“三十六宅”。由于历史原因缺乏管理，住户流动，“三十六宅”日益破败，环境较差。尚存33个自然幢，其中租赁房29幢，私房4幢，共有居民约200户。3月，该镇开始对“三十六宅”进行整治。3月15日，镇全体机关干部、相关场所院工作人员、居委干部、社区志愿者等150余人在散居地内清扫路面，拔除杂草，清运垃圾，喷洒杀虫剂和消毒药水，并向居民宣传健康生活、文明世博知识。整治行动共拆除违章搭建110间，共计600余平方米，清运垃圾30车，共计150余吨，居民生活环境得到有效改善。

【汽车贸易中心建设初具规模】 6月8日，位于市光路405号的英之杰雷克萨斯4S旗舰店（4S店是一种以“四位一体”为核心的汽车特许经营模式，包括整车销售Sale、零配件Sparepart、售后服务Service、信息反馈Survey）正式开业。9月20日讴歌4S店开业，10月1日标致4S店试运行。至此，位于民庆路以南、市光路以东、国和路以西、民约路以北的汽贸中心有大众、斯柯达、阿库拉、雷克萨斯、标致多家知名汽车品牌相继入驻，汽贸中心初具规模。

【五角场社区商业服务中心开工建设】 6月29日，由五角场（集团）有限公司建造的五角场社区商业服务中心举行开工典礼。该中心地处国和路、民庆路和嫩江路（规划中）三路交界的三角地区域，总建筑面积67016平方米，是集企业办公、商务酒店、品牌零售于一体的大型商业服务中心。建成后将改善该镇整体商业布局，改变镇域西部地区商业网点分散、群众生活不便的情况。

【完成居民区党组织和居委会换届选举】 4月至7月，开展居民区党组织和居委会换届选举。成立镇换届选举工作指导小组和领导小组，下设办公室，向7个居民区片下派工作指导小组。由处级党建督察员任组长，片党委书记和全体机关干部参与，配备7名专职党务工作者包片联系，做到指导工作全覆盖，信息情况全掌握。举办多次专场培训。制定下发《关于2009年居民区党组织和居委会换届选举执行有关纪律的通知》，开通举报热线，对选举过程进行全方位监督。7月11日为居委会选举日，64137人参加投票，参选率91.8%；选举产生居委会干部224人。7月18日为居民区党组织选举日，全镇4526名党员参加，参选率93.3%；选举产生居民区党总支38个（下属党支部153个）选举产生党总支委员212名，其中书记、副书记各38名。

【成立全市首家自主择业军转干部管理服务工作站】 该镇拥有占全区总数近3/4的自主择业军转干部。7月21日，全市首家自主择业军转干部管理服务工作站在该镇党员服务中心挂牌成立，并在自主择业军转干部相对较集中的长海、梅花、香阁丽苑居委会挂牌成立工作分站。服务站有专职工作人员1人，分站工作人员由居民区党总支书记兼任。工作站对全镇212名自主择业军转干部进行服务管理。其职能为协调社区各有关单位，整合社区资源，为自主择业军转干部办理相关手续提供便利，通过开展各类学习和培训活动，满足他们发展和创业的需求。开展登记联络、党员组织关系转接、走访慰问、问卷调查、信息咨询、政策宣传解释等各项服务，至12月，服务300余人次。

【开展创业促进就业工作】 9月8日，该镇第三期家长学校开班，主要以如何创业为主题，共有20多名有创业愿望的青年成为本期正式成员。为帮助青年就业创业，以家长学校为平台，为大学生提供“三个一”服务，即制定大学生创业扶持政策，给大学生创业提供有力支持；开通一条大学生服务热线，提供咨询解惑；组建一支创业专家服务队，对大学生进行一对一、面对面创业指导服务。开班仪式当天，五角场镇社区园区专家服务站揭牌，帮助青年人创业指导。还在失、无业人员、求职意愿人员和创业意愿人较多的两个居委设立促进就业综合服务点，让社区居民享受到更为便捷的就业综合服务，11月28日，综合服务点正式授牌成立。全年60人实现自主创业，带动就业408人。

【河南省方城县务工创业人员党支部成立】 12月14日，河南省方城县在沪务工创业人员党支部在五角场镇成立，为镇首次接收整编制流动人员党支部。该党支部共有党员6人，主要是河南省方城县在沪创业人员，办公地点在卧龙岗大酒店（国和路491号）。镇与方城县签订《流动党员双向管理工作协议书》，明确党员流出地与流入地协管共管原则，建立异地组织、共同参与、双重管理机制，探索资源共享、组织共建、活动共抓、作用共促的流动党员双向管理模式。作为党员流入地的党组织，该镇综合党委全力帮助党支部开展工作，争取让在沪的方城籍务工创业党员全部纳入到党组织的管理和服务中。

（徐娅嫣）

专　文

我们共同的家园
——五角场镇迎世博，清洁家园活动洗礼

5月15日这一天，该镇采取点线结合、划区包片的方法，组织志愿者和部队官兵、派出所民警等参加政立路、长海路、中原路综合整治，各小区由居委组织同时开展清洁家园活动。

子弟兵："少说话，认真干"。一早，武警上海总队第二支队第一中队的25个小伙子来到长海路，井然有序地忙开了。有的认真地擦洗长长的马路围栏，有的捡拾绿化带和路面上的垃圾，有的负责打水和倒垃圾。这道庄重而热烈的风景吸引了很多路人的注意。上海体育学院门口报亭的老板看了一会，默默地提出一个塑料桶，到旁边店铺接了点水，把自己的报亭上上下下擦了一遍，战士们朝他敬个礼，他不好意思地嘿嘿笑："看样学样，我也要自觉啊。"

老同志："力不在小，坚持就好"。浣纱片迎世博志愿者陈阿姨、周阿姨都是古稀老人，一早从营口路开始，一路捡垃圾，撕小广告，铲污垢。靠近长海医院住院部门口的地面布满了一层很厚的油垢，99弄党员陈老伯蹲在地上用洗洁精拼命擦洗。黑山居委身患大病的党员胡阿姨蹲在地上铲小广告；党员朱阿姨将长年瘫痪在床的丈夫托付给人，主动参加活动。党员刘先生居住在外街道，特意赶来，他说："这条路上有很多我们国家的宝贝，我来为它出份力，就是为国家做贡献了。"

年轻人："集体劳动，体会我们大家的世博"。大学生小殷刚到黑山居委实习，头一次参加清洁家园活动。小姑娘拿着铲子和抹布，专攻顽固牛皮癣，速度特别快，别人问起，她开心地透露，多亏了爸爸的"秘方"，铲子上抹点油，铲起皮去不留残迹。外来媳妇小王格外卖力，她主动要求来参加劳动。

窗口服务单位："擦亮窗口，为服务加分"。下午4点30分，镇社区事务受理服务中心对外接待服务结束，10名党员带领全体工作人员分成6个组，按照"美化台面，归整里面"的要求，对工作区域进行彻底的大扫除。中心党支部将每月"清洁岗位"活动定为常规工作，组织全体工作人员再学服务规范，再学文明礼仪，再学业务知识，努力朝着"一流服务设施、一流服务品质、一流服务水平、一流服务环境"的目标迈进。

居民区："每月做一点，卫生成习惯"。各居民区也进行了有序有效的清洁家园活动。东方名城居委干部、楼组长、志愿者80余人分工合作，一组清除草坪杂草和绿化带垃圾，一组清洗健身器械、橱窗和宣传栏，一组清扫路面，一组整顿乱停车。虬江居委动员30余人分成4组，共清扫生活垃圾、杂物13车，清除黑色广告125块。黄兴花园小区80余

社区党员群众在迎世博清洁家园活动中

人对楼道内堆放杂物、漠视环境卫生的住户进行劝说。梅花居委专项整治乱堆放，共清除杂物15车。黑山居委20余位志愿者将小区花坛内的废旧自行车搬运到空地上集中停放。黄兴绿园居委集中清理楼道堆物，并将乱堆放陋习的照片公布在宣传栏，敦促居民整改。99弄志愿者挨个清洗防盗门、黑板、信箱。中农居委、民一居委对绿化带的卫生死角进行了清扫，拆除了乱搭的晾衣架。世界居委共拾取烟头100多个，清除黑色广告20余处，清扫明沟12处，扫取的垃圾装了满满2车。（小　伊）

（十三）新江湾城街道

【概况】 位于区境东北部，东至清水河、殷闸路，与殷行街道相邻；南至政立路，西至“杨宝线”机场护场河西段、淞沪路，与五角场街道、宝山区接壤；北至“杨宝线”机场护场河北段，与宝山区毗邻。东西向道路9条，南北向道路6条，桥梁18座，河道7条，水域面积11242平方米。辖区户籍人口8126人、3627户。居委会5个。公交线路始发站有168路、538路，经过线路有522路等6条。区域内有复旦大学江湾新校区、同济大学第一附属中学、上海音乐学院实验学校、复旦科技园小学，幼儿园2所。街道办事处地址：殷行路880号。2009年，街道成为全球国际安全社区网络第164个成员，中国大陆第19个国际安全社区，全国综合减灾示范社区，上海市首批充分就业社区，共青团上海市委员会“青年就业创业见习基地”，上海市社会治安综合治理先进集体。（1）社区党建。社区（街道）党工委下设行政组织党组、综合党委和居民区党委。党总支3个（均为居民区党总支），党支部21个（其中机关党支部1个、事业党支部1个、居民区党支部14个、“两新”组织党支部5个），党员591人。开展居民区党组织换届选举和“两新”组织党建工作。庆祝建国60周年征集党员群众文艺作品创作和摄影作品100幅。组织党员开展学习实践科学发展观活动。（2）综合治理。全年处理群众来信70件，来访800余人次，“一线工作法”、书记·百姓网上通、书记信箱、区长在线、区长信箱、网上评议等渠道反映诉求15件，办结率100%。建立外来建设者“探亲房”。办理居住证4183人（临时居住证4009人，一年期174人）。截至9月底，GIS地理信息地图定位房屋366幢，布设门牌号1066个，采集核对房屋信息4726户，门牌定位率、房屋信息采集率、人房关联率、实有人口信息登记率均达100%。拆除违章简屋70余间，清退外来租住人员4373人，清理20余头猪鹅羊。集中整治政悦路国伟路每日违章停车400余辆、10辆集装箱卡车，协调处置闸殷路国伟路开关站等群体性矛盾5起，个体性矛盾4起，协调解决拖欠农民工工资事件2起300余人。来沪务工人员服务中心调解纠纷194起，制作调解协议书42件，实施信访代理207件，调解率、履行率100%。全年发生刑案57起。（3）社会保障。全年发放各类救助金59万元，救助各类人员1830人次。救助帮困社区突发重大疾病或重大事故家庭23人次8万元。为43位独居、90岁以上老人购买保险一份，每天上门送“安康奶”一瓶光明牌220毫升牛奶。社区志愿者与37对独居老人结对，关爱老人的日常起居生活。为9位独居老人免费安装卫生间防跌倒不锈钢扶手。提供71位老人居家养老服务622人次，其中，享受政府补贴16人约2.78万元。老年人日间服务中心入托老人11人，送餐服务220人次。人民网、《人民日报》要闻版图片报道“新江湾城百位老人百家菜，欢声笑语度重阳活动”。为124位社区军嫂购买生命人寿女性健康保险。为251名退休妇女和生活困难妇女免费妇科及乳腺病筛查。（4）劳动就业。全年新增就业岗位185个，完成指标108.8%；城镇登记失业人数控制在114人以内，来沪从业人员参加综合保险覆盖人数1438人，完成指标120%；完成扶持创业、青年见习、外来农民工培训指标100%。认定“双困”（就业困难、家庭困难）人员7人，安置公益性岗位（保洁、保安、保绿、保养）46人。推荐智障残疾人就业1人，推荐军嫂就业40人次，上岗就业17人。（5）市政管理。以一街一景特色景观建设为抓手，街道投入67万余元，区财政投入76万余元，完善新江湾城公园的功能建设，设置专门管理机构，在公园原有风格的基础上，增加入门山石景观、世博海宝景观、雕塑等。投入6.5万元，配合政立路499号创邑·扬园区建设，综合改造园区周边围墙、灯光、绿化等，整修50余家店招店牌，大型广告整治700平方米。完成道路修整3200平方米，立面整治（沿街立面，工地围墙粉刷，外墙清洗）2700平方米，绿化补种2600平方米，空调移机40台，发放更换废物容器300个，道路机洗、机扫率95%。投入50万元，根治F地块闸殷路沿线乱倒渣土，整治清除暴露垃圾200余吨，修砌围墙1200米。筹资100余万元，集中整治国权北路7号门周边的环境，搬迁废品回收点10余家，新建道路500余米。（6）精神文明。创建市文明小区2个、区文明小区4个。百万家庭学礼仪培训5场1200余人次。与上海市文艺培训中心结对共建，艺术家进社区辅导活动25次800余人次。全民健身与世博同行2009年上海市“杨浦长白杯”益寿保健操比赛获优胜奖。举办第三届社区歌咏大赛。《新江湾城》专栏10月在杨浦有线台首播。举办第三届学习节暨风筝节活动，获上海市风筝运动先进集体。（7）街道经济。全年完成地方税4100万元。引进企业43家，其中注册资金500万元以上的有10家，注册资金3.4亿元。

【探索网络舆情工作机制新模式】 2008年街道在全市率先推行“双版主，双进入”网络宣传工作模式，引起市区领导高度重视，在此基础上，探索推行“大论坛，全进入”党建工作新模式，以新江湾城大社区论坛为重点，10个小区业主论坛和新江湾城网上警务室形成“1+X”的网络舆情工作机制。居委会每个社区干部在论坛上注册拥有个性网名，60%的社区干部每天上网至少2次，每次发帖至少2条，话题涉及社区环境、时事点评、一线工作法、业主维权等12个领域。围绕新中国成立60周年、迎世博600天等网上热点引导30余轮，每天吸引发帖3000余帖，点击50万余次，成为新时期新型社区了解社情民意的重要窗口，实现基层党组织与群众的平等互动、有效沟通。

【创邑·扬新江湾城大学生开业园区建成】 4月，作为街道实事项目，投入8万余元，将政立路499号（闲置的旧厂房仓库）建成创邑·扬新江湾城大学生开业园区，园区南侧为五角场城市副中心，北侧为新江湾城高档住宅区，与创智天地、复旦大学、财经大学毗邻，占地面积28340平方米，建筑面积24512平方米。创邑·扬园区是街道携手企业由上海筑居房地产开发经营有限公司和上海弘基商业经营管理有限公司共同出资改建。园区实现当年设计、当年建设、当年招商，深化拓展三区（社区、校区、园区）融合、联动发展，完善政府搭台、企业运作、市场化经营的管理体制和运行机制，依托周边产业资源与高校知识氛围，以大学生创业和创意产业作为园区两大主题，以建筑设计、工业设计、软件IT设计、文化传媒、咨询服务和知识产权服务作为园区六大产业，形成一个多元化的创意产业园区。街道租赁园区22号楼一楼大厅作为政府公共服务平台，为入驻企业免费办理公司注册等项目服务，提供就业创业等政策指导。园区签约入驻企业107家，新注册公司30余家，出租率93%。

【完成居民区党组织和居委会换届选举工作】 5月22日，党工委、办事处召开居民区党组织和居委会换届选举工作动员大会，换届选举工作正式启动。7月11

4月，创邑·扬新江湾城大学生开业园区建成

日是居委会换届选举日，登记选民7673人，实际投票6556人，参选率85.5%，选出居委会主任5名、副主任5名，委员21人。7月25日是居民区党组织换届选举日，3个居民区党组织进行选举，直选100%。应参选党员399名，党总支3个，平均参选率84.52%，选出党总支书记3名、副书记3名，委员15名。8月20日，街道召开换届选举工作总结大会暨居委干部培训班。

【举办庆七一大型便民服务活动】 7月1日，在政立路499号创邑·扬一楼大厅，社区党员服务中心主办庆七一便民服务活动，区工商分局、区税务局、区司法局、交警机动中队、派出所及街道党员志愿者80余名，为社区群众提供工商、税收、党务、法律、计划生育、就业指导等方面咨询服务，受益500余人次。长海医院、殷行医院等专家医疗咨询100余人次，新江湾城体育俱乐部、上海创邑投资管理有限公司、农工商超市（集团）有限公司等10家企业，推出岗位18个，达成就业意向12人。

【全力保护新江湾城走廊与河道的生态环境】 政悦路的生态走廊长2500余米，宽窄不一，最深处超过3米，河底水草丛生，淤泥堆积，险情重重，不适合游泳。街道综治办牵头联合整治生态走廊脏、乱、差问题，发放告知单，制作约3米高告示牌8块、1米高警示牌130余块，不分昼夜劝阻，遏止不安全、不文明现象。7月，街道投入30万余元聘请一家水上保安公司，每天早上7点到晚上11点分班巡逻，13名保安队员着装统一，在河道两岸来回巡逻。野泳人不惜提到早上7点以前或改23点后野泳，保安队员实行24小时巡逻，发现不听劝阻入河游泳的游客或市民，立即抛出专业救生绳，用随身带着有钩子的长竿，将其拉回岸边，看着上岸后离开河道为止。至12月，共劝阻、救起投河自杀者6人。

【社区网格化管理分中心建成运行】 9月2日，社区网格化管理分中心建成运行。位于殷行路880号2楼的监控室，配备打印机、传真机等，聘用工作人员5名，分中心与区网格化管理中心联网，作为街道城市管理的一个平台，及时发现情况、反映情况，负责协调、督促解决有关城市管理投诉等职责。全年处置网格终端投诉208件，来电来信来访39起，处置率100%。

【举行学习实践科学发展观活动宣讲团成员受聘仪式】 10月15日，在同济大学第一附属中学报告厅举行学习实践科学发展观活动宣讲团成员受聘仪式暨革命传统教育报告会，成立由老将军、复旦大学博士、2008感动新江湾城人物及社区志愿者等8名成员组成的讲师团。会上，受聘讲师之一原南京军区空军副司令员韩德彩中将，作《革命传统教育、科学发展观与党风建设》主题报告，驻地部队党员、社区各单位负责人、党员干部、居民群众和学生代表等500余人聆听报告。会后，韩老挥毫题字《奋进》。

专　文

家书飞万里　关爱心连心

1月4日，家住政立路民府小区的军嫂虞嘉向"区长在线"活动反映：一是居民外出难，小区居民外出唯一的道路国定路，近半年来一直在施工；二是通邮难，民府小区的信件和报纸至今无法及时送达，严重影响居民的日常生活。

民府小区系部队公寓房，规划156户，入驻100余户。该小区无经公安部编发的门牌号码，邮递员将信件和报纸送到距小区500米的固定场所，造成居民收信收报很不方便。1月5日，街道办公室、社保科和部队同志一同察看现场了解情况。国定路架空线落地、改造排污管道等，预计上半年竣工。1月6日，街道分管领导到杨浦区邮政局翔殷路支局沟通，请求业务支持，部队与邮政支局领导实地察看，提出落实门牌号码是当务之急，增配邮递员和邮政系统监制且符合邮政系统规定的标准邮箱等事项。

虞嘉得到以马杰富副区长名义的信息反馈后，表示满意。但是，一个新的邮寄地址，只有经过上海市的规划，得到公安局批准编发的门牌号码，才是有效的门牌号码。1月上旬，部队向新江湾城派出所提交办理民府小区通讯邮寄门牌号码申请，杨浦区公安分局根据申请批准其中的一个门牌号码。部队有了批复后，立即向翔殷路邮电支局申请民府小区投递要求，得到的结果是这个号码不符合邮政通信的基本要求。报刊、信件暂时送到小区门口的门卫室，居民自行领取，不方便。2月下旬，街道领导走访部队，再次察看现场，牵头杨浦区户政科、新江湾城派出所、部队、邮政等负责人召开协调会议。3月12日，又再次召集部队、翔殷路邮电支局、新江湾城派出所、街道等负责人协调会议，一起踏看现场，着重分析、研究该小区收信收报困难重重的历史遗留原因和道路规划等诸多复杂因素，综合公安、户政、邮政对门牌号的规范性要求，提出采用过渡性又可操作的通邮地址——政立路639弄民府小区某幢某室，邮递员送到639弄门卫统一分发。公安部门从双拥工作的大局出发给予大力配合，部队尽快申请，便于翔殷路支局向上级部门汇报，落实业务量增大急需增加人手等后绪工作。4月20日，民府小区居民再也不需要跑到离小区500米的固定场所拿报拿信，在家门口就可以拿到了！（吴文菁）

（一）区领导班子和各部门、各街道（镇）及人民团体负责人
（2009年度）

【中共上海市杨浦区第八届委员会】

书　记：陈安杰
副书记：金兴明　魏伟明
常　委：陈安杰　金兴明
魏伟明　陆勇华
张慧珠（女）　于秀芬（女）
柴尧迅　庄少勤
陈守正　李建飞
邹　明
委　员（按姓氏笔画为序）：
于秀芬（女）　马杰富
王　平　王　桢　王继英
乐强毅　庄少勤　李文连
李建飞　吴伟国　邹　明
沈黄富　张慧珠（女）　陆　静
陆勇华　陈守正　陈安杰
岳　杨　金其林　宗　明（女）
袁建民　顾伟强　柴尧迅
唐海东　董依雯（女）　蒋长胜
蔡仁敏　熊孝刚　魏伟明
候补委员（按得票多少为序）：
陈祥云　卢　焱　华　源
梁学林　季胜鹤　楼满信

【中共上海市杨浦区纪律检查委员会】

书　记：陈守正
副书记：孙革军　李荣森
常　委：丁剑雄　忻培华（女）　秦卫国
李荣森　徐晓浦　黄瑞忠
委　员（按姓氏笔画为序）：
丁剑雄　邓继宏（女）
丛新惠（女）　印汉成　吕　亮
许岳伦　孙革军　孙祺伟
李金刚　李荣森　吴志刚
吴培敏　忻培华（女）　张　安
陈守正　秦卫国　徐　忠
徐志宽　徐晓浦　黄瑞忠
盛俊杰　裘筱卿　褚　亮

【中共上海市杨浦区委工作机构及其负责人】

区委办公室主任：王　平
区委组织部部长：于秀芬（女）
区委宣传部部长：邹　明
区委统战部部长：张慧珠（女）
区委政法委书记：魏伟明
区委防范和处理邪教问题领导小组办公室主任、
区防范和处理邪教问题办公室主任：刘俊祥
区委老干部局局长：沈维强
区机关党工委书记：
区委党校校长：魏伟明
区机构编制委员会主任：宗　明（女）

【上海市杨浦区第十四届人民代表大会常务委员会】

主　任：陈安杰
副主任：陈丽龄（女）　忻伟君
　　　　杭开才　袁建民　沈贻初
委　员（按姓氏笔画为序）
　　　　王南朝　王醇晨　毛裕民
　　　　卢　焱　任建兴　全志伟
　　　　汤崇逸　杨祉雷　李永盛
　　　　李贻明　体　圣　张一华
　　　　张智渊　陆　静　季胜鹤
　　　　赵瑞云　姜立功　莫元斌
　　　　贾文良　钱　梁　徐国民
　　　　徐雪峰　翁骥林　曹国强
　　　　韩胜华　蒋长胜
代表资格审查委员会主任委员：袁建民
人事工作委员会主任：袁建民
内务司法工作委员会主任：汤崇逸
财政经济工作委员会主任：贾文良
教育科学文化卫生工作委员会主任：赵瑞云
城市建设环境保护工作委员会主任：王南朝
区人大常务委员会办公室主任：韩胜华
代表工作室主任：刘银娣（女）

【上海市杨浦区人民政府】

区　长：宗　明（女）
副区长：柴尧迅　庄少勤
　　　　马杰富　唐海东　吴乾渝
区政府办公室主任：卢　焱
区发展与改革委员会主任、党组书记：许洪良
区商务党工委书记：沈黄富
区商务委员会主任：吴伟国
区建设和交通党工委书记：王继英（女）
区建设和交通党工委主任：任大连
区科技党工委书记：蔡仁敏
区科技委员会主任：程国光
区人口和计划生育委员会主任、党组书记：
　　　　李红珍（女）
区监察局局长：李荣森
杨浦公安分局党委书记、局长：陆勇华
杨浦安全分局党委书记、局长：陆锦荣
区司法局党委书记、局长：孙祺伟
区人力资源和社会保障局党委书记、局长：
　　　　盛俊杰
区民政局党委书记、局长：王莉静（女）
区财政局局长、党组书记：吕　亮
区审计局局长、党组书记：秦卫国
区教育局党委书记：王醇晨
区教育局局长：邵志勇
区卫生局党委书记：苏琛如
区卫生局局长：金其林
区文化局党委书记、局长：周　海
区体育局党委书记、局长：陈　伟
区市容管理局党委书记：陆振海
区市容管理局局长：许　峰
区环境保护局党组书记：宋荣文
　　　　局长：徐雪峰
区城市规划管理局党组书记：熊孝刚
区城市规划管理局局长：王　桢
区房屋土地管理局党委书记：胡科军
区房屋土地管理局局长：季胜鹤
区安全生产监督管理局局长、党组书记：
　　　　刘允江
区民防办公室党组书记：吴志刚
区民防办公室主任：汤一民
区旅游局：董焕庆
区金融办：沈慧越
区合作交流办：王继烈

【中国人民政治协商会议上海杨浦区第十二届委员会】

主　席：李文连
副主席：张慧珠（女）　方伦贵
　　　　姚秀平　邵志勇　李国华
秘书长：杨文渊
学习和文史委员会主任：杨文渊
提案委员会主任：陶光宙
经济委员会主任：朱伟敏
科技委员会主任：龚成俊
环境和城建委员会主任：唐子来
教育和文化委员会主任：张德樵
医卫和体育委员会主任：徐永昌

社会和法制委员会主任：李　斌（女）
民族和宗教委员会主任：吴敏生
港澳台侨委员会主任：胡耀良
区政协办公室主任：杨文渊
区政协专委会办公室主任：王道友

【上海市杨浦区人民武装部】

部　长：李建飞
政　委：张智洲

【上海市杨浦区人民法院、人民检察院】

区人民法院院长、党组书记：顾伟强
区人民检察院检察长、党组书记：岳　杨

【上海市杨浦区各街道（镇）】

定海路街道党工委书记：陈建洪
定海路街道办事处主任：孙林贤
平凉路街道党工委书记：李金刚
平凉路街道办事处主任：林　通
大桥街道党工委书记：陈红光
大桥街道办事处主任：龚顺明
江浦路街道党工委书记：夏康明
江浦路街道办事处主任：徐庆俊
长白新村街道党工委书记：倪来娣（女）
长白新村街道办事处主任：于　洋
延吉新村街道党工委书记：尤进宇
延吉新村街道办事处主任：左卫东
控江路街道党工委书记：裘筱卿
控江路街道办事处主任：董依雯（女）
四平路街道党工委书记：曹士俊
四平路街道办事处主任：袁敏生
殷行街道党工委书记：楼满信
殷行街道办事处主任：周金根
五角场街道党工委书记：华　源
五角场街道办事处主任：明　依（女）
五角场镇党委书记：陈祥云
五角场镇镇长：顾毓静（女）
新江湾城街道党工委书记：杨德兴
新江湾城街道办事处主任：刘柏泉

【上海市杨浦区各人民团体】

区总工会主席、党组书记：袁建民
共青团杨浦区委员会书记、党组书记：姜　勇
区妇女联合会主席、党组书记：陆　静（女）
区科学技术协会党组书记：蔡仁敏
区科学技术协会主席：陈晓漫
区工商业联合会党组书记：蔡祺龙
区工商业联合会会长：毛建国
区残疾人联合会执行理事长、党组书记：许岳伦
区青年联合会主席：姜　勇
区归国华侨联合会主席：曹国强
区红十字会会长：吴乾渝

（二）先进集体与先进个人

【2009年度杨浦区奖励名牌企业名单】（16个）

上海制皂（集团）有限公司
上海机床厂有限公司
上海工具厂有限公司
上海正广和饮用水有限公司
上海大亚科技有限公司
上海电缆厂有限公司
上海正广和网上购物有限公司
上海医疗器械厂有限公司
上海康博飞达服装有限公司
上海万兴汽车实业有限公司
上海起重运输机械厂有限公司
上海力丰地板有限公司
上海纽荷兰农业机械有限公司
上海中企人力资源咨询有限公司
上海荣臣博士蛙（集团）有限公司
上海联华快客便利有限公司

【区征兵工作先进单位】（9个）

定海路街道
平凉路街道
控江路街道

殷行街道
复旦大学
同济大学
上海体育学院
上海医疗器械高等专科学校
上海出版印刷专科学校

【区征兵工作先进个人】（15 人）

陈建国　大桥街道武装部部长
赵忠琪　长白新村街道武装部部长
卢汉成　五角场镇武装部干事
朱丽萍　新江湾城街道武装部副部长
沈枕流　复旦大学武装部干事
龚向明　同济大学武装部干事
胡兆木　上海理工大学武装部干事
张童胞　上海电力学院武装部干事
李玉岚　上海城市管理职业技术学院武装部副部长
张大成　上海市杨浦区人武部军事科参谋
杨锡俊　杨浦区征兵办公室政审组副组长
何长青　杨浦区征兵办公室宣教组干事
王明华　杨浦区征兵体检站站长
宋晓敏　杨浦区征兵体检站主检医师
王　珏　杨浦区征兵体检站化验员

【2007—2008 年度上海市杨浦区人口和计划生育工作先进集体】（100 个）

定海路街道（8 个）

杨浦区中心医院
上海电力学院
杨浦区精神卫生中心
上海无线电设备研究所
定海社区卫生服务中心
军工路居委会
定海港居委会
中联村居委会

大桥街道（9 个）

广杭居委会
锦州湾路居委会
引翔港居委会
双阳路居委会
沪东工人文化宫
上海黄浦江大桥建设有限公司
上海桥升商贸置业有限公司
上海电站辅机厂有限公司
上海医疗器械厂有限公司

平凉路街道（8 个）

上海市惠民中学
杨树浦路自来水厂
杨浦区妇幼保健院
平凉社区卫生服务中心
上海仪器仪表研究所
福宁路居委会
怀德居委会
景星路居委会

江浦路街道（7 个）

星泰居委会
陈家头第二居委会
杨浦公安分局江浦路派出所
新华医院
杨浦区民办科技幼稚园
上海电控研究所
江浦社区卫生服务中心

控江路街道（6 个）

杨浦区控江医院
上海市控江中学
华联吉买盛杨浦店
控江路街道社区综合协管队
恒联居委会
控四（2）居委会

延吉新村街道（5 个）

延吉一村居委会
延吉四村居委会
延吉五、六村居委会
控江西三村居委会
控江路 645 弄居委会

长白新村街道（4 个）

图们居委会
杨浦区社会福利院
杨浦区安图医院
长白新村街道社区综合协管队

四平路街道（6 个）

同济大学
市政设计院
东区电信局
四平社区卫生服务中心
鞍山五村居委
鞍山四村第二居委

殷行街道（11 个）

上海柴油机股份有限公司
上海闸北发电厂
杨浦区市东医院
殷行社区卫生服务中心
国和农副产品综合市场经营管理有限公司
闸殷路第一居委会
工农三村第一居委会
中原路 990 弄居委
开鲁二村居委会
开鲁五村居委会
殷行派出所

五角场街道（9 个）

蓝天居委会
政翔殷居委会
汇元坊居委会
上海拖拉机内燃机有限公司
五角场街道社区卫生服务中心
上海市肺科医院
上海星晨酒店管理有限责任公司
上海远洋运输公司船舶供应公司
总后上海干休所

五角场镇（9 个）

第二军医大学
海军医学研究所
上海起重运输机械厂有限公司
五角场集团有限公司
市光路第二居委会
翔殷新村居委会
浣纱四村居委会
梅林居委会
体院居委会

新江湾城街道（2 个）

本溪幼儿园分院
时代花园居委会

杨浦区委（2 个）

机关党工委
杨浦时报社

杨浦区人民政府（14 个）

定海路街道办事处
延吉新村街道办事处
长白新村街道办事处
殷行街道办事处
五角场镇政府
新江湾城街道办事处
人口办
妇　联
发改委
人民法院
杨浦公安分局
劳动局
市容局
杨浦区医疗保险事务中心

【2007—2008 年度上海市杨浦区人口和计划生育先进工作者】（150 人）

顾于梅　定海路街道办事处科员
李美珍　定海路居委计生干部
钱爱凤　民二居委计生干部
顾芬蓉　定海路居委计生干部
张　瑛　凉州路居委计生干部
胡柏娥　隆昌路居委计生干部
朱海燕　杨浦公安分局副科

高　薇　上海电力安装第一工程公司医务室负责人
邬秋月　杨浦区中心医院计生干部
虞立中　定海路街道外口办执法队副队长
袁意瑛　定海路派出所户籍内勤
周振杰　大桥街道办事处人口计生办办事员
冯美娟　新华里居委计生主任
柴霞云　仁兴街居委计生主任
竺小燕　广杭居委计生主任
孙宝凤　鸿德坊居委计生、妇代
张柴女　河间居委计生、妇代
何蓉仙　中王家宅居委计生、妇代
郑恋咏　幸福村居委计生主任
朱家琨　上海医疗器械厂有限公司副总经理
林沪江　杨浦区疾病预防控制中心办公室主任
朱凤萍　宝钢集团上海二钢有限公司计生干部
王爱珍　杨浦区中医医院人事科长、计生干部
袁　玲　平凉路街道人口计生办负责人
王晓峰　平凉路街道人口计生办工作人员
王绚丽　平凉路街道人口计生办工作人员
孙海芳　杨浦区就业促进中心副所长
张小瑛　杨浦公安分局平凉路派出所民警
杨秋萍　杨浦公安分局平凉路派出所民警
王全贞　八埭头居委计生干部
郁　珉　明园村居委计生干部
孙智敏　平乐新村居委计生干部
丁伟英　纺三居委计生干部
忻鼎慕　万新居委计生干部
周玉珍　同乐居委计生干部
茅玉凤　江浦路街道人口计生办计生专职干部
顾振喜　辽昆居委计生主任
龚志芳　陈一居委计生主任
刘雅琴　蒋家浜居委计生主任
林　红　江浦社区卫生服务中心儿保医生
孙海康　江浦路派出所社区民警
王振武　江浦路派出所社区民警
郦玲贞　上海烟草包装印刷有限公司医师
袁孝贤　1200 弄居委主任
王惠敏　180 弄居委计生干部
徐红妹　凤三（3）居委计生干部
应菊红　凤二（1）居委计生干部
王丽华　凤城六村居委计生干部
陈巧英　凤三（1）居委计生干部
彭　洁　控江社区卫生服务中心医师
刘梦影　控江路派出所民警
王文蕾　杨浦良友食品有限公司计生干部
袁荣华　延吉二、三村居委主任
杨秀华　控江东三村居委计生干部
王绍兰　舒兰路居委计生干部
陈爱琴　敦化路居委计生干部
金丽莉　延吉新村街道人口计生办计生干部
李伟军　延吉新村街道综治办主任
曹金妹　延吉新村派出所警长
张　娟　延吉物业管理有限公司党支书
裘丽萍　飞达羽绒服装厂厂医
孙定娟　上海机床厂有限公司计生干部
李　琴　延东居委计生干部
任建萍　长白一村居委计生干部
徐金凤　长白新村街道人口计生办计生干部
常月琴　上理居委计生干部
于正英　长白新村派出所民警
高鸿萍　巴士一汽公司女工主任
周　红　打虎山路幼儿园校长
李新宇　四平路派出所警长
章月娣　四平路街道办事处科员
缪庆宜　鞍山五村居委居委干部
肖春英　鞍山四村第一居委居委主任
翁蔚云　控江路 2026 弄居委居委干部
胡雷香　密云居委居委干部
张　敏　鞍山八村居委居委干部
周春霞　森林公园管理处办公室办公室副主任
王依萍　杨浦公安分局殷行派出所民警
孙玉宝　杨浦公安分局殷行派出所民警
李芳莲　殷行街道市场办办事员
曹亚菊　上海国和农副产品综合市场经营管理有限公司会计
何静华　殷行街道人口计生办计生干部
宋海虹　殷行街道人口计生办计生干部
缪慧芝　市光二村（2）居委计生干部
季露萍　工农 (4) 居委计生干部
蒋磊芬　工二 (2) 居委计生干部
张月兰　市三 (2) 居委计生干部

顾爱英　工农四村第一居委计生干部
曹霞莉　国和一村第三居委计生干部
葛友妹　市一（1）居委计生干部
陈　瑛　民星二村居委计生干部
徐春花　开鲁四村居委计生干部
陈玉美　工农新村居委计生干部
翁秀妹　三湘居委主任
忻薇萍　东郸居委副主任
蔡妹美　武东居委计生干部
张　萍　航天居委计生干部
施小佩　文化花园居委计生干部
王慧敏　国权一居委计生干部
许秋虹　国顺居委副主任
陈夏根　上海五龙农副产品市场经营管理有限公司场长
叶齐荣　杨浦公安分局五角场派出所副主任科员
潘　莹　五角场幼稚园园长
庞慧军　五角场街道办事处计生专干
陈庆利　五角场街道办事处计生专干
王金娟　五角场街道办事处计生专干
张增香　五角场镇政府科长
鸾海红　五角场镇政府社工
于秀珍　上海体育学院医生
卜佩英　上海公共安全厂主任助理
徐建勤　上海劳动工具有限公司工会
王　丽　虬江居委计生干部
江冬萍　教师公寓居委计生干部
许菊萍　浣纱三村居委计生干部
李世凤　民京路第一居委计生干部
吴雪玲　市光居委计生干部
魏丽娜　黄兴花园居委计生干部
张梅君　世界居委计生干部
吴忠英　市光路第三居委计生干部
郑敏燕　新江湾城街道人口计生办计生干部
张梅华　时代花园居委计生主任
王莲青　杨浦区人民政府办公室副主任
陈　岸　杨浦区纪委办公室副主任
许滟绯　杨浦区委宣传部理论宣传科科员
胡映映　杨浦团区委宣传部部长
王惠琴　杨浦区人民检察院助理检察员
殷亚萍　杨浦区对外经济委员会计生干部
徐建萍　杨浦区教育局副局长
叶桂珠　杨浦区卫生局主任科员
黄伟一　杨浦区文化局办公室主任
赵慧娟　杨浦公安分局户政科主任科员
毛明龙　杨浦区信息委科长
卢佩丽　上海市食品药品监督管理局杨浦分局科长
滕　建　杨浦区环保局副局长
张艳娟　杨浦区残联副科长
陈　莺　杨浦区早教中心主任
方　凤　杨浦幼儿园特聘专家
黄莉莉　复旦大学计生办主任
郑　盛　上海理工大学学生
薛人翼　杨浦区人口计生委科长
金汝芳　上海市计划生育药具管理中心杨浦分中心站长
刘玉环　长海医院
陈　雄　长海医院
杨祖菁　新华医院妇产科
陈　琦　杨浦区妇保院院长
倪玲琍　杨浦区中心医院
彭　华　杨浦区妇保所副所长
胡湘慧　杨浦区市东医院
舒红林　杨浦区控江医院党支部书记
王　斌　杨浦区卫监所副科长

【杨浦区 2007—2008 年度先进思想政治工作者】（24 人）

熊孝刚　区规划局党组书记、局长
任大连　区绿化管理局党组书记、局长
刘金泽　区检察院公诉科科长
陈蓉蓉　区公安分局宣教科科长
于　洋　区劳动保障局副局长
陈卫星　区国资委党支部书记、副主任
邓继宏　区教育局党委副书记、纪委书记
吴爱萍　区文化局党委副书记、纪委书记
张永根　区房地局纪检监察室主任
陆忠娟　区市容局宣传科主任科员
李伟坚　延吉新村社区（街道）党工委副书记
江静雯　四平路社区（街道）宣传科科长

潘俏敏　殷行社区（街道）居民区工作部部长、宣传科科长
徐　忠　五角场社区（街道）党工委副书记
韩文佐　杨浦高级中学党支部书记
宋铁铭　本溪幼儿园党支部书记
孟红雨　杨浦老年医院党支部书记
吴敏生　市东医院党委书记、副院长
舒红林　控江医院党支部书记
王　雪　区图书馆党支部书记、副馆长
贡伟明　杨浦工贸公司党委副书记
刘耀辉　杨浦环境发展有限公司党总支书记
陈和文　中国纺织机械股份有限公司党委书记、副董事长
郭黎明　杨浦商业发展投资有限公司党支部书记、总经理

【杨浦知识创新区第二届突出贡献人才、第七批拔尖人才】（101 人）

突出贡献人才（2 人）

莫元武　易保网络技术（上海）有限公司总裁
徐良衡　复旦天臣新技术有限公司总工程师、董事长

拔尖人才（99 人）

专业技术类（47 人）

王铁桦　交通大学附属中学副校长
厉　明　上海四维乐马律师事务所主任
叶　阳　上海尤安建筑设计事务所总经理
许　敏　控江中学数学教研组副组长
纪丽伟　上海柴油机股份有限公司副总工程师
匡兴亚　杨浦区中心医院职业病科主任
杜宝江　上海沪江虚拟制造技术有限公司总经理
杨宁平　上海基立讯信息科技有限公司总经理
李　飞　杨浦区市东医院神经内科主任
李安乐　杨浦区疾病预防控制中心慢性病防治科科长
李汶军　上海宣汶苑电子科技有限公司董事长
李秋明　复旦大学附属中学数学教研组组长
李爱华　杨浦区中心医院泌尿外科主任
李耀良　上海市基础工程公司副总工程师
吴广明　同济大学科技处处长
邹大进　长海医院内分泌科主任
应　康　上海博星基因芯片有限公司技术副总经理
应彩云　杨浦区本溪路幼儿园副园长
张　鑫　上海浦海求实电力新技术有限公司总经理
张大鹏　上海亚同环保实业股份有限公司总工程师
张书富　杨浦区中心医院副院长、心内科主任
张忠孝　上海理工大学科研处处长
陈大吾　上海航天局 802 所副所长
陈圣祺　杨浦区精神卫生中心院长
陈爱平　杨浦区教育局副局长
邵世开　杨浦区鞍山实验中学校长
邵国荣　杨浦区公证处主任
罗　军　中国纺织机械股份有限公司高级工程师
金海涛　上海旦华新能源开发有限公司董事长
周伟平　东方肝胆外科医院肝胆外科主任
姜格宁　上海市肺科医院胸外科主任
顾德富　上海汽车商用车技术中心主任工程师
凌雅丽　上海凌雅丽服装设计有限公司设计师
涂意辉　杨浦区中心医院骨科主任
黄荣华　复旦大学附属中学教研组组长
曹建辉　杨浦区少年宫副主任
崔　龙　新华医院肛肠外科主任
崔永富　杨浦高级中学数学教研组长
韩本谊　杨浦区市东医院医学影像科主任
彭宁嵩　上海高晶影像科技有限公司总工程师
程忠平　杨浦区中心医院副院长、妇产科主任
储　竞　杨浦区教师进修学院小学教研员
曾国光　杨浦区控江中学教导副主任
熊学玉　上海同吉预应力工程有限公司董事长、总经理
颜昌林　上海大亚科技有限公司研发中心副总经理
戴耀红　杨浦区教师进修学院德育室主任
魏宏斌　上海申耀环保实业有限公司总工程师

经营管理类（44 人）

丁耀华　杨浦区休养旅行社总经理

王伟民 上海矽钢有限公司总经理
王寿庆 上海万达广场商业管理有限公司总经理
毛晓峰 上海顺安通讯防护器材有限公司董事长、总经理
计永荣 上海同湖建设工程有限公司总经理
邓 伟 上海财大科技园有限公司总经理
石 光 上海机床厂有限公司总经理
叶松青 上海经纬建筑设计研究院有限公司董事长、院长
朱 明 上海祥和科学技术有限公司总经理
朱耀毅 上海复星长征医学科学有限公司董事长、总经理
刘晓露 上海华平信息技术股份有限公司总经理
汤 伟 上海市政工程设计研究总院院长
许文智 上海三湘股份有限公司副总裁
孙贴成 上海中通置业（集团）有限公司董事长
李 蓉 杨浦区殷行社区卫生服务中心主任
李汉卿 上海东鑫电力工程安装有限公司董事长、总经理
李国华 杨浦区中心医院院长
严玲芳 上海依科绿色工程有限公司总经理
吴晓童 杨浦区老年医院院长
张永新 上海假日百货有限公司总经理
张德臣 上海龙垦粮油销售有限公司总经理
陈允硕 杨浦区市东医院院长
陈志坚 上海邮电设计有限公司总经理
陈国富 上海亚环建设工程发展有限公司董事长、总经理
罗险锋 上海复旦思维印刷有限公司董事长
金宇晴 上海韦德健身管理有限公司董事长
周华瑞 第一钢市市场股份有限公司董事长
单耀晓 上海聚隆绿化发展有限公司总经理
孟凡辰 西门子（中国）有限公司副总裁
俞卫中 上海城投置地（集团）有限公司总经理
洪耀顺 上海弘凌机电设备有限公司董事长
顾文虎 上海国际建设总承运有限公司总经理
顾端青 上海青鹰遮阳技术发展有限公司董事长
徐良衡 复旦天臣新技术有限公司董事长
黄 绮 上海尚伟律师事务所主任
曹志强 上海锦林纺织品有限公司总经理
屠 杰 上海欧亚建设发展有限公司董事局主席
董服龙 上海红富士家纺有限公司董事长、总经理
谢吉华 上海杨浦科技创业中心有限公司、上海复旦科技园高新技术创业服务公司总经理
窦向荣 上海凯通实业有限公司总经理
黎 炜 上海风陆信息技术有限公司总经理
薄 曦 上海联创建筑设计有限公司董事长
MARK LATHAM 上海世邦魏理仕物业顾问有限公司董事总经理
Olivier SOULE DE BAS 欧尚（中国）投资有限公司总经理

高技能类（8人）

丁钺宗 上海烟草（集团）公司高级技师
李云龙 上海机床厂有限公司高级技师
吴剑荣 上海申之春美容美发管理有限公司营运管理中心总经理
沈 斌 上海星辰酒店管理有限公司厨师长
张桂祥 杨浦区延吉物业管理有限公司维修主管
陆凯忠 上海市基础工程公司电工班长
陈 红 杨浦绿化公司副总经理
胡洪平 上海阳厦物业管理有限公司设备分公司经理

（三）逝世人物

【唐星】 男，广东珠海人，1924年10月出生，1944年12月参加革命，1944年12月加入中国共产党。唐星同志参加革命工作后，先后在上海大东电木厂、江湾飞机场、新裕二厂工作，1948年10月起，先后为华中党校学员、南通大生纱厂工作组组员、江苏南下干部纵队学习组组长，1949年5月

起，先后任上海中纺十四、十五、十六厂工作组长、第二麻纺厂党支部书记、国棉九厂党支部副书记、书记。1951年5月起，先后任上海市杨浦区委组织部干事、秘书、干部科科长，1954年3月起，先后任上海市杨浦区委统战部副部长、部长，杨浦区委委员、区委工业部副部长，区委统战部部长，杨浦区人民委员会副区长，1974年2月起，任上海市杨浦区隆昌街道医院革命委员会副主任，1979年9月起，先后任上海市杨浦区集体事业管理局局长、中国人民政治协商会议上海市杨浦区委员会副主席。1984年10月离休，享受局级待遇。

唐星同志从青年时代起就追求进步，参加革命工作后，始终热爱党，热爱人民，在政治上、思想上、行动上自觉与党中央保持高度一致，能服从组织分配，在不同的岗位上兢兢业业、勤奋工作。党的十一届三中全会后，唐星同志倍加努力工作，注重学习，坚持全心全意为人民服务。他长期从事党的统一战线和人民政协工作，坚定不移地贯彻执行党的统战工作方针政策，工作中积极主动，作风深入，能团结好各界人士，为坚持和完善中国共产党领导的多党合作和政治协商制度，发展壮大我区的爱国统一战线，促进杨浦各项事业的发展做出了积极贡献。

唐星同志忠于党的事业，坚持把党和人民的利益放在首位。他离休后，坚持老有所学，老有所为，与时俱进，认真学习邓小平理论和“三个代表”重要思想，深入学习科学发展观，拥护改革开放，关心国家大事。他曾多年负责区党史办的工作，担任区属第三离退休干部党支部书记，区老干部宣讲团团长，为区的党史资料征集编纂、离退休干部党支部建设和关心下一代事业做了大量卓有成效的工作，体现了一名共产党员活到老、学到老、为共产主义事业奋斗终身的高尚品质。唐星同志病重期间，还嘱托家属将积蓄10万元作为党费缴纳给党组织，体现了一名老共产党员的坚定信念和对党的无限忠诚。

2009年3月30日下午4时45分，唐星同志因病医治无效，在瑞金医院逝世，享年84岁。

基本概况及行政区划

街道、镇	土地面积（平方公里）	年末户籍总人口（人）	人口密度（人/平方公里）	居民委员会（个）
总计	60.61	1086292	17923	306
定海路街道	7.02	89048	12685	19
大桥街道	4.36	121962	27973	28
平凉路街道	3.44	108077	31418	30
江浦路街道	2.39	74757	31280	24
四平路街道	2.71	95792	35348	22
控江路街道	2.39	82636	34576	25
长白新村街道	3.05	62426	20468	16
延吉新村街道	2.05	77778	37941	17
殷行街道	7.40	144215	19489	49
五角场街道	7.61	118173	15529	32
五角场镇	9.50	103302	10874	39
新江湾城街道	8.69	8126	936	5

注：规划局提供的测绘数据。

社会经济概况

指 标	合 计	单 位	指 标	合 计	单 位
财政收入	1008643	万元	限额以上商品销售总额	7850874	万元
其中：区级财政收入	440468	万元	社会消费品零售额	2122053	万元
财政支出	714917	万元	进出口总额	57124	万美元
地区生产总值（区域）	774.18	亿元	其中：出口总额	38466	万美元
增加值（区属）	1321400	万元	固定资产投资总额	1499539	万元
规模以上工业总产值（区域）	6485041	万元	其中：房地产开发投资	837581	万元

（续表）

指 标	合 计	单 位	指 标	合 计	单 位
年平均温度	17.8	℃	全区人口密度	17923	人/平方公里
最高气温	40.0	℃	年末区属从业人员	44509	人
最低气温	–5.9	℃	年末区属职工人数	37425	人
年降水量	1457.9	毫米	出生人口（户籍）	5869	人
日照时间	1506.5	小时	死亡人口（户籍）	8418	人
年末总户数	376955	户	平均每天出生（户籍）	17	人
年末户籍人口	1086292	人	平均每天死亡（户籍）	24	人
平均每户人口	2.88	人			

杨浦区生产总值

单位：亿元

行 业	2005	2006	2007	2008	2009
杨浦区生产总值	422.29	482.29	579.69	715.52	774.18
第一产业	2.37	4.71	5.05	5.62	5.64
第二产业	258.20	277.38	329.52	406.32	430.86
工 业	245.21	264.01	315.31	390.04	410.74
建筑业	12.99	13.37	14.21	16.28	20.12
第三产业	161.72	200.20	245.12	303.58	337.68
交通运输、仓储和邮政业	9.74	11.14	11.14	16.86	16.25
信息传输、计算机服务和软件业	9.87	14.99	17.28	22.26	23.88
批发和零售业	25.02	34.58	38.25	60.3	67.72
住宿和餐饮业	4.28	8.33	8.76	14.46	13.87
金融业	14.44	16.74	27.86	33.57	44.16
房地产业	20.61	22.24	29.03	34.92	42.92
其他行业	77.76	92.18	112.80	121.21	128.88

注：2008年为经普数据，各年份生产总值由市统计局统一测算后反馈。

杨浦区生产总值可比增长

单位：%

行　业	2005	2006	2007	2008	2009
杨浦区生产总值	7.0	10.0	13.8	12.7	9.0
第一产业	5.9	51.5	0.4	2.0	–1.7
第二产业	4.0	8.7	13.9	12.4	6.1
工　业	3.5	9.0	14.5	13.0	5.8
建筑业	17.2	2.7	1.6	0.3	13.8
第三产业	12.2	11.3	14.1	13.3	13.1
交通运输、仓储和邮政业	9.6	10.9	0.1	4.1	3.0
信息传输、计算机服务和软件业	14.3	16.5	16.9	16.5	11.0
批发和零售业	11.6	7.4	9.1	10.8	12.9
住宿和餐饮业	13.2	14.6	1.6	15.8	–5.3
金融业	17.5	15.2	35.6	15.1	25.5
房地产业	–12.6	5.2	9.7	–22.5	24.9
其他行业	20.1	14.1	15.0	22.7	10.8

杨浦区生产总值结构

单位：%

行　业	2005	2006	2007	2008	2009
杨浦区生产总值	100	100	100	100	100
第一产业	0.56	0.98	0.87	0.56	0.87
第二产业	61.14	57.51	56.84	61.14	56.84
工　业	58.07	54.74	54.39	58.07	54.39
建筑业	3.07	2.77	2.45	3.07	2.45
第三产业	38.30	41.51	42.28	38.30	42.28
交通运输、仓储和邮政业	2.31	2.31	1.92	2.31	1.92
信息传输、计算机服务和软件业	2.34	3.11	2.98	2.34	2.98
批发和零售业	5.92	7.17	6.60	5.92	6.60
住宿和餐饮业	1.01	1.73	1.51	1.01	1.51
金融业	3.42	3.47	4.81	3.42	4.81
房地产业	4.88	4.61	5.01	4.88	5.01
其他行业	18.42	19.11	19.46	18.42	19.46

历年人口、户数及人口密度

单位：人

年份	年末户籍总人口	按性别分		按农业非农业分		总户数（户）	平均每户人口	人口密度（人/平方公里）
		男	女	农业	非农业			
2000	1079506	559119	520387	3087	1076419	381358	2.83	17811
2001	1078890	558721	520169	2236	1076654	381147	2.83	17801
2002	1076167	556752	519415	2160	1074007	379512	2.84	17756
2003	1081670	559283	522387	982	1080688	379867	2.85	17846
2004	1083499	558921	524578	690	1082809	380541	2.85	17877
2005	1081611	556483	525128	517	1081094	380599	2.84	17845
2006	1077499	553065	524434	0	1077499	378471	2.85	17778
2007	1077111	551540	525571	0	1077111	377792	2.85	17771
2008	1081637	551285	530352	0	1081637	377976	2.86	17846
2009	1086292	553122	533170	0	1086292	376955	2.88	17923

全区各街道、镇人口分布（户籍人口）

单位：人

街道名称	总户数（户）		年末总人口									人口比重（%）
		平均每户人口数	合计	非农业人口	未落户人口	性别		年龄结构				
						男	女	18岁以下	18-35岁	35-60岁	60岁以上	
合计	376955	2.88	1086292	1086292	0	552122	533170	89967	294293	459332	242700	100.00
定海	27870	3.20	89048	89048	0	45479	43569	7201	23746	39387	18714	8.20
平凉	37580	2.88	108077	108077	0	53657	54420	9476	25020	48466	25115	9.95
江浦	26942	2.77	74757	74757	0	36901	37856	6495	16834	33497	17931	6.88
四平	27600	3.47	95792	95792	0	51540	44252	7090	38090	31379	19233	8.82
控江	31935	2.59	82636	82636	0	41491	41145	6807	18364	37227	20238	7.61
长白	19662	3.17	62426	62426	0	32645	29781	4314	21404	23122	13586	5.75
延吉	29924	2.60	77778	77778	0	39490	38288	5297	18815	32758	20908	7.16
大桥	39782	3.07	121962	121962	0	62437	58525	9731	28116	56677	27438	11.23
殷行	56091	2.57	144215	144215	0	73433	70782	10525	32507	65203	35980	13.28
五角场	36562	3.23	118173	118173	0	58968	59205	10291	43390	43050	21442	10.88
新江湾城	3350	2.43	8126	8126	0	4015	4111	1460	2074	3640	952	0.75
五角场镇	39657	2.60	103302	103302	0	52066	51236	11280	25933	44926	21163	9.51

就业及登记失业人员情况

街　镇	新增就业岗位（个）	年末失业人员数（人）	街　镇	新增就业岗位（个）	年末失业人员数（人）
合　计	25021	27809	延吉新村街道	1910	2220
定海路街道	1950	2451	大桥街道	2155	3496
平凉路街道	2180	3177	殷行街道	2170	4916
江浦路街道	2180	1970	五角场街道	2090	1714
四平路街道	1985	1686	新江湾城	170	109
控江路街道	2130	2288	五角场镇	2225	2091
长白新村街道	1870	1691	委办局	2006	—

从业人员、职工人数及工资情况（区属范围）

指　标	年末从业人员数（人）	年末职工人数（人）	其中：在岗职工数（人）	平均职工人数（人）	全部职工工资总额（万元）	全部职工年平均工资（元）
总　计	44509	37425	32547	37965	178918	47127
其中：国有	28225	23834	20889	24436	130694	53484
集体	6951	5534	3919	5464	12708	23257
其他	9333	8057	7739	8065	35516	44037
其中：企业	18909	17558	13349	17825	57379	32190
事业	20030	15249	14619	15469	98175	63466
机关	5123	4349	4348	4384	22304	50875
民间非营利组织	447	269	231	287	1060	36934

历年婚姻登记

年　份	准予结婚登记（对）	初　婚（人）	再　婚（人）	准予离婚（对）
2000	6387	9684	3090	2978
2001	6080	10871	1289	2970
2002	6126	9878	2374	1607
2003	6732	11002	2462	2694
2004	7243	12978	1508	2280
2005	6246	9598	2894	2555
2006	11417	19116	3718	3020
2007	8018	12482	3554	2886
2008	9976	15707	4245	2800
2009	11230	17418	5042	2984

历年户籍人口计划生育

年　份	符合计划生育人数（人）	计划生育率（%）	已领独生子女证人数（人）	独生子女领证率（%）	人口出生总数（人）	综合避孕率（%）
2000	3966	99.15	96123	53.49	4000	90.07
2001	3252	99.21	81671	47.51	3278	89.89
2002	3281	99.36	72714	40.76	3302	86.68
2003	2900	98.91	60027	35.98	2932	84.94
2004	4363	99.05	62417	35.26	4405	83.03
2005	4609	99.08	58301	36.62	4652	91.80
2006	4719	99.14	44567	29.17	4760	85.38
2007	5907	99.49	41615	28.71	5937	80.50
2008	6075	99.39	41079	29.33	6112	84.88
2009	5835	99.42	36012	25.31	5869	80.69

全区计划生育情况

单位：人

地　区	出生分析									领取独生子女证书	领证率(%)
	人口出生总数	符合计划生育人数	计划生育率(%)	第一孩		第二孩		多孩			
				男	女	男	女	男	女		
常住人口	7668	7518	98.04	3451	3419	386	401	5	6	40849	21.56
外来人口	1823	1707	93.64	591	663	265	294	5	5	4837	10.16
流出人口	24	24	100.00	14	10	0	0	0	0		
户籍人口	5869	5835	99.42	2874	2766	121	107	0	1	36012	25.31
定　海	564	561	99.47	268	279	12	5	0	0	2607	21.84
平　凉	740	736	99.46	381	333	14	12	0	0	3754	25.34
江　浦	422	420	99.53	211	194	10	7	0	0	2746	25.75
四　平	368	368	100.00	181	168	7	11	0	1	2491	22.50
控　江	457	453	99.12	217	221	7	12	0	0	2440	23.20
长　白	256	254	99.22	114	134	6	2	0	0	1640	23.83
延　吉	320	320	100.00	157	154	6	3	0	0	2156	24.80
大　桥	666	661	99.25	324	321	9	12	0	0	4870	26.48
殷　行	669	666	99.55	320	329	10	10	0	0	4876	30.66
五角场	613	608	99.18	310	265	20	18	0	0	4615	27.15
新江湾城	72	70	97.22	34	32	2	4	0	0	412	31.31
五角场镇	722	718	99.45	357	336	18	11	0	0	3405	22.56

注：常住人口出生数=户籍人口出生数+外来人口出生数-非常住人口出生数。

历年财政收入

单位：万元

项 目	2005	2006	2007	2008	2009
财政收入合计	565823	707213	862041	1014833	1008643
中央级财政收入	189126	255086	299845	383125	343384
市级财政收入	21238	154104	208789	223874	224791
区级财政收入合计	355459	298023	353407	407834	440468
其中: 增值税	30520	31202	34091	39461	37217
营业税	161340	104290	130242	139109	157787
个人所得税	25668	19892	23081	28520	35484
城市维护建设税	17719	12628	14136	15406	16326
房产税	16551	15099	11631	24867	17087
契 税	33725	37730	41723	45537	80393
企业所得税	47337	41895	54130	74392	51180
其他税种	22600	35287	44373	40541	44994

注：2006年市区财政收入分成比例有所调整。

财政支出

单位：万元

指 标	2008	2009	比上年增长(%)	指 标	2008	2009	比上年增长(%)
财政支出	633496	714917	12.9	医疗卫生	30058	38663	28.6
一般公共服务	49063	51264	4.5	环境保护	1641	2051	25.0
公共安全	56354	61878	9.8	城乡社区事务	200126	198455	–0.8
教 育	96640	112952	16.9	农林水事务	121	145	19.6
科学技术	22997	36266	57.7	采掘电力信息事务	65394	77437	18.4
文化体育与传媒	8263	10840	31.2	国 防	1005	919	–8.5
社会保障和就业	73296	94629	29.1	其他支出	28537	29418	3.1

历年财政收入及支出增长情况

单位：万元

年份	财政收入	增长(%)	财政支出	增长(%)	年份	财政收入	增长(%)	财政支出	增长(%)
2000	159558	6.24	126046	10.31	2005	565823	27.19	416539	26.43
2001	194036	21.61	155459	23.34	2006	707213	24.99	487930	17.14
2002	268419	38.33	199332	28.22	2007	862041	21.89	572500	17.33
2003	354718	32.15	262554	31.72	2008	1014833	17.72	633496	10.65
2004	444879	25.42	329450	25.48	2009	1008643	–0.60	714917	12.90

注：2006年支出数做出调整：由于分类支出改革，2006年调整为报决算的数字口径，原口径为报人代会口径。

历年固定资产投资概况

	2005	2006	2007	2008	2009	单位
全区固定资产投资	91.29	105.22	113.37	124.54	149.95	亿元
其中：基本建设及更新改造投资	31.27	42.29	26.95	24.60	66.20	亿元
房地产开发投资	62.12	62.93	86.42	99.93	83.76	亿元
建筑安装施工企业单位数	97	118	131	168	152	户
总产出（值）	22.33	23.83	18.57	12.08	19.91	亿元
房地产开发经营情况						
所有开发单位数	173	155	106	188	129	户
全年住宅施工面积	251.59	244.50	323.28	110.00	188.10	万平方米
全年住宅竣工面积	39.85	52.40	106.04	133.40	46.59	万平方米

注：开发单位数为统计局日常年报数，住宅施、竣工为房地局统计数据。

基本建设投资主要指标

单位：万元

指　标	2008	2009	指　标	2008	2009
投资总额	246133	661958	水利、环境和公共设施管理业	65348	75651
按行业分			其他	29609	26153
建筑业	36059	203788	按建设性质分		
房地产	79591	269858	新建	85090	357395
教育	11214	15566	改建	72712	221182
卫生	1675	14352	扩建	4448	20761
社会福利业	68	33242	单存购置	0	3300
公共管理和社会组织	22569	23348	迁建	83883	59320

规模以上工业企业生产销售情况（区域范围）

单位：万元

部　门	单位数（个）	总产值	其　中	销售产值	其　中	用电量（万千瓦时）	从业人员平均人数（人）
			新产品产值		出口交货值		
总　计	255	6485040.8	809003.3	6526670.3	786905.4	52945.1	42672
直报单位	9	5237641.6	634374.5	5255795.5	681521.4	26834.4	14241
民政公司	6	14536.2	0	14525.4	0	197.2	370
工贸集团	12	59404.6	0	58221.0	36754.3	207.2	1920
定海街道	26	103904.4	43.2	98385.8	6962.1	2067.4	2370
平凉街道	20	61064.7	1456.5	62814.8	4709.5	1022.2	2694
江浦街道	13	17844.5	0	24757.1	336.9	478.7	1064
四平街道	8	26719.4	1291.8	27930.4	2851.7	208.9	799

（续表）

部 门	单位数（个）	总产值	其 中	销售产值	其 中	用电量（万千瓦时）	从业人员平均人数（人）
			新产品产值		出口交货值		
长白街道	28	205488.3	25710.3	211532.9	15228.1	3580.7	3731
延吉街道	9	25490.8	0	23830.5	8147.3	564.5	1066
殷行街道	12	63540.2	1861.5	64592.8	0	894.4	1137
大桥街道	34	257360.3	125354.9	264528.1	17861.3	10151.2	4440
五角场街道	22	221689.7	0	224445.2	6731.7	4993.6	4414
五角场镇	50	160709.9	18763.3	164470.0	5155.2	1611.0	3963

规模以上工业企业主要指标

单位：万元

类 别	单位数（个）	年末资产总计	流动资产年平均余额	年末负债合计	主营业务收入	利润总额	税金总额
总 计	255	10259985.5	6736533.6	2532307.8	6576830.3	1241560.3	2980586.7
按隶属关系分							
中央属	11	7979734.5	5437256.1	1299533.8	4559141.4	1165622.5	2884738.9
市 属	52	1275909.2	735995.8	684487.1	1085022.4	37355.1	53135.6
区 属	29	366033.8	127251.0	204052.0	303915.4	8377.3	14010.5
街道属	6	18484.8	15106.6	8614.3	29585.3	1118.8	1293.3
镇 属	2	6080.5	4143.5	2642.9	7009.4	1279.2	797.5
无主管	155	613742.7	416780.6	332977.7	592156.4	27807.4	26610.9
按登记注册类型分							
内 资	213	9414825.3	6227488.9	2182133.2	5812887.2	1221785.1	2941941.2
港澳台商投资	10	180545.7	79939.1	81404.6	131536.1	6531.3	5550.5
外商投资	32	664614.5	429105.6	268770.0	632407.0	13243.9	33095.0
按轻、重工业分							
轻工业	90	7488485.2	5214625.1	762473.2	4355236.5	1149746.8	2894101.2
重工业	165	2771500.3	1521908.5	1769834.6	2221593.8	91813.5	86485.5

社会消费品零售总额

单位：万元

指 标	2009	指 标	2009
社会消费品零售总额	2122053	住宿业零售额	16976
批发业零售额	44985	限额以上	12887
限额以上	44985	餐饮业零售额	164246
零售业零售额	1895846	限额以上	99613
限额以上	1468601		

限额以上批发零售贸易业购销存总额

单位：万元

指　标	2009	指　标	2009
商品购进总额	7373831.5	出　口	275273.3
进　口	105096.7	零　售	920562.3
商品销售总额	7850874.0	年末库存总额	516944.3
批　发	6930311.7		

限额以上批发零售业、餐饮业主要财务指标

单位：万元

指　标	金　额	指　标	金　额
主要营业收入	7016317.1	财务费用	13886.8
主要业务成本	6541150.4	利润总额	206908.1
主要业务税金及附加	17703.6	资产总计	3015692.2
主要业务利润	457463.1	流动资产	2417742.9
其他业务利润	62860.2	存　货	408545.4
经营费用	182442.9	负债合计	2202835.3
管理费用	195822.4	所有者权益合计	812856.9

工商企业登记注册情况

单位：户

指　标	2009	指　标	2009
年初企业数	25167	股份合作	400
新领证企业数	3398	公有制公司	2325
注销企业数	1099	私　营	21757
现有企业数	26744	外商投资	665
其中：国　企	660	其　他	40
集　体	897		

历年内资企业登记情况

单位：户

指　标	2008	2009	指　标	2008	2009
年末实有数			第一产业	9	8
内资企业法人登记	3040	2821	第二产业	865	789
内资营业登记	1525	1501	第三产业	3691	3525

历年私营企业、个体工商业情况

指　标	2005	2006	2007	2008	2009
私营企业					
期末户数（户）	11390	13646	15472	19956	21757
投资者人数（人）	26458	31400	33970	38054	41471
从业人员（人）	64695	68497	63599	76512	81451
注册资金（万元）	1965780	2410107	2695186	3054834	3765111
个体工商业					
期末户数（户）	13608	12027	12660	12132	12974
从业人员（人）	22011	19297	20094	19325	20806
注册资金（万元）	18634	16966	18719	19434	23067

杨浦区招商引资基本情况（一）

指 标	2008	2009	指 标	2008	2009
总户数（户）	2361	2617	其　中		
吸引注册资金（亿元）	73.7	76.7	500万以上重点企业（户）	106	139
其　中			重点企业注册资金（亿元）	51.9	23.2
500万以上重点企业（户）	206	262	2.九委办（局）招商组		
重点企业注册资金（亿元）	62.9	68.5	引进企业（家）	1132	1273
1. 十二个街道（镇）经济园区			吸引注册资金（亿元）	15.5	46.9
引进企业（家）	1229	1344	其　中		
吸引注册资金（亿元）	58.2	29.8	500万以上重点企业（户）	100	123
			重点企业注册资金（亿元）	11	45

杨浦区招商引资基本情况（二）

单位：户

指　标	2008	2009	指　标	2008	2009
引进企业行业			服　务	927	958
工　业	28	11	其　他	93	188
房地产	18	13	引进企业的经济性质归属		
商　业	704	749	内　资	50	33
建筑业	61	47	私　企	2233	2505
餐饮业	74	66	三　资	78	79
科　技	456	585			

历年旅游业接待经营情况

年份	接待旅游人数（万人次）	其中海外旅游者	旅游创汇收入（亿元）	年份	接待旅游人数（万人次）	其中海外旅游者	旅游创汇收入（亿元）
2000	50.79	25421	2.59	2005	269.32	67496	6.09
2001	186.37	13811	2.28	2006	274.76	60683	8.07
2002	197.46	28031	3.16	2007	285.34	101233	11.91
2003	239.24	8603	3.13	2008	308.60	85392	14.52
2004	300.10	15708	4.48	2009	590.92	146309	17.77

旅游星级宾馆基本情况

指　标	合　计	其中					
		五星级	四星级	三星级	二星级	一星级	其他
宾馆数（个）	38	0	1	5	3	1	28
客房数（间）	4604	0	125	778	597	38	3066
床位数（张）	6827	0	208	1403	330	72	4814
客房平均出租（%）	274.56	0	46.25	67.87	46.32	52.44	61.68
营业收入（亿元）	4.37	0	0.19	0.83	0.32	0.01	3.02
平均房价（元/间）	235.81	0	356.59	245.25	174.45	96.38	242.17

历年教育情况

指　标	单位	2005	2006	2007	2008	2009
学校数	所	223	220	210	201	197
完全中学	所	9	9	9	8	9
初级中学	所	31	28	28	29	29
一贯制中学	所	6	6	6	6	6
高级中学	所	16	16	16	14	11
职业学校	所	1	1	12	11	11
小学	所	46	48	47	46	44
幼儿园	所	80	79	75	73	72
托儿所	所	17	16	14	11	12
特殊教育学校	所	2	2	2	2	2
工读学校	所	1	1	1	1	1
中专学校	所	14	14	0	0	0
在校学生总数	人	121252	112822	106257	103225	99742
高中生	人	25583	22302	18194	14482	13023
职校生	人	3060	2659	18698	17695	15929

（续表）

指　标	单位	2005	2006	2007	2008	2009
初中生	人	29461	26359	24952	24714	24206
小学生	人	29393	28507	27732	28807	27409
中专生	人	17231	17047	0	0	0
特教生	人	622	547	499	522	505
工读生	人	22	113	146	203	220
幼儿数	人	15880	15288	16036	16802	18450
入托幼儿数	人	1726	1799	1461	1230	814
教职员工总数	人	11908	11457	11081	10811	10413
教　师	人	8002	7660	7961	7489	7714
特级教师	人	29	28	29	26	30
高级教师	人	661	701	800	661	694
中级教师	人	3952	4027	4296	3940	4057
升学情况						
高考入学率	%	78.6	79.6	87.1	86.2	88.3
初中毕业生合格率	%	—	—	98	99.13	99.48
小学毕业生合格率	%	100	100	100	100	100

注：2007年以后的职业学校包含中专。

历年教育经费情况

年份	教育经费		教育附加		校办企业利润	
	万元	增长（%）	万元	增长（%）	万元	增长（%）
2000	34500	8.3	4891	11.0	5342	-16.8
2001	38986	13.0	5050	3.2	5752	7.7
2002	43120	10.6	6493	28.6	5377	-6.5
2003	50000	16.0	8373	28.9	4217	-21.6
2004	59459	18.9	9706	15.9	550	-86.9
2005	71300	19.9	11057	13.9	450	-18.2
2006	78430	10.0	10720	-3.0	473	5.1
2007	90780	15.8	13055	21.8	590	24.7
2008	106176	17.0	10139	-22.3	614	4.1
2009	112759	6.2	8761	-13.6	449	-26.9

文化情况

指　标	2008	2009	指　标	2008	2009
电影院（个）	6	5	博物馆、纪念馆（个）	10	10
文化宫（个）	1	1	文保单位（含国家级、市级、区级）（个）	14	14
文化馆（个）	1	1	非物质文化遗产项目（含国家级、市级、区级）（个）	14	14
艺术馆（个）	0	0			
公共图书馆（个）	13	14	营业性卡拉OK厅（家）	5	4
藏书（万册）	67.1	77.1	营业性歌舞厅（家）	13	12
街道（镇）文化站（个）	12	12	出版物经营单位及个体（家）	196	175
俱乐部（个）	0	0	音像制品经营单位（家）	35	28
剧团（个）	1	1	互联网上网服务营业场所（家）	92	89

注：公共图书馆包括市级、区级、12个街镇

卫生情况

指　标	单　位	区　域	指　标	单　位	区　域
1.卫生机构数	个	169	2.卫生机构人员数	人	9612
医院	个	23	执业医师	人	2867
综合性医院	个	7	执业助理医师	人	148
中医综合性医院	个	0	注册护士	人	3274
专科医院	个	4	药剂人员	人	423
社区卫生服务中心	个	62	检验人员	人	336
门诊部	个	19	影像技师（士）	人	168
急救中心	个	0	其他卫生技术人员	人	638
妇幼保健院（所、站）	个	1	3.年末固定实有床位数	张	8586
专科疾病预防治院（所、站）	个	1	4.医保费用支出数	亿元	21.59
疾病预防控制中心（防疫站）	个	1	5.全年门急诊总人次	万人次	1300.483
卫生监督所	个	1	6.全年住院总人次	万人次	23.819
医学科研机构	个	0	7.全年诊疗总人次	万人次	1321.996
医务室	个	34	8.期末家庭病床数	张	1933
个体诊所	个	27			

区域内主要体育场馆概况

名　称	地　址	维护单位
控江路公共运动场	控江路近黄兴路（控江社区）	社区级
宁国路公共运动场	黄兴路近长阳路（大桥社区）	社区级
复兴岛公园公共运动场	复兴岛公园内（定海社区）	社区级
殷行路公共运动场	殷行路近虬江码头路（殷行社区）	社区级
黄兴公园沙滩排球场	黄兴公园内（绿化市容局）	其他
舒兰游泳娱乐中心	舒兰路50号	区级
江湾游泳池	国和路346号	市级
中原游泳馆	开鲁路518号	市级
上海理工大学游泳池	军工路516号	高校
同济大学游泳馆	赤峰路50号	高校
复旦大学游泳馆	政肃路99号	高校
二军大基础部体育教研室	政通路39号	部队
上海体院综合馆游泳馆	长海路345号	高校
美格菲游泳馆	淞沪路2100号近国皓路	会所
新风城会所游泳池	控江路1500号	宾馆
毅敏游泳馆	营口路578号	会所
上海健翔游泳服务有限公司	翔殷路498号底层	会所
海明珠游泳池	眉州路750号	会所
三湘市级花城游泳池	逸仙路333号7楼	会所
长阳新苑游泳池	河间路51号	小区
和平花苑游泳池	大连路1288号	会所
陆虎公元3000游泳池	关山路102号	会所
复旦皇冠假日酒店游泳馆	邯郸路199号	酒店
上海财经大学游泳馆	武东路288号	高校
39034部队游泳池	四平路1790号	部队
上海体院游泳池	清源环路650号	高校

历年民政事业情况

指　标	单位	2007	2008	2009	指　标	单位	2007	2008	2009
一、烈军属	户	919	1215	1383	十、民间组织	个	476	494	523
其中：烈　属	户	326	515	500	社团数	个	107	108	115
现役军人家属	户	593	700	883	民间非企业单位	个	369	386	408
二、年末革命烈士数	人	281	278	274	十一、结婚登记	对	8018	9976	11230
三、退伍军人全年接受数	人	291	322	292	1.初　婚	人	12482	15707	17418
四、革命伤残人员	人	674	721	718	2.再　婚	人	3554	4245	5042
其中：在　职	人	653	697	698	其中：复　婚	对	323	376	480
五、在乡复员军人年末人数	人	2	23	1	十二、离婚登记（协议）	对	2886	2800	2984
六、离退休人员数	人	1672	1741	2058	十三、收容救助	人次	7123	9235	21500
其中：军队离休干部	人	142	141	133	十五、福利企业	个	37	21	18
军队退休干部	人	1138	1274	1599	职工人数	人	1364	1281	976
军队退休职工	人	322	268	268	其中：残疾	人	490	449	353
地方退休人员	人	70	58	58	销售产值	万元	37407.3	27205.7	27619.7
八、社会救济与捐赠					利税总额	万元	1133.8	1359.9	1504.2
救济：城镇低保人员	人	37251	35366	34191	十六、民政事业总支出	万元	25637.3	32783.1	39549.3
*捐赠：捐赠款数额	万元	291.0	5429.6	93.3	其中：抚恤费	万元	2863.2	2849.8	3171.2
捐赠衣被	万件	42	51	22	安置事业费	万元	9464.1	12050.3	17334.7
九、养老机构	个	43	45	45	最低生活保障	万元	9428.8	11134.6	12465.2
其中：区　级	个	1	1	1	社会救济费	万元	503.8	992.2	1226.9
养老床位数	张	3835	4072	4766	社会福利费	万元	940.3	1012	913.3
其中：区　级	张	330	330	330	其它民政	万元	448.5	725.7	926.5

注：捐赠款项不包括支援四川地震直接捐赠款物的6826.44万元和51.4万件衣被。

说 明

（1）本索引主体采用主题分析索引方法，按主题词首字汉语拼音顺序排列。

（2）表格标题和表格中的内容页码后另注有“表”字；图片后另注有“图”字。

（3）索引名称后的数字表示内容所在的页码，数字后面的 a、b、c 表示栏别。

（4）为便于读者检索，有的内容在本索引中将重复出现。

D

E

F

G

K

L

M

N

P

Q

R

S

T

Y

Z

杨浦年鉴(2010)
上海市杨浦区地方志编纂委员会　编
责任编辑　束伟明
封面题字　胡卫平
上海高教电子音像出版社出版发行
(地址：上海阜新路25号　电话：021-65022816)
上海市印刷七厂有限公司印刷
出版时间：2010年12月
开本：889×1194　1/16　印张30.75　插页64　字数950千字
标准书号：ISBN 978-7-900513-03-8
定价：220.00元

鸣　谢：

杨浦区民防办公室

上海三高计算机中心有限公司

中国人民财产保险股份有限公司是中国内地最大的财产险公司，具备良好的社会形象和商业信誉，具备雄厚经济实力、团队和服务能力。2005年9月15日，公司正式成为北京2008年奥运会保险合作伙伴，并为成功举办2008年奥运会，全力以赴，服务奥运，保障奥运会圆满成功。2007年12月26日，公司与上海世博会事务协调局在上海签署《中国2010年上海世博会保险全球合作伙伴协议》，公司正式成为2010年上海世博会保险全球合作伙伴。公司将充分发挥品牌、市场、人才、产品、技术、网络、客户、服务等优势，为上海世博会提供完备、可靠的保险服务保障。

中国人民财产保险股份有限公司上海市杨浦支公司是中国人民财产保险股份有限公司上海市分公司的分支机构，支公司立足杨浦，面向全市，辐射全国。多年来，积极为社会提供安全、有效、经济的保险保障，为客户财产保险提供针对性、专业化的保险服务。2009年支公司按照市分公司的建设目标和发展要求，践行科学发展观，抢抓机遇，苦练内功，积极进取，业务保持了快速发展的良好势头。杨浦支公司承保了国家航天航空尖端科技卫星在轨保险；承保了长城航空公司飞机一切险；上海烟草集团的财产一切险、车辆险，复星高科技集团有限公司的财产一切险、车辆险、产品责任险和公众责任险等；还进一步巩固了与区民政局合作联动的“民生保险”，独居老人的“助餐无忧”、“独居无忧”、“服务无忧”、特殊困难家庭“慈善援助住院医疗补贴”等保险，已经产生了非常好的社会效果，使受灾企业和家庭及时恢复生产和经营，安定人民群众生活，为创建和谐杨浦平安杨浦做出了努力。2009年支公司全年保费收入1.508亿元，全年共支付灾害事故赔偿1.142亿元，较好地发挥了保险的补偿作用。

▲支公司总经理高汉忠在2009年重阳节参加社区“迎世博、敬重阳”慰问老人活动

▲支公司总经理高汉忠为团队学习实验室带头授课

▲1月29日下午，杨浦区质量协会第一次理事交流会在人保杨浦支公司召开。会上，支公司高汉忠总经理向与会成员介绍了人保的历史和发展情况，并肯定了协会的成立对跨行业交流在信息共享上的积极意义

▲人保财险杨浦支公司总经理参加团支部“为世博添彩，为人保争光”主题签名活动

▼人保财险杨浦支公司团支部倡议“为世博添彩，为人保争光”主题签名活动

地址：长阳路581号
电话：65126870
邮编：200082

杨浦区绿化和市容管理局

常务理事单位

1

2

3

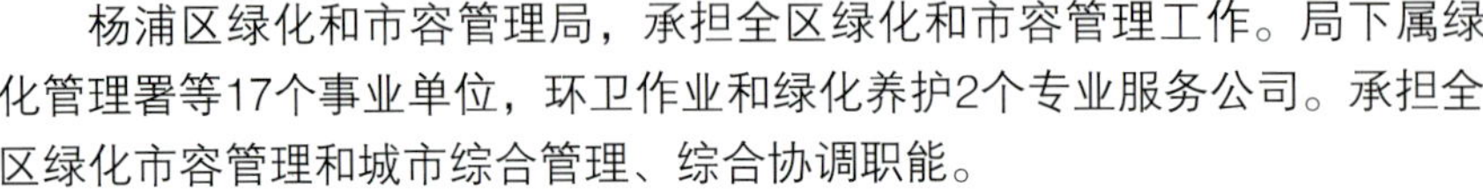

杨浦区绿化和市容管理局，承担全区绿化和市容管理工作。局下属绿化管理署等17个事业单位，环卫作业和绿化养护2个专业服务公司。承担全区绿化市容管理和城市综合管理、综合协调职能。

2009年，杨浦区绿化和市容管理局，紧紧围绕迎世博和杨浦国家创新型试点城区建设总体目标，深入开展学习实践科学发展观活动，全面完成与市签约的迎世博“三大工程”、“四大战役”共23项城区环境建设和整治任务。完成全区绿化发展总量183.14公顷，城区绿化覆盖率达26%。拆除违法建筑8.18万平方米，教育整改各类违法设摊60078起、跨门营业19524起。以五角场环岛为核心，全区52%以上的保洁面积推行24小时、18小时保洁。完成五角场、黄浦江沿线、杨浦大桥景观灯光建设和改造任务，景观灯光品质得到进一步提升。

1 新江湾城街道政立路一街一景建设后
2 国庆期间夜景
3 周家嘴路江浦路由矮牵牛组成的世博主题景观
4 长海路整治 历史元素运用——体育学院
5 整治跨门营业
6 五角场副中心绿化小品
7 更新环卫车辆提高环卫机械化水平
8 军工路粪便预处理厂内环境
9 人工和机扫相结合，道路24小时保洁
10 公共厕所保洁
11 工农公园花架改造后
12 大连路绿地

地址：平凉路700号 电话：65896033 邮编：200082

杨浦区规划和土地

2009年4月，根据杨浦区机构改革方案，将土地管理职能划归原区规划局，组建了杨浦区规划和土地管理局，主管全区规划编制、土地收购储备、土地出让、用地审批、规划管理、建筑和景观管理、规划土地行政执法和监察、地名管理、工程档案管理、规划土地信息管理等工作。区规土局以加快建设杨浦国家创新型试点城区和迎办世博为抓手，深化五大功能区规划，加强规划编制的前瞻性和科学性；加大土地收储和出让力度，促进土地节约集约利用；深化行政审批制度改革，完善规划管理机制；聚焦重点区域，推进重大项目建设；关注民生，推进保障性、公益性项目建设；严格行政执法，保障规划实施，全面完成“十一五”规划确定的发展目标和工作任务，全力推进杨浦知识创新区经济社会和谐发展，区规土局连续三年在杨浦区部门工作考核中被评为优秀，获得上海市拥军优属先进单位、杨浦区拥军模范单位、区文明单位、招商引资工作先进集体、城区管理和服务保障工作一等奖等荣誉称号。

地址：眉州路 707 号　　电话：55080410　　邮编：200090

1 区委领导调研规划土地工作
2 人大执法检查上海国际时尚中心
3 区人大检查《城乡规划法》执行情况
4 开展规划形势宣讲
5 庆七一党员座谈会
6 一线工作法开展社区清洁活动
7 杨浦区城市规划展示馆
8 考察徐汇滨江建设
9 新中国成立 60 周年合唱比赛

杨浦区住房保障和房屋

去年以来，区住房保障和房屋管理局在区委、区政府的领导下，坚持以科学发展观为指导，紧紧围绕服务上海世博会和杨浦国家创新型试点城区大局，以加快住房保障体系建设为抓手，以改善百姓居住质量为着眼，着力在体制完善上下功夫，相继理顺了区、街道（镇）两级旧区改造、住房保障工作体制，优化职责分工，重点在机制创新上动脑筋：

▲中共中央政治局常委、国务院副总理李克强在鞍山四村视察调研旧区改造情况

(一) 旧区改造

探索了“数转头加保障托底”的新政策，创立了“拆除重建多元安置”的新模式，推出了“居民意愿征询、整体搬迁奖、群众第三方参与”等新机制，首创的“结果完全彻底公开”在全市重大改基地推广。

▲中共中央政治局委员、上海市市委书记俞正声调研旧区改造情况

◀上海市市委副书记、长韩正调研旧区改造情况

(二) 住房保障建设

中心城区最大的住房保障基地154街坊47万平方米动迁配套房开工，经济适用房、公共租赁房准备工作抓紧推进，廉租配租万余户，列中心城区之首。

▲旧住房改造后

▲平凉西块动迁

◀佳木斯路回搬仪式

(三) 旧住房成套改造

完成60.5万平方米，受益居民1.66万户；鞍山四村项目获得国家建设部颁发的“中国人居环境范例奖”，佳木斯路拆除重建基地一期78户居民如期回搬，分别得到了国务院副总理李克强和市委书记俞正声、市长韩正等领导的充分肯定。

地址：长岭路115号　电话：65135432　邮编：200093

▶ 物业服务达标补贴工作调研会

(四) 物业管理

推行了物业管理达标补贴新机制，公共文明指数测评逐步提升，物业管理服务满意度不断提高。

(五) 迎世博综合整治工程

在内、中环等重点区域房屋推行了晒衣架、空调架、雨棚“三统一”整治，完成了高层综合整治185万平方米，清洁建筑立面980万平方米，多层旧住房综合改造405万平方米，二次供水设施改造615万平方米，整治改造总量超过前十年之和，受惠群众达20万户。

▲市局领导到小区进行世博检查

▲大桥办事处窗口

(六) 服务群众工作

局党政领导经常深入拆迁基地、住宅小区，解决百姓“急难愁”问题2600多件，被评为区“四型”干部队伍先进集体。局先后荣获了全国住房和城乡建设系统思想政治工作先进单位称号，连续两届被评为市级文明单位。

住房改造前

世博号角——201

▲ 9月25日，纪念国歌展示馆开馆一周年主题活动

▲ 市、区文化广场“周周演”——杨浦区专场

▶ 9月至11月，“世博风，城市情”第三届上海市民艺术大展

▲ 赴卢湾区田子坊、8号桥调研文化产业

▶ 10月12日，世博会国际参展方代表走进杨浦欣赏社区文化展示

地址：江浦路549号
电话：25032066
邮编：200082

常务理事单位

杨浦区文化局

◀世博号角——2010上海之春国际音乐节管乐艺术节世博园区大巡游

国际音乐节管乐艺术节开幕式

▼4月15日，网吧及游戏机房志愿大队成立仪式及世博安保培训

杨浦区文化局是杨浦区政府主管全区文化艺术工作的行政职能部门，2009 年新增加新闻出版和版权行政管理职能。区文化系统共有文化单位 11 家，其中文化馆 1 家，公共图书馆 3 家，电影院 3 家，评弹团、文化市场管理办公室、文物管理办公室和文化管理服务中心。文化馆建筑面积 11362 平方米、图书馆 11484 平方米、电影院 13087 平方米。区级公共图书馆藏书 79.59 万册，阅览席位 1944 座，图书馆读者流通 71.46 万人次，外借 124.81 万册次，组织各类读书活动(包括讲座）829 次，馆外服务点 75 个。在职职工 239 人，其中 105 人具有各类专业技术职称，中高级以上职称 49 人。全区共有电影放映单位 6 家，座位数 5345 个，放映场次 37020 次，观众 6200 万人次；网吧 92 家，出版物许可经营书报刊、电子出版物企业 196 家，音像制品企业 35 家，娱乐场所（企业）109 家，台球室 18 个，营业性棋牌室 114 家，专业性演出场所 2 家，美术品经营备案单位 18 家。街道（镇）达标的文化中心共 12 家，总建筑面积 51008 平方米，共有 106 支文艺团体，涉及健身操、腰鼓、合唱、时装、摄影、交谊舞、朗诵、江南丝竹、沪剧、京剧、越剧、扬琴、书画等方面，年内开展文艺演出 161 场，参与观众 4 万多人。区内拥有近现代优秀建筑、遗迹等文物 68 处，其中被列为上海市文物保护单位的有 3 处，区文物保护单位 11 处，博物馆、展示馆 11 处。

▲6月21日至29日，"知识创新魅力杨浦"杨浦专场文艺演出

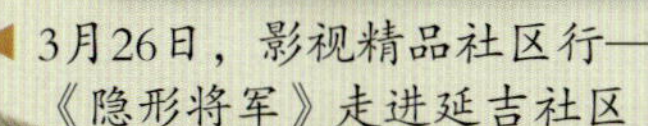

◀3月26日，影视精品社区行——《隐形将军》走进延吉社区

杨浦区民政局

国家民政部新社会组织学习实践活动指导小组到杨浦区调研指导工作

总政歌舞团倾情献演杨浦

杨浦区复馨社工师事务所揭牌成立

杨浦区千名老年志愿者参加“红色之旅”活动

“‘点亮心愿’慈善义拍——名人、名企大捐赠活动”在杨浦举行（图为重见光明的白内障患者喜得世博门票）

杨浦区居民选举委员会主任培训班

地址：榆林路 707 号
电话：25032414
邮编：200082

2009 年，杨浦民政工作以解决人民群众“三最”问题为民政工作的出发点，以推动“三区融合、联动发展”内涵深化、功能凸显为民政工作的落脚点，以促进社会组织、社区、社工“三社联动”为民政工作的着力点，建立健全“1+12+12+12+X”救助帮困平台和“三社互动、联动发展”社会工作平台，积极打造“温馨杨浦、和谐老龄”养老服务品牌和“知识杨浦、知识军营”双拥工作品牌，努力提升基层社区自我管理的能力和民政干部服务群众的能力，积极推动杨浦民政工作科学发展。在区委、区政府的正确领导下，在市民政局的关心指导下，在各有关部门、街道镇及社会各界的大力支持下，杨浦民政工作圆满完成全年目标任务，先后荣获“全国敬老敬老爱老主题教育活动优秀组织奖”、“全国基层低保规范化建设典型单位”“全国婚姻登记规范化单位”“全国三八红旗集体”等荣誉称号，杨浦区被列为“全国老年友好城区”国家级试点区和“全国第二批社会工作人才队伍建设试点区”。

上海联华超级市场发展有限公司

上海联华超级市场发展有限公司（简称上海超级市场）由上海联华超市发展有限公司和华联超市股份有限公司重组而成。总部在上海市杨浦区隆昌路609号。系联华超市股份有限公司（0980.HK）全资控股、专司超级市场业态的专业公司。重组后的联华新标超业态门店规模将突破3500家，成为中国最大的连锁标超企业。

联华超市股份有限公司创建于1991年5月，是上海首家以连锁经营为特征的超市公司。2003年6月在香港主板市场上市。截止到2009年12月，拥有世纪联华大型综合超市、上海超级市场（联华、华联）、快客便利店、联华OK网上销售、药业连锁等五大业态领域；门店总数5599家，主要分布在华东、华南、西南、华北、东北等地100余座城市；资产总额达到137.01亿元。

上海超级市场超依托联华股份强有力的支撑体系，积极倡导为顾客创造价值的服务理念，激发广大干部员工的工作热情；不断致力于业务技能的提升，培育了一支勇于创新、诚实守信的经营管理队伍；以直营、合资和特许加盟并举的发展方式，积极推行"联华超市"和"华联超市"双品牌发展和营运模式；通过集合各方面的创新要素，以超级生活馆、社区超市、生鲜超市的市场定位，加快业务模式、经营模式和管理模式的转型。同时，不断优化供应链建设、经营能力的提高和运营系统的优化，推动上海超级市场的业务增长，赢得了社会大众的广泛赞誉。

巩固领先优势，缔造卓越地位。联华和华联都是我国连锁零售著名的品牌企业，重组后的上海超级市场将秉承"尊重顾客、忠于企业、团队协作、追求卓越"的价值观，恪守"顾客第一，唯一的第一"的经营理念，为员工、为社会创造价值。继续保持领先的市场地位。

地址：隆昌路609号
邮编：200090
电话：65201818

复旦大学附属妇产科医院

杨浦院区

复旦大学附属妇产科医院125周年院庆——妇产科高峰论坛

在杨浦院区举行建院125周年院庆暨杨浦院区落成典礼上复旦大学王卫平校长致词

杨浦新院鸟瞰图

复旦大学附属妇产科医院（第二冠名“上海市红房子妇产科医院”）的前身上海西门妇孺医院是一所美国基督教会于1884年主办的教会医院。为沪上首家妇孺医院。因其创建时屋顶呈红色，被广大市民亲切地称为“红房子医院”。妇产科医院是国家三级甲等专科医院，上海市红十字医院，爱婴医院，多次被评为上海市文明单位。

百余年来，妇产科医院在中国妇产科奠基人之一王淑贞教授以及几代妇产科人共同努力下，已经成长为一家拥有黄浦和杨浦两个院区，总占地面积65亩，建筑面积84600余平方米，核定床位820张。现有在职职工956人。医院门诊量、住院病人手术数均为上海妇产科专科医院之首。是卫生部妇产科医院标准制定单位、上海市妇科临床质控中心、国家重点学科、上海市重点学科、国家精品课程和211工程重点学科建设项目；承担863课题、科技部十一五支撑计划课题以及国家自然科学基金重点项目等国家级重点课题。

2009年6月6日我院举行125周年院庆暨杨浦院区落成典礼，卫生部部长陈竺、上海市市长韩正发来贺电；复旦大学、上海市卫生局、杨浦区区委、区政协、计生委、上海市妇联、申康医院发展中心领导等出席典礼。来自北美、欧洲、澳洲、亚洲妇产科届国际著名专家教授出席了典礼，并参加了院庆特别活动——国际妇产科高峰论坛。

10月28日，杨浦院区开始运营。妇科、产科、计划生育科、中西医结合科、宫颈科、乳腺科等各科住院病房和门诊逐步开放。良好的就医环境和国内一流的医疗技术正在吸引越来越多孕产妇和妇产科病患来院就医。

地址：沈阳路128号
邮编：200090
电话：33189900

中国工商银行

INDUSTRIAL AND COMMERCIAL BANK OF CHINA

上海市杨浦支行

SUB-BRANCH OF YANGPU DISTAICT SHANGHAI

1. 平凉支行贵宾理财区
2. 长阳支行贵宾理财区

中国工商银行股份有限公司上海市杨浦支行位于控江路1698号，辖属31个营业网点，均能提供24小时自助服务，拥有74台自助取款机、60台自助存款机、48台多媒体自助终端、51台网银自助机。现有员工近600人，其中各类专业技术人员占95%以上。在过去的一年中，工行杨浦支行以营销创新为突破提高市场竞争力，以客户结构调整为导向加快推进经营转型，以效能提升为目的实施服务渠道变革，以风险管理为保证切实加强内控和风险防范，以改革突破为动力发挥资源整合优势，以科学发展观为统领加强党建和企业文化建设，推进支行经营的全面协调发展。截至2009年末，支行各项存款余额达347亿元，各项贷款余额达79亿元，总资产360亿元，实现经营利润5亿多元。

3. 赴上海财经大学开展“身边银行高校行校园现场金融服务活动
4. 召开全行员工服务动员大会，创建卓越服务迎接世博会的到来

杨浦支行下属主要营业网点分布情况表

名称	地址	电话	邮编
鞍山路支行	控江路1698号	65021918	200092
控江支行	控江路1023号	65430471	200093
长阳支行	长阳路1140号	65591764	200082
平凉支行	平凉路1693号	65433045	200090
杨树浦桥支行	杨树浦路1416号	65194569	200090
五角场支行	国宾路66号	33621008	200433
中原支行	中原路201号	65329989	200438
国顺东路支行	营口路820号	65337236	200433
宁武支行	长阳路1930号	65398349	200090
武川支行	吉浦路319号	65441033	200434
八埭头支行	平凉路400号	65378263	200082
同济大学支行	彰武路63号	65023018	200092
黄兴路支行	黄兴路1830号	55065101	200433
翔殷支行	翔殷路1000号	65341418	200433
国定支行	国定路600弄19号	65107286	200433
许昌支行	控江路1995号	65020494	200092
大连支行	大连路1550号	65638893	200092
佳木斯路支行	佳木斯路390号	65341058	200433
延吉支行	靖宇东路238号	65308772	200093
定海路支行	平凉路2683号	65690769	200090
长白支行	控江路504号	55821330	200433
龙江路支行	江浦路291号	65891217	200082
民星路支行	中原路56号	65560728	200438
殷行支行	殷行路456号	65740265	200438
四平路支行	四平路2136号	55060759	200433
营口路支行	中原路21号	81871934	200433

地址：控江路1698号
邮编：200092
电话总机：65021880

上海卫百辛（集团）有限公司

上海卫百辛（集团）有限公司是由原杨浦区房地产管理局属下的23家企业于1996年组建的国有独资企业，注册资金32.5亿人民币。主要从事由上海市住房保障和房屋管理局授权对杨浦区直管公房（含售后公房）800余万平方米的物业管理和国有资产经营管理，具有房地产开发企业国家二级资质，并于2002年1月通过美国恩是富国际认证公司ISO9001：2001质量管理体系认证。连续十四年获得“上海市重点工程实事立功竞赛优秀公司”荣誉称号，还被评为上海市双拥工作模范单位、上海市群众体育先进单位、“上海房地产十八年杰出贡献企业”、“2008年度诚信承诺先进单位”，被杨浦区旧区改造指挥部、区轨道交通12号线工程建设指挥部授予“配合拆迁优胜奖”荣誉称号。2004年以来，下属18家二级公司、52家三级公司全面进行产权制度改革，国有投资已全部或绝大部分退出。截止2009年底，集团公司下属全资公司4家、控股公司3家，参股公司6家；净资产12.17亿元。

为了适应新形势的发展需要，集团公司在区委、区政府的正确领导下，在区国资委的关心指导下，坚持以邓小平理论和“三个代表”重要思想为指导，深入学习实践科学发展观，牢牢抓住上海举办世博会机遇，紧紧围绕知识杨浦创新区和杨浦国家创新型试点城区建设，坚持以民为本，将关注民生、改善居民群众居住生活环境为重点，切实抓好民生工作和企业产业结构优化、经济发展方式的转变，培育新的经济增长点，不断提升资产运营质量，使党的建设、党风廉政和企业文化建设进一步加强，经济发展工作和精神文明建设迈上新台阶步伐。

地址：周家嘴路3215号　　邮编：200093　　电话：65438030

上海市文明单位 全国安康杯竞赛优胜企业 获市五一劳动奖状企业

上海东鑫电力工程安装有限公司

SHANGHAIDONGXIN ELECTRICITY ENGINEERING INSTALLATION COMPANY LIMITED

理事单位

董事长：李汉卿

授予：上海东鑫电力工程安装有限公司

上海市五一劳动奖状

上海市总工会

质量、环境、职业健康安全方针与目标

质量、环境、职业健康安全方针

- 以人为本、构建和谐、追求卓越、顾客满意；
- 遵守法规、防止污染、文明施工、持续发展；
- 坚持培训、狠抓防范、安措到位、预防伤害。

质量目标

- 工程项目验收一次合格率100%；
- 工程项目优良率达到88%；
- 顾客满意度指数达到95%。

环境目标

- 万元产值能耗降低1‰；
- 环境污染事故为零；
- 粉尘、污水、噪声控制达到城市管理要求。

职业健康安全目标

- 杜绝设备、火灾、管线、食物中毒等较大事故；
- 重伤及以上人身事故为零；
- 年度事故负伤率控制在1.5‰以内。

上海东鑫电力工程安装有限公司于1998年1月成立，是一个党、政、工、团组织建立齐全的民营企业。公司具有房屋建筑工程总承包叁级、送变电工程专业承包叁级和华东电监局 IV 级承装（修、试）电力设施许可证；被上海市电力公司核准承接 35KV 及以下变配电维修安装和电缆排管工程，并承担继电保护与电气试验工作。

公司施工技术力量雄厚，有高、中级工程师和一、二级建造师数十人，注册安全工程师 2 人。历年的“四无双优”（无生产安全事故；无工程质量事故；无行风违纪行为；无服务不佳投诉和优质工程质量；优质服务质量）活动，保证了合同履约率、单位工程合格品率和报监工程优良率都达到了 100%。

公司现代管理功底扎实，质量安全并举，本世纪初就通过了“质量、环境、职业健康安全管理体系”认证；已先后获得“上海市文明单位”、“市设备维修安装企业五十强单位”、“市质量先进集体”、上海市新经济组织、新社会组织“五好党组织”、“全国模范职工之家”、“全国守合同重信用单位”和全国“安康杯”竞赛六连冠优胜和“上海市五一劳动奖状”企业等数十项荣誉称号。

全体东鑫人在获得“杨浦好儿女”、“上海市优秀中国特色社会主义建设者”称号的公司董事长李汉卿的带领下，誓为上海的电力建设和地区的政治、物质、精神文明建设再做贡献。

东鑫承建的上海世博会城市最佳实践区变电站工程

地址：军工路 891 号　　邮编：200093
电话：（021）65309499　　传真：（021）65305935
网址：www.dongxindianli.com

期盼各界人士莅临指导考察垂讯

上海市控江中学

理事单位

上海市控江中学创建于1953年，是上海市重点中学，也是首批上海市实验性、示范性高中。

学校师资力量雄厚。特级教师、区专业技术拔尖人才、博士、硕士研究生共50余人。

一直以来，控江中学以“自主发展教育”的办学理念享誉全市，在全国乃至海外也有一定影响。学校教育教学质量始终名列上海市重点中学前茅。学生学得主动，学得积极，学出了个性。

学校高考成绩蜚然，状元频出。苏晓磊同学，王佳杰同学分别获得2002年、2004年上海市高考理科“状元”；2007年，魏宏琰同学又摘得文科“状元”桂冠。学校以大批量地向名牌高校输送高质量人才而引人注目。学校每年均有数名学生被保送至北京大学，多名学生考上北大清华，考取复旦大学、上海交通大学的学生数名列上海市前茅，高考一本率超过85%。

学校在创新人才的培养上成果丰硕。近年来，我校有数百人次在“全国高中数学联合竞赛”，“全国化学联赛”，“上海市英特尔青少年科技创新大赛”，“中学生模拟联合大会”等比赛中获奖。学校行进管乐队荣获2009年“上海之春”国际管乐节金奖等等。

近年来，学校被授予“上海市绿色学校”、“上海市中学创造教育实验基地”、“上海市德育工作先进集体”、“联合国教科文组织EPD项目实验学校”、“上海市中学生创明星社团”，又连续多年被评为“上海市文明单位”、“上海市行为规范示范校”等。

校址：双阳路388号　　邮编：200093

电话：65434038　　传真：65434038

交通：6、22、90、115、137、145、220、870、589、大桥四线

学校网址：www.kj.edu.sh.cn

电子信箱：shskjzx@yahoo.com.cn

1. 行政楼
2. 室内球场
3. 图书馆

杨浦区

地址：隆昌路56号
电话：65669509
邮编：200090

理事单位

定海路街道

位于区境东南端，东南沿黄浦江与浦东新区隔江相望，北起周家嘴路与长白新村街道、延吉新村街道接壤，西临隆昌路、宁武路、平定路与大桥街道相连。辖区以老式公房和棚户简屋为主，是个厂居混合的老村地区，户籍人口89048人、27552户，居委会19个。辖区内有大专院校2所、中学4所、小学3所、幼儿园3所，医院3家，为区公安分局、党校、团校所在地。交通便捷，有28、577、135路等18条公交线路。

2009年7月11日，隆昌居委会举行换届选举大会

2009年8月，新建的定海路街道社区事务受理中心和社区文化活动中心正式对居民开放

2009年6月，颁发轨道交通12号线居民房屋折迁整体搬迁奖

河间路绿化景观工程全景

杨浦区 大桥街道

理事单位

地址：眉州路871号
电话：65195966
邮编：200090

2009年1月19日，“金牛踢春，楹联送暖”大桥社区2009年“颂祖国迎世博”主题活动启动仪式暨新春大联欢

2009年5月15日，大桥街道精神文明建设表彰大会暨迎世博倒计时350天推进大会上区文明办主任向志愿者代表授旗赠书

2009年7月4日，“欢乐在大桥下——大桥社区迎世博倒计时300天明星专场演出”

2009年8月7日，“全民健身与世博同行”大桥社区首个全国“全民健身日”主题活动启动仪式暨“大桥杯”乒乓球比赛

2009年9月10日，大桥街道第三届学习节开幕式暨“心理服务进社区”项目研讨会

2009年10月20日，“追寻红色记忆”系列活动暨上海大桥社区为老服务社工师事务所成立揭牌仪式

位于区境中南部，因杨浦大桥浦西段引桥跨境而命名，东起隆昌路、宁武路、平定路与定海路街道接壤，西沿杨树浦港与平凉路街道、江浦路街道交界，北至周家嘴路与控江路街道、延吉新村街道相邻，南至杨树浦路临黄浦江与浦东新区隔江相望。辖区户籍人口121962万人，3.97万户，28个居委会。区域内有幼儿园4所、小学5所、中学4所，为区法院、区检察院、区卫生局、区疾控中心、区规划局等机关单位所在地。长阳路沿线有社区卫生服务中心、欧尚超市、普陀山海鲜大酒店、海上大富豪酒店等；平凉路沿线有沪东工人文化宫、杨浦区图书馆、社区文化活动中心、社区事务受理服务中心、平凉公园（人口文化公园）等。宁国路、黄兴路贯穿区境南北，有东西向道路13条，南北向道路10条，有8、22、25、28、33、135、538、842路，申川线、大桥三线、大桥四线、大桥五线路等20多条公交线路。2009年，街道被评为全国全民健身活动先进单位、上海市文明社区、上海市平安社区等。

2009年11月9日，第十一届上海读书节大桥杯“爱祖国、迎世博、谋发展”上海市民经典诗文诵读大赛决赛

杨浦区 平凉路街道

地址：吉林路1号
电话：65129051
邮编：200082

2010年8月2日，平凉路街道召开“奋战百日、争创佳绩”平安世博推进大会。

2009年10月13日，平凉路街道召开了“全民奉献添彩世博，群星闪耀增色平凉”迎世博倒计时200天暨表彰大会，会上社区合唱团引吭高歌抒发了社区居民对世博的期待。

秦皇岛世博水门志愿者耐心为观博游客提供引导服务。

在迎世博600天行动中，平凉路街道编印世博宣传读本一万余册。社区志愿者穿街走巷宣传当好东道主、文明迎世博，以实际行动迎接世博盛会的召开。

2009年7月5日，平凉社区“一引三”党员志愿者团队“我与世博同行”知识竞赛在社区党员服务中心举行。

2009年5月10日，杨浦区创建国家知识创新型试点城区大型图片展，巡展至平凉，街道组织各界人士近千人次参观。

位于区境西南部，东以兰州路为界与大桥街道相邻，西以大连路为界与虹口区接壤，南以黄浦江为界与浦东新区隔江相望，北以长阳路为界与江浦路街道相邻。辖区户籍人口108077人，37634户，30个居委会。辖区内东西横向有杨树浦路、平凉路、长阳路等中小道路13条，南北纵向有大连路、通北路、许昌路、江浦路等中小道路13条。交通便捷，有37、70、80、135、310、841、960等22条公交线路设站经过，地铁4号线设站穿过，大连路过江隧道、丹东路和秦皇岛码头有轮渡与浦东新区相通。辖区内有沪东老年医院和平凉社区卫生服务中心，有市东中学、惠民中学、杨浦职校分校、齐齐哈尔路第一小学等9所中小学，有中国烟草博物馆，是区委、区人大、区政府所在地。

理事单位

地址：许昌路1212号
电话：65864439
邮编：200092

位于区境西南部，南至长阳路与平凉路街道连接，北依控江路与四平路街道接壤，东临兰州河与大桥街道、控江路街道毗邻，西至大连路与虹口区交界。户籍人口74757人、26942户。有居委会24个。辖区内交通便捷，呈“三横三纵”布局，东西走向有控江路、周家嘴路、长阳路，南北走向有大连路、许昌路、江浦路，河道有杨树浦港。公交线路有6路、14路、17路等12条，轨道交通4号线经过大连路站，轨道交通8号线经过江浦路站和鞍山新村站。辖区内有中小学7所、职业学校1所、业余大学1所，有新华医院、社区卫生服务中心，有海上海创意产业园区、上海卷烟厂、全国500强餐饮企业沈家花园。

2009年1月21日，区委常委、区委组织部部长于秀芬（左四）在江浦路社区党工委书记（左五）陪同下，在一线工作法活动中慰问陈二居民区居委干部。

2009年11月2日，街道召开创建新版市级文明社区推进会，区委常委、区委宣传部部长邹明（左三）、江浦路社区党工委书记（左二）、区委宣传部副部长、区文明办主任（左四）参加会议。

2009年5月29日，街道为轨道交通十二号线长阳路站江浦动拆迁基地发放第一个集体签约配合小组奖，江浦路社区党工委书记（右三）主持发奖仪式。

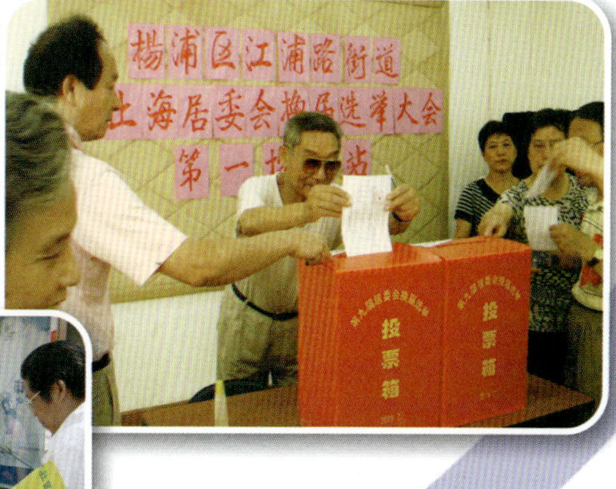

2009年7月11日，江浦路街道金上海居委会居民在居委会换届选举中投票选举新一届居委会干部。

2009年3月15日，江浦路社区党员群众志愿者在“迎世博全民义务劳动日暨授旗授牌仪式”现场签名。

2009年7月1日，江浦路社区党员志愿者在“世博先锋行动在一线”活动中，为社区居民开展便民服务活动。

杨浦区

四平路街道

理事单位

地址：锦西路69号
电话：65130912
邮编：200092

位于区境中西部，东起杨树浦港与控江路街道相望，南到控江路与江浦路街道接壤，西至大连路、大连西路与虹口区毗邻。户籍人口95158人、27793户。居委会22个。辖区内交通便捷，生活设施较为齐全。南北干道有铁岭路、鞍山路、苏家屯路等11条中小道路，东西干道有本溪路、锦西路、阜新路等7条中小道路，公共交通有轨道交通8号线，有70路、123路、220路、843路、871路等21条公交线路。辖区内有同济大学、杨浦高级中学、铁岭中学、打虎山路第一小学等13所大中小学校。有社区文化活动中心、四平电影院等文化场所，有东区电信局、鞍山路邮电支局。2009年，街道荣获全国精神文明建设工作先进单位、全国离退休干部先进党支部、全国少年儿童平安行动示范社区、上海市安全社区、上海市五一劳动奖状等荣誉称号。

1. 共建部队参加“世博先锋活动”
2. 四平社区闹元宵民俗风情节
3. 松鹤公园一景
4. 四平同济人文精神雕塑
5. 抚顺路“一街一景”

杨浦区

控江路街道

地址：沧州路138号
电话：65433276
邮编：200093

位于区境中部，东至双阳路，与延吉新村街道相邻；西至杨树浦港，与江浦路街道、四平路街道分界；南至周家嘴路，与大桥街道接壤；北至走马塘，与五角场街道、五角场镇毗邻。辖区户籍人口82636人、31935户。居委会25个。辖区内交通便捷，南北干线有双阳路、黄兴路、凤城路、江浦路等；东西干线有周家嘴路、控江路、延吉路、松花江路、中山北二路等；杨浦大桥内环线贯穿辖区。有90、115、103路等10多条公交线路，轨道交通8号线在辖区内设站经过。有上海外国语大学附属双语学校、控江二村小学、控江中学、杨浦高级职业技术学校等8所学校；区住房保障和房屋管理局、区财政局、区税务分局、区教育局、杨浦大剧院、控江医院坐落在辖区内。2009年，街道荣获第二次经济普查国家级先进集体，成功创建上海市市容环境卫生责任区管理达标街道。社区事务受理中心被评为上海市青年文明号，“燕子救助法”被评为上海民政系统十佳服务品牌。

1. 整治后的江浦路花鸟市场面貌一新
2. 2009年8月，街道携手上海理工大学青年志愿者协会开办了“纸艺社”暑期班
3. 完成杨浦大剧院—控江路周边区域“一街一景”建设

4. 迎世博期间，社区志愿者定期开展小区清洁活动
5. 2009年9月，街道举办了“喜迎世博，献礼国庆”2009年上海购物节、上海旅游节“都市魅力”商业文化展活动
6. 2009年9月，控江举办了“迎世博、庆祝新中国成立60周年”职工歌手大赛
7. 2009年10月，街道举行了“奔向世博，从我做起”迎世博倒计时200天活动，百余位居民当场挥笔在横幅上签下了自己的名字
8. 整治后的店招店牌统一规范

杨浦区 延吉新村街道

地址：延吉中路77号
电话：65300989
邮编：200093

街道领导看望在助餐中心用餐的老人

社区居民积极参与居委会换届选举

位于区境中部，东沿安图路、敦化路到内江路，与长白新村街道分界；南接周家嘴路，与大桥街道和定海路街道相邻；西到双阳路，与控江路街道接壤；北至走马塘，与五角场镇隔塘相望。辖区户籍人口77778人、29924户，居委会17个。辖区内交通便利，有近20条公交路线贯通。有上海医疗器械高等专科学校和上海出版印刷高等专科学校，中学6所、小学7所，有幼儿园、托儿所，区科技馆、少科站、体育活动中心，区级文化馆、图书馆、电影院、社区卫生服务中心。2009年，街道被评为全国社区教育示范街道、上海市三八红旗集体。

把春天带回家

街道组织开展的党员先锋行动

全体公务员面对国旗庄严宣誓

干部群众积极参加“3..5”环境清洁日活动

杨浦区

长白新村街道

理事单位

2月9日，社区“模拟家庭”在内江公园“忘寒居”开展“迎世博闹元宵模拟家庭共度佳节”活动

4月5日，安图医院医生为社区居民义务诊疗

位于区境东部，东临黄浦江与浦东新区隔江相望；南沿周家嘴路、军工路至海安路，与定海路街道接壤；西沿安图路、靖宇东路、敦化路到内江路，与延吉新村街道毗邻；北以虬江、走马塘，与五角场镇为界。辖区面积3.05平方公里。户籍人口62385人、户数19666户。居委会16个。境内有上海理工大学、中学2所、职校1所、幼儿园3所。医疗卫生、社会福利、商业网点等基础设施比较齐全，有区级医院1所、公共卫生中心1所、区福利院1所、街道敬老院1所；有卜蜂莲花、联华、华联等5家大中型超市和10多家便民连锁店。沿军工路有上海机床厂、上海工具厂、上海电缆研究所等国有大中型企业。境内控江路、周家嘴路、军工路、松花江路等13条道路纵横交叉，公交线路有220路、868路、6路、22路等21条，其中始发站点13条。中环线东段纵贯地境中部。

地址：靖宇东路27号
电话：55833800
邮编：200093

5月8日，风帆初级职业学校庆祝第十九次全国助残日活动，学校校长为社区阳光之家学员赠书

4月28日，长白社区离休干部参观世博规划展览馆

7月1日，“世博先锋行动在一线”活动中志愿者为社区居民修理自行车

7月14日，长白社区世博先锋清洁家园行动启动仪式

杨浦区 殷行街道

地址：包头路781号
电话：65324567
邮编：200438

位于区东北角，东临黄浦江畔，西至世界路，南起民星路，北接宝山区。辖区户籍人口144215人、56091户。新建城市庭园居委会，有居委会49个。辖区内交通便捷，生活设施齐全。南北干道有世界路、中原路、包头路、白城路、军工路，东西干道有闸殷路、国伟路、殷行路、开鲁路、市光路、国和路、嫩江路、民星路，道路总长24公里。公交线路有61路、28路、124路、137路、139路等29条和轨道交通8号线。有18所中小学校和1所城市管理职业技术学校。文化体育设施有区文化馆、区少儿图书馆、中原体育馆、社区文化活动中心、社区市民健身中心、白城路公共绿地运动场。2009年，街道被评为全国和谐社区建设示范街道、全国群众体育先进单位。

2009年5月23日，殷行社区文化活动中心经过重建重新向社区开放，并举行落成庆典仪式。市文明办副主任陈振民，区委常委、区委宣传部部长邹明等应邀出席。图为陈振民、邹明为殷行社区文化活动中心落成揭幕。

2009年7月14日，在区文化馆举行由殷行社区（街道）党工委、办事处主办，殷行社区（街道）综合党委承办、上海小蝌蚪音乐园协办的殷行社区“两新”组织、驻区单位迎世博文艺演出。图为殷行街道党政班子成员率先上台演唱《我深爱的家园》。

2009年7月16日—18日，2009年“中欧社会论坛”国际研讨会在殷行街道举行。在此期间，来自法国、德国等欧洲官员，专家学者与殷行社区代表参加了“社区建设的国际比较”研讨会、“城市社区治理中居民角色”讨论会。嘉宾还参观了“阳光之家”、老年人服务中心等。

2009年9月26日，殷行街道在区文化馆举行“唱响世博，律动殷行”歌咏决赛，经过层层选拔，辖区内12支合唱队同台比赛。决赛在全场观众高唱《歌唱祖国》中落下帷幕。图为阳光之家学员与参赛的歌咏队同台演唱。

杨浦区

五角场街道

理事单位

地址：政通路54号
电话：65491784
邮编：200433

1. 2009年3月10日，五角场街道北茶园小区居民正仔细观看迎世博宣传栏。
2. 2009年4月23日，上海评弹团青年演员在五角场社区第二届读书月暨迎世博倒计时一周年活动现场表演评弹。

位于区境中西部，东自黄兴路桥起，沿黄兴路转国顺东路；西自大柏树逸仙路至三门路，与虹口区江湾镇接壤；南至大柏树沿邯郸路，到合流污水管道；南接走马塘河至黄兴路桥起，沿黄兴路转国顺东路，北转双阳支路、上海拖拉机厂东侧围墙，沿翔殷路及黑山路、虬江、国和路至政立路，与五角场镇相邻；北自三门路（逸仙路至国权北路）与宝山区高境镇毗邻，沿国权北路往南转至政立路止国和路，与新江湾城街道接壤。辖区内有河道三条：走马塘长4750米、虬江河长6030米、吉浦河长1555米。户籍人口118063人、35872户。居委会32个。辖区内有复旦、同济（分校）、财大等高校7所，中、小学12所，驻地部队12个，企事业单位2000余家。道路45条，经过和始发的公交线路30余条。2009年，街道荣获全国文明单位、全国安全社区、全国群众体育先进单位等荣誉称号。

3. 2009年6月22日，杨浦区学习型社区创建工作现场会在五角场地区举行，市、区有关部门领导和专家教授等现场参观五角场学习型家庭建设情况。

4. 2009年6月25日，五角场社区举行“党徽在世博中闪光”纪念建党88周年活动，辖区内部队、高校领导为居民区颁发迎世博流动红旗。
5. 2009年7月21日，五角场社区书法爱好者在上海教育电视台演播厅《“迎世博”魅力社区展示——五角场街道》活动中展示其倒笔书法技艺。
6. 街道通过以多形式、多渠道宣传世博知识，图为街道在关山路设置的“迎世博文化墙”。

杨浦区 五角场镇

与世界家居巨头丹麦JYSK集团签约仪式

五角场商业服务中心开工

地址：政立路55号
电话：65487305
邮编：200433

理事单位

位于区境东北部，东临黄浦江，与浦东新区隔江相望；西接新江湾城街道和五角场街道；北与殷行街道接壤；南与长白新村街道、延吉新村街道、控江路街道毗邻。辖区户籍人口103302人、3.97万户，居委会39个。镇域内文教卫生设施齐全，历史人文资源积垫较深，高等院校、科研机构多，第二军医大学、上海体育学院、长海医院、东方肝胆外科医院等，上世纪30年代《大上海计划》中的旧市政府大楼、图书馆、博物馆、飞机楼和国立音专等一批上海近代优秀历史建筑坐落在镇域内。城市市政设施良好，交通便捷，中原路、营口路和翔殷路贯穿镇域南北、东西，20余条公交线路纵横交错，翔殷路隧道、地铁8号线方便居民出行。2009年，镇获全国全民健身活动先进单位。

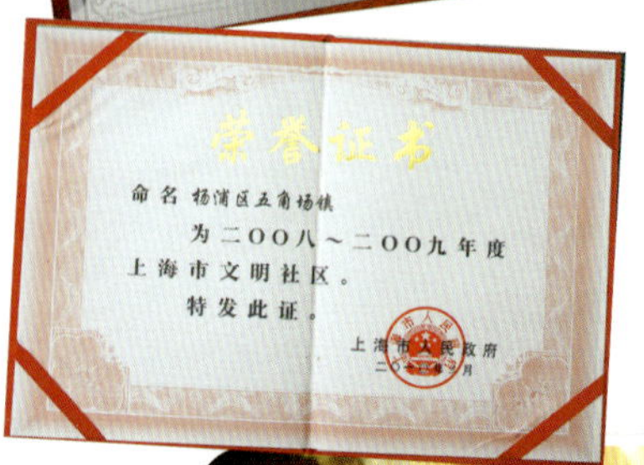

荣誉证书

命名 杨浦区五角场镇
为二〇〇八～二〇〇九年度
上海市文明社区。
特发此证。

上海市人民政府

世博先锋行动在一线

各届人士迎春团拜会

1. 新江湾城街道荣获国际安全社区表彰暨推进大会
2. 市、区领导向街道授国际安全社区旗帜

杨浦区 新江湾城街道

理事单位

位于区境东北部，东至清水河、殷闸路，与殷行街道相邻；南至政立路，西至“杨宝线”机场护场河西段、淞沪路，与五角场街道、宝山区接壤；北至“杨宝线”机场护场河北段，与宝山区毗邻。东西向道路9条，南北向道路6条，桥梁18座，河道7条，水域面积11242平方米。辖区户籍人口8126人、3627户。居委会5个。公交线路始发站有168路、538路。区域内有复旦大学江湾校区、同济大学第一附属中学、上海音乐学院实验学校、复旦科技园小学，幼儿园2所。2009年，街道成为全球国际安全社区网络第164个成员，中国大陆第19个国际安全社区，全国综合减灾示范社区，上海市首批充分就业社区，共青团上海市委员会“青年就业创业见习基地”，上海市社会治安综合治理先进集体。

地址：殷行路880号
电话：65907353
邮编：200438

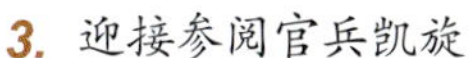

3. 迎接参阅官兵凯旋
4. 新江湾城街道庆祝敬老节暨社会组织颁证和展示活动
5. 入托老人在用餐
6. 社区干部网络党建工作培训
7. “迎世博、展风采、促和谐”第三届学习节开幕式

上海市杨浦支行

地址：平凉路1128号　电话：65194868　邮编：200090

杨浦支行

大连路支行

鞍山路支行

五角场支行

延吉中路支行

逸仙路支行

佳木斯路支行

包头路支行

赤峰路支行

国定路支行

黄兴路支行

2009年，中国银行股份有限公司上海市杨浦支行认真贯彻落实国家宏观调控措施和总分行部署，坚持审时度势，发挥支行全方位的资源优势，不断加大营销步伐，使支行经营规模增长迅速，市场份额逐年提升。该行下属网点已达11家。认真分析宏观形势，把握经济脉搏，努力寻找自身特点，及时制定业务发展方向，合法合规经营，抓住上海世博会即将举办的有利时机，做好各项金融服务。通过全方位、多渠道的营销，支行全面提升了各项业务发展规模，经营效益屡创新高。截至年末，该行各项业务指标均较上年有一定幅度的增长。支行以“一个中心，两大抓手，三项重点”作为发展主线，即以利润为中心，以业务发展、内部管理为抓手，以扩大规模（资产、负债、客户规模）、合规经营、提升服务为重点。

中国建设银行 China Construction Bank 上海杨浦支行

建设银行杨浦支行位于长阳路1288号，下辖1个营业室及19个路支行、14家24小时自助银行，营业网点遍布区内各地。拥有ATM自动取款机31台，CDS自动存取款一体机32台，多媒体多功能机24台，以及E路通电脑、电子滚动屏、自动排队叫号系统等精良设备。全行共有员工362人，其中各类专业技术人员占93%。

2009年，建行杨浦支行实施网点运营体制改革，完善支行业务营销架构，细化网点岗位设置，优化网点功能布局，全面提升网点的产品营销能力和客户服务水平，强化管理、严控风险，大力拓展资产业务，积极发展中间业务，努力扩展市场份额，取得了良好的经营成效。

截至2009年末，全口径存款时点余额209亿元，各项贷款余额约97亿元；实现账面利润3.78亿元，其中中间业务收入1.16亿元；考核利润约3.79亿元。

规范、礼仪、向上的支行员工们

支行组织员工举行“智富杯”理财知识竞赛，充分展示员工的专业技能

地址：长阳路1288号
电话：55082580
邮编：200090

每天营业前的晨会，提振员工们的精气神，使大家投入一天繁忙的工作中……

支行组织员工开展进社区反假币宣传活动

支行团委携手杨浦税务局开展“爱在世博、情定你我”的主题活动

中国建设银行上海杨浦支行网点营业时间表

序号	网点名称	地址	营业时间			365天营业（√）	邮编	所属街道	电话
			周一至周五	周六	周日				
1	杨浦支行营业室	长阳路1288号	9:00－17:00	9:00－17:00	9:00－17:00	√	200090	55081549	55081549
2	平凉路支行	平凉路1371号	9:00－17:00	9:00－17:00	9:00－17:00		200090	55805166	55805166
3	五角场支行	淞沪路98号	9:00－17:00	9:00－17:00	9:00－17:00	√	200433	65494954	65494954
4	中原路支行	开鲁路434号	9:00－17:00	9:00－17:00	9:00－17:00	√	200438	65056919	65056919
5	长阳路支行	长阳路583号	8:30－16:30	休　息	8:30－16:30		200082	65418341	65418341
6	图们路支行	图们路15号	9:00－17:00	9:00－17:00	9:00－17:00	√	200093	55832455	55832455
7	江浦路支行	控江路1659号	9:00－17:00	9:00－17:00	9:00－17:00	√	200092	65015882	65015882
8	定海桥支行	爱国路8号	9:00－17:00	9:00－17:00	休　息		200090	65800310	65800310
9	大连路支行	大连路950号	9:00－17:00	9:00－17:00	9:00－17:00		200092	33770078	33770078
10	营口路支行	安波路295号	9:00－17:00	9:00－17:00	9:00－17:00		200433	65494527	65494527
11	国权路支行	国权东路150号	9:00－17:00	9:00－17:00	9:00－17:00		200433	55060591	55060591
12	星洲城支行	江浦路1177－1179号	9:00－17:00	9:00－17:00	休　息		200092	65370848	65370848
13	国和路支行	国和路1071号	8:30－16:30	休　息	8:30－16:30		200438	65578613	65578613
14	延吉路支行	延吉中路131号	8:30－16:30	8:30－16:30	休　息		200093	65435838	65435838
15	嫩江路支行	嫩江路883号	8:30－16:30	8:30－16:30	休　息		200438	65566746	65566746
16	黄兴路支行	延吉中路569号	8:30－16:30	休　息	8:30－16:30		200093	65194835	65194835
17	控江路支行	控江路445号	8:30－16:30	8:30－16:30	休　息		200093	65688192	65688192
18	国定路支行	国定路369号	9:00－17:00	9:00－17:00	9:00－17:00		200433	65650218	65650218
19	彰武路支行	彰武路28号	8:45－16:45	休　息	8:45－16:45		200092	33626608	33626608
20	密云路分理处	大连西路22－24号甲	8:30－16:30	8:30－16:30	休　息		200092	55885301	55885301

中国农业银行 AGRICULTURAL BANK OF CHINA 上海市五角场支行

中国农业银行上海五角场支行，下属20个营业网点，拥有6家24小时自助银行，52台ATM自助取款机。全行共有员工371人，其中各类专业技术人员占95%以上。2009年，五角场支行牢固树立“诚信立业、稳健行远”的核心价值观，加快推进经营战略转型，强化风险管理，进一步加大市场营销力度，各项业务均取得了较好发展。截至2009年末，各项存款余额219.4亿元，各项贷款余额为137.8亿元，中间业务收入8034万元，全年实现经营利润3.72亿元。

地址：翔殷路1128号25楼　　邮编：200433　　电话：55971008

职业技术人才培养基地

上海电气李斌技师学院

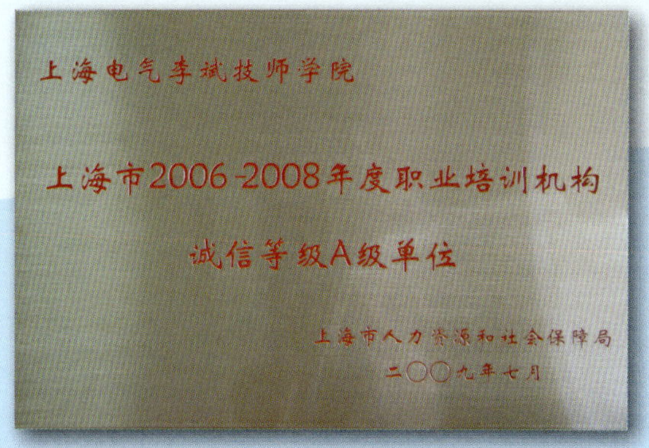

上海市2006-2008年度职业培训机构诚信等级A级单位

上海电气（集团）总公司和上海市机电工会于 2002 年“五·一”前夕建立了“李斌学校”，后于 2003 年 8 月 16 日升级为“上海电气李斌技师学院”。学院以著名全国劳动模范、知识型工人、数控技术专家李斌的名字命名，致力于弘扬“敬业、创新、钻研、奉献”的李斌精神，培养一大批“李斌式”的高技能、高素质技术工人，为振兴现代装备制造业不懈努力。

学院是国家劳动和社会保障部确定的国家高技能人才培训基地，以“数控机床工”为特色专业，拥有上海市劳动和社会保障局认定的数控机床工、数控机床维修工、维修电工、机械冷加工、计算机类、灰领模块等十五个工种的初、中、高级至技师各级别的政府补贴培训项目资质，同时为企业提供各类技能岗位培训和管理类培训。成立六年来，学院共开设各类培训班二百多期，累计招收学员一万三千余人，培训合格率达 80% 以上。

2003 年至今，学院已承办了五届上海电气“李斌杯”职工技能大赛，每届大赛设立的工种、等级逐年上升，赛事规模不断扩大。六届大赛共 7657 人次参赛，晋级者达 60% 以上。

2009 年 10 月，第三届全国职工职业技能大赛“李斌杯”数控机床装调维修工决赛在上海电气李斌技师学院举行，共有18个省市54名选手参加。代表上海参赛的上海电气代表队获团体第一名和个人第一名的优异成绩。中华全国总工会书记处书记、党组纪检组长、第三届全国职工职业技能大赛组委会副主任王瑞生高度评价了李斌技师学院为承办这次大赛所做出的贡献。

根据上海电气“3+3+3”技术工人培养模式，结合“工学交替、校企合作、系统培养、动态管理、突出技能、强化素质”的办学指导思想，学院严格按照上海电气“3+3+3”技术工人培养专业教学计划要求，建立健全教学管理制度，加强教学过程的质量监控。截止 2009 年底，“3+3+3”技术工人培训班已开设四期五个班，共有 264 名学员。

学院以劳模工作室为载体，发挥劳模和首席技师个人的示范效应和科技人员的团队效应、专业特长和创新能力，积极参加企业有关大型项目的技术攻关和专业技术的交流。工作室指导学院进行相关专业课程设置的调整，编写专门教材，加强技能型师资的培养，进行生产实际案例的研究等工作。2009 年“李冶国大型数控技术工作室”和“李斌数控技术工作室临港工作站”的成立，进一步扩大了首席技师工作室的规模和力量。

为了不断深化学习李斌精神，提高上海电气基层管理者的综合素质，上海电气、机电工会在 2009 年启动了上海电气“8+1”企业班组长培训工作。李斌技师学院在 2009 年中，培训上海电气下属各企业的班组长 800 余人。

李斌技师学院作为第 22 国家职业技能鉴定所，在市职业技能鉴定中心的指导下，做好鉴定站所的建设与管理工作，截至 2009 年底已完成鉴定一万余人，连续多年在上海市职业技能鉴定站所评比中获得优秀站所荣誉。

2009 年，学院被认定为上海市 2006-2008 年度职业培训机构诚信等级 A 级单位，学院的《车工》、《数控机床工》被评为 2008-2009 年度上海市职业技能培训示范项目。

上海电气李斌技师学院校门

在第三届全国职工职业技能大赛“数控机床装调维修工”决赛中成绩优异的上海代表队

学院地址：军工路1100号
培训联系电话：021-35090776 65480455-3016
网址：http://libin.sjdu.edu.cn/
邮　编：200093
传　真：021-35090776
E-mail：lbjsxy@163.com

上海理工大学附属中学

1. 学校与延吉初级、延吉二初、理工附小、扬帆学校五校合作联盟签约仪式（中为校长姜明彦）
2. 上理之星获奖学生与领导合影
3. “聚焦有效教学强化质量意识培养创新人才”——2009学年度杨浦区高中有效教学现场推进会主会场

4. 德国洪堡中学头脑OM代表队与上理工附中学生的联谊活动
5. 学校头脑OM代表队在“中国上海第23届头脑奥林匹克创新大赛暨第31届世界头脑奥林匹克中国赛区决赛”中，荣获“表演类”、“机械类”高中组两项冠军

上海理工大学附属中学创建于1957年，原名上海市延吉中学。2003年，学校与上海理工大学合作办学，更名为上海理工大学附属中学，并首批被杨浦区教育局评定为杨浦区实验性示范性高中。

学校被评为上海市中小学行为规范示范学校，上海市科技教育示范学校，上海市体育传统项目学校，上海市心理辅导实验学校，上海市花园单位，杨浦区文明单位，杨浦区现代技术示范学校，上海市平安学校、连续六年被评为杨浦区教育系统办学先进单位。

学校坚持以提高教育教学质量为中心，以“勤学、严谨、善思、朴实”为育人特色，向社会输送“理崇究真、大度兼容”的可持续发展的优秀高中生。2006—2009年高考一本率保持在45%左右，本科率始终保持为92%左右，教育质量稳步逐年上升，赢得了良好的社会声誉。

学校正积极创建“市实验性示范性高中”。以功能为主线，优化治理机制、以合作为支撑，开发教育资源、以创新为主导，提高办学活力成为学校新一轮发展的思路，探索一条属于自己的有个性的发展道路。

学校还将进一步依托上海理工大学，实施以课程建设为核心、以资源整合为基础、以师资培训为重点的教育创新试验，增强学生的创新意识，加强创新实践，培养创新能力。为全区教育的改革和发展提供优质教育资源，推进区域共同发展，同时在“面向全区、服务地区”中提升自我。

“于厚德处用心，于业精处用功”是所有上理人的座右铭。

地　址：水丰路247号
电　话：65303979
邮　编：200093

上海市杨浦区业余大学
上海市杨浦区社区学院

上海市杨浦区业余大学 SHANGHAI YANGPU DISTRICT COMMUNITY COLLEGE 1958

业余大学　专业水平　教学相长　助人成才

上海市杨浦区业余大学(上海市杨浦区社区学院)是由杨浦区人民政府主办，经上海市人民政府批准并报教育部备案的独立设置成人高校。建校50多年来，学校始终坚持严格要求、严密管理、严谨治校的“三严”管理和信息化教育教学模式；确立了“以人为本，因材施教；以德为魂，助人成才”的办学指导思想和“为了一切学习者、一切为了学习者”的办学理念；明确了“立足杨浦、服务杨浦知识创新区建设，培养适应区域发展的高素质的应用型人才”的办学定位。杨浦区业余大学、杨浦区社区学院与上海电视大学杨浦分校实行三块牌子、一套班子的管理模式。

“新兴学习小组”获上海电视大学2010年度重点表彰“优秀学习小组”

吴乾渝副区长来校调研

爱心在校园中传递

规范办学。八届九次教代会通过《上海市杨浦区业余大学（上海市杨浦区社区学院）章程》。

调整机构。设立党政办公室、人事保卫处、业大教务处、电大教务处、后勤财务处、学生工作处、教学科研处、信息资料中心、社区教育中心、职业培训中心。

专业特色。在教学科研处下设物流管理、艺术设计、工商管理、行政管理、会计学、计算机、社会工作7个专业组和1个公共学科，通过“重点带动”策略，打造基础条件好、特色鲜明的重点学科和专业。2010年学校开设了会计、工商管理等7个专科专业；电大杨浦分校开设了计算机信息管理、物流管理等7个专科专业、社会工作、会计学等5个本科专业。

社区教育。正式启动“杨浦学习型城区建设网(www.shypxx.com)；建立了一支相对稳定的社区教育辅导员队伍；承担并完成了“迎世博、学双语”的各类考核培训任务，共培训居民3609人次，考核639人次。

校园文化。以“成人教育，成才教育，成功教育”为主题的学生思想教育工作新思路；成立学生会；学生党小组及各类学生社团；开发校园网站——“学生E家”；推进学生自主学习，全面建立学习小组。

许昌校区地址：许昌路1461号(近辽源西路口)
电话：65639559　65636569
邮编：200092

中原校区地址：开鲁路601号（近世界路）
电话：55493373　65230186
邮编：200438
网址：www.shypu.com

上海杨浦区同欣进修学校

欣欣向荣的同欣教育

上海杨浦区同欣进修学校总部地处复旦大学科技园区，紧邻复旦大学，是一所声名显赫的非学历教育培训机构。学校拥有一流的教学设施，总建筑面积达10000多平方米，有100多个教室，6个多媒体教室，2个计算机房。同欣培训项目涵盖了：少儿及少儿艺术、中学生培训、外语、电脑、财会、三校生高复等。

双胞胎送锦旗

创始人风采

- 黄国桢——中国优秀民办教育家，同欣教育的奠基人、开拓者
- 1986年创立“复旦高复班”
- 1992—1998年组建并全面主持“复旦教工子弟学习方法指导班”工作
- 2001年创办“上海杨浦区同欣进修学校”。现为上海杨浦区同欣进修学校、上海市沪光进修学院、上海现代物流科技培训指导服务中心董事长。

同欣荣誉榜

- 上海市办学水平分等定级——A级学校
- 中国民办教育百强学校
- 上海市“十佳民办学校”
- 杨浦区文明单位
- 中国诚信教育培训机构
- 新民晚报评选的“2009年最喜爱的教育培训机构”
- 2010全国现代教育理论与实践示范单位

2010年高考成果

历届高考，同欣学员重点大学一片红，2005年上海市高考理科状元，2007年上海市高考文科状元均出自我校。同欣学员在2010年高考中取得优异成绩：考分500分以上有154人，考分在一本录取分数线以上有512人。其中北京大学2人，清华大学2人，复旦大学23人，交通大学28人，同济46人……

2010高考颁奖一组获奖学员留念

2010年中考成果

历届中考，同欣85%以上的初三毕业生进入重点高中。2010年中考，同欣学子奋力拼搏，捷报频传：录取市、区重点高中有187位同学，其中7位同学被上海市“四大名校”录取，93位同学被市实验性示范性高中录取。胡俊豪同学以602.5分的优异成绩摘得同欣中考桂冠；学科的最高成绩分别是：语文139分，数学150分（8位同学），外语150分，理化146分。

2010高考颁奖二组获奖学员留念

报名地址及电话

地址	名称	电话
国定路335号（甲）	同欣学校总部	55520282
政立路545弄（双）60号	同欣学校分部	55078609
政民路415号	同欣学校分部	65113887
民星路525号	同欣学校分部	65572678
许昌路1150号	同欣学校分部	65853039
政立路841号	报名点	65912960
邯郸路446弄2号底楼	报名点	65655859
邯郸路51号	报名点	55881192

网址：www.txinedu.org

法善庵

法善庵两度被评为“市文明宗教活动场所”。图为市考评组在法善庵考评

法善庵始建于清朝年间，距今已有一百余年的历史。“文革期间”寺庙被占，停止活动。落实宗教政策后，于1994年初成立了法善庵修复委员会，开始筹备全面修复工作。经各方支持和协助，于1996年底全面修复峻工，共修复殿堂楼阁大小36间。现庵内主要建筑有：大雄宝殿、伽兰殿、念佛殿、藏经阁、功德堂、素斋部、尼众察房。庙宇结构崇宏、飞角重檐、雄伟壮观、殿宇辉煌、佛像像庄严。庙容庙貌壮严肃静、兴旺发达。法善庵位于杨浦区政本路338号，于1996年10月正式对外开放。

在自养有余的情况下，法善庵不忘慈悲济世，回报社会。在过去的几年中，法善庵年年捐款接济贫困群众；又捐款数十万元，为云南西盟佤族贫困县建造希望小学；近年来，出资10万元为回民小学建立了陈列馆；还每年出资5万余元为复旦大学、同济大学、财经大学、水产学院等七所高校学生助学。又为爱心助学捐款16万元。为创建“知识杨浦”贡献了力量。今年汶川大地震，法善庵以各种方式积极投入到抗震救灾活动中，共捐款80余万元。历年来，法善庵为杨浦区的扶贫帮困工作做出了较大的贡献，得到了社会各方的好评。

地址：政本路338号　　电话：55052334　　邮编：200433

地址：杭州路349号
邮编：200090
电话：65432021

市发改委副主任叶明忠，市卫生局局长徐建光，区委副书记、区长金兴明为老年医院十周年庆典点亮“圣心永恒”

上海市杨浦区老年医院

上海市杨浦区老年医院是一所以收治老年疾病为特点的二级综合性医院。医院作为上海市人民政府实事工程组建于 2000 年 5 月，前身是 1923 年成立的圣心医院。

2010年5月，杨浦区老年医院迎来了建院十周年华诞。十年来，随着建设杨浦知识创新区的重大决策的推进和“三区融合、联动发展”理念的深入，区老年医院在区委区府和区卫生局的关心支持下，以技术合作和管理输出为纽带，与华山医院共同建立杨浦区康复医学中心，与新华医院携手建立肿瘤联合病房；依托区内高校的科研平台、学术基础和设备优势，积极推动与上海体育学院合作，建立杨浦臀肌挛缩研究所。医院以精湛的技术、诚挚的服务、独到的优势和多元化的经营方式赢得了良好声誉，被评为市、区“爱心敬老特色基地”，连续 5 次荣获杨浦区文明单位、连续 3 次获上海市文明单位以及第九届上海市卫生系统文明单位等荣誉称号。

杨浦区老年医院以中国 2010 年上海世博会为契机，实践“城市，让生活更美好”的世博主题，围绕以病人为中心的服务理念，全面提升服务水平，“外树形象、内塑素质”，为病人提供“温馨、便捷、优质”的人性化服务，以建设文化底蕴丰富、整体布局合理、服务质量一流、专科特色明显、富有时代特征、辅助设施齐全的上海市最大的老年医院为目标而努力。

区委常委、统战部部长张慧珠为“医院文化长廊”揭牌

副区长吴乾渝为老年医院十周年庆典致贺词

中国残联、市残联领导来我院参观考察

与贵州省六盘水安居医院结为友好医院（图右为院长吴晓童）

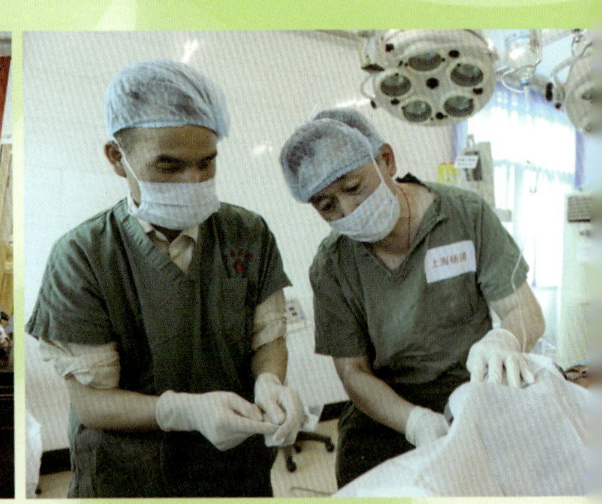

远赴贵州省为贫困山区家庭开展慈善

上海市杨浦区中心医院

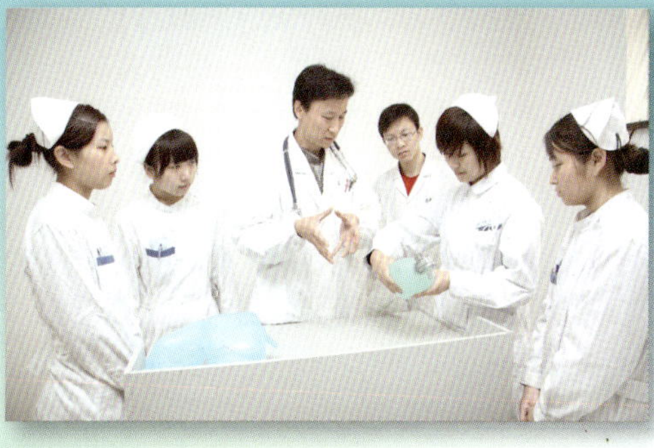

2009 年是杨浦区中心医院“创三级”的关键一年。医院结合区域卫生规划和工作重点，以三级医院评审标准为标杆，以医院上能级工作和中原分院改扩建工程为主要抓手，使医院内涵建设登上了新台阶。

◆ **医院运营状况良好，保持平稳较快的增长。**全年业务收入首次突破 4 亿元，达到 4.15 亿元，门急诊量 114.77 万人次，出院病人达到 21028 人次。

◆ **上等级工作取得阶段性成果。**评分标准由年初的 801 分上升到 865.8 分，其中技术水平分由 134 分上升到到 168.8 分。

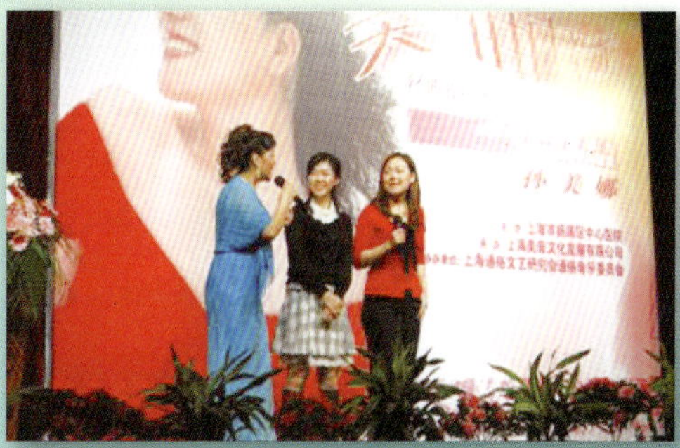

◆ **学科科研建设成绩斐然。**心内科等六个学科成为区重点学科；医院成为国家自然科学基金依托单位，获市级课题立项 9 项、获市级成果鉴定 3 项、获专利 15 项，SCI 文章 5 篇。

◆ **人才队伍日趋合理。**全年共引进培养硕博士 26 人。

◆ **教学工作取得突破。**启动了同济大学附属医学院的创建，启动山东大学硕博士培养基地。成为市妇产科、医学影像科专科医师培训基地。

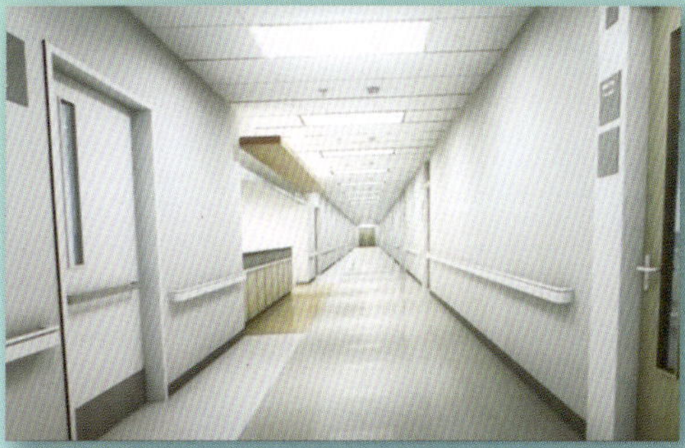

◆ **基础建设取得辉煌成就。**中原分部改扩建后建筑面积达到 7901 平方米，核定床位增至 168 张。完成干保一门式门诊及专有病房的改造。完成临床医学中心建设。

◆ **坚持医院公益性质。**以“创知识杨浦，建文化医院”的主题，紧紧围绕迎世博 600 天活动，深化医院文化新理念，诠释医院精神新内涵，提升医院影响力和辐射力。

地址：腾越路450号

电话：65690520　　　邮编：200090

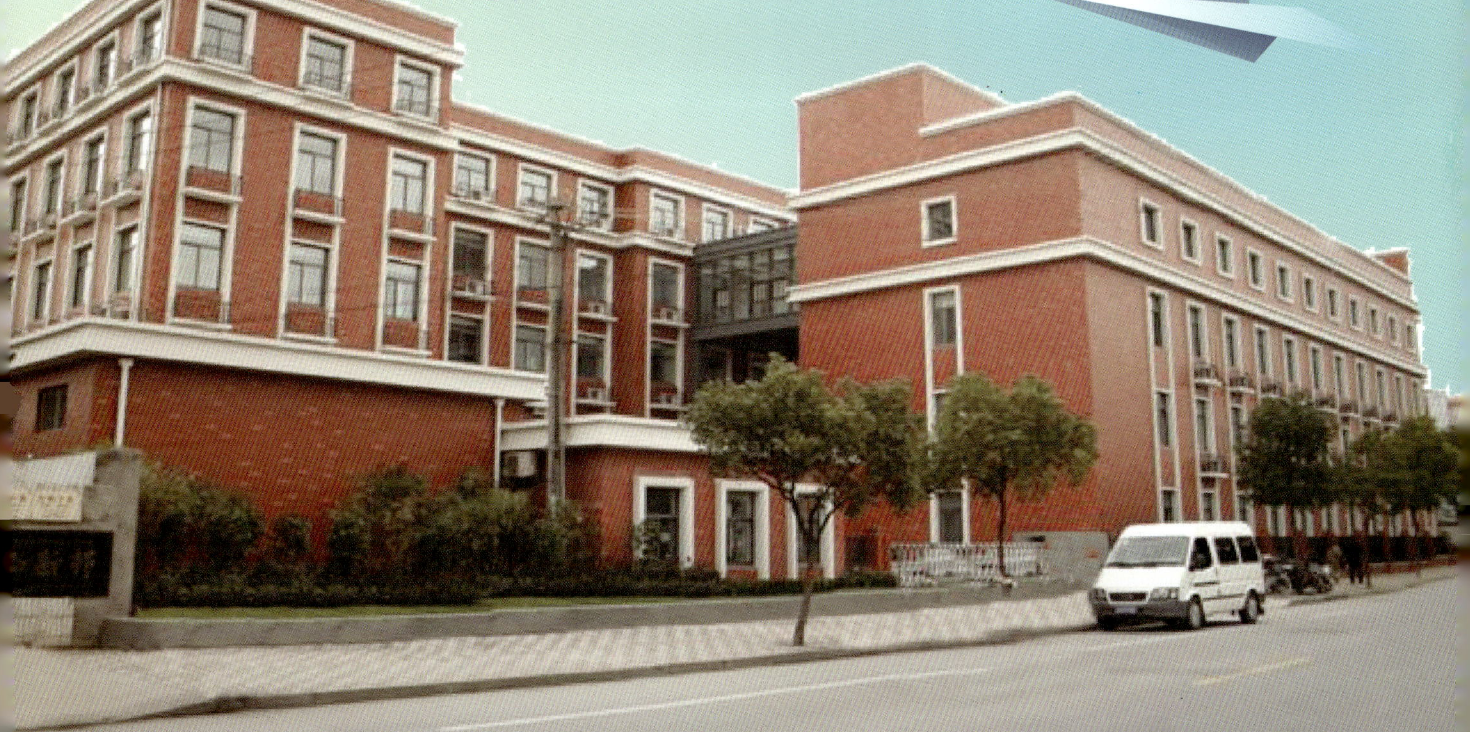

Auchan 欧尚（中国）投资有限公司

欧尚集团是法国主要商业集团之一，创始人和总裁是杰拉尔.米里曳。欧尚集团诞生于1961年，是当时首次把自选、廉价和服务放在同一建筑物中进行经营的超市。欧尚集团主力业态为大型超级市场、超级市场、便利店，同时涉足加工生产和金融业。欧尚集团诞生于1961年，2008年集团营业额达398亿欧元（税后）。目前，在全世界拥有468个大型超级市场，726个超级市场，管理289个商业中心，员工人数20万人。欧尚集团在世界500强排名第122位，为法国排名第二的商业集团，是极富竞争力的集团。欧尚集团近年来及时实施拓展海外市场的战略，在中国、波兰、匈牙利、俄罗斯、摩洛哥等国投资，成为迅速崛起的国际商业集团。

欧尚超市是以零售为主，其商品60%为食品，食品当中30%为生鲜冷冻产品，以提供廉价商品和服务，改善消费者的购买能力和生活水平为目标。欧尚于1996年进入中国市场，1999年第一家超市在上海杨浦区开业。目前，欧尚集团已在中国开出三十七家分店，除了上海的五家外，还包括苏州店、无锡1号店、无锡2号店、杭州店、成都金牛店、成都高新店、北京金四季店、北京科兴店、北京3号店、南京店1号店、南京2号店、南京3号店、宁波1号店、宁波2号店、常州1号店、常州2号店、常州3号店、常熟1号店、常熟2号店、舟山店、张家港店、昆山店、嘉兴店、台州店、芜湖店、扬州店、绍兴店，还有正在筹备的北京、宁波、上海等地的分店。欧尚已为成千上万的中国顾客提供了欧尚质量的服务，深得顾客喜爱。欧尚在自身飞速发展的情况下，不忘回报社会，积极参与公益慈善活动，仅玉树地震就捐款100万元人民币，深受社会各界的好评。

地址：长阳路1750号
电话：65432211
邮编：200090

上海又一城购物中心有限公司

董事长：李国定
总经理：鲍正瀚
地址：淞沪路8号
电话：55529900
邮编：200433
网址：www.blyycmall.com

又一城购物中心建筑由美国 ARQ 建筑设计事务所设计，上海多家著名建筑设计院所担任设计顾问并承担部分项目设计，建筑外立面简洁而谦逊，洗练而斯文，富丽而沉着，具有很强的时代气息和现代美感，已经成为五角场地区的标志性建筑。经过两年多的施工建设，又一城购物中心于2007 年 1 月 26 日基本建成并开始试营业，同年 4 月 26 日正式营业。

又一城购物中心总建筑面积 12.7 万平方米，占地面积 1.5 平方米，坐拥地面 9 层与地下 3 层，是继东方商厦、第一八佰伴等中高端经典百货之后，百联股份全额投资精心打造的购物中心，集购物、餐饮、休闲、娱乐、健身等功能业态于一体，坚持中高档经营定位，荟萃了 2000 余种国际、国内的精选品牌，丰富的商品和特色鲜明的功能业态使广大消费者近悦远来。又一城购物中心以追求高质量生活品质、具有国际化消费理念和较高消费能力的职场人士和时尚群体为目标消费群，而于 2010 年 4 月挂牌的主题百货——扬族百货则以年轻时尚一族为服务对象，彰显出又一城在经营服务上的差异化、精细化的孜孜追求。

开业以来，随着商场环境的不断优化，商品布局的不断调整、商业服务的不断提升，经营功能的不断强化，又一城正日渐成为越来越多的杨浦乃至上海市东北部地区消费者购物休闲的重要场所，成为五角场城市副中心商圈最具影响力的企业之一。

上海市纺织科学研究院

科技纺织的先导、时尚纺织的支撑

上海市委书记俞正声来纺研院工作调研

中国纺织工业协会会长杜钰洲来院指导工作

上海市纺织科学研究院创建于1956年，隶属于上海纺织（集团）有限公司。全院下辖六所三中心：上海市合成纤维研究所、上海纺织工业技术监督所、上海市毛麻纺织科学技术研究所、上海市服装研究所、上海市印染技术研究所、上海市色织科学技术研究所、上海纺织节能环保中心、上海纺织新产品开发中心和上海纺织科技发展中心。

本院研发手段齐全，配套完整；纺织研发精英汇萃，成果丰硕。50多年来不断致力于纺织产品、工艺、设备和材料的开发应用研究，是我国目前规模最大，纺织专业设置最齐全的综合性纺织研发机构，历年来共获得国家和上海市重大科研成果奖和发明专利千余项。本院通过ISO9001、ISO14001、GB/T28001管理体系认证和国家实验室认证。

本院提供产业链科技服务项目主要有：

1. 上海纺织研发公共服务平台
2. 面料开发设计服务
3. 新型纤维开发与应用服务
4. 上海纺织检测服务平台
5. 技术专利咨询服务
6. 化学染料、助剂开发与应用服务
7. 纺织节能、环保工程服务
8. 期刊、文摘、科技图书信息服务

数码地毯枪织机

面料展示

地址：平凉路988号
电话：55210011（总机）转各部
传真：55214191
网址：http://www.stri.com.cn
http://www.strdsp.com.cn
E-mail：strichsh@online.sh.cn

上海杨浦支行

交通银行上海杨浦支行共有营业网点8处。有24小时银行自助服务区8处，ATM自动取款机14台，存取款一体机10台，多媒体查询系统17套，职工212名，其中各类专业技术人员占92%以上。2009年末，该行人民币存款余额96亿元，比上年末增长29%；外汇存款余额为7086万美元，比上年末增长5%；人民币贷款余额55亿元，比上年末增长34%；全年实现利润1.4亿元，人均创利87万元。2009年，支行工会被上海市金融工委授予“先进职工之家”称号；支行保卫工作获杨浦区公安系统先进集体称号。支行下属开鲁路支行被中华全国总工会授予“女职工建功立业标兵岗”和中国金融工会全国委员会授予的“全国金融五一劳动奖状”称号。

地址：长阳路1317号
电话：65195656
邮编：200090

左：杨浦交行员工参加分行运动会排舞比赛
右：杨浦交行网点乔迁新址开业典礼

上海市杨浦公证处

地址：平凉路852号
电话：65899528
邮编：200082

邵国荣主任

上海市杨浦公证处成立于1983年12月，二十余年来该处始终坚持与时俱进，求真务实，开拓创新，是一支拥有现代化管理、高素质人员的公证队伍。近年来，他们不断加强精神文明建设和行风建设，全方位完善工作，先后获得了全国文明公证处、全国公证行业教育规范树形象活动先进集体、全国公证岗位培训活动先进单位、全国优秀青少年维权岗等诸多荣誉称号。近期，该处蔡煜公证员还获得了全国优秀公证员个人先进称号。

长久以来，上海市杨浦公证处充分发挥公证机构预防纠纷、减少诉讼的社会服务职能，年办证量2万余件，较好地维护了公民、法人和其他组织的合法权益，为本市的经济建设、对外交流、全面建设小康社会和构建社会主义和谐社会做出了积极贡献。

杨浦公证处办公楼外观

地址：邯郸路199号　电话：5552 9999　网站：http://www.crownplaza.cn

Crowne PLaza Shanghai Fudan

上海复旦皇冠假日酒店

上海复旦皇冠假日酒店（上海复旦国际学术交流中心）是杨浦区首家五星级旅游饭店，由上海国际集团资产管理有限公司投资并与复旦大学合作建造。酒店位于邯郸路与国权路口，正对享有盛名的复旦大学，毗邻五角场，便利的交通让您从容到达上海的金融区、外滩、浦东和旅游胜地。

下榻上海复旦皇冠假日酒店，中外客人将得到全方位的舒适体验。舒适优雅的客房、殷勤周到的服务以及一应俱全的休闲娱乐设施，无疑是您舒适商旅的理想之选。酒店的30[illegible]间客房（包括34间套房）雅致时尚，陈设齐备，宽敞舒适。从标准客房、豪华客房到皇冠假日楼层的客房和套房，都会令您感到真正的宾至如归。

上海复旦皇冠假日酒店处处彰显国际化商务酒店的顶级风范，在会议的筹办和满足需求方面堪为业内翘楚。这里不但为宾客提供齐全的客房及会议商务设施，娱乐休闲设施一应俱全，服务更是周到出色。

繁华大都会上海的会聚之所即在上海复旦皇冠假日酒店。

杨浦区 安图医院

上海市杨浦安图医院占地30亩，是一所二级综合医院，服务人口30余万；医院分为总院和传染病分院两部分。住院部现有病床400张，收治普通内科、心血管内科、神经内科、消化内科、呼吸内科、内分泌、血液科、肾病科、重症监护、普外科、骨科、泌尿外科、胸外科、神经外科、妇科、口腔科、眼科、耳鼻喉科疾患。

医院现有职工580人，其中高级职称主任40名，中级职称医技骨干120名。近年来，医院从国内外引进各类专业技术骨干和医学硕士、博士毕业生30余名。医院有各种医疗仪器设备：高性能CT机、数字大C臂X线机、数字钼钯机、高性能彩超机等。目前，心血管内科、消化内科、泌尿外科、传染科、眼科、医学实验科为本院特色科室。

3万多平方米的一流水准的病房大楼和新门诊楼宽敞明亮、设施先进。病房楼前庭院开阔、四季常青、鲜花竞放、大树环绕、郁郁葱葱，呈现出勃勃生机。医院蝉联上海市文明单位、市花园单位、区双信单位等荣誉称号。幽静舒适的绿化环境十分有利于病人疗休养。良好的服务态度，认真负责的工作作风和精益求精的医疗技术使众多病人近悦远来。医院倡导：以病人为中心，质量为本，服务第一。旨在将安图医院建设成为一所具有专科技术优势和特色的现代化的文明的地区医疗中心。

地址：延吉东路200号（总院）；松花江路3号（传染病分院）

电话：院办 55829845；传染病分院 55825342；肺结核专科门诊 55820695

总院病房楼总机：55820462、55820463、55830461，转各病床号码。

上海市杨浦区教师进修学院附属中学

上海市杨浦区教师进修学院附属中学（简称杨教院附中），是原杨教院附校和原江浦中学于2004年3月合并而成的杨浦区重点规划的一所初级中学。现有学生430人，教职员工77人，中高级职称教师占教师总数的80%。

学校占地面积近30亩，拥有25个常规教室，现代教学设施齐全，都装有运用信息技术的多媒体教学设备；学校还拥有陶艺馆、室内体育馆、数字化语音室、电脑房、电子阅览室、影视教室、理化生实验室等15个专用教室和活动场所，可供师生开展各类课内外教育教学探究。学校操场铺设了进口的专用塑胶跑道，修建了塑胶篮球场，安装了各式健身器材，还拥有2千平方米天然大草坪，校园内鲜花四季盛开，绿树成荫，环境设施在杨浦区初级中学堪称一流。

爱心义卖

参观同济大学校园

学校依托杨浦区教师进修学院雄厚的师资和教育资源，努力提升师资水平，在创建教育教学特色课程的建设中，取得了较好的成绩：成立了上海第一个“全国楹联教育基地”；学校陶艺馆被命名为“杨浦区青少年素质教育基地”，成为区级培训中心；信息技术深入课堂，成为“杨浦区应用现代教育技术示范校”。

学校将发挥校本课程特色的优势，开拓进取，创建更适合学生发展的现代化学习、生活乐园。

地址：江浦路1322号　电话：55955693　邮编：200092

上海市同济第二初级中学

上海市同济第二初级中学是一所创建于 2000 年的跨世纪学校，它地处五角场城市副中心区，与大学城、中央社区为邻。全校教职工 59 人，其中中高级职称 37 人，占 62.7%。学校以射箭、德语为办学特色，在“理解教育”的引领下，在打造知识杨浦的区域发展规划下，将自身的和谐发展融入了时代的浪潮中。它是一所年轻的学校，充满活力；它有一支雄厚的师资，充满希望。先进的办学理念孕育着教育教学的累累硕果：学校荣获全国射箭重点学校、上海市行为规范示范校、上海市安全文明单位、上海市“师爱在家庭中闪光”先进集体、上海市二级图书馆、区文明单位、区未成年人保护工作先进集体、区中小学德育工作先进集体、区卫生先进单位、区雏鹰大队、区共青团号、区科技特色学校、局花园单位等称号。

地址：政德东路185号　　邮编：200433　　电话：65558059

让“阳光”充满校园
让美育滋润“心田”

黄兴学校

黄兴学校是一所九年一贯制小学初中联体学校，是上海市艺术教育特色学校，市创造教育实验基地，市心理健康教育实验校，杨浦区文明单位，区花园学校。学校连续两次被评为上海市艺术教育先进集体，为进一步推进“美的教育”奠定了厚实的基础。

办学理念：高尚做人，智慧做事——美的教育。

培养目标：基础厚实、艺术见长可持续发展的阳光少年。

阳光少年的特征：身心健康、品行高尚、生活自理、学习主动、特长发展。

课程体系：“大爱、尚美、学问、善思”。

学校开展艺术教育20年以来，“以美育人，以美兴校”为办学路径，在历任领导勇于开拓创新和广大师生共同努力下，取得了骄人的成绩和长足的发展。从“美在黄兴”到“美育·育美”，探索育人内容之美、育人方法之美、育人过程之美，推动美育与德育的融合、学科教学的渗透，形成了自己独有的育美人文特色。

裘伟强校长

学生的国画作品

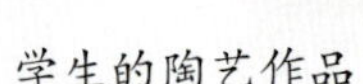

学生的陶艺作品

地址：控江四村107号
电话：55063254
邮编：200093

杨浦区翔殷路小学

地　址：翔殷路360号
电　话：65481604
邮　编：200433

翔殷路小学建于1947年，地处杨浦区五角场镇，占地面积约5500平方米。目前有一～五年级16个教学班，370名学生。学校是上海市中小学生民族精神教育试点学校、区文明单位、区"小班化教育"实验校、区德育先进单位。学校现有在岗教师45名，40周岁以下教师占87.8%；大专及本科学历者占100%；具有中、高级职称教师占51.9%；有经区认定的校级骨干教师3名。近几年来，学校在教师专业化发展、教育教学质量提高、办学条件改善和形成办学特色等方面都取得了较为明显的成效，以古诗文诵读为载体的中华传统文化教育正在成为学校办学的特色。学校各项工作在以诗益智、以诗冶情、以诗明理、以诗育人中取得了一定的成效，并初步形成了一套自己编写的古诗文诵读校本读本。

上海市杨浦区中原路小学

地址：中原路710弄20号
电话：65322771
邮编：200438

中原路小学创办于1989年，学校占地9350平方米，校园环境优美，教学设施齐全。学校先后被命名为区科技特色学校、区素质教育实验学校、小班化教育实验、应用现代教育技术实验学校、区"民族精神"教育试点学校。学校曾获得全国学校体育场地向社会开放试点工作先进单位、市花园单位、市安全文明单位、市红旗大队、区文明单位、区校本研修先进单位、区科研先进集体、区德育先进集体、区行为规范示范校、区未成年人保护先进单位、区舞蹈特色项目称号。

学校共有25个班级，学生708人，在岗教职工71人，在编教师66人，目前学校本科学历达标率58%，中学高级教师3人，区级骨干教师2人，校级教育教学能手6人，后备教育教学能手6人，第三梯队教师10人，成为学校教育教学的中流砥柱。学校领导班子求真务实、乐于开拓，管理讲究实效性；教师教风严谨、踏实，教学具有激励性；学生学习生动活泼，学习具有创造性。

学校遵循邓小平同志提出的"三个面向"的办学方向，本着"以教师发展为本，以学生发展为本"的目标，从培养师生的"问题意识"入手，倡导学生带着问题走进课堂，带着更多的问题走出教室，实践以问题为纽带的教育。在近几年的学校发展历程中，我们从民族传统文化的精髓中，提炼了"人和思想"，并把它作为学校管理的核心。学校开设了近30个兴趣组为师生创设了展示潜能的舞台，学生在市、区各项比赛中屡屡获奖。

"路漫漫兮，其修远兮，吾将上下而求索"。中原人将以自强不息的精神去开创美好的未来。

教师在市区杂志刊登文章

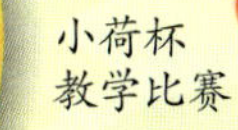

小荷杯
教学比赛

学习《中国传统民俗节日》校本教材

校园文化

延吉幼儿园

延吉幼儿园是上海市示范性幼儿园，上海市文明单位。延吉幼儿园为一园三部，现有小、中、大21个班级，共600多名幼儿和60名教职员工。

延吉幼儿园曾获得“市劳动模范集体”、“全国巾帼集体”、“市红旗班组”、“市优秀家长学校”、“市‘九五’、‘十五’家庭教育研究指导基地”、“杨浦区先进集体”、“杨浦区教育局师德模范群体”等荣誉称号。

延吉幼儿园将“让幼儿在主动活动中和谐发展”作为自己的办学理念，让幼儿“在操作中感受乐趣、在观察中发现问题、在探索中主动研究、在体验中尝试成功、在交流中获得经验。”

联系人：园长 徐丽萍

地址：营口路600弄15号
电话：65301587
邮编：200433

本溪路幼儿园

地址：双辽路375号
电话：65021202
邮编：200092

快乐的野外活动

家园共迎世博

应彩云老师和孩子们在一起

本溪路幼儿园为上海市示范性幼儿园、国家级语言文字规范化示范校、上海市文明单位、上海市新课程试点单位。教师组曾荣获全国和上海市学习型组织、上海市红旗文明岗。

幼儿园倡导：教师、幼儿发展自主化、个性化；学校管理人本化、民主化；学校发展优质化、品牌化。学校“自主活动教育”的办园特色及理念已渗透到各个方面。由幼儿为主体，自主选择主动参与，而教师为引导、合作者的“幼儿主题性社团”，使课程获得了拓展，使办园特色获得了显性化载体。

“本溪”，一个让孩子健康成长的乐园，这里充满着欢笑，充满着生机。

“本溪人”，一个以奉献为荣、敬业为尊的集体，在教育的长路上默默耕耘，孜孜不倦，成为幼教系统一颗闪亮的恒星。

BEN XI ROAD KINDER GARTEN